# 云南古代物产大系

江燕　毕先弟　编著

（中）

中国文联出版社

# 十五、竹之属

## 综述

竹之属十三：笼竹、慈竹、筋竹、紫竹、斑竹、凤尾竹、观音竹、濮竹、猫头竹、箭杆竹、水竹、实芯竹、墨竹。（嘉靖《大理府志》第73页）

竹之属十三：筇竹、慈竹、筋竹、紫竹、苦竹、凤尾竹、观音竹、濮竹、猫头竹、箭杆竹、水竹、实心竹、斑竹。（万历《云南通志》卷2《云南府》第13页）

竹之属十二：笼、慈、水、筋、濮、紫、斑、凤尾、观音、猫头、箭杆、实心竹。（万历《云南通志》卷2《大理府》第33页）

竹之属八：紫竹、刺竹、荆竹、滑竹、凤尾竹、笔管竹、箭杆竹。（万历《云南通志》卷2《临安府》第54页）

竹之属十四：簝、筋、箭、白、黑、紫、苦、苗头、花班、观音、空、实、濮、藤条。（万历《云南通志》卷2《永昌府》第68页）

竹之属六：紫竹、班竹、筋竹、蛮竹、水竹、凤尾竹。（万历《云南通志》卷3《楚雄府》第8页）

竹之属三：紫竹、青竹、实竹。（万历《云南通志》卷3《曲靖府》第15页）

竹之属十：水竹、筋竹、慈竹、苦竹、攒竹、刺竹、紫

竹、猫头、凤尾、观音。（万历《云南通志》卷3《澄江府》第23页）

竹之属七：斑竹、绵竹、水竹、苦竹、刺竹、筋竹、观音竹。（万历《云南通志》卷3《蒙化府》第28页）

竹之属八：紫、青、苦、细、凤尾、猫头、山竹、淡竹。（万历《云南通志》卷3《鹤庆府》第37页）

竹之属六：箭竹、紫竹、水竹、大竹、观音竹、凤尾竹。（万历《云南通志》卷3《姚安府》第46页）

竹之属一：鸡腿竹。（万历《云南通志》卷3《广西府》第52页）

竹之属二：青竹、紫竹。（万历《云南通志》卷4《寻甸府》第4页）

竹之属五：紫竹、觔竹、水竹、实竹、苦竹。（万历《云南通志》卷4《武定府》第9页）

竹之属七：斑竹、绵竹、紫竹、苦竹、刺竹、筋竹、大竹。（万历《云南通志》卷4《景东府》第12页）

竹之属二：猫头、鸡腿。（万历《云南通志》卷4《广南府》第21页）

竹之属六：濮竹、水竹、紫竹、筋竹、实心竹、藤竹。（万历《云南通志》卷4《顺宁州》第24页）

竹木之属三：苦竹、籐、杉。（万历《云南通志》卷4《镇沅府》卷4第30页）

竹之属五：紫、苦、绵、凤尾、观音。（万历《云南通志》卷4《北胜州》第33页）

竹扫寺，在蒙化南百里许，无院无僧，止有石佛。旱则蒙人舁之城隅，祷应，即还山。所居左右，产竹甚茂，竹梢下垂拂石，其洁如扫，亦一奇迹也。（《滇略》卷2第224页）

竹，有筇、慈、筋、紫、苦、凤尾、观音、濮、猫头、钓丝、毬、箭、水、实心、斑竹、巨竹出易门莽甸穷山深箐中，其竹比常加倍，数尺一节。土人云更入箐深，其种尤大，然不敢入也。夷语名竹为“簩”，合于《禹贡》“篆簩”之音。《山海经》称：“舜丘之竹，节可为船。”近是欤！然不可强附也。（天启《滇志》

卷3《云南府》第113页）

竹，有观音、凤尾、紫、斑、箭杆。（天启《滇志》卷3《大理府》第114页）

竹，有筇竹、滑竹、判竹、方竹。（天启《滇志》卷3《临安府》第115页）

竹木，为花斑、藤条。（天启《滇志》卷3《永昌府》第115页）

竹，有蛮竹，亦有凤尾。（天启《滇志》卷3《楚雄府》第116页）

竹之属，如攒竹、刺竹、猫头、凤尾。（天启《滇志》卷3《澄江府》第117页）

竹之斑竹、绵竹。（天启《滇志》卷3《蒙化府》第117页）

竹，曰青，曰山，曰溪。（天启《滇志》卷3《鹤庆府》第117页）

竹，则有鸡腿竹。（天启《滇志》卷3《广西府》第118页）

竹之类，号濮竹，百濮之人曾备周武之旅，今以名竹，其产必殊。藤竹者，漆而为杖，甚苍古。又有垂丝竹，产云州。（天启《滇志》卷3《顺宁府》第120页）

是郡介在僰夷，所产本无可述。然旧《志》载，如竹之藤杉、苦笋，禽之白鹇，果之南枣，货之莎罗布，于镇沅为独多乎，并识之。（天启《滇志》卷3《镇沅府》第120页）

戊寅十一月初三日，晨往阮仁吾处……其亭名“竹在”，余询其故，曰：“父没时，宅为他人所有，后复业，惟竹在耳。”（《徐霞客游记·滇游日记四》第864页）

己卯四月十八日……竹之大者，如吾地之猫竹，中者如吾地之筋竹，小者如吾地之淡竹，无所不有，又非迤东西所有也。（《徐霞客游记·滇游日记九》第1068页）

己卯四月二十九日……有村连竹甚深，是为中干峨村。由村南又南下三里，其村竹庐交映更遥，是为下干峨村。……又

数十家倚其麓而居，竹树蒙茸，俯瞰若不可得而窥也。（《徐霞客游记·滇游日记九》第1092页）

竹附，晋戴凯之《竹谱》谓竹非草非木，真别具清节矣。《诗》曰：其簌伊何，惟筍及蒲。《礼》曰：加豆之实，筍菹鱼醢。其来尚已。陆佃云：旬内为笋，旬外为竹。故字从旬，则俗作笋，非矣。僧赞宁《筍谱》名筍为萌，为篛，为虇，为茁。其初则均名为篁，会其意而称焉。竹有雌雄，根上第一枝双生者即雌也。今食筍者不一法，得其法即益人，否则有损。大约采时宜避风日，见风日则质理坚。不宜入水洗，入水则肉理硬。脱壳煮则失真味，生即刃切则失柔，易作铁臭气。煮必宜久，生必损人。茹蒸最美，煨之良佳。干者取汁作羹，取其鲜清之味极佳。凡签棘喉者，少入薄荷，以解其性。（《鸡足山志》卷9第339页）

木属竹附：慈竹、筀竹、水竹、紫竹、攒竹、苦竹、观音竹、凤尾竹、猫头竹、实心竹。（康熙《云南通志》卷12《通省》第225页）

竹《竹谱》曰：“棘竹骈深，一丛为林，根如推轮，节若束针。亦曰笆竹，城固是任，篾筍既食，鬓发则侵。”释曰：“大者二尺围，肉至厚实，南中彝人，破以为弓，枝节皆有刺，种以为城，卒不可攻。万震《异物志》又云种为蕃落，阻过层墉。或卒崩根出，如大十石物，纵横相承如缫车，一名笆竹，见《三仓》，筍味落人须发。”今广南、腾越彝中皆有刺竹，如谱所云。夫竹比君子，而彝落乃为荆棘，华戎不同贯，即物有然者矣。又曰：“筋竹为矛，称利海表，槿仍其余，刃即其杪。生于日南，别名为篻。”释曰：“筋竹长二丈许，围数寸至坚，南土以为矛，其筍未成竹时，堪为弩弦，见徐忠《南中奏》。刘渊林云彝人以史竹叶为矛，即是筋竹，岂非一物而二名者。”滇中有筋竹，叶差小于它竹，坚而且直，戍卒取以承枪甚美利也。又曰：“䈪与繇衙，厥体俱洪围，或累尺，䈪实衙空，南越之居梁柱是供。”释曰：“交州《广志》云由衙竹，亦有生于永昌郡，为物丛生。”又曰：“竹之堪杖，莫尚于笻，磥砢不允，状若人工。岂必蜀壤，亦产于邦，一曰扶老，名实县同。”释曰：“笻竹高节，实中，状若人刻。《广志》云出南广邛都县。《张骞传》云于大夏见之，出身毒国，始感邛杖终开越嶲。越嶲，古身毒也。张孟阳云笻竹出兴古槃江县。《山海经》谓之扶竹生寻伏山，去洞庭西北一千一百二十里。《黄图》云华林园有扶老三株。如此则非一处赋者，不得专为蜀地之生也。”（康熙《云南通志》卷30第872页）

竹部：大竹、苦竹、荆竹、刺竹、凤尾竹、滑竹、笔管竹。（康熙《石屏州志》卷4第79页）

竹之属：凤尾竹、荆竹、刺竹、棕竹、青竹、苦竹、滑竹、水竹。（康熙《嶍峨县志》卷2）

竹部：荆竹、刺竹、凤尾竹、笔管竹。（康熙《通海县志》卷4第18页）

竹之属：紫竹、簞竹、苦竹、凤尾竹、猫头竹、莿竹、粉竹、棕竹。（康熙《新兴州志》卷5第34页）

木属竹附：慈竹、紫竹、苦竹、水竹、攒竹、观音竹、凤尾竹、猫头竹、金竹、实心竹。（康熙《元江府志》卷1第645页）

竹之属：水竹、筋竹、慈竹、攒竹、苦竹、刺竹、紫竹、猫头竹、凤尾竹、观音竹。（康熙《澄江府志》卷10第7页）

竹之属：斑竹、荆竹、刺竹、滑竹、凤尾竹、棕竹。（康熙《新平县志》卷2第321页）

竹之属六种。（康熙《平彝县志》卷3第96页）

竹：慈竹、金竹、紫竹、东坡竹、苦竹、实心、箭竹、巨竹、刺竹、籐竹。（康熙《蒙化府志》卷1第41页）

竹：慈竹、刺竹、紫竹、巨竹、龙竹、苦竹、金竹、箭竹、藤竹、香竹、东坡竹、凤尾竹、观音竹。（康熙《顺宁府志》卷1第30页）

凤尾竹、紫竹。（康熙《鹤庆府志》卷12第24页）

竹属：紫竹、苦竹、猫头竹、蔴竹出腾越，其质绵软，可为绳为履、花班竹出腾越、观音竹、籐条竹外班中实，可为杖，出高黎共山、凤尾竹、水竹、濮竹围三尺余，大者可受一斛、刺竹即棘竹。（康熙《永昌府志》卷10第5页）

毛振翧《翠景轩十二截·竹屏》（七绝）：萧萧疏影自横门，错认吾家烟雨村。一种衙斋青未改，何如山阁伴朝昏。（雍正《师宗州志》续编第1页）

竹：紫竹、刺竹、荆竹、滑竹、凤尾竹、淡竹、大圆竹。（雍正《建水州志》卷2第8页）

竹之属：紫竹、簀竹、苦竹、莿竹、箭竹、猫头竹、粉竹、凤尾竹、人面竹。（乾隆《弥勒州志》卷23第117页）

竹：盆竹、淡竹、凤尾竹。（乾隆《陆凉州志》卷2第28页）

竹属：香竹、棕竹、紫竹、人面竹、斑竹、薄竹、吊竹、滑竹、实心竹、刺竹、大竹、苦竹、甜竹、绵竹、观音竹、凤尾竹、筋竹。（乾隆《开化府志》卷4第32页）

竹：龙竹、凤尾竹、东坡竹、紫竹、荆竹、墨竹、钓鱼刺、香竹、实心竹、笛竹、苦竹。（乾隆《赵州志》卷3第57页）

其竹则紫竹、攒竹、水竹、苦竹、观音竹、凤尾竹、茨竹、猫头竹、实心竹分水岭产，一名藤条竹、无节杉木笼产，又名通天竹、东坡竹、龙竹、筋竹一名荆竹、濮竹围三尺余，大可受一斛、麻竹其质绵软，可为绳为履、花斑出滇滩关外、刺竹。而藤则细者可为绳，大者为杖，凡百器皿皆可以为。而腾越所独名州，则以此焉。（乾隆《腾越州志》卷3第59页）

腾越多竹，甲于中土。《竹谱》曰：“棘竹亦曰竕竹，深丛为林。根如椎轮，节若束针。亦曰笆竹，城固是任。篾笥既坚，鬣须则侵。”释曰：“大者二尺围，肉甚厚实，南中夷人破之以为版。枝节皆有刺，种以为城，卒不可攻。”今腾越地有刺竹，如谱所云。又曰：“筋竹为矛，称利海表。槿仍其余，刃即其杪。生于日南，则名为藁。”释曰：“筋竹，长二丈许，围及寸尚坚，南土以为矛。其笋未成竹时，可为弩铳。”又曰：“簹与䉛衙，厥体俱洪，围成累尺，簹塞衙空。南越之居，梁柱是供。”释曰：“《交州》、《广志》云：由衙竹，亦有生于永昌郡，为物丛生。”又曰：“竹之堪杖，莫尚于筇，磥砢不凡，状若人工。岂必蜀壤，亦产于邛。一曰扶老，名实相同。”释曰：“筇竹，高节实中，状若人刻。《张骞传》云：于大夏见之，出身毒国，始感邛杖，终开越巂。越巂，古身毒也。”然今越巂乃宁远府，岂身毒哉！（乾隆《腾越州志》卷11第12页）

竹部：大竹、榴竹、荆竹、凤尾竹、滑竹、斑竹、紫竹、董棕竹。（乾隆《石屏州志》卷3第35页）

棘竹、紫竹。（乾隆《东川府志》卷18第3页）

竹，竹颇少，东惟罗平，西则宾川产竹，省城亦间有之。春夏间亦有携鲜笋出售者，然甚少。永平产一种方竹，好奇者取以为烟管，颇觉别致。（《滇南闻见录》卷下第41页）

竹、木之利至大，江陵千树荻，渭滨千亩竹，皆与万户侯等。为其水道通而布其利于四方也。滇非尽不毛也，以予所治农部，名章巨材，周数百里，皆积于无用之地，且占谷地，使不得艺。故刀耕火种之徒，视倒一树为幸。盖金江道塞，既不得下水以西东浮，而夷俗用木无多，不过破杉以为房，聊庇风雨。宗生族茂，讵少长材？虽擢本垂荫，万亩千寻，无有匠石过而问之，千万年来，朽老于空山，木之不幸，实地方之不幸也。哀牢之山长千里，中通一径，走深林中垂一天，若使此山之木得通长江，其为大捆大放，不百倍于湖南哉？前人有见于此，故议开金江。然金江断难开者，天道使然，不容以人力争也。运值其通，安知不大风大雷，率群龙而导之，推其叠水，散之使平，破其洞穿，彻之无壅，不过一午夜之力，原自易易。若争以人力，则万万不能为也。《尔雅》分释草木，《虞衡志》则合而纪之，先木后草。草则以竹为先，荡竹、涩竹、人面竹、钩丝竹、斑竹、猫头竹、（桃枝竹）、笻竹、箭竹，凡九品，当亦云南所悉有，不论也。论其异者：濮竹，出顺宁。古时濮竹节长一丈，今减之，犹可作斗斛。（《滇海虞衡志》第283页）

竹木之属四十四：紫竹、慈竹、龙竹、水竹、苦竹、攒竹、毛竹、垂丝竹、实心竹、观音竹、猫头竹。以上竹十一（道光《昆明县志》卷2第6页）

竹类：荆竹、凤尾竹、滑竹、水竹、毛竹。（道光《昆阳州志》卷5第13页）

竹属：人面竹即灵竹、棕竹、紫竹、筋竹、南竹、苦竹、茨

竹。（道光《广南府志》卷3第3页）

竹之属：斑竹、大竹。（道光《新平县志》卷6第22页）

竹之属：凤尾竹、荆竹、柴竹、大竹、苦竹旧县志、巨竹出荞甸山箐中，数尺一节。《一统志》（道光《续修易门县志》卷7第169页）

竹之属：水竹、筋竹、慈竹、攒竹、苦竹、刺竹、紫竹、猫头竹、凤尾竹、观音竹。（道光《澄江府志》卷10第7页）

竹之属[①]：垂丝竹、实心竹、筋竹、水竹、观音竹、慈竹、苦竹、龙竹、猫头竹、紫竹、毛竹谨案：旧《志》尚有攒竹、凤尾竹、箽竹、东坡竹，皆滇产。（道光《云南通志稿》卷68《通省》第9页）

木属：……金竹、紫竹、慈竹、凤尾竹。（道光《晋宁州志》卷3第26页）

竹属：金竹、龙竹、毛竹、刺竹、黄竹以上笋可食。紫竹、凤尾竹、斑竹出腾越、观音竹、水竹、实心竹可为杖、麻竹可以织履，出腾越。（光绪《永昌府志》卷22第3页）

明兰茂《竹》（五律）：每近幽人室，还同君子名。坚刚钟素节，孤迥抱明心。出自筼簹谷，分来淇澳林。年年山谷下，常不改清阴。（光绪《续修嵩明州志》卷8第74页）

《竹工》：境内竹园颇多，足供制器之原料，每年产额约一千余车。竹工各区均有，普通为编制笼箩筛篮箕囤子等器具，尚颇适用，除供境内使用外，赢余者销售于省垣，及附近之昆明、昆阳、安宁、富民、呈贡、寻甸等处，倘能再加改良，销路可益增畅盛，所获利益不菲。第七区南营村所制笠帽亦良美。民国纪元前约有行规，只许做行货（粗活者），不许做精良者，民国以来，行规虽除，但其旧习太深，仍无改良。（民国《嵩明县志》卷14第228页）

竹之属：大竹、紫竹、毛竹、实心竹、人面竹。（民国《嵩明县志》卷16第240页）

---

① 属下各竹，原本皆有注释，详见各类竹名下。

竹属：筋竹段成式《酉阳杂俎》：筋竹，南方以为矛，笥未成熟时，堪为弩弦、攒竹、紫竹《花木考》：紫竹小而色紫，宜伞柄箫笛用、慈竹《花木考》：慈竹秋笋高数丈，尾甚柔细如钓丝，又名钓丝竹、水竹《事物绀珠》：水竹出岩下泽水中，其笋随水深浅以成节，若深一丈则笋出水面为一节。释赞凝《物类相感志疏》：节竹出南方水中，笋萌时随水高低成节也、苦竹贾思勰《齐民要术》：苦竹，竹之醜类也，有四：青苦者、白苦者、紫苦者、黄苦者、毛竹《滇南本草》：生于郊野，形似家竹而小，叶上有毛，土人呼为淡竹。叶治妇人虚成痨，久热不退，利大小便，热积血淋，服之皆效、实心竹袁滋《云南记》：云南有实心竹，文采斑驳殊好，可为器物，其土人以为枪幹、交床、垂丝竹《五侯鲭》：出云南，枝柔软下垂、凤尾竹、猫头竹《事物绀珠》：其根类猫头，又名潭竹，大茎细叶、人面竹。（民国《宜良县志》卷4第29页）

竹类：紫竹、慈竹、刺竹、龙竹、水竹、方竹、实心竹、攒竹、筋竹。（民国《路南县志》卷1第52页）

杨永桀《偰山特产》：偰山寺前，纵横二十里，中有竹一种，中空节长，叶大于石竹，较小于龙竹，遍访各乡箐中皆未产有此竹。用途为椽为篱，且可制摊笆，乡人多资以营生。十余年来，因采笋佐食者众，并遭野火，寖少。相传此竹系道人高一坤植杖路侧，遂滋生蔓延，殆附会之说也。惟近有云县中山村罗姓，以茅草盖灶房，取刺竹为压条，逾年生枝发叶，主人以为发子孙之吉兆，未几枯落，家屋全付丙丁，则不吉反凶。以此证之，所谓植杖发生，或亦有其事耶？近寺特产山蔬、野蒜、竹蕨，并药物岩参、柴胡、秦归，木本黄连，以及弩箭药等。木类则有桧木，质坚如牛角，纹理细腻，重量倍于珠栗树，解制水缸、水桶，经数十年不朽，若作棺木，亦经久不坏，惜合抱之材不易得，此亦偰山特产也。（民国《顺宁县志初稿》卷13第11页）

（七）竹之属七：紫竹、金竹、人面竹、凤尾竹、棉竹、茨竹、黑竹。（民国《邱北县志》册3第15页）

竹属十七类：香竹、棕竹、紫竹、人面竹、斑竹、薄竹、吊竹、滑竹、实心竹、刺竹、大竹、苦竹、甜竹、绵竹、观音竹、凤尾竹、筋竹。（民国《马关县志》卷10第7页）

竹之品：紫竹、斑竹、箭竹、苦竹、刺竹、凤尾竹、箸竹、金竹、水竹、淡竹、蛮竹。（楚雄旧志全书"楚雄卷上"

隆庆《楚雄府志》卷2第35页）

竹品：凤尾竹、紫竹、苦竹、荆竹、水竹、淡竹。（楚雄旧志全书“楚雄卷上”康熙《楚雄府志》卷1第194页）

笋类：茭笋即茭瓜、香笋、冬笋、凤竹笋、蛮竹笋、藕笋即莲藕。竹类：紫竹、水竹、苦竹、刺竹、筋竹、岩竹、人面竹、凤尾竹、大龙竹即蛮竹。（楚雄旧志全书“楚雄卷下”宣统《楚雄县志述辑》卷4第1049页）

第二十课《竹笋、椿树》：竹有大蛮、香笋，竹产嫩苞时，乡人割刈，或切片晒干卖，供食料，其枝竿，叶大者制篾器。又有京竹、紫竹、岩竹、苦竹、钓竿竹，亦可制笔管、烟管，又可造纸。椿树可制木器，当春发芽，五寸长，连叶采卖食之。味香子亦香，名香椿。（楚雄旧志全书“楚雄卷下”民国《楚雄县乡土志》卷下第1357页）

竹品：凤尾竹、紫竹、苦竹、荆竹、水竹、淡竹。（楚雄旧志全书“双柏卷”康熙《南安州志》卷1第13页）

竹品：丛竹、斑竹、刺竹、凤尾竹、实心竹。（楚雄旧志全书“双柏卷”乾隆《碍嘉志书草本》第107页）

竹之属 绿竹、斑竹、毛头竹、观音竹、凤尾竹、东坡竹、慈竹、孝竹、实竹、龙头竹。（楚雄旧志全书“双柏卷”乾隆《碍嘉志》第231页）

竹之属：箭竹、紫竹、水竹、大竹、观音竹、凤尾竹。（楚雄旧志全书“姚安卷上”康熙《姚州志》卷2第37页）

竹之属：箭竹、紫竹、水竹、大竹、观音竹、凤尾竹。（楚雄旧志全书“姚安卷上”道光《姚州志》卷1第242页）

竹之属：旧《志》六种：箭竹、紫竹、水竹、大竹、观音竹、凤尾竹。（楚雄旧志全书“姚安卷上”光绪《姚州志》卷3第564页）

竹属：《李通志》六：箭竹、紫竹、水竹、大竹、观音竹、凤尾竹。《管志》六，同上。《王志》六，同上。谨按：《竹谱》：箭竹，高者不过一丈，节间三尺，坚劲中矢。《花木考》：紫竹，小而色紫，宜伞柄箫笛用。《事物绀珠》：水竹，出岩下深水中，其笋随水深浅以成节。《甘志》

增一：笋竹谨按：笋竹，蛉源乡种者渐多。秋初，新笋味极佳美，若能于蛉河两岸与箭竹、凤尾竹大量间植，则蔬品与竹器品，均可增加生产数量，其为益亦甚大矣。（楚雄旧志全书“姚安卷下”民国《姚安县志》卷44第1661页）

竹之属：慈竹、堇竹、水竹、紫竹、攒竹、苦竹、蛮竹、笼竹、香竹、斑竹、方竹、观音竹、凤尾竹、猫头竹、实心竹、人面竹。（楚雄旧志全书“大姚卷上”道光《大姚县志》卷6第173页）

竹类：紫竹、筋竹、箐竹、大竹、凤尾竹。（楚雄旧志全书“大姚卷上”乾隆《白盐井志》卷3第488页）

竹之属：旧《志》五种：紫竹、筋竹、箐竹、大竹、凤尾竹。新增四种：例提竹、钓鱼刺竹、苦竹、人面竹。（楚雄旧志全书“大姚卷上”光绪《续修白盐井志》卷3第661页）

山竹，采访：县之山箐中，多产细竹一种，名曰山竹。状态粗及于指，长约五六尺；冬春二季，伐而剖之，用以捆煎盐之毛柴及编造盐箩、挑篮各器具，已为制盐用品所必需。而且白井盐形，每一盐可重十斤许，大凡商人运盐，非有竹篮盛之不能捆载以行。故伐竹制篮，时为大宗之用途。篮体稍匾，空处如象眼，凡附近井地之农家妇女皆能编造。每运盐百斤，需篮二支。商人于缴纳税薪外，自行向商会购备，计每年共需盐篮七万余对。是山竹一种，物虽微而用途最广。他如制造草纸，亦采此种山竹，取之不尽，用之不竭，此天产物之特色也。（楚雄旧志全书“大姚卷下”民国《盐丰县志》卷4第1147页）

竹之属：凤尾竹、紫竹、荆竹、刺竹、青竹、苦竹。（楚雄旧志全书“元谋卷”康熙《元谋县志》卷2第59页）

竹之属：则凤尾竹、紫竹、荆竹、刺竹、青竹、苦竹，因瘴地，故无佳者，然部名华竹，山名竹沙，固可胜于今淇之仅存空名也。（楚雄旧志全书“元谋卷”乾隆《华竹新编》卷2第229页）

竹之属：凤尾竹、荆竹、紫竹、刺竹、青竹、苦竹。（楚

雄旧志全书“武定卷”康熙《武定府志》卷2第83页）

竹属：凤尾竹、荆竹、紫竹、刺竹、青竹、苦竹。（楚雄旧志全书“武定卷”光绪《武定直隶州志》卷4第377页）

竹类：筋竹、木竹、龙竹。（楚雄旧志全书“禄丰卷上”康熙《禄丰县志》卷2第25页）

竹属：为荆竹，为水竹，为淡竹，为凤尾竹。（楚雄旧志全书“禄丰卷上”康熙《广通县志》卷1第390页）

紫竹、水竹、凤尾竹、实心竹、苦竹、金竹。（楚雄旧志全书“牟定卷”道光《定远县志》第246页）

竹品：紫竹、荆竹、水竹、刺竹、凤尾竹。（楚雄旧志全书“南华卷”康熙《镇南州志》卷1第14页）

竹之属：紫竹、水竹、苦竹、龙竹、刺竹、斑竹、扁竹、人面竹、凤尾竹、荆竹亦作筋竹。（楚雄旧志全书“南华卷”咸丰《镇南州志》第130页）

竹品：紫竹、水竹、苦竹、刺竹、斑竹、人面竹、凤尾竹、筋竹、龙竹即蛮竹。（楚雄旧志全书“南华卷”光绪《镇南州志略》卷4第356页）

竹品：紫竹，水竹、斑竹、人面竹、凤尾竹、龙竹、筋竹、苦竹、刺竹。（楚雄旧志全书“南华卷”民国《镇南县志》卷7第635页）

竹属：方竹近年为采笋，蹂躏将尽、筇竹即罗汉竹、茨竹、斑竹、慈竹有直巅、钓鱼二种、苦竹有甜、苦二种、水竹、紫竹、箭竹、金竹、海竹空中为咂酒竿、滑竹。（光绪《镇雄州志》卷5第58页）

竹类：筇竹、茨竹、紫竹、慈竹、芳竹、箭竹、海竹、金竹。（昭通旧志汇编本乾隆《恩安县志稿》卷3第37页）

竹类：苦竹、慈竹、化竹、筇竹又名罗汉竹，节大而密，筠厚而坚，老人取以为杖，笋亦佳。凡山之高峻处皆有之，唯罗汉岭为盛、水竹、筋竹、刺竹、扁竹、楠竹、小楠竹俗名硬头黄。（昭通旧志汇编本嘉庆《永善县志略》卷1第752页）

竹之属：有金竹，花黄，节有黑圈，南乡多产之。苦竹，产北二区，扎扫帚，兼制土纸。节竹，一名罗汉竹，节实高起。茨竹，枝叶蕃茂，茎细而长。紫竹，色纯黑，可制箫。钓鱼刺，较茨竹细稍长而垂，若钓鱼然。人面竹，近地之茎节密而凹，宛如人面，作杖甚佳。慈竹，茎粗，色黄，用编器具。箭竹，质极坚劲，又称矛竹。细实竹，茎细，心实，用作烛心。斑竹，茎细有斑点，望之如画者然，人咸爱之。（昭通旧志汇编本民国《昭通志稿》卷 9 第 263 页）

竹之属：笼竹、黄竹、筋竹、紫竹、南竹、斑竹、凤尾竹。（昭通旧志汇编本民国《巧家县志稿》卷 7 第 695 页）

竹类：斑竹、兰竹最高大，可作梁柱、慈竹有三种，亦高大。通用制器、修造，最有利益，高低皆产、金竹、水竹，罗汉竹、石竹、白甲竹以上三种高山老林遍山皆产，春秋打笋外，并可造纸，故为出产大宗、硬头黄、棕竹、苦竹。（昭通旧志汇编本民国《绥江县县志》卷 2 第 859 页）

竹类：慈竹分伸尖、钓鱼二种、甜竹、苦竹以上二竹笋俱可食、水竹、筋竹、南竹有筋竹、慈竹之分，俱竿长质厚、黑竹即紫竹、实竹、斑竹、磺（硬）头黄竹、罗汉竹详后、月季竹每月皆生笋，在杉木滩店前石堆上、人面竹、方竹。（昭通旧志汇编本民国《盐津县志》卷 4 第 1695 页）

竹笋：筇竹即罗汉竹也，始见于《蜀都赋》。节粗茎细，质极坚实，其笋多而且佳。产在县境之西，以永安镇属大宝顶至龙潭乡属黄坪溪、传师坝后一带山岭，绵亘约六十里之地俱产之，尤以黄坪溪产量为最富。每年春笋生时，近山居民负蓑戴笠，深人林箐，掘笋剥箨，篓负归家，贮之釜中，加水煮沸，令少熟取起，炕干复薰以牛黄，方久藏不腐。以至集少成趸，有自运或收贩至宜宾出售者，销路颇广。此项竹笋虽为本县出产之一大宗，惜无统计、保护加推广焉。（昭通旧志汇编本民国《盐津县志》卷 4 第 1695 页）

竹参（荪）：竹参为近来食品中之一珍贵者，系蕈类。当夏间多产于慈竹中，色纯白，茎高三四寸，质松而内有小孔，其伞为网状，形同汽灯纱罩顶，附似溏鸡屎秽物，有异臭，取时宜去之，贯以蔑丝挂檐际晾干。食时调和咸甜均可，味颇清

淡。盐津各乡俱产，唯量极少。近来商贩零星收买，积有成数，运销宜宾。（昭通旧志汇编本民国《盐津县志》卷4第1697页）

## 斑竹

楚雄山中产斑竹，不规而圆，节去逾尺，作箸殊佳，谓之天生箸。《记》云："云南有实心竹，文采斑驳殊好，可为器物"，即此是耶！（《滇略》卷3第230页）

己卯四月十八日……八关之外，其北又有此古勇、巅塘二关，乃古关也巅塘之外为茶山长官司，旧属中国，今属阿瓦。巅塘东北、阿幸厂北为姊妹山，出斑竹，其外即野人。（《徐霞客游记·滇游日记九》第1067页）

己卯四月二十六日……姊妹山出斑竹，北去此三十里，可望而尽，不必登。（《徐霞客游记·滇游日记九》第1081页）

姊妹山，在滇滩关西北三十里。其地崇山密岭，有双峰插天，亭亭卓立，宛如巫峡神女峰，山后即茶山野人矣。其山出斑竹。（乾隆《腾越州志》卷3第6页）

斑竹，旧《云南通志》：出云州。（道光《云南通志稿》卷69《顺宁府》第34页）

花斑竹，《永昌府志》：出腾越。《腾越州志》：出滇滩关外。（道光《云南通志稿》卷70《永昌府》第25页）

斑竹，旧《通志》：出云州。（光绪《续修顺宁府志》卷13第17页）

## 垂丝竹

所产有垂丝竹，其枝叶软弱下垂。（景泰《云南图经志书》卷6《大候州》第347页）

垂丝竹其枝叶软弱皆下垂。（正德《云南志》卷14《大候州》第598页）

垂丝竹其枝叶软弱皆下垂。（万历《云南通志》卷4《大候州》第47页）

《五侯鲭》：垂丝竹出云南，枝柔软下垂。（道光《云南通志稿》卷68《通省》第8页）

垂丝竹，《一统志》：枝叶软弱皆下垂。《五侯鲭》：垂丝竹出云南，枝柔软下垂。（道光《云南通志稿》卷69《顺宁府》第34页）

垂缘竹，《一统志》：枝叶软弱皆下垂。（光绪《续修顺宁府志》卷13第17页）

## 慈孝竹

慈孝竹，《续东川府志》：出碧谷坝。（道光《云南通志稿》卷70《东川府》第37页）

## 慈竹

白崖城，……城北门外有慈竹蘘，大如人胫，高百尺余。（《云南志补注》卷5第75页）

慈竹，任昉《述异记》：诗义云南中生子母竹，今慈竹是也。《花木考》：慈竹秋笋高数丈，尾甚柔细如钓丝，又名钓丝竹。旧《云南通志》：云南产。（道光《云南通志稿》卷68《通省》第9页）

## 大竹

麇泠县有大竹，数围，实中。任屋梁柱。复用之，则当瓦，可庇风雨。《初学记》卷八《州郡部》十一、《太平寰宇记》卷一百七十《峰州土产》条、《锦绣万花谷》后集卷六《峰州》条引。（《云南古佚书钞·南中八郡志》第13页）

《班洪风土记·大竹》：自出镇康，时遇山中竹林，蓊荫邱壑，而其大者，则班洪地逐处见之，有粗至直径尺余，切其一段，用为甑子者。而境内建筑，其材料以用竹为多，故有私人蓄之者。（《滇西边区考察记》第1篇第42页）

## 地竹

地竹，又名土余竹、〖地余竹〗。〖生于郊野〗，无花，就地生小软枝，高一二寸，叶似家竹，亦非淡竹，乃地竹也。〖味苦，无毒〗。采取为末，治男妇老幼，眼目昏花，或云翳遮睛，或疳疾伤眼，服之，其效如神。〖同苦蒿尖、马鞭梢尖、枸杞尖共捣为泥，遇暴赤火眼，左眼塞左鼻，右眼塞右鼻，效〗。（《滇南本草》第936页务本）

地竹，《滇南本草》：此竹于郊野就地而生，高仅二寸，又名地余竹。治一切目疾，老眼昏花，云翳遮睛，疳疾伤眼，怒气攻冲，服之皆效。同苦蒿尖、马鞭稍尖、枸杞尖共捣为泥，遇暴赤火眼，左眼塞左鼻，右眼塞右鼻，无不神效。（道光《云南通志稿》卷68《通省》第15页）

地竹，《滇南本草》：于郊野就地而生，高仅二寸，又名地余竹。治一切目疾，老眼昏花，云翳遮睛，疳疾伤眼，怒气攻冲，服之皆效。同苦蒿尖、马鞭稍尖、枸杞尖共捣为泥，遇暴赤火眼，左眼塞左鼻，右眼塞右鼻，无不神效。（光绪《续

修顺宁府志》卷13第15页）

## 方竹

方竹出判山村。（景泰《云南图经志书》卷3《建水州》第164页）

《方竹》（五绝）：同是淇园种，此君何异哉？只因有棱角，傲过栋梁材。（《担当诗文全集·橛庵草》卷6第248页）

方竹，《一统志》：出镇雄山中。《镇雄州志》：近年为采笋，蹂躏将尽。（道光《云南通志稿》卷70《昭通府》第39页）

龚履谦《方竹》（七绝）：独抱奇姿满绿坡，求图试问合规麽。他年化作龙游海，不泛珠波泛玉波。（光绪《镇雄州志》卷6第16页）

叶如春《镇雄山方竹赋》以题为韵：探美材于边州，繄方竹之蔚镇，宜偕楷木以共滋，合与模株而并振。数百里之广，半是凤实鸾枝；六十种之多，独异珠圆玉润。引绳罔事，既从直而常伸；絜矩宁关，偏好方而标峻。寞将军田上节操，差同梁弟子苑中。廉隅特逊尔其生，不待植长自成丛。蜩腹抽雷雨之夕，龙孙象河洛之中。落落孤标，依稀达人自玉；亭亭特立，仿佛道高难同。若入沉怀之志乘，松堪作友；如邀戴凯之评骘，桂岂独雄？又何羡剖节而飞仙子，闻声而得神童。乎至若托宗镇鄙，列族雄关，檀栾汜水，葱倩乌山。拔地茁芽，不须筑阳之棫；披烟劈斡，奚必临贺之间。乞玉板于山林，利通远近；捉介圭于草莽，声噪夷蛮。盖竹之多也，几遍满于世宙，而外之方也，乃独重于人寰。彼夫非草非木，亦青亦节。《禹贡》既志美篠簜，诗人亦发笑筼筜。或材取东南之箭，或根盘西北之场，或万户夸盛于渭水，或一丛表异于潇湘，或裁管于轩辕之谷，或著名于《尔雅》之章。率似智而应外，孰行义以成方。惟兹形殊天赋，质协地轴，长逾百节，根株俱是方平，衍至万竿，母子同为端肃。虽同�粉抱觚稜而不移，纵此枝柯矢荆心以自笃，故能甘曲泉乐重谷，任雪侵凭雨沐，猗猗然奇情独寄，嶽嶽乎古道共瞩。岂第诗歌比德，特称淇澳之林；易象陈词，独著苍筤之竹也哉！则尝睇眄芒峰，徘徊雅度，譬山中之宰相，自是仪型；饶君子之风流，不为俗污。纵规圆而使漆，亦节目之独步。幸昭质之无亏，得托根之也孔固。际右文之世，方堪取作汗青，分校书之光，并可代爇藜炷。品宜特达，虽未移植于上林；材合同升，乃似积琼乎蓝圃。管城掞藻，既乏通方之才；僧舍挥翰，转愧碧鲜之赋。（光绪《镇雄州志》卷6第32页）

## 观音竹

观音竹，冯时可《雨航杂录》：观音竹形小叶长，翠润夺目，植岩石上，经冬不凋。《瀛涯胜览》：观音竹如藤，长丈八尺许，色如黑铁，每寸约二三节。旧《云南通志》：云南产。（道光《云南通志稿》卷68《通省》第8页）

观音竹，冯时可《雨航杂录》：观音竹形小叶长，翠润夺目，植岩石上，经冬不凋。《瀛涯胜览》：观音竹如藤，长丈八尺许，色如黑铁，每寸二三节。（光绪《续修顺宁府志》卷13第18页）

## 海竹

海竹，《镇雄州志》：空中为咂酒竿。（道光《云南通志稿》卷70《昭通府》第39页）

## 汉竹

《广志》云：永昌有汉竹，围三尺余，大者一节受一斛，小者数升为椑榼。(天启《滇志》卷 32 第 1045 页)

晋郭义恭《广志》：永昌有汉竹，大者一节受一斛，小者数升为椑榼。《初学记》二十八。(《滇绎》卷 2 第 676 页)

## 黑竹

黑竹出浪穹，色黑，可为箫管。(康熙《云南通志》卷 12《大理府》第 227 页)

黑竹，旧《云南通志》：出浪穹，色黑，可为箫管。(道光《云南通志稿》卷 69《大理府》第 15 页)

## 滑竹

滑竹，《云南府志》：出昆阳州。(道光《云南通志稿》卷 69《云南府》第 6 页)

## 鸡腿竹

鸡腿竹境内有竹，每节上大下小，如鸡腿之状。(景泰《云南图经志书》卷 3《广西府》第 182 页)

鸡腿竹每节上大下小，如鸡腿状。(正德《云南志》卷 7《广西府》第 339 页)

鸡腿竹出山谷间，每节上大下小，可以为杖。（康熙《云南通志》卷12《广西府》第227页）

鸡腿竹，《一统志》：出广西府。旧《云南通志》：产山谷间，每节上大下小，可为杖。（道光《云南通志稿》卷70《广西直隶州》第46页）

## 棘竹

《竹谱》曰："棘竹骈深，一丛为林，根如推轮，节若束针，亦曰笆竹，城固是任。篾笋既食，鬓发则侵。"释曰："大者二尺围，肉至厚实。南中夷人，破以为弓，枝节皆有刺，种以为城，卒不可攻。万震《异物志》又云种为蕃落，阻过层墉。或卒崩根出，如大十石物，纵横相承如缲车，一名笆竹，见《三仓》，笋味落人须发。"今广南、腾越夷中皆有刺竹，如谱所云。夫竹比君子，而夷落乃为荆棘，华戎不同贯，即物有然者矣。（天启《滇志》卷32第1044页）

刺竹，《腾越州志》：腾越多竹，甲于中土。《竹谱》曰：棘竹，亦曰骈竹，深丛为林，根如椎轮，节若束针，亦曰笆竹，城固是任，篾笋既坚，鬓须则侵。释曰：大者二尺围，肉甚厚实，南中夷人，破之以为版，枝节皆有刺，种以为城，卒不可攻。今腾越地有刺竹，如谱所云。（道光《云南通志稿》卷70《永昌府》第26页）

刺竹，《竹谱》曰：棘竹，亦曰骈竹，深丛为林，根如椎轮，节若束针。采访：顺宁之刺竹，产深箐中，长二丈许，围及寸，节皆有刺。（光绪《续修顺宁府志》卷13第18页）

## 箭竹

箭竹、蝉花。（正德《云南志》卷5《楚雄府》第245

页）

斑竹、箭竹。（正德《云南志》卷6《蒙化府》第299页）

## 金竹

金竹，截之作箫笛则声清越。以竹皮黄，故得名。（《鸡足山志》卷9第340页）

## 筋竹

《竹谱》又曰："筋竹为矛，称利海表。槿仍其干，刃即其杪。生于日南，别名为篻。"释曰："筋竹，长二丈许，围数寸至坚，南土以为矛。其笥未成竹时，堪为弩弦。见徐忠《南中奏》。刘渊林云夷人以史竹叶为矛。余之所闻，即是筋竹，岂非一物而二名者?"滇中有筋竹，叶差小于它竹，坚而且直，戍卒取以承枪，甚美利也。（天启《滇志》卷32第1044页）

筋竹，段成式《酉阳杂俎》：筋竹，南方以为矛，笋未成竹时，堪为弩弦。旧《云南通志》：云南产。（道光《云南通志稿》卷68《通省》第8页）

筋竹，《顺宁府志》：可为矛，未老者可为弩弦。（道光《云南通志稿》卷69《顺宁府》第34页）

筋竹，《腾越州志》：《竹谱》筋竹为矛，称利海表。槿仍其幹，刃即其杪。释曰：筋竹，长二丈许，围及寸尚坚，南土以为矛，其笥未成竹时，可为弩铳。（道光《云南通志稿》卷70《永昌府》第26页）

筋竹，旧《志》：可为矛，未老者可为弩弦。（光绪《续修顺宁府志》卷13第17页）

# 巨竹

巨竹出易门深谷，节高数尺。（康熙《云南通志》卷12《云南府》第226页）

巨竹，《一统志》：出易门县荞甸山箐中，数尺一节。夷语名竹为簜，盖合于《禹贡》篠簜之音云。（道光《云南通志稿》卷69《云南府》第6页）

# 苦竹

苦竹，味苦，叶细，生深箐中。（《鸡足山志》卷9第340页）

苦竹，贾思勰《齐民要术》：苦竹，竹之醜类也。有四：有青苦者，白苦者，紫苦者，黄苦者。旧《云南通志》：云南产。（道光《云南通志稿》卷68《通省》第9页）

苦竹，贾思勰《齐民要术》：苦竹，竹之醜类也。有青苦、白苦、紫苦、黄苦四种。（光绪《续修顺宁府志》卷13第18页）

# 龙竹

龙竹，年久则根盘土外，如太湖假山，又似虬璇于地上。其本参天，叶长五六寸，宽七分，颇类椶竹叶。（《鸡足山志》卷9第340页）

龙竹，《滇南本草》：形似家竹，生于水石之傍，枝软叶黄，治肾虚腰痛，助肾兴阳。炙用，益寿延年。取汁用，亦能返老还童。（道光《云南通志稿》卷68《通省》第9页）

龙竹，《滇南本草》：形四家竹，生于水石之傍，枝软叶黄，治肾虚腰痛，助肾兴阳。炙用，益寿延年，去汗用。采访：顺宁之龙竹甚多，仅可取笋，未闻入药，恐非其类也又考顺宁龙竹形非家竹，枝劲叶大，直上干霄，随地皆生，与《本草》注有异。（光绪《续修顺宁府志》卷13第18页）

# 笼竹

杜诗："笼竹和烟滴露梢"。笼，吐蕃地名也。《旧唐书·吐蕃传》有笼官、大笼官。又《韦皋传》："擒笼官四十五人"；擒城主、笼官、节度。则其地产竹，因以名之耳。张志淳《南园漫录》载之。（《滇略》卷3第228页）

# 猫头竹

猫头竹，《事物绀珠》：猫竹，又名猫头竹，其根类猫头。又名潭竹，大茎细叶。旧《云南通志》：云南产。（道光《云南通志稿》卷68《通省》第9页）

# 毛竹

毛竹，大者如椀。（雍正《师宗州志》卷上第39页）

毛竹，《滇南本草》：生于郊野，形似家竹，而小叶上有毛，土人呼为淡竹。叶治妇人虚成痨，久热不退，利大小便，热积血淋，服之皆效。（道光《云南通志稿》卷68《通省》第9页）

毛竹，《广西府志》：产邱北。《师宗州志》：大者如碗。（道光《云南通志稿》卷70《广西直隶州》第46页）

毛竹，《滇南本草》：生于郊野，形似家竹，而小叶上有毛，土人呼为淡竹。叶治妇人虚成痨，久热不退，利大小便，热积血淋，服之皆效。（光绪《续修顺宁府志》卷 13 第 19 页）

## 盂滩竹

盂滩竹，长傍出。其竹节度三尺，柔细可为索，亦以皮为麻。(《云南志补注》卷 7 第 105 页)

## 南竹

南竹治为箸，遇毒则绽裂。(正德《云南志》卷 7《景东府》第 314 页)

## 濮竹

有大竹名濮竹，节相去一丈，受一斛许。（《华阳国志》卷 4 第 430 页）

濮竹其节甚长，出高黎共山。(景泰《云南图经志书》卷 6《腾冲军民指挥使司》第 341 页)

濮竹节相去数尺。(正德《云南志》卷 13《金齿军民指挥使司》第 540 页)

黄藤、濮竹高黎共山出，节甚长。(正德《云南志》卷 13《腾冲军民指挥使司》第 561 页)

《广志》云：永昌有濮竹，围三尺余。大者一节受一斛，可为舡。小者数升，可为馔榼。(《滇略》卷 3 第 228 页)

竹，《华阳国志》云：牢夷有竹，其节相去一丈，名濮竹。南方有布芾竹，长百丈，围三丈余，可以为大舟，笋味甚美。今未闻。又云：䈽对青，半青半紫，二色可爱。彼中人亦未见拈出。（天启《滇志》卷32第1044页）

麻竹其质绵软，可为绳为履。（康熙《云南通志》卷12《永昌府》第227页）

麻竹，永昌、顺宁山谷有竹，中实叶大，节最疏，土人破为丝绳作履，谓之麻竹。余案：即濮竹。《后汉书·哀牢夷传》：其竹节相去一丈，名濮竹。（《滇游续笔》第469页）

竹斗斛，出永昌、顺宁，古濮竹也。但不能如古之竹节相距一丈，可为船也。古人长大，后世降而短小，惟竹亦然。竹釜，见于《范志》，截大竹为铛鼎，炊熟而不焦，物理宜然。海边煎盐，织篾为锅，能久用。往时征缅，军行于路，掘窟折蕉叶，泥之为锅，以作饭，炊熟叶不败也。（《滇海虞衡志》第122页）

濮竹，旧《云南通志》：即《南中志》所谓节相去一丈，可受一斛者。今产不过去二三尺，受升合而已。桂馥《札樸》：永昌、顺宁山谷有竹，中实叶大，节最疏，土人破为丝绳作履，谓之麻竹。余案：即濮竹。《汉书·哀牢夷传》：其竹节相去一尺，名濮竹。又云南《旧通志》：顺宁府产绵竹，猛赖箐有之，彝人用刀刮之，缕缕如麻，可以绞索，可以织履。《顺宁府志》：性韧，可以作缆谨案：《志》分濮竹、麻竹为二，桂氏合而为一。今以永昌物产例之，似桂氏为是，故备载之，以俟考，余互见永昌府（道光《云南通志稿》卷69《顺宁府》第33页）

竹斗斛，檀萃《滇海虞衡志》：出永昌、顺宁，古濮竹也，但不能如古之竹节相距一丈，可为船也。古人长大，后人降而短小，惟竹亦然。（道光《云南通志稿》卷69《顺宁府》第34页）

麻竹，樊绰《蛮书》：名孟滩竹，长傍出，其竹节度三尺，柔细可为索，亦以皮为麻。《古今图书集成》：其质绵软，可为绳为履。《永昌府志》：可以织履，出腾越。（道光《云南

通志稿》卷70《永昌府》第25页）

濮竹，《后汉书·西南夷传》：哀牢其竹节相去一丈，名濮竹。常璩《华阳国志》：永昌郡有大竹名濮竹，节相去一丈，大受一斛许。郭义恭《广志》：永昌有濮竹，围三尺余，大者一节受一斛，小者数升为椑榼。《一统志》：出腾越高黎贡山，节甚长。（道光《云南通志稿》卷70《永昌府》第25页）

濮竹，旧《通志》：即《南中志》所谓节相去一丈，可受一斛者。今产不过去二三丈，受升合而已。桂馥《札樸》：永昌、顺宁山谷有竹实，叶大节最疏，土人破为丝绳作屐，谓之麻竹。余案即濮竹。《汉书·哀牢夷传》：其竹节相去一尺，名濮竹。又云南《旧通志》：顺宁府产绵竹，猛赖箐有之，彝人用刀刮之，缕缕如麻，可以绞索，可以织屐。《府志》：性韧，剖而柔之，可以作缆 谨案：志分濮竹、麻竹为二，桂氏合而为一。今以永昌物产例之，似桂氏为是，故备载之以俟考。（光绪《续修顺宁府志》卷13第17页）

竹斗斛，檀萃《滇海虞衡志》：出永昌、顺宁，古濮竹也。但不能如古之竹节相距一丈，可为船也。古人长大，后人降而短小，惟竹亦然。（光绪《续修顺宁府志》卷13第18页）

## 筇竹

骞曰：臣在大夏时，见邛竹杖、蜀布。问曰："安得此？"大夏国人曰："吾贾人往市之身毒。身毒在大夏东南可数千里。其俗土著，大与大夏同，而卑溼暑热云。其人民乘象以战，其国临大水焉。"以骞度之，大夏去汉万二千里，居汉西南。今身毒国又居大夏东南数千里，有蜀物，此其去蜀不远矣。……天子欣然，以骞言为然，乃令骞因蜀犍为发间使，四道并出。……南方闭嶲、昆明。昆明之属无君长，善寇盗，辄杀略汉使，终莫得通。然闻其西可千余里有乘象国，名曰滇越，而蜀贾奸出物者或至焉，于是汉以求大夏道始通滇国。初，汉欲通西南夷，费多，道不通，罢之。及张骞言可以通大夏，乃复事西南夷。（《史记》卷123《大宛列传》第3166页）

筇竹、垂丝竹州县俱出。（正德《云南志》卷2《云南府》第122页）

汉元狩间，张骞使大夏，见邛竹杖，问所从来，曰：邛西二千里身毒国所产。遂遣使至滇，指求身毒。身毒，今天竺也，距丽江可二千里。（《滇略》卷3第228页）

《竹谱》又曰：“竹之堪杖，莫尚于筇。磥砢不凡，状若人工。岂必蜀壤，亦产余邦。一曰扶老，名实县同。”释曰：“穷竹，高节实中，状若人刻。《广志》云出南广筇都县，然则邛是也，名犹高粱董。《张骞传》云于大夏见之，出身毒国。始感邛杖，终开越巂。越巂，古身毒也。张孟阳云邛竹出兴古盘江县，《山海经》谓之扶竹，生寻伏山，去洞庭西北一千一百二十里。《黄图》云华林园有扶老三株。如此，则非一处，赋者不得专为蜀地之生也。《礼记》曰：五十杖于家，六十杖于乡者，扶老之器也。”（天启《滇志》卷32第1044页）

筇竹杖，按筇竹与肉桂并称。今走奔云南之肉桂遍天下，而筇竹无闻，况能传节于大夏之邑耶？喧寂悬殊，则所遭有幸有不幸也。（《滇海虞衡志》第117页）

《罗汉竹》：梅子山前路，奇峰叠起伏。高寒雪霰凝，岩际风谡谡。林木多幽翳，篔筜遍山麓。节疏堪作杖，种异潇湘綟。持以问山人，云是罗汉竹。慈云覆烟梢，法雨滋岩谷。夜来金布地，筛影纷盈目。亭亭上青霄，孤标霭晴旭。佳植留荒陬，高节脱凡俗。何须说逃禅，愿希君子躅。（昭通旧志汇编本嘉庆《永善县志略》卷2第806页）

邛竹，刘逵《蜀都赋注》：邛竹，出兴古盘江以南，竹中实而高节，可以作杖。戴凯之《竹谱》：邛竹高节，实中，状若人刻，俗谓之扶老杖。张孟阳云：出兴古盘江县。（道光《云南通志稿》卷69《曲靖府》第39页）

筇竹，旧《云南通志》：一名罗汉竹，出镇雄山中谨案：筇竹，始见于《蜀都赋》刘逵注，以为出兴古盘江以南。已载入曲靖府，其实曲靖无之，惟昭通乃有也。（道光《云南通志稿》卷70《昭通府》第39页）

《蜀都赋》刘渊林注：邛竹，出兴古盘江以南，竹中实而高节，可以作杖。（《滇绎》卷1第670页）

夷目陇之屏《西山筇竹》（五绝）：君子在大节，罗汉亦宏愿。无苟更无咎，领取一筇看。（光绪《镇雄州志》卷6第14页）

## 人面竹

人面竹杖，尝植竹于昆院，得人面竹一丛，以稚小不能为杖。（《滇海虞衡志》第119页）

人面竹，《一统志》：节如人面。（道光《云南通志稿》卷70《蒙化直隶厅》第42页）

人面竹，《一统志》：节如人面。（光绪《续修顺宁府志》卷13第19页）

## 实心竹

云南有实心竹，文采斑驳殊好，可为器物。其土人以为枪藊、交床。《太平御览》卷九百六十二《竹》一、《竹谱详录》卷四及卷六、《天中记·竹类》引。《御览》引末句脱“人”字，《竹谱详录》卷六引“交床”作“胡床”。（《云南古佚书钞·云南行记》第26页）

《云南记》云：有实心竹，文采斑驳殊好，可为器物。其土以为枪干、交床。（天启《滇志》卷32第1045页）

实心竹，袁滋《云南记》：云南有实心竹，文采斑驳殊

好，可为器物，其土以为枪幹、交床。（道光《云南通志稿》卷 68《通省》第 8 页）

实心竹，《永昌府志》：可为杖。《腾越州志》：分水岭产，一名藤条竹。（道光《云南通志稿》卷 70《永昌府》第 25 页）

实心竹，袁滋《云南记》：滇南有实心竹，文采斑驳殊好，可为器物。（光绪《续修顺宁府志》卷 13 第 17 页）

## 水竹

水竹，心甚空，雨多则其节中含水，取以为饮，化痰。（《鸡足山志》卷 9 第 340 页）

水竹，《事物绀珠》：水竹，出岩下泽水中，其笋随水深浅以成节，若深一丈，则笋出水面为一节。释赞凝《物类相感志》：疏节竹出南方水中，笋萌时，随水高低成节也。旧《云南通志》：云南产。（道光《云南通志稿》卷 68《通省》第 8 页）

## 桃竹

桃笙，可席，可杖，注于《尚书》，赋于《蜀都》，为簟可以筒韬。少陵得杖二茎，且恐其为蛟龙神争夺，其珍重至此。东坡跋杜诗，谓“桃笙竹身棕叶，密节实中，尸理瘦骨，天成柱杖。”岭外人多种，不知为桃竹，流传四方。视其为有眼者，盖自东坡出。又书柳诗云：“盛时一失贵反贱，桃笙葵扇安可常？”则是宋时已不知桃笙矣。物之显晦因时，能无慨然！（《滇海虞衡志》第 118 页）

## 藤竹

己卯五月二十一日……七里抵新安哨，两三家夹岭头，皆以劈藤竹为业。（《徐霞客游记·滇游日记十》第1108页）

藤竹，《顺宁府志》：藤竹可为鞭。旧《云南通志》：藤竹杖，出顺宁府。（道光《云南通志稿》卷69《顺宁府》第33页）

藤竹，旧《志》：藤竹可为鞭。旧《通志》：藤竹杖，出顺宁。（光绪《续修顺宁府志》卷13第17页）

## 无节竹

无节竹，《腾越州志》：沙木笼产，又名通天竹。（道光《云南通志稿》卷70《永昌府》第25页）

## 崖竹

崖竹，叶最细，枝拂拂若帚，多倒垂而生，可作盆景。（《鸡足山志》卷9第340页）

## 由衙竹

《竹谱》曰："簹与由衙，厥体俱洪。围或累尺，簹实衙空。南越之居，梁柱是供。"释曰："《交州》、《广志》云由衙竹，亦有生于永昌郡，为物丛生。"（天启《滇志》卷32第1044页）

由衙竹，《交州》、《广志》：由衙竹，亦有生于永昌郡，为物丛生。（道光《云南通志稿》卷70《永昌府》第26页）

## 玉版竹

玉版竹，其种自余杭来者，肉白理细，可生食，惜其本少，难供大嚼。（《鸡足山志》卷9第340页）

## 云竹

云竹，《一统志》、旧《云南通志》：广南府出。（道光《云南通志稿》卷69《广南府》第30页）

## 竹实

竹实永平民有受值为人傭作者，以他役逾期不赴，主人怒而逐之，哀求不纳，哭而去曰：去则母无以食，奈何行。未几，倦卧道傍，梦一人抚其背曰：无伤也，某山之原有竹，试往攀而摇之，可得米以养。觉而忆其山旧游也，往之竹下果得米，于时万历庚寅、辛卯间也，滇中一时所在皆有之。晋宁杨全太守时为司徒郎，出差归里，及入京携以馈，其米非稻非麦，长三倍稻米，作粥不稠浊，为饮润而甘，微带香味。（康熙《云南通志》卷30第865页）

## 竹舟

竹舟《华阳国志》云：南方有布带竹，长百丈，围三丈余，可为大舟，笋味甚美。（康熙《云南通志》卷30第860页）

# 紫竹

紫竹，《花木考》：紫竹小而色紫，宜伞柄、箫笛用。旧《云南通志》：云南产。（道光《云南通志稿》卷68《通省》第9页）

紫竹，《花木考》：紫竹色紫而质小，宜伞柄、箫笛用其根可治滇犬咬。（光绪《续修顺宁府志》卷13第18页）

# 棕竹

棕竹，产箐中，惜无大者。（雍正《师宗州志》卷上第38页）

棕竹，《广西府志》：产邱北。《师宗州志》：产箐中，惜无大者。（道光《云南通志稿》卷70《广西直隶州》第46页）

# 十六、木之属

## 综述

竹木属：青竹、紫竹、松二种、栢二种、栗、桑、櫈、青皮木宜刻花草。（嘉靖《寻甸府志》卷上第32页）

木之属三十二：松、飞松、柏、杉、楸、枫、扬柳、梧桐、樟、和、驳树、冬青树、水冬瓜、夜合、椿、紫柽、（黄）扬（杨）、栗木、青桐（㭎）、白扬（杨）、桧槐、马缨树、桑柘、榖、棕榈、皂角、罗汉松、观音、白臧、青皮树、山樱树、棠梨树、若木、楠木、多罗密树、旃檀树。（嘉靖《大理府志》第73页）

木之属二十二：赤松、飞松、杉松、圆柏、扁柏、香樟、椿木、和木、夜合、水东（冬）瓜、黄杨、样木、桃木、青刚、杨柳、槐、桑、皂角、棠梨、秋木、菩提树、垂杨。（万历《赵州志》卷1第25页）

木之属十六：桑、松、杉、柳、槐、细松、柏、楸、椿、桂、皂荚、梓、柘、楮、黄杨、棠梨、木堇。（万历《云南通志》卷2《云南府》第13页）

木之属三十：松、柏、杉、楸、枫、椿、桧、槐、樟、和木、驳树、夜合、紫樫、黄杨、栗木、青㭎、白杨、桑柘、皂角、白臧、楠木、冬青树、水冬瓜、马樱树、棕榈树、观音

柳、青皮树、山樱树、棠梨树、旃檀树。（万历《云南通志》卷2《大理府》第34页）

木之属十八：椿、松、柏、杉、桧、紫榆、楮、槐、杨、乌臼、夜合、柳、万年青、栗、栎、槠、棕、血树。（万历《云南通志》卷2《临安府》第55页）

木之属二十四：松、柏、楠、梓、梧桐、椿、槐、柳、梨、棕、朴、榆、樟、楸、桑、皂荚、黄皮、杏叶、河木、黄莲、藤、杉松、鼠尾松。（万历《云南通志》卷2《永昌府》第68页）

木之属二十：松、柏、桧、柟、柳、楸、椿、槐、榆、楮、桑、栗、桂、樟、棕、棠梨、梓、桐、夜合、紫榆。（万历《云南通志》卷3《楚雄府》第8页）

木之属二十二：松、柏、槐、柳、榆、桑、椿、楸、桱、樮、株、栗、橃、楮、棕、樟、棠梨、山桃、黄杨、罗汉松、夜合、茨桐。（万历《云南通志》卷3《曲靖府》第15页）

木之属十五：松、柏、椿、楸、槐、柳、桑、楮、栗、樮、黄杨、棠梨、紫榆、棕、青皮。（万历《云南通志》卷3《澄江府》第23页）

木之属十四：松、柏、杉、桧、樟、榿、槐、柳、榆、禾木、楮、株、樠、黄心。（万历《云南通志》卷3《蒙化府》第28页）

木之属二十一：松、杉、椿、柏、楸、槐、棕、柳、桑、栗、楮、黄连、黄杨、白紫树、香樟、紫荆、刺桐、冬青、和木、水冬瓜、紫榆。（万历《云南通志》卷3《鹤庆府》第37页）

木之属十五：槐、榆、柳、栗、松、柏、椿、楸、榿、桑、楠、梓、梧桐、黄杨木、罗汉松。（万历《云南通志》卷3《姚安府》第46页）

木之属六：松、柏、栗、桑、榿、青皮。（万历《云南通志》卷4《寻甸府》第4页）

木之属十一：梓、松、柏、樟、桐、槐、杨、榆、椿、

柳、黄杨。（万历《云南通志》卷4《武定府》第9页）

木之属九：松、柏、榿、槐、栗、柳、榆、黄杨、楮。（万历《云南通志》卷4《景东府》第12页）

木之属二：乌木、苏木。（万历《云南通志》卷4《元江府》第15页）

木之属四：山栗、白杨、和木、山松。（万历《云南通志》卷4《广南府》第21页）

木之属十九：松、柏、杉、杨、柳、紫榆、梧桐、冬青、槐、马缨、桑柘、穀、棕闾、皂角、山樱、棠梨、多罗密、怕线、木棉。（万历《云南通志》卷4《顺宁州》第24页）

木之属三：松、柏、栗。（万历《云南通志》卷4《永宁府》第28页）

木之属十六：松、柏、槐、梨、栗、柳、榆、榛、乌木、桑柘、和木、黄、白杨、青皮、水冬瓜、罗汉松。（万历《云南通志》卷4《北胜州》第33页）

木之属七：杉、榿、松、柳、水冬瓜、和木、栗。（万历《云南通志》卷4《新化州》第35页）

木之属二：杉、榿。（万历《云南通志》卷4《者乐甸长官司》第37页）

木有松、杉、椿、桂、楸、柏、槐、柳、樟、细松、黄杨、棠梨、桑柘。（天启《滇志》卷3《云南府》第113页）

木有桧、樟、和、夜合、紫荆、桑柘、马樱、棕榈、旃檀、观音柳、紫柽木。（天启《滇志》卷3《大理府》第114页）

木有椿、桧、楮、万年青、观音藤节密而坚，叶赤而鲜，土人谓血树。（天启《滇志》卷3《临安府》第115页）

木为棕、朴、董棕、鼠尾松、白蜡、楠、梓、杏叶、榿。（天启《滇志》卷3《永昌府》第115页）

木属同，而异者桧、楠、紫榆。（天启《滇志》卷3《楚雄府》第116页）

圆松、胭脂木，木也。（天启《滇志》卷3《曲靖府》第

116页）

木之属，如榽木、棠梨、紫榆、黄杨。（天启《滇志》卷3《澄江府》第117页）

木之桧、榿、禾、株、樠。（天启《滇志》卷3《蒙化府》第117页）

木曰楮，曰黄杨，曰香樟，曰紫荆，曰和。（天启《滇志》卷3《鹤庆府》第117页）

木之紫榆，佳者不减铁。栗、梧桐、山樱、棕榈，亦与他郡同，然不数见。（天启《滇志》卷3《顺宁府》第120页）

己卯四月二十四日……其门南临绝壑，上夹重崖，有二木球倒悬其前。仰睇之，其上垂藤，自崖端悬空下丈余，即结为瘿，如瓠匏之缀于蔓者。瘿之端，缀旁芽细枝，上迎雨露，茸茁夭矫，花叶不一状，亦有结细子圆缀枝间者，即山僧亦不能名之，但曰寄生，或曰木胆而已。一丝下垂，结体空中，驭风吸露，形似胆悬，命随空寄，其取意亦不诬也。余心识其异，欲取之，而高悬数丈，前即崩崖直坠，计无可得。但其前有高树自崖隙上耸，若得梯横度树间，缘柯而上，以长竹为殳，可钩藤而截取之。……是午返寺，同顾仆取斧缚竿负梯而往，得以前法升木取瘿。而崖高峡坠，木杪难于著力，久而后得之。一瘿圆若葫芦倒垂，上大下小，中环的颈；一瘿环若巨玦，两端圆凑而中空。皆藤悬于上而枝发于下。如玦者轻而松，如葫芦者坚而重，余不能兼收，后行时置轻负坚者而走。（《徐霞客游记·滇游日记九》第1077页）

己卯七月初九日……余于左腋洞外得一垂柯，其大拱把，其长丈余，其中树干已腐，而石肤之结于外者，厚可五分，中空如巨竹之筒而无节，击之声甚清越。余不能全曳，断其三尺，携之下，并取枝叶之绸缪凝结者藏其中，盖叶薄枝细，易于损伤，而筒厚可借以相护，携之甚便也。（《徐霞客游记·滇游日记十一》第1139页）

己卯八月初一日……又向上盘坡而东，有大树踞路旁，下临西出之涧。其树南北大丈余，东西大七尺，中为火焚，尽成空窟，仅肤皮四立，厚二尺余，东西全在，而南北俱缺，如二门，中高丈余，如一亭子，可坐可憩，而其上枝叶旁覆，犹青青也。是所谓枯柯者，里之所从得名，岂以此耶？……其南即西出深涧，北乃崇山，竹树蒙蔽，而村庐踞其端，东向连络不绝。南望峡南之岭，与北峰相持西下，而荞地旱谷，垦遍山头，与云影岚光，浮沉出没，亦甚异也。（《徐霞客游记·滇游日记十二》第1167页）

己卯八月二十二日……村北有巨树一株，根曲而出土上，高五六尺，中空，巩而复倒入地中，其下可通人行。（《徐霞客游记·滇游日记十二》第1203页）

己卯九月初九日……水帘之下，树皆偃侧，有斜骞如翅，有横卧如虬，更有侧体而横生者。众支皆圆，而此独扁，众材皆奋，而此独横，亦一奇也。（《徐霞客游记·滇游日记十二》第1211页）

木属：椿、松、柏、梓、椒、梧桐、栗、槐、杨、柳、棠梨、黄杨、桑、柘、樟、紫榆、白杨、棕榈、细松、楮、冬青、罗汉松。（康熙《云南通志》卷12《通省》第225页）

木之属：竹、松、栢、梧桐、观音柳、椿、槐、罗汉松。（康熙《晋宁州志》卷1第14页）

木部：松三种、柏、桧、椿、杉、榆、槐、桑、栎、楮、樟、冬青、槲、枫、青皮。（康熙《石屏州志》卷4第79页）

木之属：松、栢、桑、椿、杨柳、槐、万年青、梧桐、青皮木、杉、梓、杞、楮、细松、水冬瓜。（康熙《嵋峨县志》卷2）

木：椿、松、柏、杉、桧、梧桐、槐、杨、柳、楸、棠梨、楷俗名黄练、黄杨、白杨、榆、紫榆、柘、柞、榿、栗有黄白刺三种、樟、梓、棕榈、禾木、川练、夜合、構、皂角。（康熙《蒙化府志》卷1第41页）

明雷应龙《文庙花木记》：凡祠庙公署宅第，多莳花木，非悦目娱心也，耸瞻视，验久近，观盛衰焉。故乔木故国，战国已腾口矣。吾蒙庙学岁久渐圮，规制且未备，近宪副时川姜公辟门通路，洞然改观，郡守左侯瑞卿撤其敝，正其位，而一新之。又创造乐器如制，滇西诸庙学，莫之或先焉。花木惟明伦堂槐二，文庙丹墀柏四而已，郡人士多不满。司训王君振之，受托左侯，监督诸门庑阁库，造诸乐器服，经理合宜，劳瘁备至。既成，叹曰：花木润色，某当任之，不敢复劳侯也。郡人士闻风而靡争献，所有者惟恐或后，所未备者，君割俸金为之，家僮一二人，皆废蒭荛，日事移溉。每移虽险远，君必躬临视护，朝夕督溉，弥数日无怠心，故所莳有不活者鲜矣。时始嘉靖甲申秋，今甫及期，而青翠交映，馨香馥郁。入其门，凉阴逼肌，清气袭人，盖有未瞻庙宇而心已肃然者矣。所莳：丹墀增柏六、桂二，堂前增槐二、柏四，戟门东桂二、松四、冬青五，柏视冬青为倍，榴视松半之，黄杨如桂，篠如松簜，茨柏、绛桃各一，西柏十四、松二，黄杨减柏之半，竹加松之三，桂半于松、茨柏、冬青、杏、榴各一。尊经阁前簜、柏皆四，群英坊外柏为七者，二仪门东槐十、柏二十有二，西柏减东之七，槐如之，凡一百七十木。继此尚未有艾也。诸庠友谓古人于一物之微，犹不敢忘其所自，况君以端洁刚直，慈爱勤慎范吾人，兹所莳，固召伯之棠，河阳之花也，可使无传耶？具状载币，丐予记。予闻草木之区，别时雨之化，盖尝以花木拟教矣；树德务滋，舍其梧槚，养其樲（棘），盖尝以花木拟学矣。君于花木培植如此，而况于人士乎？诸君于花木知所重如此，而况于身乎？是为记。（康熙《蒙化府志》卷6第16页）

木部：松三种、柏、杉、槐、桑、冬青、青皮。（康熙《通海县志》卷4第18页）

木之属：松、柏、椿、桑、槐、杞、梓、楮、万年青、水东（冬）瓜、细松、青皮、锥栗木。（康熙《新平县志》卷2第321页）

阴阳树在州城隍祠内，其树四季长青，每遇阳干之年向东结实，遇阴干之年向西结实，相传久远，枝叶未见稍有所损。（康熙《路南

州志》卷3第60页)

木之属：椿、松、柏、梓、青棡、梧桐、皂角、柳、杨、樟、桑、棠梨、黄杨、白杨、柘、楮、槐、栗、紫榆、棕榈、冬青、和木、驳树、夜合、罗汉松、水冬瓜、观音柳、万年青。(康熙《新兴州志》卷5第34页)

木属竹附：椿、松、柏、梓、梧桐、栗、槐、杨柳、棠梨、桑、柘、樟、紫榆。(康熙《元江府志》卷1第645页)

木之属：椿、松、柏、楸、槐、柳、桑、柘、栗、黄杨、棠梨、梧桐、冬青、青皮、紫榆。(康熙《澄江府志》卷10第7页)

木之属十五种。(康熙《平彝县志》卷3第96页)

油松、萝汉松、鬼柳。(康熙《鹤庆府志》卷12第24页)

木属：松、柏、楠、梓、梧桐、椿、槐、柳、栎、棕、朴、榆、樟、楸、桑、皂荚、黄杨、杏叶、河木、黄连、漆、杉松、鼠尾松。(康熙《永昌府志》卷10第5页)

木：梧桐、杨、柳、黄杨、白杨、槐、柘、柞、榆、禾木、棠梨、杉、皂角、松、柏、棕榈、栗、夜合、榖、楠。(康熙《顺宁府志》卷1第30页)

木属：石榴树异他产、无花果、木棉、酸角树。(雍正《阿迷州志》卷21第255页)

木：椿、松、柏、槐、杨、柳、桑、杉、紫榆、夜合、万年青、楮、栗。(雍正《建水州志》卷2第8页)

木之属：椿、柏、松、杨柳、梧桐、冬青、樟、棠、桑、柘、榆、驳树、青皮、槐、榔、夜蒿、楸、塗杉、栗、攀枝花、水冬、观音柳、罗汉松。(乾隆《弥勒州志》卷23第117页)

松、杉、桧、柏、榆、柳、槐、椿、樟、梓、椵、桂、梅、杏、桃、李、楠、木棉、乌木、水冬瓜、栎。(乾隆《东川府志》卷18第3页)

木：椿、松、栢、槐、杨、柳、桑、杉、棕、楮、栗、蜡树、黄杨、罗汉松。（乾隆《陆凉州志》卷2第28页）

木属：椿、杉、松、柏有香、水、刺、匾数种、梓、青皮、梧桐、皂角、柳、杨、樟、棠梨、黄杨、桑柘、紫榆、白杨、棕榈、罗汉松、杉松、油松、黄练、白栗、株木、刺栗、苏木、和木、水东（冬）瓜、夜合、栗、观音柳、万年青、槐、枫、桄榔即董棕，可为面济食、厚皮树出新现。（乾隆《开化府志》卷4第31页）

木属：椿、松三种、柏扁柏、圆柏、三会柏、刺柏、醉柏、罗汉松、梧桐、观音柳、刺桐、垂柳、杨黄白、槐、桑、構皮可造纸、棕榈、夜合、和木、皂荚、樟、棠梨、冬青、榆、楸木。（乾隆《赵州志》卷3第57页）

其木则椿、松、柏、杉、梓、桐、栗、槐、杨、柳、棠、黄杨、楮、柞、樟、榆、棕榈、樗、柘、桑、桧、檀、皂角、漆、楸、楠、栎、黄果树、观音柳、无花果。（乾隆《腾越州志》卷3第27页）

赵文哲《寄生》：南维暑寒互，二气凝乃战。女丁胜夫王，非春艳方煽。花开不序信，随意朱碧炫。无树无寄生，厥类无贵贱。我思物相侮，事必由己先去声。乔柯自亭亭，特立绝攀援。何来非种者，如柳忽繁衍。始知大冶力，氤氲日潜扇。雀矢遗断粒，雁衔落枯葭。偶然著枒杈，幽活如在暖。湿生与花生，可以观物变。厥初犹维天，后遂大葱蒨。雨露本无私，居高成独便。臭味两差池，谬托女萝眷。依附既坚牢，末大形乃见。枝叶日飘零，惟余虫网罥。物生必一本，毛里性所恋。不然如室人，利刃或亲剸。所以欧阳子，特著义儿传。（乾隆《腾越州志》卷13第41页）

木部：松、柏、桧、椿、杉、榆、槐、杨、柳、桑、梓、桐、栗、栎、楮、樟、冬青、青皮、榔、枫、楸。（乾隆《石屏州志》卷3第36页）

木之属：有桑、梓、楷俗名黄练头、松、柏、杉、椿、樗、梧桐、棠梨、冬青一名女贞、槠、槐、柳、杨、黄杨、黄栗、水冬瓜、鸭掌木、红豆树、棕桐、藤、竹有紫竹、凤尾竹、筋竹、绵竹、几竹、棕竹、苦竹、刺竹、芦竹、水竹、綦竹、茶味似武彝山产，然不可多得。附煤。（乾隆《黎县旧志》第14页）

明王珹《奇树记》：甸苴关南小溪旁有奇树，出土附地，崛起二幹，一穹隆跨道，注下及地，拆而上，茂枝叶，附地如蛇，崛起似旁生筍；穹隆如梁，注下有钩；折比肱，枝叶宛盖。盖与筍两和旗鼓，梁下俨军门，当梁头，纳马车，蛇寻筍，三分而益，一梁不及十之三，钩与蛇均，肱八九尺，盖荫一亩，理其曲而料之，百尺之良材也，不为栋梁，而早夭斧斤者，何哉？蛇也，筍也；梁也，钩也；肱也，盖也。轶规矩而悖绳墨也。蛇不筍，国死，筍不梁，伐于冠盖，钩故无风踣，肱曲而直，盖承雨露，掖壤于此，摇空于此，形伛偻而生，不绝以长年，孰抑之而蛇，孰扶之而筍，孰托之而梁，孰肱之而钩，孰曲之而肱，孰疏之而盖。盖承天也，肱托地也，钩卫足，梁避人也，筍其性，蛇其基也，皆莫知其所以然也，是谓奇曲，是以谓曲全。（乾隆《黎县旧志》第20页）

木属：松、柏、桂、槐、梧、桐、枫、楸、杨、柳。（乾隆《河西县志》卷1第129页）

木属：椿、松、柏、梓、栗、杨、槐、柳、桑、和木、棕榈、楸、竹。（乾隆《丽江府志略》卷下第40页）

木植，边徼之地，人烟稀少，荒山木植甚多，以道远难运，致摈弃于荒凉寂寞之滨者，何可胜计。余所历东川、永昌、丽江、永北皆然。大约柏树居多，大者可数抱，车夫马脚，往往择其尤大者凿一孔，燃火其中，可以照亮，可以御寒。树有脂，火自旺，有因而萎败倾倒者，有仍然敷荣者。余思木植之用甚广，凡房屋、几案、舟车、棺椁之属皆需之，而废弃者如此之多，岂不深可惜哉。庄子谓以不材全其天年，只是寓言之偏辞耳。余思：运木则难，运器则易，如有匠作结伴到山，就其地斫之成器，如桌椅什物，斗笋活络，可以折卸摺叠者，人挑车载，运至五都之市，人必争购之。既使货不弃

地，当必利益无穷焉！何以见不及此也。（《滇南闻见录》卷下第41页）

滇为蜀都南境，又南则界连交、广，属吴都。故《三都》于蜀则称其木，“木兰梫桂，杞櫹椅桐，椶枒楔枞，楩柟谷底，松柏山峰。”虽写北境，而南境亦然。于吴则称“枫柙櫲章，栟榈枸榔，绵杬杶栌，文欀桢橿，平仲君迁，松梓古度，楠榴之木，相思之树。”皆互文迭见者。则诸木于滇，无不有者也。（《滇海虞衡志》第263页）

滇树，无不有寄生者，俗呼寄生草，然其质则亦木也。翠叶朱实，葱茏蒨蔚，本树反为所蔽，虽松柏之孤直间亦不免。赵光禄《诗》云：“南维暑寒互，二气凝乃战。女丁胜夫壬，非春艳方煽。花开不序信，随意朱碧炫。无树无寄生，厥类无贵贱。我思物相侮，事必由己先去声。乔柯自亭亭，特立绝攀援。何来非种者，如柳忽繁衍。始知大冶力，氤氲日潜扇。雀矢遗断粒，雁衔落枯葭。偶然著楞杈，幽活如在软，湿生与化生，可以观物变。厥初犹维天，后遂大葱蒨。雨露本无私，居高成独便。臭味两差池，谬托女萝眷。依附既坚牢，末大形乃见。枝叶日飘零，惟余虫网罥。物生必一本，毛里性所恋。不然如室人，利刃或亲剸。所以欧阳子，特著义儿传。”（《滇系·赋产四》第74页）

松有油松、杉松、细松数种、柏有侧柏、团柏、合掌、茨柏数种、梧桐、杨、柳、白杨、槐有黄白二种、栗有板栗、毛栗、黄栗、白麻、青刚数种、棠梨、楸、楠、黄杨俗名万年青、椿、榖即楮树也，音同構、水冬瓜、柞、樟、梓、冬青、樗、柘、榆、桑、棕榈、樧、降真香、檀香、婆树、木绵、罗汉松、观音柳、皂荚树、无花果树。以上木三十三（道光《昆明县志》卷2第6页）

《论竹木之属》：竹木之利至大，江陵千树荻，渭川千亩竹，皆与万户侯等，为其水道通而布其利于四方也。滇池北入金沙江，而其道久塞，木之产于滇者，虽宗生族茂，讵少长材，然无有匠石过而问之，老朽空山，终以不用，岂不惜哉！檀萃《虞衡志》：锯柏香，取老柏膚内绛色者，已成香矣，锯而饼之，厚寸许，再折而焚之，颇似檀香，会城多老柏，以其叶末之为条香、盘香。锯柏香之末以煨炉，亦氤氲耐焚。杉，亦松之类，而统于松，故滇人曰杉松，其材中榫榜，南方之地皆有杉，惟滇产为上品，滇人锯为板而货之名洞板，以四大方二小方为一具，板至江浙，值每具数百金。滇人祀神用降香，故降香充市，一名紫藤香、鸡骨香，焚之，其烟直上。桂馥《札樸》：《诗》“隰有六驳”，毛《传》以驳为兽名，陆玑《疏》：驳马，木名，梓榆也。其树皮青白驳荦，遥望似驳马，故谓之驳。下章“山有苞棣，隰有树檖”，皆山隰之木相配，不宜云兽。又《元和郡县志》：贺兰山“有树，木青白，望如驳马，北人呼驳为贺兰。”馥案：北方无此树，未得目验，及官云南，处处有之，音讹呼为婆树。杨慎《丹铅摠录》：南中木棉树，大如抱，花红似山茶，而蕊黄，花片极厚，非江南所莪者。（道光《昆明县志》卷2第16页）

木类：松、柏、椿、椰、槐、桑、榆、杨柳、棠梨。（道光《昆阳州志》卷5第13页）

木属：梧桐、楮俗名构皮、黄杨、柑、桂、枫、槐、漆、樟、松、桑、椿、榕、棠梨、碧盅木、香椿、杉、棕榈、椰、柽柳、木棉、榔、水杨柳、苦楝、皂荚。（道光《广南府志》卷3第3页）

木之属：桑树、橡树可饲蚕，土人不能养蚕，用以供薪爨、象牙木出鲁奎山，可代象牙作筯、樟木出哀牢山，大者可镶为桌面。（道光《新平县志》卷6第22页）

木之属：松、柏、桑、椿、杉、槐、杨柳、细松、和木、梧桐、铁椰、栗树、水冬瓜、万年青、黄练茶、青皮树、青香树。旧县志（道光《续修易门县志》卷7第169页）

木之属：椿、松、柏、楸、槐、柳、桑、柘、栗、黄杨、棠梨、梧桐、冬青、青皮、紫榆。（道光《澄江府志》卷10第7页）

木之属[1]：松、柏、槐、栗、麻栗、楠、黄杨、榖、椰、观音柳、乌木、杉、胡椒、椭、阿魏、降真香、檀香、鹊不停、婆树、伽陀罗、木棉谨案：木棉与橦华、婆罗絮相似，互详《永昌府》。又案旧志尚有椿、杨柳、白杨、花栗、棠梨、楸、楠、水冬瓜、柞、樟、梓、冬青、樗、柘、紫榆、桑、檀、桧、棕榈、槲、罗汉松、皂角树，皆滇产，梧桐移入永昌。（道光《云南通志稿》卷68《通省》第8页）

火蝇树、蚊子树、双飞燕、孤飞燕，《威远厅采访》：并威远厅出。（道光《云南通志稿》卷70《普洱府》第5页）

薑黄、攀枝花、苏木、棕竹，旧《云南通志》：俱开化出。（道光《云南通志稿》卷70《开化府》第33页）

木属：松、柏、槐、柳、椶、桑、楸、椿、棠梨、万年青。（道光《晋宁州志》卷3第26页）

木属附竹：椿、松有油松、杉松、细松数种、柏有侧柏、圆柏、合掌柏、茨柏数种、杨、梧桐、柳、槐、栗有板栗、毛栗、黄栗、白麻、青刚数种、花栗、棠梨、楸、黄杨、水冬瓜、柞、樟、冬青、樗、柘、桑、桧、棕榈、观音柳、罗汉松、皂角树、无花果、杉、榆、株树、紫竹、观音竹、凤尾竹、东坡竹、人面竹。（咸丰《南宁县志》卷4第12页）

木属：松实见果属、柏、杉、漆、楠、桐、栗、刺桐、榆、槐、楸、椿、楮、樗、栎、柳、白杨、黄杨、冬青、棕、桦桃。以上灌木。（光绪《永昌府志》卷22第3页）

木之属[2]：樘木、構、松、柏、栗、黄杨、柳、杉、红木谨案：顺宁尚有槐、椿、棠栗、梧桐、和木、冲天桃、紫榆、桑、棕、皂角、青树、溪木、楠木、楝。（光绪《续修顺宁府志》卷13第19页）

木属：松有油松、杉松、细松、青松数种。檀萃《滇海虞衡志》：滇南之松，大利所出，其实为松子，其下为茯苓、罗汉松、柏有扁松、圆柏、合掌、茨柏数种。檀萃《滇海虞衡志》：老柏香，取老柏肤内绛色者，已成香矣，锯而饼之，厚寸许，再而焚之，颇似檀香，以其叶末之为条香、盘香、椿有红紫白三种、杨、柳、白杨、黄杨俗名万年青、观音柳树高数丈，叶如茴香，花开茄色、梧

---

① 属下各木，原本皆有注释，详见各木名下。

② 属下各木，原本皆有注释，详见各木名下。

桐、槐有黄白二种、栗有板栗、毛栗、黄栗、白、麻、青刚栗数种、皂荚树、花栗、棠梨、楸、檤俗名水冬瓜、柞、樟、梓、冬青、樗、栎、桑、柘、紫榆、桧、棕榈、木绵、董棕、无花果树、白果树、苦楝树有黑白二种、降真香周达观《真腊记》云：降香出丛林中，番人颇费坎斫之功，乃树心也，其外白，皮厚八九寸，或五六寸，焚之气劲而远。檀萃《滇海虞衡志》：滇人祀神用降香，故降香充市，一名紫藤香，一名鸡骨香、荆树、漆树、清香树、榖颜师古《汉书注》：榖树，楮树也，其子类榖。桂馥《札樸》：滇人呼榖树为構浆，以其折枝则浆出也。陶注《本草》云：榖，音構。《酉阳杂俎》：榖，田久荒必生構，叶有瓣曰楮，无曰構、金鸡纳树一名有加利，种自外洋来，近年多种之，其霜能治疟疾，除烟瘴、白蜡树用以饲蜡虫者。（民国《宜良县志》卷4第29页）

《林业木区、木种》：林区：全县分为四区，以崇月、日效为第一区，资依、中弥为第二区，杨林、白龙为第三区，邵甸为第四区，每区以建设分局长及林场管理员若干人管理之。木种：查本属林业，据民十年之调查，松树约三百六十四万余株，杉树约二万余株，柏树约三十五万余株，橡树约一十五万余株，多系天然生殖。又地藏寺有橡树四百余株，上登村有橡树三百余株，系人造林，多散状，全属林地面积约三万九千五百余亩，无特种林木，而获利最厚者，以竹为大宗，强半依山而植，村落人家，自辟竹园，每株嘉者值银四五仙，次者二三仙。薪多就近采取，每百斤约值银三四角。炭则每百斤约值银一元，无林业团体。日效乡（今第二区）有民荒四万余亩，半多石山。邵甸乡（今第七区）有荒地五千余亩，梁王山有官荒一万余亩，除日效乡外，虽乏水，灌溉颇宜。（民国《嵩明县志》卷13第220页）

木之属：松有飞松、课松、杉松三种、柏有扁柏、圆柏、茨柏三种、椿、楸、桐、桑、柳、棕、槐、栗有白、青、朱、黄、刚、麻六种、茶、皂荚、樟木、花木、观音柳、黄杨木、万年青、洋草果、牛筋木、水冬瓜、白杨木、红香木、青皮树、烟渣树、倒挂刺、鸡脚刺、刷绿刺、青刺、白腊条、紫金杉、九里光、苦练子。（民国《嵩明县志》卷16第239页）

木类：杉松、青松、食松、侧柏、圆柏、刺柏、梧桐、杨柳、白杨、槐、板栗、榛栗、黄栗、白栗、青刚栗、麻栗、棠梨、楸木、楠、黄杨俗名万年青、椿有紫、白、毛三种、榖即楮树也，音同构、水冬瓜、柞、樟、梓、冬青、樗、柘、榆、桑、棕榈、降真香、木棉、罗汉松、观音柳、皂荚树、拐枣树、白果树、苦栋树。（民国《路南县志》卷1第52页）

木之属二十七：臙脂木、赤松、飞松、杉松、圆柏、扁柏、和木、榔木、黄鍊头、夜合、棠梨木、杨柳、椿、槐、桑、枫、马缨树、花桃、山缨树、青皮、梧桐、茶果、皂角、栗木有黄、麻、青钢各种、黄杨木、香樟木、万年青。（民国《邱北县志》册3第14页）

木一十一种①：麻栗、梧桐、沙、活、桑、松、柏、苦练、春芽、风棉。（民国《富州县志》第十四第83页）

木属三十五类：椿、杉、松、柏有香、水、刺、匾数种、梓、青皮、梧桐、皂角、柳、杨、樟、棠梨、黄杨、桑柘、紫榆、白杨、棕榈、罗汉松、杉松、油松、黄练、白栗、株木、刺梨、苏木、和木、水东（冬）瓜、夜合、栗、观音柳、万年青、槐、枫、桄榔即董棕，可为麵济食。（民国《马关县志》卷10《物产志》第7页）

《林业》：马关万山重复，地僻人稀，天然森林，遍于全属，然林政不讲，旦旦而伐之，已足以荡灭无余，加之苗傜各族，火种刀耕，斫伐尤甚，近数十年，各地多成童山，天然森林，所余无几，日用柴薪，渐感困难，建筑木材，已至缺乏，林政至于今日，不可不急起讲求，以裕材用也。老君山天然林，在县治东，距六十里，以至百余里，面积数千亩，林木种类复杂，虽有良材，运输不易，多成弃物。达报箐天然林，在县治东南，距七十里，面积万亩，种类复杂，大木甚多，惟道远难致，与老君山无异。洒卡箐，袤延数十里，种类繁杂，在县治西六十里外，运搬困难，于利用上无重大价值。南昌漫劳天然林，广数十里，在县治西二百里，林密箐茂，大树参天，

① 一十一种　按文意为十种。

其运输可由红河顺流而下，至河口，再由滇越路运转各繁盛城市，价值未可限量，但现在尚无人经营此种事业，仍弃置无用之地。杨柳井松山坡，在县治北，距八十里，林长数千里，多松树，除供柴薪外，亦有用作屋料者。较小之天然林亦尚多，不及备载，倘能就兹讲保护之道，限制采伐，则材木之用，当无缺乏虞。中区人造林，以杉树为主，盖杉树为木中良材，其生长状态为尖锥形，干直而枝敛，占地不广，成长较速，耐湿不蠹，具此特长，故人多乐植之，人民自由种植，以图厚利，所在多有，惟尚无大规模之林场事业，其管理方法，殊无一致，亦各视其力而已。全区杉树大小共计约达五千余万株、漆树三千余株、櫨树千余棵、桑树千余株。本年受政府督促，新播桐子十余万。西区人造林，共约杉树四十余万株。北区人造林，共约杉树五十余万株、桐树二十余万株、柏树八万株。南区人造林，共约杉树六十余万株、茶子树二万株。（民国《马关县志》卷10《杂类志》第5页）

（工用植物）桑树、大麻、苧麻、菜子、棕榈、芝麻、火草、構树、柞树、堇竹、龙竹、黄竹、岩竹、茜草、菸草、松树、柏树、青皮树、黄杨木、水冬瓜、乌木、杉木、紫金杉、红杉、楸木、榆树、椿树、槐树、桧树、柳树、毛栗、黄栗、锥栗、红栗、槲树、橡树、观音柳、刺桐、樟树、楠树、枫树、棠梨树。（《宁蒗见闻录》第2篇第67页）

木之品：松、柏、桧、楠、杨、柳、桤、楸、椿、槐、榆、楝、梓、桐、茶、楮、桑、橡、栗、桂、樟、棕、柘、黄杨、紫榆、鬼见愁、罗汉松、夜合、皂角、棠梨。（楚雄旧志全书“楚雄卷上”隆庆《楚雄府志》卷2第35页）

木品：松、柏、柳、禾、楸、椿、槐、桐、桑、栗、樟、棕、夜合、皂角、棠梨。（楚雄旧志全书“楚雄卷上”康熙《楚雄府志》卷1第194页）

木竹大概皆有，而松较多。紫溪山有公山植松，公家所需，取办于此。于一百七十三家枋板户轮替，头役五人领之，今多侵占隐匿。（楚雄旧志全书“楚雄卷上”嘉庆《楚雄县

志》卷1第640页）

木类：松有三种、柏有三种、栗有三种、桑有二种、柘、楮、柳、榆、杨、槐、楸、桐、梓、椿、樟、茶、漆、蜡、棕、橡、棠梨、皂树、冬青即万年青、水冬瓜、黄练茶、观音柳、罗汉松、金刚纂木之通体有刺，与仙人掌等，其浆最毒，惟孔雀食之。土人种以编篱，人莫敢触。（楚雄旧志全书“楚雄卷下”宣统《楚雄县志述辑》卷4第1049页）

第二十四课《松、柏、沙老树、罗汉松、包松》：松，产深山。柏，不拘地，叶细枝冗，松花黄，子细，大作材料，小作柴薪。柏分扁、圆，气香，花淡绿，子榨油，可作棺木。沙老树，大者作椁木，花淡白，结实，青色，可染纸。罗汉松，质纽叶细，花淡黄，结实红色。包松，作柴，结实即松子，以供常用。（楚雄旧志全书“楚雄卷下”民国《楚雄县乡土志》卷下第1358页）

木品：松、柏、柳、禾、椿、槐、樟、棕、夜合、皂角、棠梨。（楚雄旧志全书“双柏卷”康熙《南安州志》卷1第13页）

木品：松、柏、柳、和木、棕、夜合、皂角、棠梨、椿、万年青、黄杨。（楚雄旧志全书“双柏卷”乾隆《磍嘉志书草本》第107页）

木之属：松有油松、赤松、细叶松、柏少、杨少、柳、杉、梓、楸、椿、樗、楮、桑、柘、柞、橿、青㭎、梧桐、槐、楝、楠、黄杨、冬青、水冬瓜木名、桧、檀、楢、棕榈、观音柳、罗汉松、皂角树、枫树、绵木、黄葛树、荣花树。（楚雄旧志全书“双柏卷”乾隆《磍嘉志》第231页）

木属：椿、松、柏、梧桐、杨、柳、榆、槐、栗有板栗、毛栗、黄栗、麻栗、青㭎栗、棠梨、楸、黄杨俗名万年青、水冬瓜、樟、冬青、桑、观音柳、罗汉松、皂角、无花果树。（楚雄旧志全书“牟定卷”道光《定远县志》第246页）

木品：松、柏、柳、楸、椿、槐、桑、樟、棕、皂角。

（楚雄旧志全书“南华卷”康熙《镇南州志》卷1第14页）

木之属：松、柏、柳、楸、榛、槐、桑、樟、棕、椿、榆、棠梨、皂角、梧桐、水冬瓜、观音柳、罗汉松、冬青、栗有板栗、毛栗、麻栗、黄栗、青刚栗数种、黄杨俗名万年青。（楚雄旧志全书“南华卷”咸丰《镇南州志》第130页）

木品：松、柏、柳、楸、槐、桑、柘、梓、棕、椿、榆、杨、棠梨、杉松、梧桐、冬青、观音柳、栎、栗、黄杨、桧、白杨、茶、橡。（楚雄旧志全书“南华卷”光绪《镇南州志略》卷4第356页）

木品：松、柏、柳、楸、椿、槐、桑、柘、梓、棕、榆杨、棠梨、杉松、梧桐、冬青、栎、栗、观音柳、黄杨、白杨、橡茶。（楚雄旧志全书“南华卷”民国《镇南县志》卷7第634页）

木之属：槐、榆、柳、栗、松、柏、椿、楸、榿、桑、黄杨木、罗汉松。（楚雄旧志全书“姚安卷上”康熙《姚州志》卷2第37页）

木之属：槐、榆、柳、栗、松、柏、椿、楸、栎、乌木、樟、榿、桑、黄杨木、罗汉松、桐、橡。（楚雄旧志全书“姚安卷上”道光《姚州志》卷1第243页）

木之属：旧《志》十二种：槐、榆、柳、栗、松、柏、椿、楸、榿、桑、黄杨木、罗汉松。增补一种：棕，村乡多植之。树杪生包，包中皆皮也。土人取其皮，织为簑雨按：山中杂木甚多，但可为薪，兹不备载。（楚雄旧志全书“姚安卷上”光绪《姚州志》卷3第566页）

木品：城南深山产罗汉松，制为棺椰，去湿耐久，较他木为贵。城西胜峰山及姚南三窝山左右，产青松，州境寺宇民居咸取材焉，近稀少矣。东北昙华山产狗尾松，理直质细，常运入城以资器用。（楚雄旧志全书“姚安卷上”民国《姚安县地志·天产》第903页）

木属：《太平寰宇记》：姚州有橦木，皮可为布。《府志》：

即梭罗布。《通志》：即橦布也。《李通志》：木罗布。《李通志》十五：槐、榆、柳、杉、松、柏、椿、棕、榿、桑、楠、梓、梧桐、黄杨木、罗汉松谨按：《李通志》物货属载：姚安有降香。《滇海虞衡志》：滇人祀神用降香，故降香充市，一名紫藤香、鸡骨香，焚之，其烟直上，感引鹤降。是否即人民所用香结，应附载于此，待考。《管志》十二：无杉、棕、楠、梓、梧桐；增栗、楸二种，余与《李通志》同。《王志》十七：无杉、棕、楠、梓；增栗、楸、栎、乌木、樟、橡六种，余与《李通志》同。《甘志》增一：棕，村乡多植之，树杪生包，包中皆皮也，土人取其皮，织为蓑《甘志》注：山中杂木甚多，但可为薪，兹不备载。按山中不中木材之松、栗及杂木，年供薪炭之用，当在七千万斤以上。

谨按：《甘志》杂物属载：雀舌茶，出州西四十里凤山，土人亦间有采之者。味虽回甘，性却大寒。近弥兴有携普茶种植数十株，现亦长成，将来或有发展希望。又普淜有近山茶一种，味淡而甜，性寒。昔祥云人采购，混入普茶中售之。近土人采取，煮膏晒干，成灰白面，冲水服之，味可口，五斤可制膏一斤，价值普茶二倍。增补二十九：槐有土槐、洋槐之别；柳有山柳、金线柳、观音柳之分；栗有红栗、麻栗、青刚栗之异；松有青松、赤松之名；柏有扁柏、圆柏、刺柏之号；桑有土桑、浙桑、湖桑、柞桑之殊，未可执一以概其余也。此外，尚有桧、枫、槲、白杨、大白杨、冬青、洋槐、紫楸、柏、西嘉里、紫金杪即夜合树、刺桐木谨按：邑中建筑木材多取青松，窗棂器物多取赤松、楸木、紫金杪（杉）各木。楸木，近年一平浪大量来姚购运。柏木，生长较迟，价值最贵；桑为蚕业所需；栗，可生产香菌，并可育养山蚕。西嘉里，植物学家名桉树，生长最速，浓阴蓊蔚，可驱疟避疫，并制药品，均宜大量培植，增进民生利益。（楚雄旧志全书“姚安卷下”民国《姚安县志》卷44第1661页）

木之属：椿、松、柏、梧桐、栗、槐、杨、楸、榿、柳、棠梨、黄杨、桑、柘、杉、樟、桧、紫榆、柽即观音柳、西河柳、栎、白杨、棕榈、细松、石楠、冬青、楮、楝、罗汉松即杉松、罗汉柏结实可食、刺桐。（楚雄旧志全书“大姚卷上”道光《大姚县志》卷6第173页）

木类：槐、柳、松、柏、栗、桑、椿、楸、桐、棕、黄杨、紫油、观音柳、罗汉松、棠梨、夜合。（楚雄旧志全书“大姚卷上”乾隆《白盐井志》卷3第488页）

木之属：旧《志》十六种：槐、柳、松、柏、椿、楸、黄杨木、罗汉松、桑、桐、栗、紫油、观音柳、棠梨、夜合、棕。新增四种：椶乡村多植之，树杪生包，包外皆皮，土人取其皮为襄绳、冬青、榆、桤。（楚雄旧志全书“大姚卷上”光绪《续修白盐井志》卷3第663页）

木之属：松、柏、桑、椿、楮、桃树、杨柳、槐、万年青、梧桐、青皮、攀枝花此花元邑最多，其一株在立多村者，特出一枝西向，花开七层，瓣有三十六，一树而与别枝各异。能海闹大树一株，围抱十人，垂枝可荫二十亩，葱翠奇观。（楚雄旧志全书“元谋卷”康熙《元谋县志》卷2第59页

木之属：则松、柏、桑、椿、楮、桃、柳、槐、万年青、梧桐、青皮、攀枝，而桑椹、椿头最佳，他处无能及之者。（楚雄旧志全书“元谋卷”乾隆《华竹新编》卷2第229页）

木之属：松、栢、椿、杉、杨、柳、榆、槐、樟、桑、栎、青皮、杉松、板枝元谋。（楚雄旧志全书“武定卷”康熙《武定府志》卷2第83页）

木属：松、柏、椿、杉、杨、柳、榆、槐、樟、桑、栎、青皮、杉松、板枝出元谋县立多村，即木棉也，花开七层，瓣有三十六。有大至数抱，垂荫数亩者。（楚雄旧志全书“武定卷”光绪《武定直隶州志》卷4第377页）

树木类：松、柏、槐、栗、杉松、桑、东瓜木。（楚雄旧志全书“禄丰卷上”康熙《禄丰县志》卷2第25页）

木属：为松，为柏，为柳，为槐，为栗，为樟，为禾，为楸，为棠梨，为椿，为桐，为漆，为棕，为桑此三木，邑中所无者，宜教树之，为紫檀，为荆棘。（楚雄旧志全书“禄丰卷上”康熙《广通县志》卷1第390页）

植物森林，森林之中，以松青松、火松、杉、栎有红栎、麻栎、青枫栎、竹有金竹、笋竹、苦竹、钩鱼刺等为最多，棕、楸、桑有浙、鲁桑、野桑等、柏有扁柏、圆柏二种，夜合、杨柳、皂角有粳糯两种、黄楝茶，次之槐漆、梧桐、乌臼、罂子桐、铁胡桃等树亦间生产，内以松杉为建筑要材，栎为薪炭要材，皂角芽及其仁可作食品，其皮可代肥皂之用。漆可割取其液，以供髹物。杉、梧桐、乌臼、罂子桐，铁胡桃、黄楝茶等之种子皆可榨油。惟罂子桐油，只可供塗摸器物之用。此外，县属地方又

特产红椿，其嫩芽与实均可食，味香于他处所产白椿。（楚雄旧志全书“禄丰卷下”民国《广通县地志·天产》第1419页）

植物：黑井之石榴、葡萄，琅井之黄桃，元、永、阿等井之青皮李，状态亦佳，产额最夥，可供食品之用，皆特产也。（楚雄旧志全书“禄丰卷下”民国《盐兴县地志》第1446页）

木类：椿、松、柏、杉、杨柳、槐、栗、桂、杞、棠、楠、樟、杏、桑、花楸、冬青、水冬瓜、山桃、紫檀、枇杷有羊、耳、竹叶三种、木棉、罗汉松。（昭通旧志汇编本乾隆《恩安县志稿》卷3第37页）

木类：松、柏、杉、楠、桑、桧、柳、杨、白杨、棠梨、冬青、紫榆、樟、青心、青皮、水冬瓜、麻柳、桐子、棬子。（昭通旧志汇编本嘉庆《永善县志略》卷1第752页）

顾海会稽《劝种树说》：永善旧为夷疆，处万山崎岖之中，人稀地广，荒僻特甚。自雍正之初改土归流，始沾王化。越数十年，地渐辟，人渐聚，然而山溪之树木屋之、薪之、炭之，用莫能尽，翳翳焉，丛丛焉，有行数程而不见天日者矣。由是虎豹依之为室家，盗劫缘之为巢穴，昏黄而野兽入城者有之，冲途而颠越行旅者有之。雾气障天，漫入闺闼，盛夏苦寒，晴霁日少，非由树木翳险之所至欤！莅斯土者，察知其故，刊之不胜，因而火之。今溪谷道途，槁木焦黑，巨至数围，细亦合抱，或立或仆，不可胜计者，皆其烬余也。民患斯远，苦雾渐消，有自来矣。余于嘉庆丙寅（1806年）冬砚食来此，询诸士人，乃知其所以然。未尝不叹前之莅斯土者，忧民深而驱害急也。虽然，害则去矣，利亦垂尽，何今永之民，生聚日繁，取资日广，铜炉银厂，需炭尤多。枯株易尽，生蘖莫培，十年之后，吾见其有濯濯矣，则向之所谓屋之、薪之、炭之者，将何所取材？昔滇之大吏，不有以种树劝民者乎？况永善跬步皆山，土性宜木，胡不遵而行之？行之，而虎豹盗劫之害复生，则奈何？又胡不视其山之不值冲途，不近邑里，植而疏其列，斤而唯其时，成者既伐，植者又继，柯叶勿使交连，天日不能蔽障，何忧乎藏奸，何患乎伏兽？是则前人除害，后人兴利，事无相妨，而适以相济，且见永民材木取之不竭，用之不尽矣。成宪固在，胡不遵而行之？（昭通旧志汇编本嘉庆《永善县志略》卷 2 第 798 页）

木属：椿有香臭二种、松有茨松、子松、杉松、飞松、马尾松数种、杉、柏有侧柏、翠柏、血柏数种、梧桐、杨、柳有黄白二种、槐、栗、棠梨、花楸、冬青、楠有黄心、白叶数种、水冬瓜、丁木、漆、枇杷有黄耳、竹叶二种。（光绪《镇雄州志》卷 5 第 57 页）

木之属：有松，青松、楔松二种。柏，有侧柏、圆柏、刺柏、三合柏、笔柏等。杉，有红杉、香杉。桧，叶类柏而尖硬，幹似松，亦可作材木。椿，叶为复叶，嫩时香甘可食，俗名香椿，其材坚实作樑。楸，叶似桐叶，或三尖，或五尖，树亦可用。麻栗，本质坚实，壳可染色。丝栗，色白，质硬，丝细有纹。杨，有黄杨、白杨二种，叶大枝硬而扬起者。柳，枝弱而垂，色间碧绿。梧桐，叶圆大，掌状分裂，有长柄。冬青，一名万年青，四时常绿，凌冬不凋。桑，有甜桑、苦桑二种，均可饲蚕。槐，色茶绿，木质细嫩，有斑纹。漆，有汁，割之为漆。棕榈，叶作掌状分裂，有柄，根部包幹之箨为棕，可作绳及制物用。马桑，树矮，叶圆尖，可作染料。水冬瓜，即白杨，易长，木质嫩细。朴，细叶，子黑可食，树大于抱。梓，俗谓水梓，木质坚，可作材木用。棫，俗名青棡，有黑白皮二种。虫树，放虫于树，生蜡复生虫，摘之成挑，售四川。刺脑包，与漆树类，味微苦，芽可作食。桦，色赤，质坚，细而性绵，取为器具料，能耐久，俗称桦桃。三春柳，亦名柽，细叶红花，发表之剂。楝，高丈余，叶密如槐而尖，实如小铃，味苦，又名苦楝。有加利，叶长，味苦，可以熬霜（剂）。（昭通旧志汇编本民国《昭通志稿》卷 9 第 262 页）

木属：有松，分青松、楔松二种。柏，分圆柏、扁柏、刺柏、三合柏四种。杉，分红杉、白杉二种。椿，嫩叶香，可食。杨，分黄杨、白杨二种。柳，木质柔细。桑，分甜桑、苦桑二种。槐，可食嫩叶，果可作染料。漆，取汁以髹物。棕榈，箨即棕，用途甚广。水冬瓜，木质细白。三春柳，入药，作发表之齐（剂）用。虫树，枝上生瘤包，中有虫，川人购以放虫树上，可生白蜡。麻栗，木质坚硬，作柴薪用。青杠（枫），木质坚，作柴薪用。其余另详《花果》门，兹不备载。（昭通旧志汇编本民国《昭通县志稿》卷5第380页）

巧家因气候有寒温热之分，故宜于种植之林木较多；又因区域辽阔，故宜于种植之土地亦甚广。惜地方人民多不勤远利，未能推广种植，致野生林木亦将有砍伐日尽之虞。现在林木最多之处，推七区之满天星、养山、大坪子、纸厂沟等地，纵约百里、横约五十余里之面积。其种类多系野生杂木，山深箐密，地皆荒凉。余则如六区之红土湾、大海子一带，野生林亦极盛。若人工培植之森林各区皆有，惟林场面积不甚宽，种类亦略有差别。四、五、八各区以青松、柯松为最多，七区一带之桐子林，一区石灰窑沟之白子林，六、七、八各区之竹林，皆最著者。杉、柏、漆等树各区已渐知有利，而从事推广者惟为数尚不多。兹据最近调查公、私林场列表于后。《巧家县公私林场调查表》（略）（昭通旧志汇编本民国《巧家县志稿》卷6第675页）

木之属：松、柏、杉、樟、椿、樗、栲、漆、槐、柳、桑、梓、栗、楝、栎、榕、桐、梧桐、苍梧、女贞、虫树、皂荚、水杨、黄杨、棕树、茬桐、泡桐、苏方木、水蜡树、白石木、万年松、仙人掌、霸王鞭、水冬瓜、银杏树、老鸹船、白杨、枫树。（昭通旧志汇编本民国《巧家县志稿》卷7第695页）

木类：杉、柏、松（以上三木全县皆产，唯杉最多，出高原地，修造制具通用）、橡、香楠、香樟、黄杨、白杨、麻柳、梧桐、红椿、槐、斯栗、棕、杨柳、柘、桐、柏、桧、和木、野包谷（树极高大，生于高山，年中春季开大红花，夏结实如玉黍，色红可食）、栎、枫、桑、虫树、蜡树、楸木、

青杆、水橙、灯台。（昭通旧志汇编本民国《绥江县县志》卷2第859页）

木类：杉、榕即黄桷树、松、柏、樟、栎即青㭎、桧又名雪柏、榿一名溪木，水冬瓜树、椿、榛俗名转栗子、柳、漆、枧实可榨油、栗、棕、桑有甜苦两种，苦桑枝有刺、榆、枫、珍南、梧桐、水杨、白杨、黄杨、闰楠、泡桐、油桐实可榨油、胡桃实可榨油、油茶、洋槐、花楸、棕闾、紫荆、酸枣、合欢即夜合、木香、皂荚、丝栗子、红豆木、万年松、有加利、攀枝花俗呼木棉、插蜡树即虫树，有山蜡、水蜡两种，状似冬青、爆蚤树为虫蜡树之一种，子黑叶长似女贞。（昭通旧志汇编本民国《盐津县志》卷4第1694页）

## 阿魏

阿魏，亦出者乐甸，相传大树凝脂下洒，著物即化，市之鬻者，皆其化也。故谚曰：阿魏无真。此物极臭而能止臭、杀虫、消痞、辟瘟、治疟，诸鬼物畏之，一曰合昔泥。夷人以腌羊肉，甚美。（《滇略》卷3第233页）

阿魏，亦出于滇。唐李珣《海药本草》云：阿魏是木津液，如桃胶状，色黑者不堪。云南长河中亦有，如舶上来者，滋味相似一般，只无黄色。据此，则滇中亦有阿魏矣。曰长河中，想亦从暹罗至缅甸而上金沙欤？（《滇海虞衡志》第84页）

阿魏，唐李珣《海药本草》：按《广志》云生崑崙国，是木津液，如桃胶状，其色黑者不堪其状，黄散者为上。云南长河中亦有，如舶上来者，滋味相似一般，只无黄色。钮琇《觚賸》：诺皋载波斯国阿虞，长八九丈，皮色青黄，三月生，叶似鼠耳，断其枝汗出如饴，久而坚凝，名阿魏。《本草》亦从之。近有客自滇中来者，乃言彼处蜂形甚巨，结窝多在绝壁，垂如雨盖，滇人于其下，掘一深坎，置肥羊于内，令善射者飞骑发矢，落其窝，急以物覆坎，则蜂与羊共相刺扑，二者合并而化，久之，取出杵用，是名阿魏。所闻特异，因并志于此檀萃《滇海虞衡志》：据此，则滇中亦有阿魏。曰长河，想从暹罗至缅甸而上金沙与。（道光《云南通志稿》卷68《通省》第6页）

阿魏，《古今图书集成》：出丽江。（道光《云南通志稿》卷69《丽江府》第47页）

阿魏，《唐本草》始著录。《酉阳杂俎》作阿虞，波斯树汁凝成。《觚賸》云滇中蜂形甚巨，结窝多在绝壁，垂如雨盖，人于其下，掘一深坎，置肥羊于内，令善射者飞骑发矢，落其窝，急覆其坎，二物合化，是名阿魏。按岩蜂在九江外，螫人至毙，则此物亦非内地所产。（《植物名实图考》木类卷35第813页）

## 柏树

〖侧柏叶，俗名扁柏〗，味辛，微酸苦，〖性寒〗。捣汁治吐血、鼻衄血、呕血、小便尿血、妇人暴崩下血，并皆治之。（《滇南本草》第16页丛本）

明郭庭梧《晋宁公署对咏竹柏次韵》：菉竹淇园拟故居，柏台深锁燕庭除。虚心藉可咨民瘼，劲节聊将对简书。雨过一番添兴赏，霜来万卉计谁如？知君不逐东风好，觅向嵩山赋遂初。（万历《云南通志》卷14第16页）

枯柏复荣南安州西五里有神祠，祷之辄应，庭中有柏五株，自安竜贼叛，树皆枯槁。嘉靖丁未，知州苟诜将剿贼，指枯柏誓神，曰："若阴助灭贼，树当复生。"旬日后，柏果畅茂，次年贼平。（万历《云南通志》卷17《楚雄府》第13页）

明朱泰祯《文昌宫为余初入滇斋宿院，上元前三日，邀闵曾泉中丞玩花，花高十丈，登阁始见，古柏数行，直摩云际》（七律）：昆明初驾敞云屏，吉日频催带晓星。选胜邀宾

迟羽盖，停霞散赤城堪共赏[1]，文昌耿耿耀南溟。（天启《滇志》卷 28 第 952 页）

戊寅九月十二日……余先入旧寺，见正殿亦整，其后遂危崖迴峭，藤木倒垂于其上，而殿前两柏甚巨，夹立参天。（《徐霞客游记·滇游日记三》第 794 页）

举人阚祯兆通海《秀山古柏行》（歌行）：九年不见秀山柏，满地风烟天欲折。苍苔老干独森森，倒影元湖柯烂石。鲸鲵横纵已伏藏，雷霆薄击空渺茫。排高拔厚气力足，车盖童童覆大荒。半身百寻流玉露，旁枝万子护空王。文根只许栖鸾凤，晚节谁同破冰霜。丞相祠前悲杜甫，汉家草木风云古。天宝兵戈又千年，寂寞黄鹂锦江雨。惟有秀山青不了，撑霄扶汉长昏晓。潭水萝薜树光寒，风磴幽香山月小。忽闻空翠作龙吟，矫若长虹不可侵。苦心澹颜存孤直，悠悠万古白云深。（康熙《云南通志》卷 29 第 811 页）

《秀山四咏》余闻同年阚鹤滩隐居秀山，筑还鹤楼，学辟谷之术，山有涌金寺，极轩豁，古柏拂云，茶花笑日，余不胜向往，四咏奉寄。长洲韩菼。《古柏》（五古）：百尺不离地，千尺不到天。爱尔岁寒心，森森难识年。不知阴阳功，於尔胡独偏。无乃川岳灵，留影花宫前。（康熙《通海县志》卷 8 第 2 页）

熊兆镒《古柏》（七古）：天地古气伐欲尽，秀山老柏犹撑横。孤树半霄青未了。落落不争桃李荣。我来涌金憩柏下，双湖雨涤流云英。苍虬攫云撼大飓，遥空飒沓余秋声。（康熙《通海县志》卷 8 第 4 页）

华衮《秀山古柏歌》：城南螺髻之山千万仞，高立亭台玉巃嵸。台有千年古柏树，葱郁偃盖兜率宫。日月行天不到地，罗聚星辰全朦胧。撑霄摩汉非凡质，盘根错节挺丰隆。翠结绮云张凤翼，战雷呼雨排天风。月来上方蛟蝼卧，隐现苍霞息雁鸿。几经沧桑无变易，神物应有天心相覆蒙。从来才大世难用，孤立物外远尘中。樵牧柯斧不敢厄，丞相祠前曾称雄。从

---

① 按文意，此处疑脱字。

此不向人寰供大厦，岩岩亭前若与秀山相始终。（康熙《通海县志》卷8第15页）

姚夔理《咏秀山古柏》（五律）：苍苍柏自好，最古秀山巅。雪老还春翠，风清帝阁玄。深寒节不改，盛景气弥坚。独与乔松友，居然接上天。（康熙《通海县志》卷8第19页）

沈秉贞《古柏》（七律）：每怀幽意向谁论，老柏森森箫寺门。人说千春依佛日，天留一柱护山根。锦官城外香阴远，宝树林中正叶尊。吟啸不辞成独往，隔溪风雨自朝昏。（康熙《通海县志》卷8第29页）

尹嗣陟《涌金寺古柏》（七律）：年年看柏意如何，蜀国祠前想浩歌。直干嵚崎蟠地厚，幽姿潇洒得天多。法幢百尺凌华盖，宝掌千龄认紫磨。莫怪近时勤蜡屐，长怀知己在山阿。（康熙《通海县志》卷8第30页）

阚祐兆《古柏》（七律）：青青立向梵宫前，树古人传在寺先。独耐寒威尊故国，长留宝相护诸天。半空晴昼风雷动，绝顶流阴日月悬。坐久有怀今昔事，拟将浩劫问千年。（康熙《通海县志》卷8第32页）

柏，山之柏有七种，然皆人植作玩，未遍山谷也。《六书精蕴》曰：他木皆向阳，独柏悉西指，犹针指南，柏必指西。阴木而有贞德，故谓柏者，以白为西方色也。其木坚细芬越，不畏霜。年久者文理如菩萨、云气、人物、鸟兽形，而山中无大本者。王安石《字说》云：松柏为众木之长，故松犹公也，柏犹伯也，岁久后凋，有然矣。茨柏，以其色翠，故亦名翠柏，叶细甚，毹毹如刺猬，惟翠柏居前二株相盘旋，树高丈许，奇古虬蟠，相传实千年物也。醉柏，枝甚盘曲，叶甚婀娜，下垂若柳，然柳虽宛茂，未若兹柏之披芬贞素也，以其质浓似穗，深绿森阴，类癡禅之倦立，非若舞袖之翩跹。侧柏，堪入药，即陶弘景谓独太山者为佳是也。秋夏采叶最良，花丛叶而生，极其细琐，其实成球子形，仅若小铃许，霜后四裂，中有数子，大如麦粒，以其叶侧，故又名之为匾柏。括柏，矗然参天，《地理志》谓华山生文柏者是也，一名黄肠，以其中黄也，《春秋·运斗枢》曰：玉衡之精星而为柏，故其中黄以通文理。苴机柏，茎茎若貂鼠尾茸茸然，绿腻可爱，盖产之西域，其茸茸然者类苴机，而苴极云者，厚几几及寸，状如倭国剪绒，但其绒直起密致，以手擘之不少绽，手去即合而直竖起矣。三合柏，其叶为三种，或以人力接植而成耶！山中仅见古雪斋及片云居有之。三折柏，在迦叶殿前，上者如拱，中者似揖，下者若跪，日礼迦叶而风雨晦明，雪霜烟雾，均若为之助其妙旨也。（《鸡足山志》卷9第319页）

毛振翧《翠景轩十二截·柏树》（七绝）：何处军声吼碧空，晚来响彻百花丛。凭栏一眺凌霄柏，铁马千群正骤风。（雍正《师宗州志》续编第1页）

清黄申祺《盘龙古柏》（七律）：山危潭静梵王家，柏树森森老岁华。黛色饱经元日月，霜皮深锁古烟霞。如如手泽留乔木，寸寸旃檀散雨花。回忆莲峰飞锡处，虬枝犹自挂袈裟。（道光《晋宁州志》卷12第51页）

柏，旧《云南通志》：有侧柏、团柏、合掌、茨柏四种檀萃《滇海虞衡志》：老柏香，取老柏肤内绛色者已成香矣，锯而饼之，厚寸许，再折而焚之，颇似檀香，省城多老柏，以其叶末之为条香、盘香，锯柏香之末以煨炉，亦氤氲耐焚。（道光《云南通志稿》卷68《通省》第2页）

知县柯法辽阳《观音寺古柏记》：岁癸亥，余自京师走万里，至仲冬日望，履此栋川蜻蛉任，惟见环署皆山，荆棘盈野，兵燹剥落，而后哀鸿甫集，百务废驰，调剂绸缪，劳形役志。退食之余，临几兀坐，愁思苦况，触绪纷来。间有山色喧人，阶花馥坐，耳目偶娱，适增浩叹。所谓渊明冒雨、青莲夜游之兴索然也。度岁甲子孟春之日，闲偷片刻，阅翻简编，披检邑志，载：治之南，有观音寺者，其中古柏历有年，所高凌霄汉，蔚苍翳翠。遥而望之，俨然一塔，故即名曰青塔。两迤松桧，莫与比隆。私心窃慕，每从役碧鸡金马往返，屡经其途，未获入寺一见。殆至季春之初，州刺史平侯王公、白井鹾使焕章夏公，皆过予署，于四可轩前散坐剧谈。斯时也，天心月朗，庭草香生，把酒临风，觥筹交错，宠辱不计，忧乐俱忘。言及于此，二公不禁跃然神往。东方甫白，即命童子携酒担肴，联镳并出，经凤尾、醉翁诸井，度春溪桥、遵蛉江水，穿垂柳而入梵宫。俯仰之间，见其孤标耸出，碧叶葱龙，拏云擢露，溜雨参天，傲雪凌霜，和烟凝雾，翠映禅关之秀，阴笼贝叶之华，不独为净土之庄严，实乃山陬之名胜。瞻视久之，心目俱爽。于是呼我巨觥，载歌载咏，言笑终日，流连而不忍去。嗟嗟，夫柏之为物也，凌寒不萎，宣圣为之兴思；受命永清，庄周因而致诵。励共姜之节操，《柏舟》载咏乎篇章；动王褒之孝思，染泪光昭于史册。而且全延陵之信谊，永松子之寿年，柏之标异于群伦也，讵不彰彰较著哉！柏乎柏乎，尔何不例于中丞之府，尔何不植于未央之宫，尔可为梁台之栋梁，尔能作巴东之甘棠。兹乃植根佛国，作伴阇黎，偃仰朝昏，棲迟岁月。赵州有云：庭前柏树子，西来祖师意。其在斯乎？然得吾三人为之咏觞其下，异日，置身上国，即而语之曰：滇之蛉江，有古柏焉，名青塔者，若何干，若何枝，若何葱郁，都人士传之，学士大夫慕之，必将歌吟题咏，俾尔柏之名流布海宇，贞之后世，不徒载之邑志也！是为记。（楚雄旧志全书“大姚卷上”道光《大姚县志》卷 14 第 277 页）

清陈宪《宗镜寺古柏歌》：黄龙山入嵩城中，山顶矗矗开琳宫。绕寺万树皆青葱，到耳时复鸣悲风。中有老柏具古气，凌空欲化双虬龙。纵横高枝缀翠羽，轮囷老幹森青铜。白日忽黯涛声壮，殿前一片清阴浓。晋宋以后几烽火，桑田沧海更始终。丽泽水满狂澜去，滔滔淘尽前英雄。此柏鬼神为呵护。千载卓立摩苍穹，吁嗟乎，大材不入荆州贡，用作樑栋成奇功。不幸弃置穷边老，纳污含垢苔尘封。岁寒独抱后雕节，垂青谁复怜途穷。抚树太息不忍去，又见西山日落浮残红。（光绪《续修嵩明州志》卷 8 第 70 页）

柏，采访：有圆柏、侧柏、三会柏、茨柏四种。（光绪《续修顺宁府志》卷 13 第 19 页）

省城之东，出鳌岫门二十里许，有黑龙潭。……上有合抱古柏多株，高入霄汉，云为宋柏。（《幻影谈》卷下第 138 页）

《嵩明黄龙山之古柏》："嵩明去省仅一百三十里，在明清两代俱称州，明设州同知一，清设州牧一，入民国始改称县。若以近省各县而论，嵩明实属开辟较早之一邑。或云在东汉时开辟，或云在三国时开辟，后人各具一种忖度，都未能决。总之，是一开辟较早之地处也（按：嵩明，西汉时即为牧靡县地）。然以嵩明城中之古物论，似开辟当在一千五百年以上也。盖城中有一小土山，曰黄龙山，山欹北郭，形如丘，大仅及省垣五华三之一。山不高，仅及五六丈，上有神佛寺庙五座，大小不一，坐落处更参差杂错，极不见整齐。惟左有一玉皇庙，比较得地。玉皇庙西为一大佛寺，殿列三重，且有配殿，较旁之庙宇，则宏大倍之。此寺建于何时，未考其志，则不得而知，以意消息（推测），或是元代建筑物，即不然，亦必建筑于明代。原日寺内佛像极多，若三世佛、若观世音、若弥勒、韦驮、若四大天王，十八罗汉、十二圆觉俱有焉。余于民国二十年（1931 年）游于嵩明城，适各寺庙之一切神佛像，已被一般知识薄弱者于二三年内捣碎殆尽。入其破寺烂庙中，只见怒目金刚阶前横卧，垂眉大士栏畔斜欹。且有三五鹊巢贯顶上之泥塑圆颅及数十具不能逃脱尘劫之罗汉金身，或狼藉颠踣于殿上，或残缺凌乱于廊下。他如窗棂格扇，亦悉毁坏无遗。更如大小匾额，亦劈而碎之。夫如是之破坏，殆欲一扫积习也！然足以异者，既以寺庙为不然，扫除一切偶像后，自应一一收拾房屋，改作他用，却又委而废弃，使大小偶像遍地狼薄，令人观之不雅，真不解其所为也！余慨其举动之无聊，自不乐向地方人士询其寺名，惟于另一佛寺内，赏玩其大殿前之两大株古代树木而已。寺有古柏两株，高约五六丈，翠色参天，干霄摩日，且并立于殿前之石阶上，一左一右，相距二丈有余。左株树身较圆，看去似小，右株树身扁凹，看之较大，实则俱三人不能围抱之树也。若寻他处之古树而与之相较，即黑龙潭上之宋柏亦只及其三分之二，是知其寿数实尊过于宋柏矣。邑人称此为晋代物，虽无证据，而滇省人士亦无不公认。又论滇中扁柏，略有四种：一鸡心柏，一凤尾柏，一硬枝扁柏，一软枝扁柏。鸡心柏则少能长至合抱者，盖其纤维系较一切扁柏为密耳。凤尾柏与硬枝扁柏虽能长至数围，但近在省垣之三百里内俱难于觏过。往见有数围大之柏树，亦惟软枝一项，如黑龙潭之宋柏是。黄龙山之古柏虽系软枝者，然与他处之软枝柏较，又大不相同。叶固扁，却细软如观音柳，色则翠如新秧，婆婆娑娑，枝枝下垂，其卑枝亦将能于扫地，是与他处之软枝大有差别也。左株根际有一蜂窠，群蜂出入，不可以计。邑人云：此蜂窠已有百数十年矣，其下当有作珠玉观之蜜蜡在焉。民国十年（1921 年）前后，土匪张星洪盘据嵩明，欲伐此二树，已搭架而将施以斧锯矣。邑人知之，往求张，望保存邑之古物，随赂以金银，张允诺，以是得保存。余闻而叹曰：张星洪，一凶恶盗匪也，竟有此通融，是诚难得。奈何后之身非强盗者，而且是国家之赳赳干城，却见树则伐，并不问其为公有物，为私有物，惟斧斤是用，惟利是图耳，其行径似有愧于张星洪矣！余游后，寄宿县署，县长陈叔翼君，世好也，与我谈一切，云："在未捣毁庙宇时，每年正月初间，黄龙山必开大会，会则开办三日，城乡士庶，在办会期间，无不上山礼佛。故事：办会之第一日，须迎请玉皇出游于城内外，而男女老幼俱各持香三柱，相与随行。游毕，便迎玉皇至县署大堂。即就大堂上而讽《大洞仙经》一日，至夜则迎往他处，三日后，始送神归庙。昔日之风气若是，似嵩明城中人无不尊奉神佛也。曾几何时，一般崇奉神佛者则大反其辙，见寺庙即捣毁，见偶像即推翻，虽曰出于青年人之动作，然此一般青年，亦即往昔迎神出游，手中持香之人也，胡头脑之一新若是？可怪！"余闻斯言，亦为之一笑。（《云南掌故》卷 10 第 293 页）

## 楠

楠，《山海经·中山经》：橐山多楠木。郭璞注：今蜀中有櫄木，七八月中吐穗，穗成，如有盐粉著状，可以作羹。陈藏器《本草拾遗》：盐麸子，生吴蜀山谷，树状如椿，七月子成，穗如小豆，上有盐似雪，可为羹用。郝懿行《山海经笺疏》：《本草》盐麸木，即五楠子，俗讹为五倍子。李时珍《本草纲目》：膚木，即櫄木，木状如椿，其叶两两相对生长而有齿，面青背白，有细毛，味酸正，叶之下节，节两边有直叶贴茎如箭羽状，五六月开花青黄色，成穗一枝累累，七月结子，大如细豆而扁，生青，熟微紫色，其核淡绿，状如肾形，核外薄皮上有薄盐，小儿食之。滇、蜀人采为木盐，上有虫，结成五倍子，八月取之。（道光《云南通志稿》卷 68《通省》第 5 页）

盐麸子，《开宝本草》始著录。江西、湖南山坡多有之，俗呼枯盐萁。俚方习用其虫，谓之伍倍子。（《植物名实图考》木类卷 35 第 819 页）

## 萆麻

蓖麻数十年不凋，其本可作梁栋，土人以之构堂屋。（《滇游记》第 7 页）

萆麻，陈鼎《滇黔纪游》：萆麻，数十年不彫，其木可作梁栋，土人以之构堂屋。（道光《云南通志稿》卷 69《大理府》第 15 页）

## 扁树

己卯正月初三日……崖之西畔，有绿苔上翳，若绚彩铺绒，翠色欲滴，此又化工之点染，非石非岚，另成幻相者也。崖旁山木合沓，琼枝瑶干，连幄成阴，杂花成彩。兰宗指一木曰:" 此扁树，曾他见乎?" 盖古木一株，自根横卧丈余，始直耸而起，横卧处不圆而扁，若侧石偃路旁，高三尺，而厚不及尺，余初疑以为石也，至是循视其端，乃信以为树。盖石借草为色，木借石为形，皆非故质矣。（《徐霞客游记·滇游日记六》第922页）

## 蘖木

蘖木，陶宏景《名医别录》：蘖木生汉中山谷及永昌。（道光《云南通志稿》卷70《永昌府》第25页）

## 赤柘

会川室屋相次，皆是板及茅舍。满川坡尽是花木，亦有赤柘。《太平御览》卷九百五十八《木》七引。（《云南古佚书钞·云南行记》第24页）

## 椿树

古岸椿盘。题辞曰：游华藏洞之上潭，去华藏洞一里许，潭水清鉴毫发。祷虔而蛇现，而蛇长不逾二尺。諏谓变色焉，则如人之意，入而变，出而色成矣。则五色陆离，随祷口应。环潭大椿二株，逾二三十围，斜倚其东，覆荫潭上。最一小株，亦不下十一二围。人箕踞横坐枝上，可盈二十余人。觞酒斗茶，以相枕藉，不觉踞树枝也。其最大者横空参天，未易测量其际。初至者见巨石阔数丈，高丈许，洼然作潭岸，曰：何石之天生地设以护是潭也。再视之，非石也，均大椿之根为之。昔唐御史杜光庭作汉椿诗，勒石于其次。今寻石碣，无有。奣映环行悴愕，且视其株之最小者，亦皆大十许围。其上茑萝飘扬，若造物之始判清浊于其际，效奇秘灵，非人力也。庄子以大椿为灵寿，又壅肿无用而弃之者则为樗。今北人呼樗为山椿，江东人呼樗为鬼目，以其叶脱处有痕如樗蒲子，更怪异似鬼目耳。椿则芬香可啖，紫者味厚，白者次之。今椿虽老，嚼其叶，犹芳馨适口也。然其中气臭者亦有之，则椿樗并集于此潭，可以流芳，可以遗臭，千秋万世，具鼻舌者能评焉。谓之曰汉椿，天下诚鲜有也。其详见大错和尚《石洞上潭记》。（《鸡足山志》卷3第144页）

白椿，芽带毛，质亦白色，味淡而苦。汉椿详见古岸椿盘。（《鸡足山志》卷9第318页）

椿芽，采访：顺宁椿树极多，春月芽生，盈街满市，香嫩无匹。（光绪《续修顺宁府志》卷13第2页）

大错《石洞上潭记》：……潭上大椿二株，一直立潭北，一斜倚其东。潭北椿大二十围，东岸者倍之。其枝多横斜荫覆潭上，最下一小枝，上可踞二十人，其大者则横空参天，未易揣量。树根迴裹岸石，阔丈许，高六尺，乍见者以为崖岸，不辨其为树本也。旁有小树数株，亦大十围。多悬茑萝，风过飘扬，如缨带拖被。……（《鸡足山志》卷10第415页）

## 大青树

己卯四月十一日……渡南崖，暴雨急来，见崖西有树甚巨，而郁葱如盘，急趋其下。树甚异，本高二丈，大十围，有方石塔甃其间，高与干等，干跨而络之，西北则干密而石不露，东南临江，则干疏而石出，干与石已连络为一，不可解矣，亦穷崖一奇也。（《徐霞客游记·滇游日记九》第1052页）

潞江之滨一石塔，累巨石而成之。四面各阔二丈，高亦二丈有奇，一大树冠其上，亭亭如盖，严冬不凋，根分十余股，笼罩石塔，下垂入地，南人不识此木，曰是诸葛之遗迹云。又或曰其下多瘧母，渡江者必驰马而去，防为祟也。余戍腾冲，日就而察之，盖闽、广之榕树云。小憩其旁，上无烈日，下有清流，亦足乐也。故每过此地，必携酒肴，设茶具，饮啖而后去，卒不逢瘧母也。郡志云：滇人多讹，信然。今永、腾之人，亦以予久留无验，不畏瘧母矣。（《南中杂说》第41页）

《班洪风土记·大青树》：在内地不经见，班洪多有之，土人名之曰me－hu。me之言树，hu其专名，班洪之称即以此树得名。又称缅树，盖缅甸多见之；亦名黄果树，以结果为色黄也。而土人视为神物，凡祀鬼咸在树下，故又名之曰神树，称为大青树者，常年绿且在境内以此树为最大也。余在南板附近所见一株，粗至七八围，其小者亦一二围，热带树物之一种，闻葫芦王地都有之。（《滇西边区考察记》第1篇第41页）

李希纲（腾）《九保榕树记》：九保居腾郡西，扼腾缅孔道，为通缅所必经。明滇都既陷，永历帝南狩。图取道九保以奔缅。土司怀异志，帝怯而驻跸于衙署旁榕树下之振鹭亭，时永历十三年也。榕树种自宋元，当时已驰名乡里。经帝眷，名益著。榕大可十围，绿叶扶疏，垂荫数十亩，亭亭如华盖。根节盘错，窈纠似龙蛇。肤皮黝墨，斑斑作古铜钱状，叩之铿然有声。枝上白鹭无数，日夜鸣啼。条枝下垂者十余枝。粗可合抱，其上新叶丛生。家君寓吴十余载，渴念榕树不置，倩黄悦山、顾墨畦、樊少云三先生合绘"榕阴读书图"，以志思慕。侯官陈先生、张公仲仁、邓公孝先、金公松岑、费公仲深皆有诗，而余杭章先生识语图左，谓家君光复之志未尝不因榕树而愈激厉也。今希纲兄弟侍家君归九保，入绿荫深处，则知华胄之可尊，闻白鹭之啼，则耻蛮夷之猾夏。旨哉余杭先生之言，足以发余深长思也。振鹭亭圮而废墟犹存。甘公士毅、曹公佩瑶、族伯希白暨惕山丈先后各题古诗一首，此树有知，倘亦有俯仰千载之怀乎！（《永昌府文征·文录》卷30《民十二》第3051页）

## 大树

大树，《腾越州志》：夷地有孟告，去猛密百里，通宝井之后，其地产大树，叶如车轮，夷人取以覆屋。（道光《云南通志稿》卷 70《永昌府》第 25 页）

## 冬青

冬青，《古今图书集成》：出新兴州西关者佳。（道光《云南通志稿》卷 69《澄江府》第 27 页）

## 伽陀罗

伽陀罗，《国宪家猷》：南滇夷岛产木，有坚如石，文横银屑者，夷名曰伽陀罗。余爱其坚，又贵其异，遂用作琴。（道光《云南通志稿》卷 68《通省》第 7 页）

## 古树

江川县北二十里双龙乡有古树，不知其名。初春茁叶，自南则旱，自北则雨，自东、自西则风雨时，禾稼登，四围并发，则饥馑旱涝，验之无爽，亦不知昉于何代也。（《滇略》卷 3 第 230 页）

# 榖树、楮树

楮皮州内之地多楮树，其皮可造纸。（景泰《云南图经志书》卷3《广西府·维摩州》第188页）

山城多构树，土人因解造纸，惟绵料本色，作单抄、双抄，大者长六尺，广三尺，小者可备文书糊裱之用，坚细稍逊榆产，然无厚利，亦未闻行远发客。（雍正《顺宁府志》卷9第5页）

楮树，滇人呼榖树为構浆，以其折枝则浆出也。陶注《本草》云：榖，音構。《酉阳杂俎》：榖，田久废必生構，叶有瓣曰楮，无曰構。（《滇游续笔》第468页）

榖，颜师古《汉书注》：榖树，楮树也，其子类榖。桂馥《札樸》：滇人呼榖树为構浆，以其折枝则浆出也。陶注《本草》云：榖，音構。《酉阳杂俎》：榖，田久废必生構，叶有瓣曰楮，无曰構。（道光《云南通志稿》卷68《通省》第3页）

構，《顺宁府志》：一名榖，其皮可造纸。（道光《云南通志稿》卷69《顺宁府》第33页）

構，旧《志》：一名榖，其皮可造纸。（光绪《续修顺宁府志》卷13第19页）

楮皮，采访：县之西北多楮树，故北丰乡铁索营地方凡制造白纸者，已有数十家。树分大、小二种，皆剥取其皮，漂洗研细以供制造。现杨姓所造之纸，已颇适用，而营是业者日渐发达。此亦可谓之特产也。（楚雄旧志全书“大姚卷下”民国《盐丰县志》卷4第1148页）

## 桄榔

句町县，有桄榔木，可以为面，百姓资之。（《后汉书》卷 87《夜郎传》第 2845 页）

兴古郡，有桄榔木，可以作面，以牛酥酪食之，人民资以为粮。欲取其木，先当祠祀。（《华阳国志》卷 4 第 455 页）

珣曰：按《蜀记》云莎木生南中八郡，树高十许丈，阔四五围。峰头生叶，两边行列如飞鸟翼，皮中有白面石许，捣筛作饼，或磨屑作饭食之，彼人呼为莎面，轻滑美好，胜于桄榔面也。（《本草纲目》卷 31）

棕、椰、栟、榈、桄榔，与槟榔皆同类。高五六丈，而椰实滴酒，桄榔屑面，尤有资于人。……桄榔屑面，出自兴古，今曲靖诸处也。详于《汉》注，赋于《蜀都》，岂其虚言？而近代以来，未有此面，岂今昔之或殊哉？桄榔与橦布、邛杖、蒟酱四者，为蜀都异物。予居滇数十年，绝不之闻，故妄拟以木棉为橦，其布即橦布。桄榔材中轿扛，一具几数十金，其为利用亦有由也。《范志》云："桄榔木身直如杉，又如棕、榈有节，似大竹，一干挺上，高数丈，开花数十穗，绿色。"不言屑面。予在博罗所见桄榔，一如《范志》，而《吴都》穰木注云："穰木树皮中有如米白屑者，干捣之，以水淋之，可作饼如面，交趾卢亭有之。"则屑面者乃穰而非桄榔，或古人混二名而一之耳。又按李时珍《纲目》引诸说，谓桄榔有姑榔、面木、董棕、铁木之异名。苏恭谓人家亦植庭院间，斫其面，大者至数石，食之不饥。刘恂谓树皮中有屑如面，可作饼食。陈藏器云："彼方少谷，常以桄榔面和牛酪食之。"其为出面，凿凿可据。予游滇、粤，询之土人及诸生，皆不闻出面。至言其材坚硬，皮至柔，可为索，抽须如马尾以织巾子，盐水浸即粗张，以缚海舶，不用钉线。有文而坚，可制博局。刚利如铁，可作钐锄，又可作枪，锋锐甚利。即不出面，而利用已多矣。至如莎木面者，莎木即上云檥木也。木似桄榔，叶有蓑衣之状。字应作穣，穣、莎同音，故谓之莎木面耳。《蜀记》云：“生南中八郡，树高十丈许，阔四五围。”宜其出面岁得数石之多也。滇为蜀之南中，不其然乎？（《滇海虞衡志》第271页）

董棕，《他郎厅志》：中有白粉可食，削其材可为箸谨案：董棕，即桄榔，见杨慎卮言。（道光《云南通志稿》卷70《普洱府》第5页）

桄榔木，常璩《华阳国志》：自梁水、兴古、西平三郡少谷，有桄榔木，可以作面，以牛酥酪食之，人民资以为粮，欲取其木，先当祠祀。刘逵《蜀都赋注》：桄榔，树名，木中有屑如面，可食，出兴古。魏王《花木志》：桄榔，出兴古国者，树高七八丈，其大者一树出面百斛。旧《云南通志》：可为面济食，一名董棕粉。（道光《云南通志稿》卷70《开化府》第33页）

《蜀都赋》刘渊林注：桄榔，树名也，木中有屑如面，可食，出兴古。（《滇绎》卷1第670页）

## 桂树

戊寅九月十二日……庭前有桂花一树，幽香飘泛，远袭山谷。余前隔峡盘岭，即闻而异之，以为天香遥坠，而不意乃敷蕚所成也。桂芬菊艳，念此幽境，恨无一僧可托。（《徐霞客游记·滇游日记三》第794页）

桂井浮香州治东五里，井泉独美，桂树凌荣，傍建八角亭，为游玩之所。今桂无存，亭榭亦废。（楚雄旧志全书“南华卷”康熙《镇南州志》卷1第12页）

毛振翧《翠景轩十二截·桂树》（七绝）：桂影苍苍带雨寒，昔年曾记一秋欢。天香转睫西风送，莫作无花冷淡看。（雍正《师宗州志》续编第1页）

知府汤大宾武进《大兴寺双桂》（七律）：不必探奇到广寒，祇园竞秀好争看。高笼凤岭名标久，低覆龙江树未单。并吐金葩香馥馥，双擎翠盖影团团。谁移连理淋池种，植向禅关作大观。(乾隆《开化府志》卷10第103页)

范志《桂海》，于草木但取中医和、匠石用，余不采，惟竹品多。但华实之毛，九州上腴，地势块圠，卉木跃蔓，皆物土所宜辨也。故比《范志》加详焉。桂，《范志》取冠卷者，谓南方奇木上药，第桂林不产，产于宾州、宜州。是其所见者，宾、宜之桂也。今世重交桂，云南与交趾接壤，蒙自、开化，本属古交州，其地旧以产桂流传，其人又往往争入交州作桂，所言必得其实。其言云："行入桂山，桂自为林，高四五丈，更无杂树。"《吕览》所谓桂下无杂木。《尔雅》云：梫，木桂。言能侵害他木，不容植，信有然矣。其盛如此。若每树可以为桂，则郤车而载，何足难？价值当贱如粪土。顾入林千万树，不知何树已降成桂，犹采檀香者，千万檀树，不知何檀已降成香。尝有往来歇宿于树下数十年，不知其树已成桂。一旦得之，集工力而作之，又恐土司之驱逐赶散。幸得不散，采取盈堆，赢绌又由于出汗。出之佳者固大赢，出之劣者转大绌，此乃存乎各人之命运。求之者如牛毛，得之者如麟角。所以入山老死不能得一当，桂可易言乎哉？俗言交趾山已采尽，所以桂价高，于今乃知不然。桂为奇木上药，神灵守护。今以林木之盛，周数百里如此。入林之求，垂千百又如此。经年累岁不能获，诚奇木哉！(《滇海虞衡志》第261页)

桂，檀萃《滇海虞衡志》：今世重交桂，云南与交趾接壤，蒙自、开化本属古交州，其地旧以产桂流传，其人又往往争入交州斫桂。云"行入桂山，桂自为林，高四五丈，更无杂树。"《吕览》所谓桂下无杂木。《尔雅》云：梫，木桂。言能侵害他木，不容植。若每树可以为桂，则御车而载，价值当贱如粪土，顾入林千万树，不知何树已降成桂，犹采檀香者，千万檀树，不知何檀已降成香。尝有往来歇宿于树下数十年，不知其树已成桂。一旦得之，集工力而作之，又恐土司之驱逐，幸得不散，采取盈堆，赢绌又由于出汗。出之佳者固大赢，出之劣者转大绌。求之者如牛毛，得之者如麟角。所以入山老死不得一当。俗言交趾山已采尽，所以桂价高，今乃知不然。林木之盛，周数百里，入林之求，垂千百人，经年累岁不能获，诚奇木哉！（道光《云南通志稿》卷70《开化府》第33页）

滇桂，生云南人家。树高近丈，赭干绿枝，春生叶如初发小橘叶。叶间对茁长柄菁葖，圆如绿豆，开四团瓣白绿花，瓣厚多绉，中央绿蒂，大如小钱。有蕊五点，外瓣附之，如排棋子状，颇俶诡。（《植物名实图考》木类卷36第836页）

山桂花，生云南山坡。树高丈余，新柯似桃，腻叶如橘。春作小苞，迸开五出，长柄袅丝，繁蕊聚缕，色侔金粟、香越、木犀。每当散萼幽崖，担花春市，翠绿摩肩，鹅黄压髻，通衢溢馥，比户收香。甚至碎叶断条，亦且椒芬兰臭，固非留馨于一山，或亦分宗于八桂。但以锦囊缺咏，药里失收，听攀折于他人，任点污于厕溷；姑为胆瓶之玩，聊代心字之香。（《植物名实图考》木类卷36第838页）

野春桂花，倮儸持售于市，见其折枝，红干独劲，绿叶未生，擎来圆紫苞，迸出金粟。滇俗佞佛，供养无虚，但有新萼，俱作天花也。（《植物名实图考》木类卷36第843页）

猛地产桂，今已划归越南，一名清化。桂极薄，而有白线界之，皮肉分明，一名“猛罗桂”，厚薄不一，皮色如梧桐，其最贵者为“奶汤”，以水泡之，急白如乳汁，称为神桂，真能引火归元，有起死回生之效，不易遇。次为绿豆汤、蜂蜜汤、淡茶汤，均属高品，惟色深红如浓茶者，则为下矣。猛喇土司以旧存清化老桂数斤赠余，余回蒙，尽以分赠关署亲友。黄河源赠蜂蜜汤四把，余又转送谭啬农带回安化，分赠各亲友，余初未加珍重，其后所得，皆无此品矣。早年输入内地者，为苏条桂，每斤一把，其中优劣不一，其值不过二三十元，今则此货也少矣。法有专员守之，运出海外各国。余复任临安时，德宗病笃，命锡清帅由滇办桂。余奉电，求得罗猛老桂两对，呈解在途，将派赵仲弢观察晋京，哀诏已到，此桂闻归沈幼岚方伯矣。其后，锡帅在津，寄言觅桂，余托龙裕光物色以二枝，托杨霞生转寄，余至津面晤锡老，始知中途被失，余箧中尚存一枝，以之贻赠。（《幻影谈》卷下第 134 页）

## 禾木

戊寅十一月初八日……禾木者，山中特产之木，形不甚大，而独此山有之，故取以为名，相仍已久，而体空新整之，然目前亦未睹其木也。（《徐霞客游记·滇游日记四》第 869 页）

## 和木

龙尾关以西山中产和木，肌理腻白而甚松于南方杉木，然取以为器，绝佳。（《滇略》卷 3 第 229 页）

## 红木

红木，采访：有水红木、刺红木。土人取作栋樑，以构堂屋。（光绪《续修顺宁府志》卷 13 第 19 页）

## 画桃木

画桃木，文理细致而香润，制器极可玩，其贵重与紫檀、花梨相埒。（《滇南闻见录》卷下第 41 页）

## 槐树

槐，七月采叶，阴干为末。治一切大小便下血，或痔疮疼痛，脓血不止，灯草煎汤服。采子服之，止血散疸。但性寒不可多食。(《滇南本草》第140页务本)

槐，黄中怀其美。《周礼》外朝之法，面三槐三公位焉。元命苞释：槐者，言归也。古者听讼于其树下。鸡山之槐无大本，但花经寒气，与他处之色迥异。槐叶花附，宪副冯时可《游鸡山记》曰：槐叶花如芍药，微风乍摇，掩苒蓊葧，香气彻坐。槐叶三春，叶似槐而圆小，其本类茨牡丹，花色黄，磬口如豆，不似芍药也，冯宪副所谓非此明矣。(《鸡足山志》卷9第320页)

槐，旧《云南通志》：有黄、白二种。(道光《云南通志稿》卷68《通省》《通省》第2页)

## 濩歌诺木

濩歌诺木，樊绰《蛮书》：丽水山谷出，大者如臂，小者如三指，割之，色如黄蘖，土人及睒蛮皆寸截之，丈夫、妇女久患腰脚者，浸酒服之，立见效验谨案：今《丽江府志》有和木，未知即此否，俟考。(道光《云南通志稿》卷69《丽江府》第46页)

## 栗树

栗子，味甘咸，性温，无毒。主治补中益气，厚肠胃，补肾气，腰脚无力。生则发气，熟则滞气。须日暴或灰中煨，令汗出，或以润沙藏之，或袋盛，当风悬之，并令〖去〗其水气，最良。此果最益人，其中扁者名栗楔，尤好。患风疾及水肿者不宜食。小儿多食则难消化成病。生嚼，涂筋骨断碎、肿痛瘀血，最效。亦治反胃，人口咬伤，捣敷最良。（《滇南本草》第146页范本）

己卯四月二十三日……路右有大栗树一株，颇巨而火空其中。（《徐霞客游记·滇游日记九》第1075页）

麻栗：木生路侧，结实似栗，土人呼麻栗。余谓麻盖茅声之转，《广韵》栵，细栗，楚呼茅栗。陆玑《草木疏》叙栗云：又有茅栗。（《滇游续笔》第468页）

栗，旧《云南通志》：有板栗、毛栗、黄栗、白麻、青刚数种。（道光《云南通志稿》卷68《通省》第2页）

麻栗，桂馥《札樸》：木生路侧，结实似栗，土人呼麻栗。余谓麻盖茅声之转，《广韵》栵，细栗，楚呼茅栗。陆玑《草木疏》叙栗云：又有茅栗。（道光《云南通志稿》卷68《通省》第2页）

栗，旧《通志》：有板栗、毛栗、黄栗、白麻、青刚数种。（光绪《续修顺宁府志》卷13第19页）

## 柳树

水杨柳，气味苦辛。主治血凝气滞，风寒外束。〖小儿痘症有乌头陷顶，浆升不起者，服此，暖气可以透达，浆随暖而行矣。以此煎服或浴之即长，此治小儿症仙方也。〗（《滇南本草》第144页范本）

杨慎有《垂柳篇》，楚雄苴力桥有垂柳壹株，婉约可爱，往来过之，赋此志感。其词曰灵和殿前艳阳时，忘忧馆里光风吹。千门万户旌旗色，九陌三条雨露姿。苍凉落日笼燕甸，缥缈宫云覆京县。芳树重重归院迷，飘花点点临池见。临池归院总仙曹，应制分题竞彩毫。诏乘西第将军马，诗夺东方学士袍。金明绿暗留烟雾，旧燕新莺换朝暮。只知眉黛为君颦，肯信腰肢有人妒。从此沉沦万里身，可堪憔悴四经春。支离散木甘时弃，攀折荒亭委路尘。摇落秋风上林远，婆娑生意华年晚。肠断关山明月楼，一声横笛清霜阪。（万历

《云南通志》卷3《楚雄府》第9页）

莆田方沆督学滇中，有《舍资驿读垂柳篇怀杨用修太史诗》：嗟尔承明供奉年，投荒万里主恩偏。词林雅擅穿杨技，荒徼空传垂柳篇。过客西风频驻马，邮亭落日自啼鹃。卧看遗迹淋漓处，仿佛龙蛇昼起烟。（《滇略》卷8第295页）

己卯正月二十五日……有柳径抱，耸立田间，为土人折柳送行之所。（《徐霞客游记·滇游日记六》第954页）

明分守参政徐中行湖州《和垂柳篇》（歌行）：滇南二月春风暖，处处阴浓青不断。长条拂水雨新晴，短叶笼烟日始旦。万缕千丝绕岸齐，飞花飞絮画桥西。云来晻蔼章台路，月落凄迷灞浐堤。章台灞浐风光好，燕语莺啼惜春老。无奈闺人怨别离，更令戍客伤怀抱。成都才子玉堂仙，万里投荒年复年。马上逢春多感慨，酒边对景倍留连。韶华倏忽不相待，回首风光六十载。惟有春光似昔时，楚雄山下烟如黛。（天启《滇志》卷26第890页）

明巡按御史邓渼福建《伤杨柳》《垂柳篇》者，杨太史自悼之词也，作于苴力，题舍资。予读而悲之，作《伤杨柳》，乃用其体云：建章宫中春早回，太液池边雪后栽。飘花婀娜随风舞，绀幄玲珑映水开。绿条缥叶参差布，乳燕新莺往来度。自许风流张绪年，谁夸艳藻枚乘赋。艳藻风流此一时，禁地长承雨露私。诗成玉尘偏骄赐，宴出飞龙许借骑。雾缕烟丝聚还散，玉阶几岁留珍玩。有时三起复三眠，不悟五晨经六旦。摇落秋风奈别何，迁斥炎方岁月多。少府一生嗟偃蹇，子山独坐叹婆娑。（楚雄旧志全书“南华卷”康熙《镇南州志》卷6第50页）

清陈金珏《蒙署花卉杂咏二十一首·柳》（七绝）：东皇漏泄应张星，抹月批风倦眼醒。逢掖不烦神汁染，丹崖翠壑自垂青。（康熙《蒙化府志》卷6第52页）

毛振翧《翠景轩十二截·柳树》（七绝）：莫将婀娜漫欺人，献媚章台只一春。眉黛秋来零落尽，柔条寒瘦不堪亲。（雍正《师宗州志》续编第1页）

东川府知府方桂《东川十景并引·温泉柳浪》（七律）：华清宫

侧听莺梭，串出丝丝绿漾波。和煦已流幽谷满，涟漪又上翠微过。千枝折赠桥边少，一带垂条河畔多。飞絮满空飘水面，渔阳皷楫发骊歌。(乾隆《东川府志》卷20第71页)

文昌宫巍山内有龙池、文龙亭、古垂柳之胜。(乾隆《续修蒙化直隶厅志》卷2第105页)

刘垲《龙池古垂柳篇》(七古)：升庵先生垂柳篇，写出六诏春鲜妍。蒙诏两株今奇绝，未经特笔谁为传。池花窗竹亦何幸，坐令尤物湮龙泉。呜呼此柳谁云古，伊时腰肢尚如女。千树万树一样春，谁得拈毫厚于汝？我生已晚恰与值。垂柳之篇我欲补。不赏娇姿赏古情，张绪当年何足数。依然两树斗春风，如此十围溜秋雨。地高水面直丈余，天接梢头才尺五。拂拂长条云外拖，垂垂嫩叶波心吐。春光已老仍复然，别意虽长遽如许。我闻有龙水则灵，醴泉交让与龙潭。双梅凌空夭矫俱龙形，一宵雷雨同变化归沧溟。(乾隆《续修蒙化直隶厅志》卷6第8页)

太和举人杨履宽《蒙署花卉杂咏二首·衰柳》(七古)：柳丝嫋嫋春日时，绿波淼弥烟参差。韶华一去不复返，支离难任西风吹。倦添螺翠减眉样，频移带孔宽腰围。寐莫池塘莺罢啭，萧条駰骆雁空飞。人生快意能几日，请听樽前杨柳枝。汉南司马不须悲，六代离宫属阿谁？只今惟有秦淮月，女墙夜半乌啼血。(乾隆《续修蒙化直隶厅志》卷6第9页)

观音柳，旧《云南通志》：树高数丈，叶如茴香，花开茄色王象晋《群芳谱》：一种干小枝弱，皮赤叶细如丝缕，婀娜可爱，一年三次作花，花穗长二三寸，色粉红如蓼花，名柽柳，一名赤柽，一名西河柳，一名三眠柳，一名观音柳，一名长寿仙人柳，即今俗所称三春柳也。(道光《云南通志稿》卷68《通省》第3页)

滇大叶柳，枝叶即柳，惟从幹傍发条，开白花，穗长寸许，亦作絮。(《植物名实图考》木类卷36第849页)

饶昌澍《罗关渔唱》(七绝)：岩关夹岸水中流，枫叶芦花几钓舟。最是烟波渺无际，洞箫吹落满江秋。(光绪《镇雄州志》卷6第15页)

柳，采访：有杨柳、观音柳。又接官厅有垂柳百株，掩映

客去。（光绪《续修顺宁府志》卷13第19页）

## 龙爪树

龙爪树，《赵州志》：花鱼洞口有数株，干霄直上，皮赤如龙鳞，每叶去青皮，梗如龙爪。（道光《云南通志稿》卷69《大理府》第15页）

## 木槵子

梈子树，出大理、中庆、曲靖。僧俗以为数珠念经。安宁州及禄丰县、曲靖府陆凉州、新兴州并有梈子树。《永乐大典》卷一万四千五百三十六引。案：此文当系综合上述各府、州、县土产之文括约而成。今以无从离析，谨次于此。（《云南古佚书钞·洪武云南志书》第79页）

梈子树。引文见安宁州条。（《云南古佚书钞·洪武云南志书》第81页）

槵子树俗云菩提子，其实圆净，好佛者取为数珠，胜于他处所产者。（景泰《云南图经志书》卷4《姚州》第229页）

槵子树即菩提树也，出赤洞鼻，每枝一百八颗，诵佛经者缗丝贯之以记数。（正德《云南志》卷3《大理府》第169页）

木槵子一名菩提子，此州产者圆净胜他处，诵佛经者缗丝贯之以纪数，故美其名曰菩提子。然卢慧能犹能言：菩提本无树，世之佞佛者，诚为可笑。（正德《云南志》卷9《姚安府》第407页）

临安府，……郡出槵子，有铜、铁二种，每囊百八颗，铜色者佳。黑盐井亦出，不及郡中。（《滇游记》第10页）

木槵子，一名菩提子，圆净可为念珠。（楚雄旧志全书“姚安卷上”康熙《姚州志》卷2第36页）

土产：木槵子。（楚雄旧志全书“大姚卷上”康熙《大姚

县志》第 18 页)

槵子，陈鼎《滇黔纪游》：郡出槵子，有铜、铁二种，每囊百八颗，铜色者佳。黑盐井亦出，不及郡中。(道光《云南通志稿》卷 69《临安府》第 21 页)

木槵子，《姚州志》：一名菩提子，圆净可为念珠。《一统志》：菩提子，俗名木槵子，可为念珠，圆净胜他产。世传高泰祥死节，一女流亡民间，未知兄弟所在，手植此树，以卜存亡，九植咸茁，久之，尽得今存者九族。(道光《云南通志稿》卷 69《楚雄府》第 26 页)

## 木棉

郭义恭《广志》曰：木棉濮，土有木棉树，多叶，生房甚繁，房中绵如蚕所作，其大如拳。(《太平御览》卷 791)

古终，时珍曰：木棉有二种，似木者名古贝，似草者名古终。或作吉贝者，乃古贝之讹也。(《本草纲目》卷 36)

攀枝花状类绵花，可铺褥，亦可为布，但不经久。(景泰《云南图经志书》卷 4《北胜州》第 252 页)

攀枝花出元谋县，状类绵花，可铺褥。(正德《云南志》卷 10《武定府》第 445 页)

攀枝花状类绵花，可铺褥。(正德《云南志》卷 11《元江府》第 488 页)

攀枝花状如绵花，可铺褥，亦可为布。(正德《云南志》卷 12《北胜州》第 499 页)

《粤西路考》：……西北枕山而莅者为新城所，地高干，无可种莳。其产木棉、马金囊。(天启《滇志》卷 4《粤西路考》第 170 页)

在王弄山者，一名马喇，……种木绵为业。(天启《滇志》卷 30 第 999 页)

白桐木，《广志》云：骠国有白桐木，其花有白毳，淹渍织以为布。《诗义疏》云：白桐，宜琴瑟，云南牂牁人缉以为布。王睿诗“纸钱飞出木绵花”，李商隐诗“木棉花发鹧鸪飞”。南中木绵，树大如抱，花红似山花而蕊黄，花片极厚，非江南所艺者。张勃《吴录》云：交趾安定县有木绵树，实如酒杯口，有绵可作布。按：此即今攀枝花，阿迷、元谋、十八寨皆有之。（天启《滇志》卷32第1047页）

戊寅十二月初五日……又十里为海闹村滨溪东岸，即活佛所生处，离寺二十五里。其村有木棉树，大合五六抱。县境木棉树最多，此更为大。……初六日……由其南渡河而西其处木棉其有高一丈余者，云两三年不凋。（《徐霞客游记·滇游日记五》第886页、888页）

白桐木《广志》云：骠国有白桐木，其花有白毳，淹渍织以为布。《诗义疏》云：白桐，宜琴瑟，云南牂牁人缉以为布。王睿诗“纸钱飞出木绵花”，李商隐诗“木棉花发鹧鸪飞”。南中木绵，树大如抱，花红似山花而蕊黄，花片极厚，非江南所艺者。张勃《吴录》云：交阯安定县有木绵树，实如酒杯口，有绵可作布。按：此即今之攀枝花，阿迷、元谋、十八寨皆有之。（康熙《云南通志》卷30第874页）

卡瓦，……商贾凡出腾越入木邦贸木棉者，必经其地。（雍正《云南通志》卷24）

天花寺在南涧北，有攀枝花，花浓则年丰，花淡则岁歉。（乾隆《续修蒙化直隶厅志》卷2第106页）

板枝花者，木棉花也，金沙江热地方多有之。元谋绕署皆扳枝花，树高大亦如粤，但花色微淡且稀疏，不及粤之深红绵密，远望如红锦攒于云端为差减耳。其花可以炙食，花卸结角如大肥皂，裂开则柳絮轻盈，飞空卷地，盖瓦蒙墙。其茸甚滑，而病于太短，不能如吉贝之易缕牵连。苟设法而匠运经营，未尝不可同归于杼轴。古者，布有橦华，何知不织此花乎？盖橦者高也，木棉高大似建橦，故以橦华名。西方女工，巧过中土，岂肯专用吉贝而舍木棉？吉贝、草棉，对木棉以为配。木棉植中国最早，不知用之。草棉进自宋、元间，至今衣被天下。自有棉花，桑、麻渐就荒废，此亦物用运会之大变局也。棉花足用，世争莳之，何从复返中国鸡犬桑麻之盛哉？按：橦花不知为何树，考《蜀都赋》注引张楫云：“橦花者，树名橦，其花柔脆，可绩为布也，出永昌。"今永昌无橦木，只有板枝木，而故志附板枝花于桑、柘、麻、棉之后，为其可绩为布也。是知攀枝木本名橦木。木高大，必攀枝取花实，故曰扳枝木。实有棉，故曰木棉。《后汉（书）·哀牢传》以橦作桐，曰："梧桐木华，绩以为布，幅广五尺，洁白不受污垢。先以覆亡人，然后服之。"注谓"梧桐有白者，剽国有桐木，花有白毳，取其淹渍，缉织以为布。"今广东人见木棉之絮轻滑茸短，不可提缉，间扫地收茸以装袜及坐褥、马屉，市者谓用之则蚀血伤肤，故不售。若按注，必淹渍而后可缉织，犹麻之必沤，丝之必煮，而后可治也。必经覆亡人而乃服之，或亦厌胜之法，不生他病也。第棉花之利，虽倍于桑、麻，而种植耘锄，男女奔忙，视夏畦尤病苦。今内地诸省多种棉花，而两广、滇、黔究不宜于吉贝，炎陬瘴澨，板枝相望如云。若使远求夷人修治之法，制而用之，出布以济蛮疆，尤为大利。其树既易生长，添种益多，不劳于耕获锄芸，坐收其利，胜于棉花矣。且物产废兴无常，或废弃历数千百年，不知收用。一旦发出，尽识其利，相与从事不倦，殆五六百年，几以棉花为中国从来自有之物，岂知宋、元间中国始大兴哉？木棉树布于各省，想其有亦自开辟而来，惟夷人或得其用，而汉人不知也。棉花之有，想亦当然，不过自开自落于荒洲孤岛中，岛人入贡，不过曰卉服云耳。宋、元大兴，中国知棉花，几不知桑麻，而棉花果利于桑麻。若使解制木棉花，得成为布，其便利尤出棉花之上。可惜数千百万木棉，弃之于炎区瘴澨之中，而无以效用于人世也，悲夫！《明统志》载永昌细布，桐花织为之，洁白不受垢，则前明固知木棉可织矣。织法须从蛮姝处问之。《滇志》姚安木罗布，即橦布也，橦木皮可为布。（《滇海虞衡志》第 215 页）

木棉，杨慎《丹铅总录》：南中木棉，树大如抱，花红似山茶而蕊黄，花片极厚，非江南所艺者。王世懋《闽部疏》：木棉花者，高树丹花，若茶吐实蓬蓬，吴中所谓攀桂花也。杨用修具《丹铅》以为异，曰云南沾益州有之。闻岭、广尤多，不知《惠安志》已载此树，名为攀桂花，杨乃曰班枝花，与吴中攀枝花，盖三名实一物也。花品不当棉花，仅堪絮褥耳。（道光《云南通志稿》卷68《通省》第8页）

木棉树，高士奇《天禄识余》：南中木棉，树大盈抱，花红似山茶而蕊黄，花片极厚，非江南所艺者。云南阿迷州有之。（道光《云南通志稿》卷69《临安府》第21页）

攀枝花，《思茅厅采访》：木本，类刺桐，大者合抱，花若菡萏鲜红色，结实类胡桃，土人取实暴日中，其壳自开，吐绪如绵，莹白可爱，以之夹枕褥，性极温暖，但不受纺织，惟炎乡瘴域有之，若稍寒之地，种植不生。（道光《云南通志稿》卷70《普洱府》第5页）

㹀鸡，《伯麟图说》……于隙地植木绵花，累累如桃，广西州属有之。（道光《云南通志稿》卷183第42页）

木绵花，《顺宁府志》：俗名扳枝花，山箐内常有之。枝干粗大，枝叶稀疏，叶如核桃树叶，花似山茶花可食，花谢结成蓓蕾，至四月间如大拳，烈日曝开，其子带羢飞出，宛如柳絮，漫天飞舞。其羢长一二寸，洁白有光，胜于竹棉，好事者收取十数觔装入筐，其子不用车压，止用手在筐内徐徐搅之，子在下，羢在上，羢装裀褥暖而温。《一统志》：云州出。（道光《云南通志稿》卷69《顺宁府》第32页）

木棉，《唐书·地理志》：太和、祁鲜而西，人不蚕，剖波罗树实，状若絮，纽缕而幅之。樊绰《蛮书》：自银生城、拓南城寻传、祁鲜已西蕃蛮种，并不养蚕，唯收婆罗树子，破其壳中白如柳絮，组织为方幅，裁之笼头，男子妇女通服之。骠国弥臣、诺悉皆披罗段。《南越志》：南诏诸蛮不养蚕，惟取娑罗木子中白絮纫为丝织为幅，名娑罗笼段。祝穆《方舆胜览》：平缅出娑罗树，大者高三五丈，结子有绵，纫绵织为白毡、兜罗绵。李时珍《本草纲目》：木棉，有草、木二种。交广木棉，树大如抱，其枝似桐，其叶大如胡桃叶，入秋开花，红如山茶花，黄蕊，花片极厚，为房甚繁，短侧相比，结实大如拳，实中有白绵，绵中有子，今人谓之斑枝华，讹为攀枝花，李延寿《南史》所谓林邑诸国出吉贝，花中如鹅毳，抽其绪纺为布。张勃《吴录》所谓交州、永昌木棉，树高过屋，有十余年不换者，实大如盃，花中绵软，白可为缊絮及毛布者。皆指似木之木棉也。徐光启《农政全书》元扈先生曰：吉贝之名，独昉于《南史》，相传至今，不知其义，意是海外方言也。小说家言木棉，其为布，曰城，曰文缛，曰乌鳞，曰斑布，曰白氎、白緤，曰屈眴者，皆此，故是草本，而《吴录》称木棉者。南中地暖，一种后开花结实，以数岁计，颇似木芙蓉，不若中土之岁一下种也，故曰十余年不换，明非木本矣。吉贝之称木，即《禹贡》之言卉，取别于蚕绵耳。闽广不称木绵者，彼中称扳枝花为木棉也。扳枝花中作裀褥，虽柔滑而不韧，绝不能牵引，岂堪作布，或疑木棉是此，谓可为布而其法不传，非也。《吴录》所言木棉，亦即是吉贝，或疑其云树高丈许，当是扳枝，不知扳枝高十数丈。南方吉贝，数年不凋，其高丈许，亦不足怪，盖《南史》所谓林邑吉贝，《吴录》所谓永昌木棉，皆指草本之木棉，可为布，意即娑罗木，然与扳枝花绝不类。（道光《云南通志稿》卷70《永昌府》第20页）

攀枝花，章潢《图书编》：如棉可褥可布，出北胜州。（道光《云南通志稿》卷70《永北直隶厅》第43页）

㹀鸡，《伯麟图说》：……于隙地植木绵花，累累如桃，广西州属有之。（道光《云南通志稿》卷183第42页）

木棉花，《府志》：俗名板枝花，山箐内常有之，枝幹粗大，枝叶稀疏如核桃树叶，花似山茶花可食，花谢结成蓓蕾，至四月间如大拳，烈日曝开，其子带羢飞出，宛如柳絮，漫天飞舞。其羢长一二寸，洁白有光，胜于竹棉，好事者收取十数觔装入筐，其子不用车压，止用手在筐内徐徐搅之，子在下，羢在上，羢装裀褥暖而温。《一统志》：出云州。（光绪《续修顺宁府志》卷13第8页）

晋郭义恭《广志》：木棉树赤华，为房甚繁，逼则相比为绵，甚软，出永昌《御览》九百六十。（《滇绎》卷2第676页）

《宾川之木棉》：中国之棉有二种：一为草棉，一为木棉。《南史·高昌国传》：“有草，实如茧，中丝如细纩，名曰白叠，取以为布，甚软白。”此即草棉。《通鉴》：梁武帝送木棉皂帐。（《通鉴·梁纪》十五原文为梁武帝“身衣布衣，木棉皂帐。”）史炤《释文》（是胡三省音注）：“木棉，江南多有之，以春二三月下种，既生，一月三薅（原注“一月”上有“须”字，“三薅”下有省文）。至秋生黄花，结实，及熟时，实皮四裂，其中绽出如棉。”此则纪木棉也。云南亦有木棉，多产于滇省西北隅之金沙江边沿江一带山坡上。杨希闵绍基君曾详语于我云：“己于解甲归农后，回至宾川原籍，拟从事于实业。宾川北头，界于金沙江边，距城约百余里，有某某地处，大江则自西而来，向东而流，南北两岸大都是赤土偏坡，气候极热，常年无霜雪到地，此一带地方极多木棉。木棉树身颇高，枝干杈丫直上，有类于苹婆树之生发。木棉结实，大如林檎果，实熟绽棉，洁白如雪，丝细而且长，其长度约及四五寸，诚较草棉为强也。以土法搓线不易，土人故不爱重之，以不甚爱重，故无人培养，缘此而不蕃殖。论种木棉，不费功力，但锄坎落子，数日即能萌芽，惟须择取无寒霜、无大雪之地处而种，盖其性畏霜雪也。若于适当之处，当春而种，无有不成。第一年重锄薅，在去其根旁之蒿秽，然亦不劳灌溉，更勿庸擫（似当作压）肥料，惟任其自行生发耳。期年后可高尺几二尺，次年更长高而着花，花须扑去之，使其不汲汲于结实，第三年则听其开花结实。自是之后，地下亦不必时时薅锄，无非斩去荆棘蓬棵，免其夺取地力耳。木棉栽成后，一株可望有二十五年或三十年之收成，以较草棉，则省工多矣。按：每亩地皮可种木棉数百株，延至五六年后，每亩地上之棉树可望收五六十斤棉花，十年倍之。在整理得法者，每亩可望有二百斤之收成。盖木棉年可收获两次，一在夏季，一在冬季。其摘取棉实，亦不费力，一人耗尽日工夫，可收尽一二亩地之棉实。实又较草棉为大，函白叠自较草棉为多也。又棉花子可以制油，点灯亦甚光明，惟不能食耳。若以二百斤花之子制油，可得油斤多两斤，诚厚利也。论此种木棉之丝头，极适于上机器作细纱，此亦为纺纱厂中人士所公认。惜哉！人不之务，徒日事嚣嚣于种棉以抵制外来者之说，殆不知有此也。至云滇省之边鄙，由永北、宾川而华坪、大姚，而永仁、元谋、武定、禄劝、寻甸、巧家，俱是沿金江而设治，边线之长，直有二千余里。而随在一段上，其气候又无不炎热，所谓霜雪，多是一二十年不见一次。且此二千余里之边线上，多半是偏坡或高原，即选择适当于条件而能种棉之处，亦不下一千个方里，按每一方里有地五百余亩，每亩产量以一百五十斤计，千个方里之地面，自不难产七八千万斤棉花也。余初至宾川，即闻有是利，乃往产生木棉地处，考问详查，复就江边各处讲求，似大利可兴，成功可必。乃与地方土人商洽，己方愿筹资本，就一荒山僻壤处试办，划定百亩地面，而开成熟地，依据土法种植。是力由农家出，资由己方备，将来收棉则各占一半，是时多有土人乐从。正待兴工间，内战之祸作矣，边地上亦动荡不宁，余知世事难为，乃辍其事，挟袱被而旋昆明。”杨君之语我者如此，特为之记出。（《云南掌故》卷12第393页）

## 楠木

楠木从南，南方多有之。枏与楩为类，幽蔼于谷底，则生于谷壑也，各省皆有之，而滇出尤奇。盖滇乡地震，地裂尽开，两旁之木，震而倒下，旋即复合如平地，林木人居皆不见，阅千年化为煤。掘煤者得木板煤，往往有刀剪器物。或得此木，谓之阴沉木，以制什物，尤珍贵之。《蜀赋》楩枏，《吴赋》楠榴。楠榴者，枏木之瘤也。其瘤之盘结节尤好，以作器具最精，巨者以为桌面尤佳，至阴沉木则不可多得矣。枏为良材，栋梁舟船用甚大，而亦神木，故江湖多立庙祀之。（《滇海虞衡志》第276页）

楠，檀萃《滇海虞衡志》：楠木从南，南方多有之，柟与楩为类，各省俱有之，而滇出尤奇，盖滇多地震地裂，两旁之木，震而倒下，旋即复合如平地，林木人居皆不见，阅千百年化为煤，掘煤者得木板煤，往往有刀剪器物，或得此木，谓之阴沈木，以制什物，尤珍贵之。《蜀赋》楩柟，《吴赋》楠榴。榴者，楠木之瘤也。其瘤之盘结节尤好，以作器具最精，巨者以为桌面尤佳，至阴沈木则不可多得矣。（道光《云南通志稿》卷68《通省》第3页）

## 婆树

婆树，《诗》："隰有六駮"，毛《传》以駮为兽名，陆玑《疏》："駮马，木名，梓榆也。其树皮青白駮荦，遥视似駮马，故谓之駮马。下章云'山有苞棣，隰有树檖。'皆山隰之木相配，不宜云兽。"又云：檀木"与爨迷相似，又似駮马。駮马，梓榆。故里语曰：'斫檀不谛得爨迷，爨迷尚可得駮马。'"《元和郡县志》：贺兰山"有树，木青白，望如駮马，北人呼驳为贺兰。"馥案：北方无此木，未得目验，及官云南，到处有之。土人音讹，呼为婆树。（《滇游续笔》第468页）

婆树，桂馥《札樸》：《诗》"隰有六駮"，毛《传》以駮为兽名，陆玑《疏》："駮马，木名，梓榆也。其树皮青白駮荦，遥视似駮马，故谓之駮马。下章云'山有苞棣，隰有树檖。'皆山隰之木相配，不宜云兽。又云：檀木"与爨迷相似，又似駮马。駮马，梓榆。故里谚曰：'斫檀不谛得爨迷，爨迷尚可得駮马。'"《元和郡县志》：贺兰山"有树，木青白，望如駮马，北人呼駮为贺兰。"馥案：北方无此树，未得目验，及官云南，到处有之，音讹呼为婆树。（道光《云南通志稿》卷68《通省》第7页）

## 菩提树

菩提树，在姚安府姚州，土产。《永乐大典》卷一万四千五百三十六引。(《云南古佚书钞·洪武云南志书》第 80 页)

赵州，……按《酉阳杂俎》曰：毕钵罗树即菩提树，出摩伽陀国，在摩诃菩提寺。盖释迦如来成道时树，一名思惟树。茎干黄白，枝叶青翠，经冬不凋，至佛入灭日，变色凋落，过已还生。至此日，国王人民，大作佛事，收叶而归，以为瑞也。树高四百尺。(范石湖《吴船录》所载，耀州沙门取经至天竺，所历鸡足山。)(嘉靖《大理府志》卷 2 第 61 页)

宾川州，其木非常，每月十五夜，桥木自换。又有奇树名菩提树，亦名思惟树，《酉阳杂俎》曰：毕钵罗树，出摩伽陀国。(《肇域志》册 4 第 2338 页)

## 樌

己卯七月十三日……当其中有木龙焉，乃一巨树也。其下体形扁，纵三尺，横尺五。自地而上，高二尺五寸，即半摧半茂。摧者在西北，止存下节；茂者在东南，耸干而起。其干正圆，围如下体之半，而高不啻十余丈。其所存下节并附之，其圆亦如耸干，得下体之半，而其中皆空。外肤之围抱而附于耸干者，其厚止寸余，中环空腹如桶，而水盈焉。桶中之水，深二尺余，盖下将及于地，而上低于外肤之边者，一寸有五，其水不甚清，想即树之沥也。中有蝌蚪跃跳，杓水而干之则不见。然底无旁穴，不旋踵而水仍满，亦不见所自来，及满至肤边下寸五，辄止不溢。若有所限之者，此又何耶？其树一名溪母树，又名水冬瓜，言其多水也。土人言，有心气痛者，至此饮之辄愈。老僧前以砍木相基至，亦即此水为餐而食。(《徐霞客游记·滇游日记十

一》第1149页）

榿木，《顺宁府志》：一名水东瓜，可以刻字。（道光《云南通志稿》卷69《顺宁府》第33页）

水东瓜木，湘中、滇、黔皆有之。绿树如桐，叶似芙蓉，数茎同生一处，易长而质软。《顺宁府志》以为即榿木，可以刻字。（《植物名实图考》木类卷36第842页）

榿木，旧《志》：一名水东瓜，可以刻字。（光绪《续修顺宁府志》卷13第19页）

## 箐树

乾隆三十四年元月十五日，行数里上金浪山，山本名博南。《水经注·兰沧江》歌：汉德广，开不宾，度博南，越兰津。即此山，为蒲蛮出入之所，箐树最蒙密。（《滇行日录》第210页）

## 楸树

明唐尧官《古楸树歌》（七古）：梵王宫前两楸树，古幹亭亭倚天际。枝条围成翠羽盖。藤蔓绕作青罗帔。一株西向一株东，朝烟暮霭霏簾栊。重阴蒨蒨蔽白日，高花密密明晴空。千层万层香不断，黄鸟飞鸣春又半。曾历阎浮劫数多，宁知尘世年华变。老余杖履访禅扉，对此忘言清道机。生残斜日漫徙倚，花落闲阶凉满衣。（道光《晋宁州志》卷12第14页）

## 鹊不停

鹊不停，陈尚古《簪云楼杂记》：滇南有树，名曰鹊不停，枳棘满林，群鸟皆避去不复下，惟鸮之交也则栖止，而萃其上精溢于树，则瘤生焉，土人斲瘤成丸，大如鸟卵，一近人肌骨辄自相跳跃，相传闺阃密用，然滇中殊贵重，不能多得也。（道光《云南通志稿》卷68《通省》第7页）

## 荏苒

荏苒、松子。（正德《云南志》卷12《北胜州》第499页）

荏苒，章潢《图书编》：出北胜州。吕种玉《言鲭》：《诗》“荏苒柔木”。《古韵》并作草盛貌，一曰柔弱貌。世人特借其事，用为侵寻辗转之义，不知原有此草，出滇中北胜州。（道光《云南通志稿》卷70《永北直隶厅》第43页）

## 桑木

桑木生于石上者为上，可为弓材。（正德《云南志》卷12《北胜州》第499页）

桑木，章潢《图书编》：出北胜州，生石上者上等，可为弓材。（道光《云南通志稿》卷70《永北直隶厅》第44页）

## 莎树

莎树大四五围，长十余丈。树皮能出面，大者百斛，色黄。鸠民部落而就食之。《太平御览》卷九百六十《木部》九、《重修政和经史证类备用本草》卷十四《桄榔》条引。《政和本草》引有节文，“鸠民”作“鸠人”，当是据唐人书避唐讳改。（《云南古佚书钞·南中八郡志》第11页）

莎木，贾思勰《齐民要术》：莎树出面，一树出一石，正白而味似桄榔，出兴古。（道光《云南通志稿》卷69《曲靖府》第38页）

## 杉树

杉木宜为棺，旧《志》。（正德《云南志》卷8《镇沅府》第352页）

杉木江源出者乐甸，流经府治南，下流入威远州界，江岸多产杉木。（万历《云南通志》卷4《镇沅府》第29页）

圆照寺：在玉案山腹，有大杉三株，絜之数围。沐昂《诗》："东风吹柳拂乌纱，一入祇园景最佳。惟爱日长山寺静，小窗开遍杜鹃花。"（万历《云南通志》卷13《云南府》第5页）

沙人，……地产美杉，生悬岩千丈间，伐之多无全材，其坚逾蜀产。（天启《滇志》卷30第1001页）

冯甦《议开金沙江》：……嘉靖十七年，王万安亦放杉木，俱五板大船经过，中惟虎跳、天生桥亦十分不为险阻。又据姜驿驿丞禀：每见贩木客人，结成傀筏，自木司江流六日，即抵马湖等情各到道。为照前项水道，武定、迤东极为捷径，但访得河内间有蛮尖石，两边崖石生合成桥，水从石缝流下，未委虚的。若迤西金沙江面洪阔，四时横流，客商通贩，前后不绝，中间虽有虎跳之滩，然皆沙石易凿，此断然可通而无疑也。合无先将东西二道，各委能干官，带领匠役乡导沿河踏勘，直至马湖，中间要见舟楫无碍者几处？危石可凿者几处、几丈、几尺？如有绝险人力难施者，或作两截盘远，沿河陆路可通者几处？不通而应合开辟者几处、几里、几十步？及沿江有无人烟稀密堪立驿递哨堡等项，各计合用功力人匠若干？钱粮若干？勘估明白，画图造册回报。然后拟议奏请开通，不独一时一方之利，实国家久安长治之计云。适值地方多事，议竟

不行。……（《滇考》卷下第326页）

镇沅府，……杉木江，源出者乐甸，流经府治南，下流入威远州界，江岸多杉木。（《肇域志》册4第2363页）

镇沅府，……杉木江……江岸多杉木，因名。（《读史方舆纪要》卷116第5150页）

杉，类松，经冬不凋，惟端直冲霄，其叶附枝生，大似苴机柏，《尔雅注》谓煔似松者是也，《集解》谓南中深山多有之，性埋能不腐，盖耐水也，结实如枫实，《释名》所谓檠木也。滇僧收其子，秧盈田，至尺许移之盆中，常以赠远，以栽植则易大成阴作材耳。紫金杉，鸡山杉多赤白者，惟此株在曹溪水侧，大合数人抱，枝干扶疏，擎擎若张盖，其纹左纽，烂若紫金色。（《鸡足山志》卷9第320页）

杉，盖松之类，故二赋言松不言杉，良以杉统于松也。故滇人曰杉松，故其材中椫榜。南方诸省皆有杉，惟滇产为上品。滇人锯为板而货之，名洞板，以四大方二小方为一具。板至江、浙，值每具数百金。金沙司收其税，为滇中大钱粮。古时由金沙水行直下泸州、叙府，前明遗牒所谓安监生放板是也。数百年来，金江阻塞，舟楫不通，人负一板抵省，又自省抵各路水次，脚价之费何如，宜其贵也。（《滇海虞衡志》第267页）

沙人，……地产老杉，生悬崖千丈间，伐之多无全材，坚逾蜀产，俗称沙木是也。（《滇海虞衡志》第338页）

杉，嵇含《南方草木状》：杉，一名被煔。檀萃《滇海虞衡志》：杉，盖松之类，故二赋言松不言杉，良以杉统于松也。故滇人曰杉松，其材中樿榜。南方诸省皆有杉，惟滇产为上品，滇人锯为板而货之，名洞板，以四大方二小方为一具，板至江、浙，值每具数百金，金沙司收其税。古时由金沙江水行直下泸州、叙府，前明遗牒所谓安监生放板是也。数百年来，金江阻塞，舟楫不通，人负一板至省，又自省抵各路水次，脚价之费何如，宜其贵也。（道光《云南通志稿》卷68《通省》第4页）

杉，采访：杉盖松之类大者，锯为板而货之。（光绪《续修顺宁府志》卷13第19页）

## 松树

晋宁郡，……郡土平敞，有原田，多长松。（《华阳国志》卷4第394页）

松节，味酸，性平。行经络，〖治〗痰火、筋骨疼痛、湿痹痿〖软〗，强筋舒骨。松〖笔〗头，松树蕊，味苦、微涩，性微寒。〖行经络〗，止茎中痛，止便浊。治膏淋疼痛不可忍者，磨水酒服之效。五淋俱可〖服〗。松香，一名松脂，味苦、甘，性温。搽疥癞疮，吃安五脏，除胃中湿热，疗赤白癜风、疠风〖等症〗。一人得疠风，皮肤瘙痒，须眉脱落，面身俱起〖紫泡〗。〖一人传以此方效〗。用〖白松香〗不拘多少，于砂锅内煎九次，每煎一次，露一宿，俟九次完方可用，如砂者良。服此药终身不发。忌盐，吃盐即发。（《滇南本草》第13页丛本）

地盘松球，味苦，性温，〖性走足太阳经〗。治疝气偏坠，即觅小青松盘地生者，上结小球有钮子大，取绿嫩者不拘多少，愈多则愈美，〖能升阳消气〗。水煨点水酒服，连球更好。〖采子敷疮亦效。〗（《滇南本草》第14页务本）

己卯正月初九日……八角开创于嘉靖间，为吉空上人所建。其南即为传衣寺，寺基开爽，规模宏拓，前有大坊，题曰“竹林清隐”，乃直指毛堪苏州毛具茨也所命，颇不称。上又一直指大标所题古松诗，止署曰“白岳”。古松当坊前，本大三围，乃龙鳞，非五鬣也。山间巨松皆五鬣，耸干参天，而老龙鳞颇无大者，遂以纠拿见奇。干丈五以上，辄四面横枝而出，枝大侔于干，其端又倒垂斜攫，尾大不掉，干几分裂。今筑台拥干，高六七尺，又植木支其横枝，仅免于裂，亦幸矣。由梯登台，四面横枝倒悬于外，或自中跃起，或自巅垂飏，其纷纠翔舞之态，不一而足，与天台翥凤，其一类耶！坊联曰：“花为传心开锦绣，松知护法作虬龙。”为王元翰聚洲笔。门联曰：“峰影遥看云盖结，松涛静听海潮生。”为罗汝芳近溪笔。差可人意。然罗联涛潮二字连用，不免叠床之病，何不以“声”字易“涛”字乎？（《徐霞客游记·滇游日记六》第928页）

传衣松，释曰：松既已无有，夫何为而纪之？盖松异夫他松者有十：根细树大，逾数围，望之若太湖之石然，一也；上枝横生，宽荫十余丈，二也；横生之枝，其大与本等，三也；其子应月而落，芳香四射，四也；松叶均之五茎，五也；干枝皆直而不曲，不害其为古雅，六也；惟鹤则栖，他鸟望之却顾，七也；居其下，无风而融和，八也；筛日月流阴，玩之若画图，九也；龙鳞紫绣，终无苔藓暨茑萝之所攀附，十也。奝映少时游鸡足，绘此松图以藏诸文笥，惜缘兵燹失去，然终不能忘情于此松。故松虽无存，愿构数言以存之，庶言在则松如在矣。虽然，言之不文，惧行之不远，奈何！（《鸡足山志》卷4第176页）

四友老友，谓传衣松三柯斜出，蔽日干霄。五本空传，游云耸壑。铁衣生涩瘦中看，气甲孤标之逸致。铜文集古枯边活，奇丁远旨以神怡。笙簧瑟瑟，鼓吹萧萧，撼风飚于虬盘龙跳之年，凝露华乎鹤立鸾栖之日。君其老矣，我幸如之。青留颜色，后凋蹈此芳徽。黄落肪脂，问寿饶渠真率。（《鸡足山志》卷4第193页）

松松肪、松黄、茯苓、松实。旧《志》：松有八种，然皆托异以为名称，非纪实也。惟满山翳绿，叶有两鬣、五鬣、七鬣之不同，三针、四针、五针之迥别。则其磥砢盘耸，嫩者绿质光肥，老者紫鳞涩铁。当二三月，抽甤披花，长可数寸。采其蕊，阴之纸簟中，荡之水以去其油，澄而干之，松黄悉浮香于几席矣。和之以蜜饴，恒饵益寿。结实状似猪心，绿其色，叠叠累如鳞砌。秋老而子大，则其鳞迸裂，采人持长钩以升树颠，争躍骋能，若猿猱之健捷，兴至则樵歌，嚎应山谷，男女恊和，訇㗒忘劳。时珍谓松子惟辽海、云南者大等巴豆，食之良也。孙思邈称松脂以衡山者佳，而不知鸡足山松脂通明，如薰陆香，松花之色，尤胜蒲黄。松子之大而壳薄易啮，则视鬣针之多少为别，故岁久实蘩。昔人夸塞外者佳，以其寒经霜雪，故其香冽。兹山寒郁，宜松仁之香冽亦同于塞外矣。但根深未审潜千岁之琥珀否。至茯苓则间有之。滇中之俗，采松叶布地以宴客，清香可玩。不曰松叶，乃谓松毛，以茸茸似毛耳。秪陀松，迦叶殿门外，以岁月久故，古干参天，转难描画，好事者见其灵奇，曰：非有神凭之，胡能若是？乃嗤嗤氓循而祀礼之，《金刚经》称秪树，果指松耶！名其始者，必有谓矣。如意松，大悲阁前，高逾八九丈，大六七围，峰颠多异花，风吹花落，而松枝摇曳，若指挥然，以指挥如意天花落之句得名。传衣松即传衣寺古松也。昔人名千尺虬。见异迹。平顶松，庵以松月得名者，古松盖在阿中，其高直达岩顶故云，非缘摩顶西指以得名。摩顶松，昔有老僧，移山中小松，植之四观峰上，下掐珠念佛以摩顶，谓之曰：峰头霜雪寒甚，故勘大树，汝能为名山增色乎？松遂株株尽活。（《鸡足山志》卷9第318页）

大错《鸡足山古松歌》（歌行）：滇南山川天下雄，崖峦叠翠耸云中。昆崙来脉千万里，雪山奔涌三十峰。一枝夭矫结苍岫，幻出鸡足海水东。千崖万壑争奇秀，烟云变态不可穷。天根地轴萃灵异，沐日浴月嵸巃嵸。千年精毓古洞穴，幽光灵气独有钟。抽芽发条知何岁，一朝矗起为长松。百千老树皆儿子，俯仰罗拜如有容。名人才士过其下者共嗟叹，横拿倒攫屈曲蟠结如鬼工。上有兔丝千尺垂云络，下有琥珀百斛胭脂红。或云修柯一枝飞去为虬龙，或云孤根断折潜孕若木东。佛子无尽先鉴赏，狂呼大叫嗟奇逢。为余形似难为状，担当之言将无同。比丘安仁亦好事，劝我往看欣相从。策杖苦无跻胜具，攀崖扪壑鸟道通。遥望虬枝千里外，回云停雾何菁葱。诸贤摩娑坐其下，涛响飘萧耳为聪。屈如老螭蟠怪石，伸如怒蛟横长空。一枝一叶无不森秀堪把玩，况复古柯大干参天蔽日势丰隆。仙盘豪饮不肯去，坐卧十日谁能同？山灵忌我探灵秘，风雷隐隐暗苍穹。长啸一声且归去，写作古歌笔兴浓。此歌既成，山灵当亦来呵护，羞杀秦政区区大夫松。（《鸡足山志》卷12 第508 页）

罗时昇《传衣寺古松》（歌行）：老松虬曲枝半秃，烟霜深古鸟不宿。兔丝飞光琥珀伏，雷雨昏朝暗山麓。阴火冥冥闪幽谷，疑有妖螭穴其腹。断碑支根字痕绿，蛟皮剥蚀不可读。玄鹤飞来寻旧枝，风雪摧折无所依。延颈徘徊鸣声悲，一千年前曾此栖。重来老干俱离披，况复城郭人民非。世不学仙欲何为？长啸怀古丁令威。（《鸡足山志》卷12 第512 页）

广昭《再看传衣寺古松》（五律）：此是吾佳友，别来宁不思？相携重过访，古意更离披。风雨每愁化，烟霞只自知。岁寒原有约，野鹤莫猜疑。（《鸡足山志》卷13 第529 页）

普荷《传衣寺古松》（五律）：法物何愁朽，千秋此一枝。身臞因土瘦，色淡为春迟。有骨才堪老，非枯不见奇。活龙来与斗，牙爪两堪疑。（《鸡足山志》卷13 第533 页）

高奣映《传衣寺古松无存》（七律）：画松不见况真松，梦想当年奇鬼工。一片袈裟都化石，数传灯焰冷孤峰。霞偎绣甕封鸡唱，雪绕香林印鹿踪。此际著书心蚤铁，老鳞羞养看雏龙。（《鸡足山志》卷13 第553 页）

高奣映《松》（七律）：从今难画品松图，錾錾山山似芜湖。亘古不知黄叶下，千秋惟见绿云铺。梭娘峤外抛金织，凡子壶中照碧珠。蒨灿自非桃李色，偓佺丹粒近传吾。其二：虬枝千尺尽苍摩，水石云崖小隐过。列列李膺君子众，森森和峤栋梁多。空山子落憎闲事，静阁声回助雅歌。荡得眼青难作白，绿天庵畔更如何？（《鸡足山志》卷13 第554 页）

明唐以敬《乔松》（五古）：古庙城南隅，乔松何代植。老幹数十围，高标千百尺。号风作龙吟，溜花添黛色。下有茯苓精，化为琥珀赤。酿酒花可醉，延年子堪食。大材合栋梁，不摇竟谁识。（康熙《晋宁州志》卷5 第3 页）

刘维《古罗汉松记》：狮山之隅有泉源，余既浚而亭之矣。泉傍有罗汉松一株本大数围，挺分三干，南枝耸然，高起北枝，靡靡下披，婆娑茂密，不类凡木。顾中蠹而空，一干且折，庄《书》所谓拥肿，不中绳墨，卷曲不中规矩，不材之木，无所可用，而若是其寿者也。是木也，在匠氏诚所不视，而恐樵人将彷徨甘心焉，其不折而为薪者几希，由是言之则虽树之广莫之野，而斧斤之患常在矣。乃属武定太守辛存仕、贰守蔡呈奇、理刑袁端化、和曲州牧吴洸，命工为台护之，并记以寿之。（楚雄旧志全书“武定卷”康熙《武定府志》卷4第200页）

第二十九课《松》：松为木本植物，叶如针。雌花生松雅上，雄花生松雅下，皆无冠，由多数之蕊集成。雄花花粉极多，因风以达于雌花，雌花得粉即次第发育果实，此果实为球形，故俗名松球。（楚雄旧志全书“元谋卷”光绪《元谋县乡土志》修订本卷下第401页）

新正元旦，民间采松针铺地，以代氍毹，名曰松衣。……岁首，砍松枝高丈余，夹植门外，插香于松上，以迎祖考。（《滇南杂记》第51页）

松柏，一切树木无不有，而松柏为最多，荒山古庙中，大可数抱者，往往而有。松柏本耐久，又以位置得所，人不能扰，得以全其天年，亦物之幸也。自永平至永昌中间，有万松岭，漫山遍野皆松树，约行十余里，在松径中盘旋曲折，真创观也。（《滇南闻见录》卷下第40页）

滇南之松，大利所自出。其实为松子，其腴为茯苓。凡松皆有子，而细不中啖，惟滇南松子，巨同辽海，味更过之，故以为甲天下。然所行不出滇境，未有贩而至于外省者，至今内地人尚不知云南之松子也。（《滇海虞衡志》第266页）

清李因培《古松行》：刦灰烧不到汉松，五云霄半护髯龙。天风吹下三千丈，万古苍然森碧峰。南阳布衣神仙客，扬旌挥扇今无蹟。朱楼杰阁倚空山，土霜侵卮秋霜碧。猿猱夜啸歃血坛，魑魅亦识汉衣冠。老鳞忽幻苍冥雨，飒飒千崖树影寒。君不见，锦宫城外柏萧萧，蜀人爱惜不忍樵。神物往往凭直上，珍重诗人赋后凋。矧此古松临长道，勿翦勿伐独夭矫。

花落关前苔藓斑，脂蝎地下琥珀老。南中底定古益州，草木犹思蜀武侯。古松莫化龙飞去，常使苗傜说汉刘。（道光《晋宁州志》卷12第20页）

松，旧《云南通志》：有油松、杉松、细松数种。檀萃《滇海虞衡志》：滇南之松，大利所出，其实为松子，其腴为茯苓段成式《酉阳杂俎》：予种五鬣松二株，根大如盌，结实与新罗、南诏者无别。（道光《云南通志稿》卷68《通省》第2页）

长松，常璩《华阳国志》：汉益州郡多长松。（道光《云南通志稿》卷69《云南府》第6页）

松，《腾越州志》：在南门外金氏庭中，其松盘折空际，正覆庭心，古干虬枝，数百年物也。（道光《云南通志稿》卷70《永昌府》第25页）

滇南罗汉松，实大如拇指，绿背绛跗，形状端好，跗嫩味甜，饤盘尤雅。俗云食之能益心气，盖与松柏子同功。（《植物名实图考》木类卷37第858页）

明兰茂《松》（五律）：徂徕旧传名，樛枝点碧岑。苍苍多节操，飒飒有馀音。自得云山老，何辞霜雪侵。众芳时可悦，谁见岁寒心。（光绪《续修嵩明州志》卷8第75页）

松，采访：有油松、杉松、罗汉松。（光绪《续修顺宁府志》卷13第19页）

《班洪风土记·松》：内地旅行，遍山松树，自入摆夷境即未见，班洪亦无之，行至猛董，见三四株，不觉有特别意味。或谓凡有松树，即无瘴气，然班洪无瘴，何以无松树，余疑此寒带植物，四季炎热之区则无之，不必有瘴气也。（《滇西边区考察记》第1篇第43页）

## 苏木

苏木，一曰苏枋木，出元江。《续博物志》云：自然虫粪为紫粉。（《滇海虞衡志》第277页）

苏木，《一统志》：元江府出。檀萃《滇海虞衡志》：一曰苏枋木，出元江。（道光《云南通志稿》卷70《元江直隶州》第55页）

## 桫木

己卯八月十六日……是为顺宁东北尽处，与蒙化分界者也，以岭有桫松树最大，故名。（《徐霞客游记·滇游日记十二》第1191页）

无为寺，在兰峰。……有香桫五株，大百围，高八九十丈，太古时物也。昔有二十余树，丧乱时，为樵爨伐尽，此仅存者。（《滇游记》第6页）

桫木亦多有大者，予所见省城外南郊归化寺门前数株，西关外文昌宫门首四株，皆有数抱。又闻大理府无为寺有香桫五株，大约十围，高可十丈，系千百年以前所植。夷地信鬼而敬神，木得假灵以厚其生也。（《滇南闻见录》卷下第41页）

## 梭罗木

梭罗木，《一统志》：府境出。檀萃《农部琐录》：半果大木，可隐数牛，仰首望之，高入云表，不见枝头之所际，或曰即建木也。土人名杉罗汉，或松罗汉云。（道光《云南通志稿》卷70《武定直隶州》第52页）

## 檀

桂为奇木，以上药显。檀为神木，以妙香闻。论檀，则滇南各州郡俱有之，而至于为香，惟《永昌志》载有赶檀香。

《明一统志》载八百大甸出白檀香。檀为善木，故从亶。亶者善也。有黄、白、紫之异，江淮、河朔俱产檀，然不香。檀香出广东、云南及番国，三檀并坚重清香，而白檀尤良，释氏呼为旃檀，言离垢也。第南徼所产，亦不能尽香，而其降而成香，千百林中，或有其一二，物以少为贵也。道书谓为浴香，不可烧贡上真，此故为歧言，不足辨也。其材之中于物用者甚多，即无香，亦应志而不遗也。(《滇海虞衡志》第263页)

## 天章树

天章树，释曰：相传谓之曰汉树。今考之，汉惟有天汉、天凤、章和、章武等年号，即后汉则惟有天福之年号，六诏亦未有天章之年号，则为前人表彰以名树，非汉时年号可知已。树挟眠狮石以生，石高二丈，广阔四五十围。树缘石以生，婆娑笼罩，蔽荫此石。石之大而树能荫被之，则树可不必言而知其大矣。树身蟠结藤萝，如龙乘空，人自藤间，若登悬梯然，即达于石，然甚坦夷，虽衰筋老骨，可以负剑辟珥而行。谓非汉树也，征其形，非数千年不至此，则谓非汉树也，决决不可。(《鸡足山志》卷4第177页)

## 万箭树

万箭树，在永昌府东五十里。山道傍有古木一株，二丈围。昔清平官高公出征，经过道上，树俯首，有恭揖之状。后人过者，并不礼焉，遂射之。树梢之箭数以万计，故名万箭树。在澜沧江东五十里。自段氏时，扑蛮作盗，出没于此，故过者射其树以压之。迄今过者必射，树高五丈余，箭镞如猬毛然。《永乐大典》卷一万四千五百三十七引。(《云南古佚书钞·洪武云南志书》第89页)

万箭树，永昌府哀牢山北，段氏因濮蛮出没于此，射其树以厌之箭镞如蝟。（《增订南诏野史》卷下第 49 页）

## 乌木

乌木其性坚，其色黑，可用器用。（景泰《云南图经志书》卷 4《北胜州》第 252 页）

乌木性坚色黑，可为器用。（正德《云南志》卷 12《北胜州》第 499 页）

乌木，与栌木为一类。《吴都》分栌木与文木而二之，谓文木材密致无理，色黑如水牛角，日南有之，即《王会篇》所谓夷用阘木也。《统志》所载，滇之北胜、沅江，俱出乌木，恐或是栌，而真乌木当出于海南。今俗镶烟管用乌木，或訾之曰，此栌木管。栌与乌皆黑色，名以坚脆分耳。（《滇海虞衡志》第 278 页）

乌木，谷泰《博物要览》：乌木，出海南、南番、云南，叶似棕榈，性坚，老者纯黑色且脆，间道者嫩，今伪者多是檕音记木染成，作筯。檀萃《滇海虞衡志》：乌木，与櫨木为一类。《吴都》分櫨木与文木而二之，谓文木材密致无理，色黑如水牛角，日南有之，即《王会》所谓夷用阘木也。《一统志》所载滇之北胜、元江，俱出乌木，恐或是櫨，真乌木当出于海南。今俗镶烟管用乌木，或訾之曰，此櫨木管。櫨与乌皆黑色，木名以坚脆分耳。（道光《云南通志稿》卷 68《通省》第 4 页）

乌木，章潢《图书编》：出北胜州，坚黑可器。（道光《云南通志稿》卷 70《永北直隶厅》第 43 页）

乌木，《本草纲目》始著录。主解毒、霍乱、吐利，屑研酒服。《博物要览》，叶似棕榈，伪者多是檕木染成。《滇海虞衡志》谓元江州产者是櫨木。真乌木当出海南。（《植物名实图考》木类卷 35 第 828 页）

昆明乌木，乌木旧传出海南。云南叶似棕榈，伪者多是檕木染成，《滇海虞衡志》谓恐是櫨木。今昆明土人所谓乌木，叶似槐而厚劲，大如指顶，极光润，嫩条色紫，与旧说异。其即檕木或櫨木欤？（《植物名实图考》木类卷36第844页）

乌木，产三坝乡，叶平滑而椭长，实圆如豆，木材色黑质坚，无年轮，土人多削为箸，据生物学家研究，乌木系热带地产物，今又产于海拔万尺以上之三坝乡，亦特产也。（民国《中甸县志稿》卷上第12页）

## 梧桐

《诗》：梧桐生矣，于彼朝阳。故《尔雅翼》云：梧桐多阴也。凤凰非梧不栖，非其实不食，则其性思于凤，亦足会心矣。《遁甲精语》谓梧桐能知闰。从下敷一叶为一月，闰则十三叶矣。故梧桐不生则九州异，谓其前知也，其花结如绒线头，五色均备，微微作丝，间错含蜜。蜀中有虫名桐花凤，备五采，多金色，状等孔雀毛，制佳笼畜之，啖以蜜则以须探食，将冬必死矣。今鸡山寒甚，故无此虫，即树亦不多植，以性不耐故耳。（《鸡足山志》卷9第322页）

梧桐，曹树翘《滇南杂记》：永昌有梧桐，子比中州者形颇长大者，几可当莲实，过永昌亦不可得。（道光《云南通志稿》卷70《永昌府》第23页）

明兰茂《桐》（五律）：一叶藩封重，三时锁绿深。席阴忘著气，听雨滴清音。枝矫如龙舞，花森待凤吟。举盃浓色浸，香翠足开襟。（光绪《续修嵩明州志》卷8第75页）

## 红豆树

晋宁方树梅《红豆考》：红豆，一名相思子，属豆料植物，木本，果色纯红，形扁圆，较黄豆大，李善谓其实如珊瑚是也。粤、闽、滇、蜀等省，皆天然乔木，若吴若越，多人工培植，李时珍《本草纲目》曰："相思子生岭南，树高丈余，白色，其叶似槐，其花似皂荚，其荚似扁豆，其子大如小豆。半截红色，半截黑色，被人以嵌首饰，此红豆之别种，今岭南产甚多，医家名为赤小豆。"段公路《北户録》云："有蔓生者，用子取龙脑香相宜，能令香不散。"李匡义《资暇録》云："豆有圆而红，其首乌者，举世呼为相思子，此红豆之异名也。夫木本纯红而大者为真红豆，半红半黑而小者乃红豆之别种，或以南天烛铁树果为红豆，则大谬矣！相思之称，干宝《搜神记》云："大夫韩冯妻美，宋康王夺之，自杀，妻投台下死，王怒，令冢相望，宿昔有文梓木，生一冢之端，根交于下，枝错其上，宋王哀之，因号其木曰'相思树'，此明明文梓，非红豆树也。"《钮锈觚賸》云："昔有怨妇，日望其夫妇，洒泪树下。血染其枝，旋结成子。"此物相思之由来，即寔有其事，亦未可一概论。红豆名相思子，余以为自王摩诘咏"红豆生南国，春来发几枝，愿君多采撷，此物最相思。"诗后，名因之而大著。自后文人词客，託物起兴，辄引以寄所思，生南国人多云岭南，恐不止此，文王化行南国，指江汉以南诸国言，是滇亦在其内矣。东莞蔡寒琼以三绝著，多情好事，向余微滇南红豆，于时不知何许有？静生生物研究员喻君德浚，游滇徼殆遍，语以顺宁产，大且夥，适友人腾冲张訒阉出宰顺宁，托代访，下车不数月，邮来数十粒，色如珊瑚，扁圆，大逾黄豆，爱不忍释手。附来书曰："产距县城百二十里之锡腊，树高四五犬，叶如槐，常绿，对生，秋开蝶形花，有红淡两种，冬结子如皂荚，不计其数。"由是观之，较牧斋钱氏、定宇惠氏之两树，若千年始化一次，结子不过数粒者，真正天渊之别矣。钱、惠两树皆前人所植，非天然产，特钱以文学著，惠以经学称，故大显于国中。顺宁处滇边，未邀名人之题咏，致理没于空山，不识几何年，兹始出而誇耀之，一树之显晦，殆亦有其时欤！《訒阉》曩曾长昌宁，又代访得其湾甸所产半红半黑者，草本，羽状复叶，秋后即落，高约二三尺，其子与岭南之赤小豆无异，二者于滇中或不仅顺宁昌宁也。余喜而以大者二粒，种于学圃中，以余粒分赠遐迩名流，征诗表扬，裒刻《滇南红豆集》，考其厓略如此云。（民国《顺宁县志初稿》卷14第4页）

## 象牙木

象牙木，《新平县志》：出鲁魁山，可代象牙作箸。（道光《云南通志稿》卷70《元江直隶州》第55页）

## 血树

血树，似芭蕉，枝叶如血，根干紫黑色，高者七八尺，惟临安有之。高第诗："血树真如血染成，细看疑是赤龙精。与君不惜连床话，试听中宵风雨声。"（《滇略》卷3第230页）

## 杨树

宝莲庵黄杨二株，形如莲葯，青葱可爱，各赋二绝，高奣映：当庭树子各青苍，何不吟风百尺长？却遇闰年翻矮却，莲花庵转似莲房。其二：郁葱车盖小亭亭，剪拂经年露此形。翠葯一双莲已实，千螺结就佛头青。（《鸡足山志》卷13第581页）

黄杨，旧《云南通志》：俗名万年青。（道光《云南通志稿》卷68《通省》第3页）

黄杨，旧《通志》：俗名万年青。（光绪《续修顺宁府志》卷13第19页）

喻德美《杉木和记》：……又黄杨二株，各高丈余，枝密叶稠，状如华盖，均为数百年前之古物也。(《永昌府文征·文录》卷30《民十二》第3041页)

## 椰树

椰木，出缅甸海滨，诸土司皆有之。似槟榔，无枝条，高十余寻。叶在其末，如束蒲，实大如瓠，系树顶如挂物。实外有皮如胡桃，核内有肤如雪，厚半寸，似猪膏，味美如胡桃。肤里有清汁升余，如蜜，可愈渴。核作饮器，粤人以为酒器及瓢杯，能辟毒，所谓“酒满椰杯消雾毒”也。(《滇海虞衡志》第275页)

椰，刘欣期《交州记》：椰树，状若海棕，实大如椀，外有粗皮，如大腹子、豆蔻之类，内有浆似酒，饮之不醉，云南者亦好。(道光《云南通志稿》卷68《通省》第3页)

## 一树

一树，房千里《南方异物记》：一树生山中，取叶捣之讫，和繻叶汁煮之，再沸止，味辛，曝干，投鱼肉羹中，出武平、兴古。(道光《云南通志稿》卷69《曲靖府》第39页)

## 影木

影木，有山水树木之形，几与楚石相似，制成几案，极有雅致。(《滇南闻见录》卷下第41页)

## 樟树

戊寅十二月十七日……旧寺有井，有大香樟。（《徐霞客游记·滇游日记五》第900页）

樟木，《新平县志》：出哀牢山，大者可为棹面。（道光《云南通志稿》卷70《元江直隶州》第55页）

樟木树：邑南四十五里会基山凹冷泉之旁，有樟树一株，高六丈，大一丈，余叶四时苍翠，不萎不凋，根如虬蟠蜿曲。询之，莫计其年。或云：龙神呵护，地脉钟灵。闲有土著人于朔望祀之。（楚雄旧志全书“牟定卷”道光《定远县志》卷8第340页）

## 紫花木

紫花木。（正德《云南志》卷2《云南府》第122页）

## 紫榆

紫榆木其色紫而有花纹，可为器用。（景泰《云南图经志书》卷3《建水州》第164页）

紫榆木建水州出。（正德《云南志》卷4《临安府》第209页）

## 棕榈

棕树根，味〖苦〗涩，性寒。治妇人血崩不止，男子五

淋便浊，〖又〗治大肠下血。（《滇南本草》第587页范本）

棕子，味苦、涩平，性温。主治妇人白带，筋疼痛，半身不遂，五淋白浊，服之最良。（《滇南本草》第587页丛本）

椶附，皮中毛缕，如马之騣鬛，是以得名，鬛即闾也，鬣也。故又名之为栟榈树。本圆，停长一二丈，皆无枝叶。自椶成二尺余时，缘割椶疋，则其树之割痕层层圆叠而上，遂若环围之树身矣，盖枝叶惟生于颠，每枝若蒲葵之一扇，群枝散阴，大等车盖，枝下有皮围之，丝毛错综，宛如织缕。二旬一采，用刀从下割泐之，以手揭下，取其丝可织，可以为绳。合片缝之，可作蓑笠，其为器用者甚广，其木可镟作器，作钟杵耐捶。三月，其颠抽茎，茎颠作苞，苞中含萼，作鱼子形，谓之曰椶鱼也。花鱼即实为子，子累累然，初黄熟黑，大似羊枣，心坚若铁。取以种之，则小棕出矣。郑樵《通志》讹椶为王篲，王篲乃地膚子耳。许慎《说文》又讹为蒲葵，俗又讹椶为棕，皆非也。《山海经》石翠之山，其木多椶是也。栟榈，山中种子，植之篱畔，二旬一采椶疋，以供杂用。野椶，高仅至二三尺，叶与树均相似，惟少椶疋，可以缚而作帚。（《鸡足山志》卷9第321页）

棕、椰、栟、榈、桄榔，与槟榔皆同类。高五六丈，而椰实滴酒，桄榔屑面，尤有资于人。江淮之间亦有棕，但剥皮为绳索及笠单之用，亦利益矣。而缅甸树头酒，则滴自棕，已详《志酒》下。（《滇海虞衡志》第271页）

# 十七、花之属

## 综述

花草属：桂、菊、紫薇、玉簪、木香、七里香、牡丹、芍药。（嘉靖《寻甸府志》卷上第31页）

太和点苍山，……其阳多山茶，其阴多丹桂。又有木莲踯躅花树，并高数丈，春日红白错杂，被于溪谷。（嘉靖《大理府志》卷2第57页）

花之属六十五，正月华者六：山茶谱有二十八品、碧桃、杏、海棠、兰、郁李、樱桃。二月华者八：绛桃、芙蓉桃、小桃、梨、李、牡丹、灯笼花、棣棠、米壳张家种其五色、木瓜。三月华者十：芍药、绣毬、蝶珠花以状名。苏子由诗："谁唱残春蝶恋花，一团粉翅亚枝斜，美人欲向钗头插，又恐惊飞鬓似雅"、楼子花其五色有数种、荼蘼、莺粟、蔷薇谱有十三品、杜鹃谱有四十七品、茉香黄白二种、夜合花晋扬芳诗："青敷罗翠采，降葩象赤云"。四月华者六：海石榴名品不一，花大如盘者不实，有白者、葵花色不一、剪春罗、玫瑰花红艳清香，可以点蜜，作熟水供、丁香紫白二种、良薑。五月华者十二：薝蔔俗名卮子，华六出，香芬袭人、山丹有数种，曰宝珠，曰灯笼，其最也、鸡冠具五色数种，如扇如掌如凤尾、石竹五色错杂，凡十余种、萱花、地涌莲高一二尺，形如棕榈，顶花如莲、西蕃莲蔓生，开小白花，似莲、连翅、扶桑花俗名花上花、椒花其华绿色、龙爪花红黄二种，似鹿葱、结香花《楚辞》所谓露申也、扁竹一名菉蓐草，唐诗"名花采菉蓐，新果摘扬梅"。六月华者七：紫薇一名含笑、素馨蔓生，一名耶悉茗，开白花，其花酷烈，按陆贾《南中行记》云："彼中女子，以丝贯花绕髻为饰。"梁张隐诗云："细花穿弱缕，移向绿云鬟。"杨慎诗云："金碧佳人堕马妆，鹧鸪林里斗芬芳。贯花切玉团香雪，曾把风流恼玉簪"、木槿、白鹤花以状名、金石斛一名林兰，一名杜兰。扬慎诗："口洲春草杜兰芳，不数金钗十二行"、水仙谚云：五月不在土，六月不在房，开向东篱下，寒花朵朵香。一名金盏银台，一名老鸦蒜。七月华者三：刺桐花一名苍梧布，叶口密，花赤色，间生，叶间傍照他物，皆朱殷然，如是者竟岁、荷花、金凤花。八月华者二：木犀有丹黄二种，《尸子》曰：春华秋实（英）曰桂。王维诗："人闲桂花落，夜静春山空。"郡人呼木犀为桂横矣、木芙蓉一名拒霜花。九月华者五：菊谱有三十四品、龙女花树叶金似山茶，蕊大而香、寥花白乐天诗："水寥冷花红族族"、蘋花、水荭花李贺诗："江图画水荭"。十月华者四：茉莉、兰四种，曰玉蝴蝶，直箭，狮尾，小冬、银石斛名状与金石斛同而华时差、瑞香花细如锦，其香醉人，扬慎诗："晓屏残梦暖香中，花气熏人怯晓风"。十一月华者一：山樱桃坡翁诗"归来春酒熟，其看山樱然"。十二月华者一：梅花名品不一，曰照水，曰楼子，曰绿萼，曰千叶，曰单叶，曰红迎春，有实有不实。四季恒华者三：映山红、蔷蘼、长春花一名金梅花。嵇含曰：凡草木"春华者冬秀，夏华者春秀，秋华者夏秀，冬华者秋秀。"故南中四时，未尝一日无花也。（嘉靖《大理府志》第73页）

附明杨庄介公升庵《滇南月节词》十二阕调，寄渔家傲：正月滇南春色早，山茶树树齐开了，艳李夭桃都压倒，妆点好，园林处处红云岛。彩架秋千骑巷笊，冰丝宝料银毬小，误马随车天欲晓，灯月皎，洁鸡三唱星回卯蔚按：巷笊未详，疑巷字或有误。二月滇南春宴婉，美人来去春江暖，碧玉泉头无近远，香径软，游丝摇曳杨花转。沽酒宝钗银钏满，寻芳争占新亭馆，枣下艳词歌纂纂，春日短，温柔乡里归来晚。三月滇南游赏竞，牡丹芍药晨妆竞，太华华亭芳草径，花餖飣，罗天锦地歌声应。陌上柳昏花未暝，青楼十里灯相映，絮舞尘香风已定，沉醉醒，提壶又唤明朝兴。四月滇南春迤逦，盈盈楼上新妆洗，八节常如三月里，花似绮，钗头无日无花蕊。杏子单衫鸦色髻，共倾浴沸金盆水，拜愿灵山催早起，争乞嗣，珠丝先报鈒梁喜。五月滇南烟景别，清凉国里无烦热，双鹤桥边人卖雪，水碗啜，调梅点蜜和琼屑。十里湖光晴泛艓，江鱼海菜鸾刀切，船尾浪花风卷叶，凉意惬，游仙绕梦蓬莱阙。六月滇南波浪渚，水云乡里无烦暑，东寺云生西寺雨，奇峰吐，水椿断处余霞补滇人谓虹为水椿。松炬荧荧宵作午，星回令节传今古，玉伞鸡㙡初荐祖，荷芰浦，兰舟桂楫喧箫鼓。七月滇南秋已透，碧鸡金马新山瘦，摆渡村西南坝口，船放溜，松花水发黄昏后。七夕人家衣暴袖，彩云新月佳期又,院院烧灯如白昼,风弄袖,刺桐花底仙裙皱。八月滇南秋可爱,红芳碧树花仍在,菌圃全无摇落态,春莫赛,玫瑰绿缕金针錺。屈指中秋餐沆瀣,遥岑远日天澄泒,七宝合成银世界,添兴快,凉砧敲月胜清籁。九月滇南篱菊秀,银香玉露香盈手,百种千名殊未有,摇落后,橙黄橘绿为三友。摘得金英来泛酒,西山爽气当窗牖,鬓插茱萸歌献寿,君醉否?水昌宫里过重九。十月滇南栖暖屋,明窗巧钉迎东旭,咂鲁麻钩藤酒也香春瓮熟,歌一曲,酥花乳线浮杯绿。蜀锦吴绫熏夜馥,洞房窈窕悬灯宿,扫雪烹茶人似玉,风弄竹,霜天晓角寒生粟。冬月滇南云护野,曹溪寺里梅花也,绿萼黄须香趁马,携翠斝,墙头沽酒桥头泻。江上鸣蟾初冻夜,渔簑句好真堪画,青女素娥纷欲下,银霰洒,玉鳞皱遍鸳鸯瓦。腊月滇南娱岁晏,家家饵块雕盘荐,鸡骨香馨火未焰,槟榔串,红潮醉类樱桃绽。苔翠氍毹开夜宴,百夷枕粲文衾爛,醉写宜春情兴懒,妆阁畔,屠苏已识春风面。(《增订南诏野史》卷下第72页)

花之属四十七①:山茶、碧桃、香兰、牡丹、芍药、海棠、绛桃、梨花、罂粟、小桃、鹅行、李花、棠花、木瓜、茉香、蔷薇、杜鹃、夜合、葵花、石榴、丁香、山丹、鸡冠、玉簪、木槿、刺是、金凤、梅花、荷花、菊花、冬兰、桂花、直箭、玉蝴蝶、山樱桃、金石斛、灯盏花、木犀花。(万历《赵州志》卷1第25页)

花之属二十八:葵、萱、荷、菊、木樨、木香、鸡冠、凤仙、剪红罗、水红、棣棠、芍药、海棠、牡丹、素馨、山茶、蔷薇、玉簪(簪)、蝴蝶、绣毬、木兰、邓花、杜鹃、鹭鸶、龙爪、白合、粉团、山丹。(万历《云南通志》卷2《云南府》第13页)

花属七十一:杏、梨、李、葵、兰、山茶、碧桃、海棠、郁李、樱桃、绛桃、小桃、牡丹、棣棠、米壳、木瓜、芍药、绣球、荼蘼、莺粟、蔷薇、杜鹃、茉香、丁香、良薑、薝蔔、山丹、玫瑰、鸡冠、石竹、萱花、连翘、椒花、扁竹、紫薇、素馨、玉簪、木槿、水仙、荷花、木穉、

① 四十七　按文意为三十八。

菊花、蓼花、蘋花、茉莉、瑞香、梅花、蔷蘼、芙蓉桃、灯笼花、蝶珠花、楼子花、夜合花、剪春罗、池(地)涌莲、西蕃莲、扶桑花、龙爪花、结香花、白鹤花、金石斛、刺桐花、金凤花、木芙蓉、龙女花、水蒖花、银石斛、山罂桃、映山红、长春花。(万历《云南通志》卷2《大理府》第33页)

花之属四十一:莲、菊、兰、葵、萱草、匾竹、牡丹、玉簪、芍药、十様锦、石竹、剪红罗、凤仙、夜落金钱、鸡冠、蝶戏珠、山茶、珍珠佩、罂粟、木犀、紫荆、栀子、玉堂春、郁李、月月红、粉团、荼蘼、蔷薇、木槿、碧桃、石榴、地拥(涌)金莲、棣棠、茉莉、丁香、迎春、芙蓉、紫薇、海棠、降桃、素馨。(万历《云南通志》卷2《临安府》第55页)

花之属三十九:桃、李、杏、梅、梨、榴、桂、兰、萱、蕙、牡丹、山茶、杜鹃、碧桃、樱桃、棣棠、蔷薇、茉香、荼蘼、粉团、玉簪、蝴蝶、郁李、莺粟、山丹、紫薇、鸡冠、石竹、素馨、龙爪、石斛、茉莉、绣裘、金凤、芙蓉、海棠、剪春罗、红白莲、玉堂春。(万历《云南通志》卷2《永昌府》第68页)

花之属二十九:兰、菊、桂、莲、牡丹、海棠、芍药、萱草、蔷薇、莺粟、金凤、木槿、鸡冠、石斛、石榴花、金钱、杜鹃、素馨、粉团、茉莉、龙爪、山茶、长春、丁香、紫薇、剪红罗、木香、石竹子、棣棠。(万历《云南通志》卷3《楚雄府》第8页)

花之属四十四:桂、兰、菊、葵、莲、牡丹、芍药、木犀、山丹、水仙、山茶、蔷薇、绿葱、芙蓉、石竹、紫荆、木槿、玉簪、金凤、海棠、腊梅、木香、素馨、月香、灯盏、碧桃、匾竹、棣棠、粉团、鸳鸯、鸡冠、丁香、珍珠、绣球、龙爪、樱粟、金梅、小桃红、白鹤、蝴蝶、映山、栀子、剪春罗、三春梅。(万历《云南通志》卷3《曲靖府》第15页)

花之属二十八:兰、蕙、莲、葵、菊、桂、榴、石斛、牡丹、芍药、紫薇、龙爪、丁香、百合、金凤、栀子、粉团、杜鹃、鸡冠、山茶、海棠、玉簪、茉莉、芙蓉、玉李、剪红罗、素馨、萱草。(万历《云南通志》卷3《澄江府》第23页)

花之属二十八:茉莉、栀子、佛桑、山茶、杜鹃、素馨、牡丹、芍药、兰、山丹、石竹、郁李、剪春罗、玉簪、龙爪、桂、梅、丁香、水仙、海棠、桃、罂粟、蔷薇、长药、莲、菊、鸡冠、葵。(万历《云南通志》卷3《蒙化府》第28页)

花之属四十五:葵、菊、栀子、蕙、兰、石竹、龙爪、石榴、海棠、蘡粟、丁香、芍药、玉簪、石竹、金梅、粉团、紫薇、山茶、棣棠、鹿葱、郁李、金凤、白鹤、木樨、鸡冠、珍珠、绣球、水红、素馨、蔷薇、牡丹、山丹、山矾、芙蓉、蜜檀、水仙、萱草、红梅、碧桃、映山红、剪春罗、挂金灯、月月红、十姊妹、花上花。(万历《云南通志》卷3《鹤庆府》第37页)

花之属三十四:兰、萱、葵、桂、菊、荷、紫薇、素馨、粉团、金凤、牡丹、芍药、芙蓉、海棠、蔷薇、红梅、玉簪、金梅、碧桃、绛桃、丁香、水红、石竹、山茶、鸡冠、龙爪、木槿、栀子、山丹、杜鹃、扶桑、木香、映山红、剪红罗。(万历《云南通志》卷3《姚安府》第46页)

花之属九:桂、菊、紫薇、木香、牡丹、芍药、玉簪、七里香、金凤花。(万历《云南通志》卷4《寻甸府》第4页)

花之属二十一①:牡丹、芍药、芙蓉、紫荆、杜鹃、素馨、金凤、蔷薇、海棠、栀子、苧香、玉簪、菊、荷、茶、桂、剪红罗、攀枝花。(万历《云南通志》卷4《武定府》第9页)

花之属十九:摩莉、海棠、山茶、木樨、苧香、粉团、杜鹃、牡丹、芍药、蝴蝶兰、蕙、素馨、菊花、黄石斛、金凤、鸡冠、花上花、百日红、萱草花。(万历《云南通志》卷4《景东府》第12页)

花之属二:千叶桃、蟾花。(万历《云南通志》卷4《广南府》第21页)

花之属四十二:牡丹、芍药、五色、菊、绣球、蝶珠花、桃、杏、李、梅、梨、棣棠、荼蘼、莺粟、剪春罗、杜鹃、茉香、石榴、葵、丁香、薝蔔花、凉姜、山丹、鸡冠、石竹、萱花、西番莲、扁竹、紫薇、素馨、玉簪、木槿、石斛、水仙、荷花、木犀、蓼花、水洪、蘋花、茉莉、山樱桃、榆花。(万历《云南通志》卷4《顺宁州》第24页)

---

① 二十一　按文意为十八。

花之属三十九[①]:山茶、海棠、香兰、芙蓉、牡丹、末香、粉团、芍药、绣球、蝴蝶、罂粟、荼蘼、夜合、石榴、葵花、丁香、栀子、山丹、鸡冠、石竹、龙爪、扁竹、紫薇、素馨、玉簪、木槿、石斛、刺桐、金凤、桂、菊、樱桃、杏、梅、桃、李、剪春罗、映山红、月月红、玉蝴蝶。(万历《云南通志》卷4《北胜州》第33页)

滇中气候最早,腊月茶花已盛开,初春则柳舒桃放,烂漫山谷。雨水后则牡丹、芍药、杜鹃、梨、杏相次发花。民间自新年至二月,携壶觞赏花者无虚日,谓之花会。衣冠而下至于舆隶,蜂聚蚁穿,红裙翠黛,杂乎其间,迄莫春乃止,共最盛者会城及大理也。(《滇略》卷4第240页)

花有葵、萱、荷、菊、木犀、芙蓉、刺桐俗称鹦哥花,树高数丈,多刺,其色丹,形如其名,开以星回节,至巧夕乃谢、茉莉、鸡冠、凤仙、剪红罗、水红、棠棣花色纯素,芳以春,采为蔬茹,亦以佐茗、芍药、海棠、牡丹、罂粟花有红、白、黄、紫四色、素馨、蔷薇、玉簪、瑞香、蝴蝶、绣毬、木兰、茹莲、杜鹃、龙爪、鹭鸶、百合、山丹、水仙、山茶郡人前进士赵玺(璧)有谱近百种,其名各异,著颜色绘画,各赋以诗,总以序、记、赋,一奇制也,今失传矣。观察使晋安谢公肇淛《滇略》谓其品七十有二,豫章邓公渼传其十德。其他题咏品藻,载在《艺文》。(天启《滇志》卷3《云南府》第113页)

花曰山茶、郁李、绛桃、小桃、牡丹、蔷薇、良姜、茉莉、地涌金莲、西番莲、龙爪、白鹤、长春兰、扁竹、木樨、杜鹃、水仙、芙蓉、石斛。(天启《滇志》卷3《大理府》第114页)

花有十样锦、夜落金钱、珍珠珮、莎罗花、玉常春。(天启《滇志》卷3《临安府》第115页)

卉中,山茶与省会并驱争先,其品三十有六,杜鸣之品二十,郡人张侍郎志淳作《二芳记》,即二种。为红山药,近年兵备副使潮阳黄公文炳自粤传来,今所在有之。为海石榴、山桃兰,为玉朱,为绿,为金粟、玉簪,为紫,为秋海棠、地金莲、番葵、六月柿、金铃、金盏、番锦、十锦。(天启《滇志》卷3《永昌府》第115页)

---

① 三十九　按文意为四十。

花之属，山茶为胜，亦有金钱、茉莉、长春，兰之在广通者叶大而香远，可以纫。（天启《滇志》卷3《楚雄府》第116页）

山茶、香兰、荼蘼、瑞香、玉堂春、鸳鸯、佛见笑，卉也。山茶丛生，叶单者采其实，脂膏焉。（天启《滇志》卷3《曲靖府》第116页）

花，茉莉为珍。（天启《滇志》卷3《澄江府》第117页）

花之茉莉、佛桑、蔷薇、长乐，至于山茶，在西方者俱胜。（天启《滇志》卷3《蒙化府》第117页）

卉曰金梅，曰蔷薇，曰山丹，曰山礬，曰挂金灯。（天启《滇志》卷3《鹤庆府》第117页）

花卉，有冲天桃。（天启《滇志》卷3《武定府》第118页）

至于卉中之百日红。（天启《滇志》卷3《景东府》第119页）

卉中荼蘼，或是各地之粉团，其色凡三，不知孰居，如薝卜，实少。西番莲，酷似藕花，千叶，色微红，开于地面，花谢而叶生，其叶甚大，与花相称，省会间有之。榆花、创见、香兰，前志已入。（天启《滇志》卷3《顺宁府》第120页）

己卯正月二十七日，微雨。坐通事小楼，追录前记。其地杏花始残，桃犹初放，盖愈北而寒也。（《徐霞客游记·滇游日记六》第955页）

太和县，……花之属，四时不绝，虽大雪，五色烂漫，略不萎谢。草至五月始生，以地不热之故，然花独不畏寒耶？理不可解也！（《滇游记》第7页）

云南府昆明县，……金稜河在府治东十里，俗名金汁。引盘龙江水，由金马山麓流经春登里，灌溉东乡之田，为利甚广。蒙、段时隄上多种黄花，名绕道金稜。元赛典赤瞻思丁复修筑为堤，今废。又府西十里有银稜河，俗名银汁，亦引盘龙江水，由商山麓流过沙浪里，南绕府治。蒙、段时隄上多种白花，名萦城银稜。明朝弘治中常濬二河，亦谓之东、西沟。今涸。（《读史方舆纪要》卷114第5064页）

花属草附：牡丹、茶花明晋安谢肇淛谓其品七十有二，豫章邓渼传其十德，郡人赵壁作谱近百种，大抵以深红、软枝、分心、卷瓣者为上、梅有九月即华者、桃、杏有腊月即华者、李、梨、玉兰、木笔、海棠、杜鹃花有五色双瓣者，永昌、蒙化多至二十余种、山丹、唐棣、瑞香、绣毬花、石榴有四季开者、海石榴、丁香、桂有五月即华者、紫薇、芙蓉、蜡梅、木堇、刺桐花、兰有七十余种、芍药、素馨即《南方草木状》所谓耶悉茗也，称其种来西国。《滇略》云：南诏段素兴好之，故名。《通雅》云：南汉刘鋹之姬曰素馨，葬处生此，人以名之、玫瑰、茉莉、荼蘼、蔷薇、鱼子兰、山礬、粉团、旋葍花、剪红罗、十様锦、长春花、佛手花、莲、萱、栀子、凤仙、鸡冠、葵、蜀葵、菊、百合、秋海棠、婴粟、虞美人、水仙、报春、迎春、石竹、西番莲、石斛、凤尾、玉簪。（康熙《云南通志》卷12《通省》第225页）

渔家傲杨慎《渔家傲》词自序云：宋欧阳六一作十二月鼓子词，即今之《渔家傲》也，元欧阳圭斋亦拟为之，专咏元安燕京风物。予流居滇云廿载，遂以滇之土俗，拟两欧为十二阕，虽藻丽不足俪前贤，亦纪并州故乡之怀耳。其调有云："四月滇南春迤逦，八节常如三月里，共倾浴佛金盆水。"又云"五月滇南风景别，清凉国里无烦热，双鹤桥边人卖雪。"又云"六月滇南波漾渚，东寺云生西寺雨，水椿断处余霞补，松炬荧荧宵作午，兰舟桂楫喧箫鼓。"又云"八月滇南秋可爱，红芳碧树花仍在。"又云"十二月滇南娱岁晏，家家玉饵雕盘荐。"皆实录也。滇人谓虹为水椿。岁暮，蒸白粲捣为丸，以雕盘盛之，荐于祖祢。（康熙《云南通志》卷30第872页）

花部：碧桃、海棠三种、兰、山茶四种、桂、素馨、杜鹃、蔷薇、粉团三种、白木香、芙蓉、月月红、蝶戏珠、芍药、牡丹、丁香、菊花十种。（康熙《通海县志》卷4第51页）

花之属：优昙、牡丹、芍药、茶花、葵、凌霄、兰、桂、鸡冠、金凤、洛阳、紫微。（康熙《晋宁州志》卷1第14页）

花之属：茶花、桂花、梅花、碧梅、海棠、兰、芝、蕙、萱、小桃红、茉莉、丁香、长春花、栀子花、秋海棠、素馨、葵花、玉簪、莲花、粉团、杜鹃、菊、珍珠兰、千日红、玫瑰、荼蘼、芍药。（康熙《嶍峨县志》卷2）

花部：桂、山茶四色、碧桃、海棠、兰、葵、郁李、迎春、报春、映山红、灯龙、玉簪、丁香、素馨、铁线牡丹、杜鹃、蔷薇、荼蘼、夜合、粉团、槐杏三春、白木香、茉莉、地涌金莲、剪红罗、金凤、西番莲、鸡冠、蝶采珠、芙蓉、白鹤、石斛、水仙、十様锦、冲天红、佛指甲、菊、夜落金钱、小洪、藜、蘋、芸薹、攀桂、月月红、大撞、佛桑花。（康熙《石屏州志》卷4第79页）

花：山兰、素馨、山茶、梅花、凤仙、玉簪、桂、菊、粉团。（康熙《富民县志》第27页）

花之属：桂花、梅花、茶花、海棠、兰、蕙、萱、小桃红、茉莉、丁香、栀子、葵花、莲花、玉簪、牡丹、芍药、粉团、蔷薇、紫薇、映山红、菊花、珍珠兰。（康熙《新平县志》卷 2 第 321 页）

花之属，正月华者：茶、碧桃、杏、铁线海棠、春兰、郁李、木瓜、樱桃。二月华者：绛桃、芙蓉桃、桃、金雀、牡丹、垂丝海棠、罂粟、棣棠、布穀俗名十姊妹、玉马鞭、玉堂春、梨、李。三月华者：芍药、绣毬、荼蘼、杜鹃、茉香、夜合、苕即凌霄、月季滇俗名粉团花、石榴。四月华者：海石榴俗名千叶、蜀葵、玫瑰、丁香、良薑、十様锦、草牡丹。五月华者：薝蔔即栀子花、石竹、萱、地涌莲、扁地锦、扶桑有红、黄、水红、娄子数种、龙爪、扁竹、荷红、白、锦边三种、建兰、葵、五月菊。六月华者：紫薇、槐、玉簪、木槿紫白二种、剪红萝红白二种、白鹤、石斛、凤仙。七月华者：刺桐、金凤、秋海棠、鸡冠五色。八月华者：桂、木芙蓉、鱼子兰。九月华者：菊、蓼、蘋、水蕻、西番菊。十月华者：茉莉、茈、虎头兰、水仙。十一月华者：山樱桃、金钱、迎春柳、报春、小桃红。十二月华者：照水梅、绿萼梅、玉剪梅、红梅、山梅、山茶、玉兰、茄兰、蜡梅。四季常华者：映山红、蔷薇、长春、素馨、月桂。（康熙《新兴州志》卷 5 第 32 页）

花部：桂、兰、芍药、荼蘼、玫瑰、栀子、水仙、菊、芙蓉、紫薇、百合、石斛、木槿、石竹、萱、杜鹃、秋海棠、蝴蝶花、金雀、素馨、马络缨。（康熙《罗平州志》卷 2 第 8 页）

花属：牡丹、茶花、梅、桃、杏、李、梨、玉兰、木笔、海棠、杜鹃花、山丹、唐棣、瑞香、绣球花、石榴、海石榴、丁香、桂、紫薇、芙蓉、木槿、刺桐花、兰、芍药、素馨、玫瑰、茉莉、荼蘼、蔷薇、鱼子兰、山礬、粉团、旋葍花、剪红罗、十様锦、长春花、莲、栀子、鸡冠、葵、菊、水仙、报春、石竹、凤尾、玉簪、芭蕉、凤尾蕉、吉祥草、象鼻草、灯心草。（康熙《元江府志》卷 1 第 664 页）

花之属：兰花、蕙花、芷花、荀花、莲花、梨花、梅花、桂花、葵花、牡丹、芍药、山茶、菊花有多种、石榴花、石斛花、金雀花、紫薇花、丁香花、百合花、金凤花、栀子、粉团花、杜鹃花、鸡冠花、茉香花、扶桑花、海棠花、素馨花、玉簪花、茉莉花、芙蓉花、石竹花、玉莉花、凤尾花、腊梅花、鱼子兰、水仙花、碧桃、婴粟花、木槿花、迎春柳、剪红罗、虎须草、小桃红、建兰、龙胆草、象鼻草、报春花、杏花、桃花、芭蕉。……（河阳县）花：蜀葵花、长春花、萱花。（新兴州）花：美人蕉、吉祥草。（江川县）花：金钗花。（康熙《澄江府志》卷10第6页、9页）

花之属二十四种。（康熙《平彝县志》卷3第96页）

花：绿葱、凤仙、灯盏花、剪春罗、地昙、莲花、葵花、刺牡丹、十姊妹、山丹、婴粟、蔷薇、步步娇、莲枝秀、粉团、牡丹、芍药、玉堂春、十様锦、长春、玉簪、水红、映山红、剪红罗、丁香、绿兰、绣毬、照水梅、蝴蝶花、海棠、石竹、郁李、金交枝、绿萼梅、桂花、菊花、紫薇、宝珠梅、玉芙蓉、茶花、鸡冠、荼蘼、龙爪花、避麝玉、木莲、木香、红梅、杜鹃花、月月红、栀子、夕阳、地棠、金雀花、秋海棠、龙胆。（康熙《顺宁府志》卷1第29页）

花：兰四季皆有，春兰、硃兰、百日、虎头、玉兰、绿兰、莲瓣，各类不一，惟春冬者香。又有鱼子兰、珍珠兰、长春、月月红、十様锦、牡丹、芍药有数种、粉团红黄白三种，白者香甚、蔷薇、荼蘼、玉堂春花白蕊红、鸡爪花类素馨，香微逊之、罂粟、连枝秀、步步娇、郁李、山丹、十姊妹、刺牡丹又名海榴红、地昙、莲红、白、锦边三种、葵五色俱全，千叶者佳、剪春罗五种、灯盏花、凤仙、鹿葱二种、龙爪红黄白三种、石斛、串枝莲、玉簪、茉莉、素馨蔓生，花白而香甚，结架为棚，一名耶悉茗，陆贾为之记。女人以丝贯盘于髻，南诏以为宫人之节、红素馨、铁线牡丹有二种、秋海棠有三种、丁香有白紫二种、蓼、石竹子、扁竹、美人蕉即珊瑚花、菊二十余种、水仙、报春即金梅花、芭蕉二种、西蕃菊、梅、杏、梨、木瓜、桃有碧桃、迎春、绛桃、二红、芙蓉、醉仙俏桃、波斯桃各种、李、山茶旧传有七十二种，今惟数种而已、杜鹃亦有五色数种、海棠有垂丝、桃叶、铁脚各种、茄兰、绣毬、山枇杷花如莲，九瓣而香，与安宁曹溪寺之优昙花同类、石榴大红、粉红二种、紫薇、佛桑、木槿紫白二种、刺桐俗名鹦哥花、蝴蝶花、桂有丹黄白三种，花大者曰金桂，结子、芙蓉、瑞香、木兰、蜡梅有尖瓣、磬口二种、鸡冠、薝蔔即栀子、白鹤有大小二种。（康熙《蒙化府志》卷1第40页）

千叶桃、碧桃、绛桃、二红桃、芙蓉桃、日月桃、千叶梅、玉蝶梅、楺碎梅、白照水梅、红照水梅、楼子梅、绿萼梅、宝珠梅、海棠果、山茶山丹、兰、榧子出剑川、山兰产山谷中，芳香最远、红莲瓣、白莲瓣、绿莲瓣俱香、密腊花形如莲而小，清香袭人，产白龙潭。（康熙《鹤庆府志》卷12第24页）

花属：牡丹、茶花有三十六种，以深红、软枝、分心、卷瓣为佳、杜鹃有二十种，以五色双瓣者为佳、芍药有紫红白三种、碧桃、红杏、樱桃、兰花、梨、李、棣棠、蔷薇有五色者、木香花、荼蘼、海棠、灯笼、粉团、金梅、映山红、月月红、报春、玉簪、小桃红、七里香、佛指甲、蝴蝶戏珍珠、郁李、莺粟、花上花、玉堂春。以上俱开于春蜀葵、剪春罗、山丹、萱、蕙、紫薇、石榴、鸡冠花、海石榴、千日红、石竹、西番莲、红莲、白莲、椒花、素馨、栀子、水仙、龙爪花、宝盖花、石斛、五月菊、茉莉、铁线牡丹、蛱蝶花、滴地金、地金莲、槐花、绣球、九层楼。以上俱开于夏金凤、木樨、木槿、芙蓉、芷菊凡三十四种、桂花有红桂、黄桂、银桂三种、西番菊、蘋蓼、水红、秋海棠、金盏银台、丁香、吊兰。以上俱开于秋雪兰、瑞香梅有红白二种、山桃、蜡梅。以上俱开于冬。（康熙《永昌府志》卷10第4页）

花类：山兰、素馨、山茶、梅花、凤仙、玉簪、桂、菊、粉团。（雍正《富民县志》卷上第30页）

花属：千日红、木芙蓉秋冬俱开、佛手花、佛桑花、素馨花。（雍正《阿迷州志》卷21第255页）

花：牡丹、芍药、莲花、茶花、兰蕙、葵花、萱花、菊花、玉簪花、匾竹兰、石竹花、十様锦、剪红萝、凤仙花、鸡冠花、夜落金钱、罂粟花、蝶戏珠、珎珠佩、木犀花、紫荆花、栀子花、玉堂春、月月红、郁李花、荼蘼花、蔷薇花、木槿花、石榴花、碧桃花、绛桃花、地拥金莲、茉莉花、报春花、紫薇花、迎春柳、素馨花、木香花、四季花、芙蓉花、海棠花、杜鹃花、玫瑰花、虞美人、粉团花、水仙花、凤尾花、西番莲、丁香花、夹竹花、吉祥草。（雍正《建水州志》卷2第7页）

花之属：报春花、迎春花、杜鹃花、樱桃花、兰花、粉团花、牡丹花、海棠花、芍药花、桃花、荼蘼花、茉香花、杏花、梨花，以上俱春华者。紫薇花、剪红罗、郁李花、山丹花、葵花、玉簪花、白鹤花、丁香花、扶桑花、萱花、凤仙花、榴花、扁竹、石竹、素馨、木槿、地涌莲、石斛花，以上俱夏华者。桂花、菊花、蘋花、水红花、芙蓉花、瑞香花、鸡冠花，以上俱秋华者。长春花、宝

珠花、山樱桃、茉莉花、山茶、梅。以上俱冬华者。（乾隆《弥勒州志》卷23第115页）

其地不知岁月，耕种皆视花鸟。梅花岁一开以纪年，野靛花十二年一开以纪星次，竹花六十年一开以纪甲子。名杜鹃花为傭工，此花开则宜耕也。（《云龙记往》第167页）

乾隆三十三年十二月初七日，……岩前竹树蓊茜，松杉数十本离立，悉数百年物，古梅方作花，冰雪缀其间。……又二十余里过平州，馆舍有梦花，方蕊上，人云：开时大如碗，其色正绿。……二十二日……微阴薄冷，道旁豌豆出土六七寸，油菜已作花矣。……二十三日……即杨磨山，上有诸葛武侯庙，四围松恬千万株，冰莹玉缀，俱在银海中。而西风送雪，皆有梅花香气，凌兢塌冻中，叹为奇绝。……二十五日……行六十里至板桥驿，舍中红梅、辛夷花已烂熳矣。……二十七日，晴暖，滇省南门最盛，值岁暮，梅花、山茶，卖者盈市，而山茶尤殷红可爱。……己丑元旦，初三日启行，……下有关，小憩，过关，循螳螂川而西，菜花尽开，香甚。又十余里，至玉泉山之云涛寺，寺前洞穴嵌空，寺中红梅二株，及山茶皆盛开。……三十四年三月初二日，别明制府赴腾越。……途间见黄果树，树如千株万株合并而成，其枝下垂及土，复成根，与本合为一，大者数围，阴蔽芾数亩，未尝生花结实，其材亦不中器用。夷人云树间有神，往往携酒禳赛于此。（《滇行日录》第205－212页）

牡丹、芍药、玉兰、兰、蕙、菊、荷花、倒垂莲、缠枝莲、玫瑰、玉簪、棣棠、蜀葵、杜鹃、秋海棠、绣毬、罂粟、月季、木瓜花、小阳春、山丹、马缨、剪秋罗、波斯菊、西番菊、石竹、剪红罗、报春。（乾隆《东川府志》卷18第2页）

花：牡丹、茶花、兰、葵花、萱花、黄白木香、茄蓝、金雀、红梅、素馨、荼蘼、紫薇、报春、粉团、玫瑰、杜鹃、蔷薇、木犀花、绣毬、棣棠、小桃红、海棠、辛夷、凤仙花、丹桂、石榴、丁香、玉簪、鸡冠、芙蓉、碧桃、荷花、菊花、西番菊、水仙、腊梅。（乾隆《陆凉州志》卷2第27页）

花属，春：茶花在枯木、贴梗海棠、春兰、郁李、玉兰、腊梅、樱桃、绛桃、金雀、牡丹、白茨花、罂粟、棣棠、十姊妹、玉马鞭、玉堂春、玫瑰、百合、凤仙花、七里香、芍药、绣毬、荼蘼、杜鹃、木香有黄白二种、夜合、凌霄、虞美人、月月红即长春、粉团。夏：海石榴俗名千层、蜀葵、钱葵、草牡丹、优昙、栀子、龙爪、金丝桃、石竹、蕙、萱、地涌金莲、扶桑有红黄二种扁竹、荷有红白锦三种、建兰、五月菊、紫薇、槐、珍珠兰、茉莉、玉簪、木槿有紫白二种、剪红萝有红白二种、白鹤、石斛、凤尾花。秋：串枝莲、秋海棠、刺桐、鸡冠有红白二种、芙蓉、鱼子兰、芷、兰、蓼、蘋、水红花、西番菊、菊。冬：虎头兰、水仙、丁香、冬兰、山樱桃、金钱、迎春柳、报春、小桃红、照水梅、绿萼梅、红梅、山茶、茄兰、蜡梅、雪兰、飘带兰、珠砂兰。四季长华：映山红、长春、素馨、月桂。（乾隆《开化府志》卷4第30页）

花属：兰、建兰、蕙兰、雪兰、硃兰、绿兰、玉兰、莲瓣、折春、秋芝、虎头、珍珠、鱼子、山茶有宝珠、绣毬红、松子壳、菊瓣、紫袍、玉带、分心、卷瓣、桂叶、银红、牡丹香粉红紫、芍药紫红白三种、绛桃、芙蓉桃、碧桃、梅红、白、绿萼、蝶翅、宫粧、宝珠、楼子、照水、杏、莲红、碧、锦边三种、桂金钗、银钗、丹桂、海棠梨叶、垂丝、铁梗三种、萱、杜鹃红色浅深三种，黄紫青白四种、木本玉兰、芙蓉、蔷薇、洋绣毬毬、茉莉、罂粟、葵、菊有鹤翎、状元红太师、黄粉西施、紫绶金章各种、石竹五色各种，玉簪、鸡冠、龙爪黄白红三种、凤仙各种、素馨、紫薇、鹦哥花、丁香、粉团、剪红罗、石斛有五色、金梅、腊梅、郁李、蝴蝶戏珍珠、棣棠、栀子薝蔔、扁竹、佛桑即花上花、十姊妹、月月红、木槿、秋海棠、木笔、报春、灯笼、瑞香、木本绣毬、山丹、水仙、仙人掌、蓼、荇、鹅毛、白鹤、铁线牡丹、红蕉草、象鼻草治丹毒、虎掌草、灯心草、茜草、镜面草、蒲草、席草、牛筋草。（乾隆《赵州志》卷3第57页）

其花草则牡丹、山茶、梅、桂、杏、桃、李、梨、海棠、丁香高五六丈、芙蓉、杜鹃五色双瓣者，胡家园第一、茉莉、石榴、樱桃、绣球、紫薇、蔷薇、玉兰、辛夷、荼蘼、唐棣、地棠、山丹即映山红、刺桐形如鹦哥，名鹦哥花、木香、粉团、佛手、夜合、瑞香、十姊妹花、荷城东有金镶玉版莲花、芍药、菊花、凤仙、鸡冠、素馨、报春、迎春、长春、虞美人、美人蕉、罂粟、葵、灯笼、玉簪、花上花南甸甚多此种、蛱蝶兰、鱼子兰、串珠兰、剪秋罗、剪春罗、百合、木瓜、番莲、番菊、灯盏、仙鹤之花、高粱姜、菖蒲、蘋、藻、荇、苇、芦、茅草、紫草、夏枯、虎掌、马鞭、青蒿、薜荔、凤尾、通草、灯草、锅铲草、象鼻、一把伞草、仙人掌、金刚纂，而薤叶芸香草为武侯所遗种，极可治瘴。（乾隆《腾越州志》卷3第27页）

花部：桂、山茶、牡丹、芍药、碧桃、绛桃、海棠、梅、杏、郁李、迎春、兰、报春、玉簪、丁香、素馨、映山红、灯笼、杜鹃、蔷薇、荼蘼、夜合、玉兰、鱼子兰、葵、粉团、芙蓉、铁线牡丹、地涌金莲、剪红罗、西番莲、茉莉、槐杏三春、金凤、鸡冠、白鹤、石斛、蝶採珠、水仙、十樣锦、佛指甲、冲天红、龙爪、菊、石竹子、玫瑰、樱粟、夜落金钱、小蒾、蓼、蘋、芸香、莲。（乾隆《石屏州志》卷3第36页）

花属：葵、菊、栀子、蕙、兰、石竹、玉簪、紫薇、山茶、棣棠、红梅、碧梅、剪春罗。（乾隆《河西县志》卷1第129页）

花之属：有梅、杏、桃、樱桃、海棠、桂、李、蜡梅、扶桑、夹竹桃、婆罗蜜、马缨、木芙蓉、杜鹃、蕙、珠兰、牡丹、芍药、玫瑰、酴醾一名木香、菊、七月菊、水仙、白玉簪、紫玉簪、绣毬、金钱、金银花、剪春萝、百合、山丹、小白鹤花、金雀花、石竹、十樣锦、转枝莲、荷、马蓼一名水蒾、长春花。（乾隆《黎县旧志》第14页）

花属：山茶、牡丹、芍药、梅腊梅、红萼、红梅、稚梅、李、桂赤桂、金桂、银钗三种、海棠有梨叶、垂丝、铁脚三种、木瓜、杜鹃、蔷薇、樱粟、葵花、兰有春兰、虎头、幽谷、玉兰数种、石竹、龙爪、玉簪、紫薇、夜合、萱花、玫瑰、丁香、剪春蘿、白刺花、灯笼花、紫荆花、棠棣花。（乾隆《丽江府志略》卷下第40页）

滇南之花，四时不绝，炎夏亦同。（《滇南杂记》第53页）

山花，山花四季皆有，五色备具，大小不一，莫能名之，而皆可爱。霜雪中点缀尤佳，故滇省行路，颇不寂寞。余每于肩舆中悬一胆瓶，遇有花，则命仆折取以供赏玩。（《滇南闻见录》卷上第40页）

《范志》载花十六种，除标山茶于前，而凡上元红、白鹤红、豆蔻、泡花、红蕉、拘那、史君子、裹梅、象蹄、素馨、茉莉、石榴、添色芙蓉、侧金盏，共十五花，粤有滇即有。今按红蕉纤细，亦不足睹。裹梅即木槿，插篱落者，亦奚奇？榴花中土最多，金盏阶砌草，更不堪入目。至于素馨，品极贱，蔓延墙壁，曾不能与蔷薇争奇，而滇人矜之，以为出于大理国主段素兴，因名所爱之花曰素兴花，一曰素馨花。夫段素兴者，则《野史》所谓之天明皇帝也。即位于宋仁宗庆历时，四年见废，是时宋与大理不通。范公作志当孝宗时，其外斥滇南，辄曰西蕃、曰南蛮、曰蛮国，不应录其花，著其国主之名。而《志》中已有此素馨花与茉莉为俦，俱出于番隅，不因天明之爱而始著。曰素馨者，为其白而香耳，牵兴为馨，于义安居？今曰木香花。（原注：按，木香花别是一种。木香，木本。素馨，藤本也。）（《滇海虞衡志》第220页）

花草之属百有二：茶花奇甲天下，明谢肇淛谓其品七十有二，邓渼亦纪其十德，为诗百咏。赵璧作谱近百种，以深红、软枝、分心、卷瓣者为上、优昙花叶如波罗而有九丝，花如芙蓉而开十二瓣，遇闰则加一瓣、梅花有朱砂、玉剪、绿萼、照水诸名、牡丹有红、黄、紫、香、粉红数种、桂花有丹桂、金桂、银桂三种，又有月桂，四季开花，夏秋结子、杏花、李花、梨花、桃花有绛桃、碧桃、芙蓉桃、夹竹桃数种、海棠、丁香有红白二种、杜鹃花有五色双瓣者、栀子、佛桑一作扶桑，有五色、芙蓉有深红、浅红二种、蜡梅有磬口、雀舌二种、茉莉、石榴有四季开者、海石榴有红黄二种、樱桃有红白二种，红为苦樱，白子，甘可食、绣毬有红白紫三色、紫薇、蔷薇有五色者、玉兰、酴醾、唐棣即郁李、木槿、海红即浅红山茶，自十二月开至二月，与梅同时，故又名茶梅、金梅花开黄色，与梅同时，故名。又以垂条似柳，一名迎春柳、山丹俗名映山红、辛夷、刺桐一名苍梧，树高数丈，花开丹红，形如鹦鹘，故又名鹦哥花、小桃红、木香有黄白二种、粉团有红黄白三种、夜合、七里香、仙人掌、金刚纂花黄而细，土人植以为篱。以上木本花三十九。兰有素心、风兰二种，又一种名朵朵香、莲有红、白、锦边三种，又二色莲，红白中分、芍药有红紫白数种、菊有九十余种、水仙、素馨、凤仙俗名金凤花、玫瑰、地涌金莲、凤尾、龙爪、马缨、鸡冠、玉簪、石竹、金钱、秋海棠、剪红罗、鱼子兰、十様锦、萱、迎春、报春、凌霄、罂粟一名米囊花、虞美人、十姊妹、西番菊、西番莲、西番锦、长春、含笑俗名羊皮袋花、向日葵、旋葍、百合、山礬、灯盏、金盏银台、蝴蝶戏珍珠花白色，花开如蝴蝶状，中有圆珠数点，故名。以上草本花三十九。（道光《昆明县志》卷2第4页）

《论花草之属》：花枝不断四时香，兰茂句也。会城凡草木之花，不独其种繁，而开亦最早，方冬十月，梅已先春，岁除日，桃杏皆可供鉼，无论金梅、海红也。梅之红者，莫盛于滇，而龙泉观之唐梅，夭矫离奇，极人间所未有。城隍庙又有雪柳一株，皆数百年物。茶花，则以城东之云安寺为最。彭大翼《山堂肆考》：云南滇池中产衣钵莲，花盘千叶，蕊分三色。旧府志亦曰：衣钵莲出县西湖。师范《滇系》：滇中茶花，甲于天下，而会城内外尤胜。其品七十有二，冬春之交，霰雷纷积，而繁英艳质，照耀庭除，不可正视，信尤物也。豫章邓渼称其有十德焉：艳而不妖，一也；寿经三二百年，二也；枝干扶疏，大可合抱，三也；膚纹苍黝，若古云气尊罍，四也；枝条夭矫，似麈尾龙形，五也；蟠根轮囷，可几可枕，六也；丰叶如幄，森沉蒙茂，七也；性耐霜雪，四序长青，八也；自开至落，可历数月，九也；折供瓶中，旬日颜色不变，半含亦能自开，十也。为诗一百韵赏之。其紫薇树，亦极繁盛，皆高十数丈，荫数亩许，官廨尤多，尽千百年物也。自夏徂秋，绀英照庭庑，令人流连吟赏，不忍舍去，足称二绝。地涌莲，高一二丈，形类棕榈，花如莲，亦名木莲，其小而蔓生者曰西番莲。优昙花，滇中颇多，其花青白无俗艳，诚佛花也，花千年一见，一见之后，于是我佛乃说妙法莲华经，经流传人间，花亦不复收去，俾人间见花即如见佛，是从前之千年一见者，今则日日见之矣，其多也，亦又何疑。檀萃《滇海虞衡志》：佛桑花，亦佛国花也，枝叶如桑，而丛生，花轻红，婀娜可爱，佛坐桑下，僧曰桑门，宜桑之献花绕佛而为供养，此佛桑之义也，妄者改佛为扶，失其义矣。滇俗重木香、粉团、金凤，小女儿争戴之。木香论围，粉团论朵，金凤作团，插于藁，高至盈尺，如霞之建标，呼于市而卖之，顷刻俱尽。马缨花，冬春遍山，山氓折而盈抱入市，供插瓶，深红不下于山茶，制其根以为羹，坚致胜施秉，又有白马缨，亦可玩而艳丽终不及。旧《通志》：素馨，山野遍生，家园广植，蕊红花白，质秀香清，亦有四季开者。《南方草木状》所谓邪悉茗也。旧《志》称其种来西域，又《滇略》云：南诏段素兴好之，故名。《通雅》云：南汉刘鋹之姬曰素馨，葬处生此，人以名之。皆不免附会。（道光《昆明县志》卷2第14页）

花属：优昙、茶花、桂花、牡丹、芍药、兰、凤仙、百合、素馨、凌霄、鸡冠、木香、玫瑰、菊、玉簪、海棠、葵、紫薇。（道光《晋宁州志》卷3第26页）

花类：桂、山茶、碧桃、海棠、葵、郁李、迎春、菊、杜鹃、玉簪、丁香、素馨、百合、蓼、粉团、莺粟、白木香、黄木香、金凤、莲、剪红萝、水仙、月月红、蘋。（道光《昆阳州志》卷5第13页）

花属：荷花、兰花、素馨、蔷薇、紫薇、玉兰、梅花、桂花、石榴花、木芙蓉、月季花、秋海棠、铁线莲俗名串枝莲、牡丹、芍药、山茶、子午莲、腊梅花、芭蕉、凤尾蕉、金凤花、水仙花、海棠、凤尾花、碧桃、玫瑰、十姊妹、鼓子花、金灯花、鱼子兰、绣毬花、丁香花、栀子花、辛夷花俗名茄兰、菊花、石竹花、葵花、百合花、菜香花、粉团花、玉簪花、茉莉花、杏花、桃花、玉莉花、木槿花、迎春柳、地涌金莲、鸡冠花、黎花、蓼花。（道光《广南府志》卷3第3页）

花之属：红梅东岳庙一株，游击署一株，皆数百年、茶花云南最胜，新龙王庙一株亦大而古、兰花出密勒、棉花出漫干。（道光《新平县志》卷6第22页）

花之属：牡丹、芍药、茶花、桂花、梅花、海棠、石榴、春兰、夏蕙、秋芷、丁香、绛桃、碧桃、菊花、茄兰、玉兰、芙蓉、粉团、木香、素馨、杜鹃、莲花、雪兰、草兰、莲瓣兰、蜀葵、蔷薇、栀子、秋海棠、玉簪花、迎春柳、芙蓉花、佛桑花、紫薇花、珍珠兰、月月红、虎头兰、西番菊、小桃红、百合花、萱花、鸡冠花、蝴蝶花。旧县志（道光《续修易门县志》卷7第169页）

花之属：兰花、蕙花、芷花、荀花、莲花、梅花、石榴花、桂花、葵花、石斛花、菊花有数种、金雀花、牡丹、芍药、山茶、紫薇花、丁香花、百合花、金凤花、栀子、粉团花、杜鹃花、鸡冠花、茉香花、扶桑花、海棠、素馨花、玉簪花、茉莉花、芙蓉、石竹花、玉莉花、凤尾花、腊梅花、鱼子兰、水仙、碧桃、虎爪兰、木槿花、迎春柳、剪红罗、虎须草、小桃红、建兰、龙胆草、象鼻草、报春花、杏花、桃花、芭蕉、梨花。（道光《澄江府志》卷10第6页）

花之属①：牡丹、山茶、天女花、木莲花、蝴蝶花、绣毬花、梅花、桂花、桃花、丁香、杜鹃、佛桑花、芙蓉、茉莉、蜡梅、石榴、海石榴、樱桃花、紫微花、蔷薇、海红、金梅、山丹、刺桐、木香花、粉团花、仙人掌、金刚纂。谨案：以上俱木本。兰、赛兰、朱砂兰、莲花、芍药、菊、素馨、凤仙、鸡冠、石竹、蝴蝶戏珍珠花、马缨花、含笑花。谨案：以上草本。山海棠。谨案：以上补木本。又案：旧《志》尚有杏花、李花、梨花、海棠、栀子、玉兰、茄兰、荼蘼、唐棣、地棠、木槿、辛夷、小桃红、佛手花、夜合、七里香、瑞香、水仙、玫瑰、地涌金莲、龙爪、凤尾、玉簪、秋海棠、剪红罗、鱼子兰、十様锦、萱、迎春、报春、凌霄、金钱、鹭鸶毛、罂粟、虞美人、扁竹、十姊妹、西番菊、西番莲、西番锦、水丁香、金盏银台、长春、佛手、向日葵、蜀葵、冬葵、旋葍、百合、石斛、山礬、灯笼花、灯盏花、仙鹤花、鹭鸶花，俱滇产。（道光《云南通志稿》卷67《通省》第24页）

花属：牡丹、茶花奇甲天下，明晋安谢肇淛谓其品有七十二，豫章邓渼纪其十德，为诗百咏，赵璧作谱近百种，以深红、软枝、分心、卷瓣者为上、蝴蜨花色黄绿相间，形如蝴蜨，春夏盛开、梅花、桂花有丹桂、金桂、银桂三种、杏花、桃花有绛桃、碧桃、芙蓉桃、夹竹桃数种、李花、梨花、海棠、丁香有红白二种、杜鹃有五色双瓣者、栀子、扶桑有五色、芙蓉、蜡梅、石榴有四季开者、海石榴有红黄二种、樱桃、绣毬、紫薇、蔷薇有五色者、玉兰、茄兰、荼蘼、唐棣、地棠、木槿、金梅、山丹俗名映山红、小桃红、木香有黄白二种、粉团有红黄白三种、夜合、瑞香、仙人掌叶肥厚如掌，多刺，相接成枝，花名王英，色红黄实，似小瓜可食、山礬、金刚鑽。以上俱木本。兰有七十余种，雪兰为胜、莲有红白二种、芍药有红紫白数种、菊有数十余种、水仙、素馨山野蔓生，家园广植，蕊红花白，质秀香清，亦有四季开者，即《南方草木状》所谓耶悉茗也，称其种来西域。《滇略》云：南诏段素兴好之，故名。《通雅》云：南汉刘鋹之姬曰素馨，葬处生此，人以名之、凤仙俗名金凤、玫瑰、地涌金莲开花者胜、凤尾、龙爪、鸡冠、玉簪、秋海棠、荷包牡丹、剪红罗、金银花、珍珠兰、萱、报春、石竹、罂粟、五子莲、十姊妹、西番菊、西番锦、葵、百合、蝴蜨戏珍珠花、芭蕉有凤尾、象牙、美人蕉数种、吉祥草、蒲草、鱼眼草、菖蒲、铁线草、火草、虎掌草、镜面草。（咸丰《南宁县志》卷4第11页）

花之属：牡丹、芍药、玉兰、海棠、山茶、芙蓉、杜鹃、素馨、丁香、菊、桂、梅、桃、蜡梅、千叶莲。（光绪《呈贡县志》卷5第2页）

---

① 属下各花，原本皆有注释，详见各花名下。

花属：梅花有红梅、绿萼、照水、宝珠数种、杏花、桃花有红白绛三种、李花、梨花、棠梨花、樱桃花、石榴花有二，一名海石榴、荷花有青红锦边四种。以上实见果属。牡丹、海棠有西府、垂丝二种、玉兰、辛夷、紫荆、紫薇、卮子、杜鹃有五色、木槿有紫白二种、雪毬、扶桑、木芙蓉、木兰、桂有丹银二桂、茶花有数种、蜡梅。以上木本。迎春、金雀、蔷薇、酴醾、玫瑰、木香、棣棠、小桃有红白二种、茉莉、素馨、凌霄、十姊妹、玉堂春。以上蔓本。兰蕙有十余种、芍药、金盏、剪春罗、蝴蝶花、石竹、罂粟、虞美人、萱花、蜀葵、金凤、向日葵、百合、山丹、凤仙、金钱、玉簪、秋葵、蓼花、百子图、竹笺、菊花数种、洋绣毬、鸡冠、水仙。以上草本。（光绪《永昌府志》卷22第2页）

花之属①：木棉花、花上花、树头花、雪兰、牡丹、梅花、山茶、桃花、丁香、杜鹃、榴花、紫微花、粉团花、仙人掌、兰、芙蓉、茉莉、樱桃花、金梅、山丹、刺桐、芍药、菊、素馨、凤仙、鸡冠、鸡爪、金银花、蝴蝶戏珍珠花、马缨花、莲花谨案：顺宁尚有桃、李、杏、梨各花。海棠、栀子、玉兰、茄兰、地棠、木槿、辛夷、佛手、夜合、龙爪、凤尾、玉簪、秋海棠、剪红罗、鱼子兰、送春魁、报春、金钱、扁竹、十姊妹、西番菊、子午莲、金丝莲、蜀秋葵、百合、石斛、灯盏花各种。绣毬、木香花、罂粟、蔷薇、郁李、棣棠、西番莲、佛桑、金银、桂花、萱花、蓼花、楼台花、木笔、月月红、千日红、瑞香、花镜、面草、茑萝。（光绪《续修顺宁府志》卷13第8页）

花之属五十一：梅、凤仙、迎春柳、粉团花、桂、玉兰、姊妹花俗呼十姊妹、扁竹兰、杏、月季、龙爪花、小玉梨、桃、玫瑰、凤尾花、山茶花、李、栀子、石榴花、淑气花、梨、玉簪、金银花、杜鹃花、莲、紫薇、素行花、地涌金莲、菊、腊梅、牵牛花、打滥碗花、兰、牡丹、秋海棠、老祖公花即野蔷薇，花蓝色，七月半人折察以供献宗祖，故名、木槿、海棠、金丝莲、遍地金、芍药、绣球、水仙花、木香花、茶花、野薄荷、金凤花、小桃红、黄花多顺水开、洋水仙、碧桃花。（民国《嵩明县志》卷16第240页）

花属：牡丹有红、黄、紫、香、粉红数种、茶花奇甲天下，明晋安谢肇淛谓其品七十有二，豫章邓渼纪其十德，为诗百韵，赵璧作谱近百种，以深红、软枝、分心、卷瓣者为上、山茶花王象晋《群芳谱》：山茶花有数种，十月开至二月，有鹤顶茶大如莲，红如血，中心塞满如鹤顶，来自云南者曰滇茶。陈仁锡《潜确类书》：山茶有数种，而滇茶第一，大如碗，红如血。《瓶史月表》：正月花山卿山茶，三月花盟主滇茶、洋茶花、优昙花叶如婆罗而有九丝，花如芙蓉而开十二瓣，遇闰则多一

---

① 属下各花，原本皆有注释，详见各花名下。

瓣、桂花有丹桂、金桂、银桂三种，又有月桂，四季开花，夏秋结子、天女花花似玉兰而白过之，暮春始开，香甚清楚、木莲花《古今图书集成》：树高大，叶如枇杷，花如莲，有青黄红白四种、蝴蝶花桂馥《札樸》：绣花周围先开，其瓣五出，酷似小白蝶，俗名蝴蝶花，中心别有数十蕊，小如粟米。旧《云南通志》：蝴蝶花，色黄绿相间，形如蝴蝶，春夏盛开、绣毬花有红白紫色三种、杏花、桃花有绛桃、碧桃、芙蓉桃、夹竹桃数种、李花、梨花、丁香有红白二种、杜鹃花有五色双瓣者，檀萃《滇海虞衡志》：杜鹃花满滇山、梅花有红梅、白梅、硃砂、玉剪、绿萼、照水数种、栀子花、洋栀子花、佛桑花檀萃《滇海虞衡志》：佛桑花，亦佛国花也。枝叶如桑而丛生，花轻红婀娜可爱。佛坐桑下，僧曰桑门，宜桑之献花绕佛而为供养，此佛桑之义也。妄者改为扶桑，失其义矣。旧《云南通志》：扶桑有五色、芙蓉有深红、浅红二种、茉莉李时珍《本草纲目》：茉莉原出波斯，移植南海。今滇人栽莳之，其性畏寒，不宜中土、蜡梅有磬口、雀舌二种、石榴花有四季开者、樱桃花有红白二种、紫薇花王象晋《群芳谱》：一名百日红，一名怕痒树，一名猴脱树，身光滑，花六瓣，色微红紫，皱蒂长一二分，每瓣又各一蒂长分许，蜡跗茸萼赤茎，一颖数花，每微风至，妖娇颤动，人以手爪其肤，彻顶动摇，故曰怕痒，四五月始花开，谢接续可至八九月，故又曰百日红、蔷薇花有五色者、荼蘼花、唐棣花即郁李、海棠花有垂丝、铁线、秋海棠数种、山海棠、木槿、海红即浅红山茶，自十二月开至二月，与梅同时，故一名茶梅、金梅花开黄色，与梅同时，故名。又以垂条似柳，一名迎春柳、山丹俗名映山红、辛夷、刺桐一名苍梧，树高数丈，花开丹红，形如鹦嘴，俗又名鹦哥花、小桃红、木香有黄白二种、佛手花、马缨花檀萃《滇海虞衡志》：马缨花，冬春遍山，山氓折而盈抱入市供插瓶，深红不下于山茶，制其根以为羹匙，坚致胜施秉。又有白马缨花，亦可玩，而艳丽终不及红也。粤中亦有马缨花，非此花也、夜合花、夜来香、七里香、瑞香、粉团花有红黄白三种、仙人掌叶肥厚如掌多刺，相接成枝，花名玉英，色红黄，实似小瓜可食、金刚纂花红而细，土人植以为篱，又一种形类鸡冠。唐绵（锦）《梦余録》：滇缅有木曰金刚纂，状如棕榈，枝干屈曲无叶，剉以渍水，暴牛马渴甚而饮之，人食其肉必死、五子莲状如青藤盘架上，每茎凡五叶，花如圆笠形，边有白片十，黄绿黑白，各色相间，中生一茎，贯顶上分为三，下垂如子俱黑色，种自外洋，近年始种之。以上俱木本。兰有雪兰、玉兰、珠兰、春兰、建兰、风兰、茄兰、鱼子兰、虎头兰、珍珠兰、素心兰、江西兰十数种、莲花有红、白、锦边三种，又二色莲，红白中分。檀萃《滇海虞衡志》：滇南莲花特异，古云已开为荷花，未开为菡萏，本一花而因开与未开异名，至滇始知。荷花开而结实，菡萏合终不开不结实，盖二物也、芍药有红紫白三种、菊花有九十余种、洋菊花有十余种、素馨山野蔓生，家园广植，蕊红花白，质秀香清，亦有四季开者。《南方草木状》所谓耶悉茗也，称其种来自西域。又《滇略》云：南诏段素兴好之，故名。《通雅》云：南汉刘鋹三姬曰素馨，葬处生此，人以名之、水仙花、洋水仙花、凤仙花一名金凤花，各色俱有、玫瑰花、倒垂莲、地涌金莲高一二丈，形类棕榈，花如莲，亦名木莲，其小而蔓生者曰西番莲、凤尾花、龙爪花、鸡冠花有高足、矮足、百鸟朝王数种、石斛、玉簪花、玉玺花、金银花、金雀花、金钱花、三春柳、月月红、翦红罗、翦秋罗、十様锦、萱花、报春苍、长春花、凌霄花、石竹花徐炬《事物原始》：石竹，青节绛花，枝柔叶细，五色错杂，凡十余种、鹭鸶花、罂粟花有五色，一名米囊花、虞美人、含笑花檀萃《滇海虞衡志》：土名羊皮袋，花如山栀子，开时满树香一院，耐二月之久、淑气花、十姊妹花有红白紫三种、秋芷夏蕙、水丁香一名紫茉莉、耐冬花、金盏银台花、向日葵又有蜀葵、冬葵、灯笼花、灯盏花、仙鹤宛如飞鹤、山樊、太阳红叶似芭蕉而小，花开深红色、旋葍花、百合花、白刺花、蝴蝶戏珍珠花白色，花开如蝴蝶状，中有圆珠数点，故名。以上俱草本。（民国《宜良县志》卷4第26页）

花草类：梅花、牡丹、芍药、桂花、杏花、桃花、海棠、珠兰、剑兰、丁香、芙蓉、蜡梅、茉莉、海石榴、虎头兰、蒲草、映山红即山丹、山茶花、秋海棠、杜鹃、樱桃花、紫薇、酴醾、木槿、金梅即迎春柳、粉团花、刺通花、月季花、仙人掌花、金刚钻花、菊花、水仙花、素馨花、凤仙花、莲花、地涌金莲、龙爪、鸡冠、玉簪、石竹、金钱花、鱼子兰、萱、报春花、婴粟、十姊妹、洋菊花、金丝莲、含笑花俗名羊皮袋花、向日葵、旋覆花、百合花、灯盏花、金盏银台、洋灯盏、朝颜花、芭蕉、吉祥草、通草、蒲草、虎掌草、凤尾草、虎须草、鱼眼草、薜荔、葛蒲、蘋、藻、荇、苇、芦、茅、灯心草、铁线草、火草、蓼草、青蒿、马鞭草、夏枯草、艾、荨蔴、耐冬花。（民国《路南县志》卷1第52页）

花属九十五类，春：茶花、贴梗海棠、春兰、郁李、玉兰、腊梅、樱桃、绛桃、金雀、牡丹、白茨花、罂粟、棣棠、十姊妹、玉马鞭、玉堂春、玫瑰、百合、凤仙花、七里香、芍药、绣毬、荼蘼、杜鹃、木香有黄白二种、夜合、凌霄、虞美人、月月红即长春、粉团。夏：海石榴俗名千层、蜀葵、钱葵、草牡丹、优昙、栀子、金丝桃、石竹、蕙、萱、地涌金莲、扶桑有红黄二种、龙爪、扁竹、荷有红白锦三种、建兰、五月菊、紫薇、槐、珍珠兰、茉莉、玉簪、木槿紫白二种、剪红萝有红白二种、白鹤、石斛、凤尾花。秋：串枝莲、秋海棠、刺桐、鸡冠有红白二种、桂、芙蓉、鱼子兰、芷、兰、蓼、蘋、水红花、西番菊、菊。冬：虎头兰、水仙、丁香、冬兰、山樱桃、金钱、迎春柳、报春、小桃红、照水梅、绿萼梅、红梅、山茶、茄兰、蜡梅、雪兰、飘带兰、硃沙兰。四季长华：映山红、长春、素馨、月桂。（民国《马关县志》卷10第5页）

花一十六种：桂、菊、荷、榴花、紫薇、金凤有红紫白碧四色、粉团、茉莉、丁香、洋菊、绣球、红牡丹、芙蓉、鸡冠、鱼子兰、鸡爪兰。（民

国《富州县志》第十四第84页）

（六）花之属五十九：牡丹、芍药、海棠、碧桃、山茶、玉兰、荼蘼、杜鹃、海石榴、鸡冠、扶桑花、菊花、绣球花、芙蓉花、灯笼花、杏花、栀子花、李花、桃花、米殼、刺桐花、葵花、丁香花、梨花、茉莉花、梅花、小红红、蔷薇花、木瓜花、隶棠花、素馨、扁竹、金凤花、龙爪花、夏蕙、荷花、木槿、玉簪、灯盏、紫薇、山丹、香兰、冬兰、玉蝴蝶、山樱、白鹤、水红、粉团、茶花、剪春罗、珠兰、地涌金莲、茄兰、夹竹桃、蜡梅、虞美人、秋海棠、串枝莲、洋水仙、洋莲花。（民国《邱北县志》册3第15页）

花果：我邑虽处滇徼外，冬无大寒，夏无大暑，花果之属，亦与内地不甚差别。冬十月梅已先春，岁除日兰已抽前，上元后桃杏皆可供瓶，茶花则数阑经寺之大红玛瑙为当，枝幹扶蔬（疏），大可合抱，开时花大如碗，繁英艳质，照耀庭台，亦数百年物也。其他以牡丹为最，牡丹俗传来自印度，我邑旧属藏地，牡丹之盛亦有由来，芳春三月，牡丹开时，或紫或粉，或紫袍金带，或白如皓月，其树大枝繁者，每株或七八十朵，或五六十朵，少亦二三十朵，篱边墙角，在在有之，俗呼"维西牡丹甲天下"，信不诬也。（民国《维西县志》卷2第38页）

民国赵资人《蒲门岁时花木记》：甲申岁立春前大雪，四山披白，直至山麓，村落间延三四日始融。气候高寒，花木被勒，芽者未坼而花者悭开，惟梅花数株先雪悄放，寒香瘦影，独趁芳菲而已！茶花含苞已久，春初次第放花，蒸云映霞之观，当在花朝前后，较之往岁，已为迟迟。今岁各花均开自根际，渐及梢头，历观茶、梅、桃、梨皆然。昔人以之卜岁，未审丰歉如何？兹姑识之以待后证。立春前二十日间，时阴时雨，卒酿巨雪，山田豆麦，青葱入望，惟平畴沾濡，未动春犁，村农未免有欣于春而虑于秋之感，或云于水田则差可焉。春前十数日，风势渐大，吹柯摇枝，无片刻息，日暮尤加厉，振翮之鸟，恒匿避之，杨尘飞空，为之迷目，至仲春而始懈。已近花朝，郊柳始坼，芽半寸许，犹乍启娇眼而睡态仍沉酣也。偶步城东两堤之柳，咸若是娇黄嫩绿之态，尚待暄染，桃花虽一二株露红叶粉，而春光尚觉寂寞也。窗前桂树一株，四时含花者也。香味稍逊于秋桂，气清而微，今春花蕊特盛，岂寒雪中而独茂耶？至于秋桂二本，则寂然含青耳。梅之红者，雌蕊并生，一花二实，俗所谓双套梅者也。花后枝头，成双作对，方青青如豆，迄累累若金，以供观赏最宜，而果味亦称佳焉。绿萼梅，华而不实，花重瓣而微带绿色，朵朵向下而生，故又名罩水梅，花时甚繁，较单瓣白梅差韵。近日茶花盛开，烘云映日，压枝堆干，绚烂夺目，其中以软枝红、桂叶银红、通草、玛瑙等为最佳。至于十様锦则以异种见重，九心茶花以多蕊巨瓣称奇；有白茶花则为最下，明季徐霞客品《滇中花木》有"云南茶花甲天下"之语，良不诬也；又杨太史升庵《滇南月节词》亦有"艳李夭桃都压倒，……园林处处红云岛"之赞，可见此花之品第矣。城南珺岳山寺院中有巨干茶花二本，径约二尺，高四五丈，千枝万叶，覆荫半亩，数百年物也，春初发花，至入夏方歇，花光映日，叠云堆锦，香城色界，莫可为喻。昔妙音居士叶荃习静此山，常于花下临古帖，余尝谓居士云："云南茶花甲天下，蒲门茶花又甲云南矣！"相与一笑。今居士示寂已久，山花年年含笑，寂寞无言。茶树入春坼芽，采而焙之，可供饮料，而花小不可观，茶花美丽巨瓣，其芽叶又不堪供饮，亦惟各取所长，各适其性耳。春魁，乃重瓣桃花也，以开于春初，故名，有红白二种，白者又名碧桃，实大而佳；红者花繁而不实，仅代观赏。又其开放之早迟，而有报春、送春之异。单瓣梅花尽白色，多生于篱落山陬，随地皆产，果酸或苦，人恒不重之。单瓣桃则绯绛雪白皆具，园边堤畔，到处争妍，惟果之佳者，多植于圃，而生于野者，皆毛桃之类耳。茶花，每一花开，可经十余日，然后萎谢，迟者方花而早者已落，残英堆积树下，如错锦绮，每咏古人诗至"落红不是无情物，化作春泥更护花"之句，不禁神往！余恒拾取落花积之根下，以待其化焉。水仙花，亦初春吐蕊，叶绿如韭，根大如葱，盆石中之玩景也。花水红色者差大，白色者颇小，临水丰姿，娇艳欲滴；又有植土中者曰旱水仙，凡堦下砌根，潮湿之地，皆甚繁殖，人多莳之。玉兰，即辛夷，木本，高丈许，白花巨瓣，香甚幽微，盛开于腊尽春初之际，采而乾之，可入药，然性甚寒，不若鸡足山产者，可伴茗饮，味芳且冽也；又有花作紫色名曰茄兰，其叶较玉兰为小，而花则可治头晕之病云。仲春初，梨花绽蕊，色白如雪，然多南枝先开而北枝迟后，尚未睹一片香雪海也。诵“一树梨花千点雪”之句，觉其形容梨花仅得十一，实则雪海香林，岂算数之所能及哉？亦云不以词害意而已。蒲门梨种虽多，而佳者绝少，若呈贡之宝珠，大理之雪梨，则望尘而不可及，或云南山村中有数异种，须至中秋前后而果味始佳云。入二月后，天气转和，温风鼓荡，草木坼芽，垅上春耕，已大忙矣。一带山田，麦芃芃而豆俱花，芸苔铺金桃花散锦，柳眼舒眉，郊原之间，春光大泄，非复十日前之景象。余尝与偷闲居士咏啸东效，醉饮春来之处，或歌或笑，或谈或眠，远离人间世之烦嚣，不复知世界战争之剧烈矣。寺僧颇好客，烹茗煖酒以相款，每至日落双城之外，始扶杖还，暮烟迷树，风光恋人，步步惜别。岁时气候，年各有差，今春大雪晴后约四十日无滴雨，节近春分，阳气溟濛，望青山如隔薄雾，含笑之峰姿，犹佳人出浴而以轻绡障面也，而于月夜尤别具风情，柳堤眺望，令人沉醉，因忆陈后主《春江花月夜》之章，不禁叹其入妙，惟恨群山环抱中，不得见江天之潋滟也。雪团花，色白如雪，瓣细花繁，开时若雪凝枝上，素雅可观。其枝条如玉李，惟此不能结实，而玉李能实，且花作淡红色耳。今春花木萌芽，俱从根起如花然，下已散叶而上犹未坼，岂非花叶同根连气之所致欤？本是同根，存荣兴共，信然！姊妹花，即野蔷薇，枝条多刺，藉作园圃之藩篱，故村径道旁，处处有之，二三月盛开，颇饶香气，红白间杂，烂熳夺目，数花成簇，或多至十数花者，故俗呼为十姊妹云。杜鹃花，以杜宇啼时开放而得名，有红白、黄、紫数种，皆重瓣，与山鹃之单瓣者异，艳阳繁景，此花增色不少，吉诗有“子规夜半犹啼血”之句，予为另续下句云“染透鹃花到处红”，不过断章取义，以为佳花写照云。椿树多大材，生山中，寿百千岁，木质中赤，可作器具。蒲门有异种曰香椿者，本不甚大，高约丈余，径寸许，枝条丛生，春分前后，萌赤色芽，长至二三寸，始散黄绿色之叶，采而熟之，香嫩可口，以之为酸菜香料最佳，又或晒而乾之，可以久储，食时以油炸之，香脆之味，佐餐最宜。春兰，今岁吐箭较迟，暮春之初，始渐放花，一箭一花者曰“单飞燕”，一箭双花者曰“双飞燕”，幽香巨瓣，风韵可人，绿叶纷披，柔长若带，美人香草之誉，已著《楚骚》，无待赘述，然比之木本诸花，固别具高致者矣。清明前后，鸡爪花大开，山径篱落间，香随风起，拂人衣袂，此花亦素馨之类，藤本也，以其花蕾垂垂若鸡爪然，故名。花瓣里白外赤，香味较素馨为亚，惟到处繁生，村中妇女于清明节多以此花与柳并佩焉。寒食多无注意者，惟清明前后十日，则扫墓之风盛焉，无论何家，皆备馔折柳，躬赴墓地，焚纸酹奠，山郊林外，士女如云，追贤慕介之风，一变而为尊祖敬宗之举，此不独顺俗为然，大概南北各地皆然，物换星移，世事沧桑可为一慨。清明时节，雨晴无定，白杨绿柳中，时而烟雨溟濛，时而娇阳芳草，景状别殊，绿杨系马。暮春末杪，花事将阑，风雨狂催，殊为可恨，落红阵阵，沾泥随水，空抱惜花之心，谁作拾翠之侣，对兹景物，不禁为之索然也。兰之以香胜者曰箭兰，叶细而窄，花茎出土，怒发如箭，一箭含五六花，色香甚异，人颇贵之。蒲门山箐中有绿兰者，香甚清幽，移植庭院，亦为佳品。其花茎俱绿者曰绿幹绿，茎紫花绿者曰紫幹绿，瓣蕊大小与箭兰同，惟颜色异焉。鱼子兰，叶与茎若蓝靛，花穗丛生，细如鱼子，故名。花色白，有微香，茎叶可以为跌伤之药。滇茶，昔推普洱为最，明清两代，尝贡诸宫中，近年以来，产量及品色大为低减，未若顺宁之多且佳也。吾顺茶叶，倡自民元不过凤岭一区，今则广植四境，二十年前之荒山小岭，无不栽茶，而青葱成林矣。清明春尖茂发，乡民争采竞购，白芽雀舌，价甚昂焉。蒲门牡丹，有赤白二种，赤者曰红牡丹，白者曰粉牡丹，其本多自远方购移而来，故植者较少，颇称名贵。花大如盆，巨瓣丛蕊，国色天香，诚非过誉。宦仕之家，偶有植于园中者，暮春三月，吹蔼吐艳，人争观赏，故又有富贵花之号云。昔城南润泉寺有一巨木，高丈余，而径寸许，花时甚盛，今则僧逝花残，无人护持，非如曩日观矣。又如是庵有粉牡丹，亦称佳盛，邑人杨香池曾有“富贵如花也白头”之句咏之，其感慨遥深，非俗士所能道也。芍药，叶似牡丹，而茎乃草本，花色鲜艳，万过牡丹，惟花朵较小耳。其艳冶之风韵，不亚水红莲而此以妖娆见称，彼以清逸示异，品次之差，可慨见矣。蔷薇，有数种，月月红则四时皆花，红艳夺目，花朵较小；粉团则红白黄绛诸色，花朵较大，盛放于春夏之交，花团锦簇，美丽无匹，过此则开放较稀焉，茎生锐刺，可远观而不可近玩，近年有外来异种，花大如芍药，色若玫瑰，呼为茨牡丹云。三四月之交，每日下午多急风暴雨，历年如之，上午方晴日丽，光景清明，倏而阴霾四至，狂飚骤起，急雨斜飞，但一过即止，无踰三四小时者。子午莲，藤花也，盛开于夏初，花圆形分歧，酷似航海所用之罗针然，花瓣淡绿色，两层，各五瓣，作十等分圆以歧出，内生细丝如环，具蓝白黑三色，中心五雄蕊卷伏下垂，子房上位，而柱头作三歧，有谓此花如南针指子午而得名，又谓其午开子闭，故云，亦花之奇者也。四月号清和，以雨后晴光山色，较醒眼目，绿叶成阴，张帷蔽幙，芳草堆碧，叠褥铺茵，午日虽炎，而幸得清味若水也。今年以闰四月，故已入初夏而朝夕犹寒，烈日当空，方有热意，一雨之后，骤冷如冬，气候之剧变，莫此为甚。绣毬花，有草木二本，盛开于初夏，花事渐了，得此颇为增胜，草本绣毬花大如伞状，木本则圆若球形，开时花色一由浅绿以至深蓝，一由浅绿以至雪白，各逞其佳丽焉。串枝莲，亦藤本，花叶略与子午莲异，花瓣层层歧出，渐出渐长，初开作浅绿色，久之则渐深白，攀枝绕墙，素雅可爱。荷钱出水，绿萍浮波，池畔柳线拖风，新墓带簶，碧叶覆幙，芳草铺茵，午间一阵黄梅雨过，独立池边，无限岚光翠色，扑人眉宇，此景非初夏不可得。栀子花，色白而香，入夏开放，人多折而佩之衣，或插之瓶，经一二日始萎，当其盛开时，有鸟名“栀子花酒”者，每晨破晓飞来鸣叫，余尚卧被中，酣梦醒回，侧耳以听，清脆婉转之声，随曙色透窗而入，万籁静寂中，得此妙音，花鸟幽情，何让伎乐，因花思鸟，遂偶及之。蒲城杏树却少，虽间有数株，而果味欠佳，不若澜沧江边产者大而且美也，杏叶阔而圆，花红而淡，实小于桃而较美丽焉，味甘而微酸，别有异种曰桃杏、梅杏者，则又在其下，杏之核去壳得仁，谓之杏仁，可入药焉。垂丝海棠，俗号灯笼花，盖以含苞下垂，开花时红萼白花，累累若纸扎灯笼挂于树故云，暮春盛放，风来婀娜，姗姗可爱，昔人所谓女儿棠者,或即此花,娇红柔白,大有类于罗绮女儿之软戏于鞦韆架上也,或谓此花即日本之樱花,号称太和魂者,由海外传来,诸说未知孰是,聊记之以备考焉。折李寄桃,可得异种曰桃李,又有刨李树带芽之皮,束附于桃枝之木质层,正对于芽节,亦可得焉。此种惟早孰可喜,枝头累累若李而稍大,其味则不桃不李,无甚佳味,花与桃同,绛红而单瓣,无足观者。缅桂花,形同木兰,枝叶高大,有黄、白、紫数种,在昔蒲门无产者,以其性多适热地,滇边夷坝气候较炎,多自缅甸移其种来,植而繁之,故汉语谓之缅桂花。近年吾顺人争移植所在多有,盖以其香强烈,易投人好也。然此花出自缅邦,终不脱粗犷气味,巨干大叶,难入风雅,即以香而论,亦非幽兰、素馨之可比拟,时人重之,其新异者易入俗赏也欤?梅与桃、梨等花后始叶,所谓"绿叶成阴子满枝"之句,咏此尤佳,凡木多以叶护花,此则让花先叶,草木亦各殊其性焉。此赵君资人遗墨也。甲申春,余养疴东山寺,君时来晤谈,并有是记之作,君原拟按四时以记,夏时未述毕,忽病,遂辍笔。去夏乡志开始编纂,余滥竽主编,君任编辑之一,供职两阅月,君因至碾房,一时失慎,遭碾压伤臂背,几濒于危,医月余稍瘥,尚时扶杖至会,间勉操辑务,终以内部受伤过甚,且病酒,至今岁春末,肿咳并作,绵缠累月,竟不起,乡志又失一助手,曷胜痛惜!时年仅不惑也。君具有天才,精思闳览,潜心新学说,颇能镕冶变化,故其诗文新颖不俗,著有《春晖集》稿,诗廿余首,杂文数篇,斯记尤极净鍊隽雅,偶一展读,不禁恸抱人琴。逝后,午亭与余为之援例请卹,余并輓以诗云:"梅品菊情云鹤身,寿比颜回多八春。性恋甕头时带醉,诗题笺上墨犹新。清才可惜遭天妬,妙药终难医病真。志稿将成君竟去,不禁悲泪洒同人。"蕴知同志亦有輓联云:"襟度拟晴云,花下耽诗,樽前耽酒,才华如蕴玉,人间修志,天上修文。"泉下有知,君可瞑目矣!丁亥夏杨香池附识。(民国《顺宁县志初稿》卷13第34页)

(赏用植物)牡丹、杜鹃、山茶、桂花、玉兰、海棠、铺地金、万寿菊、兰花、十里香、梅花、白碧桃、玫瑰花、紫薇花、紫籐花、木槿花、小桃红、报春花、凤仙花、夜合花、金丝莲、白菊、水仙花、鸡冠花、龙爪花、牵牛花、酴醾花、腊梅、秋海棠、映山红、波斯菊、臙脂片、一捧雪、辛夷、蔷薇花、栀子花、灯盏花、紫罗袍、松针菊、醉西施、洒金菊、象牙菊、剪秋罗、旧朝衣、银蟹壳、雪里捧翠、月中桂、鹅儿黄、鹤顶红、火炼金丹、朝天紫、金钱菊、夕阳返照、西施浣纱、绿菊、墨菊、雪里送炭。(《宁蒗见闻录》第 2 篇第 69 页)

《黑水神祠》:黑龙潭之寺观为古黑水神祠,远基于汉代,而唐蒙氏、宋段氏俱于此有修建焉。……上观殿宇,计有四重,入门塑像为白玉蟾仙师,后为正殿,殿墀下有茶花两株,为一品红,殊色也。左右俱为大客厅,左廊檐下,昔有木本绣球花两株,高与檐齐,今蔑如也。在六七十年前,墀下有芍药极繁,春日开时,红白相衬,香艳溢于客座,今亦无一枝一茎存留。……更上为三清殿,殿前墀内多古梅树,枝干盘屈,大都为五六百年前之所植,以云唐梅,惟有观石刻画本耳。四层殿宇之台墀阶磴,俱随其山势建筑,层次回旋而上。顾一切规模,实属古雅清幽,以沿数百年前旧制也。今昆明附近各寺,能保存得古代文物者,亦惟此一处而已。观内原有唐时种植之梅花数株,然于二三百年前枯槁矣。今则根株俱没。有元、明两朝及清代初叶之所植者,固是老树杈丫,然亦能疏疏落落而著花,真是古香古色。观内有宋柏二株,高标云际,参天翠色,诚为昆明境内无两之物。中殿左廊屋内,刻有唐梅图,石高三尺余,阔近六尺,图梅树于其上,并刊有清乾隆时,总督李侍尧《龙泉观唐梅图记》,云:“距省二十里曰黑龙潭,水黝而滐(音傑,水激回旋),游鲦出没万千,时兆雨旸,驱祓恢宣,于是焉赖,郭内外咸奔走焉。自潭之左折而上,岩壑环亘,竹树葱茜,林隙鸱吻翼然,为龙泉观。层城累楹,其殿宇中植红梅二,根于纠结连蜷,殆难状喻。花复瓣如重台,视群梅小异,相传为李唐时物。丁酉(乾隆四十二年,1777 年)奉命来滇,廉得其概,而簿领殷凑,不暇轻诣。顷阅度六河水利,地接花所,破萼旬有余矣。与午桥中丞便证所闻,舒带坐南荣下,古香在树,落英沾衣,譬诸步瀛登阆,不足云其乐且适也。余维滇之卉木,甲于直省,梅犹称首,兹花为唐为宋,不载志乘,睇视树身,如冶铁然,要非近代物也。余与中丞先后下车,即知是花,顾寝弥年月，星纪且一周矣。始因阅河过之，而艳述事之在耳目前。其未能测识者，岂鲜也哉！爰属写生家，象梅之形，刻于石而为之记。”又巡抚裴宗锡有跋云：“梅以色香韵冠群花，高迈处尤在骨。若乃铜柯铁根，霜皮黛影，白摧龙蛇，黑垂雷雨，此二本盖松柏之流也。余与钦齐相公列坐花下，公顾语余，生平于世味，泊然寡营，独雅爱梅，自庾岭所见，斯为观止，不负万里行矣。余念是梅蔚然滇中，且数百年，时眼恒卑之，不相矜许。余三至滇矣，今始得从公游而睹此花，花之遇欤！抑余之遇欤！类亦非偶然者。公既属娴绘事者图之，复为之记，微以写生未工为憾。余谓得公之记，即此花丹青于世矣！爰缀数语，拟题名云。”又道光年间，总督阮元题二律，并书刊于壁，诗曰：“千岁梅花千尺潭，春风先到彩云南。香吹蒙凤龟兹笛，影伴天龙石佛龛。玉斧曾遭图外划，骊珠常向水中探。只嗟李杜无题句，不与逋仙季迪谈。”“铁石心肠宋开府，玉冰魂魄古梅花。边功自坏鲜于手，仙树遂归南诏家。今日太平多雨露，当年万里隔烟霞。老龙如见三沧海，试与香林较岁华。”又闻前辈人云：“古唐梅树，已于明末清初枯槁矣，李钦齐制军所见者，或系元明时代所植之树也。然此二树，又于咸丰年间死去，今殿墀间之横斜老干，据观中老道士云，多是明末清初补植之树。”所闻如是，当不虚尔。（《云南掌故》卷 8 第 265 页）

《昆明之花木》：吁！凡在平地上或山谷间之花卉草木，其性有耐寒而惧热者，有畏霜雪而喜风日者，又大寒大热俱惧，只爱温和气候者，此则是秉中和之气而不偏于寒暑者也。然查看一切植物，具有此性者实多，或能占十中之五六也。云南气候咸称温和，然是指附近昆明一二百里内外而言，若在稍远地处，言气候，便与省垣相悬也。如元江、元谋两处，夏季之炎热，犹倍于湘、赣、川、广，如中甸、维西、昭通、镇雄等处，在隆冬时又几与东三省相同。似此一些地处，则不能云气候温和矣。惟是省垣气候实温和极，故若干秉中和气之花卉，在昆明境内俱能蕃殖焉。今以昆明所有之花卉，就其能滋生蕃殖者而言，则有百数十种矣。曰茶花、梅花、菊花、兰花、桃花、杏花、梨花、荷花、牡丹、芍药、海棠、杜鹃、木笔、丁香、芙蓉、碧桃、蜡(腊)梅、紫微、紫荆、紫藤、蔷薇(昆明人名此为十姊妹)、茉莉、玫瑰、粉团、月季(昆明人名此为月月红)、荼蘼、木香、金银、素馨、金雀、石斛、珠兰、玉簪、吊兰、凌霄、木槿、金灯、罂栗、石竹、秋葵、鸡冠、凤尾、马缨、鹿葱、绣球、簇蝶、白鹤、射干(昆明呼为扁竹兰)、百合、山丹、龙爪、隶棠、长春、报春、芒种、丽春、雪团、水仙、良姜、蓼子、波罗、优昙、琼花等,又有夹竹桃、大栀子、洋栀子、秋海棠、冬海棠、状元红、百日红、万年红、五月菊、东洋菊、曼陀罗、虞美人、大理婆、木绣球、绿茉莉、晚香玉(昆明呼为夜来香)、剪春罗(昆明呼为剪红绒)、金丝莲、汉宫秋、滴滴金、金凤花、荷包牡丹、铁线牡丹、西湖海棠、牡丹石榴、金丝凤尾、莲生桂子等,以上有九十余种,是皆一般人种植于花盆及种植于花坛内者。若刺桐花、棠梨花、苹果花及十里香、打破碗等,则无人供作玩品,犹不计也。上述之若干类花中,每类又有若干种。如茶花一类,据《昆明志》载,谢肇淛谓其品七十有二,赵壁作谱则近百种,大抵以深红、软枝、分心、卷瓣为上。但余在滇中,亦只见过二十余种,眼福殊薄也。今述其常能见到者,为红玛瑙、银红玛瑙、狮子头、九心十八瓣(按此即分心也)、恨天高、冲天茶、一品红(即黑龙潭上观内所种之一种)、照殿红(即金殿内之一树)、红宝珠(即松花坝前去,近芹菜湾处某寺内之一树。此寺为钱南园读书处,龙云曾命郑崇贤为之作记,泐石于寺内。余以日久而忘其寺名)、杨妃红(即通草银红)、卷瓣红(昆明呼为松球壳)、软枝红、千叶红、柳叶银红、蜡瓣银红、牡丹银红、白宝珠等。此外有若干特种,要不过偶一能见之也。总之,余眼界窄,未能看遍一切也。又若菊花一类,《群芳谱》载将近三百种,而滇中菊花亦有百余种之多,亦可谓种之繁也。今若将此百余种之名目,一一举而出之,不无浪费笔墨。兹言其类而不别其种,然亦有十多类焉。曰银针、曰钩瓣、曰葵龙、曰偏瓣、曰攒心、曰僧鞋、曰蜂窝、曰蟹爪、曰包瓣、曰金钱、曰鹅毛管、曰鹭鸶毛、曰调羹瓣、曰黄罗伞、曰满天星、曰牡丹片等是。而一类之中,又有若干种之分焉,以故有百余种之多也。其间之最贵重者,则莫如金盏银盘之葵龙菊。

此菊之茎较软于他种菊，且长而可盘，叶细小，花开时，有甜蜜香味。花朵不大，仅及一寸，却分内外两盘，内盘占十之七，外盘只占十分之三，内盘却不似他种菊心有蕊有子，而是无数细瓣攒成一盘，有如一小饼向日葵。外盘花瓣微钩，作白色，约有三四层。是外白而内黄，故曰金盏银台（盘），花如葵而枝如龙，故名葵龙，诚是一种极其名贵之品也。次如雪里送炭一种，花瓣微钩而色白如雪，花心则赤若朱涂。又有紫袍金带一种，花瓣里外俱深紫色，但紫瓣边上，则有一黄线圈之。又有杨妃吐舌一种，为调羹瓣菊，花色白，花心略带淡绿色，而又不似绿菊之色艳，惟每一花瓣尖上，俱作红色，观之诚妖艳已极。此数种，俱菊中之异品也。至若兰花，见于省垣内外之园亭间者亦有多种，如素心兰、元旦香、朱丝兰、雪兰、墨兰以及建兰、夏惠、春绿兰、双飞燕、朵朵香等。亦在二几十种，然大都由外郡或由外省移来，非全由昆邑山谷间之所产者也。至云牡丹、芍药，似省垣气候，宜于芍药而不大宜于牡丹。彼栽芍药者，年无不开，且开时花朵亦大，色香俱足。种牡丹则不能望其年年有花，开时，色香亦不足，朵小而花瓣薄，若气不足者然。盖牡丹之性，在枝未发芽时，是喜霜雪相催，而不喜风日助长。所以，迤西之中甸、维西一带，迤东之镇雄、彝良、昭通、宣威一带，冬季霜雪多，牡丹到春季开放，是异常繁盛。且开时，多有重瓣簇心者，复大逾于盘，香极浓郁，色极艳丽，大不似省垣所开之薄弱也。而维西之牡丹直大如树，有高至丈余而干若人臂粗者。但此一带之牡丹，惟粉白、淡红者多，若深红、浅碧则未之见及。大理境内亦多牡丹，究不若维西、中甸之壮盛，但是种类却多焉。迤东之牡丹，种类则繁矣。即以宣威而论，有深红、有浅红、有粉白、有金叶紫、有翠叶紫、有玉面白，而更有一种金边红，亦异种也。彝良则有绿牡丹与墨牡丹，往昔曾有人盘此两种牡丹至省来栽种，但是开放一年后其色即变。绿牡丹系外围花瓣纯白，内作绿淡色，花之朵盘亦大，叶茎上不隐红色，其它亦与红白两种无异。墨牡丹则花朵较小，开时大不及碗，含苞时花蕾即隐有乌色，开后外瓣转作白色，内心始现乌色，然亦非如墨之所染也。其香淡，不似红白两种之酴郁。

省垣梅花亦有多种，有红梅、有白梅、有胭脂梅、有绿萼梅、有千叶者、有怀中抱子者，然有六七种也。碧桃亦有多种，有红碧桃、有粉碧桃、有白碧桃、有牡丹碧桃，是色粉而花朵极多。又有名三学士者，是一枝碧桃花上能开红、白、粉三个颜色，或一朵花而是半红半白。又有金丝碧桃，花须则夹杂于花瓣间，花瓣亦是红粉相间。又有芙蓉碧桃，花心中有一小苞，此纯系粉色。此二者花朵俱大于一切碧桃，仅小于牡丹碧桃少许，俱异品也。杜鹃有十余种色，以密黄色、兰色为最名贵。密黄色与兰色惟蒙化之南涧地处（南涧县）有此种，时有人移来省城种之者。木笔则有红、白、紫三种。岩桂昆明固多，然不及易门繁盛。易门桂树，大至合抱者甚多，以是，有桂花寄生。桂花寄生，为治痧症圣药，煮鸡食，永断痧根。桂以银桂为最香，金桂次之，丹桂尤次。易门桂树却是什九皆金桂。宣威银桂较多，某寺里有银桂六大株，花开时，百步外能闻其香。余更见宣威城外窑头上某姓大门前，有丹桂一株，不知为何时何代古物。树身上段已为人锯去，仅发枝杈而亦能著花，下存根干约高二丈，余与友人某君各以双臂合抱其树身，尚欠尺余。余笑曰："此株桂树，真堪受吴刚斧削也。"红、白丁香原属灌木，不应若何高大。省垣种植此两品，多贮以盆，其生意自不十分畅旺，若植于地面则易于发生。余曾于迤西路上某神庙内，见有红丁香一株，植于一大花台内，其树尖高于佛殿前檐者约七八尺，根粗若汲水桶，上分两岔，俱各粗至拱把。顾此，当是数百年前所植者，诚丁香中之巨擘矣。宣威有墨菊一种，状类五月菊，但瓣密盘大，心作深黑色，瓣作兰黑色，枝则较五月菊长而且软，花开于八九月间，开时含有幽香。余在宣威城内某佛寺中见之，亦异种也。上述昆明之各种花木，自是昆明之所原有者，惟一切山花野卉则未之及。惟在近三十年来，昆明又增多百数十种花卉。盖欧美人有来侨居于滇者，又喜将其祖国之花木子种带来种植而传播，年有所增，日有所长。以是，昆明地处，多是花山、花地、花海、花城也。嘻，嘻！（《云南掌故》卷9第271页）

《卖花娘子》：读陆放翁诗，有"深巷明朝卖杏花"之句，陈简斋又有“门前恒有卖花声”之句，可知古人亦多喜爱于花也。百数十年前，昆明之青年妇女，最讲究梳妆打扮，插花于髻，是不可免之事。因而每日早晨，必有若干卖花娘子，高声喊叫着，行行于直街曲巷间。所卖之花，即是茶花、梅花、碧桃花、迎春柳、木香、茉莉、丁香、珠兰、玉簪、栀子、海棠、粉团、素馨、金银花等，而值亦贱也。（《云南掌故》卷15第507页）

花之品：木犀、牡丹、海棠、芍药、萱草、蔷薇、罂粟、金凤、木槿、芙蓉、鸡冠、金钱、石竹、地棠、杜鹃、金梅、素馨、瑞香、詹葡、粉团、茉莉、鹦鹉、白鹤、龙爪、山茶、芭蕉、石斛、扶桑、石榴、长春、滴滴金、百日红、十样锦、映山红、丁香、老来红、十姊妹、剪红罗、月月红、木香、金盏银台、兰、菊种类最多、紫薇、桂莲。（楚雄旧志全书“楚雄卷上”隆庆《楚雄府志》卷2第36页）

花品：桂、牡丹、海棠、芍药、金雀、萱草、蔷薇、莺粟、金凤、木槿、芙蓉、鸡冠、金钱、石竹、杜鹃、梅、素馨、瑞香、草兰、粉团、草菊、茉莉、莺哥、百合、龙爪、玉兰、扶桑、紫薇、丁香、蝴蝶、栀子、莲、山茶、地金莲、映山红、十姊妹、月月红、西来菊、翦红罗。（楚雄旧志全书“楚雄卷上”康熙《楚雄府志》卷1第194页）

花果，邑土较瘠，本无奇花异果。惟山茶有数种，胡桃、松子多于各邑。（楚雄旧志全书“楚雄卷上”嘉庆《楚雄县志》卷1第640页）

花类：梅花有红梅、白梅、黄蜡、绿萼、照水、玉版、宝珠七种、兰花种类甚多，不具录、珠兰俗呼鱼子兰、玉兰、茶花有红白二种、桂花有三种、牡丹、芍药有红白二种、茉莉、丁香有紫白二种、杜鹃有红黄紫白四种、菊花有谱，一百余种、莲花白为莲，红为荷、素馨、紫薇、棠棣、海棠、秋海棠、芙蓉、绣球、水仙、月季俗呼十姊妹、玉簪有紫白二种、荼蘼、报春、状元红、栀子、木笔、剪红罗、辛夷、夹竹桃、葵花、金丝莲、五子莲、夜合、龙爪、粉团、长春、小桃红、木瓜、石斛、鸡冠、鸡爪、金凤、晚来香、大白花、马樱、灯盏、金雀花色黄，味甘可作蔬、银雀花色白，味大苦，以水浸之可作蔬，俗呼刺白花、黄花即菜花、攀枝花即木棉、棉花现在试种。（楚雄旧志全书“楚雄卷下”宣统《楚雄县志述辑》卷4第1050页）

花品：桂、牡丹、芍药、海棠、杜鹃、蔷薇、芙蓉、石竹、金梅、素馨、兰、紫微、莲、菊、山茶、丁香、白鹤、石斛、茉香、粉团、木槿、剪红罗。（楚雄旧志全书“南华卷”康熙《镇南州志》卷1第15页）

卉之属：兰，春兰、夏蕙、秋芷、冬绿、雪兰、元旦兰、白木兰、虎头兰、硃砂兰有大硃砂、小硃砂二种、香草兰有红莲瓣、绿莲瓣、麻莲瓣、素心数种、玉兰、茄兰、鱼子兰、牡丹、芍药、丁香、茉莉、优昙花、桂花有丹桂、银桂、金桂三种、梅花有红梅、白梅、绿萼梅、照水梅、玉版梅、宝珠梅数种、茶花有浅红、深红、硬枝、软枝、分心卷瓣、松子殻、白茶、洋茶、山茶数种、莲花有红白金边数种、杜鹃种有红色三、白色二、紫黄不一，黄者有毒、海棠西府海棠、秋海棠、石竹、蔷薇、芙蓉、绣毬花、剪红罗、菊花种甚多，色俱备，春夏秋皆有之、紫薇、丁香、白丁香、小桃红、迎春、萱草、蜀葵、鸡冠、木槿、玫瑰、夜合、凤仙、月季、酴醿、木香、棠棣、玉簪、紫玉簪、夹竹桃、鸡爪花、石斛、百合花、金丝莲、午子莲、粉团、长春、栀子花、十姊妹、龙爪花、玉梨、报春、映山红、樱桃花、石榴花、千叶石榴、扁竹、灯盏花。（楚雄旧志全书“南华卷”咸丰《镇南州志》第130页）

花品：牡丹惟粉色一种、山兰种类甚多，不具录、蕙、芷、珍珠兰俗呼鱼子兰、玉兰、茄兰、芍药有赤白二种、丁香、茉莉、桂有丹桂、金桂、银桂三种、梅有红梅、白梅、照水、玉版、宝珠、绿萼七种、茶花、莲、杜鹃种类甚多，有红白紫黄四色、海棠、秋海棠、石竹、蔷薇、紫薇、木芙蓉、绣球、剪红罗、剪红绒、剪秋纱菊种类甚多，不具录、丁香有紫白二种、小桃红、迎春花、萱、葵、鸡冠、木槿、夜合、凤仙、月季、酴醿、棠棣、玉簪有紫白二种、桃竹、鸡爪、龙爪、石斛、金丝莲、子午莲、粉团、长春、桅子、姊妹花、玉梨、报春、马缨、扁竹、灯盏花、金雀花色黄味甘，可作蔬、银雀花色白，味大苦，以水浸之，可作蔬，俗呼刺白花。（楚雄旧志全书“南华卷”光绪《镇南州志略》卷4第356页）

花之属：兰、萱、葵、菊、荷、紫薇、素馨、粉团、金凤、牡丹、芍药、海棠、蔷薇、荼蘼、红梅、玉簪、金梅、碧桃、绛桃、水红、石竹、山茶、鸡冠、龙爪、木槿、栀子、辣蓼、山丹、杜鹃、映山红、剪秋罗、凤仙。（楚雄旧志全书“姚安卷上”康熙《姚州志》卷2第37页）

花之属：兰、萱、葵、菊、荷、紫薇、素馨、粉团、金凤、牡丹、芍药、海棠、蔷薇、荼蘼、红梅、玉簪、金梅、碧桃、绛桃、水红、石竹、山茶、鸡冠、龙爪、木槿、栀子、辣蓼、山丹、杜鹃、映山红、鹿葱、木芙蓉、桂花、剪秋罗。（楚雄旧志全书“姚安卷上”道光《姚州志》卷 1 第 242 页）

花之属：旧《志》三十一种：兰、萱、葵、菊、荷、紫薇、素馨、粉团、金凤、牡丹、芍药、海棠、蔷薇、荼蘼、红梅、玉簪、金梅、碧桃、绛桃、水红、山茶、鸡冠、龙爪、木槿、栀子、辣蓼、山丹、杜鹃、映山红、翦秋罗、凤仙。增补四十二种：兰有雪兰、春兰、绿兰、莲瓣兰、虎头兰、双飞燕、单飞燕数种。考之朱子《楚辞辨证》、王象晋《正伪本草纲目》诸说，则今之所谓兰者，皆非灵均九畹故物矣。又有珠兰、泽兰二种。菊之黄者有剪金球、金玲珑、大金球、大金钱、小金钱、黄马耳数种，白者有玉芙蓉、玉楼春、白马耳、出炉银数种，紫者有醉杨妃、翦紫绒二种。荷有紫、白二种。牡丹惟醉西施一种，红、紫、黄色皆无。芍药红者点妆红，白者试梅妆而已，皆中品也。梅有绿萼梅、照水梅、品字梅、蜡梅、红梅、野梅数种。凤仙有红、紫、白、黄、碧数色。又有白瓣红点、红瓣白点、黄点者，即《群芳谱》所谓“洒金”是也。按《群芳谱》谓此花“头翅足尾俱翘然如凤状。”故又有金凤之名，旧《志》误分为二。梨花，乡村甚多，或拥山巅，或列山麓，或环村庄，望之如涛如雪。《滇云纪胜书》有：“乍疑洱海涛初起，忽忆苍山雪未消”之句，洵然。槐花，土人多取以染纸。刺白花，丛生山谷或田塍上，多刺细叶，花取作蔬，用水浸二三宿，食之，味清淡。金雀花，作蔬甚美。又有小桂花，生山中，花白酷似木犀，二三月开，香闻数里。又有马缨花，山谷中最多，开时万紫千红，如缨似络。又有白鹤花，亦生山谷中，色白甚香，形似飞鹤，头翅足尾皆具。（楚雄旧志全书“姚安卷上”光绪《姚州志》卷 3 第 563 页）

花属：《李通志》三十四：兰、萱、葵、桂、菊、荷、紫薇、素馨、粉团、金凤、牡丹、芍药、芙蓉、海棠、蔷薇、红梅、玉簪、金梅、碧桃、绛红、丁香、水红、石竹、山茶、鸡冠、龙爪、木槿、栀子、山丹、杜鹃、扶桑、木香、映山红、剪红罗（谨按：山茶各乡盛产，冬月满山开花，红白灿烂。花谢结实，秋间成熟，可榨油，每小升可得油一升，滓可作肥料，并去垢，加工可制肥(皂)。惟不知利用，任牛羊践踏，樵牧砍伐不知保护）。《管志》：无桂、芙蓉、丁香、石竹、扶桑、木香六种，金凤与凤仙重复，剪红罗作剪秋罗；外增荼靡、辣蓼二种，余与《李通志》同。**《王志》**：无丁香、扶桑二种，增荼靡、辣蓼、鹿葱三种，剪红罗亦作剪秋萝，余与《李通志》同。谨按：紫薇，《群芳谱》：一名白(百)日红，一名怕痒树，邑中插秧，恒以此花开谢为其工作起迄时期。素馨，《滇略》以南诏段素兴好之，亦名素兴。粉团，《通志》有黄、红、白三种。蔷薇，《通志》有五色者。金梅，《通志》以垂条似柳，一名迎春柳。山丹，《通志》俗名映山红，非二物也。佛扶桑，《滇海虞衡志》：扶桑花，亦佛国花也。佛坐桑下，僧曰桑门，桑之献花绕佛而为供养，此桑之义也。妄者改为扶桑，失其义矣。**《甘志》四十四**：兰，有雪兰、春兰、绿兰、莲瓣兰、虎头兰、双飞燕、单飞燕数种，考之朱子《楚辞辨证》、王象晋《正伪》、《本草纲目》诸说，则今之所谓兰者，皆非灵均、九畹故物矣。又有珠兰、泽兰二种。菊之黄者有剪金球、金铃珑、大金球、大金钱、小金钱、黄马耳数种；白者有玉芙蓉、玉楼春、白马耳、出炉银数种；紫者有醉杨妃、剪紫绒二种。荷，有紫、白二种。牡丹，惟醉西施一种，红、紫、黄色皆无。芍药，红者点妆，红白者试梅妆而已，皆中品也。梅，有绿萼梅、照水梅、品字梅、腊梅、红梅、野梅数种。凤仙，有红、紫、白、黄、碧数色，又有白瓣红点、红瓣白点、黄点者，即《群芳谱》所谓洒金是也。按《群芳谱》谓此花头翅足尾俱翘然如凤状，故又有金凤之名，旧《志》误分为二。梨花，乡村甚多，或拥山巅，或列山麓，或环村庄，望之如涛如雪。《滇云纪胜书》有“乍疑洱海涛初起，忽忆苍山雪未消”之句洵然。槐花，土人多取以染纸。刺白花，丛生山谷，或田塍上，多刺，细叶，花取作蔬，用水浸二三宿，食之味清淡。金雀花，作蔬甚美。又有小桂花，生山中，花白酷似木犀(樨)，二三月开，香闻数里。又有马缨花，山谷中最多，开万紫千红，如缨似络。又有白鹤花，亦生山谷中，色白甚香，形似飞鹤，头翅足尾皆具。谨按：杨升庵《采兰引》：双飞燕，每茎两苞似雪兰而大，紫表白里，亦有一花者，谓之孤飞。**增补二十九**：兰，有以元旦日开者，名之曰元旦兰；又山中产一种火烧兰者，叶似虎头兰，特香，味较浓。菊，有火炼金者，花瓣表红里黄；有鹅毛菊者，色白而瓣宽；有鹭丝毛者，色白而瓣长；有朱砂菊者，色红而深；有绿菊者，色黄而绿。秋海棠，则有木本者。绣球花，则有闪蓝色者。灯笼花，则形似灯笼下垂。蝴蝶花，则形似蝴蝶展翅。其余渐芪花，有粉、红两种；洋水仙有红、白两类；桂花有丹桂、银桂之别；木兰有茄兰、玉兰之分；山茶有红色、白色之异；东洋菊，有红、黄、紫、白之殊；金丝海棠，则鲜艳满树；郁李，则细花盈枝；报春，则锦缛田塍；牵牛，则珠缀篱落，此皆春秋佳日所常见者。**附刘德修《县志资料采访程式》**：花属中，最有益于民生者惟棉，县属二区，土质疏松，温度亦高，最宜种棉。民国二十七年试种结果，绽裂后花絮鲜白细长，惟播种时须用水灌溉。三十六年烟萝乡、光禄镇试种者多，均获成效。议者竞谓姚不宜棉，岂知镇南、祥云温度与姚相同，现已划为植棉区矣。除虫菊，近有试种者，若得大量培植，为益亦甚大矣。**论曰**：禾黍桑麻、山泽萑蒲之利，人民之命脉所托，然仅安常守故，或只图近利，饮鸩止渴，盗种违禁物品，不但法令所不容，亦难语于今后生存之数必也。速采科学方法，集团组织，举凡木材、果实与夫工业、医药原料，苟为土质所宜者，大量生产，务期地尽其利，则十年树木，利赖正自无穷矣。（楚雄旧志全书“姚安卷下”民国《姚安县志》卷44第1663页）

花之属：牡丹、茶花红、白、大红、银红、玛瑙、软枝、硬枝、梅红、白、绿萼、鸳鸯、照水、品子、宝珠、桃红、白、绛、绯、胭脂、芙蓉、杏、李、梨、玉兰珊瑚、直干、木笔、海棠西府、贴梗、垂丝、山丹、唐棣、瑞香、绣毬、石榴、榆叶梅、海石榴、丁香粉白红、桂金、银、四季、丹、紫薇、芙蓉粉红、换色、蜡梅圆瓣、尖瓣、木槿、兰玉兰、建兰、绿兰、马缨、芍药红、白、粉红、素馨、玫瑰、茉莉、荼蘼、鱼子兰、山矾、粉团粉红、白、四季、栀子、佛桑白、紫、状元红、凌霄花、翦红罗、十样锦、长春花、佛手花、莲、萱、凤仙白、大红、红、粉红、玛瑙、绣球、鸡冠、秋葵、蜀葵红、白、粉红、菊种类甚多、秋海棠、虞美人、蝴蝶、水仙、报春、迎春、石竹、西番莲、西番菊、石斛、凤尾、蔷薇、玉簪红、白、夹竹桃、优昙花、晚香玉、夜合、杜鹃红黄白紫、金针、金银、金雀、银雀即白荚花、金丝莲、子午莲、串枝莲、龙爪花、鸡爪花。（楚雄旧志全书“大姚卷上”道光《大姚县志》卷6第173页）

花类：兰、桂、菊、荷、葵、萱、石榴、芙蓉、紫薇、牡丹、芍药、素馨、海棠、金凤、粉团、蔷薇、茉莉、玉簪、红梅、丁香、金梅、山茶、鸡冠、杜鹃、石竹、石骨、罂粟、瑞香、木兰、玉兰、雪兰、野兰、荼蘼、芭蕉、龙爪、栀子、扶桑、碧桃、绛桃、水红、蜀葵、郁李、报春、山丹、鹅毛、茄兰、鸡爪、芙蓉桃、映山红、剪红罗、小桃红、仙人掌、鱼子兰、月月红、千日红、十姊妹、虎头兰、金弹子。（楚雄旧志全书“大姚卷上”乾隆《白盐井志》卷 3 第 488 页）

花之属：**旧《志》五十七种**：兰、桂、菊、荷、萱、榴花、芙蓉、紫薇、牡丹、芍药、素馨、海棠有垂丝、西府、铁梗三种、金凤有红紫白碧数色、粉团、蔷薇、十姊妹、茉莉、玉簪、红梅、金梅、丁香、山茶有红白二色、鸡冠、杜鹃、石竹、罂粟、瑞香、木兰、玉兰、雪兰、草兰、荼蘼、芭蕉、龙爪、栀子、扶桑、碧桃、绛桃、水红、蜀葵、郁李、报春、山丹、鹅毛、茄兰、鸡爪花、映山红、剪红萝、小桃红、仙人掌、鱼子兰、千日红、珍珠兰、月月红、虎头兰、金弹子、芙蓉桃。**新增三十二种**：李花、槐花、黎花、马缨花、白鹤花，兰有春兰、绿兰、莲瓣兰、双飞燕、单飞燕、珠兰、泽兰、雪兰，菊之黄者有剪金毬、金玲珑、大金毬、大金钱、小金钱、黄马耳，白者有玉芙蓉、玉楼春、白马耳、出炉钱，紫者有醉杨妃、翦紫绒，梅有绿萼梅、照水梅、品字梅、腊梅、野梅。风仙俗呼金凤，有红紫白黄碧数色，又有瓣与点各色相间者。小桂花，生山中，酷似木犀，二三月开，香闻数里。（楚雄旧志全书“大姚卷上”光绪《续修白盐井志》卷 3 第 661 页）

花品：牡丹惟粉色一种、梅有红梅、白梅、照水、玉版、宝珠、绿萼六种、茶花山茶花、山兰种类甚多，不具录、素心兰购自大理、蕙芷、珍珠兰俗呼鱼子菌、茄兰、芍药、丁香、茉莉、桂有丹桂、银桂、金桂三种、莲、杜鹃种类甚多，有红白紫黄色四色、海棠、秋海棠、石竹、蔷薇、紫薇、木芙蓉、绣球、剪红罗、剪红绒、萄种类甚多，不具录、小桃红、迎春花、萱葵、鸡冠花、凤仙花、木槿、夜合花、月季花、酴醾、棠棣、玉簪有紫白二种、桃竹、鸡爪、龙爪、石斛、金丝莲、子午莲、姊妹花、粉团、灯盏花、长春、栀子、玉梨、报春花、马缨花、扁竹、金雀花色黄味甘，可作蔬、银雀花色白味苦，以水浸之，可作蔬。（楚雄旧志全书“南华卷”民国《镇南县志》卷 7 第 634 页）

花之属：桂、茶花、梅花、碧桃、海棠、兰、茉莉、山丹、白鹤、素馨、葵花、玉簪、金凤、丁香、芍药、木槿、莲花、粉团、玫瑰、马缨、杜鹃、菊。（楚雄旧志全书“武定卷”康熙《武定府志》卷 2 第 82

页）

花属：桂花、茶花、梅花、碧桃、海棠、兰花、茉莉、山丹、百合、素馨、葵花、玉簪、金凤、丁香、芍药、木槿、莲花、粉团、玫瑰、马缨、杜鹃。（楚雄旧志全书“武定卷”光绪《武定直隶州志》卷 4《物产》第 377 页）

花品：桂、牡丹、海棠、芍药、金雀、萱草、蔷薇、莺栗、金凤、木槿、芙蓉、鸡冠、金钱、石竹、杜鹃、金梅、素馨、瑞香、草兰、粉团、草菊、茉莉、莺歌、白鹤、龙爪、石斛、扶桑、紫薇、丁香、蝴蝶、木香、山茶、莲、地金莲、映山红、十姊妹、月月红、西来菊、剪红罗。（楚雄旧志全书“双柏卷”康熙《南安州志》卷 1 第 13 页）

花品：桂花、茉莉、紫薇、蔷薇、茶花、扶桑、杜鹃、素馨、枝、芭蕉、芙蓉、白鹤、山兰、美人蕉、莺粟、凤仙、石竹、菊花、莲花、粉团、剪红罗、鸡冠、麦菊、映山红、十姊妹、鱼子兰、秋海棠。（楚雄旧志全书“双柏卷”乾隆《碍嘉志书草本》第 107 页）

花之属：菊花数种、茶花数种、桂花数种、兰花数种、牡丹数种、芍药数种、梅花数种、海棠数种、芙蓉、玉兰、月季、丁香、杜鹃、蝴蝶花、鹦哥花一名刺桐、茉莉、荼蘼、紫薇、蔷薇、栀子、绣球花、秋海棠、地棠、木槿、山丹俗名映山红、小桃红数种、虞美人、芭蕉、刺梅、鸡冠、罂粟、素馨、迎春、迎夏、凌霄、木香、瑞香、粉团、仙人掌、水仙、剪秋罗、荷花少、西洋菊、山矾、水红花、灯笼花、向日葵、蜀葵、玉簪、天竺、夜香夜来香、状元红、龙爪花。（楚雄旧志全书“双柏卷”乾隆《碍嘉志》第 232 页）

花属：牡丹、芍药、莲、茶花种数不一，有浅红、深红、白茶、洋茶、梅有红、白、绿萼、照水数种、优昙花、天女花、桃花、杏花、李花、梨花、玉簪、桂花有丹桂、金桂、银桂三种、海裳分春秋二种、丁香、杜鹃有五色、扶桑有紫白二种、芙蓉有深红、浅红二种、茉莉、素馨、石榴、樱桃、茄兰、玉兰、荼藤、木槿、石竹、四季粉团、木香黄白二种、午子莲、佛手花、元旦兰、春兰、夏蕙、秋芷、殊砂兰无香、虎头兰、白水兰、冬兰、鱼子兰、剪红绒、小桃红、金钱、玉莉、报春、虞美人、水仙花、十姊妹、扁竹名绿葱花、石斛、长春花、金丝莲、金雀花、迎春俗名金梅花、栀子花、夹竹桃、凤仙花、鸡冠花有红白二种、绣球花、灯盏花、紫薇、菊种类甚多、玉芙蓉即仙掌花、连翘花、龙爪花、海红即浅红山茶，自十二月开至二月，与梅同时、鸡爪花、映山红。（楚雄旧志全书"牟定卷"道光《定远县志》第245页）

花之属：茶花、梅花、碧桃、海棠、兰、茉莉、山丹、素馨、葵花、玉簪、金凤、丁香、莲花、粉团、山茶花、杜鹃、菊、鹦哥花。（楚雄旧志全书"元谋卷"康熙《元谋县志》卷2第59页）

花之属：则茯苓、梅花、碧桃、海棠、兰、茉莉、山丹、素馨、葵花、玉簪、金凤、丁香、莲花、粉团、山茶、杜鹃、菊、鹦哥花，而元谋瘴荒气泄，花无佳品，惟扶桑、木棉为盛。扶桑细枝纠盘，朱红艳发，多单瓣者，不及粤之复出，而丹朱过之。木棉土名扳枝，亦逊粤之浓厚，惟立多村一枝，其西向一枝，花开七层，瓣有三十六。能海闸一株，围十余抱，垂荫数亩，足敌粤产。（楚雄旧志全书"元谋卷"乾隆《华竹新编》卷2第228页）

花类：桂、菊、牡丹、栀子。（楚雄旧志全书"禄丰卷上"康熙《禄丰县志》卷2第25页）

花属：山兰、石竹、蜀葵、丁香、茶、梅、桂、菊、杜鹃。（楚雄旧志全书"禄丰卷上"康熙《罗次县志》卷2第147页）

花属：山兰、石竹、蜀葵、丁香、茶、梅、桂、菊、杜鹃。（楚雄旧志全书"禄丰卷上"光绪《罗次县志》卷2第268页）

花属：为牡丹、芍药，为海棠、蔷薇，为红梅、绿梅，为碧桃，为山茶，为兰，为蕙，为杜鹃，为萱花，为紫薇，为粉团花，为榴花，为莲，为芙蓉，为桂，为月桂，为秋海棠，为末香，为丁香，为罂粟，为金凤、金雀，为水仙，为瑞香、金钱、素馨，为石竹、鸡冠，为梨花，为茉莉、鹦哥、木槿，为石斛，为扶桑、白鹤、龙爪、蝴蝶、地金莲，为菊，为十姊妹、月月红、映山红、剪红罗，为迎春柳，为葵花，为美人蕉，为腊梅。（楚雄旧志全书"禄丰卷上"康熙《广通县志》卷1《物产》第391页）

花卉：木本者有山茶、木槿、杜鹃、蔷薇、迎春俗名鸡梅有单复瓣二种、丁香、木香、辛夷、玉兰、玉林、绣球、小桃红、海棠、碧桃、腊梅、茉莉、马缨、芋子、栀子，桂有金桂、银桂、丹桂、四季桂四种；千层榴、千姊妹、月季、状元红、白阳茶、金丝桃、刺牡丹等。草木者有牡丹、芍药、鸡冠、龙爪、凤仙、玉簪、兰有春兰、夏兰、秋兰、冬兰、钊兰、雪兰、朱丝白兰、虎头兰等数十种,然多系由他处移来者,本地原产者不过数种。菊有红、白、橙、紫诸色之分,又有调羹、鹅毛、碎米、绒球诸类之别。若以别名辨之,则名目尤多。凤尾竹、鸡爪、石菖蒲、小菖蒲、莲花、蓼花、秋海棠、报春花、草本绣球,天竺牡丹、蜀葵、金莲花、铁线莲、金盏、绿葱等,均可供赏玩。(楚雄旧志全书"禄丰卷下"民国《广通县地志》第1420页)

花类(草本):兰、蕙、葵、莲、菊、芍药、秋海棠、粉须、佛须、西番、水仙、鸡冠、玉簪、婴(罂)粟、向日葵、剪红绒、珍珠、芙蓉、淑气(菊)花、郁李、金银、绣球、倒提、石竹、白鹤、金雀、雪山丹、金凤、粉团、虞美人、龙爪花、芝、菊。花类(木本):牡丹、山茶、桃花、梅花、李花、杏花、榴花、柘、梅桂、杜鹃、樱桃、栀子、玫瑰、小桃红、白木槿、紫木槿、木瓜花、七姊妹、棣堂花、艳山红、棠梨花。(昭通旧志汇编本乾隆《恩安县志稿》卷3第36页)

花类:莲、兰、菊、水仙、凤仙、鸡冠、玉簪、月季、金银、玫瑰、绣球、栀子、西番菊、蜀葵、冬葵、向日葵、芭蕉、芙蓉。(昭通旧志汇编本嘉庆《永善县志略》卷1第752页)

花属木本:牡丹、野茶花、梅花、杏花、桃花、李花、梨花、杜鹃、石榴花、樱桃花、木绣毬、栀子花、紫荆、蔷薇、辛夷、地棠、木槿紫白二种、小桃红、玫瑰、芙蓉。花属草本:兰、蕙、葵、莲、芍药、菊、凤羽菊、水仙、凤仙、龙爪、鸡冠、玉簪、罂粟、秋海棠、七姊妹、西番菊、向日葵、珍珠、芭蕉开黄花如莲,实名甘露子,可食。(光绪《镇雄州志》卷5第57页)

花之属:有兰,冬开者为兰,一花一茎;夏开者为蕙,一茎数花。有春兰、建兰、虎头兰等。莲,色红,叶圆。各乡有之。桂,一名木樨,有金桂、银桂、丹桂三种。梅,有黄梅、腊梅、金梅等数种。桃,有夹竹桃、碧桃,复瓣色美。山茶,有红白二种,生于山间,其植于园圃者有九心十八瓣之艳,有红、白、玛瑙等色。垂丝海棠,花红,有须,植于文庙者为最美丽。秋海棠,早秋始花,半含残红。菊,有甘菊、白菊、小杭菊、胭脂、复绉、绣球、懒梳妆、火辣、金丹、紫袍、金带、绿萼菊、金钱菊、鱼眼菊、万寿菊、西洋菊、东洋菊、贵州菊、金毛、狮子、黄鹤翎、白鹤翎、五彩洋菊;以色分者,并有赤、红、紫、绿、黄、白等种,城乡园圃处处有之。玉兰,色白如笔,元宝山一株最佳。茄兰,花鲜红,毛壳三层,脱后二月开花,气香味涩,凤凰山一株最大,盖二百年物也。余者色紫,无香气。绣球,一花众蕊,团团凑合如簇球然,初绿白,后粉红而蓝,又谓五彩绣球。紫薇,俗谓搔痒树,又呼为百日红,花鲜红,六七月后开花。杜鹃,俗呼艳山红。牡丹,以白色、粉红为上,其红色各种次之,城乡均盛产之,郡人谢文翘有诗云:"名园竞说牡丹开,准拟花前醉一回。恰喜家家争折简,真成富贵逼人来。"芙蓉,秋半开花,大而美。芍药,有红白二种,生山间者谓之赤芍。木槿,有白紫二种,花成杯状形。棣棠,有黄白二种,茎瓤即通草。粉团,有白色、粉红、四季粉团。月月红,花微似玫瑰,月月开花。七姊妹,紫红色,一茎十余朵,茎有刺,无香。蔷薇,枝叶有毛刺,花似玫瑰而小。玫瑰,花紫色,气极香。花上花,有黄红粉三种,一种有重台,名为花上花;一种形如马樱,俗谓抽心花;一种复瓣而大,谓之将军盔。剪春罗,有红白粉三种,春时开花,至秋开花者为剪秋罗。灯盏花,形如灯盏,花小而黄。凤仙,一名金凤花,有数色,其子为急性子,可用为催生药。百合,别名玉手炉,花露下滴,结实如蒜,数十瓣相累如白莲,故名百合,花赤色。龙爪,花如百合,有红黄白三种。蓼花,多生水岸,一名水红花,有红白二种。子午莲,朝开暮落,花有五色。夜合,一名合欢,见月则开,又称月见花,成筒状形。号令花,生山上,形如号筒。丁香,有紫粉二色,分公母二种。鸡冠,有红白紫三种。蝴蝶,形类蝴蝶,故名。铁线牡丹,叶类牡丹而瘦,稍扁,茎长,其复瓣者如菊。鱼儿牡丹,一名合包花,叶似牡丹,花色红,形与鱼相肖。芭蕉,花黄,如笋包。石竹,形似小竹,种类极多,丁香石竹为有香有色。玉簪,色白如簪,其味清香。扁竹兰,叶宽,扁形如扇,花蓝色。露葱,花黄色,筒状形。茉香花,花小而复瓣,色黄白而香。锦葵,花开向日,色黄,子有黑、花二种。洋葵,花瓣长,子较大。蜀芪花,花大如杯,红白色,有大小二种,根名红芪。密蒙,即大酒药花。金雀,又呼金脚,入食品。苦豆花,色白,形如金雀而小,可入食品。小兰花,色蓝,可治小儿疳病。破碗花,花淡红色,形如酒杯。牵牛,蔓藤,黄色。金银,花黄白色,味香,红者名为西湖锦。茶春,花小黄色,与金梅略同。瑞香,四季常绿,花细小,结红子。脆菊,日晒则开,雨湿则闭,有白红黄多种,经久犹鲜。狮子花,红白二色,形如狮子开口。虾子花,红色,形类小虾子。洋灯盏,色黄,易植。洋玫瑰,绛色,清香。荷花,前荷花塘有之,近时种者甚少。灯笼花,形如灯笼,色深红。松针菊,有黄白二色,细如松针。八角花,色红八角。碎米,生山间,有粉白、淡红二色。旋覆,花黄,味涩,入药用。石莲,生岩上,形莲瓣,色碧。锦屏松,叶细如茴香,花有红、白、淡红三种。雪团,花小朵,若绒球,有白与粉红色。野棉花,花冠淡红色,结实如覆盆,弹之若棉。山丹,色赤红,花类金丝莲。状元红,叶如蕉而小,花鲜红美丽。等草本、木本之花。(昭通旧志汇编本民国《昭通志稿》卷9第263页)

花之属:有牡丹,多属粉红色,城乡甚(盛)产之。芍药,有红白二种。桂,仅金桂一种。梅,仅腊梅一种。山茶,色多深红。垂丝海棠,花红有须,文庙内一株已萎。菊,种类约二十余种。茄兰,色紫,凤阁庙内一株最大。绣球,草本、木本二种。紫荆,俗名抓痒树。杜鹃,俗呼艳山红。木槿,有紫白二种。棠棣,分黄白二种,茎瓤即通草。粉团,花白或粉红,四时均开。月月红,色似玫瑰,月月开。瑰玫(玫瑰),花香,和糖味美。凤仙,有红白二种,子可用作催生药。水红花,即蓼花,可入药。鸡冠,有红白紫三种。蝴蝶花,形如蝶。鱼儿牡丹,又名荷包牡丹。玉簪,色白形如簪。扁竹兰,根名射干,可入药。金雀花,可用作食品。苦豆花,可食味佳。金银花,色黄白,甚香可入药。脆菊,花经久不凋,日晒则开,雨则闭。狮子花,各色俱备,形如狮头。(昭通旧志汇编本民国《昭通县志稿》卷5第381页)

花之属:牡丹、芍药、梅、莲、桂、兰、蕙、菊、珍珠兰、紫薇、萱、茉莉、鸡冠、红蓝花、芭蕉、美人蕉、向日葵、凤仙、月季、金银花、木槿、扶桑、茶花、腊梅、木棉、胭脂花、金丝莲、夜来香、夹竹桃、

杜鹃、山踯躅、白鹤花、鹦哥花、绣球花、罂粟、粉团。(昭通旧志汇编本民国《巧家县志稿》卷7第695页)

花果类:梅、茶、荷、兰、棉、桂、芍药、菊种类最多、紫荆、牡丹、茉莉、玉簪、杜鹃、紫薇、月月红、海棠、粉团、碧桃、龙抱柱、牵牛花、双石榴、绣球花、洋芍药、萱、大栀子、海栀子、金蝴蝶、水仙、鸡冠、洋牡丹、葵、夜来香、金丝莲、佛顶珠、洋雀、玫瑰、桃、李、杏、梨、枣、胡桃、黄梅、橘子县产极多、枇杷、葡萄、橙柑、黄果、贵州柑、梳头柑、佛手柑、樱桃、石榴、木瓜、栗子、香橼、林青、花红、柿子。(昭通旧志汇编本民国《绥江县县志》卷2第859页)

花类即观赏植物:梅、腊梅、桂、菊、兰、玉兰即辛夷、珍珠兰俗呼鱼子兰、夹竹桃、山茶、牡丹、芍药、芙蓉、蔷薇、紫薇、玉簪、玫瑰、惠、茉莉、杜鹃、月季、粉团、胭脂、素馨、美人蕉、萱草、木槿、栀子、水仙、茑萝又名锦屏松、南天竹、鸡冠、荷、石蒜花有红黄二色,盐津附近河岸多有之,又名龙爪、绣球有木本、草本两种、春秋海棠、金丝莲、金蝴蝶一名竹叶梅、金银花即忍冬、报春、牵(牛)花、向日葵、阳雀花可调蛋炒食、丁香、夜来香、鹦哥花、凤仙花一名金凤花、指甲花。(昭通旧志汇编本民国《盐津县志》卷4第1694页)

## （一）木本

### 茶梅

茶梅，《类林》云："新罗国多海红，即浅红山花而差小。自十二月开至二月，与梅同时，故曰茶梅。"刘仕亨曰："小院犹寒未暖时，海红花发昼迟迟。半深半浅东风里，好似徐熙带雪枝。"（天启《滇志》卷32第1046页）

茶梅《类林》云：新罗国多海红，即浅红山花而差小。自十二月开至二月，与梅同时，故曰茶梅。刘仕亨曰："小院犹寒未暖时，海红花发昼迟迟。半深半浅东风里，好似徐熙带雪枝。"（康熙《云南通志》卷30第874页）

海红，旧《云南通志》：即浅红山茶，自十二月开，至二月与梅同时，故一名茶梅。（道光《云南通志稿》卷67《通省》第32页）

### 刺桐花

附杨庄介公升庵《滇南月节词》：七月滇南秋已透，碧鸡金马新山瘦，摆渡村西南坝口，船放溜，松花水发黄昏后。七夕人家衣暴袖，彩云新月佳期又，院院烧灯如白昼，风弄袖，刺桐花底仙裙皱。（《增订南诏野史》卷下第73页）

《刺桐花行》：刺桐花，惟岭南及滇中有之。《异物志》曰：刺桐即苍梧，岭南多此物，因以名郡。滇中名鹦哥花，花形酷似之，开以夏秋之交。（《升庵集》卷39）

刺桐，一名苍梧，花正赤色，发密叶中，傍照他物，皆朱殷然，如是者竟岁。土人以其形似，名曰鹦哥花。又有蔬亦名刺桐，肥

润若芝,《志》谓鲜可腻肉,菹可经年。(《滇略》卷 3 第 230 页)

《三句诗》:古有三句诗,意足词赡,盘曲二十一字中,最为难工。遍检前贤,如岑之敬《当垆曲》,无名氏《春词》,宋谢皋羽《寄邓收心》,本朝詹天曜《寄山中故人读书处》等,不过四五首而已。云南督学彭纲《咏刺桐花》云:“树头树底花楚楚,风吹绿叶翠翩翻,露中几枝红鹦鹉。”亦风韵可爱也。刺桐花,云南名鹦哥花,花形酷似之。彭公此诗本四句,命吏写刻于扁,遗其一句,复诵之,自觉意足,乃不更改。(天启《滇志》卷 32 第 1073 页)

太和县,……刺桐花开于七月,极红,旁映他树,山石皆赤。(《滇游记》第 8 页)

三句诗云南督学彭纲咏《刺桐花》云:“树头树底花楚楚,风吹绿叶翠翩翻,露中几枝红鹦鹉。”刺桐花,云南名鹦哥花,花形酷似之。彭诗本四句,命吏写刻,遗其一句,复诵之,自觉意足,乃不更改。(康熙《云南通志》卷 30 第 880 页)

刺桐花,滇名鹦哥花。叶如梧而蔽芾,花亦巨而鲜,但取其枝插之,即易生如青桐也。木质轻松,亦似青桐,官府取以为杖。尝命地方头人取数十捆,分植于农部之南郊官路旁,阴浓花繁,行人悦憩。迨予于役三年回,而已无矣。所植城中桃李夹街,亦皆伐去。西园花木,废为马队,则接政之为也。败于俗吏,念之能不慨然!(《滇海虞衡志》第 219 页)

永昌、顺宁有木,高数丈,叶如桐,多刺,花色似红焦,土人谓之鹦哥花,以其似鹦鹉嘴。案:即刺桐也,亦谓之赪桐。《南方草木状》:赪桐,花连枝萼,皆深红之极者,俗呼贞桐花。赪,音之讹是也,折其枝,插地即生。(《滇游续笔》第 469 页)

刺桐,彭纲《咏刺桐花》诗:“树头树底花楚楚,风吹绿叶翠翩翩。一枝两枝红鹦鹉。”注:刺桐花,云南名鹦哥花,花形似之。旧《云南通志》:一名苍梧,树高数丈,花开丹红,形如鹦嘴,俗又名鹦哥花,元江产者尤多。檀萃《滇海虞衡志》:刺桐花,滇名鹦哥花,叶如梧而蔽芾,花亦巨而鲜,但取其枝插之,即易生如青桐也。木质轻松,亦似青桐,官府取以为杖桂馥《札樸》:永昌、顺宁有木,高数丈,叶如桐,多刺,花色似红焦,土人谓之鹦哥花,以其似鹦哥嘴。案:即刺桐也,亦谓之赪桐。《南方草木状》:赪桐,花连枝萼,皆深红之极者,俗呼贞桐。赪,音之讹是也,折其枝,插地即生。陈鼎《滇黔纪

游》：太和刺桐花开于七月，极红，旁映他树，山石皆赤。（道光《云南通志稿》卷67《通省》第32页）

刺桐，桂馥《札樸》：永昌、顺宁有木高数丈，叶如桐，多刺，花色似红蕉，土人谓之鹦哥花。案：即刺桐也，形似鹦哥嘴，故名，亦谓之赪桐。《南方草木状》：赪桐，花连枝萼，皆深红之极者，俗呼贞桐花。赪，音之讹是也，折其枝，插地即生。（光绪《续修顺宁府志》卷13第11页）

## 蟾花

蟾花其花叶皆类木兰。（景泰《云南图经志书》卷3《广南府》第191页）

蟾花花叶皆类木兰，俱府境出。（正德《云南志》卷7《广南府》第326页）

卉有蟾花，叶类木兰。（天启《滇志》卷3《广南府》第119页）

## 灯笼花

又有灯笼花，开如小灯笼，红色，其叶近干者青，远梢者赤。（《滇略》卷3第230页）

己卯九月十二日……仍东随大路一里，过西竺寺前，上圆通庵，观灯笼花树。其树叶细如豆瓣，根大如匏瓠，花开大如山茱萸，中红而尖蒂俱绿，似灯垂垂。余从永昌刘馆见其树，未见其花也。此庵为妙行旧居，留瀹茗乃去。（《徐霞客游记·滇游日记十三》第1213页）

灯笼花，昆明僧寺中有之。藤老蔓杂，小叶密排，糙涩无纹，俱如络石。春开五棱红箭子花，长几径寸，五尖翻翘，色独新绿，黄须数茎，如铃下垂。僧云移自腾越，余以为山中石血之别派耳。（《植物名实图考》群芳卷29第693页）

# 邓花

邓花有五色，八头八蕊。（景泰《云南图经志书》卷1《云南府》第4页）

邓花五色。（正德《云南志》卷2《云南府》第122页）

木香、邓花、蔷薇。俱石屏州出（正德《云南志》卷4《临安府》第209页）

# 丁香花

这个省区也产丁香，丁香树小，它的枝叶象桂树，只是叶片稍长而狭就是了。丁香的花白而小，如丁香本身一样。但一经成熟，便转为暗色。（《马可波罗游记》卷2第47章《云南省》第144页）

丁香叶，即家中盆内栽者是。味苦辛，性微温。芳香入肺，止肺寒咳嗽、或咳血、或痰上带血。单剂，蜜炙，煎服。（《滇南本草》第480页务本）

丁香花色红，花头蓓蕾未开时形如丁香，自夏初至秋末常开，被严霜方萎。（景泰《云南图经志书》卷1《晋宁州》第47页）

己卯八月二十七日，霁，乃散步藏经阁，观丁香花。其花娇艳，在秋海棠、西府海棠之间，滇中甚多，而鸡山为盛。折插御风球。时球下小截，为驼夫肩负而损，与上截接处稍解。余姑垂之墙阴，以遂其性。“御风”之意，思其悬崖飘飏而名之也。（《徐霞客游记·滇游日记十三》第1206页）

丁香，《集解》谓雄树虽花无子。而诸家凡言丁香者，均谓出昆崙。产交州、爱州、广州者，乃入药之丁香耳。谓其类桂，则今之丁香不类桂；谓其叶凌冬不凋，今丁香畏霜，其叶即凋；谓花如梅花，颇似之矣，而却多长蒂；谓鸡舌香酿花成之，则又与沉水之本迥别。是前人之言丁香者,均之不足凭。然花之风姿雅韵,真为清品。紫蒂,有硃砂红、粉红两种,今鸡山仅有粉红者。桃红,数蒂连于枝上,如璎珞然,清香可爱,叶之香犹清于花,初开稍紫,久之则肉红色,其韵态胜于山茶。(《鸡足山志》卷9第330页)

观音阁即龙华寺后院,内有古本丁香一株,老幹磊落。(乾隆《续修蒙化直隶厅志》卷2第105页)

刘垲《小寺古丁香歌》:蒙诏小寺丁香花,殿前横卧形纷挐。欲卧难卧撑以木,或恐入地化为龙与蛇。谁道老干少生气?春条冉冉抽槎枒。花开如火燃木末,烂漫不比楛杨华。树古无乃香亦古,波斯安息休争夸。由来滇南称火地,丁力郁结萌根芽。而况咫尺妙香国,岂是古拂拈天葩。噫!宜花宜木,旧传阳瓜求柴胡,桔梗于罣黍梁父,挹河取燧载郄车。尔乃几经盘错方结子,收入药笼同丹砂。(乾隆《续修蒙化直隶厅志》卷6第8页)

丁香花枝攒簇,色泽艳雅,开最久,至雪中犹有花朵点缀。(《滇南闻见录》卷下第39页)

野丁香,生云南山坡。高尺许,赭茎甚劲。数叶攒簇,层层生发,花开叶间,宛似丁香,亦有紫、白二种。(《植物名实图考》群芳卷29第691页)

滇丁香,丁香生云南圃中。大本如藤,叶如枇杷叶微尖而光。夏开长柄筩子花,如北地丁香成簇,而五瓣团团,大逾红梅,柔厚娇嫩,又似秋海棠。中有黄心两三点,有色鲜香,故不甚重。(《植物名实图考》群芳卷29第694页)

丁香,旧《云南通志》:有红白二种。(道光《云南通志稿》卷67《通省》第29页)

丁香,采访:有红白二种。(光绪《续修顺宁府志》卷13第9页)

《班洪风土记·丁香花》:余家蓄丁香花一盆,冬令盛开,香气清幽,伯父极爱之,余兄弟亦护之惟谨,前岁在大理天生桥温泉旁见一株,花正开,以无人培养为惜。余自南腊至焦山寨,遍山丁香树,鲜花可人,恨不得移植数本于伯父墓道也。尝游鸡公

山，时四月，满山杜鹃花树，余乡以为贵，至此见丁香花，不觉回忆往事也。（《滇西边区考察记》第1篇第42页）

## 杜鹃花

杜鹃花品类甚多。（正德《云南志》卷2《云南府》第122页）

杜鹃，俗谓之映山红，花色有十数种，鲜丽殊甚，家家种之盆盎。（《滇略》卷3第230页）

明刘泾《杜鹃花》（七绝）：软红轻紫绽胭脂，烂熳春风奇绝姿。蜀魄当年多少恨，至今啼血染花枝。（天启《滇志》卷29第969页）

山石榴花：一名映山红，一名踯躅，一名杜鹃花。踯躅者，羊见之而踯躅也；杜鹃者，杜鹃叫时开也。蜀中彭县丹景山多产此花。唐张藉诗云："五渡溪头踯躅红，嵩阳寺里讲时钟。春山处处行应好，一月看花到几峰。"注云：杜鹃花也，羊食则死，见之踯躅。又唐人呼为山柘榴花。雍陶《闻杜鹃》诗云"深山一夜几枝红"是也。又李群玉《山石榴》诗："洞中春风朦朣暄，尚有红英千树繁。可怜夹水锦步障，羞数石家金谷园。"又雍陶《叹灵鹫寺山榴》云："水蝶岩峰（蜂）俱不知，露桃凝艳数千枝。山深春晚无人赏，即是杜鹃摧落时。"滇中种汇甚繁，俗呼山丹花。永昌张司徒作《二芳记》，盖山茶、山丹二种也。（天启《滇志》卷32第1046页）

山鹃，一花具五色，花大如山茶，闻一路迤西，莫盛于大理、永昌境。（《徐霞客游记·滇中花木记》第737页）

己卯四月十三日……是为芹菜塘。其前小水，东北与大盈之源合。村庐不多，而皆有杜鹃灿烂，血艳夺目。若以为家植者，岂深山野人，有此异趣？若以为山土所宜，何他冈别陇，杳然无遗也？（《徐霞客游记·滇游日记九》第1057页）

山柘榴山柘榴花，一名映山红，一名踯躅，一名杜鹃花。踯躅者，羊见之而踯躅也。杜鹃者，杜鹃叫时开也。蜀中彭县丹景山多产此花。唐张藉诗云："五渡溪头踯踯红，嵩阳寺里讲时钟。春山处处行应好，一月看花到几峰。”注云：杜鹃花也，羊食则死，见之踯躅。又唐人呼为山柘榴花。雍陶《闻杜鹃》诗云“深山一夜几枝红”是也。又李群玉《山柘榴》诗云：“洞中春风朦瞳喧，尚有红英千树繁。可怜夹水锦步障，羞数石家金谷园。”又雍陶《叹灵鹫寺山柘榴》云：“水蝶岩蜂俱不知，露桃凝艳数千枝。山深春晚无人赏，即是杜鹃催（通“摧”）落时。”滇中种类甚繁，俗呼山丹花。永昌张司徒作《二芳记》，盖山花、山丹二种也。（康熙《云南通志》卷30第873页）

杜鹃花，杜鹃鸟啼，适会花开，是以得名，然其名不一。太白诗：“一叫一回肠欲断，三春三月忆三巴。蜀国曾闻子规鸟，宣城还见杜鹃花。”白乐天诗拟为红绡巾，杜牧之诗拟为翠云黄、含琴轸房、胜金腰带，皆其故实也。石榴红，类千叶石榴，而万卷书者愈艳，阳瓜今有之，鸡足则少。山踯躅，色黄，单瓣，大朵，有臭气，羊食之即死。茄带紫，双套，类茄色。鱼肚白，白光皑皑，类之。映山红，单瓣，溪水边则遍生，映山朱烂矣。（《鸡足山志》卷9第332页）

清陈金珏《蒙署花卉杂咏二十一首·杜鹃》（七绝）：披叶春浅夜不飞，嫣然亦解傍朝晖。一从选胜幽人赏，游子天涯唤不归。（康熙《蒙化府志》卷6第52页）

杨谊远昆明《杜鹃花行》：滇产具五色，唯威楚称最。昔日蜀帝之魂化为鸟，鸟兮啼血复为花。精灵若有托，散漫之天涯。春山历历多杂卉，此花烂漫如朝霞。我行忍见伤心物，不道还移富贵家。岂是怜呜咽，无乃贵奇葩。胸中礧磈浇不释，西望岷峨空咨嗟。古来得失事已矣，三峡何曾断流水。魂兮胡不归去来，以色事人徒为耳！君不见，秋霜下井梧，弃掷春根委泥滓。（楚雄旧志全书“双柏卷”康熙《南安州志》卷7第81页）

清杨谊远昆明《杜鹃花行》：昔日蜀帝之魂化为鸟，鸟兮啼血复为花。精灵若有讬，散漫之天涯。春山历历多杂卉，此花烂熳如朝霞。我行忍见伤心物，不道还尔富贵家。岂是怜呜咽，无乃贵奇葩。胸中礌磈浇不释，西望岷峨空咨嗟！古来得失事已矣，三峡何曾断流水。魂兮胡不归去来，以色事人徒为耳。君不见，秋霜下井梧，弃掷春根委泥滓。（楚雄旧志全书“楚雄卷上”康熙《楚雄府志》卷10第510页）

洱海，……杜鹃有五色。（《滇游记》第7页）

蓝杜鹃，迤西楚雄、大理等郡盛杜鹃，种分五色，有蓝者，蔚然天碧，诚宇内奇品。余得一本，为人索去，然滇中亦不多觏。(《滇南新语》第2页)

杜鹃，杜鹃花枝，绰约可爱，种类亦数十，五色俱有。明永昌张少宰合订山茶、杜鹃为《二芳谱》，罗列分疏，各尽其妙。少宰名志淳，工于诗，与升庵先生相倡和。(《滇南闻见录》卷下第38页)

杜鹃花满滇山，尝行环洲乡，穿林数十里，花高几盈丈，红云夹舆，疑入紫霄，行弥日方出林，因思此种花若移殖维扬，加以剪裁收拾，蟠屈于琼砌瑶盆，万瓣朱英叠为锦山，未始不与黄产争胜，而弃在蛮夷，至为樵子所薪，何其不幸也！(《滇海虞衡志》第228页)

杜鹃，旧《云南通志》：有五色双瓣者，永昌、蒙化多至二十余种。檀萃《滇海虞衡志》：杜鹃花满滇山，尝行环洲乡，穿林数十里，花高几盈丈，红云夹舆，疑入紫霄，行弥日方出林，因思此种花若移植维扬，加以剪裁收拾，蟠屈于琼砌瑶盆，万瓣朱英叠为锦山，未始不与黄产争胜，而弃在蛮夷，至为樵子所薪，何其不幸也！(道光《云南通志稿》卷67《通省》第30页)

山丹，旧《云南通志》：俗名映山红。(道光《云南通志稿》卷67《通省》第32页)

杜鹃，李京《云南志》：杜鹃有五色双瓣者，永昌、蒙化多至二十余种。(道光《云南通志稿》卷70《永昌府》第24页)

杜鹃，采访：有五色双瓣者。(光绪《续修顺宁府志》卷13第9页)

山丹，旧《通志》：俗名映山红。(光绪《续修顺宁府志》卷13第11页)

杜鹃亭，在雷起潜生员胡伟家，旧有记文诗词，今废。附赵翼《同璞函游杜鹃园作歌》："腾越之花多杜鹃，杜鹃园更花骈阗。我来戎幕暂无事，况有腾友同流连。相邀联骑看花去，城东十里地最偏。沿地环列十万树，无一杂树参其间。低昂相映出浴态，烂漫不怕春风颠。窃红浓紫色不一，浅深乃有六十余种相争妍。不暇细分别，一一索笑嫣。但觉花光高出花头四五尺，照人不觉红两颧。满园艳彩晃不定，乃在无花之处烘云烟。此即徐熙妙手亦难写，蘸笔徒费胭脂钱。一队吴娃肉阵拥，三千隋女锦缆牵。笑他空谷佳人渺独立，未免寒饿空婵娟。天寒倚翠袖，何似衮衣炫服相新鲜。不意绝徼中，有此巨丽观。兹园若重移，得占中土地一阡，何减邓尉之梅雪成海，武陵之桃花为源。我为作歌使之传，毋令长此埋没南荒天。”赵文哲**《游杜鹃亭诗并序》**：腾越州治东数里，有胡氏旧池馆，杜鹃最盛。己丑春，曾偕家云松游焉。水竹幽蔚，花光绛天，为襄回久之。云松即返粤西，予顾频还往于北，又值花时，遣奴子探视，云已试花十数日，后当大开。予适以事遽返永昌，遂不及往，临发悃悃，辄为此诗寄云松，对床听雨之外，此又一可感事也。“蛮乡二月花如海，系马青杨巷未改。天涯白发几春风，差喜花前故人在。繁红罨户芳画阴，游丝千尺摇春心。茅亭临水短于艇，一篙疑入桃花林。绛云团枝霞倚树，日影波光弦朝暮。花深深处醉眠多，粉蜨随人出无路。花开相遇典春衣，花落相思减带围。又见啼红遍山郭，登临何日送将归。刘郎老矣空前度，莫怪来君苦相误。多恐重来不忍看，故遣滛鞭背花去。”（民国《腾冲县志稿》卷7下）

## 粉团花

《粉团花》（七绝）：靓饰丰容腻玉肌，轻风渥露锦屏帏。钗头懒戴应嫌重，留取余香染夜衣。（《升庵集》卷34）

滇俗重木香、粉团、金风，小儿女争戴之。木香论围，粉团论朵，金风作串，插于藁，高至盈丈，如霞之建标，呼于市而货之，顷刻俱尽。此皆穷民赖以为衣食之资者，则花之济于芸芸亦大矣。石虎关民争种菊，人肩车载而入于市，即以为菊庄收成，可不谓花农乎？亦种鸡冠，供中元祀祖，即弃之矣。菜海边多花院子，各花俱备，以供衙门及公馆，名繁不胜计，民生利用，多出于花，故述而载之。（《滇海虞衡志》第226页）

粉团花，旧《云南通志》：有红黄白三种。檀萃《滇海虞衡志》：滇俗重木香、粉团、金凤，小女儿争戴之。木香论围，粉团论朵，金凤作团，插于藁，高至盈尺，如霞之建标，呼于市而货之，顷刻俱尽。（道光《云南通志稿》卷67《通省》第32页）

粉团花，采访：有红白二种。（光绪《续修顺宁府志》卷13第10页）

## 芙蓉花

芙蓉花，味苦甜，性寒。〖无毒。主治清肺、凉血、散热、消肿，其应如响〗。入肺，止咳嗽。〖解〗诸疮毒。单剂煎汤，止咳嗽。其叶可〖箍〗疮出头。（《滇南本草》第410页务本）

清陈金珏《蒙署花卉杂咏二十一首·芙蓉》（七绝）：素质轻盈浅淡妆，临流无语对斜阳。幽人解读楼东赋，不向杨家斗海棠。（康熙《蒙化府志》卷6第50页）

芙蓉，旧《云南通志》：有深红、浅红二种。（道光《云南通志稿》卷67《通省》第30页）

芙蓉，采访：有深红、浅红二种，曰刺芙蓉、木芙蓉。（光绪《续修顺宁府志》卷13第10页）

## 桂花

桂，《海志》：凡木心一纵一理，惟桂心中重之若圭。故《埤雅》曰：宣导百药，先为之通聘。此谓牡桂、箘桂耳。若木樨花，与天竺桂颇相类。此桂多产南土者是已。故郭璞赞桂云：桂生南裔，拔萃岑岭。广莫熙葩，凌霜津颖。气导百药，森然云挺。但气导百药，则又牡桂、箘桂矣。夫箕山之桂英，太山之桂树，其叶岂真冬夏常绿，犹南土之木樨花叶乎？即谓种分三色，花开四出，魏鹤山之金粟，顾虎头之犀首，宜宫宜馆，宜园宜室，作栋则香并兰橑，为舟则馨流柏柂，要恐非木樨之属矣！乃若江东诸处，月中子落衢路，若似貍豆。余杭灵隐，飞鸡衔子，状如芡实，其皆木樨之类欤？吴刚伐桂之说，方闻于隋唐；月桂子落之说，实起于武后。又相传梵僧自鹫岭飞来，谓至八月月中，桂子常落于天竺，则丹桂香浮，气蒸山河社稷之影；水晶寒彻，芬凝霓裳羽刻之音。斯即为木樨花之谓矣！以传来既久，人浑故实于通称，遂令诸桂袭而相沿，恣文人之借便。往者奣映为二人购杉木于蜀之建昌深山中，始知桂与杉木均属野产，其深山中数百万本，逾岭延壑，则子落胡独于是山之多哉？六合以外，存而不论矣。丹桂，仅如灯上之焦红色，又若郁金煮象牙而成色者，无子，多香。金桂，黄亦类梅子金，香清，多子，其子初时在蒂上，色青，久则似乌豆色，则蒂之细茎渐枯而子落矣。银桂，牙白色，无子，其香不及金桂，开颇能久。（《鸡足山志》卷9第329页）

阚祯兆《天宝阁月夜对桂花》（七律）：秋清院厂桂花香，高阁凌虚露气凉。山入夜来青未了，月横窗处白相当。少年彩笔摇金蕊，孤兴仙舟想玉妆。攀得枝枝天上子，种教千载会流芳。（康熙《通海县志》卷8第42页）

明王芷《赏桂》（五律）：爽气西山接，木樨雨又开。香从天上馥，人自月中来。覆地皆金粟，沾襟尽玉埃。瑶池知宴集，不惮路崔嵬。（乾隆《河西县志》卷4第457页）

桂，桂有四季开者，而秋时尤盛，香如他省。闻开化郡城关帝庙中，有大桂两株，树叶茂盛，庭中风日不透，下可列席数十，香闻数里，真巨观也。（《滇南闻见录》卷下第38页）

桂有三种，曰金、曰银、曰丹。丹者香洌更甚。七月初即放花，落蕊生子，可至十月。府署中有四五本，书室曰学古山房，庭心二树，尤极丛茂。余尝谓曼卿生香不断之句，洵于此数十日中遇之。（《云南风土记》第50页）

桂花，旧《云南通志》：有丹桂、金桂、银桂三种。又有月桂，四季开花，夏秋结子。（道光《云南通志稿》卷67《通省》第29页）

喻德美《杉木和记》：……寺中植有丹桂二株，皱漏玲珑，古

老异常，秋日花开，香溢数里。（《永昌府文征·文录》卷30《民十二》第3041页）

## 海石榴

海石榴，旧《云南通志》：有红黄二种。（道光《云南通志稿》卷67《通省》第30页）

## 海棠花

（浙江人）毛铉《神坪赏花（五古）：未折海棠花，先观海棠树。树高三丈余，花开锦无数。春风二月初，游者争先睹。列馔献花神，仿佛闻神语。但愿花常存，年年来此处。初筵酒三行，穷欢饮无度。纷纷车马尘，日暮忘归路。（景泰《云南图经志书》卷9第436页）

海棠，《李白诗注》谓海红出新罗国，即李德裕谓花木从海，均自海外者也。天下海棠无香，惟蜀之大足县海棠有香，故谓之海棠香国。西府，初萼时淡水红色，渐开白如雪矣，惟此种能结果，长蒂上结子如朱樱状，食之味酸涩。垂丝，紫红色，千叶累累，垂之若丝。铁线，蒂如铁针，长逾一寸许，一线颠如穿一花然。（《鸡足山志》卷9第330页）

（兰津）张含《秀山海棠花树歌》（七古）：玉山海棠五十尺，树不贴梗蕊垂丝。正月二月花盈枝，倒照玉山朱离离。湖上风来花自醉，那能更向面花吹。晓妆带露匀宫粉，斜阳送暖着胭脂。漫卷疏帘归紫燕，且隔深柳弄黄鹂。春光百里都收尽，桃李烂熳空相知。看花罗酒日千人，谁解长歌有所思。香亭倾国成黄土，怜尔托根得其宜。（康熙《通海县志》卷8第4页）

（晋宁）黄应泰《人日酌秀山海棠》（七律）：花满春山让海棠，欢招人日共飞觞。不须剪彩为金胜，正好临风对玉妆。国色原分珠蕊秀，仙根欲傲紫芝香。淡烟濯雪匀新露，独叫流莺细哢簧。（康熙《通海县志》卷 8 第 31 页）

清陈金珏《蒙署花卉杂咏二十一首·海棠有垂竹、西府、铁梗》（七绝）：软媚垂丝吐蕣荣，点砂西府复流赪。知余欲补少陵句，绰约疑将笑靥迎。（康熙《蒙化府志》卷 6 第 52 页）

署知州毛振翧《翠景轩十二截·海棠》（七绝）：雨泣烟愁醉欲沉，名妃颊晕尚堪寻。谁能诗继香霏阁，徒向秋窗费苦吟。（雍正《师宗州志》续编第 1 页）

明禄厚《华盖山赏海棠》：夜深明月影朦胧，嫋嫋春风漾浅红。九十韶光终日醉，一生赢得酒情浓。（乾隆《黎县旧志》第 30 页）

明禄洪《华盖山赏海棠》：绿阴深处笑红妆，日落西山兴未央。更把檀枝花下问，可怜娇艳不生香。（乾隆《黎县旧志》第 30 页）

秋海棠，性喜阴湿，往往植于墙阴阶砌间，为园林点缀。叶稍粗，花枝却颇鲜艳。省城甘公祠内，池畔假山，高可数丈，遍植海棠花，盛时直如翠屏锦幔，真堪悦目赏心。（《滇南闻见录》卷下第 39 页）

山海棠，阮元《文选楼诗》序：迤南、迤西皆有之，昆明无，富民有。树大数丈，冬至前开花，交春方谢，花叶皆似海棠，蒂亦垂丝而浓密过之，霜雪满山，红林独盛，近年，省督署中已植数株。《诗》：何来冬岭树，道是海棠枝。万卉雕零日，此花襛艳时。凌云垂鄂不，傲雪湿燕支。桃李春风耳，岁寒谁与诗。（道光《云南通志稿》卷 67《通省》第 37 页）

清署易门县典史清苑周锡桐《董氏别墅赏海棠》：东风吹老桃杏花，海棠一树如红霞。马上凝眸忽惊喜，不知婀娜开谁家。归来问信约游赏，便携肴果客自嘉。双扉乍起鸣鸟散，屋挂蛛网墙粘蜗。小阁钩帘对佳丽，驻颜愿与调丹砂。残妆堕钗鬓徐理，翠袖舞倦珠珰斜。肌肤柔腻露痕薄，兰汤欲试愁搔爬。传说西川盛此卉，昌州昔最称繁华。工部无诗固憾事,何劳臆度滋喧哗。后人描摹态总俗,天姿轻比吴宫娃。独有坡公善写照,嫣然风韶非浪夸。董氏园亭颇幽僻,门依杨柳池兼葭。得倩仙子为馆主,那须绮绣争豪奢。倾壶莫辞渴霓饮,十千市酤犹可赊。垂发蛮童与助战,百声羯鼓春雷挝。夕烟霏微日光暝,高枝望若窗隔纱。我醺却疑花亦醉,一盏索进云腴茶。恐搅深睡促客去,未烧绛烛先回车。深院夜寒锁明月,梦移锦障重重遮。酒醒作歌不能忆,枯肠芒角生杈桠。(道光《续修易门县志》卷 12 第 296 页)

(一)山海棠,生云南山中,园圃亦植之。树如山桃,叶似樱桃而长。冬初开五瓣桃红花,瓣长而圆,中有一缺,繁蕊中突出绿心一缕,与海棠、樱桃诸花皆不相类。春结红实,长圆大如小指,极酸,不可食。阮仪征相国有《咏山海棠诗》,序谓花似梅棠,蒂亦垂丝者,则土人谓为山樱桃,以其树可接樱桃,故名。若以花名,则此当曰川樱,彼当曰山棠也。(二)山海棠,生云南山中。树茎叶俱似海棠,春开尖瓣白花,似桃花而白腻有光,瓣或五、或六。长柄绿蒂,袅袅下垂,繁雪压枝,清香溢谷。花开足则上翘,金粟团簇,玉线一丝,第其姿格,则海棠饶粉,梨云无香,未可侪也。幽谷自赏,筠篮折赠,偶获于卖菜之傭,遂以登列瓶之史。(《植物名实图考》木类卷 36 第 840 页)

## 和山花

大理上关和山之麓,有树高七八丈,叶如桂花,开白色,每朵十二瓣以应月数,遇闰辄多一瓣。相传仙人所种,更无别本,土人因其地名之曰和山花。豫章邓渼诗有云:“此花种来不知岁,要识岁功验花蒂。霜叶青青雪作葩,风前十二钗横斜。”又云:“古来才士有弃置,不信请看和山花。”(《滇略》卷 3 第 229 页)

明徐中行《和山花歌》(歌行):蓂荚才分日,菖蒲早占春。讵似栽培巧,兼宜裁剪匀。此花种来不知岁,要识岁功验花蒂。霜(叶)青青雪作葩,风前十二钗横斜,长向山中新历纪。且悲尘世驶年华，胡不移植太上家？飘芳委素沦幽遐，古来才士有弃置。不信且看和山花，往来过者徒咨嗟。（天启《滇志》卷26第890页）

和山花，《南中集》有《和山花歌·序》曰："树高七八丈，其质似桂，其花白，每朵十二瓣，应十二月，遇闰辄多一瓣。俗以为仙人遗种，滇中更无别本。在大理府上关和山之麓，土人因以其地名之。"余过时值花盛开，其岁遇闰，试摘验之，良然。此花即会城土主庙娑罗树花也。佛日盛开，其色白，微带黄意，异香芬馥，非凡花臭味。中出一蕊如稗穗，垂出瓣中。今岁丙寅闰六月，花瓣凡十三。相传高僧以二念珠入土，一珠出树，不知大理所传"仙人遗种"者，又出何典故？且不独和山有之也。王伯厚《纪闻》云：梧桐不生，则九州异。注谓：一叶为一月耳，有闰十三叶。《平园闰月表》用梧桐之叶十三，不知尧时历草于闰月何如？（天启《滇志》卷32第1045页）

己卯三月十日……抵三家村。问老妪，指奇树在村后田间。又半里，至其下。其树高临深岸，而南干半空，矗然挺立，大不及省城土主庙奇树之半，而叶亦差小。其花黄白色，大如莲，亦有十二瓣，按月而闰增一瓣，与省会之说同，但开时香闻远甚，土人谓之"十里香"，则省中所未闻也。榆城有风花雪月四大景下关风，上关花，苍山雪，洱海月。上关以此花著。按志，榆城异产有木莲花，而不注何地，然他处亦不闻，岂即此耶？花自正月抵二月终乃谢，时已无余瓣，不能闻香见色，惟抚其本辨其叶而已。（《徐霞客游记·滇游日记八》第1006页）

范承勋《护花山房记》：南中多异花木，大理和山传为仙种，及会城土主庙树亦然，曹溪又其一也。和山花归根阆苑久矣，而与苍雪海月犹并脍人口，土主娑罗为倮僰焚灼蠹朽有年，曹溪宝树见伐蜀寇，自是鲜遗种矣。余每浴温泉，必风乎兹寺及摩升庵杨先生碑，读之见其称香道异，心切慕乐。今岁仲春祗奉太夫人安舆至泉，又履其境，乃命僧导至故所，出门左数十武，则见杂植干霄，棘针布地，盖寺僧运砾壅土，插荆茨以御暴客牛羊，培凡材利其易长以供蕕爨，而兹树之故根蘖生者已二十尺，亦伛偻视息于恶林丛灌之间，伤哉树也。亟命利斤粗，具畚锸，斩伐其壅抑而勿使之挺植者，爬梳其荦确之祟积者，牵削其蒉葹之所檄缠而俾憔悴者，除恶务尽，灵根乃出，贝叶琤瑽，苍柯玉立，樻栾擢秀，既纷披而向荣，敷坐垂阴，亦花滋之耀色矣。视其旁铁石磦砢，猊奔兽伏，位置咸臻妙理，厥有条枚，蔽亏左右，巨细亡虑，数十芟刊既施，遂如部曲之俯就行列，俨尊卑主辅，不紊其次焉，嘉哉树也。而乃负石度地，筑舍三楹以临之，且纪其缘起于壁。夫以兹树之在滇者三，而两不存，则其有于宇宙也亦仅矣。考杨先生之文，亦唯曰奇树异花，而诧为天宫分种，固稔知其为琼葩珠林之属，而未必久留于凡俗者矣。乃数百年而戕于乱贼之斧斫，又数十年而困于庸愚之陨薙，卒之亭亭翼翼，渐复旧观，是殆有护之者存，而非人力所克致也。为榜曰“护花”，以昭灵异，且期后之人勿剪勿伐云，尔若其色香状似讹传非一，当及花时图之，贻海内好事者。（康熙《云南通志》卷29第642页）

范承勋《护花山房》（七古）：吾于泉石有奇缘，邂逅名花岂不然。看花直到海之滇，灵苗一种芳且妍。戕之者人护以天，天乎人敢与争权。倘从石淙出螳川，便营菟裘将老焉。（康熙《云南通志》卷29第796页）

和山花《南中集》有《和山花歌·序》曰：树高六七丈，其质似桂，其花白，每朵十二瓣，应十二月，遇闰辄多一瓣。俗以为仙人遗种，在大理府上关和山之麓，土人因以其地名之。（康熙《云南通志》卷30第873页）

和山花，《黄山志》：和山花，树高六七丈，其质似桂，其花白，每朵十二瓣，应十二月，遇闰辄多一瓣。俗以为仙人遗种，在大理府上关和山之麓。《古今图书集成》：今树已为火焚邓川艾濂《和山花考》：榆郡四景，上关则以花著名，花去关北二里许，地属邓界。考其遗址，今所称花树村者是也。花始于唐，质似桂，色白，香闻里许。每朵十二瓣，逢闰加一，土人借以占时无爽。自唐以来，未得名，因生于和山，即以和山花名之，噫，异矣！旧《志》所载迁客骚人，题咏甚富，沿及明季，传闻日广，冠盖时临，居民遂受其累，由是根摧栋折，不旋踵而属子虚，惜哉！夫芝兰生于幽谷，不以无人而不芳。维兹花也不幸不生于岩壑，又不幸而干造物之忌，是岂不为瑞而为妖与？抑或有阶之厉者乃至此与，故略志之，以寄夫山榛隰苓之概云。（道光《云南通志稿》卷69《大理府》第14页）

《大理之风花雪月》：大理风景为风、花、雪、月四者：风曰下关风，花曰上关花，雪曰苍山雪，月曰洱海月。夫雪与月为最著者也。……曰上关花者，从实地上考之，却不在上关，而在上关前去十余里之沙坪街后约距二里之和山寺内。寺居苍山北头云弄峰麓，和山为峰麓之一小地名，是处有一佛寺，咸曰和山寺。志载："和山花树高六丈，其质似桂，其花白，每朵十二瓣，应十二月，遇闰辄多一瓣。俗以为仙人遗种，在大理府和山之麓，土人因以其地名之。"似此，和山花亦优昙花之流也。惟据地方父老而具有充足知识者言："云和山花，状若单片牡丹，大如拱拳，白而微黄，花心如莲房，作黄绿色，复有如指大之十余细瓣围簇着花心，叶则如岩桂而色泽略逊，香味则较桂叶为浓。此花种自何时，殊不可考，但传云为仙种耳。"又传云："在元至正年间(1341～1370)，花极繁荣，年开数百朵，香溢百步外，花开于春初，而能延至春末，要必春尽，始云谢尽。"又云："花之种绝，是由花开放时，来观之众多属显贵，随来仆从在在搔扰地方，彼怨恨难蠲者乃将此花麝死，而后来亦无萌蘖之生焉。"其说如是，不知确否。(《云南掌故》卷12第363页)

## 含笑花

含笑花，土名羊皮袋。花如山栀子，开时满树，香满一院，耐二月之久。他如牡丹、芍药、桃、李、梨、杏、海棠之类，不可胜纪，其艳丽俱与内地同，不赘陈也按：杜鹃、马缨、含笑三花，开时满山，秋冬则砍以为柴，余干再发，仍满山。惟某厅含笑一株成拱，余因效之，命山人移一兜植于西园，不及见花，而予已去矣。(《滇海虞衡志》第229页)

含笑花，檀萃《滇海虞衡志》：含笑花，土名羊皮袋，花如山栀子，开时满树，香满一院，耐二月之久。(道光《云南通志稿》卷67《通省》第36页)

皮袋香，一名山枝子，生云南山中。树高数尺，叶长半寸许，本小末奓，深绿厚硬。春发紫苞，苞坼黄荚，洁白如玉，微似玉兰而小。开花五出，细腻有光，黄蕊茸茸，中吐绿须一缕，质既缟洁，香尤清馝。薝蔔对此，色香俱粗。山人担以入市，以为瓶供。俗以花苞久含，故有皮袋之目。檀萃《滇海虞衡志》：含笑花俗名羊皮袋，花如山栀子，开时满树，香满一院，即此。但含笑以花不甚开放，故名。此花瓣少，全坼，非大小含笑也。（《植物名实图考》木类卷 36 第 835 页）

## 蝴蝶花

蝶泉，大理府龙首关之东，泉从石腹中涌出，旁有蝴蝶花一株，高丈余，夏月花开，状如蝴蝶，而蝶啣之，蝶与蝶复首尾相啣，长垂至地，亦奇观也。（《增订南诏野史》卷下第 50 页）

《蝴蝶戏真珠花》（七绝）：漆园仙梦到绡宫，栩栩轻烟袅袅风。九曲金针穿不得，瑶华光碎月明中。（《升庵集》卷 34）

又有蝶戏珠花，以其形似名之。宋苏子繇《诗》："谁唱残春蝶恋花，一团粉翅亚枝斜。美人欲向钗头插，又恐惊飞鬓上鸦。"（《滇略》卷 3 第 230 页）

蝴蝶花，绣毬花周围先开，其瓣五出，酷似小白蝶，俗呼蝴蝶花。中心别有数十蕊，小如粟米。（《滇游续笔》第 469 页）

蝴蝶花，桂馥《札樸》：绣毬花周围先开，其瓣五出，酷似小白蝶，俗呼蝴蝶花，中心别有数十蕊，小如粟米。旧《云南通志》：蝴蝶花，色黄绿相间，形如蝴蝶，春夏盛开。大理上关一株树大花繁，更为滇省之冠，其花首尾相衔，垂下如串，下有蝶泉。（道光《云南通志稿》卷 67《通省》第 29 页）

蝴蝶戏珍珠花，旧《云南通志》：白色，花开如蝴蝶状，中有圆珠数点，故名。（道光《云南通志稿》卷 67《通省》第 35 页）

蝴蝶戏珠花，即绣毬之别种。桂馥《札璞》：绣毬花周围先开，其瓣五出，酷似小白蝶，俗呼蝴蝶花。中心别有数十蕊，小如粟米。按此花五瓣，三大两小，形微似蝶。中心绿蓓蕾，圆如碧珠，开不成瓣，白英点点，非蕊也。（《植物名实图考》木类卷 36 第 834 页）

蝴蝶戏珍珠花，旧《通志》：白色，花开如蝴蝶状，中有圆珠数点，故名。（光绪《续修顺宁府志》卷13第12页）

大理旧有风、花、雪、月四景之称：……上关昔有蝴蝶花一树，每岁盛开时，有大蝴蝶攒住最大之花心，各种蝴蝶相继至，次第相衔，围绕全树，久之不散。时满城文武必往游观，主家以难供应，逐日以米泔汤灌其根，树旋萎。此载于志，去今远矣。（《幻影谈》卷下第137页）

## 花上花

花尚花出元谋县，树如木槿，其花上下连开，四时红绽。（正德《云南志》卷10《武定府》第445页）

都督沐璘《指林寺诗》（七律）：过城公暇兴偏赊，跃马来游释子家。绿映隔窗罗汉竹，红开满树佛桑花。山光水色如迎客，蒌叶槟榔当啜茶。又得浮生闲半日，此身忘却在天涯。（万历《云南通志》卷13《临安府》第22页）

己卯六月十八日，迁馆于山麓西南打索街，即刘北有书馆也。其馆外有赁居者，以日用器进，亦刘命也。余独坐馆中，为抄《南园漫录》。既而马元中又觅《续录》至，余因先抄《续录》。乘雨折庭中花上花，插木球腰孔间辄活，蕊亦吐花花上花者，叶与枝似吾地木槿，而花正红，似闽中扶桑，但扶桑六七朵并攒为一花，此花则一朵四瓣，从心中又抽出叠其上，殷红而开甚久，自春至秋犹开。虽插地辄活，如榴然，然植庭左则活，右则槁，亦甚奇也。（《徐霞客游记·滇游日记十》第1128页）

佛桑花。（康熙《云南通志》卷12《临安府》第226页）

扶桑，即木槿之属。以叶似桑，花类蜀葵，千层雕簇，重敷柔泽，凝若焰生。中心有蕊，抽银吐玉。上缀黄英，似金屑，日光所烁，则细粉烟飞，故名日及。而谓海东日出，有扶桑。今光焰照日，亦以扶桑名之也。有红、黄、白、米色、灯色五种。今鸡山惟见有白。（《鸡足山志》卷9第332页）

佛桑花，亦佛国花也。枝叶如桑而丛生。花轻红，婀娜可爱。佛坐桑下，僧曰桑门，宜桑之献花绕佛而为供养，此佛桑之义也。妄者改名扶桑，失其义矣。永昌产吉祥草，亦佛所坐之草也。此皆如来遗迹，滇俗所皈心。儒官为治在因俗，何必执辟佛之见，易其名哉？（《滇海虞衡志》第219页）

佛桑花，檀萃《滇海虞衡志》：佛桑花，亦佛国花也。枝叶如桑而丛生，花轻红，婀娜可爱。佛坐桑下，僧曰桑门，宜桑之献花绕佛而为供养，此佛桑之义也。妄者改名扶桑，失其义矣。旧《云南通志》：扶桑有五色。（道光《云南通志稿》卷67《通省》第30页）

花上花，《古今图书集成》：顺宁府产花上花，叶如山桑，花如杜鹃，有台，花心内复生一朵若层台然，严冬时盛开，三序亦常有之，即佛桑花。（道光《云南通志稿》卷69《顺宁府》第32页）

花上花，杨慎《升庵外集》：朱槿之红鲜重台者，永昌名之曰花上花。《徐霞客游记》：永昌花上花者，叶与枝似吾地木槿，而花正红，似闽中扶桑，但扶桑六七朵并攒为一花，此花则一朵四瓣，从心中又抽出叠其上，殷红而开久。自春至秋犹开，虽插地辄活如柳然，然植庭左则活，右则槁，亦甚奇也。（道光《云南通志稿》卷70《永昌府》第23页）

佛桑，一名花上花，云南有之。《岭南杂记》：佛桑与扶桑正相似，中心起楼，多一层花瓣。《南越笔记》：佛桑，一名花上花，花上复花重台也，即扶桑，盖一类二种。又《杨慎外集》：朱槿之红鲜重台者，永昌名之曰花上花。《徐霞客游记》：永昌花上花者，叶与枝似木槿，而花正红。闽中扶桑相类，但扶桑六七朵并攒为一花，此花一朵四瓣，从心中又抽出叠其上，殷红而开久，自春至秋犹开，虽插地辄活，如柳然。然植庭左则活，右则否，亦甚奇也。檀萃《虞衡志》谓佛桑不应改为扶桑，殊欠考询。《植物名实图考》群芳卷29第689页）

花上花，《古今图书集成》：顺宁府产花上花，叶如山桑，花如杜鹃，有台，花心内复生一朵若层台然，严冬时盛开，三序亦常有之，即佛桑花。（光绪《续修顺宁府志》卷13第8页）

## 金鹊花

金鹊花〖一名大蛇叶〗。味甜,性温。主补气补血,劳伤气血、〖寒热痨热〗,畏凉发热、咳嗽,妇人白带日久,气虚下陷者,良效。头晕耳鸣、腰膝酸疼、一切虚劳伤损,服之效,此性不燥不寒,用之良。或煨笋鸡、猪肉食亦可。(《滇南本草》第133页丛本)

## 金银花

金银花,味苦,性寒。清热,解诸疮,痈疽发背、无名肿毒、丹〖瘤〗、瘰疬。〖藤〗,能宽中下气、消痰、祛风热、清咽喉热痛。(《滇南本草》第214页务本)

金银花,旧《云南通志》:云南、临安者佳。(道光《云南通志稿》卷68《通省》第20页)

金银花,采访:有红色一种。(光绪《续修顺宁府志》卷13第12页)

## 蜡梅

蜡梅,非梅,以与梅同时,因谓之梅。其香颇类梅,然浓浊。其袭君子之气味而过为伪者耶!蜡之色则竟似之矣。狗蝇,树小,枝丛生,叶尖质燥,不经栽接而自长,腊月开小花,其香初嗅之带梅花浊气,转味少酸,僧或套之以蜜,作茶心,然此食之令人气闷,不宜食。磬口,花带蜜气,疏落可观,昔亦有紫檀芬,为蜡梅之最品,必接而后始成,今无其种矣,取蜡梅叶数片或皮,和水捣澄之,用以磨墨,则光彩灿绿,如孔雀彩金。(《鸡足山志》卷9

第 332 页）

蜡梅，旧《云南通志》：有磬口、雀舌二种。（道光《云南通志稿》卷 67《通省》第 30 页）

## 梨花

云间张一鹄《通海梨花行》壬寅春王二日，有临安之役，自省至呈贡，呈贡至晋宁，皆云南府属也。取道于澄江府之江川，由江川六十里至通海，一望梨花如雪，绵亘数里，与赵子蜚令下马，席地而坐，遥望颓垣圮榭，皆梨花覆被，宛如瑶宫琼室，诚异观也，且秀山拱峙，苍翠逼人，梨花增白，写作《梨花行》 驱车过澄江，江浪白于雪。无山不嵯峨，无泉不清冽。忽然疋练半空来，白云黯黯砌瑶台。停车纵目多奇状，平原绝巘梨花开。江南此时花未吐，花开千树亦可数。那能遍地靓明妆，东阡西陌谁为主。高如玉峰插层霄，楼台十二气蒸敲。幕地席天坐绞绡，山山连属成香国。树树轻盈负殊色。僰婆蛮女笑簪花，旷然此地无荆棘。曲江宁海绕花前，暮鸦残照促红鞴。驱驰万里筋骨尽，一日看花胜一年。顾谓赵子扬鞭去，急须索酒醉花处。嗟彼游宦忘朝昏，只见梨花等飞絮。（康熙《通海县志》卷 8 第 11 页）

姚夔理《春郊赏梨花》（七律）：东郊联辔得高思，踏遍梨花绕竹居。素色偏宜朱履客，闲心且趁春风卮。文章烂熳乾坤老，山水荣华鸟雀嬉。满眼化工搜不尽，题诗侭教夕阳迟。（康熙《通海县志》卷 8 第 32 页）

阚祯兆《春山东连骑看梨花》（七律）：处处春风倚素妆，千红万紫总荒唐。轻飞彩燕还欺雪，娇语黄鹂不避霜。小径穿花连野骑，深溪问水袭山香。老来纵我游仙兴，群玉瑶台两莫当。（康熙《通海县志》卷 8 第 37 页）

阚祯兆《看梨花晚归》（七律）：游罢东山侭落晖，谁家园子竞芳菲。高林带雪回青眼，初蕊流英出翠微。尽醉浑忘春色是，隔年转觉物情非。雕鞍络绎琼瑶满，携得梨花趁月归。（康熙《通海县志》卷 8 第 38 页）

# 龙女花

写韵楼龙女花，大理府城南圣应峰麓海光寺一名荡山寺，又名感通寺。杨庄介公著《六书转注古音》处，李元阳中谿侍御题额楼前，有龙女花六瓣，中心有金色小如意状，滇中惟此一树，相传昔有龙女因听法悟道，化身为此花云。（《增订南诏野史》卷下第54页）

己卯三月十三日……其前有龙女树。树从根分挺三四大株，各高三四丈，叶长二寸半，阔半之，而绿润有光，花白，小于玉兰，亦木莲之类而异其名。时花亦已谢，止存数朵在树杪，而高不可折，余仅折其空枝以行。（《徐霞客游记·滇游日记八》第1016页）

龙女花出太和感通寺。（康熙《云南通志》卷12《大理府》第227页）

龙女花，树高五丈有奇，围七尺余，叶如木笔，大倍之，冬不凋。花于秋，如盎。瓣类莲，洁白似玉，攒丛黄须中，一须长四五寸，结顶状如意，出瓣外，香类优昙，闻数里，一开千数百朵，远望疑层雪。滇南惟此一本，岂古之琼花与？俗传为龙女所植，竭智分之，立槁。树在大理苍山之感通寺前。（《滇南新语》第22页）

龙女花，惟榆城外感通寺中一株，相传为观音大士手植。花之形色似白茶花，花心内有如意一枝，色殷红。傍有几株，为后人埋条分种，则无如意也。菩提本无树，乃留此雪中爪痕，以示后人，惟拈花微笑者，当领此意欤！（《滇南闻见录》卷下第40页）

龙女花，天下止一株，在大理之感通寺，犹琼花亦止一株，在扬州之蕃厘观也。昔赵迦罗修道于此，龙女化美人以相试，赵以剑掷之，美人入地，生此花以供奉空王，至今数百年，缘分已满。朴庵子，迦罗之后人也，前年来言，此花忽被天上收去，如琼花匿无影矣。予同官多见龙女，予来此已久，放废羁离，不能自便，而

龙女亦不及相待以献珠，何缘分之慳哉？故命一清写其像于《蝴蝶阳秋》，志不忘矣。(《滇海虞衡志》第214页)

龙女花，《黄山志》：龙女花，出大理府太和感通寺，树叶全似山茶，蕊大而香。旧《云南通志》：太和感通寺一株，树高数丈，花类白菜，相传为龙女所种。《徐霞客游记》：感通寺龙女树，树从根分挺三四大株，各高三四丈，叶长二寸半，阔半之，绿润有光，花白，大于玉兰，亦木莲之类而异其名。檀萃《滇海虞衡志》：龙女花，天下止一株，在大理之感通寺，犹琼花亦止一株，在扬州之蕃釐矐也。昔赵迦罗修道于此，龙女化美人以相试，赵以剑掷之，美人入地，生此花以供奉空王，至今数百年，缘分已满。前年，此花忽被天上收去，如琼花匿无影矣。(道光《云南通志稿》卷69《大理府》第13页)

龙女花，《云南志》：龙女花太和县感通寺一株，树高数丈，花类白茶，相传为龙女所种。余访得绘本，其花正白八出，黄蕊中有绿心一缕，俗谓绿如意花。谢时收弄，可以催生云。又《徐霞客游记》：感通寺龙花树，从根分挺，三四大株，各高三四丈，叶长二寸半，阔半之，绿润有光。花白大于玉兰。亦木莲之类，而异其名。(《植物名实图考》木类卷36第833页)

大理旧有风、花、雪、月四景之称。……相传其时有龙女花一树，尤奇异。(《幻影谈》卷下第137页)

## 龙爪花

明兰茂《龙爪花》(五律)：灵物曾遗爪，秋来亦挺妍。託根虽自地，有势欲腾天。壮气偏宜雨，潜神不在渊。夜深含露见，恍似抱珠眠。(光绪《续修嵩明州志》卷8第75页)

# 马缨花

己卯二月十七日，由石宝饭而下山……一里，循山南转其地马缨盛开，十余小朵簇成一丛，殷红夺目，与山茶同艳。(《徐霞客游记·滇游日记七》第987页)

马缨花，冬春遍山，山氓折而盈抱，入市供插瓶，深红不下于山茶。制其根以为羹匙，坚致胜施秉。又有白马缨，亦可玩，而艳丽终不及红也。粤中亦有马缨花，非此花也。(《滇海虞衡志》第228页)

马缨花，檀萃《滇海虞衡志》：马缨花，冬春遍山，山氓折而盈抱，入市供插瓶，深红不下于山茶。制其根以为羹匙，坚致胜施秉。又有白马樱，亦可玩，而艳丽终不及红也。粤中亦有马缨花，非此花也。(道光《云南通志稿》卷67《通省》第36页)

马银花，生云南山坡。枝幹虬挐，树高丈许，枝端生叶，颇似瑞香，柔厚光润，背有黄毛。花苞作毬，擎于叶际，宛如泡桐，一苞开花十余朵，圆筩四瓣或五瓣，长几盈寸，似单瓣茶花微小，白须褐点，有朱红、粉红、深紫、黄、白各种。红者叶瘦，余者叶阔。春飔煦景，与杜鹃同时盛开。茶火绮绣，弥罩林崖，有色无香，炫晃目睫。其殷红者，灼灼有焰，或误以为木棉。乡人采其花，炒熟食之。檀萃《滇海虞衡志》：马缨花冬春遍山，山氓折而入市，深红不下山茶；制其根以为羹匙，坚致。又有白马缨，亦可玩。似未全覩。(《植物名实图考》木类卷36第839页)

马缨花，檀萃《滇海虞衡志》：马缨花冬春遍山，山岷折而盈抱，入市供插瓶，深红不下于茶。制其根以为羹匙，坚緻胜施秉。又有白马缨，亦可玩，而艳丽终不及红也。(光绪《续修顺宁府志》卷13第12页)

# 梅花

明逯昶《碑院官梅》（五绝）：寒梅发幽院，几树玉玲珑。还比孤山下，横斜清浅中。（景泰《云南图经志书》卷9第455页）

古粤人钱谟《碑院官梅》（七绝）：古刻苔连赑屃深，梅花庭院锁浓阴。倏看几树璚瑶色，都发三冬铁石心。万里湖西来白鹤，五更檐外度青禽。儿童莫把东枝折，留与游人寄好音。（景泰《云南图经志书》卷9第470页）

顾开雍《滇南月令词·重阳折梅》：摘得黄花换绿醽，登高偏到寄梅亭。那知白雁哀鸣急，吹入羌中笛里听。（《御选宋金元明四朝诗·明诗》卷14）

戊寅十一月初三日……亭前红梅盛开。此中梅俱叶而花，全非吾乡本色，惟一株傍亭檐，摘去其叶，始露面目，犹故人之免胄相见也。……窗外有红梅一株盛放此间皆红梅，白者不植。中夜独起相对，恍似罗浮魂梦间，然叶满枝头，转觉翠羽太多多耳。（《徐霞客游记·滇游日记四》第864页、865页）

戊寅十二月初七日……桥侧有梅一株，枝丛而干甚古，瓣细而花甚密，绿蒂朱蕾，冰魂粉眼，恍见吾乡故人，不若滇省所见，皆带叶红花，尽失其"雪满山中，月明林下"之意也。乃折梅一枝，少憩桥端。十二日……墙外古梅一株，花甚盛，下临深箐，外映重峦。十五日……是为龙马哨，有哨无人。山壑幽阻，溪环石隘，树木深密，一路梅花，幽香时度。（《徐霞客游记·滇游日记五》第892页、895页、897页）

余从祖大司农杰有《金梅诗》，其序云：滇臬宪黄者有养子，闽福清人也。慧过其诸儿，诸儿交妒之，乃呼从吏陈纶告之曰："能全是儿者，惟掾，幸子之。"纶收而抚焉。先有子璁，名黄子曰翀，翀、璁交相爱。无何，并试弟子员，督学使者察翀籍，闽也，黜落之。纶乃泣遣翀还，翀不得已归。归则登闽嘉靖辛卯省试。

禵亦起家于滇。后历官中原，逆旅相遇，率悲喜交集，以为常。禵宅有金梅，忽枯一枝，禵异之，未几，翀之讣至。逾年，复枯一枝，禵大异之。未几，禵卒。二氏子姓奇其事，为作《金梅传》，索余为之赋。翀复姓游，名新祐，终香河令。诗云："丈人收春春满堂，丈人爱花花绕廊。金梅一株更奇绝，殊根合干参群芳。南枝乍长北枝短，北枝暖比南枝暖。雨露无私春色匀，庭前岁岁花开满。自从花飞故苑丛，江鸥海燕各西京。连枝曾入长安里，春风几度桃花红。二十年来八千里，岐路相看悲复喜。丛桂山原分小大，紫荆花合同生死。北枝既瘁南枝零，卉木无情似有情。只今肥瘠分秦越，四海谁堪托弟兄？"（《滇略》卷10第336页）

明张桥《梅花吟》：君家梅开酿正浓，邀我赏梅小亭中。参差梅树不知几，只见大梅小梅破东风。幽人空有寻梅兴，不遇梅花雪满鬓。如何此处坐观梅，池畔无风梅影定。忆昔陇梅折一枝，欲传梅信君不知。江城惆怅梅花落，故国看梅那可期。罗浮仙子梦梅去，梦觉梅魂在何处？人人歌彻落梅风，家家摘尽黄梅雨。而今有兴为梅来，早梅树树不须催。不堪梅蕊惊愁眼，更惜梅香掩积苔。君不见，梅容浅淡无颜色，腊梅自是花中杰。又不见，梅酸溅齿不堪尝，江梅需尔荐岩廊。有时染翰写梅挂，梅神可传不可画。有时梅下抚瑶琴，梅花三弄少知音。有时梅映当窗月，忽忆梅神期不得。惟欲梅花对酒开，一梅一饮三百杯。（天启《滇志》卷27第912页）

九字梅花诗，《丹铅录》曰：元天目山释明本有《九字梅花》诗，滇南唐錡以为不佳，属余作一首，乃口占云：玄冬小春十月微阳回，绿萼梅蕊早傍南枝开。折赠未寄陆凯陇头去，相思忽到卢仝窗下来。歌残水调沉珠明月浦，舞破山香碎玉凌风台。错恨高楼三弄叫云笛，无奈二十四番花信催。（天启《滇志》卷33第1073页）

《唐梅》（七古）：其树不大亦不皴，枝柯几股如绳纽。此物踞傲无朝代，此地呵护有鬼神。幽赏只宜即时酒，何必感慨千载春。但携一壶在其下，想见开元大历人。（《担当诗文全集·橛庵草》卷3第177页）

《落梅》(五律):才闻春未半,不觉少清香。一点稍头月,都成地上霜。蹇驴空踯躅,驿使独傍徨。幸有孤山梦,犹□浅淡妆。(《担当诗文全集·橛庵草》卷4第193页)

《梅》(五律):谁敢争先放,此花傲是真。霜催犹古拙,月上更精神。碎剪一枝玉,空描几点春。难攀因有骨,俗杀弄珠人。(《担当诗文全集·橛庵草》卷4第198页)

金梅 陈纶养子翀,闽人也,与纶亲子翘交相爱,并试弟子员,学使者察其闽籍黜之,翀不得已,归闽,登嘉靖辛卯省试。翘亦历官中原,遇于逆旅,悲喜交集。翘宅有金梅甚茂,后忽枯一枝,心异之,未几,翀讣至。逾年,复枯一枝,翘大异之,俄而卒,人奇其事,作《金梅传》。(康熙《云南通志》卷30第864页)

九字梅花诗 杨升庵《丹铅录》曰:元天目山释明本有《九字梅花》诗,滇南唐錡以为不佳,属予作一首,乃口占云:玄冬小春十月微阳回,绿萼梅蕊早傍南枝开。折赠未寄陆凯陇头去,相思忽到卢仝窗下来。歌残冰调沉珠明月浦,舞破山香碎玉凌风台。错恨高楼三弄叫云笛,无奈二十四番花信催。(康熙《云南通志》卷30第880页)

古道、朱昂《片云居咏梅联句》:百花皆未发,昂冻蕊破寒枝。傲雪偏能艳,道凌霜独擅奇。风来香入座,昂月上影临卮。照水冰肌瘦,道横窗玉质攲。行藏难柰俗,昂泉石始相宜。遥忆孤山鹤,道微吟庚岭诗。野樽尝对子,昂琴操许谁知?素艳迎春后,道罗浮入梦时。昂(《鸡足山志》卷12第503页)

台联甲《山池红梅花水吟》(七律):花放春山水到池,悠悠流水溅花枝。水如明镜窥花早,花似绛纱傍水宜。临水问花须酌酒,对花玩水且拈诗。风来水面花摇影,水自澄清花自奇。(康熙《通海县志》卷8第32页)

清贡生陈天斗楚雄《奇峰寺梅花》(七律):矫矫仙姿迥出尘,淡妆斜压玉钗新。幽香散处风宜细,明月移来影绝伦。燕子回飞春透早,雪花添晕粉初匀。从来浪说罗浮梦,不及山亭入画频。(楚雄旧志全书“楚雄卷上”康熙《楚雄府志》卷10第549页)

清府同知马天选严州《琅井古梅》(七排)琅井奇峰寺,有梅一株,大数围许,古干婆娑,百余年种也。花叶层台,一蕊三实,树枯而复生,盖地灵使然。余收入志中,以见一方异产云。玉女何年降碧苍,步摇环佩识新妆。人间咏尽罗浮景,天末珍留阆苑芳。野僻传来春信早,山深爱与月明将。根蟠不复稽朝暮,岁久何知问汉唐。起卧林皋飞燕羽,婆娑岩岫挹琼浆。娇躯扑地声无腻，倩颊迎人笑带香。堆簇冰团千万叠，胎凝珠粒两三行。虬枝高耸青葱盖，翠蒂重添薜荔裳。清畏人知名自淡，时逢景好兴偏狂。别来寒骨愁驴背时余叨选秩北上，看到奇茎袭锦囊。万里吹横夜笛冷，千溪影散晓云忙。也知东阁饷饥急，谁念西陵绕梦长。铁石广平情有赋，风流水部韵成章。因思鼎铉和羹重，取向青峰练雪霜。（楚雄旧志全书“楚雄卷上”康熙《楚雄府志》卷10第553页）

清张深山阴《咏琅井古梅》（七排）：银床一叶响梧桐，清署园亭幽事通。露挹花香秋气冷，晴摇塔影暮霞红。簿书有暇招方外时有僧在座，琴鹤无尘赋湛空。座客飞觞浮镜渚，雅歌夺席忆江枫。欢娱思结南中操，慷慨才雄郏下风。何羡长卿持节地，东山巀嶭即崆峒。（楚雄旧志全书“楚雄卷上”康熙《楚雄府志》卷10第554页）

清刘联声楚雄《琅井古梅》（七排）：古干离离挂夕阳，频年未肯泄春光。魂销庾岭三更月，瘦减罗浮五夜霜。雪踏江皋难觅偶，烟迷驿路漫寻芳。倚阑忽见琼瑶色，绕砌重惊浅淡妆。绰约层台清蝶梦，萧疏并蒂倩蜂忙。影斜碧水晴波丽，枝带微苔晚径凉。素质偏同松节劲，孤标不逐柳丝狂。行吟销得诗千首，洗痛还浇酒一觞。莫道调羹须耐冷，应知彻骨自生香。暮云敛尽铅华态，一点冰心映玉堂。（楚雄旧志全书“楚雄卷上”康熙《楚雄府志》卷10第554页）

清许如纶楚雄《琅井古梅》（七绝）：拂露凌霜带雪开，疏疏小院是妆台。月光凝处幽香动，疑是孤山跨鹤来。（楚雄旧志全书“楚雄卷上”康熙《楚雄府志》卷10第560页）

清楚雄教谕李载赓石屏《琅井古梅》（诗余）梅花引：冰撑骨，萼萃绿，老干百年妍似玉。秦楼妆，汉苑香，暗中影动，群芳谁竞芳。离离垂实每同蒂，玉颊檀心昭异瑞。承霜华，发奇葩，冷清自别，休猜梨树花。（楚雄旧志全书“楚雄卷上”康熙《楚雄府志》卷10第570页）

大错《尊胜塔院看落梅》(歌行):春来簌簌到簾栊,横笛孤吹怨未终。素质销残冰是窟,芳魂化去玉为丛。桥边驴踏香泥湿,湖上鹤归霜径空。剩有数枝犹带雪,殷勤起拜落花风。(《鸡足山志》卷 12 第 515 页)

光勋《寄寄斋看梅》(五律):一树孤山雪,千秋吐碧花。香随风寄寄,影逐月斜斜。老蚌含珠润,新蟾带露奢。高斋时寓目,疏淡绾流霞。(《鸡足山志》卷 13 第 531 页)

崇圣寺,又名三塔寺,……甬道傍紫荆树亦高数丈。唐朝老梅状若古松,亭亭直上,枝干如桧柏。(《滇游记》第 4 页)

唐梅,大理之西村中,有梅一株,大可合抱,半就槁,倣坡仙笔意,半葱翠而花。土人云:唐时物也。古秀可爱,花时,游人甚夥,更于枯干之上,每发一二花,贴梗如寿阳妆,益奇妙。军门潘公,饰取枯干,凿作酒器,名曰唐梅杯,亦韵。(《滇南新语》第 22 页)

含真楼在培鹤楼前,气势宏敞。郡人张峰同绅士新建。内有古梅四株暨金粟泉。(乾隆《续修蒙化直隶厅志》卷 2 第 105 页)

太和举人杨履宽《蒙署花卉杂咏二首·饮池梅》(七古):山空泽坚老蛟渴,迸出悬崖饮绝窟。掀髯饮讫向晴霄,古干槎枒气蓬勃。垂头却更恣酣嬉,倒映水姿摇溟渤。谁构斯亭曳其尾,雷雨扬鬐望恍惚。膏流节断不复生,霜折努筋犹强活。影落沉潭格自奇,香生南浦吹不歇。何当携觞雪后来,片片玉鳞铺夜月。(乾隆《续修蒙化直隶厅志》卷 6 第 9 页)

刘德绪《郡署池上古梅》(七律):曾忆罗浮别样妆,斜横老干卧池塘。雪霏曲径成三友,春动疏枝笑一阳。细蕊蜂窥怜冷艳,澄潭鱼漱挹寒香。倚阑坐对黄昏月,照影稜稜见古芳。(乾隆《续修蒙化直隶厅志》卷 6 第 15 页)

丽江训导郭恒山郡人《培鹤楼古梅》(七绝):短砌长廊疏影连,垂垂深倚鹤楼烟。山中谁似林和靖,消受寒香六十年。(乾隆《续修蒙化直隶厅志》卷 6 第 20 页)

鲁梅,鲁家之梅也,在城中西偏。其梅甚古,传为千余年物。

李节相曾图其形，上之内府。金松，金氏庭中松也，在南门外，其松盘折空际，正覆庭心，古干虬枝，数百年物也。好事者以配鲁梅，赠太仆卿赵损之。从军金川，有札来云："鲁梅、金松，时入毡裘梦寐间。"其为文人之所赏鉴不忘如此。损之即文哲也。（乾隆《腾越州志》卷11第23页）

赵文哲《鲁梅》：去年日南至，我从战场回。萧然腾冲城，扶病访鲁梅。主人久迁徙，池馆封蛛埃。老梅逃小劫，独荷天栽培。其本四五抱，盘盘如古槐。年深腹空尽，苍皮化为苔。幽香死不歇，况有东风催。炎陬雪意薄，吹作五出开。花开在何许？濛濛自雪堆。独游爱寂寞，时复携芳罍。翠禽似留客，欲去复徘徊。逝将与花别，北辕向燕台。岂知一弹指，花时我重来。玉颜定无恙，旅客增衰颓。年年繁征马，鲁梅良可哀。自注：时又赴腾越。（乾隆《腾越州志》卷13第42页）

明魏文轼《玉皇阁观梅》："闻说名山自有神，循名今恐失其真。红云殿下看云物，白玉楼前立玉人。""咫尺天颜通造化，光明帝座隔凡尘。乾纲默运无知者，一线香风漏泄春。""漫拟蕃釐观裏神，别于风格有高真。初非山水之间辈，原是烟霞以上人。金阙玉阶偏寄迹，冰容月鉴不沾尘。上林琼树知多少，要让瑶台占早春。""森森立圃万花神，独有高空领略真。潇洒不殊林下士，婵娟原是月中人。须知香色俱双艳，何止仙凡隔一尘。弱柳春蒲今在否？眼前谁见百年春。""空山何计护花神，苦节犹能保一真。种种芳华奚有用，纷纷裘马揔无人。斋心已悟空中色，白眼聊看世上尘。竹杖芒鞋须势力，层台曲径好归春。""驿使安能远寄神，偶从竹院见来真。冰心未必寒于我，雪鬓徒伤老向人。自抱孤情成独立，岂堪随俗学同尘。异香不用东风引，散遍诸天大地春。""洁士清操静士神，君于何处得其真。论心未敢云知己，扬世安能少此人。只有孤芳堪独赏，不妨高致自离尘。笔尖杖底吾犹健，肯负韶光九十春。""杈枒古树老如神，留得萧疏几点真。有尽荣华成过客，无端感慨是诗人。开从净地名虽垢，为有关心号去尘。锦里角巾东郭里，当年相与订长春。""宋璟心肠太白神，并为孤艳一生真。玉皇阁下三千载，青

女宫中第一人。历尽风霜方结实，看来桃李已成尘。我还直笔修花史，名节输君独擅春。”（乾隆《黎县旧志》第30页）

明张依仁永斋《弥勒盆梅有感》（七律）：仙姿本不与凡同，几向缶中毓化工。撮土焉能任大木，孤情独自迈乔松。迂回曲折观时态，磊落英多见古风。只待花开春信早，天香横出小墙东。（乾隆《河西县志》卷4第479页）

梅，滇之梅，玉蝶、绿萼颇少，红色者多。黑龙潭之岭上有红梅二株，干已剥蚀殆尽，仅存枯皮，古质斑斓，横卧于地，离奇夭矫，如虬龙，如横峰，而花朵攒簇，又如锦片，如火球。坐玩其旁，清芬袭人，不知植自何代。相传以为唐梅，疑或然也。（《滇南闻见录》卷下第39页）

鲁梅，闻腾越州有鲁姓家老梅亦甚奇古，云系李唐时所植，人称为鲁梅。余未之腾越，不及见，未审与黑龙潭者相颉颃否也。（《滇南闻见录》卷下第39页）

梅花，一似吾乡，但不需培植，且早且久，盖南中地气温暖，故其花葩易发。（《云南风土记》第50页）

红梅，莫盛于滇，而龙泉之唐梅，腾越之鲁梅，见于画与传者，光怪离奇，极人间所未有。此花宜为第二。（《滇海虞衡志》第212页）

清知县陈昆福建《盘龙寺探梅花十老倡和图记》：城西二里许盘龙寺，有老梅一株，不知种自何年。饱历风霜而生意长在，凌空兀傲，矫若游龙，潇然世外物也。己丑冬十月，梅花报开，集邑内绅士年高德劭者得九人，命备游赏酌，以实十月先开岭上梅故事。时，农功甫毕，童叟聚观，谓今年花比去年好，愿借卮酒为梅花洗妆，酒酣，请锡嘉名。予忆香山九老会，始自唐白乐天。宋文潞公退老，洛人续九老会，公适归，更名十老，曰“洛社耆英会”，一时咏歌图画，传为盛事。夫香山洛社，人文甲天下，而数止于九，岂老人之未易觏欤！抑不惟其年而惟德之是尚，故与者难其选欤！《书》曰：“询兹黄发则罔所愆。”予齿居诸绅士后，自惭凉德，莅新载余，每有兴革，必咨访利弊，然后举行。诸绅士亦量愚诚，时襄不逮，年来一官匏系，老景渐臻。环顾诸绅士，德厚养醇，维持风化，皆新甸元气攸钟。故天和纯粹，精神矍铄，各逾六七旬外，犹能健步花间。苍颜白发，与梅色相辉映，顾花尚先，春乐恐后，时今日之游，幸无虚度。于是洗盏更酌，酾酒花前，意惬神谐，各适其适。李君淪若，优游林下，自锁水阁来与；陈君子周年最高，听予抚琴殿上，众山皆响；陈君诏来、孙君子述奕棋仙机。楼中黄粱熟矣，枕中客梦犹未醒耶。旁有书室数楹，陈君茂远与杨君钦惟拈笔题诗，各抒所得，二君学博行芳，老而弥笃，予皆延为义塾之师。若夫曲水流觞，林壑尤美，散步逍遥，听孺子歌，数点梅花。天地心者则舒君品高、陈君白珩也。苏君子书盘坐树下，默领诸趣，喟然曰：寻常一样窗前月，才有梅花便不同。予谓：霜皮铁干，寂寞山河，得数老人婆娑玩赏，不孤不俗，想老树着花应嫣然欲笑耳。爰即席倡赋一律，志聚赏之情。诸绅士喜曰：吾侪老人愿借梅花共祝不朽，相保岁寒，既属而和。复命画工作“十老图”记兹胜会，并绘汉夷人等偕老之意。后之览者，睹其貌，识其年，读其诗，思其德。记中有画，画中寓诗，非有意仿香山洛社之会，而适会于寺。且见新邑一隅之地，年高德卲人数，适与之符，事似非偶然者，知自探梅来也。图凡二，一携归福，一留新。异日眷念斯会，各老人真面目在焉。展而望之，相思一夜梅花发，忽到窗前疑是君。（道光《新平县志》卷7第48页）

清裴徕度《刁君仲熊〈梅花百咏〉序》：多识草木三百篇，皆托诗以言志也。而正变殊其遇，通塞异其时，寄托者因以区其情未易，概为状耳。《雅》、《颂》降而《楚》、《骚》兴，其所咏江蓠、辟芷、秋兰、蕙茝之属，犹是风人之旨，岂徒流连光景，铺叙物华已哉！花之有梅，为百卉之冠，先春而开，得天地心。犹忆宋广平为相，负姿刚劲，疑其铁石心肠，不解吐婉媚词，乃读其梅花一赋，便尔富艳绝伦。山阴徐天池负不世之才，落魄穷愁，至今讽其《梅赋》，所谓“寄江南之遐信”，“报塞北以春天”，风致翩翩，斯真以演罗浮之逸兴，而著处士之高风者矣。俞城刁君仲熊，裔本西迤，流寓仙湖。迹其学富才高，宜鼓吹休明而笙歌廊庙。奈遭时不偶,竟以明经学博终老。此其丰材蹇遇,论者惜之。仲熊著作等身,书法轶群,其情词郁勃,不可磨灭之,致一一寄之于《梅花百咏》中。余守澄阳,公余,数相往还。一日,出其稿问序于余,适散步园亭,顾红梅掩映,则见其绛影横阶,素姿耀壁,仿佛乎君之丰神焉;则见其冰肌临水,仙客履霜,仿佛乎君之淡泊焉。至如围棋酌酒,落日回风,挥琴三弄之下,余与君且相忘于淡漠之天,有不可以言语形容者矣。自兹以往,余更祝君处淡泊而贞吉,守冷艳而陶怡。优游松菊之圃,盘桓湖山之间。瘴疠靡扰,风景日新。斯固梅之岸然独全者乎!亦即君之所以不朽也。(道光《澄江府志》卷 15 第 7 页)

段琦《西山法雨庵古梅》(七古):五十年光看一溜,当年我壮梅花幼。今年拄杖看梅花,岂料梅花比我瘦。梅瘦有花花尤奇,根如藤蔓曲肥遗。倏然右右复左左,积薪一束谁掷之。我欲剑断投诸火,细玩忍为斧以斯。薪中含新有生气,长枝短枝每荟蔚。干苍不作老君莲,条青肯受蠹螽腻。霜皮着花花个个,以手挼之坚不破。绕树百回嗅古香,艾纳松苔和雨那。我昔赏梅龙泉观,两树唐梅枯已半。支颐倚杖动客怜,未若兹梅骨更换。相对情移神清秀,痛饮一斗一斗又。痴狂把酒问东风,倒底我瘦梅花瘦?(道光《澄江府志》卷 15 第 552 页)

梅花,旧《云南通志》:有红梅、白梅、硃砂、玉剪、绿萼、照水数种。又大理上关唐梅寺有唐梅一株,檀萃《滇海虞衡志》:红梅,莫盛于滇,而龙泉之唐梅,腾越之鲁梅,见于画与传者,光怪陆离,极人间所未有。(道光《云南通志稿》卷 67《通省》第 29 页)

金梅,旧《云南通志》:花开黄色,与梅同时,故名,又以垂条似柳,一名迎春柳。(道光《云南通志稿》卷 67《通省》第 32 页)

唐梅,《大理府志》:在喜州灵会寺右,相传植自唐时,其花千层,玉红色,铁幹横撑,自是千年物也总督范承勋《灵会寺唐梅》:乱云荒草汨幽奇,谁向花间一赋诗。洱海清波横瘦影,苍山古雪映芳姿。已除积石孤根隐,更剪繁枝老幹宜。千载植来蒙诏树,至今犹说是唐时。(道光《云南通志稿》卷 69《大理府》第 14 页)

腾越治西数十武，有红梅状极奇古，盖三五百年物。明季绍兴鲁君讳舜中牧是州，其后嗣流寓焉，遂号鲁梅。余于己亥臈调任兹土，见花开三度矣。忆在会城龙泉观观梅，用东坡《定惠院海棠》诗韵，公余依韵再赋，誌梅兼慰鲁也。知州朱锦昌嘉善《梅花》（七古）：旧家余荫盼乔木，系姓居然标置独。得所未见霜雪姿，封殖清门两不俗。鲁之先世牧腾冲，遭时进退嗟维谷。归老空怀乞鑑湖，城西借赁卢仝屋。中有梅花半亩宽，云礽相于娱骨肉。绝域三冬瘴务消，万里一庭春气足。怒发苔枝缀花朵，百卉未许分清淑。肌理中空状于趾，鬐鬛倒竖蟠其腹。漠漠晴烟散绮霞。毵毵寒绿围修竹。臃肿屈曲同不材。菁花一泄惊群目。朅来殊方得殊观，座上人联吴楚蜀。一本能胜千百本，丹砂的砾翔文鹄。抚兹嘉树愿无忘，衹须惆怅怀剡曲。东阁西冈都已矣，韬荒永脱诸尘触。（光绪《永昌府志》卷66第9页）

梅花，采访：有红、白、绿萼、照水数种。又锡铅古驿有寒梅数株。（光绪《续修顺宁府志》卷13第9页）

金梅，旧《通志》：花开黄色，与梅同时，故名。又以垂条似柳，一名迎春柳。（光绪《续修顺宁府志》卷13第10页）

罗凤梅，滇梅有奇种，花心如有人坐状，以阁罗凤种而得名。人雄花雄，一也。陈兰卿云。（《滇绎》卷2第692页）

孙松森《过山庄见红梅吟》：南还过山村，岩壑幽无坋客腊旋里，经一山庄，有红梅数株，问之马主云村名，不识。今人已变伧，縶马林中隐限倚也。惊见小红梅，满村开欲奋。谷阴早冲寒，春光十分醖。茅舍三两家，七八枝破璺。皎如月下娇，低头挽长绕。恋此不忍离，几忘羸马偾。回首冈陇合，黄叶山飞紊。但见枫树老，千峰红似焮。相逢无伏人，嘉名何处问。过兹都俗坏。乡地壘牛粪。何从觅高人，荒栈尤增忿。难作踏雪翁，偏寻裹餱饙。旋煮腊粥庭，花净如拉品。高香彻骨清，绝塞不愠。又似吴越①，旁放碧桃花，对之色汶汶，有如齐锦纨，秀夺楚客緼，又似吴越姬，神清愧充郓今山

① 绝塞不愠又似吴越　此句，按文意，疑有脱字。

东郡人，亦丽华秀清，腴也，以喻桃梅可矣。丁君古逸士，植梅素所蕴。盆栽二红梅，严冬葩独。露战白相敌，雨酣红微晕。早嫁林山人，高亭羞不近。色空水是魂，对月泌仙韵。玉质与琼姿，自宝尤斤斤古诗'宝身独斤斤'。消受良独难，一笑千金蕲。感子受客殷，癖吟声更闻。开阁延清赏，幽径命僮拼。二妃案上娇，催不待彼鞾。花本高隐俦，古之光与员严光戴元。独立冰雪天，饮热肯人隐。人生会遇难，一面都缘分。知君惜花心，我吟亦羞攟。不俗即仙匹，是定字杭郡。格讥庶免坡，是否请君训。（民国《邱北县志》册9第4页）

省城之东出鳌岫门二十里许，有黑龙潭……内古梅数十本，皆偃蹇蜷曲拥肿，红英绿萼，盛开时烂漫相映，云是唐梅。（《幻影谈》卷下第138页）

赵藩《补松石额题识》：腾冲之金松、鲁梅，得名数百年。余以辛亥冬至郡访之，已不得见。顷金松之后人绍和君，新筑园林，来征题榜。为书二字曰“补松”。诵述先芬，无忘数典，补兹嘉树，以保岁寒。贤子姓其尚勉为培沃哉！丁巳端五后六日书于昆明寓舍，石禅老人赵藩书。（《永昌府文征·文录》卷19《民一》第2654页）

## 蒙肚花

僰喇，……每采蒙肚花蒙肚花，树皮如藓，能毒人，生景东厅，今不产矣。欲人醉死则醉采，欲人狂死则狂采，以毒人。（《增订南诏野史》卷下第30页）

景东山中有花名蒙肚，生树皮上如藓，土人采以用蛊。欲人醉死则醉往采，欲人淫死则淫往采，欲人狂争死则狂争往采，及毒发，一如其状。嘉靖丙寅，千户陈祺奉命往景东赐知府陶金金帛，祺善署书，金厚款之，请书匾额。祺醉，墨沈涴其锦袍，金恚甚，以蒙肚毒之。归，发狂死。（《滇略》卷4第243页）

蒙肚花出景东山中，生树皮上如藓，土人采以用蛊，欲人醉死则醉往采，欲人淫死则淫往采，欲人狂争死则狂争往采，及毒发一如其状。嘉靖丙寅，千户陈祺奉命往景东赐知府陶金金帛，祺善署书，金厚款之，请书扁额。祺醉，墨瀋涴其锦袍，金恚，以蒙肚毒之。归，发狂死。后雷击其树，今无。（康熙《云南通志》卷30第864页）

## 蜜蜡花

蜜蜡花，《古今图书集成》：形如莲而小，清香袭人，产鹤庆白龙潭。（道光《云南通志稿》卷69《丽江府》第46页）

## 茉莉花

柰花，《洛阳名园记》谓抹厉也。佛经作抹利。《王龟龄集》作没利。《洪迈集》又作末丽。嵇含《草木状》，均之则为茉莉耳。夫张叔敏呼之为远客，则其静好者似殊，韦使君呼之为狎客，而其幽冲者不类。况升庵艳晋人之簪柰花，眉公吟南园之穿花串。狎耶远耶，谓之为别客小近焉，以其冷香幽折者颇似之。（《鸡足山志》卷9第333页）

茉莉，叶几几似鱼子兰而少大，其柯大仅盈指，而枝则扶疏柔蔓，高不能逾三尺。花白者一岁接续递开，红及淡黄者惟夏开，至秋则蕊尽矣。此花性畏寒，难与鸡山相宜，而盆中仅见之。时珍谓本出波斯，移至南海，惟滇、广多者，是也。花开芬香可爱，熏茶甚佳，以香清绝也。（《鸡足山志》卷9第333页）

茉莉，李时珍《本草纲目》：茉莉，原出波斯，移植南海，今滇、广人栽莳之。其性畏寒，不宜中土。旧《云南通志》：产元江者，花较茂盛。（道光《云南通志稿》卷67《通省》第30页）

茉莉，李时珍《本草纲目》：茉莉原出波斯，移植南海，今滇、广人栽莳之。其性畏寒，不宜中土。采访：云州多植，顺宁仅见，气候寒热各异也。（光绪《续修顺宁府志》卷13第10页）

# 牡丹

〖牡〗丹皮，味酸辛，性寒。破血，行血，消症瘕，破血块，除血分之热，坠胎，〖孕妇忌服〗。（《滇南本草》第 26 页丛本）

附杨庄介公升庵《滇南月节词》：三月滇南游赏竞，牡丹芍药晨妆竟，太华华亭芳草径，花饾饤，罗天锦地歌声应。陌上柳昏花未瞑，青楼十里灯相映，絮舞尘香风已定，沉醉醒，提壶又唤明朝兴。（《增订南诏野史》卷下第 72 页）

素习者惟牡丹，枝叶离披，布满石隙，为此地绝遘，乃结子垂垂，外绿中红，又余地所未见。土人以高远莫知采鉴，第曰山间野药，不辨何物也。（《徐霞客游记·游太华山记》第 736 页）

己卯正月十一日……其地亦重牡丹，悉檀无山茶而多牡丹，元宵前，蕊已大如鸡卵矣。（《徐霞客游记·滇游日记六》第 934 页）

《腊月牡丹》（七绝）：脂粉丛中雪不寒，一杯未了一杯干。化工只得随人转，先遣春风上牡丹。（《担当诗文全集·橛庵草》卷 7 第 314 页）

阚祯兆《赏香粉红牡丹一本十花》（七律）：名花岂畏春风寒，乘兴朝来静里看。嫩叶阴齐香十蕊，高枝翠满日三竿。为匀晓露脂犹湿，长带月华粉不残。黄紫漫夸真富贵，西池擅拔助清欢。（康熙《通海县志》卷 8 第 39 页）

清楚姚总镇骆俨丙辰进士《新移牡丹腊初早放》（七律）：名葩带露压群芳，瑶岛分来斗艳阳。花自腊初呈国色，人于岁首沐天香。丹心烂熳披朝旭，丽质缤纷傲晚凉。知是龙川风气转，故教奇萼泄春光。（楚雄旧志全书“楚雄卷上”康熙《楚雄府志》卷 10 第 533 页）

牡丹，洛阳俗尚花，滇颇近之，况于名胜哉？以其心闲，故能寄趣于花木。但谓之寄趣，则无名花，可知山产牡丹意而已。谓之鼠姑鹿韭则可，若谓花王百两金，则名不称实矣。出炉银，亦有熠花，深桃红色。西瓜瓤，真类极熟之西瓜瓤，其香似芍药味。童子面，白红色，微带蜜香气。紫袍玉带，谓花紫色而白围之也，今无其种矣。茄带紫，数年前尚有之，今为好事者购尽。姚黄，《旧志》则有之，久无其种矣，或曰谓山后之野牡丹，单瓣而有黄色者，果谓此，又奚足取？（《鸡足山志》卷 9 第 328 页）

明翰林杨绳武《阁中牡丹》（七律）：上苑春工夺紫黄，移来纶阁吐瑶芳。色香无约逢琼玉，富贵何心冠洛阳。烘彩更须劳赤帝，染根端不借韩郎。公门嘿嘿闲桃李，不作清平醉里狂。（乾隆《弥勒州志》卷 27 第 187 页）

牡丹花，各种俱有，花朵之大，异于他省，即紫色者亦然，不独玉楼春也。尝于元旦见案头小盒中牡丹，干不盈尺，无枝叶，只有一花，形如斗大，铺于盆外。此盖得之人工者，故若此之早，而花之富丽浓郁，实属可观。（《滇南闻见录》卷下第 39 页）

清李含章《闺中四詠·牡丹》（五律）：芳树鹃啼后，初开第一花。何人真富贵，群卉失秾华。锦障千重映，雕栏百宝斜。小园春未老，不用羡杨家。（道光《晋宁州志》卷 12 第 30 页）

清易门县知县桐乡严廷珏《和周初白少尉打谷场看牡丹》：手不能补召伯棠，诗歌千载名流芳。昨夜老僧报花信，身随竿木聊逢场。绿阴一径入山寺，途远不知春昼长。到门日影刚卓午，花自绰约人何忙。繁阴乱花媚晴霁，天衣无缝云为裳。清风徐来帘押动，隔栏阵阵吹浓香。照人光艳尤夺目，美女绝代初成妆。晨霞夕月互烘托，环肥燕瘦谁低昂。纷纷蝶使任采撷，余馥尚堪呈蜂王。仙尉对花出快语，斯游惜未携壶觞。不然山阴一瓯酒，乐事胡为思吾乡。相视大笑别花去，花梢仿佛明残阳。恨不移花种官廨，日餐秀色充饥肠。明年游兴如可续，定来醉卧花之旁。（道光《续修易门县志》卷 12 第 289 页）

清署易门县典史清苑周锡桐《仲春陪严司马比玉先生打谷场看牡丹归后赋呈》：冥冥社雨堕海棠，园林晓霁无遗芳。山寺牡丹破萼早，花繁最数打谷场。先生命驾约游赏，兴浓那惮谷路长。僻村忽訝长官至，妇孺杂遝传呼忙。松杉一径入古刹，微风馥郁吹衣裳。石台左右绿云密，朵朵妩媚枝枝香。粉痕酒晕总绝俗，翩然丰度仙人妆。更有山茶落未尽，余姿映日红低昂。艳影姗姗幸相倚，似亦俯首参花王。两年乌蛮对佳丽永善邑城观音阁牡丹二株，花甚繁，快集朋辈倾壶觞。如此名葩得屡玩，一官不负来蛮乡。禅榻茗炉小留恋，归骢廿里愁斜阳。夜窗命酌意缱绻，何辞兀坐搜枯肠。三鼓诗成烛欲尽，吟魂犹绕烟峦傍。（道光《续修易门县志》卷12第293页）

周锡桐《烟寺看牡丹》：路折清溪上，人来乱篆中。名花仍绝代，古寺亦春风。不信颜能驻，徒怜色未空。黄昏从雨过，酒晕向谁红。（道光《续修易门县志》卷12第296页）

牡丹，旧《云南通志》：有红、黄、紫、香、粉红数种。（道光《云南通志稿》卷67《通省》第24页）

铁线牡丹，生云南圃中，大致类罂粟花。土医云，性温能散，暖筋骨，除风湿，治跌打损伤。捣细入无灰酒煮热，包敷患处。（《植物名实图考》群芳卷29第697页）

牡丹，采访：有粉红、粉白二种，铁线一类。（光绪《续修顺宁府志》卷13第9页）

牡丹，牡丹为中国之特产，而结实牡丹又为中甸之特产，其实为荚角形，近世生物学家凡游历中甸者，皆争先采集而去，但以蛮荒绝域之物产，植之中原沃壤，不知能育苗否也？（民国《中甸县志稿》卷上第12页）

杨振海《王家祠看粉牡丹长句》：野寺新开富贵芳，满城士女看花忙。占春色艳杨妃醉，绝代风流吴苑妆。百朵裁云如簇锦，一丛湛露倍含香。何时琼岛移仙种，魏紫姚黄胜洛阳。（昭通旧志汇编本《大关县志》卷16第1563页）

## 木笔

木笔附，《释名》藏器及陶弘景《别录》则均以辛夷为木笔，非矣。又以杜兰为木莲，讹木莲为木兰，又非矣。其黄心厚质之三道四道不足论，又讹桂心牡桂不足凭。今滇之永昌宝台，其山产五色木莲花，其花诚若莲花矣。则此方可谓之木莲花。若木笔云者，花未花时，如作擘科之大笔，绿光油油可爱，其叶厚劲，大盈人履，又如掌中扇，然此滇山皆产之。滇僧又讹为优钵罗花，其实为木笔花耳。今鸡山深谷中有之，慎勿羡七里滩前鲁班之刻舟，又勿疑浔阳江上歌木难而怀桂浆也。（《鸡足山志》卷9第331页）

清陈金珏《木笔玉兰母本》（七绝）：如椽锐颖逸山林，苞孕琼楼意独深。却笑我来刚万里，拾将班掷作闲吟。（康熙《蒙化府志》卷6第52页）

明兰茂《紫木笔》（五律）：昔日生江梦，应疑即此花。埽云挥画锦，拂汉洒春霞。紫颖摇丰韵，青阳展丽华。能教濡翰墨，免管未须誇。（光绪《续修嵩明州志》卷8第75页）

## 木瓜花

秋木瓜，味苦辛甘，性温。治筋骨疼痛，痰〖火〗脚〖软〗。（《滇南本草》第95页丛本）

木瓜附，山阴兰亭间尤多，即《尔雅》谓楙得木之正者也。其树作大刺，花如柰，作房生子，形似栝蒌，火干极香。其花有淡红、深红两色。凡庵取作篱，以兽不得入也。山中自生者，则皆白花，其木甚坚细，为板则受镂。（《鸡足山志》卷9第330页）

贴梗海棠，丛生单叶，缀枝作花，磬口，深红无香。新正即开，田塍间最宜种之。《花镜》云：有四季花者，滇南结实与木瓜同，俗呼木瓜花，其瓜入药用。春间渍以糖或盐，以充果实，盖取其酸涩，以资收敛也。（《植物名实图考》群芳卷27第674页）

白木瓜，采访：出顺宁江外，可治筋骨疼痛。（光绪《续修顺宁府志》卷13第7页）

## 木槿花

木槿花，味微苦、平，性微寒。治妇人白〖浊带下，男子遗精〗，良效。枝、根，治疮痈。(《滇南本草》第412页务本)

《木槿花》：君不见，人生荣枯不可必，一刻千金当爱惜。千金不足多，一刻岂容轻一掷。又不见，木槿花，名卑臭恶强交加，敢与宫锦争娇媚，合同野草委泥沙。一朝雨露偶相及，也在人前斗丽华。臆歔欷！人生但得如木槿，朝开暮落不怨嗟。不然春风本是无情物，年年吹在别人家。(《担当诗文全集·橛庵草》卷3第181页)

木槿，《诗》："有女同车，颜如舜华。"故名蕣华，以朝开暮落，取一瞬之义。(《鸡足山志》卷9第331页)

## 木兰花

木兰花。(正德《云南志》卷2《云南府》第122页)

## 木莲花

元和十四年三月，……南宾郡当峡路之深险处也，花木多奇，居易在郡，为《木莲荔枝图》，寄朝中亲友，各记其状曰："荔枝，……。木莲，大者高四五丈，巴民呼为黄心树，经冬不凋。身如青杨，有白文。叶如桂，厚大无脊。花如莲，香色艳腻皆同，独房蕊有异。四月初始开，自开迨谢，仅二十日。元和十四年夏，命道士毌丘元志写之。惜其遐僻，因以三绝赋之。"有"天教抛掷在深山"之句，咸传于都下，好事者喧然模写。(《旧唐书》卷166《白居易传》第4352页)

木莲花树大而高，叶似枇杷，花开如莲，有青、黄、红、白四种。（景泰《云南图经志书》卷5《大理府》第262页）

木莲花树高大，叶如枇杷，花如莲，有青、红、黄、白四种，冬末春初开。（正德《云南志》卷3《大理府》第168页）

己卯三月二十七日……其上多木莲花，树极高大，花开如莲，有黄白蓝紫诸色，瓣凡二十片，每二月则未叶而花，三月则花落而叶生矣。（《徐霞客游记·滇游日记八》第1038页）

宝台山木莲花，亦大如牡丹，色赤而微紫，状如千叶红莲。至春二月，环金光寺而盛开者三十余里，隔箐望之，红如火，高不盈二三尺，即而就之，乃高十丈，大十围，亦异种也。或曰是佛书之优昙花云。（《南中杂说》第40页）

木莲花，《古今图书集成》：树高大，叶如枇杷，花如莲，有青、黄、红、白四种郎中仪征阮福《云南督署宜园木莲花说》：宜园有树二株，一在香雪斋之西，阶高丈许，年久幹老花稀；一在仙馆之南，高约三丈，枝幹坚壮，叶大如掌，细纹而厚。四月作花甚繁，花苞绿色，厚而坚紧，花开大如碗，色白心黄，在内之瓣白色，分八九出，在外之苞瓣绿色，分三四出不定。花瓣如莲，心亦有须，似莲房特尖而不平，又其瓣似辛夷，而坚肥过之。初开色白，半日即淡绿色，两日即黄而萎落。叶亦似辛夷而大厚过之，香清远如兰而辛近贯鼻。相传为佛国之优昙花，见于《云南省志》，为滇中罕见者。余窃以为未然，文人学士，往往艳羡佛书禅藻，以名内地之奇花异木，即以优昙花而论，《梁书·波斯国传》：国中有优钵昙花，鲜华可爱。又《法华经》：如优钵昙花时一现尔，又《涅槃经》：佛出世难如优钵昙花，又苏东坡《诗》云：优钵昙花岂有花。以此证之，则在彼土尚非寻常易见之花，为佛出世难之喻，岂内地常见之树乎？余谓此花似是木莲耳，据《旧唐书·白居易传》：南宾郡花木多奇，居易在郡，写《木莲荔支图》，寄朝中亲友。又《长庆集》有《木莲树图诗并序》云：树生巴、峡山谷间，巴民亦呼为黄心树，大者高五丈，涉冬不凋。身如青杨，有白文。叶如桂，厚大无脊。花如莲，香色艳腻皆同，独房蕊有异。四月初始开。白公此说，与今树皆合，且滇蜀相邻，惟《诗》有红似燕支句，与今花色不合。福复检《云南府志》，有按察使常安撰《红优昙花记》云：优昙花，闻两迤之间所在多有。夫优昙在众香国已为嘉祥，乃今制府轩中所开，以殷红特闻，则尤为希世之瑞。又检《通志》，云南督署自康熙初至今百余年，未曾改地，常按察之《记》是雍正庚戌夏至日所作，彼时制府为鄂少保文端，所言制府轩为今署无疑，惟今署二树皆是白花，无红色者，或是昔时别有红花之树，而今已朽；抑或即昔时树嫩花红，而今树老花白耶；又或蜀产者红色多，滇产者红色少，故以为异，亦未可遽定。然可知今树实有红、白二色，而唐时蜀产，与今树无异也。今滇省中虽名为优昙花，而大理亦有此花，《府志》则以为生于和山，曰和山花，又《通志》云：省城土主庙生树，与和山不异，名娑罗树。大抵皆不知古名，异其地，异其名耳。而鄙意窃谓香山所谓木莲者，自是此花最古之正名，何必假借释典，广博异号，以乱正名哉？（道光《云南通志稿》卷67《通省》第28页）

喻德美《杉木和记》：杉木和位于保山、永平两县之间。……杉木和之东南九十余里，有宝台山，为古弥勒道场地。……寺门外昔植木莲花一株，其色粉红，树大可合抱，光复后已死。今寺僧由木莲花山移植二株，尚未开花。读袁子才游黄山咏木莲花诗云："云海荡波涛，一碧千万顷。莲花认作池，误生高树顶。"黄山之木莲得袁氏品题，则名播九州，而金光寺之木莲不亚黄山，惜乎僻处一隅，无高人咏士之赏识，以致湮没弗彰，殊为惋惜。（《永昌府文征·文录》卷30《民十二》第3039页）

李忠本《木莲花记》：花之有木莲，惟杉阳见之。树甚高，花开如莲，有红白二色，瓣凡二十，每二月则未叶而花，三月则花落而叶生。袁枚咏黄山木莲花诗云："云海荡波涛，一碧千万顷。莲花认作池，误生高树顶。"可谓传木莲之神矣。（《永昌府文征·文录》卷30《民十二》第3042页）

## 木香花

木香花，旧《云南通志》：有黄、白二种。（道光《云南通志稿》卷67《通省》第32页）

## 念珠树

念珠树，生大理之下关，每结穗百有八颗。相传元时有日本僧四人同日坐化，弃念珠于地而生。（《滇略》卷3第230页）

念珠树，《古今图书集成》：念珠树，出大理府，每穗结实一百八枚。《大理府志》：念珠树，在城北五十里，每穗结实百八枚。昔李贤者寓周城主人，其家妇产难，贤者摘念珠一枚使吞之，珠在儿手中擎出，弃珠之地，丛生珠树。（道光《云南通志稿》卷69《大理府》第15页）

## 七里香

七里香附，即大金樱子。其花大朵，而香胜于蔷薇。（《鸡足山志》卷9第337页）

## 琪花

毛振翧《翠景轩十二截·琪树》（七绝）：露滴琪花泪欲红，银墙半倚醉薰风。刘郎去后知谁爱，泣望狼烟瘴雨中。（雍正《师宗州志》续编第1页）

琪花，旧《云南通志》：产晋宁天王庙，冬花开三色，落不沾尘。（道光《云南通志稿》卷69《云南府》第4页）

## 千里香

千里香附，为野本。其藤干若虬，花开飞遍山谷，初闻则香极清越，久之与鼻相忘，浑化归一矣。（《鸡足山志》卷9第337页）

## 千叶葵花

千叶葵花葩多色重而不结实，土人唤为千叶葵。（景泰《云南图经志书》卷3《曲靖府》第120页）

千叶葵花花多色重，而不结实。（正德《云南志》卷9《曲靖府》第383页）

清陈金珏《蒙署花卉杂咏二十一首·锦葵》（七绝）：层红缬

翠最撩人，西蜀分支十丈春。惟解倾阳能卫本，凭他蜂蝶故相亲。（康熙《蒙化府志》卷6第50页）

清陈金珏《蒙署花卉杂咏二十一首·秋葵滇中独木本，他处不尔也》（七绝）：亭亭木本称鹅黄，裹露含情新样妆。幽思夜深俦顾惜，日斜默默斗秋香。（康熙《蒙化府志》卷6第51页）

## 千叶榴花

千叶榴花其地有榴葩，多色，艳而不结实，土人唤为千叶榴，以其产之异也。（景泰《云南图经志书》卷2《新兴州》第112页）

千叶榴花地有榴葩多色，艳而不结实，土人唤为千叶榴，以其产之异也。《新兴州志》（正德《云南志》卷6《澄江府》第277页）

## 千叶桃花

千叶桃花其花他郡亦有之，但其地所产者，尤为美丽而经久不谢，故以为异。（景泰《云南图经志书》卷3《广南府·富州》第193页）

千叶桃花富州出，其花他郡亦有之，但其地所产者尤为美丽，而经久不谢，故以为异。（正德《云南志》卷7《广南府》第326页）

## 蔷薇花

蔷薇，《格物论》谓此花为玉鸡苗。昔许司马圃中蔷薇最盛，五色灿然，掘之得玉鸡焉。物有感类而致者，其然也。蜀之南呼蔷薇为牛棘，以其多，贱之也，掘之宁有玉鸡之贵哉？越南呼之为刺红，盖藤绿其身而刺作红色。陕州则称为牛勒，以其有刺，牛不敢入耳。今鸡山无瑟瑟之蹙金装，无猩猩之凝血点，无浓麝可以分香，无琉璃可以开艳，无石家之锦帐，无陈席之宫袍，无红须绿刺，无艳色繁香，孰曰飞葩散馥、攒紫霏红也，孰曰琉璃开艳、胭脂抹浓也。惟当春昼，散来一种清香，跌跏月夕，吹堕黄金数片而已。白色，有千叶、单瓣二种，香虽薄，甚为清幽，僧种之以作籓篱，皆是。黄色，香极清艳，似用鹅梨汁浴沉水香，调石蜜以爇之者，开时清越，令人神醉。（《鸡足山志》卷9第337页）

清李含章《闺中四詠·蔷薇》（五律）：曲径晓行处，满身花影红。香浮琼岛露，障作锦屏风。一笑美人远，十分春色空。多情石华袖，牵住在墙东。（道光《晋宁州志》卷12第30页）

蔷薇，旧《云南通志》：有五色者。《妆楼记》：周显德五年，昆明国献蔷薇水以洒衣，衣敝而香不灭。（道光《云南通志稿》卷67《通省》第32页）

## 蕣萁花

蕣萁花盛于夏，而历秋及冬，绵延不绝，干长丈余，直立不挠，品固不凡也。花丛层累而上，直跻于巅，其诸上达之君子欤！（《滇南闻见录》卷下第39页）

## 莎罗花

莎罗花其色粉红，出纳楼茶甸。（景泰《云南图经志书》卷3《临安府》第156页）

娑罗花在会城土主庙。其本类大理和山花，佛日盛开，其色白，微带黄意，异香芬馥，非同凡花臭味，中出一蕊如稗穗，垂出瓣中，每朵十二瓣，遇闰辄多一瓣。相传高僧以二念珠入土，一珠出树，不知大理所传仙人遗种者，又出何典故？且不独和山有之也。王伯厚《记闻》云：梧桐不生，则九州异。注：谓一叶为一月耳，有闰则十三叶，平园闰月表用梧桐之叶十三，不知尧时历草于闰月何如耳。俗传娑罗树灸之能却病，土人有疾者，度其高下，以艾灼焉，今树枯死。安宁曹溪寺右有优昙花，亦娑罗树类也，杨慎以碑志之，后因兵燹伐去，遂无其种，今忽一枝从根旁发出，已及拱矣，然杂植于丝荆乱棘内，人竟不知。康熙二十年，总督范承勋过其处，见而识之，亟加培护，次岁即华，岂琼葩仙卉，不忍久寂人间耶！亦一奇矣。（康熙《云南通志》卷30第874页）

婆罗花，《古今图书集成》：《云南志》婆罗花在会城土主庙。其本类大理和山花，佛日盛开，色白，微带黄意，异香芬馥，非同凡花臭味，中出一蕊如稗穗，垂出瓣中，每朵十二瓣，遇闰辄多一瓣。相传高僧以二念珠入土，一珠出树，不知大理所传仙人遗种者，又出何典故？且不独和山有也。（道光《云南通志稿》卷69《云南府》第4页）

## 山茶花

山茶花，气味甘、微辛。专治一切大肠下血，肺中有瘀血或吐血之症，急用此花煎汤服之。无花，即叶亦可，但不如花之神效也。均宜以童便为使。（《滇南本草》第706页范本）

山茶，时珍曰：其叶类茗，又可作饮，故得茶名。又曰：山茶产南方，树生，高者丈许，枝干交加，叶颇似茶叶而厚硬有棱，中阔头尖，面绿背淡，深冬开花，红瓣黄蕊。（《本草纲目》卷36）

奇花有山茶一株，产于州南天王庙前，其花开于冬月，有粉红，大红，纯白三色相间，谢时葩不落地，土人以为神异，不敢采。（景泰《云南图经志书》卷1《晋宁州》第47页）

无极名法天，感通寺僧。洪武癸亥，率其徒入觐，献白驹一、山茶一。高皇帝临朝纳之，山茶忽开一朵，帝喜，以宸翰荣之，又命翰林侍讲学士李翀奉制赋诗，以赠之。（万历《云南通志》卷13《大理府》第22页）

明唐尧官《山茶花赋[1]》滇土繁花品，而山茶最奇，十月即放，盖中原所未有也，然鲜播之咏歌者。余观往籍，陈思有《芙蓉赋》，钟会有《菊花赋》，张协有《石榴赋》，虞繁有《蜀葵赋》，宋璟有《梅花赋》，古今艳焉。余效之，作赋一首，虽极意敷扬，殊未尽体物耳。惟玄冥之启候兮，岁将暮而凝寒。严风栗冽以振野兮，霜霰集而蒙霪。草木摇落而变衰兮，讶萧瑟于林端。梅欲绽而须时兮，菊东篱之既残。洵穷津之黯澹兮，惨游屐而鲜欢。爰有嘉树，植自滇域，天集紫巧，地孕殊色，抽神缄与鬼秘，宛葩刓而萼刻。诡状异态，莫之省

① 此赋，又见道光《晋宁州志》卷十二《赋》第49页。

测:或如粉傅,或如珠串,或如磬圆,或如榴灿,或如赤玉盘,或如绛纱幔,或如鹤顶之丹,或如火齐之輮。棱棱兮翠叶,是谁兮匀劀?缕缕兮金粟,是谁兮穿丝?既逐瓣兮心分,复惹烟兮条惬。其未开也,扶疏磊砢,葱葱青青,疑桂树之冬荣;迨既开也,鞞鞢陆离,煌煌艳艳,恍飞霞之烂曼。邈东皇之朱辔兮,绝朋援而先芳。冒雪霜而吐艳兮,适蝶冻而蜂僵。眇南枝之纤素兮,占春林而倔强。矧阴晴之靡定兮,逞丽质而相佯。尔其朔风飘飖,乍起乍伏,旖旎婀娜,辟彼飞燕,则昭阳之妖舞也;薄暮霏微,溟蒙沾洒,淋漓绛玉,辟彼太真,则华清之洗沐也;晴曦斜照,扬辉荡采,掩映光华,辟彼西施,则越溪之浣纱也,皓雪飞飏,揣封营积,缟庄艳冶,辟彼文君,则临邛之新寡也;震雹倏撼,披靡幡纚,秀堕芳躁,辟彼绿珠,则金谷之坠楼也。于是,群芳惭沮,不知所营。香兰之艺楚畹,丛桂之生淮南。芙蓉之名益都,牡丹之盛雒园。与夫海棠芍药,桃李山樊,或体裁么麽,或标格瘦清,或摧砭冰雪,或移落风尘。恧朝蕤而夕谢兮,节欻变于冬春。匙名葩之冠绝兮,岂望平等伦!若乃画阁云连,彤轩樾荫;爹拟平台,别开三径;倚绯英之玓瓅,与交疏而相映;绿筠翠柏助其精神,朱丝玉笛添其风韵。于是,布几筵,集宾客,呼妙妓,燕良夕。曳文縠以蹁跹兮,戴金摇之暐晔。杨北里之遗声兮,绍阳阿之清越。杂兰羞以兼御兮,饮琼饴之仙液。笑簪朵于云髻兮,颓玉山而未歇。若夫幽崖古刹,岞崿之巅,荒店孤村,寥廓之地,野况凄凉,一株衰植,寄秾艳于清冷,发辉光于顣頞;卒使孤赏者握管而沉吟,趣行者绁马而留滞。缅香亭之宠渥兮,与倾国而交欢。泊蕃禧之表识兮,名历世而罔刊。胡奇英之傲诡兮,委炎方而自安。良璧产于荆山兮,卞氏抱而长叹。骐骥困于虞坂兮,望伯乐一眄之为难。慨遭逢之有数兮,效达人以自宽。岂知希之自贵兮,养寿命于碧峦。乱曰:“姑射仙人霞绡帔,乘风倏尔滇云至。爱此山川恣游戏,化作花神显灵异。贲隅之种亦奇特,比之迥然霄壤别。格外丰姿岂易貌,抽毫谁是茂陵客?移栽上林不可得,留与西南壮颜色。”(天启《滇志》卷18第604页)

明邓渼《山茶花一百韵有序》滇茶甲海内,种类之繁至七十有二,其在省城内外者尤佳。予以庚戌岁按部,事竣驻省候代,时值冬末春初,此花盛开,名园精舍,间获寓目。烁日蒸霞,摛文布绣,火齐四照,云锦成帷。信天壤之奇观,品物之钜丽也。昔人谓此花有七绝,予以为未尽厥美,有十德焉:色之艳而不妖,一也;树之寿有经二三百年者犹如新植,二也;枝干高竦有四五丈者,大可合抱,三也;肤纹苍润,黯若古云气樽罍,四也;枝条黝纠,状似麈尾龙形可爱,五也;蟠根兽攫,轮囷离奇,可凭可枕,六也;丰叶如幄,森沉蒙茂,七也;性耐霜雪,四序常青,有松柏操,八也;次第开放,近二月始谢,每朵自开至落,可历旬余,九也;折入瓶中,水养十余日不变,半含者亦能开,十也。此皆他花所不能全者。因考唐人以前,此花独不经题咏,以僻远故不通中土,遂使奇姿艳质,沦落无闻。近代有作,率多不能为此花传神。暇日,因戏为《百韵》诗一首,牵缀比拟,未免儿态,庶几为兹花吐气,传之四方,或有采焉。遍检古人句,山茶未得名。形容应有待,品价也难轻。此地本炎德,在天疑火精。芳菲迎暮序,烂熳及元正。宜寿如《山木》《庄子》篇名。经霜似女贞。柔条牵百丈,老干倚孤撑。美阴团松盖,新蕤怒竹萌。重葩翻蔽叶,歧蒂总依茎。接植人工巧土人植茶法,用两树相接,花始繁盛。开先品物亨。光华分若木,肌理细般柽。叠萼争承露,丰苞独向明,丛深疑避蝶,春浅未闻莺。次第开偏久,交纷压恐倾。巨于瑹碧盏,圆若紫繁缨。皲绥交垂彩,绡纨乍染赪。红肤时绽甲,赤象合居庚金也。按谱遗金谷,邀欢即锦棚。流云相点映,射日更光晶。篋启红罗缬,餐分紫石英。摘须嫌断线,接蕊爱连璎。览德冠称凤,能言啄属鹦。火齐衔粉壁,舍利到金罂。道士霞为帔,佳儿锦作绷。枝枝经纂组,朵朵荐玑珵。汉苑裁何得,隋宫剪不成。深宜藏翡翠,艳欲眩䴔䴖挚虞《䴔䴖赋》云:见水则喜,睹火则忧。步障褰华薄,氍毹展绛英。影悬金铰带,汗落锦斑骍。似焰嘘丹灶,为霞烧赤城。深玄同燕燕,点血类猩猩。绣羽悬雕笼,朱辉发短檠。霜林摇翠葆,海日浴金钲。锦水徐粼浪,裔云不作霙。红球分彩索,朱芾间葱珩。柳絮空伤媚,芝房讵足祯。称名根野荈,夺色妒山樱。莲或羞泥污,葵空向日诚。珠离酒泉柰,蜜剖楚江萍。质本坚蒲柳,香无取杜蘅。道旁徒树李,庭院枉栽荆。乍可兰为友,谁言棣是兄?缤翻异红药,憔悴惜朱赢菊名。逾月迟蓂落,终朝惜舜荣古诗云:舜荣不终朝。讵称霜挺桂《天台山赋》:八桂森梃以凌霜,何事雨移橙用杜诗。嘉种虽分部,兹花合主盟。杜鹃殊不类《二芳记》以杜鹃花配山茶,鶗鴂敢先鸣。的皪披林影,菲微散晓晴。后凋仍早放,雾绕更烟萦。闽婢空惭贱金凤花,杨妃别有情别种有杨妃山茶。宝珠光自溢,磬口韵犹清。枝爱垂丝软,心怜卷瓣生。蝶翎看坠粉,鹤顶似衔琼茶品之贵者,有宝珠、磬口、软枝、分心、卷瓣、蝶翅粉、鹤顶红诸名。一种皆称美，群芳孰与争？娇姿长似痗，姱质更如伫。露下啼妆泫，风前舞态呈。施朱嫌太赤，頮玉未辞酲。倏似颦容敛，遥当笑靥迎。口脂香泽傅，眉黛远山横。合德偕宜主，娥皇俪女媖。令人疲应接，有客更屏营。倚处惭形秽，看时恐目盲《道德经》云：五色令人目盲。每当春澹荡，及此岁峥嵘。节候佳南诏，繁华匹上京。深红间浅紫，布谷复弥坑。擢本深蓝若，低枝映閈闳。纷敷弥绣野，徙植近雕甍。窃虑霜威入，思将夏屋帡。窥垣恒寂寂，隔水更盈盈。早沐绯衣赐，偏宜素腕擎。助娇斜宝髻，充耳当琼莹。赏玩须歌伎，吹嘘借墨卿。招摇多伴侣，感怆易嫠茕。天女贪分供，园丁贵贾赢每岁元日，市卖此花供佛，红紫溢目。出门逢绮丽，曳杖陟峣峥。婀娜随乌帽，飘飖堕兕觥。杯盘狼藉列，车马往来侦。晓驻浮云盖，宵移玉柱筝。佳人理钗钏，贵客住干旌。竞作巡花使，宁辞醉酒铛。夷讴征穆护，曲调拟清平。舞袖淹同坐，缠头费从伶。攀留思远道，折赠付来伻。不遇神农录，空留姚魏声。红颜销瘴疠，珍品失寰瀛。安得移中土，犹堪慰此行。僰僮应见惯，楚客易心惊。几树临官舍，三年慰旅程。有时还独倚，竟日但空瞪。盛极忧衰至，怜深与恨并。物华虚冉冉，此意自怦怦。坐抚琴三弄，闲消酒一盛。眠须携枕簟，狂惑绕檐楹。相赏无知己，余酣对老兵。何心思北土，有赋侈南征。感处人千里，吟当月五更。未须怨摇落，终许伴幽贞。暗觉乡园近，深嗟世网婴。嵇含状草木，桂海志虞衡。逸史奇应续，新诗暇自赓。属辞深比兴，从此定佳评。（天启《滇志》卷26第897页）

明樊鼎遇《和邓侍御远游山茶花百韵》（五古）：绛树珍炎域，琼华僻异乡。春随青鸟报，晓斗赤乌妆。四照珊瑚艳，千株鞢軩光。宝茎清露濯，锦蒂媚风飏。著雨胭脂腻，冲寒火齐芒。梅先羞冷俭，桃渥谢严庄。隋苑虚雕彩，杨园漫护香。宣华贫竞蜀，碎锦陋矜唐，帝药丹砂碗，神膏紫玉房。宵疑分夜烛，昼恐乱朝桑。弄色娇堪似，酡颜睡更详。施唇迷上客，啼颊误蛮王。为雨飞滇水，蒸霞曳点苍。柔丝伤织短，疏黡为颦黄。散恨裁红叶，离情湿茜裳。血深悲杜帝，粉浅泣何郎。赭喙报鹦鹉，朱弦挑凤凰。同心文杏阁,比萼绣云廊。大小参昴映,晶荧日月彰。蟠根千岁铁,刻蕊百神觞。远汉留金锁,居夷扃玉堂。烧空终自焰,绣谷倩云防。贵种甘幽处,姝容讵苟将。比红欺代美,披昼冠闺嫱。南诏岁迟莫,西京日邈茫。遭逢稚襶子,歌舞踏谣娘。蛮瓮酣醽酒,羌筵剪蜡缃。辞枝恨有色,落地寂无伤。那更陪铜辇,空怜荐宝坊。正元如列贡,王会奖殊方。奇藻不登庙,英姿独倚墙。衬妍须玉槛,洗色灿银床。干可齐温室,花应压建章。龙旗扬大赤,麟绂簉斯皇。朝射鸳鸯殿,午烘朱雀珩。妬深肥婢宠,柔让婕好良。卫彝皆焦萎,嬴苕亦董稂。绮葩钟火德,艳质发天阳。早秀能雕晚,繁秾习故常。且生妖冶谤,翻以丽情妨。晕借官袍稳,猩殷帝服昌。公知宜阆苑,谁为载车箱?零落春风陌,凄其秋水塘。牂牁通汉使,邛竹得胡商。那茗移西土,石榴贶海航。何如令园色,犹复滞穷荒。特阙王褒颂,兼遗陆贾装。迷楼疏绮缀,艮岳寝花纲。托社材非散,长门怨莫当。孙枝稍度岭,标格始浮漳。不畏柔条雪,聚惊杀菽霜。懊回珠树影,羞近玉台傍。道路宁疲险,风尘未易藏。生怀坡老虑(苏东坡诗云:待得春风几枝在,年来谷菽有秋霜)。借得用修昂(杨用修诗云:海边珠树无颜色,羞把琼枝照玉台)。初挂墨卿齿,偏萦柱史肠。七弦佳品目,十德罄游扬。纂组思工赡,粲花论炳煌。箐华刊邺架,芳润满奚囊。写态真诗史,看题动酒狂。神农增百药,侯史续三仓。苏蕙图新寄,斑姬赋正倡。锦工传镐邑,天女荐燕疆。色藉绣衣重,名因彩笔张。上林方被幸,山木乍回庆。悔不诛毛谱,应追戮许珰。承明忻晔晔,泫雾感浪浪。解语挥姚魏,当杯选赵梁。画裾联五柞,缬袷近长扬。药畹培文砌,薰炉惹绿洋。小年催羯鼓,献岁宴猊饧。显色禁中鹤,分香园外狼。何曾巢粉蝶,更不坐黄鸯。点缀支机石,翩嬛华子冈。乐游承翠葆,恋赏闭苍琅。搴密舒緅甲,争骈控紫缰。朵堆七宝髻,本值百金偿。茗价评鸿渐,芳林敢鹭行。龟年来善阐,凤女嫁苴咩。谱牒真龙虎,要盟失犬羊。渐台临织室,太液近天潢。绘实先书姓,文心欲沥盂。琰娥终入汉,归妹复宁汤。佩结紫鸾尾,股凝赤雁肪。缠头学毳繝,染面醉槟榔。齐缯惧陈败,蜀绡啼远忘。神还愁瘴瘀，貌若急勗勦。爟火祓归鲁，彩丝投吊湘。荣逾九锡蕙，贞失万年橿。献寿椒花日，迎恩桃李场。无心欺众卉，独契表孤芳。勒㓨过千字，停梭报七襄。呈身裁绣段，将信合珪璋。把摘罍樽玩，嵬峨风沼望。俯临大比胜，低涩小南强。华盖临天座，榆珠倚帝阊。兰台鹭鼓歇，花掖鲸钟锵。侍女香衾卷，昭仪绯袖长。朱缨趋剑佩，卉服列苞筐。熳烂石渠侧，温浓玉署厢。鹿衔来博苑，象踏意澜沧。尽室逢知己，惟浇顾建康。（天启《滇志》卷 26 第 898 页）

明龙允升《咏山茶花》（五古）：滇南有嘉木，贞干吐花滋。灼灼连冬春，秀色不凋移。剪裁云霞气，凿落珊瑚枝。空山结幽赏，御苑宁后时。洛阳多牡丹，百种逊芳菲。品题应自异，造物若专奇。名高能避世，所贵知者稀。（天启《滇志》卷 26 第 900 页）

明薛梦雷《赏茶花述怀二十韵呈诸同台》（五排）：南国生嘉树，红芳天下奇。托根依翠柏，敷采结华芝。绿萼霜前茂，丹香雪里披。枝头霞片片，树底锦垂垂。秀色含风媚，鲜葩醉日滋。芙蕖渐艳态，芍药避妖姿。群卉皆萎落，孤芳偏反而。冲寒业鹤顶，浥露湿燕支。金碧疑春早，青葱应候迟。朱辉朝烂漫，皓彩晚葳蕤。灼灼殷帘幌，芬芬袭罘彝。居兰同臭味，倚玉奏埚篪。绮度花间集，清尊月下移。玩华忘岁暮，浮白慰天涯。照眼枝如绣，酡颜鬓欲丝。飞英频对客，掞藻强裁诗。谩遣王孙兴，何论幼妇词。繁荣宁足羡，佳景且堪怡。坐上千厄酒，花阴几局棋。如赓白雪诗，增重彩云同。（天启《滇志》卷 27 第 914 页）

明李之达《山茶花》（七律）：滇海名葩独擅芳，护持全不藉东皇。嫣红日映浑疑锦，艳质天成岂畏霜。金谷三春空绮丽，御园几度忆辉光。移根傥共中原赏，何必花王逊洛阳。（天启《滇志》卷 28 第 951 页）

明杨居寅《山茶花》（七律）：昆明在望水沄清，独产奇葩擅众英。高致不因寒焕改，芳丛偏冒雪霜荣。艳铺绿绮千层锦，价重丹霄十五城。游赏漫多知己少，一枝何自达瑶京？（天启《滇志》卷 28 第 951 页）

明张时彻《同周木泾赏白梅山茶》（七律）：思君魂梦绕天涯，汉使今传嫖姚家。曾说一枝临水竹，不闻连理并山茶。石床小苑风全细，玉笛孤亭月半斜。身世年来太蓬转，霜天遍地愧瑶华。（天启《滇志》卷 28 第 951 页）

明朱泰祯《初正过臬署，茶梅满架，光艳欲然，为庄毓壶宪长、杨霞标督学赋》（七律）：霜清法署昼无哗，管领春风第一花。数点琼酥欺艳雪，一栏红玉散明霞。南华同梦谁为蝶，奇字何人酒漫赊。还忆朝元双阙下，温房新浴牡丹芽。（天启《滇志》卷 28 第 952 页）

明杨师孔《腊日西楼赏茶花》（七律）：春风迎腊斗繁华，谁剪红云散古槎？艳吐山阴虽近酒，性含清苦不离茶。醉颜面面看成晕，香气层层结作霞。吸尽奇芳归酩酊，梦中犹见笔生花。（天启《滇志》卷 28 第 954 页）

滇中茶花甲于天下，而会城内外尤胜，其品七十有二。冬春之交，霰雪纷积，而繁英艳质，照耀庭除，不可正视，信尤物也。豫章邓渼称其有十德焉：艳而不妖，一也；寿经二三百年，二也；枝干高竦，大可合抱，三也；肤文苍黯，若古云气尊罍，四也；枝条妖娇，似麈尾龙形，五也；蟠根轮囷，可几可枕，六也；丰叶如幄，森沈蒙茂，七也；性耐霜雪，四序长青，八也；自开至落，可历数月，九也；折入瓶中，旬日颜色不变，半含亦能自开，十也。为诗一百韵赏之。（《滇略》卷 3 第 229 页）

明施武《滇中竹枝词·归化词》滇中山茶天下第一，唯归化寺者其本合抱，花大如盂，国初已前物也，往来官游羁客，留别交好，至此莫不堕泪 鸳鸯梦断彩楼空，马首萧萧故向东。归化寺前多少泪，年年三月蜀茶红。（《御选宋金元明四朝诗·明诗》卷 14）

《山茶花》（七律）：滇南花事将茶谱，有色涂硃不羡香。象郡一团雕软珀，蛮家几树茜枯霜。谁留习战丹旌影，化作烧空火齐光。草木岂能无血性，也披赤胆觐春王。（《担当诗文全集·橛庵草》卷 5 第 237 页）

《山茶花》（七绝）：冷艳争春喜烂然，山茶按谱甲于滇。树头万朵齐吞火，残雪烧红半个天。（《担当诗文全集·橛庵草》

卷7第327页)

秀山花,通海县秀山上,有花一株如芍药,中土未能有之,俗不识其名,乃呼为白山茶。(《增订南诏野史》卷下第51页)

《山茶花》(七绝):绿叶红英斗雪开,黄蜂粉蝶不曾来。海边珠树无颜色,羞把琼枝照玉台。(《升庵集》卷34)

《华亭寺僧德林送山茶花》(七绝):宝地香风吹雨花,林公分送子云家。玄亭丈室同岑寂,相望白牛山月斜。(《升庵集》卷35)

出省城,西南二里下舟,两岸平畴夹水。十里田尽,萑苇满泽,舟行深绿间,不复知为滇池巨流,是为草海。……抵太华寺,寺亦东向,殿前夹墀皆山茶,南一株尤巨异。(《徐霞客游记·游太华山记》第732页、734页)

滇中花木皆奇,而山茶、山鹃为最。山茶花大逾碗,攒合成球,有分心、卷边、软枝者为第一。省城推重者,城外太华寺。城中张石夫所居朵红楼楼前,一株挺立三丈余,一株盘垂几及半亩。垂者丛枝密干,下覆及地,所谓柔枝也;又为分心大红,遂为滇城冠。(《徐霞客游记·滇中花木记》第737页)

秀山,上一里半,为灏穹宫。宫前巨山茶二株,曰红云殿。宫建自万历初,距今才六十年,山茶树遂冠南土。(《徐霞客游记·游颜洞记》第738页)

戊寅十二月十七日……山间茶花盛开。(《徐霞客游记·滇游日记五》第900页)

己卯正月初九日……入其西藏经阁。阁前山茶树小而花甚盛,为折两枝而出。(《徐霞客游记·滇游日记六》第929页)

己卯二月初十日……二把事曰:"馁久矣,请少迟之。后有茶花,为南中之冠,请往一观而就席。"盖其主命也,余乃从之。由其右转过一厅,左有巨楼,楼前茶树,盘荫数亩,高与楼齐。其本径尺者三四株丛起,四旁萎蕤,下覆甚密,不能中窥。其花尚未全舒,止数十朵,高缀丛叶中,虽大而不能近觑。且花少叶盛,未见灿烂之妙,若待月终,便成火树霞林,惜此间地寒,花较迟也。把事言,此树植与老把事年相似,屈指六十余。余初疑为数

百年物，而岂知气机发旺，其妙如此。（《徐霞客游记·滇游日记七》第 965 页）

己卯二月十四日……植盆中花颇盛，山茶小仅尺许，而花大如碗。（《徐霞客游记·滇游日记七》第 976 页）

己卯三月十四日……其后又有正殿，庭中有白山茶一株，花大如红茶，而瓣簇如之，花尚未尽也。（《徐霞客游记·滇游日记八》第 1018 页）

乐土以居，佳山川以游，二者尝不能兼，惟大理得之。……山有一十峰，峰峰积雪，至五月不消，而山麓茶花与桃花烂熳而开。（《肇域志》册 4 第 2423 页）

感通寺在郡南十里点苍之麓，……楼前白茶花高数十丈，大数十围，花如玉兰，心殷红，滇南只此一树，埋条分种，皆不活也。（《滇游记》第 4 页）

洱海源出下关，……茶花亦有黄、紫、红、白四种，其大如盌。（《滇游记》第 7 页）

清定边知县杨书武进《紫溪山茶花》（七古）：东风吹绿紫溪草，碧汉璃宫觉春早，大块韶光一片明，群山树色千重晓。韶光树色映璇台，堤柳参差递岭梅。争识薇溪春树好，奇葩异彩超凡材。奇葩异彩从无匹，高髻凌空朵盈尺。宝珠移种漫相夸，斗大朱英擅第一。庆云烂熳迷朝霞，赢却春前百万花，绣被锦帷天半叠，直愁青帝穷精华。深山绝谷称荒僻，野寺萧疏谁著屐。余生好结烟霞缘，不别群材应不识。梵王宫殿日迟迟，每到林泉一首诗，寄与山僧须护惜，滇南无此最高枝。（楚雄旧志全书“楚雄卷上”康熙《楚雄府志》卷 10 第 511 页）

滇南山茶花，大如牡丹，赤如朱砂，分心卷瓣，通海为第一，然亦昆明之人所见不广耳。余戍腾冲时，废弁陈指挥招赴村庄赏花，其木高十余丈，围丈余，垂荫数亩，望之如火树，下可坐百人。盛开之日，荐之以红毡，席地而饮，座中有粉面白衫者，上下相映为红晕。通海虽妙，恐未能夺此头筹也。（《南中杂说》第 40 页）

侍郎王鸿绪《秀山四咏·红云殿茶花》(五古):名林同一色,长望流霞孤。三春花未开,此独三冬舒。烛龙挟若木,铁网罗珊瑚。何必冰雪姿,共道梅花腴。(康熙《云南通志》卷 29 第 788 页)

副使王士性临海《泛舟昆明池历太华诸峰记》:余以辛卯春入滇,滇迤东西花事之胜,甲于中原,而春山茶尤胜。其在昆明者城中园亡论,外则称太华兰若焉。……及太华山门,芃宫琳宇,灿煌金碧,倚山隆起,拟于紫霄碧云之间。余右陟飞磴,历龙藏,东下黔宁祠,览其世像出文,陛前两墀山茶八本,高三丈,万花霞明,飞丹如茵,列绣如幄,倦欲坐其下神愯愯,复王疑入石家锦步障也……。(康熙《云南通志》卷 29 第 603 页)

宝花玩月 俗传此茶花在三元宫前,弘治初年贡入御苑,其花不开,仍发回本观,花复开,落时瓣皆仰而不俯,月夜姿妍,为土酋所伐,至今花信不复传矣。(康熙《通海县志》卷 3 第 16 页)

长洲韩菼《红云殿茶花》(五古):名林同一色,长望流霞孤。三春花未开,此独三冬舒。烛龙挟若木,铁网罗珊瑚。何必冰雪姿,共道梅花腴。(康熙《通海县志》卷 8 第 2 页)

阚福兆《秀山茶花吟》(歌行):红云阁下茶花树,独占玉山高晓雾。冬去春来花接开,软枝健叶不相妬。宝珠宫粉各擅名,粉晕珠胎兼所赋。一林冰雪吐丹砂,半亩芳梅空朴素。欲动花枝风雨寒,分心夹瓣吸霜露。晶晶落霞走赤乌,明明流火失白兔。汉武王褒持节来,碧鸡金马遥洄泝。移得奇花上苑栽,魏紫姚黄孰敢顾。深根老干几千年,待我品题花神寤。仙桃御杏摇落多,颜色何曾改朝暮。昨岁今年看花鲜,高天厚地同呵护。传与游人莫浪攀,六龙远驾长安路。(康熙《通海县志》卷 8 第 12 页)

成都杨慎《秀山茶花》(七律):山茶竞开如火然,山城淑气销寒烟。几经南国芳草远,忽忆上林花信前。赏心避地日多阻,抱病闭门春可怜。黄须紫萼莫相恼,青镜绿樽非壮年。(康熙《通海县志》卷 8 第 19 页)

张讚《和杨升庵太史赏山茶》(七律):"才人常自爱名山,况值庭花展盛颜。张饮欲矜珠粉艳，裁诗每压碣苔斑。春风岁首先盈座，紫气东来正及关。敢附素心元亮侣，且凭沉酒赋情闲。”“金勒翩翻选胜来，惊人恃有谢公才。花灵会解千秋盛，词峡真看万里回。昭代英华传海岳，野人名姓乐蒿莱。此时倾盖情先结，肯负流霞潋滟杯。”（康熙《通海县志》卷 8 第 26 页）

张垣《题红云殿茶花》（七律）：谁借春阳金殿头，南天佳气为花留。柔枝偏解凌霜发，寒夜如看秉烛游。丹穴成群文鷟下，元都迎岁锦云浮。东风若选千红冠，京洛林园逊几筹。（康熙《通海县志》卷 8 第 27 页）

姚卜相《题红云殿茶花》（七律）：山茶何处冠南中，螺髻峰阴路向东。粉濯渭桥脂点晕，珠擎隋室火齐红。冰天已觏花王国，霞盖真开玉帝宫。独发艳阳当领袖，肯同凡卉待春风。（康熙《通海县志》卷 8 第 28 页）

阚祯兆《看秀山山茶》（七律）：往岁花开忆少时，今年将老对花枝。未容白发归沧海，肯负红颜照酒卮。漏泄春光长自叹，侵凌雪色不差池。漫夸彩笔干霄汉，同在南天让尔奇。（康熙《通海县志》卷 8 第 36 页）

阚祯兆《秀山宝珠茶盛开邀金刺史令弟同诸友赴魏伯鸿公子酌》（七律）：白发青春看宝珠，去年宫粉赏何如。花开本爱当时好，人老翻嫌乐事迂。坐拥南山貂作珥，樽倾北海麟堪图。嘉宾贤主真云集，尽醉风光不可孤。（康熙《通海县志》卷 8 第 37 页）

阚祯兆《题秀山茶花》（七绝）：名花开处玉山寒，雪夜何人竟晓看。瓣剪红绡千叶绿，春前芍药倚阑干。（康熙《通海县志》卷 8 第 44 页）

宝洪寺在民和乡，……寺内有茶花，可以比美。（康熙《路南州志》卷 3 第 60 页）

明⿱兰亭张祖谦《洪愿庵茶花》：群贤集寺玩山茶，异域偏能产异花。应是鹑星分野处，春盈火树漫回车。（楚雄旧志全书“南华卷”康熙《镇南州志》卷 6 第 59 页）

张鉴《居停邀同冯总戎暨文武属赏茶花》（七律）：山署筵开

刺史家，为邀官客赏茶花。亭前却讶排红阵，枝上还惊殢赤霞。日午清歌偏袅娜，夜深击鼓竞喧哗。丰神扬抎滇南胜，欲赋才惭手入叉。（康熙《元江府志》卷2第729页）

（原）山茶，一名曼陀罗，树高者丈余，低者二三尺，枝干交加，叶似木樨，硬有棱，稍厚，中阔寸余，两头尖，长三寸许，面深绿光滑，背浅绿，经冬不脱。以叶类茶，又可作饮，故得茶名。花有数种，十月开至二月，有鹤顶茶大如莲，红如血，中心塞满，如鹤顶，来自云南，曰滇茶。……《虞衡志》云：……闻滇南有二三丈者，开至千朵，大于牡丹，皆下垂，称绝艳矣。（增）《云南志》土产：山茶花，谢肇淛谓其品七十有二，赵壁作谱近百种，大抵以深红、软枝、分心、卷瓣者为上。……**《学圃余疏》**：吾地山茶重宝珠，有一种花大而心繁者，以蜀茶称，然其色类殷红。尝闻人言滇中绝胜。余官莆中，见士大夫家皆种蜀茶，花数千朵，色鲜红，作密瓣，其大如杯，云种自林中丞蜀中得来，性特畏寒，又不喜盆栽，余得一株，长七八尺，舁归植澹园中作屋幕，于隆冬春时拆去，蕊多辄摘，却仅留二三花更大。**（增）《闽部疏》**：滇茶不宝珠，而色鲜好娇于宝珠茶，其大如盌，瓣有重台交覆，可当芍药，莆人林大辂中丞宦彼带一株归，今传种，家有之，开时千朵艳发，绿叶掩映，大是佳卉。**《滇中茶花记》**：茶花最甲海内，种类七十有二，冬末春初盛开，大于牡丹，一望若火齐云锦，烁日蒸霞，南城邓直指有茶花百韵诗，言茶有数绝：一、寿经三四百年尚如新植；一、枝干高竦四五丈，大可合抱；一、肤纹苍润，黯若古云气罇罍；一、枝条黝斜，状如麈尾龙形；一、蟠根轮囷离奇，可凭而儿，可藉而枕；一、丰叶森沉如幄；一、性耐霜雪，四时常青；一、次第开放，历二三月；一、水养瓶中十余日，颜色不变。**《滇云纪胜书》**：山茶花在会城者，以沐氏西园为最，西园有楼名簇锦，茶花四面簇之，凡数十树，树可三丈，花簇其上，树以万计，紫者、朱者、红者、红白兼者，映日如锦，落英铺地，如坐锦茵，此一奇也。仆尝以花时登簇锦赏之，有"十丈锦屏开绿野，两行红粉拥朱楼"之句。及登太华，则山茶数十树罗殿前，树愈高，花愈繁，色色可念，不数西园矣。**《滇南太华山记》**：两墀山茶树八本，皆高二丈余，枝叶团扶，万花如

锦。(《御定佩文斋广群芳谱》卷41《花谱》)

清佴蜕松江人《茶花》(七律):曾记珊瑚碎石崇,谁教幻出此花红。软枝弄影娇堪对。细舌含香语欲通。休问鹤丹千载上,竟分猩血一鞭中。还怜绝色沉蛮徼,零落烟脂泣晓风。(雍正《建水州志》卷14第12页)

大宋茶,释曰:传衣寺有古松,其枝虬蟠,横撑二十余丈。其奇在根仅一二围,身则十数围。画松欲似真松树,今真松似画而愈画不出。憾仅得一见,今无存矣。惟大宋茶在寺中之锦云楼前,高五七丈,大十数围,花则数万朵,烂若锦云焉。升庵先生题曰锦云,志茶也。今龙大古拙犹存,花则甚少。老成之具有典型,存其义而已。花时凭吊其下,使人增淡泊明志、宁静致远之想。如对高人韵士,于一无所言之际,令人于恍然处得之。茶植于大宋何年,无典可考矣。以意揣之,则为不谬。(《鸡足山志》卷4第171页)

山茶,初产南中山林中,以其花色争妍,遂植之园亭。究其栽接之法,于是花之性情为人有矣。故移植他省则名之为滇茶,以其叶颇类茶,子又似之。昔大周宪王取其叶焙熟,水淘而后蒸晒,偶作茶饮,遂已吐血、衄血、肠风下血之疾,因著入《救众本草》焉。但其叶厚硬有棱,中阔头尖,面绿背淡,与茶茗之叶有别。东坡诗云:叶厚有棱犀角建,花深少态鹤头丹。特其谓碗口红耳。若茶之名,则有宝珠、四心红、一捻红、紫袍玉带、海榴红、榴蒂青,惟红白踯躅、千钟粟、万卷书、松子壳、红白菊瓣、杜鹃红、宫粉白、串珠、含珠、四分珠、千叶紫、玛瑙红、玛瑙紫、磬口、粉红、照殿红、吐银须、吐黄须、蝶翅等为最。四心红,即分心卷瓣,惟分四心者。宝珠,簇族如珠。粉红,如美人临酒面。大宋茶见异迹。白茶花,类菊瓣而朵小。(《鸡足山志》卷9第328页)

陈大猷《古雪斋看山茶》(五律):名山虽浪迹,四海已无家。幸有鹏游好,来看野寺花。高枝低夕照,丛萼带晴霞。怪杀寒梅瘦,当春艳已赊。(《鸡足山志》卷13第526页)

通海山茶,山茶宜于滇,惟银红、大红二种,在在有之,无黄、

白、锦边各色。而常一树千花，俱大如盎，瓣若连环相扣，洵足美观。通海县螺顶者名尤著。(《滇南新语》第 2 页)

明(翰林)杨绳武《山茶和韵(有引)》(五律)老杜不作海棠诗，千古遗恨。予谓山茶亦然，尝拟作短篇，为花吐气，恐雅俗不称，花神笑人。庚午春，适震泽葛震甫出邓虚舟侍御所著《山茶百韵》示予，且嘱予和，予竭一日之力，扯凑成篇，时将整计偕之，装别思与花神俱萦，故语多离去，然皆由姿弱力单不能文，固陋也，幸进而教之。异种畸天末，春衙耻署名。夺将山品重，分得茗香轻。侣桂含金粟，侪松吐珀精。水嬉端日午，灯闹上元正。苔印肤纹滑，云封骨幹桢。惜深铃作护，防肃槛为撑。肯后梅仙发，宁输桃女萌。拒霜餐玉屑，浥露饱金茎。缯失天公巧，红开物色亨。芳幽伦畹蕙，条软笑河柽。绣颊披霞灿，丹衷贯日明。舞娆将学燕，语溢暂教莺。石嵌根相错，枝繁势若倾。啼鹃乾血舌，游骑妒朱缨。宫剪裁冰赤，吴机谢锦赪。蕊开松绽甲，焰炽火融庚。浸水珊瑚网，张筵玳瑁棚。茜帘拖幅浪，书帐透笼晶。乘炤明珠颗，藜辉琢玉瑛。玲珑仙峤珮，历乱佛龛瓔。丹顶涂霄鹤，荷衣袭陇鹦。羞容脂入镜，醉意酒浇罂。唇启排绯齿，心分锐锦绷。图成笔上綵，瓶供掌中珵。颦处看眉语，欢时送目成。凭栏嗔唤起，濯影懊鸡鶄。占候先尧荚，敷荣迈舜英。光流血汗马，斑缀锦毛骍。宝地侈华藏，金莲列巨城。采苞分穴凤，艳质点交猩。促放春迎爆，醒眠夕照檠。药炉翻鼎水，毬海挂铜钲。暖趣志冬冷，烟丰破晚霙。綵绳牵画板，紫绶曳瑲珩。并蒂称家瑞，殊芳兆岁祯。肢柔娜絮柳，口罄聚樊樱。披影芬山气，开颐见野诚。坚凝差类菊，飘泊岂如萍。蝶翅飞仙羽，龙香恼细蘅。绣团穿幌幭，零叶补篱荆。照影宜天姊，临芳喜露兄。轻温迎淑气，溽暑避长嬴。雾散看晨腻，春归庆画荣。鼓妖惭并芍，记序漫劳橙。寺谱遗芳字，诗坛订丽盟。搅肠百舌语，破闷一鸠鸣。倦意星初落，浓妆雨乍晴。枝乔飘韵腻，瓣卷注心萦。秋夏逃名赫，西南重物情。繁华宜上苑，潇洒称西清。莞尔群姬会，嫣然万倩生。觞催劳羯鼓，搏戏胜明琼。好共优昙赏，肯同桃李争。风清姿欲跃，雪重体如儜。巧向天孙乞，矜将团色呈。杨妃亭北睡，飞燕汉宫酲。倩女含羞折，檀郎带笑迎。帽簷垂鬓拂，妆次映钗横。金谷憐珠绿，沉香倚玉英。园庭堪彳亍，台砌费经营。午憩神偏荡，宵看目不盲。缀阶菲错落，照壁影峥嵘。植本遗中土，分根上玉京。红酣浮楚水，清隽侣曾阮。寄远烦梅驿，怀人倚竹闳。近窗妆玉牒，当户丽簪甍。娃屋春娇贮，纱笼暮霭絣。百千樽漾漾，十五月盈盈。展簟终朝卧，撩衣尽日擎。浅深花间色，瑰异宝支莹。荡子怜娼媍，王孙妮爱卿。喧时烘调笑，静时耐孤孕。献俏邀人顾，追欢厌贾嬴。险探穿虎豹，奇选步峣峥。写照重调粉，摇鲜更洗觥。只堪纤素摘，未许狡顽侦。急管江城笛，繁弦月夜筝。游人齐胜具，贺客旆诗旌。舞袖垂绡紫，歌钟动晓鎗。披纷宜次第，标格喜和平。艳骨培香土，丹颐并简伶。悮传惊海市，早买嘱家伻。频洗敲窗叶，闲听落径声。未宜韬下里，端拟植蓬瀛。梦绕关山月，魂惊出寨行。开时家万里，物候客偏惊。结缔凌虚望，春明送远程。掀髯徒自哂，揩目为他瞪。不作迷花阵，年来多难并。北行人去去，南浦恨怦怦。代谢谁张主，倾筐人满盛。丈夫羞牖下，儿女恋家楹。宿坞留知已，行厨走步兵。破愁凭蚁泛，挥涕寄鸿征。佳萼年长放，青春日渐更。啼乌鸣曲怨，别鹤唳琴贞。行路方伊始，痴情半似婴。芳丛珍逸品，风雅定骚衡。短喙应难置，长谣不易赓。众中推第一，分付化工评。（乾隆《弥勒州志》卷27第201页）

主君阁在文昌宫之右，内有山茶二本，花事极盛。（乾隆《续修蒙化直隶厅志》卷2第105页）

赵文哲《山茶花》（五律）：蛮语成狂讴，蛮花发狂葩，问花花无语，听我吟山茶。山茶滇所独，随地横桠杈，最忆金浪巅，群仙抱含岈。离立十万株，虬枝肆腾拏，翠阴接如幄，风日清且嘉。一树千朵花，一花千缕霞，蒸为半天赤，桑旭摇光华。无人为培溉，雨露天所加，何不如海榴，远载博望槎。每逢迁谪人，攀条重咨嗟，我谓花勿嗟，尔生乐幽遐。深深十笏庐，曲曲六枳笆，不须粉瓷贮，不须绣幔遮。凌冬避蜂蝶，阅世缠龙蛇，夫岂畏霜雪？北土非我家。松桂有同性，将为岁寒夸，南州市花盛，红紫粉夭斜。颇闻芙蓉幙，排阶斗豪奢，山茶吾与汝，勿作姚黄花。（乾隆《腾越州志》卷13第41页）

山茶东坡云叶厚有棱，犀甲健，花深少态，鹤顶丹。（乾隆《石屏州志》卷8第12页）

明王子棵邑人《咏茶花》（五律）：天南风土异，雪里产名花。瓣卷五云晓，心分七窍赊。琼台常作客，金谷不为家。绝色真无价，枝枝放锦霞。（乾隆《河西县志》卷4第454页）

明徐琳《圆明寺茶花碧桃盛放》（七律）：红白翩翩次第芳，无边生意斗韶光。琼玉山头妃子醉，珊瑚树下素娥藏。曾欺寒雪流霞集，又向东风点翠妆。碧桃原是真仙种，特与茶花供佛王。（乾隆《河西县志》卷4第466页）

明王芷《茶花》（七律）：百花队队各分群，独与寒梅争冠军。炉拥严冬融绛雪，腊烧丙夜喷红云。芳心九醉非关酒，绣萼双缠不厌文。莫道滇南无异产，名山历遍始逢君。（乾隆《河西县志》卷4第476页）

乾隆二十九日，饭于石淙，毕，出寺门，指西南行，松林下皆杜鹃也。抵传衣寺，庭前山茶一树，花重台，朵以万计，殷红眴目，干如藤，皆晋晋然而俯，僧人以木承之，荫十余席。（《游鸡足山记》第215页）

大鼎山，嵩明州境有大鼎山，……海潮寺有书室三楹，颇可憩。庭有浅红色茶花二树，广覆庭院，花开如锦幔遮护，光艳夺目。（《滇南闻见录》卷上第8页）

山茶，滇省花卉多而且佳，花朵大而耐久，其最胜者，莫过于山茶。花之颜色不一，大小浓淡之间，种分数十品，花家能辨之。大红者最贵，名曰宝珠，猩红可爱，衬以浓绿，益增光艳，有端冕黼黻、垂绅委佩气象。其粉白色者，洁净之中又饶浓厚，品质高雅，有名山石室、硕士高人气象。惟浅红色者最多，树亦最大，常有一本可蔽屋两三楹者。花之盛约可万千计，有广厦细旃，歌筵舞席，琳琅满室，锦绣被墙气象。古诗云：浅为玉茗深都胜，大甲山茶小海红。都胜即宝珠。浅红色者，殆玉茗耶？（《滇南闻见录》卷下第38页）

野茶，山茶之盛极矣，固半出于人工之培植。又有一种野茶，丽江、永北一带皆有。本高一二尺，花如茶碗大，单瓣，浅红

色。每乘肩舆，或策马经行，如游花市，目不暇给也。（《滇南闻见录》卷下第40页）

滇南茶花，甲于天下，昔人称其七绝，而明巡按邓渼以十德表之，称为十德花。此花宜为第一。（《滇海虞衡志》第212页）

倒插山茶，明僧无住者，出家于邑西化佛山，开山建白云窝寺，精心修持。寺前有水一潭，住折山茶一枝，倒插于潭侧，誓以茶花之荣枯，征吾道之成否。厥后觉悟，通三昧宗旨。山茶发荣滋长，花色较原本更艳，后住坐化水目山。此花自明至乾隆年间方枯槁。后人题咏，称此花为验道花。（楚雄旧志全书“牟定卷”道光《定远县志》卷8第340页）

清署易门署县典史清苑周锡桐《太平寺看茶花》：太平寺里茶花繁，一株百朵开轩轩。射目光浮绛雪腻，摇风势拥红潮翻。金灯火珠密悬缀，高枝耸出薜荔垣。午晴走马得奇赏，欲夸颜色先忘言。窗拓四面看不定，茗香忽引游蜂喧。忆昔艳映拙政园，长歌感慨推梅村。二百年来品题重，树虽灰烬名则存。此花妙丽当春暄，奈何老托荒山根。譬彼才人谪边徼，烟寒雨瘦空消魂。僰童蛮女过亦罕，谁解携酒敲僧门。愧我束缚仅一醉，纷纷余子焉足论。作诗朗诵与花听，峰头细月愁黄昏。（道光《续修易门县志》卷12第296页）

山茶，王世懋《花疏》：吾地山茶重宝珠，有一种花大而心繁者，以蜀茶称，然其色类殷红，尝闻人言滇中绝胜。王象晋《群芳谱》：山茶花有数种，十月开至二月，有鹤顶茶，大如莲，红如血，中心塞满如鹤顶，来自云南，曰滇茶。陈仁锡《潜确类书》：山茶有数种，而滇茶第一，大如椀，红如血，中心满如鹤顶，来自滇南，名曰滇茶。《瓶史月表》：正月花山卿山茶，三月花盟主滇茶。王世懋《闽部疏》：滇茶不宝珠，而色鲜好，娇于宝珠茶，其大如椀，瓣有重台交覆，可当芍药。莆人林大辂中丞宦彼带一株归，今传种家有之，开时，千朵艳发，绿叶掩映，大是佳卉。旧《云南通志》：茶花奇甲天下，明晋安谢肇淛谓其品七十有二，豫章邓渼纪其十德，为诗百咏，赵璧作谱近百种，以深红、软枝、分心、卷瓣者为上 明唐尧官《山茶花赋并序》：滇土繁花，而山茶最奇，十月即放，盖中原所未有也，然鲜播之咏歌者。余观往籍，陈思有《芙蓉赋》，钟会有《菊花赋》，张协有《石榴赋》，虞繁有《蜀葵赋》，宋璟有《梅花赋》，古人艳焉。余效之，虽极意敷扬，殊未尽体物耳。“惟元冥之启候兮，岁将暮而凝寒。严风慄洌以振野兮，霜霾集而濛霭。艸木摇落而变衰兮，讶萧瑟于林端。梅欲占而须时兮，菊东篱之既残。洵穷律之黯澹兮，惨游展而尠欢。爰有嘉树，植自滇域，天集象巧，地娩殊色，抽神缄与鬼秘，宛葩刓而蓴刻。诡状异态，莫之省测：或如粉傅，或如珠串，或如磬圆，或如榴灿，或如赤玉盘，或如绛纱幔，或如鹤顶之丹，或如火齐之斡。稜稜兮翠叶，是谁兮匀劗？缕缕兮金粟，是谁兮丝穿。既逐瓣兮心分，复惹烟兮条惯。其未开也，扶疏磊砢，葱葱青青，擬佳树之冬荣；迨既开也，韡韡陆离，煌煌艳艳，恍飞霞之烂漫。邈东皇之未辔兮，绝朋援而先芳。冒雪霜而吐艳兮，适蝶冻而蜂僵。眇南枝之纤素兮，占春林而倔强。矧阴晴之靡定兮，逞丽质而相羊。尔其朔风飘飘，乍起乍伏，旖旎婀娜，譬彼飞燕，则昭阳之妖舞也；薄暮霏微，溟濛沾洒，淋漓绛玉，譬彼太真，则华清之洗沐也；晴曦斜照，扬辉荡采，掩映光华，譬彼西施，则越溪之浣纱也；皓雪飞扬，揣封营积，缟妆艳冶，譬彼文君，则临邛之新寡也；震雹倏撼，披拂旛纚，秀堕芳蹂，譬彼绿珠，则金谷之坠楼也。于是，群芳惭沮，不知所营。香兰之艺楚畹，丛桂之生淮南。芙蓉之名益都，牡丹之盛雒园。与夫海棠芍药，桃李山礬，或体裁么靡，或标格瘦清，或摧砭冰雪，或陊落风尘。恧朝蕣而夕谢兮，节欻变于冬春。尟名葩之冠绝兮，岂敢望乎等伦。若乃画阁云连，彤轩樾荫。爹拟平台，别开三径。倚绯英之玓瓅，与交疏而相暎。绿筠翠柏助其精神，朱丝玉笛添其丰韵。于是，布几筵，集宾客，呼妙妓，燕良夕。曳文縠以蹁跹兮，戴金摇之暐晔。杨百里之遗声兮，昭阳阿之清越。杂兰羞以兼御兮，饮琼饴之仙液。笑簪朵于云髻兮，颓玉山而未歇。若夫幽崖古刹，岝崿之巅。旅店孤村，寥廓之地。野况凄凉，一株衰植。寄秾艳于清冷，发辉光于顑颔。徒使孤赏者握管而沉吟，趣行者绁马而留滞。缅香亭之宠渥兮，与倾国而交欢。洎蕃釐之表识兮，名历世而罔刊。胡奇英之俶诡兮，委炎方而自安。良璧产于荆山兮，冎氏抱而长叹。骐骥困于虞坂兮，望伯乐一盼之为难。慨遭逢之有素兮，效达人以自宽。岂知希之我贵，养寿命于嵒峦。乱曰：姑射仙人霞绡帔，乘风率尔滇云至。爱此山川恣游戏，化作花神显灵异。贲隅之种异奇特，比之迥然霄壤别。格外丰姿岂易貌，抽毫谁是茂陵客？移栽上林不可得，留与西南壮颜色。”明邓渼《茶花百咏诗并序》：滇茶甲海内，种类之繁至七十有二，其在省城内外者尤佳。余以庚戌岁按部，事竣驻省候代，时值冬末春初，此花盛开，名园精舍，闲获寓目，烁日蒸霞，摛文布绣，火齐四照，云锦成帷，信天壤之奇观，品物之钜丽也。昔人谓此花有七绝，余以为未尽厥美，有十德焉：色之艳而不妖，一也；树之寿有经二三百年者犹如新植，二也；枝干高耸有四五丈者，大可合抱，三也；肤纹苍润，黯若古云气罇罍，四也；枝条黝斜，状似尘尾龙形可爱，五也；蟠根兽攫，轮囷离奇，可屏可枕，六也；丰叶如幄，森沉蒙茂，七也；性耐霜雪，四时常青，有松柏操，八也；次第开放，近二月始谢，每朵自开至落，可历旬余，九也；折入瓶中水养十余日不变，半吐者亦能开，十也。此皆他花所不能及者。因考唐人以前，此花独不经题咏，以僻远故不通中国，遂使奇姿艳质，沦落无闻。近代有作，率多不能为此花传神。暇日因戏为百咏诗一首，牵缀比拟，未免儿态，庶几为此花吐气，传之四方，或有采焉：“遍检古人句，山茶未得名。形容因有待，品价似难轻。此地本炎德，在天疑火精。芳菲迎暮岁，烂漫及元正。宜寿如山木，经霜似女贞。柔条牵百丈，老干倚孤撑。美荫团松盖，新蕤怒竹萌。重葩翻蔽叶，歧蒂总依茎。接植人工巧，开先品物亨。光华分若木，肌理细椴柽。叠萼曾承露，丰苞独向明，丛深疑避蝶，春浅未闻莺。次第开偏久，交纷压恐倾。巨于璙碧醆，圆若紫繁缨。皺绶交垂綵，绡纨乍染赪。红肤时绽甲，赤色合居庚。按谱遗金谷，邀欢即锦棚。流云相照映，射日更光晶。篋启红罗缬，餐分紫石英。摘须嫌断线，接蕊爱连璎。览德冠称凤，能言啄属鹦。火齐衔粉壁，舍利到金罂。道士霞为帔，佳儿锦作绷。枝枝经纂组，朵朵荐玑珵。汉苑栽何得，隋宫剪不成。深宜藏翡翠，艳欲恼鵁鶄。步障褰华薄，氍毹展绛絣。影悬金较带，汗落锦斑騂。似焰嘘丹灶，为霞烧赤城。深元同燕燕，点血类猩猩。绣羽悬雕笼，朱辉发短檠。霜林摇翠葆，海日浴金钲。锦水徐邻浪，裔云不作霙。红球分彩索，朱芾间葱珩。柳絮空伤媚，芝房讵足撄。称名根野莽，夺色妬山樱。莲或羞泥污，葵空向日诚。珠离酒泉柰，蜜剖楚江萍。质本坚蒲柳，香无取杜蘅。道旁徒树李，庭院枉栽荆。乍可兰为友，谁言棣是兄。缤纷异红药，憔悴惜朱赢。逾月迟蓂落，终朝惜舜荣。讵称霜挺桂，何事雨移橙。嘉种虽分部，兹花合主盟。杜鹃殊不类，鶗鴂敢先鸣。的皪披林影，菲微散晓晴。后凋仍早放，雾绕更烟萦。闽婢空惭贱，杨妃别有情。宝珠光自溢，磬口韵犹清。枝爱垂丝软，心怜卷瓣生。蝶翎看坠粉，鹤顶似含琼。

一种皆称美，群芳孰与争。娇姿长似瘤，娉质更如傳。露下啼妆泣，风前舞态呈。施朱嫌太赤，颓玉未辞酲。倏似颦容敛，遥当笑靥迎。口脂香泽傅，眉黛远山横。合德偕宜主，娥皇俪女媖。令人疲应接，有客更屏营。倚处惭形秽，看时恐目盲。每当春澹荡，及此岁峥嵘。节候佳南诏，繁华匹上京。深红间浅紫，布谷复弥阬。旭景宜兰若，霞铺骇楚伧。纷敷弥绣野，徙植近雕甍。窃虑霜威人，思将夏屋帡。窥垣恒寂寂，隔水更盈盈。早沐绯衣赐，偏宜素腕擎。助娇斜宝髻，充耳当琼莹。玩赏须歌伎，吹嘘借墨卿。招摇多伴侣，感慨易嫠惸。天女贪分供，园丁苦价赢。出门逢巨丽，曳杖陟峣峥。婀娜随乌帽，飘飖堕兕觥。杯盘狼藉列，车马往来侦。晓驻浮云盖，宵移玉柱筝。佳人理钗钏，贵客驻干旌。竞作寻花使，宁辞醉酒铛。夷讴徵穆护，曲调擬清平。舞袖淹同坐，缠头费从伶。攀留思远道，折赠付来伻。不遇神农录，空留姚魏声。红颜消瘴疠，珍品失寰瀛。安得移中土，犹堪慰此行。僰童应见惯，楚客易心惊。几树临官舍，三千慰旅程。有时还独倚，竟日但空瞪。盛极忧衰至，怜深与恨并。物华虚冉冉，此意自怦怦。坐抚琴三弄，闲消酒一盛。眠须携枕簟，狂或绕簷楹。相赏无知己，余酣对老兵。何心思北土，有赋侈南征。感处人千里，吟当月五更。未须怨摇落，终许比嫦娥。暗觉乡园近，深嗟世网婴。嵇含状草木，桂海志虞衡。逸史奇应续，新诗暇自赓。属辞深比兴，从此定佳评。”（道光《云南通志稿》卷67《通省》第24页）

茶花，《临安府志》：通海三元宫有茶花一本，奇艳异常，月夜，姿尤妍妙。落时瓣皆仰而不俯。明宏（弘）治间，贡入御苑，不花，后仍发回本观，始花。（道光《云南通志稿》卷69《临安府》第21页）

三泊茶花，滇茶花为全国冠，推名省花，人无异词。三泊废县人安宁，有大茶花，摘花运省，岁售千金，供一小学校岁修之半。（《滇绎》卷4第735页）

清巡抚伊里布《棲贤山看茶花》（七律）：塞垣烽火化春烟，有客招游醉老禅。岁月可谈来问道。水云留迹想棲贤。连山翠抱看无地，一树花开撒满天。楼阁上灯归骑晚，夜间林壑梦犹牵。（光绪《永昌府志》卷66第10页）

山茶，采访：有花大色血红与白如雪分心、卷瓣二种。（光绪《续修顺宁府志》卷13第9页）

（临安文庙）阶前有大红茶花，高齐檐，开时极绚烂。院中老桂、古柏，夭矫掩映，气象肃穆森严，每低徊不能去。（《幻影谈》卷下第138页）

光绪二年春正月二十四日，丙辰，晴。午后，余散步北门外，里许有街横萦，市肆寥落，询问土人，是为豹子冈也，有废基南向，颓垣遗构，经始未成，为铁峰庵旧址，篱内茶花盛开，殷红夺目，与马缨花同艳，心爱慕之，乞诸主人，因折一枝而返。（《滇游日记》第259页）

春园：有二，一在东山寺下，一在球玶山下，茶花成林，烂漫如锦，足为春游佳赏，今废。又按城南张姓有茶花一株，旧称张茶，与鲁梅齐名。（民国《腾冲县志稿》卷7下）

永昌李忠本《博南山记》：……花木则以古茶花二株为最著，有九心十八瓣之称。花大逾碗，攒聚于围青漾绿之上，艳阳繁景，流情赏目。……峰后为花桥镇，离镇数十武，得一寺，有梅茶之胜。石禅老人题曰“元梅明茶之刹”。登斯山也，松苍竹翠，知晋王之劲节，山高水清，慕太史之流风，而元梅明茶尤为此地古物。缅怀遗迹，因不禁凭吊郗歔，为文以记之。（《永昌府文征·文录》卷30《民十二》第3041页）

《谈谈云南之茶花》：滇中花木，当首屈一指曰山茶。盖树大花蕃，种类繁多，且有奇葩异英，足为海内之冠，所以在前二十余年，昆明市政府曾定茶花为市花。**《滇中茶花记》**记载：茶花实甲海内，种类七十有二，冬末春初盛开，大于牡丹，一望若火齐云锦，烁日蒸霞。邓直指有茶花百韵诗，言茶（花）有数绝：一、寿经三四百年尚如新植；一、枝干高竦，可四五丈，大至合抱；一、肤纹苍润，黯若古云；一、枝条黝纠，状如麈（音煮，鹿一类动物，尾可做拂尘）尾龙形；一、蟠根轮囷，形至离奇，可凭而几，可籍而枕；一、丰叶森沉如帷；一、性耐霜雪，四时常青；一、次第开放，历二三月之久；一、水养瓶中，十余日颜色不变。又《滇云纪胜》：山茶花在会城者，以沐氏西园为最。西园有楼名簇锦，乃以茶花四面簇之，凡数十株，树可高二丈，花簇其上，朵以万计，紫者、朱者、红者、红白兼者，映目如锦，落英铺地，犹张锦茵，此一奇也。又**《滇南太华山记》**云：西峄山茶树八本，皆高二丈，枝叶团扶，万花如锦。此皆前人所记载，其间摛藻掞华（摛音痴，摛藻是铺张词藻。掞音善，发抒），似已表尽云南茶花之形色，并写尽其蘩茂状态而无所余也。惟自余论之，若犹有未尽者。论云南山茶，三迤俱称甚盛，而迤西方面，犹超驾乎东南，亦强于云南府属。以言种类，直在三十有余，如**《群芳谱》**所纪之鹤顶红、一品红、珍珠红、一捻红、照殿红、千叶红、卷瓣红、杜鹃红、石榴红、玛瑙茶、杨妃茶、粉宫桩、东方亮、白宝珠、千叶白及攒蕊、分心等类名贵之品，无不有焉。斯则强于附近昆明百里内外之所有者也。附近昆明百里内外之茶花，其树身大，葩蕊丽者，人莫不夸耀昆明城东金殿上之一株，本来此一株红茶，在种类上为照殿红，的是一贵品也，而又是五六百年前之古树，树身已超过一人合抱，高度亦至三丈有余，诚不易有之一木也。论一株花木，能于数百年前，盘根错节，以至今日，殆与青山偕老、流水齐新者也。而且每年花放必至千朵，其生气之盛，又岂他树所能媲哉！惟惜近百年来，花树竟枯去一小半，花放时便不如往昔之茂盛，虽然，亦能满树红也。其次，则争夸黑龙潭上黑水神祠内一株，亦树大花蕃，根干粗至手之四围，种则为一品红，实名贵品物。有植生于稍远地处者，则有晋宁盘龙寺内之一大株，其根已粗及一挑水桶，高可二丈六七尺，种为真正之九心十八瓣，色艳独称最。每年著花能近千朵，花朵则大过饭碗口，忖度其寿数当在三百年以上。旁有玛瑙茶一株，其高大处则逊于此一树，又不足道。惟此二者，是共耀人目，为众口同夸者也。有寓于幽深地处而无多数人觉及者，如松花坝前去十余里，有小地名曰芹菜冲（为龙云建筑水库处），是处有小佛寺一，寺之佛殿前，有红茶一大株，种为宝珠红，花色正红，不带殷紫色。花系攒瓣，包裹紧密，不惟与狮子头、九心十八瓣之组合不同，即与俗呼之松球壳一种亦不相同。枝叶则繁茂极，尤无挺直硬坚之象，诚山茶中至佳之品也。在六七十年前，昆明妇女多喜簪花于髻，乡间人则摘取此处茶花，篮装入城而售卖，呼之为松花坝茶花。士女辈喜其颜色鲜艳，花朵不大，簪髻最宜，故此花入市，极易销售。乡人等俱聚于寺内摘取，遂名此为茶花寺。寺原名观音寺，以殿塑观音像也。寺从建筑材料上查看，实建于数百年前。据村人传云，寺建于大理国段氏，后圮，明崇祯年间（1628～1644），村人募资修复之。是则此一茶花树当为数百年古物也。逮至清代乾隆年间（1736～1795），昆明钱南园先生尝读书于寺内，寺遂负盛名。民国二十四五年间（1935～1936），龙云为省坝谋水利，筑水库于芹菜冲，以检阅工程故，遂常至此茶花寺内憩息，见茶花而赏识之，称为异种，每至，必盘桓于树下数刻。龙亦爱重古物古迹，知寺为钱南园读书处，树为南园所凭依者，鸟也，屋也，俱宜宝之贵之。且认此树茶花又为昆明之冠，更不能不珍重护惜，乃命石屏郑崇贤荣庐吮笔为文，命石屏袁丕佑霭耕和铅书石，竖碑于佛殿之右，意在望滇人共同爱护之也。碑泐于民国二十八年秋日，序末署龙云名。除此一树外，省坝内近龙头村处之瓦窑村，有某姓之一大花园，园有红茶两大株，一为红玛瑙茶，一则类似芹菜冲茶花寺内之红宝珠，却花片薄而色淡，然亦较一般狮子头、分心卷瓣者为佳。玛瑙茶亦只微微带白，不得称为真正之玛瑙茶，朵子舒开亦不甚大，较一茶碗口犹小，亦茶花中之一特别种也。两树根株均粗逾合抱，在无比并上看之，似犹强于金殿上照殿红之树身。但树老枝疏，花开时不能达到繁盛，闻每年只能开数百朵耳。在往昔时，乡人亦喜摘其花入城售卖，供城中妇女簪戴，此数者，俱以寓于幽远，致无多人见其色相，知其古老也。距离昆明数百里以外之茶花，陆凉（今陆良）之珍珠红固有名，而究不十分古老也。既古老而又神奇，则惟顺宁（今凤庆）琼岳山嘉木寺之一株红茶，是不特在顺宁郡内茶花群中称巨擘，在迤西方面茶花群中称巨擘，而在全滇之茶花群中亦称巨擘焉。今则从其所在之地处而言之。琼岳山为顺宁县治内之一座大山也，山距顺宁城约四十里，距云州（今云县）城转近，仅三十里耳。琼岳固不甚耸峻，然亦不十分漫延，在形势上却能东西南北开面，雄镇于地上，故名之为岳，复美其名曰琼岳。山不甚高，上下都只有十余里，山之中部多寺观，中以嘉木为一最大之佛刹。寺富有历史性，实系大理国段素英所建，时在宋太宗雍熙年间（984～987），距今已一千一百余年矣。且传云：在宋真宗时，大理国段素隆禅位于其侄素贞后，隆即焚修于此寺，然此亦能有之事也。嘉木在近代，实琼岳山中之一大丛林，僧众逾百人。寺在山半之一段平衍地面，因而基址开展，殿宇崇宏。寺为五进，是连山门而计。第四进之大殿前，有最古最老、至高至大之山茶一株，自根至杪，高及四丈余尺，其出于地面之树根几粗至二人合抱，真千秋大树也。每年冬至后必花，花朵大过于五寸盘。种为千叶红，蕊瓣极密，花心为细瓣包攒，约有六七层，每层均有黄须间隔，略似九心十八瓣之组合，色较一品红为艳，洵异种也。花却次第开放，自冬十一月绽苞，至次年春三月，花英始云谢尽，为时几近半年，其占领春光，发舒阳气，真充足过于万卉矣。而每年开放之花，据寺中住持云，当在二三千朵，其树大如此，亦可能也。寺中之山茶，除此巨大无伦之一株外，尚有三四根株粗及小水桶口者，其形色亦与此老树同，其享寿亦必有二三百年。至粗及拱把者则有数十株焉。远近高低，一若儿孙之侍立左右，惟是一切小树，花开虽盛，究无此老树之花朵大，色艳鲜耳。顾此老树，传云已近千年，吾人固不敢据以为实，然审查肤纹，确古雅已极，枝干又坚结无似，是非历尽千百年之霜露，必不能致此也。山中自有千年树之说，自是对松柏而言，山茶亦能傲霜雪，又何尝不可享千年寿哉！若论滇中山茶，高及二三丈者甚多，但芃（音蓬，草茂）勃处、高爽处、苍老处、荣茂处，终逊于此也。余故曰，滇中茶花，当以此为巨擘，若金殿、若黑水神祠、若芹菜冲、若瓦窑村、若盘龙寺、普济寺等者，俱后辈尔。按：顺宁之嘉木寺，余未到过，老友郑君荣庐曾出守顺宁四年，游过嘉木寺两次，间尝以其所见所闻详语于我。是则嘉木寺里山茶之一切色相，实是郑君语我者，我则本其所言而序入斯文。后来顺宁杨香池君及昆明苏筱村君阅斯文，俱云郑君所言不讹。（《云南掌故》卷9第280页）

《法界寺之遗迹》：嵩明城外，名胜地处绝少，若云唐、宋遗迹，已渺无可寻。惟城之西北有灵宝山，距城约七八里，为往昔之名胜处也。缘山上有一大寺，寺曰法界，建于元代大历年（大历为唐代宗年号，元无大历年。康熙《嵩明州志》钞本法界寺下云："宋天历中建。"亦误，天历乃元文宗年号。光绪《续修嵩明州志》云："法界寺在州西五里灵云山，宋时建。"未列年号。此处"大历"疑是"天历（1328年）"之误，但朝代亦与光绪《志》不符）。在百年前，寺中香火极盛，每年办会，来众逾万。寺有十余院，其规模之大，亦几与晋宁之盘龙寺相若；而寺于咸丰七年（1857年）毁矣！今只余一院曰龙王庙。其殿宇前有红、白茶花各一株，俱根粗及手之五六围，高亦在二丈以外，似可与晋宁盘龙寺之茶花树同其寿数。此残余之庙外，尚有七八处殿宇之基址可寻。且山间多有山茶、白茶、玛瑙茶、银红茶树，杂见于丛灌间，而大小高矮不一，可见其在一二百年前是处花木之茂也。迩来花开时，山中犹艳丽非常，惟以路远地僻，致无多人前往赏之也。(《云南掌故》卷10第295页)

《晋宁盘龙寺》：盘龙寺，在滇中各县多有之，其最著者，厥为晋宁之盘龙寺。……寺建于元代至正年间(1341~1370)，而建寺者为神僧莲峰也。莲峰嗣以肉身坐化于寺，后之者遂尊莲峰为开山祖师，而名之曰盘龙祖师。……此寺在近省一二百里内，堪称第一。山势之雄，林树之茂，庙貌之古，丛林之大，院宇之多，香火之盛，僧众之繁，资产之富，真莫之与京也。……如有一处曰茶花殿，殿系一小院耳，内有茶花两株：一为真正之九心十八瓣之大红茶，花朵大逾饭碗口，色尤鲜艳异常，此种诚为昆明所无。树则高至二丈，根粗若汲水小桶，枝干虽不及金殿之古老，花开时却繁盛过之。旁株为玛瑙茶，树高丈余，根粗亦及手之三围。顾此当是二三百年前所植者也。……(《云南掌故》卷10第312页)

《丽江喇嘛寺中之特殊景物》：光绪甲午年(1894年)，余随侍于丽江县署七阅月，闻人云，距城十余里之某一地处有大喇嘛寺一，其间景物甚佳，遂心焉慕之。……前数年，戚串中有杨绍儒君语于我曰：某年，以部署军事至丽江、维西两郡，因而得游于两郡之各大喇嘛寺。见丽江之某一喇嘛寺中有红茶花一株，花之种类已与一切山花有异，色若丹朱，瓣极繁密，花朵之大，将及一饭碗口径，枝条亦软，有类于川中山茶。树在寺之大殿天墀当中，其栽种处亦奇也。树身却不十分巨大，舒指围之，仅及五围，然亦是数百年物也。寺中僧人真有能耐，竟将此树之枝条柯干节节握弯，编成一屋，高约及丈，阔大处则至丈余，前为门户，其他三面为墙，树身即为此屋之中间站柱，中空处可坐十二三人，顶有覆盖，可以搪猛雨骄阳。花开时，其艳丽处直不能以言语形容。据寺中喇嘛僧云，编造此座屋宇，实经历过四十余年，始云告成，诚耗费工夫不小也。虽然，今亦须随时修整之。咦！此真茶花丛中绝无仅有之一树也！然亦非喇嘛寺中之僧人，不能有此功力也！又一喇嘛寺内有花牌坊一座，系以若干株十里香（十里香属蔷薇科，花朵大于一银蚨，色白、瓣密、香浓，花之组织与木香同，滇人呼之为大木香花）编制而成，高丈余，而宽至三丈余。坊下有门三道，通人出入，花时颇似一座雪筑牌坊，亦唯一无二之景也。其言下如此，余特记之，时在一九四三年春日。（《云南掌故》卷13第415页）

## 山枇杷

山枇杷，《蒙化府志》：花如莲，九瓣而香，与安宁曹溪寺之优昙花同种。（道光《云南通志稿》卷70《蒙化直隶厅》第42页）

## 素馨

素馨花。（正德《云南志》卷2《云南府》第122页）

素馨，陆贾《南中行记》云：南中百花，惟素馨香特酷烈，彼中女子以彩缕穿花心绕髻为饰。梁章隐《咏素馨花》诗云：细花穿弱缕，盘向绿云鬟。用陆语也。花绕髻之饰，至今犹然。《丹铅录》载杨用修诗曰：金碧佳人堕马妆，鹧鸪林里采秋芳。穿花贯缕盘香雪，曾把风流恼陆郎。（天启《滇志》卷32第1046页）

《素馨花》（七绝）：金碧佳人堕马妆，鹧鸪林里斗芬芳。穿花贯缕盘香雪，曾把风流恼陆郎。陆贾《南中行纪》云：南中游女以采丝贯素馨为饰，事载《南方草木状》，贯花绕髻，今犹然。（《升庵集》卷34）

陆贾《南中行记》云：南中百花，惟素馨香特清烈，彼中女子惟采缕穿花心绕髻为饰。梁章隐《咏素馨花》诗云：细花穿弱缕，盘向绿云鬟。用陆语也。花绕髻之饰，至今犹然。《丹铅录》杨用修诗曰:金碧佳人堕马妆,鹧鸪林里采秋芳。穿花贯缕盘香雪,曾把风流恼陆郎。石屏园林多植之。(康熙《石屏州志》卷13第266页)

素馨段素兴,宋庆历中嗣位,性好狎游,广营宫室。于春登堤上多种黄花,名绕道金稜;云津桥上多种白花,名紫城银稜。每春月,必挟妓载酒,自玉案三泉溯为九曲流觞,男女列坐,斗草簪花,以花盘髻上为饰,金花中有素馨者,以素兴最爱,故名。又有花遇歌则开,有草遇舞则动,素兴令歌者傍花,舞者傍草,后以荒逸失国。(康熙《云南通志》卷30第862页)

素馨陆贾《南中行记》云:南中百花,惟素馨香特酷烈,彼南中女子以綵缕穿花心绕髻为饰。梁章隐《咏素馨花》诗云:细花穿弱缕,盘向绿云鬟。用陆语也。花绕髻之饰,至今犹然。《丹铅录》载杨用修诗云:金碧佳人堕马妆,鹧鸪林里采秋芳。穿花贯缕盘香雪,曾把风流恼陆郎。(康熙《云南通志》卷30第874页)

素馨,种移于西域,梵称耶悉茗。《酉阳杂俎》所载野悉蜜花是也。南诏段素兴好佚游,筑春登、云津两堤,分种百花,九曲流觞,男女杂坐,以此花盘所爱美人髻上,因赐名素馨。且曰:我不离汝雅髻边耳。《稗海》谓素馨妓名,生于其塚,缘是得名。指甲花,即素馨也,可以染指,胜于凤仙花。其花有红、白、紫三色,而红者为最。鸡山惟有白带微紫者,枝干婀娜,渐长若藤,可以作棚架。花自蒂出,抽半寸许,中有小孔,其颠四瓣,细瘦,不似迎春柳花肥挺也。六朝尚口脂面药,以此花同茉莉合之,兼入油,可以泽头,於鸡山也何有乎?(《鸡足山志》卷9第336页)

素馨,一名那悉茗花,一名野悉蜜花,来自西域。枝干袅娜,似茉莉而小。叶纤而绿,花四瓣,细瘦,有黄、白二色。须屏架扶起,不然不克自竖。雨中妩态,亦自媚人。(《御定佩文斋广群芳谱》卷43《花谱》)

明李辙《素馨花》(七绝):满架柔春点粉墙,素娥乘鹤下潇湘。小台收得香如许,薰透梨园白羽裳。(康熙《蒙化府志》卷6第45页)

武陵胡蔚《蒙寓雨后看素馨花》(五古):园明余宿雨,凉气侵石骨。涓涓素馨花,芬香午正发。攀条试回转,径侧苍苔滑。幽姿岂迟暮,不与众芳歇。采撷佐清樽,疏帘候佳月。(乾隆《续修蒙化直隶厅志》卷6第3页)

素馨陆贾《南中纪行》云:南中百花,惟素馨香特清烈,彼中女子以綵缕穿花心,绕髻为饰。梁章隐咏其花诗云:"细穿花弱缕,盘向绿云鬟。"用陆语也。绕髻之饰,至今

犹然。杨用修诗云："金碧佳人堕马妆，鹧鸪林里采秋芳。穿花贯缕傅香雪，曾把风流恼陆郎。"（乾隆《石屏州志》卷8第12页）

素馨，旧《云南通志》：山野蔓生，家园广植，蕊红花白，质秀香清，亦有四季开者。旧《志》即《南方草木状》所谓邪悉茗也，称其种来西域。又《滇略》云：南诏段素兴好之，故名。《通雅》云：南汉刘鋹之姬曰素馨，葬处生此，人以名之。檀萃《滇海虞衡志》：素馨，品极贱，蔓延墙壁，曾不能与蔷薇争奇，而滇人矜之，以为出于大理国主段素兴，因名所爱之花曰素兴花，一曰素馨花。段素兴，《野史》所谓天明皇帝也，即位于宋仁宗庆历时，四年见废。是时，宋与大理不通，范氏作《桂志》，当孝宗时，其外斥滇南辄曰西番，曰南蛮，曰蛮国，不应録其花，著其国主之名，而《志》中已有此花，与茉莉为俦，俱出于番禺，不因天明之爱而始著。曰素馨者，为其白而香耳，牵兴为馨，于义安居？（道光《云南通志稿》卷67《通省》第36页）

素馨，《蒙化府志》：花白而香，堪结架为花棚，一名耶蒸茗。陆贾为之记，女人以丝贯盘为髻，南诏以为宫人之饰。（道光《云南通志稿》卷70《蒙化直隶厅》第42页）

滇有素馨花。素兴年少冶游，广营宫室，于东京筑堤植花。有一花以段素兴得名，《野史》谓遇歌则开，遇舞则动，素兴命美人以花篮髻为饰，因名。后讹为木香花。合之罗凤梅，可谓蒙段逸闻。（《滇绎》卷2第692页）

素馨，旧《通志》：山野蔓生，家园广植，蕊红花白，质秀香清，亦有四季开者。旧志即《南方草木状》所谓邪悉茗也，称其种来自西域。又《滇略》云：南诏段素兴好之，故名。《通雅》云：南汉刘鋹之姬曰素馨，葬处生此，人以名之。（光绪《续修顺宁府志》卷13第11页）

## 桃花

顾开雍《滇南月令词·七夕桃花》：月下穿针乞巧归，玉阶

露染素秋衣。长河尚有桃花浪，红晕偏侵织女机。（《御选宋金元明四朝诗·明诗》卷14）

戊寅十月二十五日……其内桃树万株，被陇连壑，想其蒸霞焕彩时，令人笑武陵、天台为爝火矣。西一里，过桃林，则西坞大开，始见田畴交塍，溪流霍霍，村落西悬北山之下，知其即为里仁村矣。（《徐霞客游记·滇游日记四》第845页）

己卯正月二十四日……五里间，聚庐错出，桃杏缤纷。……北一里，有村当平冈间，是曰甸尾村，担者之家在焉，入而饭于桃花下。……自甸尾至此，村落散布，庐舍甚整，桃花流水，环错其间。其西即为朝霞寺峰，正东与石宝山对。（《徐霞客游记·滇游日记六》第949页、951页）

己卯二月十二日……则有桃当门，犹未全放也。……前则桃花点缀，颇有霞痕锦幅之意。（《徐霞客游记·滇游日记七》第969页、970页）

己卯二月十四日……数百步而桃花千树，深红浅晕，倏入锦绣丛中。穿其中，复西上大道，横过其南，其上即万松庵，其下为段氏墓，皆东向。段墓中悬坞中，万松高踞岭上，并桃花坞，其初皆为土官家山，墓为段氏所葬，而桃花、万松，犹其家者。（《徐霞客游记·滇游日记七》第977页）

东川府知府方桂《东川十景并引·竜募桃花》（七律）：禹门躍浪类嘉名，堪助飞腾万里程。陵口漫寻渔父迹，渡头常系美人情。润沾鳞甲翻红雨，光动牙须耀赤瑛。花事正繁春水暖，陆行仙客肯骑鲸。（乾隆《东川府志》卷20下第71页）

望鹤轩在巍山之后，地利植桃，春时一望如锦。（乾隆《续修蒙化直隶厅志》卷2第106页）

阚应乾《秀山桃花溪行》（歌行）：清溪南山麓，溪迳盘春谷。桃花三十树，二月一茅屋。老树花淡红，初蕊赤如瞳。颜色间相照，碧柳摇溪东。我来看花怕花落，昨夜大风吼云壑。寻到溪边问流水，花片不曾遭风掠。万物荣枯各有天，白沙精湛小龙泉。穿花树底坐泉石，眼空世俗便神仙。桃叶渡口落星冈，千花万水

飞春觞。双湖我已具舟航，望望江南思苍茫。（康熙《云南通志》卷 29 第 811 页）

清段缙《署中咏小桃》（七言）：连日春深雨正催，小桃花见几枝开。草堂昨夜诗怀壮，笑饮明霞数举杯。（乾隆《河西县志》卷 4 第 451 页）

清向岳邑人《帅府桃林》（七言）：曲陀关峻垒千寻，帅府门前草木深。想是将军不好武，放牛应亦在桃林。（乾隆《河西县志》卷 4 第 452 页）

清谭璜《帅府桃林》（五律）：想得桃源径，雄风秉重钧。关屯千里帅，戟耀一林春。往事残阳断，花光晓露新。遥闻枝上鸟，多是唤游人。（乾隆《河西县志》卷 4 第 456 页）

明朱光正里无考《帅府桃林》（七律）：名园花放试春妆，武地今为礼让邦。曾泛禹门三汲浪，骨陪陶径九秋香。东风骀荡红霞烂，丽日暄妍翠景芳。贤尹后来能继植，河西即是古河阳。（乾隆《河西县志》卷 4 第 459 页）

碧桃，碧桃花大而色深红，攒簇成球，极富丽可玩。（《滇南闻见录》卷下第 39 页）

清李含章《闺中四詠 · 夹竹桃》（五律）：未觉红颜老，遥怜翠袖翻。此君真解事，之子最销魂。洞口云常合，湘江泪有痕。莫嫌清节减，得气总暄温。（道光《晋宁州志》卷 12 第 31 页）

桃花，旧《云南通志》：有绛桃、碧桃、芙蓉桃、夹竹桃数种。（道光《云南通志稿》卷 67《通省》第 29 页）

桃花，采访：有绛桃、碧桃、芙蓉桃、夹竹桃数种。（光绪《续修顺宁府志》卷 13 第 9 页）

## 天女花

天女花，旧《云南通志》：花似玉兰而白过之，暮春始开，香甚清远。（道光《云南通志稿》卷 67《通省》第 28 页）

## 桐花

己卯五月三十日……阁前南隙地，有花一树甚红，即飞松之桐花也，色与刺桐相似，花状如凌霄而小甚，然花而不实，土人谓之雄树。（《徐霞客游记·滇游日记十》第1115页）

明杨慎《桐花》（五律）：曲水惠风轻，桐花正吐英。枝条引晨露，门巷近清明。剪剪寒应尽，霏霏雪不惊。啄花天风小，又见绿成阴。（乾隆《弥勒州志》卷27第201页）

## 荼蘼

清镇南州知州陈元《荼蘼架》：夭枝无力斗春风，斜倚栏杆十二重。绝似江都金带芍，一时花朵作三公。（楚雄旧志全书“南华卷”康熙《镇南州志》卷6第56页）

清许点山《荼蘼架》：俸钱半是折清风，曲坞空盘翠几重。最是名花开绰约，笼烟罩月伴愚公。（楚雄旧志全书“南华卷”康熙《镇南州志》卷6第57页）

## 仙人掌

仙人掌，形如履底，厚半寸许，长尺许，宽二寸许，色深绿，无枝叶，遍生小刺，插土中即活。就刺上生花，黄色，复结成一掌，层累而上，即可成树。乍见之颇以为异，其实不足观也。（《滇南闻见录》卷下第40页）

仙人掌，旧《云南通志》：叶肥厚如掌，多刺，相接成枝，花名王英，色红黄，实似小瓜，可食。（道光《云南通志稿》卷67《通省》第32页）

仙人掌，旧《通志》：叶肥厚如掌，多刺，花色红黄，滇中遍地多有。（光绪《续修顺宁府志》卷13第10页）

## 小桃红

小桃红附，其本高不逾四尺，身薄具茨。其干条皆细，子绿，在其下作蒂，而花即开其上，红色甚鲜妍，单瓣类水仙花状，可作盆景。（《鸡足山志》卷9第330页）

小桃红，叶如海棠，干如枳棘，花如木瓜，赤色黄蕊，果如龙眼而扁，形如金瓜有楞，香味亦多类木瓜。二月华，十月实，城中及其宗喇普皆有之。（《维西见闻纪》第13页）

小桃红，余庆远《维西闻见录》：叶如海棠，干似枳棘，花如木瓜，赤色黄蕊，果如龙眼而扁，形如金瓜有稜，香味亦多类木瓜。二月华，十月实，城中及其宗喇普皆有之。（道光《云南通志稿》卷69《丽江府》第46页）

## 杏花

己卯正月初三日……寺前杏花初放，各折一枝携之上；既下，则寺前桃亦缤纷，前之杏色愈浅而繁，后之桃靥更新而艳，五日之间，芳菲乃尔。睹春色之来天地，益感浮云之变古今也。（《徐霞客游记·滇游日记六》第923页）

## 绣球花

绣球花附，数花盘簇如毬，其叶有皱纹，质理亦涩。蜀中则有红、紫、黄、白、缅青、桃红、间绿等七色。于念东诗云：绿萼间琼朵,团团低入户。错落水晶毬,苔痕杂委露。又杨巽峰诗:纷纷红紫竞芳菲,争似团酥越様奇。料想花神闲戏擘,随风吹起坠繁枝。其张铭盘诗云:散作千花簇作团,玲珑如琢巧如攒。风来似欲拟明月,好与三郎醉后看。(《鸡足山志》卷 9 第 332 页)

滇中绣球,红白者极盛,有浅红木本者,花与叶大不过如小胡桃,向阳成深粉红色,置之背阴处一二日,即变为翠羽色,非青非蓝,花光照人,土人亦极贵重,呼之曰翠核桃,其叶大而花繁者,则弥满山谷矣。(《云南风土记》第 50 页)

绣毬花,旧《云南通志》:有红、白、紫色三种。(道光《云南通志稿》卷 67《通省》第 29 页)

## 雪柳

雪柳,《昆明县采访》:会城城隍庙内有雪柳一株,已数百年物。(道光《云南通志稿》卷 69《云南府》第 5 页)

雪柳,《昆明县采访》:会城城隍庙雪柳已数百年物。按树已半枯,叶如冬青大小,疏密无定。春深开花,一枝数朵,长筒长瓣,似素兴而色白。雪柳之名,或以此。插枝就接皆不生。(《植物名实图考》木类卷 36 第 834 页)

雪柳,生云南山阜。小木紫干,全似水柳,而叶小柔韧,黄花作穗。老则为絮,幂树浮波,吹风落毳。滇南有柳少花,得此矮柯,但见糁径铺氈,不能漫天作雪矣。(《植物名实图考》木类卷 36 第 846 页)

## 夜合花

夜合树高广数十亩,枝干扶疏曲折,开花如小山覆锦被,绝非江浙马缨之比。(《滇游记》第 7 页)

夜合，陈鼎《滇黔纪游》：夜合树高广数十亩，枝干扶疏曲折，开花如小山覆锦被，绝非江浙马缨之比。（道光《云南通志稿》卷69《大理府》第14页）

## 罂粟花

罂粟、阿芙蓉，即罂粟花也。治泻痢，脱肛不止，能涩。气味酸涩，壳寒，无毒。主治止泻痢及脱肛，治遗精、久咳、敛肺、涩肠、止心腹筋骨诸痛。（《滇南本草》第40页范本）

蘡粟花其叶若苦麻菜，花开繁大，有红白黄紫四种。（景泰《云南图经志书》卷4《楚雄府》第207页）

莺粟花，连畴接陇于黛柳镜波之间，景趣殊胜。（《徐霞客游记·滇游日记八》第1004页）

罂子粟，今人则写为鶯粟，非矣。盖谓其花落则有罂子，而罂子中则有粟耳。花色多于金凤花之色，其千叶者江南讹为丽春。唐开宝名御米，谓淪极细米，作粥良者是也。又时珍名象穀。大内研滤其浆，匀绿豆粉作腐食，多采取油调和百味，良。鶯粟，从俗呼也。叶可作蔬，谓鸦片即鶯粟之津液，用刺其囊，迨液出，听干，乃以竹刀刮之，然自殊域来，未之足信。（《鸡足山志》卷9第339页）

## 樱花

明杨师孔《人日直指朱白翁招院中看火树》（七律）：芳晨节候喜从新，景色天涯倍觉亲。肺腑收春我怜我，樱花随俗人宜人。海云净敛舒晴眼，华月孤明惬夜情。惟有柏台春树艳，天花和露总铺银。（天启《滇志》卷28第954页）

## 樱桃花

樱桃花，旧《云南通志》：樱桃有红白二种，红为苦樱，白子甘可食。（道光《云南通志稿》卷67《通省》第30页）

樱桃花，旧《通志》：樱桃有红白二种，红为苦樱，白子甘可食。采访：顺宁有山樱二种，子如牛乳者味苦，子如细米者味甘可食。（光绪《续修顺宁府志》卷13第10页）

## 玉兰花

玉兰花〖一名辛夷〗，味辛、微苦，性温。治脑漏鼻渊、〖祛〗风，新瓦焙为末。治面寒疼、胃气疼，引点热烧酒服。（《滇南本草》第18页丛本）

明朱泰祯《赤佛崖署中见白兰一本，奇姿艳发，旁有墨兰数茎，并所未睹，因志之，时立冬前一日》（七律）：秋冬之际美山行，况复殷宵作雨声。明玉万条清响乱，溪烟微抹黛痕轻。白兰静对通禅观，赤佛应知入化城。霁晚孤吹聊极目，百轮新水碓香秔。（天启《滇志》卷28第953页）

明王士章邑人《辛夷》（五古）：春姿漾阶墀，素壁移清影。辛夷开晓花，莹白压桃杏。珍此良玉姿，不数绝代靓。淡然台榭间，日永天风静。但觉仙露滋，仍畏春日冷。高出无尘滓，坐对有严整。遐想君子德，清冽如可领。红紫奚堪赏，令人发深省。（康熙《河西县志》卷6第486页）

清陈金珏《蒙署花卉杂咏二十一首·玉兰》（七绝）：独立空庭带笑颦，卍阑几曲静无人。夜深弄月能飘瞥，我欲吮毫照洛神。（康熙《蒙化府志》卷6第52页）

辛夷，《别录》谓生汉中魏兴、梁州山谷间。保昇曰：树能合抱，叶类柿叶而狭长。宗奭曰：植诸园亭，先花后叶。昔刘禹锡见苑中树高三四丈，其叶繁茂。正二月花开，紫带白色。其叶藏苞中，上有毛，类殭桃。花毕，叶始从苞中发者是也。《甘泉赋》植辛雉于林薄，即辛夷矣。缘其有苞，名候桃；缘其花始在房中，名房木。花甚清香。在房苞中时，采之可以入药。（《鸡足山志》卷 9 第 331 页）

玉兰附，即服虔所谓迎春也。必用辛夷接之始成，以故以辛夷为玉兰之本。花状与辛夷同，但其白如雪，其香似兰，铁干冰姿，相为映带，然叶与树，均与辛夷同耳。（《鸡足山志》卷 9 第 331 页）

沈天锡《寂光寺看玉兰花》（五律）：一片玉光明，寒花弄晚晴。淡烟过有影，清露滴无声。色引霜禽下，香迷粉蝶轻。素娥何处梦？枝上月初生。（《鸡足山志》卷 13 第 528 页）

清王悦洒阳《薇溪玉兰》（七绝）：素质天然依太清，千枝堆雪眼增明。淡妆虢国初呈面，归璧相如不换城。（楚雄旧志全书“楚雄卷上”康熙《楚雄府志》卷 10 第 560 页）

## 玉薇花

玉薇花，《临安府志》：阿迷冰泉山有玉薇花一本，似紫薇而色纯白，相传华则州必有登甲科者，屡试皆验，后为野火所烧。雍正丙午，重发一蕊，丁未，张坦登第，亦异征也。（道光《云南通志稿》卷 69《临安府》第 21 页）

## 优昙花

优昙花，云南府省城土主庙。南诏蒙氏时，有僧菩提巴波，一名大又法师，自西天竺来，以所携念珠九子种左右。树高数

丈,枝叶扶疏,每岁四月花开如莲,有十二瓣,遇闰多一瓣。今存西一树,尚茂。(《增订南诏野史》卷下第 40 页)

安宁温泉西岸有寺曰曹溪寺,其中有昙花树一株,相传自西域来者。扶疏百尺,绿叶白花,移蘖他种,终不复活。其温泉之侧有无名树,仅四五尺,蟠根石崖,四时不雕,亦不复长。杨用修游其地,有瑶草蟠千岁之语,今距用修又且百年矣,而形质如故,不知其为何木也。(《滇略》卷 3 第 230 页)

戊寅十月二十六日……殿东西各有巨碑,为杨太史升庵所著,乃拂碑读之,知寺中有优昙花树诸胜。……二十七日……其树在殿前东北隅二门外坡间,今已筑之墙版中,其高三丈余,大一人抱,而叶甚大,下有嫩枝旁丛。闻开花当六月伏中,其色白而淡黄,大如莲而瓣长,其香甚烈而无实。余摘数叶置囊中。(《徐霞客游记·滇游日记四》第 856 页)

戊寅十一月初六日……过土主庙,入其中观菩提树。树在正殿陛庭间甬道之西,其大四五抱,干上耸而枝盘覆,叶长二三寸,似枇杷而光。土人言,其花亦白而带淡黄色,瓣如莲,长亦二三寸,每朵十二瓣,遇闰岁则添一瓣。以一花之微,而按天行之数,不但泉之能应刻(州勾漏泉,刻百沸),而物之能测象如此,亦奇矣。土人每以社日,群至树下,灼艾代灸,言灸树即同灸身,病应灸而解。此固诞妄,而树肤为之瘢痂无余焉。(《徐霞客游记·滇游日记四》第 866 页)

优昙花(出安宁曹溪寺,状如莲,有十二瓣,闰月则多一瓣,色白气香,种来西域。)(康熙《云南通志》卷 12《云南府》第 226 页)

范青(上海)《曹溪寺宝花》(七律):祖庭曾记说风旛,赢得优昙散寺门。青菡萏吹香有韵,碧琅玕写滑无痕。分来少室怜同气,看到杨州恨不存。怪底闰年葩一月,此花元是月为魂。(康熙《云南通志》卷 29 第 840 页)

优昙花,生北山中,即波罗花。每开十二瓣,闰月多一瓣,色红润而叶厚。(楚雄旧志全书"禄丰卷下"康熙《琅盐井志》卷 1 第 1047 页)

优昙花，凡内地所有之花，无不有，亦无不佳。而又有内地所无者，如优昙花，叶似梧桐，花之形色似玉兰，而花瓣微短，白稍逊，间有微香，相传为佛家遗种。（《滇南闻见录》卷下第40页）

松江许缵曾《优昙花纪事》：滇南在南交昧谷之交，唐虞时实通中国，夏商周属徼外，为西南靡莫之地。战国时庄蹻略地至滇池，因王其地，号滇国。秦通五尺道，置吏。汉武以后乃称益州。其间山川磅礴，神异挺生，志乘所载，详凿言之矣。若夫英灵之气，散为百卉，如滇茶之种七十有二，扶桑五色，艳同霞绮，以及奇花异植，未经见者，笔不胜纪。最后则闻大理府有和山花，云大理负山临海，山为灵鹫，水为西洱，昔阿育王始封之地，以故释迦说法，大士化身，灵迹诡异，莫可殚述。灵鹫之旁为和山，是曰上关，树生和山之麓，高六七丈，其干似桂，其花白，每花十二瓣，以应十二月，遇闰则多一瓣。佛日盛开，异香芬馥，非凡花臭味，中出一蕊如稗穗，俗以为仙人遗种。余驻迹会城昆明，距叶榆千里，非公事不得往。逮大理诸司有赴省投谒者，问之则曰：十年前主僧恶人剥啄，佯置火树下，今成灰烬矣。余为之惘然，居无何。阅云南府志载：优昙花，在城中土主庙内，高二十丈，枝叶丛茂，每岁四月花开如莲，有十二瓣，闰岁则多一瓣，占花多少以卜岁，亦名娑罗树。昔蒙氏乐诚魁时，有神僧菩提巴波，自天竺至，以所携念珠分其一手植之。余恍然曰：是与和山花何以异哉！洱海之俗特未知其真名尔。急使人至土主庙，则久没兵燹中，庙亦新构，非旧宇久之。安宁州朱守至，盛称州城之北有温泉，为海内第一，隔岸为曹溪寺，寺中有昙花树，来自西域，滇省惟此一株，更无其二。余考谢肇淛《滇略》曰：安宁过泉西岸，有寺曰曹溪，其中有昙花树一株，相传自西域来者，扶疏百尺，绿叶百花，移蘖他种，终不复活，合之州守之说相符。余乃谓守曰：安宁之优昙、大理之和山、土主庙之娑罗树，其花同，其色同，其枝干亦同，特因其地而异其名耳。今和山、土主庙二本，不可复见，安宁一株无异鲁灵光矣。壬子夏四月，值昙花盛开，州守乃驰使折一枝以赠。其花叶枝干，合之载乘，果无异也。余笑谓守曰：志称移蘖他处，终不复活，果如是，则西方衹树不复传于人间矣。夫草木无知之物也，然灵根异卉，未尝不与善气相迎。子官州牧，一尘不染，我为士师，终朝脱粟，其清虚冲澹之气，于世初无迎合，与优昙未必无善缘。子姑为我栽之。太守曰：诺。乃采柔条百枝，遍插于大树之旁。三月后，太守椷书报余曰：一枝已萌蘖矣。余喜甚，乃移置盆盎中，碧叶斕然，一根五幹，土人惊相誇诩，以为奇瑞。冬十一月，余得请还里，遂舁之以归，犯冰雪，历水陆者，五阅月，始抵里，枝幹稍凋落，乃易盎而植之。今年春，轧茁怒生，至夏五骤长三尺，虬枝翠色，已具扶疎之状。余喜西来异种，无心得植，且万里相随，霜雪不改，似与余有善缘也者，故援笔记之。师范曰：抚署优昙花，亦分自安宁者。庚申秋初，中丞绘图百幅，广索题咏，予曾赋七律四章。然滇花之奇者，犹有龙女花。相传南诏时，赵波罗习静点苍山之感通寺，龙女化美妇人相试，拔剑逐之，入地而没，旋于其处，出此药类。冬青花，白如雪，香如兰，似栀子而差小，花心一罗汉结趺而坐，或如意一只端好曲肖，后为恶僧所坏，游者恒多至，慨今幸王圣峯学正园内尚有其种，优孟貌孙叔敖，抵掌谈笑，殊足令楚王神移也。方邵村笔记云：滇中丁香，木本，高十余尺，枝如指而空，叶如桃少肥绿而嫩，花如茉莉大倍之，色娇红如海棠微香沁人。每枝花蘽生缀叶末，贮以盆，享客则移筵前以佐酒，悬灯清夜，或月上风来，歌停耳热，每含笑向人低徊欲堕，令人有太真当年汤泉初出之想。又谓雪兰，产永昌，色白，其心紫甚鲜，茎几十数花，光可鉴人。夏始苞，经秋不落，有好事者与丁香移之东下，中道皆萎，故江南无此种。至若扶桑、紫薇、杜鹃、素馨，遍蒲园亭，偶一动念，筠床午梦，已蘧蘧金碧苍洱之间矣。（《滇系・典故七之四》第55页）

优昙花，滇中颇多。花青白无俗艳，诚佛家花也。优钵昙花，一年一见。一见之后，于是我佛乃说《妙法莲华经》。经流传人间，花亦不复收去，俾人间见花即如见我佛。是从前之千年一见者，今则日日见之矣，亦可以无疑于其多矣。（《滇海虞衡志》第215页）

萧炳春（太守）（江右）《郡署优昙花》：罗伽郡署有优昙花，甚高大，相传滇省有名之物，远近多来采其叶，以疗目疾，因赋之：昔我购得优昙画（予得富春董文恭相国所藏倪云林《优钵昙花图诗》画，旁有董文敏宗伯重题此图。明时藏曹甫暨程季白家），今年乃见优昙花。种移西域花一钵，其香清幽无以加。瓣类莲朵色黄白。叶大于掌如枇杷。此本屈曲高二丈，苍柯老干多岁华。夏初秋深风露夜，芬芳竞体滋萌芽（花开每在夜分）。静惹旃檀别有悟，气吹兰桂奚足夸。菩提自宜空王地，长与贝多参无遮。胡乃风烟历凡劫，盘根错节来官衙。我知前人手植有深意，相期生佛慈悲庇万家。东阁官梅兴不浅，南国甘棠爱无涯。杞梓竞秀相辉映，棫朴赓歌同拜嘉。趋民福林勤爱惜，毋令樾荫凋谢群咨嗟。（道光《澄江府志》卷15第16页）

优昙花，《云南府志》：出安宁州曹溪寺，种自西域，状如莲，有十二瓣，闰月则多一瓣，色白气香，他处绝少。《黄山志》：安宁州优昙花，亦婆罗花类，后因兵燹伐去，遂无其种，今忽一枝从根旁发出，已及拱矣。（道光《云南通志稿》卷69《云南府》第4页）

优昙花，生云南，大树苍郁，幹如木，叶似枇杷，光泽无毛，附幹四面错生。春开花如莲，有十二瓣，闰月则增一瓣。色白，亦有红者，一开即敛，故名。按《滇志》所纪，大率相同。或有谓花开七瓣者。扶衙东偏有一树，百余年物也，枝叶皆类辛夷花，只六瓣，似玉兰而有黄蕊，外有苞，与花俱放如瓣三，色绿，人皆呼波罗花。考《白香山集》，木莲生巴峡山谷，花如莲，色香艳腻皆同，独房蕊异。四月始开，二十日即谢，不结实。其形状、气候皆相类，此岂即木莲耶？滇近西藏，花果名多西方语，纪载从而饰之，遂近夸诞。许缵曾《东还纪程》，谓优昙和山娑罗皆一物，而云花叶无异载乘。今此花只及一岁之半，又园圃分植，辄生乡间，摘叶以为雨笠，非复灵光岿存，岂昙花终非可移，而姑以木莲冒之耶？抑此花本六瓣，闰月增一为七，而《纪乘》误耶？否则和山等同为一种，以肥瘠、灵俗而有千层、单瓣耶？又滇花瓣数，一树之上，多寡常殊，应月之瓣，或偶值之耶？余以所见绘之图，而録《东还纪程》于后以备考，其余耳食之谈，皆不具。《东还纪程》：大理府山为灵鹫，水为西洱。灵鹫之旁为和山，树生和山之麓。高六七丈，其幹似桂，其花白，每花十二瓣，遇闰则多一瓣。佛日盛开，异香芬馥，非凡臭味。中出一蕊如稗穗，俗以为仙人遗种。主僧恶人剥啄，佯置火树下成灰烬。《云南府志》：优昙花在城中土主庙内，高二十丈，枝叶扶茂。每岁四月，花开如莲，有十二瓣，闰岁则多一瓣，亦名娑罗树。昔蒙氏乐诚魁时，有神僧菩提巴波天竺至，以所携念珠分其一手植之，久没兵燹中。谢肇淛《滇略》：安宁过泉西岸有寺，曰曹溪，其中有昙花树一株，相传自西域来者。绿叶白花，移蘖他种，终不复活。余谓安宁之优昙，大理之和山，土主庙之娑罗，其花同，其色同，其枝幹亦同，特异地而异名耳。壬子夏，昙花盛开，州守驰使折一枝以赠，其花叶枝幹，合之载乘，果无异也。太守乃采柔条，遍插于大树之旁。三月后报曰：一枝已萌蘖矣。余喜甚，乃移置盆盎，碧叶烂然，一根五幹，土人惊诩以为奇瑞。又《云南通志稿》载郎中阮福《木莲花说》，与鄙见合。惟云南督署旧有红优昙，说中以为皆是白花，余访之信。偶买花担上折枝，得紫苞者，疑为红花也。及苞坼则绿白瓣，无少异。岂制府中之殷红者亦此类耶？李时珍以木莲初作紫苞，似辛夷，尤相吻合，而又以真木兰即此。然则虬幹婆娑者，其即征帆送远之花身耶？阮说尚未之及。昔人有谓木兰与桂为一种者，此树叶皮味皆辛，微似桂。（《植物名实图考》木类卷36第830页）

## 栀子

栀子花，味苦，性寒。泻肺火，止肺热咳嗽，止鼻衄血，消痰。（《滇南本草》第210页务本）

明沐璘《栀子花》（五古）：娟娟六出花，郁郁发朱阳。移根自西域，独擅名园芳。幽香通鼻观，炎天亦清凉。何当献佳实，染作天袍黄。（景泰《云南图经志书》卷9第439页）

清陈金珏《蒙署花卉杂咏二十一首·栀子》(七绝):六瓣嫣然虢国妆,不将素面面君王。凄清独立雕阑畔,谁领含娇娘子香。(康熙《蒙化府志》卷6第50页)

山栀子,滇山栀子生云南山中。小木硬叶,结绿实成串,形似小桃,大如豆,三棱。(《植物名实图考》木类卷36第847页)

## 紫薇花

紫薇花,味酸,性寒。治产后血〖崩〗〖不止〗、不通、不定,血隔症瘕,崩中带下,淋沥,洗疥癞癣疮。(《滇南本草》第78页丛本)

滇中茶花甲于天下,而会城内外尤胜。……其紫薇树尤极繁盛,皆高十数丈,荫数亩许,公署尤多,盖千百年物也。自夏徂秋,绀英照耀庭庑,令人留连吟赏,不忍舍去,足称二绝。(《滇略》卷3第229页)

己卯六月十四日……一里而至金鸡村。其村居庐连夹甚盛,当木鼓山之东南麓。村东有泉二池,出石穴中,一温一寒。居人引温者汇于街中为池,上覆以屋。又有正屋三楹临池之南,庭中紫薇二大树甚艳,前有门若公馆然。(《徐霞客游记·滇游日记十》第1127页)

清陈金珏《蒙署花卉杂咏二十一首·紫薇》(七绝):老幹凝脂世所希,无端殷紫斗朝晖。遐方不尽摩娑意,书记空惭杜紫薇。(康熙《蒙化府志》卷6第51页)

玉薇花正德间,冰泉山玉皇阁中紫薇一本,相传有登甲科者开玉薇一枝。历考正德甲戌王廷表、万历戊戌杨应登、壬戌李柱民、天启甲戌万民表屡验,后为野烧所毁。本朝雍正丙午年,重发一蕊,迨丁未张坦登甲,亦异征也。(雍正《阿迷州志》卷23第269页)

紫薇花,树既高大,花又繁盛茂密,多植于官署庭堂。满院绛云,不复草茅气象。此花宜为第三。滇无鼎甲,以三花鼎甲之,足以破荒而洗陋矣。此固花王得以开科,花神读之,得以品第进呈者矣。美矣!尚矣!至其他之奇出者,以类次之。(《滇

海虞衡志》第213页)

紫微花,王象晋《群芳谱》:一名百日红,一名怕痒树,一名猴刺脱。树身光滑,花六瓣,色微红紫,皱蒂长一二分,每瓣又各一蒂长分许,蜡跗茸萼,赤茎一颖数花,每微风至,妖娇颤动,人以手爪其肤,彻顶动摇,故名怕痒。四五月始花,开谢接续,可至八九月,故又名百日红。省中多植此花,取其耐久且爛漫可爱也。檀萃《滇海虞衡志》:树既高大,花又繁盛茂密,多植于官署庭前,满院绛云,不复草茅气象。(道光《云南通志稿》卷67《通省》第31页)

紫微花,采访:此花树身光滑,花六瓣,色微红紫,蒂长一二分,一名白日红,一名怕痒树。四五月始花,开谢接续,可至八九月,故曰百日红。以手抓其肤,彻顶动摇,故曰怕痒。顺宁多有。(光绪《续修顺宁府志》卷13第10页)

## (二)草本

### 百合花

百合花,味甘平微苦,性微寒。入肺,止咳嗽、利小便、安神、宁心、定志。味甘〖者〗,清肺气,易于消散;味酸〖者〗,敛肺,有风邪者忌用。(《滇南本草》第567页务本)

百合,以丽江者为最佳,实大而味甘不苦,但产甚少,土人折瓣出售,留其心复种也。(《滇南闻见录》卷下第35页)

百合花滇俗以插瓶,而其实则比佳果,以为馈。出于曲靖、南宁、宣威,且洗之以为粉,清香甚美。滇俗以临安藕粉、南宁百合粉、宣威蕨粉充官场馈送。(《滇海虞衡志》第254页)

# 白鹤花

白鹤花，檀萃《农部琐录》：宛如飞鹤，头翅尾俱全，色白，草本。（道光《云南通志稿》卷70《武定直隶州》第51页）

# 白淑气花

白淑气花，用小朵者根又名土黄蓍，味甘微涩，性平。凡白带、筋骨疼良效。白蜀葵，一名〖小〗蜀芪，味甘微酸，性微温。行经络，治手足痿软，筋骨疼痛，止妇人白带。（《滇南本草》第408页务本）

# 报春花

报春花，乃草花也，开最早，故名。花瓣纤细，色淡青莲，雅致可爱，遍满阶砌间，为百花铺衬，甚佳。（《滇南闻见录》卷下第40页）

报春花，生云南。铺地生叶如小葵，一茎一叶。立春前抽细葶，发杈开小筩子五瓣粉红花。瓣圆中有小缺，无心。盆盎山石间，簇簇递开，小草中颇有绰约之致。按傅元《紫华赋序》，紫华一名长乐，生于蜀。苏頲亦有《长乐花赋》。《遵义府志》引《益部谈资》云，长乐花枝叶皆如虎耳草，秋后丛生盆盎间，开紫色小花，冬末转盛，鲜丽可爱。居人献岁，以此为馈，名曰时花。核其形状，当即此花。今滇俗亦以岁晚盆景。（《植物名实图考》群芳卷29第692页）

## 地涌金莲

地涌金莲,味苦涩,性寒。治妇人白带,红崩日久,大肠下血。(《滇南本草》第561页务本)

地涌莲,高一二丈,形类棕榈,花如莲,亦名木莲。其小而蔓生者曰西番莲,鸡足僧寮多植之。(《滇略》卷3第230页)

地涌金莲,生云南山中。如芭蕉页叶短,中心突出一花,如莲色黄,日坼一二瓣,瓣中有蕤,与甘露同。新苞抽长,旧瓣相仍,层层堆积,宛如雕刻佛座。(《植物名实图考》群芳卷29第695页)

地涌金莲花,其本圆直,如三尺阑柱,花开其颠,状千叶莲,深黄作金色,花落叶出,亦如凤蕉。然当未开时,俨疑刻木立表也。(《滇南新语》第25页)

## 凤凰蛋

凤凰蛋附地涌金莲,余司黑井时,土人献凤凰蛋,大如僧家钵,形正圆,色深碧。揭其外肤,似凤尾蕉叶,交护层罗,肤尽中空,缀黄实十余枚,类枇杷,壳如栗,肉白。土人云:味与生银杏埒,微涩,食之固精气,产深箐悬崖,采之不易。樵者偶获,即送官邀赏,余薄赏之,而还其所献。(《滇南新语》第25页)

## 凤仙花

凤仙,花色变态不一状,红、紫、玛瑙、桃红、牙色、白色,无所不有,惟黄色者间有之。张宛丘呼之为菊婢,韦里居呼之为羽客。其类菊婢矣,何为羽客哉!妓之颇识字者类之矣。初玩则然,细玩则幽情艳举,则又识字妓之转想,欲作女黄冠入道者也。其子名急性子。《救荒秘笈》名之为海蒳花。叶捣之可染指甲。类状,则花曰金凤子,曰旱珍珠。金凤花,虽非野生,以子落则他年必发,故种不能遗。(《鸡足山志》卷9第338页)

清陈金珏《蒙署花卉杂咏二十一首·凤仙自日本分支于敝庐已六载矣,兹偶携种粒植于蒙署,色泽嫣然,故得例及》(七绝):番舶初分已六年,梦庐无岁不周旋。偶然万里同为客,纤态含娇倍可怜。(康熙《蒙化府志》卷6第51页)

凤仙,旧《云南通志》:俗名金凤。《花谱》:一名金凤花,各色俱有。(道光《云南通志稿》卷67《通省》第36页)

凤仙,旧《通志》:俗名金凤。《花谱》:一名金凤花,各色俱有。采访:顺宁有玛瑙色者。(光绪《续修顺宁府志》卷13第11页)

## 伏牛、隔虎刺花

伏牛,此野本,俗呼作山黄杨,其实即隔虎刺花也,《集解》谓产益州泽中者是也。隔虎刺花,叶坚劲,其稜有刺,其花冲黄,燦燦作麄穗,凌冬不凋,其木色胜黄蘗。(《鸡足山志》卷9第339页)

## 红花

己卯四月十一日……峡中所种,俱红花成畦,已可采矣。(《徐霞客游记·滇游日记九》第1050页)

## 鸡冠花

鸡冠花，味苦〖微辛〗，性寒。花有赤、白。止肠风血热，妇人红崩带下。赤痢下血，用红花效；白痢下血，用白花效。（《滇南本草》第 69 页丛本）

鸡冠花，象形也。花最耐久，有五色。《苏子由诗集注》谓玉树后庭花，曲谱由是得名焉。赤玉丹砂，梅圣俞《鸡冠诗》曰：花神记百卉，五色异甘酸。乃有秋花实，金如鸡帻丹。宠烟何耸壑？泣露更团团。取譬无可意，得名殊足观。逼真归造化，任巧即凋剜。赤玉书留魏，丹砂句诵韩。诚能因物化，谁谓入时难？盖魏文有赤如鸡冠之句，昌黎有头垂碎丹砂之诗也。然诗如《艺文类聚》中语，甚觉腐俗。（《鸡足山志》卷 9 第 338 页）

鸡冠，旧《云南通志》：有高足、矮足、百鸟朝王数种。（道光《云南通志稿》卷 67《通省》第 36 页）

鸡冠，旧《通志》：有高足、矮足、百鸟朝王数种。（光绪《续修顺宁府志》卷 13 第 11 页）

## 鸡爪花

鸡爪花，亦野素馨也。满山有之，初开微紫，久则白矣，可以作棚架，芬气中微带浅臭。（《鸡足山志》卷 9 第 337 页）

鸡爪，《蒙化府志》：花类素馨，香微逊之。（道光《云南通志稿》卷 70《蒙化厅》第 42 页）

鸡爪，采访：花类素馨，香微逊之。（光绪《续修顺宁府志》卷 13 第 12 页）

## 金丝莲

金丝莲,形与地荷叶相似,延蔓而生。叶有六方,花开五瓣,黄色似铃,又名金狮铃。气味甘、苦,〖性〗微寒。专治包伤打伤,或无名肿毒,或筋骨疼痛,熬水熏蒸即愈。(《滇南本草》第704页范本)

## 菊花

附杨庄介公升庵《滇南月节词》:九月滇南篱菊秀,银香玉露香盈手,百种千名殊未有,摇落后,橙黄橘绿为三友。摘得金英来泛酒,西山爽气当窗牖,鬓插茱萸歌献寿,君醉否?水昌宫里过重九。(《增订南诏野史》卷下第72页)

明谢三秀《奉和学宪致虚樊公署中瑞菊韵》(五律):奇葩开月下,分影上瑶窗。诗垒因之破,愁城于此降。蕊宫应第一,花史本无双。清赏未云已,余欢趁夜缸。(天启《滇志》卷27第922页)

顾开雍《滇南月令词·端阳采菊》:菖蒲初进石榴卮,忽报黄花香满篱。总是朱灵分寿缕,长生先试傲霜枝。(《御选宋金元明四朝诗·明诗》卷14)

戊寅八月初十日……是日午霁,始见黄菊大开菊惟黄色,不大。又有西番菊。(《徐霞客游记·滇游日记二》第747页)

戊寅九月初九日……是日为重九,高风鼓寒,以登高之候,而独作袁安僵卧之态,以日日跻攀崇峻不少也。下午,主人携菊具酌,不觉陶然而卧。(《徐霞客游记·滇游日记三》第791页)

戊寅九月十二日……庭中有西番菊两株,其花大如盘,簇瓣无心,赤光灿烂,黄菊为之夺艳,乃子种而非根分,此其异于诸菊者。(《徐霞客游记·滇游日记三》第794页)

戊寅九月十四日……半里入金龙庵。庵颇整洁，庭中菊数十本，披霜含雨，幽景凄绝。(《徐霞客游记·滇游日记三》第798页)

己卯九月初一日，在悉檀。上午，与兰宗、艮一观菊南楼，下午别去。(《徐霞客游记·滇游日记十三》第1207页)

其菊之名称百一十有四，而为菊之谱者、品者、经者、钞者、赋者、诗者、颂者、说者，则指不胜屈矣。今鸡山有花而不善养，凡植接之法，均无有焉，则仅可若《尔雅》以菊为治墙而已。昔之有硕隐者，种瞿麦为大菊，马蔺为紫菊，乌啄苗为墨菊。肖其状，又名为鸳鸯菊，旋覆花名为黄菊，肖之则名为艾菊。今鸡山之有真菊，转类是而已。不俟屈平之飡，陶潜之摘，不得仙，不称寿，听其和霜伴月、披烟沐雨而已。黄菊、白粉西、千钟粟、状元红、胭脂、金孔雀、鹤翎白、金弹子、醉杨妃、太师黄、紫罗纱、赭黄袍、小金钱、五月菊、金纽丝、银纽丝，计十六种，听其自生，花时方移之盆中作玩。(《鸡足山志》卷9第338页)

高奣映《拈香室把菊》(七古)：拈香室外雨初来，拈香室内黄菊开。细雨着花香散室，日光射雨将香催。坐吟何必东篱下，蕉团泼菊能几回。我顾白衣岂王弘，葛巾陶令差追陪。况复葛巾亦白衣，送酒不用临崔嵬。两手把菊不必醉，颓唐独许香相偎。白云望断杳天际，眼伤碧树西风摧。每欲拈香香意缈，中心难告已成灰。歌之气噎歌焉歇，不歇续之无南陔。(《鸡足山志》卷12第498页)

明举人范运吉郡人《咏菊三绝》(七绝)："忠孝台边小雨酥，不锄蔓草自然无。乘时移得南华种，植取经霜对丈夫。""桃李春光遍海涯，生来性不爱春华。怀秋独自吞篱月，何处临风弄晚霞。""晚夜篱东起白云，几枝雪貌弄香氛。若非素叶摇青影，碧月阑干不见君。"(康熙《蒙化府志》卷6第46页)

毛振翧《翠景轩十二截·菊花》(七绝)：谁向东篱学种花，平台风度数茎斜。渊明归去知何岁，莫令秋霜染鬓华。(雍正《师宗州志》续编第2页)

清张汉九月八日醉菊台《金菊对芙蓉》(诗余)：露井桐飘，

秋畦菊绽，主人新垦花荒。更二难四美，辐辏东墙。举杯还笑陶彭泽，空独饮、谁共飞觞。试搴黄白，英餐一醉，拟到仙乡。佳节何必重阳，陋登高往事，祇属寻常。架空台榭，自古无双。睹谈邱壑横胸出，卧游处、志在高岗。少焉月出，素琴三弄、其乐洋洋。（乾隆《石屏州志》卷7第75页）

东川府知府方桂《九日钱局神诞赏菊观剧》（七律）：东川户户接东篱，歌管楼台任转移。节届重阳成素节，曲高刻羽绕霜枝。金花胜却登高会，铜局工停九日祠。可比山公多逸兴，接□倒着习家池。（乾隆《东川府志》卷20下第71页）

菊，旧《云南通志》：有九十余种。（道光《云南通志稿》卷67《通省》第35页）

明兰茂《紫菊》（五律）：彭泽分佳种，盈枝紫气旋。凝脂非本质，清操喜林泉。霜压香逾爽，霞侵萼倍妍。伬堪娱冷眼，偕隐结忘年。（光绪《续修嵩明州志》卷8第75页）

菊，采访：有十数种。（光绪《续修顺宁府志》卷13第11页）

## 兰花

楚雄之响水坡，产兰甚繁，杨慎称其叶大而香远，实《离骚》所称可佩之真兰。茎叶皆香，不独花也。（《滇略》卷3第230页）

戊寅十一月初八日……中有兰二本，各大丛合抱，一为春兰，止透二挺；一为冬兰，花发十穗，穗长二尺，一穗二十余花。花大如萱，乃赭斑之色，而形则与兰无异。叶比建兰阔而柔，磅礴四垂。穗长出叶上，而花大枝重，亦交垂于旁。其香盈满亭中，开亭而入，如到众香国中也。（《徐霞客游记·滇游日记四》第869页）

己卯正月十一日……因过安仁斋中观兰。兰品最多，有所谓雪兰花白、玉兰花绿最上，虎头兰最大，红舌、白舌以心中一点，如舌外吐也最易开，其叶皆阔寸五分，长二尺而柔，花一穗有二十余朵，长二尺五者，花朵大二三寸，瓣阔共五六分，此家兰也。其野生者，一穗一花，与吾地无异，而叶更细，香亦清远。（《徐霞客游记·滇游日记六》第 934 页）

己卯六月十八日……又以杜鹃、鱼子兰兰如真珠兰而无蔓，茎短，叶圆有光，抽穗，细黄子丛其上如鱼子，不开而落，幽韵同兰、小山茶分植其孔，无不活者。（《徐霞客游记·滇游日记十》第 1129 页）

《雪兰》（七绝）：尽道冰肌在上林，滇兰无色到如今。岂知天下争春处，一朵能寒百卉心。（《担当诗文全集·橛庵草》卷 7 第 282 页）

兰，楚畹幽骚，谢庭凝秀。袭之入室，则思善人。怜其当门，宁斩壮士。高标全疏淡之风，灵德负贞操之概。名山清净，不须燕姞梦成；古寺冲深，止许罗畸友让。虽不红芽紫艳，奉有西方美人；既足霜萼霞茎，且接南中君子。红莲瓣，其瓣上多红丝，而瓣亦带水红白色，极清香。白莲瓣，白瓣上有淡红丝，其香能久。四季兰，月月能开，然香少。朱兰，小朵红甚赤，极香，今无种矣。蜜兰，花类蜂形，盈枝多花，舌有硃砂点，香带蜜气。绿兰，清香为第一品，今蒙化则有之，往岁登鸡山，已感无遗种之叹。虎头兰，大朵大叶，微有臭气。风兰，采之树颠，悬于檐下，风袭之则自生，无劳灌溉，其花甚小，叶仅一寸许，根则全露于外。鱼子兰，绿茎圆叶，花类鱼子，以香类兰，是以得名。珍珠兰，均似鱼子兰，惟叶稍尖长，其茎挺直，能长至二尺许，花白色。雪兰，产之顺宁深谷中，将冬则抽箭开花如雪，一箭四五花，有朱点舌、黄点舌二种，花朵极肥大，极香，叶尖有剪口，购之植于盆内，三两岁则篦上升篦，以土壅其老篦之黑色者则丰，否则死矣。奝映曰：昔称春兰、夏蕙、秋芷、冬荀。故《格物丛话》以紫茎、赤节、绿叶之长短、肥瘦、柔健为别。《说文》又以一幹双头、一茎数花、一箭六七花，以分蕙、芷、荀之名焉。《退居录》又判色之浅、碧、赤、绿、黄为蕙、芷、荀之各种。然均以兰统之。奝映谓四季应候而开，此兰之各有常性，均之为兰是已。若蕙为香草之名，今兰之叶不香，则芷者亦犹香。白芷、吴白芷之属！皆非兰也明矣。若荀者，抽箭如竹之谓也，胡可以冬属荀乎？均之名兰是也。（《鸡足山志》卷9第334页）

太和县，……惟兰不香，梗叶之大，过闽兰二十倍。（《滇游记》第8页）

杨慎《采兰引》广通县东响水关产兰，绿叶紫茎，春华秋馥，盖楚骚所称纫佩之兰也。人家盆植如蒲萱者，盖兰之别种，曰荪与芷耳。时川姜子见而采以赠予，知九畹之受诬千载矣，一旦而雪，作《采兰引》秋风众草歇，义兰扬其香。绿叶与紫茎，猗猗山之阳。结根不当户，无人自芬芳。密林交翳翳，鸣泉何汤汤。欲采往无路，跼步愁褰裳。美人驰目成，要予以昏黄。山谷岁复晚，修佩为谁长。采芳者何人，荪芷共升堂。徒令楚老惜，坐使宣尼伤。感此兴中怀，弦琴不成章。（康熙《云南通志》卷29第783页）

明广通知县李铨奉天《采兰引和杨太史前韵》（五古）：秋山响林木，秋蝉鸣野塘。秋雨天外净，秋风吹客裳。幽兰在谷底，猗猗蒂叶长。不傍高人崖，偏生鸟道傍。涧水疏其根，山泽有余香。羞与众草伍，宁随蘼芜黄。撷芳来胜侣，为尔气吐扬。谁云化萧艾，楚骚徒嗟伤？（楚雄旧志全书“楚雄卷上”康熙《楚雄府志》卷10第496页）

明张深山阴《采兰引》（五古）：罗浮寄岭南，封蒂发西蜀。弥远令人思，谁谓损其馥。楚辞九畹芳，托身在绝域。琼姿寒不死，清魂久愈卓。鸣涧落空山，百里幽芳濯。万卉竞春华，蓬生萎犹速。荪芷经岁荣，过时有余绿。道傍顾何人，况乃佩而服。但适泉石间，伍草亦何辱。（楚雄旧志全书“楚雄卷上”康熙《楚雄府志》卷10第496页）

明杨慎《兰谷关》（七古）：响水关水绕兰谷，兰之猗猗环谷芳。瑶涡玉濮涌神瀵，绿叶紫茎涵帝浆。湘累采作美人佩，尼父嗟为王者香。怀哉千古两不见，独立苍茫愁大荒。（楚雄旧志全书“楚雄卷上”康熙《楚雄府志》卷10第501页）

郡人苟国宝《梅兰村辩》：普渡之西有村，俗曰未朗，稽之古志，实梅兰也。以江两侧山谷多产梅兰，受此称尔。予别业村中而考而易之，有客过而语曰："兹梅兰也，子知之，子易之，如俗所不知何，易诸己乎？"予曰："不然，君子待人以雅，不以俗；期人以博，不以陋。昔孔子之作《春秋》也，《经》书善稻，吴名则伊缓也。《经》书太原，狄名则大卤也，《经》书蚡泉，狄名则矢胎。谷梁子曰：号从中国，名从主人。盖辨物正名，当遵孔子；启蕴发隐，宜崇谷梁。号从中国，故去矢胎、大卤，伊缓而从蚡泉、太原善称也。名从主人，故介葛、卢戎、曼子，皆不易矣。"因慨滇处天末，山川名号，多误于方俗之讹。物类地形，尝因循于傅会，如乌栊雪山而为五竜，碧鸡、高峣而为高桥，胧嘌之为禄腠，吕阁之为吕合，金浪巅之为丁当山，澜沧江之为浪怆江，又不止梅兰之为未朗耳。方言既误，传说增讹，岂雅、博同文之义乎？因注而识之，固雅俗博陋之滥觞，辨物正名之拳石与。若夫别业清冷之致，登临览观之美，耳得之而为声，目遇之而成色，或寄之吟咏，发诸啸歌，此中怀所乐也，何可以语人哉？（楚雄旧志全书"武定卷"康熙《武定府志》卷5第284页）

毛振翧《翠景轩十二截·兰花》（七绝）：贪眠犹是山林性，□□[①]低垂任晚风。乍出一茎香便满，肯偕百草委荒丛。（雍正《师宗州志》续编第1页）

神品兰，滇之朱砂兰称神品，叶与建产同，花稍大，茎高尺许，一茎十余花，色如渥丹，香清冽过诸种，开于夏秋之交。出南掌国，孟艮土人贸易携归，惟新兴人善养护，蒙化间效之而劣，他郡邑种之不花。值颇昂，一茎需银十五星，然得一盎置书室中，对啜苦茗，真君子之室也。吾友周梅园载数茎至维扬，人皆惊奇来观，门几如市。乃性不耐寒，经冬槁矣。又有雪兰，一茎三花，瓣如通草，心吐微红，叶柔如线，秀美怡人，岁暮迎年而开，更觉可爱。（《滇南新语》第1页）

兰，兰蕙俱有，种亦不一，皆有香味。最可爱者，蒙化朱兰花，枝不甚高，色如硃砂，香气袭人。室有一茎，满座皆清芬也。

---

① 此两字，原本漫漶不清。

昔人谓滇花无香，余不禁为花白其诬，岂昔之花无香，而今之花有香，亦沾濡于大圣人明德之馨香也欤！（《滇南闻见录》卷下第39页）

《范志》十六花不及兰，滇、粤连界，滇南多诡异，粤岂无之？其不入《志》，或偶遗耳。滇中虎头兰，兰中壮巨者，花而不香。又有风兰，畜之烟窗风架乃蕃，如仙人掌。李厚冈治恩乐，搜哀牢山兰甚多，以木斗运省，招予赏之。其奇异之品，皆世所未见。近检《张记》，有神品兰，盖朱砂兰也。叶以建兰稍大，茎高尺，一茎十余花，色如渥丹，香清冽过诸种，开于夏秋间。本出老挝、孟艮土司地，新兴人善养之，蒙化差劣，他郡养之则不花。尝载至维扬，人争来看，门几如市。性不耐寒，冬即槁，故称为神品。又有雪兰，一茎三花，瓣如通草，心吐微红，叶柔如线，迎年而开，秀美怡人。滇人蓄兰，多建兰、鱼魫兰，皆来自粤闽，非滇产。产则虎头、风兰，俱粗犷，惟厚冈所得与张君所记，皆产自滇，一洗虎头、风兰之陋。若使人争畜之，以市于中土，则滇兰未尝不与建兰东西竞爽也。兰为王香，奈何遗之？升庵谪滇，乃赋伊兰，是伊兰又出于滇也。序称江阳有花名赛兰，香不足于艳而有余于香，载之鬃紒，经旬犹馨。古者纫佩頮浴者皆是物。西域有伊兰，以为佛供，即《汉书》所谓伊蒲之馔。滇为佛国，宜产此兰，然伊兰即猗兰也。夫子操之，如来馔之，其重如此，顾可略乎？猗兰亦作花，古人不取花而取叶，所以为容臭，今特附于兰花后。朱砂兰即红兰，江淹《别赋》所谓"见红兰之受露"，是中国原有此兰，今独见于滇也。白兰即粤东素心兰，纯白，品极贵，畜此可防产厄。客粤时，庄生曾以一盆相贻。（《滇海虞衡志》第223页）

兰，余访兰于滇，不可遍知也，得卅余种，就土俗名目，次而记之。其开于春者十二：曰春建，叶长不折，花香远布，出通海。曰春绿，极娟秀，出大理、蒙化。曰苋兰，色浅碧，叶如箭，出宜良。曰独占春，花最大。曰铜紫兰，花小而繁，色如紫铜，出蒙化、顺宁。曰幽谷，花红叶细，香最久，杨升庵为赋《采兰引》，出广通。曰双飞燕，每茎两苞，似雪兰而大，紫表白里。亦有一花者，谓之孤飞。曰石兰，花大无香。曰棕叶，一茎中抽花最小，叶大如掌。曰赤舌，花色如碧玉，大似虎头兰。曰紫线，叶长二三尺，花色澹白，瓣有纽纹，出永昌。夏开者有六：曰夏蕙，花繁叶厚，处处有之。曰箭幹，花紫，迤西多有。曰朵朵香，出昆明。曰白莲瓣，花稀叶疏。曰绿莲瓣，叶长，出迤西。曰绛兰，叶短花赤，普洱、沅江热地所生也。秋开者有七：曰秋茝，花碧，处处有。曰麻莲瓣，出蒙化。曰露兰，茎短，出广南。曰大朱兰，叶广二寸，幹修三尺，一幹数十花，色紫，生顺宁深箐中。曰菊伴，花紫瓣长，出云南、曲靖二府。曰崖兰，生山谷中，花藏叶底，采花阴干，主妇人难产。冬开者有十：曰寒友，花小叶密，出富民。曰朱砂，绿瓣赤舌，香最烈，出蒙化、景东深山石壁上。曰雪兰，色正白，舌赤，出大理、顺宁。出宁州者不甚白而香清舌碧，又一种也，曰绿幹绿。曰紫幹绿。曰马尾，黄色，瓣不分张，曰火烧兰，叶长茎短，出顺宁。又一种出云州，茎长而花香，曰虎头，花最大，品亦最下。顺宁又一种，花黄，生深箐枯木上，五月开，曰净瓶，似瓜，生石上，两叶，一大一小，广寸许，花如雪兰而小。其四时开者：曰素心，花小叶纤，出昆明。又有风兰，根不著土，或凭木石，或悬户牖皆生，出普洱、开化。又有鹭鸶蝴蝶，叶有节，花形如鹭如蝶，兰之别子也。山川之气，不能无所钟，既不钟于人，必钟于草木，故滇南四时之花多可爱玩。然既无人矣，虽有名花草，谁为采撷？谁为品目？终衰谢于荒山穷谷间耳。此兰被崖缀涧，自乐其天，若无望世人之知者，是则兰也已矣。（《滇游续笔》第 467 页）

清李因培《咏兰》（七律）：看锄萧艾领孤芳，支枕时来哀妙香。静里烈馨深自惜，久之幽意转相忘。石阑舌倩丹砂点，月下痕窥碧玉装。幸缀闲庭分数本，不教清梦落三湘。（道光《晋宁州志》卷 12 第 51 页）

兰，旧《云南通志》：有七十余种，雪兰为胜。桂馥《札樸》：余访兰于滇，不可遍知也，得卅余种，就土俗名目，次而记之。其开于春者十二：曰春建，叶长不折，花香远布，出通海。曰春绿，极娟秀，出大理、蒙化。曰苋兰，色浅碧，叶如箭，出宜良。曰独占春，花最大。曰铜紫兰，花小而繁，色如紫铜，出蒙化、顺宁。曰幽谷，花红叶细，香最久，杨升庵为赋《采兰引》，出广通。曰双飞燕，每茎两苞，似雪兰而大，紫表白里，亦有一花者，谓之孤飞。曰石兰，花大无香。曰棕叶，一茎中抽花最小，叶大如掌。曰赤舌，花色如碧玉，大似虎头兰。曰紫线，叶长三三尺，花香澹白，瓣有纽文，出永昌。夏开者有六：曰夏蕙，花繁叶厚，处处有之。曰箭幹，花紫，迤西多有。曰朵朵香，出昆明。曰白莲瓣，花稀叶疏。曰绿莲瓣，叶长，出迤西。曰绛兰，叶短花赤，普洱、元江热地所生也。秋开者有七：曰秋莔，花碧，处处有。曰麻莲瓣，出蒙化。曰露兰，茎短，出广南。曰大朱兰，叶广二寸，幹修三寸，一幹数十花，色紫，生顺宁深箐中。曰菊伴，花紫瓣长，出云南、曲靖二府。曰崖兰，生山谷中，花藏叶底，采花阴干，主妇人难产。冬开者有十：曰寒友，花小叶密，出富民。曰朱砂，绿瓣赤舌，香最烈，出蒙化、景东深山石壁上。曰雪兰，色正白，舌赤，出大理、顺宁。出宁州者不甚白而香清舌碧，又一种也，曰绿幹绿。曰紫幹绿。曰马尾，黄色，瓣不分张。曰火烧兰，叶长茎短，并出顺宁。又一种出云州，茎长而花香，曰虎头，花最大，品亦最下。顺宁又一种，花黄，生深箐枯木上，五月开，曰净瓶，似瓜，生石上，两叶，一大一小，广寸许，花如雪兰而小。其四时开者：曰素心，花小叶纤，出昆明。又有风兰，根不著土，或凭木石，或悬户牖皆生，出普洱、开化。又有鹭鸶蝴蝶，叶有节，花形如鹭如蝶，兰之别子也。檀萃《滇海虞衡志》：滇中虎头兰，兰中壮巨者，花而不香。又有风兰，蓄之烟牕风架乃蕃，如仙人掌。李厚冈治恩乐，搜哀牢山兰甚多，以木斗运省，其奇异之品，皆世所未见。近检《张记》，有神品兰，盖硃砂兰也，叶似建兰稍大，茎高尺，一茎十余花，色如渥丹，香清冽过诸种，开于夏秋间，本出老挝、孟艮土司地，新兴人善养之，蒙化差劣，他郡养之则不花。又有雪兰，一茎三花，瓣如通草，心吐微红，叶柔如绵，迎年而开，秀美怡人。滇人蓄兰，多建兰、鱼魫兰，皆来自粤闽，非滇产。产则虎头、风兰，俱粗大，惟厚冈所得与张君所记，皆产自滇，一洗虎头、风兰之陋陈鼎《滇黔纪游》：太和兰不香，梗叶之大，过于闽兰二十倍。（道光《云南通志稿》卷67《通省》第

33 页）

赛兰，《华夷花木考》：赛兰，花小如金粟，香特馥烈，戴之发际，香闻十步，经日不散，杨升庵曰：佛经所谓伊兰，即此花也。伊者，西域尊称，以其香无比，故曰伊兰。檀萃《滇海虞衡志》：升庵谪滇，乃赋《伊兰》，是伊兰又出于滇，序称江阳有花名赛兰，香不足于艳而有余于香，戴之髻紒，经旬犹馨，古者纫佩颒浴皆是物。西域有伊兰，以为佛供，即《汉书》所谓伊蒲之馔。滇为佛国，宜产此兰，然伊兰即猗兰。夫子操之，如来馔之，其重如此，猗兰亦作花，古人不取花而取叶，所以为容臭。（道光《云南通志稿》卷67《通省》第34页）

朱砂兰，王象晋《群芳谱》：朱兰，色如渥丹，叶阔而柔。檀萃《滇海虞衡志》：朱砂兰即红兰，江淹《别赋》所谓"见红兰之受露"，是中国原有此兰，今独见于滇也。（道光《云南通志稿》卷67《通省》第35页）

雪兰，《古今图书集成》：树上所生，与树头兰相仿，色白而香。（道光《云南通志稿》卷69《顺宁府》第33页）

山兰，《鹤庆府志》：产山谷中，芳香最远。（道光《云南通志稿》卷69《丽江府》第46页）

挂兰，《他郎厅志》：不土而生。（道光《云南通志稿》卷70《普洱府》第5页）

鱼子兰，《徐霞客游记》：永昌鱼子兰，如真珠兰而无蔓，茎短叶圆有光，抽穗细黄，子丛其上如鱼子，不开而落，幽韵同兰。（道光《云南通志稿》卷70《永昌府》第24页）

兰，《蒙化府志》：四季皆有，春兰、硃兰、百日、虎头、玉兰、绿莲瓣，各类不一，惟冬春者香，又有鱼子兰、珍珠兰。（道光《云南通志稿》卷70《蒙化直隶厅》第42页）

素心兰，《采访》：滇省惟浪穹有之，称仙品。叶秀而健，高尺许，一茎数花，镂冰琢玉，皎洁无瑕，其香清洌胜诸种。迎年而开，经月不谢，点缀新景，娟媚怡人，得一盎置书斋中，对啜苦茗，真君子之室也。知县周沆《诗》："一盆香雪冷，兰气袭图书。臭味幽人共，光阴太古初。风流惊梦觉，金粉记游疏。露出春容瘦,丹青画不如。素心堪共证,花亦是清才。韵本天然好,春宜分外催。予怀同淡泊,尔室绝尘埃。莫道香能媚,须存本色来。”(光绪《浪穹县志略》卷2第31页)

明兰茂《兰》(五律):彼美葳蕤质,先春吐颖长。露滋时度洁,风汎欲流光。众草焉能望,无人亦自香。空遗幽谷里,叹息为明王。(光绪《续修嵩明州志》卷8第74页)

雪兰,《图书集成》:树上所生,与树头兰相仿,色白而香。(光绪《续修顺宁府志》卷13第9页)

兰,旧《通志》:花小而繁,色如紫铜,出蒙化、顺宁。曰幽谷兰,叶广二寸,幹修三寸,一幹数十花,色紫,生顺宁深箐中。曰菊瓣兰,曰绿幹绿,曰紫幹绿。曰马尾,黄色,瓣不分张。曰火烧兰,并出顺宁。又一种出云州,茎长而花香,曰虎头,花最大,品亦最下。又一种花黄,生深箐枯木上,五月开,曰净瓶。采访:顺宁尚有双飞燕、朱砂、苋兰、独占春、珍珠兰、吊兰。(光绪《续修顺宁府志》卷13第10页)

清田坤(漾)《友兰说》:爱莲有说而莲溪传,爱菊成名而彭泽著。外而爱梅、爱竹、爱牡丹,百卉纷纷,人情各好,不可悉数也。予之于兰,不曰爱而曰友,亦有说矣。予自束发受书,亲承祖训,入儒者之门而未明圣贤之道。弱冠之年,遭时不造,奉祖及父母避乱他乡,冰天雪地,备历艰辛。乱定归来,大父先谢世金齿,严慈复相继弃养。顾念此生学业未成,风木永痛。虽后来幸游泮水,食廪饩,而俯仰多愧,厌薄繁华。谁与为欢?惟有寄情花木耳。吾乡黑濍江两岸有太保山,高而气寒,兰草产焉。有友以故过其地,微风过处幽香随来,停足寻之,得正芳兰一丛。紫干白花,花有赤纹,名朱丝莲瓣,佳种也。自语曰:“具此妙香,非兰莫属,果汝耶?吾茅屋二间,外无垣,岂乐土惟田。君孤高性洁,可以持赠,物虽微而寓意深矣!”予受而用一瓦盆载置庭中。一年之内,春风之狂,夏日之暴,秋霜之肃,冬雪之寒,任何挫折而菁葱不减。冬末春初,数茎挺秀,玉蕊连芳。开自庭中,输香入室,即而臭之,复不可得。真超出群芳,别有高致者矣!吾人论交,务去不如己者而交有益者。世之人寸善微长多欣欣以自诩。有如芝兰生于岩阿不求人识，饱经霜雪不改贞操者乎？予谓爱之情近乎腻，非推重之意也，故不曰爱而以为友。尚虑学浅行亏，不堪以侣高洁。然物以类聚，有开必先。四方知兰之为予友也，亲戚故旧多掘赠之。十余年间，达廿余种。漾濞东西山头佳种几尽萃予庭中。予不间风雨晨夕相亲。花不能言，而一种超然绝俗之标，实有以隐范。予怀不为流俗染，夺而保性，行于不悖也。用作文以张之。（《永昌府文征·文录》卷16《清七》第2593页）

## 老少年

老少年附，即雁来红，当秋则红逾枫叶。（《鸡足山志》卷9第339页）

## 莲花

嘉莲双花共干，景泰五年夏，产于滇之水云乡。（景泰《云南图经志书》卷1《云南府》第4页）

湖有九曲三岛，周一百五十里。岛之最西北近城者，曰大小城，顶有海潮寺；稍东岛曰小水城。舟经大小城南隅，有芰荷百亩，巨朵锦边，湖中植莲，此为最盛。（《徐霞客游记·盘江考》第823页）

云南府西湖，在滇池上流，又名积波池，周五里许，荇藻长青，产衣钵莲，花千叶，蕊分五色。（《肇域志》册4第2323页）

楚雄府定远县，……黄莲池，县东南五里，广二里许，池尝产黄花如莲。（《读史方舆纪要》卷116第5132页）

莲花附，有锦莲池，惟见铁线莲。谓地寒，必烧土拌硫黄栽之，始得开一二岁，今废焉。（《鸡足山志》卷9第333页）

清陈金珏《蒙署花卉杂咏二十一首·莲红白二种》(七绝):好将声价重濂溪,素质红颜却污泥。不向江南歌子夜,蛮云瘴雨一重题。(康熙《蒙化府志》卷6第51页)

清太守裴徕度山西人《南浦荷花》(七律):绿縠平铺十里长,红蕖嬝嬝映湖光。风吹菡萏香生韵,雨净琅玕影倍凉。碧篝摘来新翠盖,玉环梦去旧珠房。花神鲜语羞花貌,惧恨多情比六郎。(康熙《路南州志》卷4第44页)

杨谊远《台莲》二首房上重吐小花十余朵,各抱其菂,按莲谱名么荷绣菂离离嵌绿房,何须龙烛始为光。层台几日留西子,更坐吴王白玉床。夜露光寒月影浓,仙姿淡宕碧云封。漫夸湖上多名胜,烟雨高楼只一重。(楚雄旧志全书"双柏卷"康熙《南安州志》卷7第81页)

熊郢昌《坦园莲》(七古)喜坦园地莲数茎,顶放者最成,周傍骈出九蕊,环地齐开,各分朵瓣:后庭花放真稀种,重叠金莲陆地涌。碧柱擎来节节高,菩萨蛮堆秀色耸。骈枝结出玉连环,群傍妆台相围拱。鹧鸪天外送佳音,画锦堂前铺绣茵。集贤宾客同赏忻,双声叠韵歌如纭。一歌兮,隔浦莲称并蒂奇,那见一丛花齐披。二歌兮,试斗百花谁能伍?赛过满庭芳无数。三歌四歌兮,娇姿常点绛唇开,疏帘淡月任徘徊。猛睹蝶恋花稍也,报道崇迁早上凤凰台。(楚雄旧志全书"元谋卷"康熙《元谋县志》卷5第163页)

红莲沼,在县东南五里,泉水涌出,旧有莲花甚茂,故名。(康熙《富民县志》第13页)

康熙癸卯六月,南关外产瑞莲,一茎二蒂,色青红相间。(雍正《阿迷州志》卷23第268页)

菜海子,有大池,可百亩,赤旱不竭,土人于中种千叶莲。(《滇南新语》第3页)

滇南莲花特异,古云已开为荷花,未开为菡萏,本一花而因开与未开以异名。至滇,始知荷花开而结实,菡萏合,终不开,不结实,盖两物也。其最奇者,花一朵而半红半白,广通学宫出此花,予为记之。(《滇海虞衡志》第230页)

清教谕杨元升易门《红白各半莲诗跋》:莲称君子,花吟名人。体既不蔓而不支，色亦红而或白，分观已足征乎也，五沃交致，实未闻于百年。若乃孕日月之光华，居然合璧。钟火金之灵秀，本是同根。衰露点珠，惧无文而嵌兹火齐。临风舒锦，嫌太艳而缀以冰绡。傅粉涂朱，输其蕴藉。剖圭剪綵，逊此天然。分飞之翡翠增怜，同睡之鸳鸯见妬。懿夫以一茎而兼双妙奇，当拟诸张藻之画梅。非并蒂而异孤芳癖，或怪夫渊明之爱菊。陋成蹊于寂寂，品超郁李夭桃。欣出水以亭亭，光挹朝霞月夜。何郎拭面，不止流珠。屈子为裳，无烦采芰。阴阳分两道，仍呈太极之形。浓淡萃一帘，讵入群芳之谱。拈花得未曾有，应邀微笑于瞿昙。分韵事出偶然，但传绝吟于鄂相。瓣香方难觅继，造物偏又好奇。于是瑞衍平山，拥五桂联芳之秀；祥开甸水，涌之龙竞戏之珠。割来叠水，烟霞红倚玉而绝俗；夺去团山，苍翠白受采以成章。忽标新于映雪之西园，频纪盛于雕龙之巨手。烘云托月，随翰藻以联翩。错采镂金，偕仙花而竞艳。争欲传神阿堵，比芍药金带以扬芳；咸思摛藻为春，调蔷薇玉露以表异。笔已生花于梦行，偏问道于盲。载酒时来，如登草阁。说诗正乐，偶献葅盘。耳食徒惭夫断齑，目耕未详于辨菽。乃执管斑而窥豹，亦从鳞爪以探骊。未能先鸣，聊学捧心之笑。稍参末议，不甘敛手之讥。起草未梦，池塘搴芳。空逢杜若，花如解语。定嗤燕烛，烧残石许。借攻还恃，崑刀切就。（道光《新平县志》卷8第38页）

清贡生舒瑀邑人《咏红白各半莲花》（七绝）：出塞昭君去未央，轻身飞燕在昭阳。汉宫空有三千女，不及徐妃半面妆。（道光《新平县志》卷8第50页）

清闺秀李含章《莲蒲谣》（七古）：采莲女儿十五六，藕花香处兰桡泊。朝来荡桨出波心，惊起鸳鸯并头宿。鸳鸯飞起彩云间，锦石清江整翠环。落尽红衣风露冷，满湖明月棹歌还。（道光《晋宁州志》卷12第20页）

莲花，旧《云南通志》：莲有红、白、锦边三种，又二色莲，红白中分。檀萃《滇海虞衡志》：滇南莲花特异，古云已开为荷花，未开为菡萏，本一花而因开与未开异名。至滇，始知荼花开而结实，菡萏合，终不开，不结实，盖两物也。其最奇者，花一朵而半白半红，广通学宫出此花，余为记之。（道光《云南通志稿》卷67《通省》第35页）

衣钵莲花，彭大翼《山堂肆考》：云南滇池中产衣钵莲花，盘千叶，蕊分三色。《云南府志》：衣钵莲，出昆明县西湖。（《道光《云南通志稿》卷69《云南府》第4页）

莲花，旧《通志》：滇南有红、白、锦边三种，又半白半红，一朵而二色者。采访：顺宁有红白二种。（光绪《续修顺宁府志》卷13第12页）

## 玫瑰花

玫瑰，即唐人所谓裴徊花也。叶细多刺，茎短，花紫橐青，其蕊则黄，芬馥交艳。然今江南甚讲栽接之法，于四月中，育其条入土，拥之，却露其稍，俟生根而后剪断，即分种矣。采其瓣套蜜作饼馅，入蜜梅子中，谓之状元红，矜贵其清香也。又入茶，袭衣，捣入扇墜，入香珠中，其用甚广。紫花千叶，香清味厚。单瓣亦紫花，心少带白，香薄不堪用。宋人入嵩山深处得碧色者，香盈百里，鸡山深处得无有哉！（《鸡足山志》卷9第337页）

## 千日红

千日红附，以其茎叶渐久渐红得名。其本小于鸡冠，花则小团簇簇。（《鸡足山志》卷9第339页）

## 箐底香

杨慎《咏箐底香花》（七绝）：滇海花名箐底香，山矾风味水

仙妆。琼枝本是天边种,零落遐荒四十霜。(《升庵集》卷35)

## 芍药花

芍药入药品。(景泰《云南图经志书》卷3《宁州》第1171页)

芍药,犹绰约也,故名余容。盖谓其颜容芳好耳。《诗·郑风》伊其相谑,赠之以芍药。《韩诗外传》谓为离草,将别则赠之。今乃盧都挂壁,无事于谑。萍游空寄,何感于离?惟观其幽清于砌上,亦无劳效安期生以炼法饵之也。白芍药,单瓣者多,千叶者少。晚紫,初开淡红色,久之微紫,其黄心类蘸金香。水红,单瓣出梗,稍类楼子红,而挺直无韵。(《鸡足山志》卷9第333页)

清陈金珏《蒙署花卉杂咏二十一首·木芍药》(七绝):紫屏红褥玉珑璁,彩笔无心羁旅同。莫惜江郎青鬓改,拂阑无绪倚春风。(康熙《蒙化府志》卷6第53页)

清陈金珏《雨霖铃·咏蒙署木芍药》(词·中调):一段幽魂,袅袅沉香,亭北春意。透睡余无力,谁来羯鼓,一声声相逼。强扶起,梦腾护风独立。　　雪剪琼雕锦裁,香袭生妬煞,玉奴衣襞,惊蜂却蝶,深怜浅惜,莫谩学马蒐,等闲狼藉。(康熙《蒙化府志》卷6第56页)

毛振翧《翠景轩十二截·芍药》(七绝):开残芍药曾谁顾,珍惜东君罩尚存。敢与名花今作主,春来重看放香魂。(雍正《师宗州志》续编第1页)

芍药,以京都丰台为最盛,色紫,花如茶碗大而已。滇中芍药,有深桃红者,大如玉楼春,颇为目所未睹。(《滇南闻见录》卷下第39页)

芍药,旧《云南通志》:有红、紫、白数种。(道光《云南通志稿》卷67《通省》第35页)

《武定之正续寺》:……武定城西有狮子山……建文住持正续,亦积有年,乃于寺之佛殿前植有木芍药二本。按:木芍药亦花中异品，属灌木也，花大如盘，有类于红茶，却瓣繁若牡丹，复有香气，叶则纷披如芍药，而高可及丈，故以木芍药三字名之。此一种花在云南地处颇少，惟见鹤庆之朝霞寺内有此佳种，建文当日或许是由迤西移其种而来也，在繁花时，建文殊爱重之。某年春间，花盛开，有武定太守之公子某游于寺中，见花大悦，命僮仆扳折多枝，拟携归插瓶，小沙弥等阻之不及，乃入报长老和尚（即建文帝）。长老出，见已折枝盈把，心大恚，便对公子厉声而言曰："老僧若不奈（念）汝为太守之子，当以掌掼汝颊。"言时，曾举手作式以比拟之，然未下击也。公子回，颊上即现掌痕，五指分明，且作青紫色。太守廉得其情，遂认定寺中长老为妖僧，派差捉之入衙，然无实据，不便加刑，仅系之于县狱，时禄劝县与府同城也。……（《云南掌故》卷 11 第 328 页）

芍药，采访：有粉白者。（光绪《续修顺宁府志》卷 13 第 11 页）

## 水仙花

水仙，始出拂林国。蒜大如鸡卵，用肥地栽之。其叶如韭、蒜之叶，但肥、长、宽、嫩过之耳。俟其蒜大取出，连叶结束，燻之烟暖处，伺其干至八九分，即去叶，将蒜头浸童便中一宿，然后用白沙炒童便栽之，沃之以清水。盖其性宜卑湿，得水中为良也。昔人谓冬生夏死，非矣。结璘则月月可以玩花，盖养其肥大者作数田，内择大蒜燻之，欲正月开者则十月尽栽，欲二月开者则十一月尽栽，如此择大蒜，一月一栽，则三月后均可玩花矣。既开花之蒜头，另入一田栽，听其滋膏饱肥，必三年落土中，然后方择出，燻而栽花作玩。若已开花即燻，燻后即栽，决无花理。（《鸡足山志》卷 9 第 335 页）

金盏银台，即水仙也，以其形似之。杨诚斋以千叶水仙为佳，真俗眼耳。黄山谷极推赏其单瓣者有风韵，余与有同解焉。其诗曰：何时持上紫宸殿，乞与宫梅定等差。须谓乞与宫梅定等差一句，而单瓣水仙之态毕露。华阴人汤夷服水仙花八石，即得水仙去。鸡山安得有八石之多？知僧亦不屑作仙耳。（《鸡足山志》卷9第336页）

## 向日葵

丈菊，《群芳谱》：丈菊一名迎阳花，茎长丈余，幹坚粗如竹，叶类麻多直生，虽有傍枝，只生一花，大如盘盂，单瓣色黄，心皆作窠如蜂房状，至秋渐紫黑而坚。取其子种之，甚易生花，有毒能堕胎云。按此花向阳，俗闻遂通呼向日葵，其子可炒食，微香，多食头晕，滇、黔与南瓜子、西瓜子同售于市。（《植物名实图考》群芳卷29第696页）

## 萱花

清毛振翧《翠景轩十二截·萱花》（七绝）：静植亭亭黯不华，幽闲宛在淑人家。黄泉有诰何从见，痛杀西园萱草花。（雍正《师宗州志》续编第1页）

## 玉簪花

玉簪，象物以得名，盖未开时似玉搔头也。二月生苗，今鸡山至三四月始生，成丛高尺余许，茎叶少类白菘，其叶上纹竟似车前大叶，然嫩绿娇莹。其抽茎，茎上如笋箨，于细叶箨中始抽花数朵，每花长二三寸，未开时如辽海蘑菇状，微绽四瓣，中吐黄蕊，有暗香而不结子，根连生如鬼臼，又类老薑，有须毛，旧茎死则根成一臼，新根生则旧根腐矣。白鹤仙，山产有白鹤花，抽长本六七尺许，本肥则几逾指顶，本上生绿细叶，叶长数寸，顶开大朵花，几与木笔花相似，此药中白合之属。亦有紫者则本小，亦有红者则山丹矣。今考白鹤仙即玉簪花也。黄山谷诗云：宴罢瑶池阿母家，嫩琼飞上紫云车。玉簪墜地无人拾，化作江南第一花。紫玉簪，叶微狭小，余均同。（《鸡足山志》卷9第335页）

毛振翧《翠景轩十二截·玉簪》（七绝）：乱绾乌云髻未成，侍儿摘得一枝轻。却嫌嫩软香无力，空说冰肌白似珩。（雍正《师宗州志》续编第1页）

# 十八、草之属

## 综述

草之属十一：蘋、蓼、蓆草、蒲、芦、荻、万年青、蒿、茅、茭、芭蕉。（万历《云南通志》卷2《云南府》第13页）

草之属三：宜男、凤尾、蘋。（万历《云南通志》卷4《武定府》第9页）

草之属二：紫梗、黄姜。（万历《云南通志》卷4《元江府》第15页）

草之属六：香兰、叶镂金、叶镂银、扶留、蒟酱、茗莎。（万历《云南通志》卷4《顺宁州》第24页）

草类，叶镂金、叶镂银、扶留。茗莎，或作深山之鹿草，或与众卉而齐芳，幸于此郡见也。蒟酱者，唐蒙食之于番禺，前史称其实如桑椹，叶辛辣，似蒌子。杨慎曰："南糯藤，似竹枝，收其实为酱，色正黄，味美于中国之豆酱。"而斥《史记》、《汉书》注、《吴都》、《蜀都赋》注及贾氏《齐民要术》、顾氏《广州记》皆信耳之谈，然不可知也。（天启《滇志》卷3《顺宁府》第120页）

芭蕉红者名血蕉、凤尾蕉、美人蕉、吉祥草、茜草、象鼻草可治丹毒、火草土人缉以为衣、虎掌草、通草、灯心草、薜荔、蒲、虎须蒲、蘋、藻、荇、芦、苇、茅。（康熙《云南通志》卷12《通省》第225页）

草：芝、茅、虎须蒲、吉祥草、如意草、莎、火草能取火、灯草、紫草、象鼻草、茜草、莽草、青蒿、秧草、铃儿草、狗尾草、酸浆草、鱼眼草、鬼箭草茅之属、铁线、牙齿草、萍、黄花草、苇、蓼、蘋藻、蒩草、银丝荷叶、金刚鑽。（康熙《蒙化府志》卷1第40页）

草之属：芭蕉、凤尾蕉、美人蕉、吉祥、茜、象鼻、虎掌、火、薜荔、蘋、藻、蘆、茅。（康熙《新兴州志》卷5第34页）

草：青蒿、秧草、鬼箭草、虎须草、眼草、火草、灯草、铁线草、如意草、蒩草、茅草、紫草、马胡草、吉祥草、水草、浮萍、墨草、忘忧草、银鹤草、酢草、银丝荷叶、斑茅草。（康熙《顺宁府志》卷1第30页）

草属：金刚纂大者高二丈许，垒块巉岈，参差可爱，棘刺攒簇，居民恒以为篱、罗汉松草枝柔叶碎，绿花似丁香，鲜红可爱、独根酒浸可以治疥、仙人掌大者亦高丈许，垒块攒族，势如金刚纂而形扁末圆，开有黄花。（雍正《阿迷州志》卷21第256页）

草之属：芭蕉、美人蕉、吉祥、象鼻、虎掌、火草、茜、蘋、藻、芦、茅。（乾隆《弥勒州志》卷23第116页）

草属：凤尾蕉、美人蕉、芭蕉、吉祥、茜、象鼻、虎掌、火草、薜荔、蕃松、芦茅、猪鬃、灵芝、芸香、虎耳、透骨、血莽、风籐、紫、蓍、萱、籐条、通草、灯草、大蕨、夏枯、龙须。（乾隆《开化府志》卷5第31页）

卉之属：有菖蒲、芸香、芭蕉、美人蕉、秋海棠、凤尾艸、虎掌艸一名虎耳艸、象蹄艸、瓦松、苔。（乾隆《黎县旧志》第14页）

花草之属，百有二……芭蕉有凤尾、象牙、美人蕉数种、吉祥草、通草、蒲草、虎须草、凤尾草、鱼眼草、薜荔、菖蒲、蘋、藻、荇、苇、芦、茆、灯心草、铁线草、火草、紫草、蓼草、青蒿、虎掌草、马鞭草、夏枯草。以上草二十四（道光《昆明县志》卷2第5页）

草之属①：芭蕉、吉祥草、蒲草、菖蒲、打不死、毒草、缅茄谨案：旧《志》尚有象鼻草、虎须草、凤尾草、鱼眼草、薜荔、萍、藻、荇、苇、芦、茅、铁线草、火草、紫草、夏枯草、蓼草、虎掌草、马鞭草、青蒿，俱滇产，灯心草即龙须草，系复出，谨取可考者登而记之。（道光《云南通志稿》卷68《通省》第1页）

---

① 属下各草，原本皆有注释，详见各草名下。

卉之属：红蓼、芸香、虎掌、龙须、鱼服、象鼻、菖蒲、萍、藻、荇、苇、菰、芦。余详县志。（咸丰《嵋峨县志》卷12第137页）

卉属：芝、菖蒲、吉祥草、老少年。以上芳草芸九叶为佳、白芷。以上香草红花、茜草、蓝。以上染草芭蕉、茅、蓬、青蒿。以上隰草荇、蘆、萍、苔、藻。以上水草仙人掌、金刚鑽、虎掌草、佛甲草。以上杂草（光绪《永昌府志》卷22第4页）

草之属：鹿衔草、鸡血藤、芭蕉、蒲草、菖蒲、打不死、桑寄生草、毒草、仙草、秧草、金刚纂谨案：顺宁尚有象鼻、鱼眼、虎掌、马鞭、铁線、夏枯、灯心各草，萍、藻、芦、茅、白蒿、蓼草、一枝蒿、鼓搥草、艾。（光绪《续修顺宁府志》卷13第12页）

草属六十九：稗有米稗、摇风稗、脚稗三种、蒿有白蒿、若蒿二种、萍、苔、藻、藤、蓼、蘋四瓣相合为一叶，俗呼四瓣草、海菜、蕉草、秧草、菖蒲、渣草、蒲草、黀蒿、山草、全吗、苋菜、芭蕉、芦草、浆梨、茅草有黄茅、白茅二种、鸡葼、柳菌、松菌、水冬瓜菌、小野蒜、玉龙草、过山龙、毛风藤、仙人掌、苦老头即蒲公英、酸浆草、地线草、被单草、牙齿草、牛毛草、老鸦头、香铲草、三楞子、水松毛、水膏药、水芹菜、杨梅草、红桿草、辛气草、牛尾草、马耳草、灯笼草、大麦草、刺菱角、灰挑菜、奶浆菜、白马刺、小白草、野播荷、小蘇草、马豆草、野马豆、蚊子草、马鞭稍、打鼓草、粘人草、销眼草、尖刀草、毛叶菜、鱼眼菜、野波荷、山毛芹、蕠蒿尤为本属野蔬特产。谨案：菌类及苋菜、水芹菜、小野蒜、辛气草，可作蔬食，惟系自生于山野中，故不列入园蔬。又黀蒿、苦老头，可作食物。（民国《嵩明县志》卷16第239页）

草属：芭蕉有风尾、象牙、美人数种、吉祥草王象晋《群芳谱》：吉祥草，丛生，不拘水土石上俱可种。色长青，花紫，蓓结小红子，然不易开花，可登盆以伴孤石灵芝，清雅之甚。或曰花开则家有吉庆，人以其名佳，多喜种之、如意草、蒲草、芝草、通草、象鼻草、虎须草、牛筋草、凤尾草、鱼眼草、灯心草、锁眼草、铁线草、虎掌草、马鞭草、紫草、马豆草、透骨草、牙齿草、伸筋草、尖刀草、火草土人缉以为衣、酸浆草、斑茅草、棉絮草、夏枯草、薛（薜）荔即香草、蓼、萍、菖蒲、瓦松、青蒿、蘋、藻、荇、苇、芦、荻、茅、艾、荨麻、靛各处皆宜，现植此者惟栗者、章堡、玉龙等村。形极似蓼，长约尺余，根色赤，茎有节，叶形椭圆，有绿色浓斑，花形似穗，色淡红。秋间植苗，种蚕其旁，以避霜雪，春季移植，由夏而秋，刈取二三次，坎地嵌池渍汁，和以石

灰，制为靛青，以染布为青蓝之色。（民国《宜良县志》卷 4 第 28 页）

草属二十七类：凤尾蕉、美人蕉、吉祥、茜、象鼻、虎掌、火草、薜荔、蕃松、芦茅、猪鬃、灵芝、芸香、虎耳、透骨、血莽、风籐、紫、蓍、萱、籐条、通草、灯草、大蕨草、夏枯草、龙须草。（民国《马关县志》卷 10 第 7 页）

（饲草类）蟋蟀草、狗属草、苜蓿、紫云英。（《宁蒗见闻录》第 2 篇第 67 页）

《纪友人述武定北去之一段奇僻路径》：……尖刀山，群石脚下自有隙地，遍生紫色茅草，藤属亦紫色，时在夏初，藤上着花，形若五月菊，花瓣色蓝，嗅之有兰麝味。藤上附叶，却不稠密，而叶则有似鸡苏。……（《云南掌故》卷 11 第 331 页）

草之属：吉祥草、通草、蒲草、芦、荻苇、莎草、车前草、象鼻草、虎须草、猫耳草、鱼子草、马鞭草、凤尾草、狮头草、旱莲草、黄柏草、竹叶草、铁线草、益母草、荔薜、芸草、萍、藻、荇、茅、蘅、蓼、蒿、蓬、藜、稂、莠、火草、紫草、兰草、抓地龙、爬山席。（楚雄旧志全书"双柏卷"乾隆《嶍嘉志》第 232 页）

草属：芭蕉、吉祥草、蒲草、象鼻草、虎须草、鱼眼草、菖蒲、萍、藻、荇、苇、芦、茅、灯心草、火草、紫草、夏枯草、蓼草、虎掌草、马鞭草、青蒿。（楚雄旧志全书"牟定卷"道光《定远县志》第 245 页）

草属：龙修席出元谋县、甘蔗出元谋县、糖出元谋，有冰、白、红三种。（楚雄旧志全书"武定卷"光绪《武定直隶州志》卷 4 第 377 页）

草属，《甘志》二：茜草，土人取以染毡。紫草，土人灸以染烛，亦可为丹臒之料，有以掘贩为业者。增补十三：菸草，有大叶、柳叶、蓝花、腊叉四种，人民多种以供吸食。蒲草、秧草，可以织席。烛草，可以燃灯。火草，可以织布。镜面草、芭蕉、菖蒲、打不死，亦随处产之。蓝，光绪间，乡缙绅马驷良，在光禄乡提倡种蓝，亦经著有成效。谨按：姚安农家，每年夏季多有栽植菸草，以供本地吸食者，但其味辣苦，销行不广。又自鸦片禁种，农村经济倍加艰窘，山坡瘠壤，仅种蜀黍、高粱等物，产量不丰，益形困敝。前因国际通路封锁，美菸种籽输入，卷菸工业勃兴，需要菸草日增。近玉溪等县大量种植，村落经济顿形活泼。菸叶改进所，现已派员到县提倡，邑中现于三十七年设立美菸种植推广所，推定人员负责指导试种五百亩至一千亩，先建烤房十座，将来所得利益，当较高、黍等什倍，裨益农村经济，定非浅鲜。（楚雄

旧志全书“姚安卷下”民国《姚安县志》卷44第1662页)

卉之属:芭蕉、凤尾蕉、美人蕉、凤尾草、吉祥草、茜草即紫草、象鼻草、镜面草、火草、通草、虎掌草、虎耳草、灯心草、马鞭草、鸡舌草、薜荔、菖蒲、石菖蒲、虎须蒲、烟草即淡巴菰、蓆草、蘋、萍、藻、荇、芦、荻、茅、仙人掌、金刚钻即绿珊瑚,其根千年,结枷楠香。(楚雄旧志全书“大姚卷上”道光《大姚县志》卷6第173页)

草属:为鹿衔,为虎耳,为马鞭,为狗尾,为吉祥,为芳草,为萍,为藻,其于属也,为萝薜,为藤。其毒而宜避者为辣麻,为断肠草。(楚雄旧志全书“禄丰卷上”康熙《广通县志》卷1第391页)

草类:菖莆、丝芽、凤尾草、万年青、虎爪草、龙胆草、笔管草即木贼、马鞭稍、益母草、蜡烛草、挖耳草。(昭通旧志汇编本乾隆《恩安县志稿》卷3第37页)

草属:藻、蒲草用以织席、菖蒲、艾、丝茅、灯心草、凤尾草、虎耳草、铁线草、火草、笔管草即木贼、马鞭草。(光绪《镇雄州志》卷5第57页)

草之属:有山茅,叶如稻草,花穗白色,高五六尺,刈以秋(熏)皮革。野茅,比山茅细而短,可用以盖屋。茅针,生河堤,高三寸,叶细花白,嫩时味甘,可食根,名甜草,可治鼻衄。灯芯,泽地丛生,苗茎圆长,取心白瓤作燃料,并可入药,茎可织席。菖蒲,叶扁如剑,生沟边,花如茅茹。艾,嫩时取其茎以接菊,干之为艾绒,用以炙病最良。凤尾,穗长叶翠,秀健可爱。麦冬,一名书带草,叶如韭形,根结麦冬可以入药。茅狗,叶长,穗寸许,子如小米,饲马最佳。又一种有绒毛,均产河边及熟地。虎掌,叶瓣圆如虎掌,取之可革疟疾。龙胆,叶细味苦,可入药用。白花,产熟地、河边,高尺许,穗长尾白,可饲畜。笔管,生河边,即木贼,俗呼锁眼草,有黑节,直线可治眼科。马鞭梢,生陆地,枝歧出,开细红花,味苦质绵,用以穿鳝。益母草,生陆地,枝歧出,高者六七尺,红花,有重台,可熬膏。挖耳草,长四五尺,叶尖有钩,形同挖耳，故名。金针，形类针，生山坡，可治劳伤疾。老鹳草，又呼五叶草，叶圆有缺，生黉宫者最佳，可以止血，又可泡酒治劳伤。铁线草，蔓生，茎如籐，节长，根最牢。浮萍，叶背、面俱青，生水中，形长圆如芋叶。大蘋，生聚水中，四叶合成一叶，如田字，又名田字草，又曰四瓣草，四乡闸沟均多有之。芦苇，高丈余，生山涧棘丛中，花长色白，茎有节，叶如茅草，剖之取其瓤为笛膜，吹之音亮。芒，即管草，似茅丛生，性牢，可为绳索织箩及编草鞋等。蒿，形如艾，有青蒿、白蒿、面蒿数种，面蒿有茸可和面食，青蒿叶细尖可入药用。萱，一名忘忧，又名宜男，即露葱是也。藻，生深水中，叶如竹叶，茎细而长，鱼善食之。薇蕨，一名龙爪，叶尖圆有锯齿形，嫩时采而干之，用入席，味甚美。荻，生水边，与芦同类，叶较宽，茎亦较韧。鹿啣草，叶圆润，有紫背、绿背者，均可入药用。辣子草，生浅水中，色淡红，与蓼相似，制神曲、制醋覆之发酵甚速。牙齿草，生水田中，叶圆长，有一缺，眼热取以贴之去热。护盆，生花盆及园圃，中药，细开黄花，火烫伤可清热毒。鼠耳，形类鼠耳，叶对生。仙桃草，生麦田内，细叶错生，茎端结果如小桃，果内有虫，剖视之，振振作动，端午后始破壳飞出，俗谓采以泡酒，又治劳伤。夏枯草，叶椭圆而长，茎尖，开细红花，采入药用。车前，俗呼癞喀（蛤）蟆叶，子为前仁，入药。牛毛草，生秧田内，丛如牛毛，又名谷精草，可入药用。仲筋，生山谷中，可入药用。透骨，生山谷中，可入药用。苍蝇草，色黑有茸毛，茎尖，结果如苍蝇，根下有红珠一颗，秀润可爱，相传小儿患蛊毒者，以珠包之则泡，以果食之则吐，均能治愈如响。星宿草，生水边，叶圆细柄，可炖肉食，颇为清香，生高山者高约五六寸，色微白，叶茎相类而硬劲，名曰铁杆星宿草，治蛊毒尤效，并可用以试其有无。珍珠草，生山上，叶长，结果如珠。猪鬃草，生山上，叶如猪鬃，长三四寸，可入药用。五瓣，蔓生，叶类豆瓣，取之可止血。韭叶，生山上，又名野韭菜，根下结实如小麦冬。泥鳅串，与马鞭梢同类，生沟边，可入药。龙须，丛生，细长如须，可用以编物。酸浆，细如豆叶，味酸，蔓生，可揉筋痛。茜，蔓生，茎方中空，叶长卵形，夏月开小白花，实黑色，根赭黄，可染绛,并供药用。茳蒡,生于水田,叶高二三尺,三棱形,根下结实,名为茳蒡,味甘,荒年饥民食之。千里光,附刺而生,藤长,叶脉羽状,开小黄花,端午节人多取以熬水沐浴,可免疮疾。丰籐草,与千里光相似,叶背有毛,籐极蕃引,故名丰籐。鱼眼草,叶尖茎圆,端结小饼,形同鱼眼。沾衣,细叶,丛生,结实成三角形,破裂有钩,触之沾衣。双胞草,细叶,蔓生,一花结二子,绿圆如珠,可治头目昏晕。蓻麻,音潜,一名蕁麻,有大小二种,大者茎高茨锐,小者叶如芹状,茎叶均有茸茨,人误触之,痛痒不可耐。苔草,隐花植物之一种,叶状扁平,里面生假根如毛状。瓦松,生屋及深山石罅中,叶厚,细长而尖,多数相重,远望如松。(昭通旧志汇编本民国《昭通志稿》卷 9 第 264 页)

草属:有麦冬,根结麦冬,可入药。艾,其叶可炙病。虎掌草,用以革疟病。龙胆草,可入药。锁眼草,即木贼,可治眼病。益母草,可入药。挖耳草,叶尖,形如挖耳,故名。金针草,可治劳伤。老鹳草,俗名五叶草,治止血。蕨苔,俗名龙爪菜,入席味美。鹿衔草,叶面绿背紫,入药。牙齿草,可治眼热。仙桃草,泡酒治劳伤。夏枯草,可入药。车前草,子名前仁,可入药。透骨草,入药用。星宿草,治虫毒有效。猪鬃草,入药用。泥鳅串,入药用。酸浆草,医筋骨痛。茜草,可染绛色。九里光,煎水沐浴,避疫气。丰籐草,同上。双胞草,治头目晕眩。荨麻尖,治咳嗽。山茅草,秋(熏)皮革。马蹄香,根可避疫。其余种类甚繁,书不胜书,性质属于药材者别详专门,兹不赘载。至于各类无功能者,虽有之,亦无取焉。(昭通旧志汇编本民国《昭通县志稿》卷 5 第 380 页)

草之属:莎、萱、蒴、荇、葛、皇、苹、丝茅、菅茅、黄茅、芭茅、水蓼、马蓼、茜草、水萍、陟厘、屋游、乌韭、青蒿、白蒿、角蒿、廪蒿、牡蒿、艾蒿、龙须、席草、火草、荨麻、灯心草、鬼茅针、狼把草、狗尾草、醉鱼草、地衣草、酸浆草、黄花蒿、马矢蒿、马齿苋、茅蜡烛、龙胆草。(昭通旧志汇编本民国《巧家县志稿》卷 7 第 695 页)

草类:甘蔗滨江一带出产最多、荻、益母草、金银花、车前草以上产额最多、青蒿、夏枯草、灯笼草俗名卜地蜈蚣、蕲艾、陈艾、苍蒲、莞草、蒲草、灯芯草、谷精草、龙胆草、虎耳草、独足蒿、笔节草、水皂角、苏毛草、茜草、菜子分黄、黑二种，均能榨油，黄者可作芥末。（昭通旧志汇编本民国《绥江县县志》卷 2 第 859 页）

植物：盐津植物，凡异地见闻所及者，莫不尽有，除农产外，常少人工栽培，纯听天然生长，以致优良品种未能大量推广，殊足惜焉。特分草、木、花、果、蔬、竹、药七类列举于后：草类：马湖草、清明草又名艾，可和米粉作饵饼、红酸草、牛筋草蓄作草场最宜、熟地草、狗尾草、鸭屎草、铁线草、蒲草、虎耳草、芭茅、蕨详后、薇、藻、芦、苇、蓼可作醋之酵母、蔺即灯心草、莎根即香附子、青蒿、牛尿蒿可同青蒿作蚊烟、葛藤、椅子藤可缠椅轿用具、莎葛、蓝靛详后、竹参详后、毛蜡烛状似烛，系细毛簇，成可敷轻伤、马鞭梢、马齿苋、鱼鳅串、随手香、丝茅、芭蕉、苧麻详后、火麻、玄麻、仙人掌叶肥厚如掌，多刺，相接成枝，花名玉英，色红黄，实如小瓜，可食、金刚纂多刺、性毒，人植为篱、菌类极多，草鸡？最美，盐津呼为三塔菌。（昭通旧志汇编本民国《盐津县志》卷 4 第 1694 页）

## 梣子

梣子，味辛，微苦，性微温。阴也。入厥阴肝经，行厥阴滞塞之气，止肝气左胁疼痛，下气，消膨胀，行阳明乳汁不通。（《滇南本草》第 746 页务本）

## 菖蒲

水菖蒲，味辛、苦，性温。治九种胃气疼痛，用一寸九节者良，新瓦焙〖黄〗为末，烧酒吃〖一钱〗，良效。（《滇南本草》第 810 页丛本）

己卯正月初一日，在鸡山狮子林莘野静室。……穴底汇方池一函，旁皆菖蒲茸茸，白云折梅花浸其间，清泠映人心目。……阶前绣墩草，高圆如叠，跏趺其上，蒲团锦茵皆不如也。（《徐霞客游记·滇游日记六》第 918 页）

菖蒲，王圻《三才图会》：菖蒲，生上洛池泽及蜀郡岩道，今处处有之，而池州、戎州者佳，一名昌阳。（道光《云南通志稿》卷 68《通省》第 1 页）

菖蒲，王圻《三才图会》：菖蒲，生上洛池泽及蜀郡岩道，今处处有之，而池州、戎州者佳，一名昌阳。（光绪《续修顺宁府志》卷 13 第 13 页）

## 茈碧花

茈碧花，《浪穹县采访》：产宁湖中，似白莲而小，叶如荷钱，根生水底，茎长六七丈，气清芬，采而烹之，味美于蓴。八月花开满湖，湖名茈碧，以此。（道光《云南通志稿》卷 69《大理府》第 14 页）

子午莲，滇曰茈碧花，生泽陂中。叶似蓴有歧，背殷红。秋开花作绿苞，四拆为跗，如大绿瓣，内舒千层白花，如西番菊，黄心。亦作千瓣，大似寒菊。《浪穹县志》：茎长六七丈，气清芬，采而烹之，味美于蓴。八月花开满湖，湖名茈碧，以此。按《本草拾遗》：萍蓬草叶大如荇，花亦黄。李时珍谓叶似荇而大，其花布叶数重，当夏昼开花，夜缩入水，昼复出。则此草其即萍蓬耶？（《植物名实图考》石草卷 17 第 441 页）

## 穿山藤

过山龙，味苦、辣，性微寒。有小毒。降也。下气，消胸中痞满横〚膈〛之气，推胃中隔宿之食，去年久腹中之坚积，消水肿。其性走而不守，其用沉而不浮，得〚槟〛榔良。此草药中之虎将

也,用宜慎之!(《滇南本草》第312页务本)

穿山藤,生山中,藤长丈余,上有毛刺,绿色,根老方可采取。味苦、辛,性寒。有小毒。降也。主治下气,消腹中痞积,推胃中之宿食,年久腹中坚积。消水肿血肿,亦治筋骨疼痛、四肢不仁。采根晒干为末,治五积、六聚。胸中血积成块,俗名血鼠,烧酒送下。加〖槟〗榔、雷丸共为末,使君子汤送下,消寸白虫,成团下之。熬水,洗风癞疔疮立愈。(《滇南本草》第312页范本)

## 都拉

都拉有草出迤西,名都拉,能解诸药性。凡市药者,远而弃之,误入药室,则诸品不效,虽砒石之烈,亦化为乌有。服毒者用此立解,其形类栀子而黑。(《滇南新语》第2页)

## 毒草

有堂狼山,多毒草。盛夏之月,飞鸟过之,不能得去。《续汉书·郡国志》注引。(《云南古佚书钞·南中八郡志》第9页)

有堂狼山,山多毒草。盛夏之月,飞鸟过之,不能得去。《太平御览》卷七百九十一《四夷部》十二引。自"有堂狼山"以下,亦见《御览》卷二十二《时序部》七、《事类赋》卷四《岁时部》一引。《事类赋》不重"山"字。(《云南古佚书钞·永昌郡传》第17页)

僰夷风俗:……草木禽兽皆有异者,有草小穗而尖,自结为一丛,衣染之,身即染瘴。(万历《云南通志》卷16第6页)

《永昌郡传》曰:朱提,在犍南千八百里,治朱提县。……有堂狼山,山多毒草,盛夏之月,飞鸟过之不能去。(天启《滇志》卷32第1042页)

毒草,滇南极多。余在顺宁,多有被怨家毒害告官者,案牍累累。案《论衡·言毒篇》:草木有巴豆、冶葛,食之杀人,夫毒太阳之热气也，天下万物含太阳气而生者，皆有毒螫，故冶在东南，巴在西南。馥谓滇位西南，故多毒草。（《滇游续笔》第467页）

毒草，常璩《华阳国志》：朱提郡有堂狼山，山多毒草，盛夏之月，飞鸟过之，不能得去。桂馥《札樸》：毒草，滇南极多。余在顺宁，多有被冤家毒害告官者，案牍累累。案《论衡·言毒篇》：草木有巴豆、冶葛，食之杀人，夫毒太阳之热气也，天下万物含太阳之气而生者，皆有毒螫，故冶在东南，巴在西南。馥谓滇位西南，故多毒草。（道光《云南通志稿》卷68《通省》第1页）

毒草，桂馥《札樸》：毒草，滇南极多。余在顺宁，多有被冤家毒害告官者，案牍累累。案《论衡·言毒篇》：草木有巴豆、冶葛，食之杀人，夫毒太阳之热气也，天下万物含太阳之气而生者，皆有毒螫，故冶在东南，巴在西南。馥谓滇位西南，故多毒草。（光绪《续修顺宁府志》卷13第13页）

## 凤尾草

凤尾草，生山中有水处，〖软梗〗，〖此草与晴明草相似〗，然扫天晴明草硬梗。〖味辛，无毒〗。〖采枝叶用，忌犯铁器〗。主治跌打损伤，筋断骨碎，敷患处。〖又〗治脱肛，敷囟门即入，随后换药，神效。此草〖又〗能溃人大疮。（《滇南本草》第310页务本）

筋骨草，生山溪间。绿蔓茸毛，就茎生杈，长至数尺，著地生根，头绪繁挐，如人筋络。俚医以为调和筋骨之药，名为小伸筋。秋时茎梢发白芽，宛如小牙。滇南谓之过山龙，端午日，俚俚采以入市鬻之。云小儿是日煎水作浴汤，不生疮毒，受湿痒。（《植物名实图考》石草卷16第422页）

凤尾草，《滇南本草》：此草与晴明草相似，但此草枝软，多生山中有水处，采取枝叶并用，忌铁器，治一切骨碎筋断，跌打损

伤，捣烂就热血敷之，效验如神。又治脱肛，又溃大毒。小儿佩之，不染蛊毒。（道光《云南通志稿》卷68《通省》第18页）

## 锅铲草

锅铲草，《腾越州志》：出竹芭铺，以象形名之。（道光《云南通志稿》卷70《永昌府》第25页）

## 过江龙

过江龙，一名〖铺〗地虎，又名地蜈蚣，味辛，性大温。行周身〖十二〗经络，发散表汗，手足湿痹不仁、麻木，湿气流痰，筋骨疼痛、或打伤筋骨、误伤经络，用力劳伤，筋骨疼痛，能强筋舒筋，活络定痛，发散风寒湿气、膀背疼痛、背寒困痛。（《滇南本草》第314页务本）

扫天晴明草，又名凤凰尾，〖一名凤凰草〗，〖又名 < 铺 > 地虎、舒筋草〗。味甘酸苦，性热。无毒。〖此草〗形似茴香，其叶细小。主治一切跌打损伤，筋骨打断，敷之即愈，其效如神。做刀伤药，敷大毒疮，痢疾、血淋，服之神效。〖又〗治妇人血鼠、治五淋白浊、治大肠下血，治血淋疼痛、治妇人血崩。（《滇南本草》第315页务本）

## 和合草

大理有和合草，两叶相并，云夫妇有不合者，吞之则和好无间，并可以此草诱致所思之人。（《滇南闻见录》卷下第41页）

《低头草与和合草》：低头草，为一种四时常青之草，每丛发生十二叶，叶类蒲公英，却叶叶上竖，而叶背有毛，中抽一心长二三寸，茎端着花一朵，朵必十二瓣，大逾于钱。花瓣作淡红色，花心有细蕊一簇，作淡绿色，看之殊艳丽，而开花必在端午节后，喜生于山谷阴湿处或路隅沟边，人若俯身离尺许而大声喝之，花即低头下垂，一切上竖之叶亦片片低落，此则须过刻余钟后，花与叶始能渐次上扬。女人喝之则否。此余在桂之平乐地方所见者也。民国七年(1918 年)，余在平乐中学任教，课余恒喜往山间闲游。一日，在某一山谷中，有此草甚多，乃撬取一二棵而回，植之于盆，意欲考究其喝而低头之故。植活后，置于住室窗下，同人等无不常来喝之，以资一笑。一日，余仅以口中气喷之，叶亦低落，以时在八月，花已开过，仅有叶耳。余意此草或不耐热气，人以口中热气触之，故尔低头，乃以铁筋挟燃炭，自上而熨之，草叶上扬如故。此而方悟人口中热气是阳气也，此是一纯具阴气之生物也，故一触阳气即自行低垂。惟是此一种低头草，据一般人言，有以此草合他物为药，以蛊妇人，凡有挑之而不从者，以药弹其头面或衣领间，此女子即乐与之狎，是则此亦一种淫妖之生物也。然能制此药剂者究少耳，或者，所谓之他物，当是一种不易寻求之物也，不然，为害岂不大哉！滇西中甸阿墩子地方亦产一种低头草，并产一种和合草，据来自阿墩子之人云：低头草之生形是一丛十余叶，叶类凤尾草，对生于茎上。花则朵数不等，每花六瓣，大如指尖，色黄而微赤，香味浓郁。人若大声喝之，亦不论为男为女，其叶则对对相合，在着花时，花亦低垂。且云花可为房中媚药，叶若使男子食之，见内必惧。其说如是，此又与桂中所产者有所不同。和合草，则未闻其生发如何，惟昔在丽江时，曾有人持其干者以示余。草叶约长一寸，极似毛尖茶，以两片草叶，用红绒扎成一合。据云：无论男女，握此草叶于手中，俟手心有汗，抹其汗于他人肉上，其人即从己而行。此无论男施于女，女施于男，俱同样生效也。或以汗涂于牛马身上，牛马亦必来附己，此则是先迷其性，而后听己之所为，从己之所欲也，是又较低头草为厉害。又有人云：凡藏此草于怀者，不仅于名利上多不利达，且常招飞灾横祸，甚至凶死，故鲜有人藏之，可谓有天道在也。不然，以少许银钱即购得灵草两苗，又何事不可为耶！讵知天则不能容也。又闻阿墩子又产一种毒草，名曰天茄，形似茄而差小，皮色亦与茄同，只皮上有毛，触之如荃麻（荨麻）之辣手。茄心函实约十数颗，实似板栗，亦有一层硬壳，壳色青紫，去壳见肉，肉作淡青色，曝焙其肉而成粉，即为匪类等所用之蒙汗药。在用时，只入少许于饮食间，受之者立即昏迷，凡图财害命行奸之事，大都利用此种药。但是，此种毒草虽产在夷方，而夷方人却不甚重之，惟高其价值而售与汉族人。盖夷方之人多半性气刚强，如古宗、怒子、傈僳、山头、庞族等，杀人便杀人，抢劫便抢劫，概以强硬手段施行，绝不用此柔邪物品而制人也。又有人云：此草之叶与昆明之狗核桃叶极相似，捣融而拌以槐花汁，涂于白净之大理石上，则成绿色花纹，且能透入一二分。花可随意而涂，然须手快，以汁见风即干，又不能和水故也。云在若干年前，有人携大理石两块，俱微现绿色花纹者，在槐花开时，赶赴阿墩子，费尽若干力而得到槐花、天茄两物，乃用方法，就此两石上之原有花纹而加以涂染，一涂成杨柳两枝，一涂成尖峰三座、林树一丛。此两块楚石则有人以重价购往沪上，转卖与外国人。按：此种毒草实与钩吻、断肠、羊角纽等，同为天南恶物。盖偏僻之境，气候杂而不纯，故有此异草产出。（《云南掌故》卷 13 第 421 页）

## 虎掌草

虎掌草，形似天南星，昔东山老人在滇，滇万民个个染〚瘟〛疫，身上忽起一疔红线，线穿心则亡，速用此敷之，神效。若红疔破，内有一白刺，似毛形，用针挑去，周围用此药搽之，可救万民。滇中火地多染此症。（《滇南本草》第 321 页范本）

# 火把花

火把花，一名酒吊藤，诸山俱有。叶如杏，大毒，服无不立死者，干之亦可毒人。滇中以六月二十五日火把节，则采此草束而燎之，故名。盖欲绝其种类，而蕃滋弥甚。村氓自尽图赖，时见讼牍，励禁之不得也。（《滇略》卷3第230页）

《酉阳杂俎》：又胡蔓，毒草名，滇南名火把花。（天启《滇志》卷32第1045页）

蔓胡桃，……又胡蔓，毒草，滇南名火把花。（康熙《云南通志》卷30第873页）

余入景东，过一地长五里，他草不生，遍地皆断肠草，舆人驰过如飞。似此之地，安得不成瘴也？断肠草之叶为火把花，幹为酒吊藤，根名断肠草。滇人无大小，裙袖中咸赍些须，以备不测之用，其俗之轻生如此。（《肇域志》册4第2422页）

边地草木亦有异者，断肠草处处有之，骡马食之立毙。其草实虫，而形似草。（乾隆《腾越州志》卷11第22页）

火把花，一名酒吊籐，诸山俱有。叶如杏，大（毒），生服无不立死者，干之，亦可毒人。滇中以六月二十五日为火把节，则采此草束而燎之，盖欲绝其种类，而蕃滋弥甚。村氓自尽图赖，颇见讼牍。（乾隆《腾越州志》卷11第24页）

顺宁有虫，名断肠草，马误食则肠断而毙。形如枯草，长三四寸，六中，前两足能直出，相并在草木上，终日不动，驱之不去。剪其首，出蓝汁，亦不仆，汁尽乃死。（《滇游续笔》第471页）

钩吻，吴普《本草》：钩吻一名除辛，生南越山及寒石山，或益州。李时珍《本草纲目》：钩吻即胡蔓草，今人谓之断肠草，生滇南者花红，呼为火把花。（道光《云南通志稿》卷68《通省》11页）

断肠草，《顺宁府志》：有四足，形如断芦枯草，牛马悮食之立死，盖腐草著毒气化生。桂馥《札樸》：顺宁有虫名断肠草，马悮食则肠断而毙，形如枯草，长三四寸，六足，前两足能直出，相并在草木上，终日不动，驱之不去。剪其首，出蓝汁，亦不仆，汁尽乃死。（道光《云南通志稿》卷69《顺宁府》第36页）

火把花，《腾越州志》：一名酒吊藤，诸山俱有。叶如杏，大（毒），生服无不立死者，干之亦可毒人。滇中火把节，则采此草束而燎之，盖欲绝其种类，而蕃滋弥甚。村氓自尽图赖，颇见讼牍。（道光《云南通志稿》卷70《永昌府》第24页）

断肠草，旧《志》：有四足，形如断芦枯草，牛马悮食之立死，盖腐草著毒气化生。桂馥《札樸》：顺宁有虫名断肠草，马悮食则肠断而毙，形如枯草，长三四寸，六足，前两足能直出，相并在草木上，终日不动，驱之不去。剪其首，出蓝汁，亦不仆，汁尽乃死。（光绪《续修顺宁府志》卷13第27页）

民国杨香池《断肠草补证》：吾乡有名断肠草者，其状略类零断木贼，常附于篱落间，或草树上，骤见之，莫能辨也，触之而动，始识之。六足，能倒行，惟触之易断，断余二三足亦能行，按桂馥《札樸》载："断肠草，马误食，则肠断而毙，形如枯草，长三四寸，六足，前两足能直行，相并在草上，终日不动，驱之不去，剪其首，出蓝汁，亦不仆，汁尽即死。"以余所见，春夏色绿长二三寸，入秋则形同枯草，长达四寸许，《札樸》所载，殆见于秋后者。或谓断肠草系毒鸟遗粪于腐草上，由阴湿受热化生，故牲畜误食之则立毙云。（民国《顺宁县志初稿》卷14第5页）

## 吉祥草

吉祥草，王象晋《群芳谱》：吉祥草，丛生，不拘水土石上，俱可种，色长青，花紫，蓓结小红子，然不易开花，可登盆，以伴孤石、灵芝，清雅之甚。或云花开则家有吉庆事，人以其名佳，多喜种之。旧《云南通志》：云南产。（道光《云南通志稿》卷68《通省》第1页）

## 荐草

荐草,《唐书·南蛮传》:越睒之西,多荐草。(道光《云南通志稿》卷70《永昌府》第24页)

## 椒藤

椒藤,嵇含《南方草木状》:椒藤生金封山,乌浒人往往卖之,其色赤。又云似草芝,出兴古。谨案欧阳询《艺文类聚》:椒藤作菽藤,乌浒人作俚人。(道光《云南通志稿》卷69《曲靖府》第38页)

## 金星凤尾草

金星草,味苦寒。无毒。主痈疽疮毒,大解硫黄及丹石毒,发背痈肿结核,用叶和根,酒煎服之。……西南州郡多有之,而以戎州者为上。(《政类本草》卷11)

金星凤尾草,味苦,性寒。古〖本〗附注解硫黄毒、升〖丹〗、轻粉毒。今用洗暴赤火眼,老年〖昏花〗,退翳膜遮睛。煎汤候温,或洗或用笔管吹。(《滇南本草》第669页丛本)

## 灵芝草

灵芝草,此草生山中,分五色,俗呼菌子。赤芝,〖味甘,无毒〗,治胸中有积,补中,强智慧,服之轻身。白芝,味辣,无毒,治一切肺痿痨咳,力能延年。黑芝,味咸、性平,无毒,补肾,通窍,利水,黑发。黄芝,味甘辛,性平,无毒,熬膏久服,轻身延年。

青芝,味咸,无毒,治眼目不明。(《滇南本草》第642页务本)

孙光庭《获芝记》:李子印泉厝母阙太夫人柩于上方山治平寺,倚庐居守。时戎马遍郊,讹言日相惊恐,亲故皆为之危,印泉不为动,恻然曰:"吾母在是,吾忍去乎?"越岁戊辰元日,朝祭毕,偕其从兄希白,妹聟余铁恒、尹泽新诣楞伽塔礼大士像,经山腹,径旁寻咫间,见紫芝一本,盖作如意形,围圆周五寸余,茎粗如拇指,长六寸强,紫色,现白斑如金状,下有香草二茎,枝叶丹黄相间,长五寸弱,葳蕤纷披,馥郁清烈,遂并采归置几筵。越三日,余诣寺观之,有如魏缪袭《神芝赞》曰:"其色丹紫,其质光耀。"考图按牒,盖美乎所同于前代者矣。或曰:芝盖生云文,一岁一叠,是芝云文五叠,盖五岁矣。异哉!乃不为樵枚所摧折,牛羊所践履,即印泉亦数往来其地,乃不得之于他日,而得之于岁朝,是孰使之然哉。唐张文献居母丧,紫芝生座侧;处州周智庐父墓,紫芝生屋隅。今是芝也,人皆曰李君之孝征。印泉退抑不自胜,事亲若曾子,犹不敢自谓尽是,安有冀倖之念微动其中者哉。然而甘露降,白鸠巢,嘉禾连理,兽驯免扰,与夫紫芝之连类为休者史不绝书,何也?盖尝论天人相与之际,以为人无所不至,惟天不容强,苟非天之所与,则虽以大智绝勇,无由致之。若所与虽天所不常生,地之所不常产,若故泄其奇以媚之者,盖孝者百行之原,放诸四海而皆准,推之万世而莫易,所谓通于神明者,观于此而愈信矣。彼疑造物之有无者,殆不足与于知天也。是故幸为致之自我者,是谓贪天;视为无与于我者,是谓弃天。君子于此当早夜兢兢,而慎思所以承天者矣。又尝考神农《芝论》曰:"山川云雨,五行四时、阴阳昼夜之精,以生五色神芝。"《瑞应图》曰:"王者亲延耆养有道则芝生。"《孝经援神契》曰:"善养老则芝茂。"又曰:"德至于草木则芝生。"今山川五行阴阳,尚不失其精乎?天下有善养老者乎?德谁至于草木乎?芝也胡为乎生哉。然吾尝谓天地懿美之德无时焉绝于人,亦无时焉绝于物,绝则天地万物息矣。虽极泯棼之世,亦但寡焉。仅有而必不能消索能尽,特其多寡隐显之数,治乱升降之所由判也。今世变亟矣,宇内几无完土,而吴门尚粗安,良以蓄道、志古、敦善行不怠者犹不乏其人。人者,邦之元气所赖以桢干布濩,而隐相持于不敝者也。然则是芝也,非第印泉之孝征,抑亦地方之瑞应也。予故乐为之记,并审夫邦人士之观是芝者。戊辰人日孙光庭。(石刻)(《永昌府文征·文录》卷25《民七》第2871页)

## 龙鳞草

龙鳞草,生松树上,贴皮上似鳞甲。〖此草有二种,一有枝苗,此无枝苗〗。味苦。无毒。主治童劳虚症,退热除烦;妇人崩漏血积,煎服最良。(《滇南本草》第928页范本)

## 龙吟草

龙吟草,生山中向阳处,断〖梗〗有丝,大叶黄子,根大白色。〖味甘,平。无毒〗。采根服之,延年益寿,〖固齿〗,乌须黑发。采叶服之,治大头伤寒症,神效。采〖根〗,治舌上生疮,名曰重舌,服之即愈。(《滇南本草》第927页务本)

龙吟草,《滇南本草》:生于山中,面面朝阳,断梗有丝,根大肥白,采服益寿延年,返老还童,百病不生,多食,目能视千里之外,又治大头伤寒,舌上生疮,名曰重舌。(道光《云南通志稿》卷68《通省》第17页)

## 龙竹草

龙竹草,此草生石上,或大山中有水处,形似竹〖叶〗,软枝,黄叶,〖根肥〗。〖味酸。无毒〗。治一切肾虚腰疼,〖男子阳缩,妇人宫冷〗。灸用延年。(《滇南本草》第926页务本)

## 马蹄草

马蹄草，味苦，性寒。〖治〗子午潮热、头晕怕冷、肢体酸困、饮食无味、男妇童疳、虚劳发热不退〖热〗者用之。利小便，水牛肉引。(《滇南本草》第 187 页丛本)

## 奶浆藤

奶浆藤，又名通光散、〖通关散〗。茎心有白奶浆流出。味苦、涩、性寒。主治通乳、利尿、〖祛痰〗，清火。(《滇南本草》第 748 页永和本)

## 怕老婆草

淫草，夷地淫风最甚，而物产因之。……又有一草，据云男子过之则不动，女子近之则草叶俯垂着地，女人往往觅此草，潜置诸饮食内啖其夫，则诸事顺从，不敢违拗，因名为怕老婆草。果尔？真世间之奇事也。(《滇南闻见录》卷下第 41 页)

## 蒲草

杨保山在州治东北六里，下有池，多蒲草。(万历《云南通志》卷 3《鹤庆府》第 35 页)

西湖，在云南府城西。湖方五里，蒲藻常青。土人多泛舟游赏。《永乐大典》卷二千二百六十三引。(《云南古佚书钞·洪武云南志书》第 78 页)

鹤庆军民府,……顺州城,……杨保山,在州东北八里,下有池,中多蒲草,凫鹜之薮也。(《读史方舆纪要》卷 117 第 5172 页)

郭子璜《蒲团草》:金川滇水隔烟霞,何事龙潜佛子家。芳草承恩长结绿,灵根竞秀自丛芽。当年到处留尘迹,此日登临见物华。最是游人悲往事,灵芝山畔月痕斜。(雍正《富民县志》卷下第 35 页)

贺縠《蒲团草》:蒲团草,蒲团草,王孙已去青末了。当年遁迹暂跌跏,可曾望见长安道。长安道上植琼葩,急妍斗靡一时誇。独生此草标孤节,年年岁岁傲霜华。霜花本赋摧残性,不教芳翠埋山径。结就蒲团千古存,谁知帝释多遗恨。(雍正《富民县志》卷下第 35 页)

蒲草,旧《云南通志》:用以织席。又一种虎须蒲。(道光《云南通志稿》卷 68《通省》第 1 页)

蒲草,旧《通志》:用以织席。(光绪《续修顺宁府志》卷 13 第 13 页)

## 茜草

茜草,此草生,始陲山,今处处有之。叶似枣叶,三五对生,头尖下阔,近根部色紫,可以染绛。气味苦,〖性〗寒,无毒。滇中尤佳。主治寒湿、风痹、黄胆、补中、止血、内崩下血、膀胱不足、踒跌、〖蛊〗毒,久服益精气,轻身。又苗根主痹及热〖中伤〗跌折。治六极伤心肺,吐血,泻血。止鼻洪尿血、产后血〖晕〗、月经不止、带下、扑损瘀血、泄精、〖阳〗痿、疮痒,排脓。酒煎服。通经脉,治骨节风痛,活血行血。采叶塞鼻,可止鼻血衄。(《滇南本草》第 750 页范本)

## 升麻

牧靡南山，……在县东北乌句山南五百里。山生牧靡，可以解毒，百卉方盛，鸟多误食，乌喙口中毒，必急飞往牧靡山，啄牧靡以解毒也。（《水经注·若水》卷36）

牧麻县，山出好升麻。（《华阳国志》卷4第404页）

升麻，味甘、苦平，微寒，无毒。主解百毒，杀百精、老物、殃鬼，辟瘟疫、瘴气、邪气，蛊毒入口，皆吐出中恶，腹痛时气、毒疠头痛、寒热风肿诸毒，喉痛口疮，久服不夭，轻身长年。一名周麻，生益州山谷，二月、八月，采根日乾陶隐居云：旧出宁州者第一，形细而黑，极坚实。旧无復有，今唯出益州。好者细削皮青绿色，谓之鸡骨升麻。（《政类本草》卷6）

麻山，山有麻，能解彼瘴气之毒，故曰麻山。（《太平寰宇记·剑南西道》卷80）

升麻《本经》上品。《释名》周麻时珍曰：其叶似麻，其性上升，故名。按张揖《广雅》及吴普《本草》并云：升麻，一名周升麻。则周或指周地，如今人呼川升麻之义。今别录作周麻，非省文，即脱误也。《集解》《别录》曰：升麻，生益州山谷，二月、八月，采根日乾。弘景曰：旧出宁州者第一，形细而黑，极坚实。今惟出益州。好者细削皮青绿色，谓之鸡骨升麻。（《本草纲目》卷13）

升麻俱宁州出。（正德《云南志》卷4《临安府》第209页）

升麻，陶宏景《名医别录》：旧出宁州者第一，形细而黑，极坚实。今惟出益州，好者细削皮青绿色，谓之鸡骨升麻。（道光《云南通志稿》卷68《通省》第11页）

升麻，刘昭《后汉书·郡国志注》：牧靡，李奇曰出升麻。常璩《华阳国志》：升麻县，山出好升麻。郦道元《水经注》：建宁郡牧靡县乌句山南五百里，生牧靡草，可以解毒，鸟多误食，乌喙口中毒，必急飞往牧靡山，啄牧靡以解毒。（道光《云南通志稿》卷69《曲靖府》第39页）

## 石椒草

石椒〖草〗，味苦辣，性温，有小毒。走经络，治胸膈气痛、冷寒攻心、胃气疼痛、腹胀，发散疮毒。(《滇南本草》第 164 页务本)

石交，生云南山坡。高尺余，褐茎如木，交互相纠。初附茎生叶，渐出嫩枝，三叶一簇，面绿背紫。大者如豆，小者如胡麻，参差疏密，自然成致。(《植物名实图考》石草卷 17 第 435 页)

## 石筋草

石筋草，味微辛酸，性微温。主治风寒湿痹，筋骨疼痛，痰火痿软，手足麻木。〖此药〗舒筋活络，药酒方中，〖用〗之良效。(《滇南本草》第 458 页务本)

石筋草，生滇南山石间。丛生易繁，紫绿圆茎，叶似乌药叶，淡绿深纹，劲脆有光。叶间抽细紫茎，开青白花，碎如黍米，微带紫色。(《植物名实图考》石草卷 17 第 433 页)

## 石龙草

石龙草，生石上。花似丁香花，叶似桃叶，〖枝梗无刺〗。〖味苦，无毒〗。采梗枝煎服，治一切眼科，神效。(《滇南本草》第 925 页务本)

石龙草，《滇南本草》：多生石谷内，花似丁香，叶似桃叶，枝梗无刺，眼科神药，能开瞽目，退除障翳，其效如神。(道光《云南通志稿》卷 68《通省》第 15 页)

## 石南藤

石南叶,气味辛苦,〖性〗平。主治散风坚骨,补内伤阴衰,利筋骨皮毛;亦治肾虚脚弱,风痹之要药。(《滇南本草》第682页范本)

石南藤,又名搜山虎,味甘微酸,性微温。入肝、胆、小肠三经。治〖风〗寒湿痹伤筋,祛风,筋骨疼痛,利小便及茎中痛,热淋初起,急速〖治效〗。生山石上者,走经络更效;生土地上者,利小便效。(《滇南本草》第682页务本)

## 树头花

树头花,《古今图书集成》:顺宁府产树头花,年久枯树上所生。状似吉祥草,而叶稍大,开花如蕙,一茎有花十余朵,其香逊于幽兰。(道光《云南通志稿》卷69《顺宁府》第32页)

树头花,云南老屋、木板上皆有之,开三瓣紫花。《古今图书集成》:顺宁府产树头花,年久枯树上所生。状似吉祥草,而叶稍大,开花如穗,一茎有花十余朵,香逊幽兰,状颇相类。(《植物名实图考》石草卷17第434页)

树头花,《图书集成》:顺宁府产树头花,年久枯树上所生。状似吉祥草,而叶稍大,开花如蕙,一茎有花十余朵,其香逊于幽兰。(光绪《续修顺宁府志》卷13第8页)

## 松寄生

松寄生,松顶上寄生草耳,聊以代茗,产补罗、锅底诸嘈。(雍正《师宗州志》卷上第38页)

松寄生,《师宗州志》:松顶上寄生草,聊以代茗,产补锣、锅底诸嶆。(道光《云南通志稿》卷70《广西直隶州》第46页)

## 铁线牡丹

铁线牡丹,味苦微辛,性温,入脾肾二经,可升可降,上行温暖脾胃,止呕吐恶心,吞酸吐酸,痰呃逆反胃吐食,胸膈胃口作痛,饱胀愺卤,有暖胃进食之功,下行入肾,扶助命门相火衰弱,温丹田,补〖火〗兴阳。铁线牡丹(花蕊、叶、梗、根俱可用),为细末,每服一钱五分,滚水点酒服,忌鱼、羊、蛋、蒜、生冷。(《滇南本草》第675页务本)

## 仙草

蒙自山中有仙草,叶圆枝细。采其叶干之一二年,蘸以泉井,或气呵之,复鲜茂如故。此亦太和山万年松之属也。(《滇略》卷7第231页)

唐·周溢,号寿海。入点苍山,遇异人授以仙草,曰:此可三百岁。青檀山之石门,乃犹鸡之中距,其崖壁间有草,华在其首,四季不凋萎,采食之,寿可五百岁。二草合服,则仙可企焉。此草能死汞作白金。周果从之,服食一茎,必沉沉醉十数日,乃往鸡足觅草,异人已先至矣。指草予之,遂腾空去。周得两草,归叶榆之南天祠,日日酣卧,不食不饮。……后采药鸡山,不知所终。(《鸡足山志》卷7第291页)

仙草,采访:蜢□岩有仙草一丛,其色翠绿,经冬不凋,人可远观而不能取。(光绪《续修顺宁府志》卷13第14页)

## 仙茅

仙茅，味辛微咸，性温。入肾肝二经。治老人失溺，补肾，兴阳〖道，暖腰膝〗；又治妇人红崩下血，攻痈疽，排脓。（《滇南本草》第589页务本）

仙茅河阳县出。（正德《云南志》卷6《澄江府》第277页）

仙茅，《一统志》：河阳县出。（道光《云南通志稿》卷69《澄江府》第27页）

仙茅，《一统志》：景东出。（道光《云南通志稿》卷70《景东直隶厅》第40页）

## 相思草

又有相思草，一名合欢草，又名低头草。见妇女至，其草即低头，取以馈夫，夫辄为妇所制。（乾隆《腾越州志》卷11第22页）

相思草，《腾越州志》：一名合欢草，又名低头草。见妇女至，其草即低头，取以馈夫，夫辄为妇所制。（道光《云南通志稿》卷70《永昌府》第25页）

## 香草

戊寅十二月二十八日……下半里，得小坪，伏虎庵倚之，庵南向，从其前，多卖香草者，其草生于山脊。（《徐霞客游记·滇游日记五》第912页）

## 响铃草

响铃草,生田野间,软枝绿叶,叶下有一大果,似豆〖荚〗形,内有细子,老黑色,气味辛、酸、苦。主治石淋内结,亦止咳嗽吐痰,定喘降气,神奇。捣烂敷疮最良。(《滇南本草》第135页范本)

## 秧草

秧草根,味甘涩,性微寒。入肝脾二经,凉血止血。治大肠下血,妇人红崩白带,散经连绵。利小便,治五淋白浊,消血肿。(《滇南本草》第593页务本)

秧草,《南宁县志》:可织席。(道光《云南通志稿》卷69《曲靖府》第39页)

秧草,采访:用以织席。(光绪《续修顺宁府志》卷13第14页)

## 一把繖草

分水岭有一把伞草,竹芭铺有锅产草,以象形名之。一把伞虽枯,置之滚水、爇酒中辄泛青色,亭亭而立,真不可解也。(乾隆《腾越州志》卷11第22页)

淫草,夷地淫风最甚,而物产因之。永昌外有草名一拿繖,摘而取之,携至内地,枯叶卷缩,以热酒泡之,舒展如鲜时。维西有鹿衔草,皆淫药也。(《滇南闻见录》卷下第41页)

一把繖草,《腾越州志》:出分水岭,草虽枯,置滚水、爇酒中辄泛青色,亭亭而立。(道光《云南通志稿》卷70《永昌府》第25

页）

## 氤氲使者

氤氲使者《北户录》载褛荃草、芍草、左行草、无风独摇草，皆为媚药。此其类与？何地之多以草诲淫也？合和草，生必相对，夷女采为末，暗置饮馔中，食所厚少年，则眷慕如胶漆，效胜黄昏散，不更思归矣。反目者宜用之。多生夷地深山中。余戏谓友人曰：此氤氲使者也，合和云尔哉。而或则资以逞欲，谬矣！（《滇南新语》第3页）

## 油点草

《酉阳杂俎》又曰油点草，叶似君达，每叶上有黑点相对。（天启《滇志》卷32第1045页）

蔓胡桃，…… 又叶点草，叶似莙薘，每叶上有黑点相对。（康熙《云南通志》卷30第873页）

# 十九、禽之属

## 综述

禽属：雉、鹊、鹳、鹞[俱野]、鸡、鹅、鸭[家畜]、鸠、水鸢[一年止出秋季]。（嘉靖《寻甸府志》第22页）

禽之属五十九[①]：鹤、天鹅、雉、鸂鶒、戴胜、黄鹂、画眉、练雀、鹏、鸠、鹰、燕、翡翠、醡油[即采花心]、山和尚、鸲鹆、鹦鹉、百夷鸡、松鸡、竹鸡、锦鸡、孔雀、鸽、水鷄、旱鷄、白鹭、鸳、鹡鸰、青鸪(鹧)、红筋、紫背、鸬鹚、长尾、白麻鹊、鹳、冬至、鹧鸪、青胆、山呼[有宋苏轼《得南中山呼》诗：“终日锁筠笼，回头惜翠茸，谁知声嚖嚖，亦是意重重。夜宿烟生浦，朝鸣日上峰，故巢何处是，鹰隼岂能容？”]鹌鹑、串雀、红雀、黑鹊、章鸡、柳青、玉顶、水葫芦、鹊、鸦，常产者不书。（嘉靖《大理府志》卷2第75页）

孔雀、鹦鹉、鸜鹆、竹鼺。（正德《云南志》卷13《腾冲军民指挥使司》第561页）

禽之属三十一：慈乌、鸦、鸳鸯、鹡鸰、鹰、黄雀、燕、鹧鸪、鹭鸶、鸥、喜鹊、鹁鸽、野鸭、斑鸠、莺、鹌鹑、白头公、鹳、啄木、野鸡、百舌、青莺、画眉、拖白练、水老鸦、翡翠、鹦鹉、秧鸡、叫天、秋鹗、鱼鹰。（万历《云南通志》卷2《云南府》第13页）

禽之属五十三：鸠、鹰、鸦、鹊、燕、翡翠、鸜鹆、鹦鹉、松鸡、竹

---

① 五十九　按文意为四十九。

鸡、锦鸡、孔雀、黄鹂、画眉、练雀、鹁鸽、水鵽、旱鵽、白鹭、鸳鸯、鹡鸰、青鸠（鸬）、老鹳、冬至、鹧鸪、青胆、山呼、紫背、鸬鹚、长尾、鹌鹑、串雀、红雀、黑鹊、阳雀、蜡嘴、鹎鸡、柳青、玉顶、红顶、醉油郎、采花心、山和尚、百夷鸡、白头公、黑头公、胭脂红、毛虫鹰、水葫芦、白麻雀、胡文虫、五色、叫天。（万历《云南通志》卷2《大理府》第33页）

禽之属三十七：鸡、鹅、鸭、鹎、鸽、鹤、鸠、鹄、鹳、鹧鸪、燕、画眉、莺、布谷、啄木冠、鹊、鹭、雉、白鹇、鸲鹆、水獭、鹌鹑、百舌、黄雀、子规、鸦、孔雀、黄鸭、黄鹂、鸥、竹鸡、鸰、枕中鸡、翡翠、白头公、青庄、凫。（万历《云南通志》卷2《临安府》第55页）

禽之属三十一：莺、鹰、鹊、雀、雁、燕、雉、鸠、雕、鸦、鹭鸶、鸳鸯、鹧鸪、子规、山呼、黄鹂、鹦鹉、翡翠、布谷、白鸽、鹡鸰、画眉、孔雀、锦鸡、黄鸭、斗鸡、伯夷鸡、拖白莲、白头翁、山和尚、乌骨鸡。（万历《云南通志》卷2《永昌府》第68页）

禽之属二十三：雉、鹊、莺、鹳、鹰、燕、鸥、鸠、画眉、鹭鸶、鹧鸪、布谷、鹁鸽、白鹇、杜鹃、百舌、啄木、水鸭、鵪鹑、翡翠、水鹅、鹡鸰、孔雀。（万历《云南通志》卷3《楚雄府》第8页）

禽之属十一：鸡、鹤、鸦、莺、鹰、鹊、雁、鹭鸶、鹧鸪、白鹇、画眉。（万历《云南通志》卷3《曲靖府》第15页）

禽之属三十：鹄、鹳、鹘、鹰、鹞、雉、鹭、凫、燕、雀、鸠、鸦、鸽、布谷、鸳鸯、杜鹃、鹧鸪、鹌鹑、竹鸡、黄鸭、野鸭、黄鹂、翡翠、画眉、鹡鸰、灵歌、鹦鹉、百舌、青鸬、啄木冠。（万历《云南通志》卷3《澄江府》第23页）

禽之属二十一：鸡、鹅、鸭、鸽、雉、鸠、秧鸡、松鸡、水鸡、鹡鸰、鹰、鸦、鹊、鹧鸪、鹦鹉、鹳、鹭、鹜、鸬鹚、鸂鶒、青鶄。（万历《云南通志》卷3《蒙化府》第28页）

禽之属三十三：鹳、鹰、鹞、鸦、鹊、布谷、黄雀、鸳鸯、野鸭、白头翁、白鹇、紫贝、冬至、翡翠、练雀、秋鹗、鹭鸶、黑鹊、斑鸠、青鸬、鸽、野鸡、画眉、鹧鸪、鹌鹑、鵁鶄、水鵽、叫天、鹦鹉、松鸡、子规、啄木冠、鹡鸰。（万历《云南通志》卷3《鹤庆府》第37页）

禽之属二十六：燕、莺、鹊、鸦、鸽、鸠、鹗、鹳、鹰、雉、鹤、鹌鹑、锦鸡、黄鸭、白鹭、白鹇、画眉、翡翠、子规、鹧鸪、黄鹦、鹦鹉、麻雀、拖白练、黑头翁、蜡嘴。(万历《云南通志》卷3《姚安军民府》第47页)

禽之属九：雉、鹊、鹳、鹞、野鸭、秧鸡、鸠、鸦、水鹅。(万历《云南通志》卷4《寻甸府》第4页)

禽之属十八：雉、鹤、鹊、鸦、雀、杜鹃、鹧鸪、布谷、野鸡、白鹇、黄鹂、白鹭、鹦鹉、鹞鹰、画眉、鹡鸰、啄木、班鸠。(万历《云南通志》卷4《武定府》第9页)

禽之属十二：孔雀、山呼、野鸡、鹧鸪、秧鸡、锦鸡、雉鸡、鸠、鸦、鹊、鹦鹉、白鹇。(万历《云南通志》卷4《景东府》第12页)

鸟之属二：孔雀、鹦鹉。(万历《云南通志》卷4《元江府》第15页)

禽之属五：鹤、鹰、雉、雁、鹗。(万历《云南通志》卷4《丽江府》第19页)

禽之属三十七：鹤、雉、戴胜、鸠、黄鹦、画眉、练雀、翡翠、鹰、燕、鵙、鹦鹉、百夷鸡、松鸡、孔雀、水鵽、鹭、鸳、鹡鸰、青鹧、紫背、鸬兹、麻雀、鹊、鹳、鹧鸪、山呼、鹌鹑、白头公、黑头公、鹗、鹯、鹃、阳雀、布谷、泽雉、鸭。(万历《云南通志》卷4《顺宁州》第25页)

禽之属五：孔雀、白鹇、山呼、矮脚鸡、鹧鸪。(万历《云南通志》卷4《镇沅府》第30页)

禽之属十九：鹤、雉、鹳、莺、鹦鹉、白鹭、鹌鹑、鹧鸪、画眉、鸳鸯、锦鸡、山呼、野鸭、松鸡、燕、鹊、蜡嘴、啄木冠、酸爪鸡。(万历《云南通志》卷4《北胜州》第33页)

禽之属八：孔雀、鹦鹉、山呼、山八哥、鹌鹑、野鸡、拖白练、白鹇。(万历《云南通志》卷4《新化州》第35页)

禽之属三：孔雀、鹦鹉、山呼。(万历《云南通志》卷4《者乐甸长官司》第37页)

禽有鹊、鹰、翡翠、鸳鸯、鹡鸰、黄雀、燕、鸦、鹧鸪、鹭、鸽、凫、鸠、莺、鹌鹑、仓庚、黑头公、鹳、戴胜、雉鸡、百舌、鸿雁、画眉、练鹊、鹦鹉、鸊鹈、鹙鹗、鸬鹚、隼鹞、鸒鸠、鹳鸹、野鸭、鸯鸡、水鸥。

（天启《滇志》卷3《云南府》第113页）

禽曰鹳鸽、松鸡、锦鸡、竹鸡、孔雀、红嘴、水鵽、杨雀、蜡嘴、玉顶、柳青、鹎鸡、胭脂红、鹧鸪、水胡卢。（天启《滇志》卷3《大理府》第114页）

禽有鹎鸡、鸽、鹤、白鹇、黄鸭、竹鸡。（天启《滇志》卷3《临安府》第115页）

禽中为冬至，鹳鸽以十二红知其雄，十二黄知其雌，为铁翅，为斗鸡，为山和尚。（天启《滇志》卷3《永昌府》第115页）

禽之属，如莺，如翡翠，如孔雀。（天启《滇志》卷3《楚雄府》第116页）

鹤、鶤、鸜鹉、翡翠、鸳鸯、山呼、时鸡、大军蚤回，皆鸟也。（天启《滇志》卷3《曲靖府》第116页）

羽属有鹤，有鹘、翡翠、黄鹂。（天启《滇志》卷3《澄江府》第117页）

禽之松鸡、鹦鹉。（天启《滇志》卷3《蒙化府》第117页）

禽曰黄雀，曰紫贝，曰秋鹗，曰黑雀。（天启《滇志》卷3《鹤庆府》第117页）

禽有鹤，有锦鸡、黄鹂、白鹇、鹦鹉。（天启《滇志》卷3《姚安府》第118页）

禽中鹦鹉，清晨集灌木者千余。又有竹鸡、青鸡，猎者取焉。又有共命鸟，生穷山中，人罕得见。（天启《滇志》卷3《武定府》第118页）

禽内之竹鸡，即白鹇，尾以饰文舞之龠。（天启《滇志》卷3《景东府》第119页）

山呼鸟，调之能为百鸟音。又有枕中鸡，形如鸠，置之床头，每更辄如鸡啼，用以警夜。（天启《滇志》卷3《元江府》第119页）

鸟类有孔雀、松鸡。（天启《滇志》卷3《顺宁府》第120页）

羽属：鸡、鹅、鸭、鸽、雀、鹰、鸦、鸠、鹊、鹧鸪、燕、脊令、鹭、仓庚、子规、雉、鹌鹑、鹦鹉、鹳、画眉、隼、鹞、乌、鹳鸽、鸬鹚、鸥、凫、鸳鸯、鸂鶒。（康熙《云南通志》卷12《通省》第226页）

禽之属：莺、鸦、鸠、燕、鹭鸶、鹌鹑、画眉、黑头翁、十様锦。（康熙《晋宁州志》卷1第14页）

羽之属：鸡、鹅、鸭、雉、鸽、鸠、鹰、孔雀、鸥、燕、箐鸡、鹧鸪、画眉、黄鹂、布谷、啄木、鹗、喜鹊、白颈鸦、白鹇、竹鸡、鹦鹉、翠鹊、子规、鹌鹑、春雀、鹡鸰。（康熙《嵋峨县志》卷2）

羽部：鸡、鸭、鹑、鸽、鸥、鸠、鹘、鹊、鹳、燕、鹧鸪、雁、画眉、黄鹂、莺、鹭、布谷、啄木、雉、白鹇、鸲鹆、鹌鹑、子规、鸦、鹡鸰、拖白练、白头公、水凫。（康熙《石屏州志》卷4第80页）

羽部：鸡、鸭、鹅、鸽、鸠、燕、鹧鸪、鹌鹑、布谷、黄鹂、鹭、土鸳鸯、画眉、鹑鸡、水凫、黄鸭、青鸬、水鸷、雉鸡、白头公。（康熙《通海县志》卷4第19页）

羽毛：鹊、布谷、鸠、雉、鸽、鹧鸪、豹、猿、獐、兔。（康熙《富民县志》第27页）

羽之属：鸡、鹅、鸭、雉、鸽、鸠、鸥、燕、孔雀、箐鸡、鹧鸪、画眉、黄鹂、啄木、喜鹊、乌鸦、白鹇、老鹳、青鹑、鹭鹚、鹦鹉、子规、鹌鹑、脊令。（康熙《新平县志》卷2第321页）

羽之属：鸡、鹅、鸭、鸽、雀、鹰、鸦、布谷、鹧鸪、燕、鹡鸰、鹭、仓庚（即黄鹂）、子规、雉、鹌鹑、画眉、隼、鸥、乌、鹳鸽、啄木、黑头公、青鸬、百舌、绿翠、秧鸡、雁、鸠、鹊。（康熙《新兴州志》卷5第35页）

羽之属九种。（康熙《平彝县志》卷3第96页）

羽部：鸡、鸠、鹊、燕、鸦、布谷、雉、鹧鸪、子规。（康熙《罗平州志》卷2第8页）

羽属：鸡、鹅、鸭、鸽、孔雀、白鹇、雉、鹦鹉、仓庚、子规、画眉、拖白莲、燕、鹡鸰、鹭、凫、鹰、鸦、鸠、鹊。（康熙《元江府志》卷1第665页）

禽之属：鹳、鹰、雉、鹭、燕、雀、鸠、鸽、凫、杜鹃、鹧鸪、竹鸡、黄鸭、野鸭、布谷、画眉、黄鹂、鹡鸰、春雀、瓦雀、阳雀、叫天、青丝、鸲鹆、翡翠、啄木、百舌、蜡嘴、拖白练、黑头翁、鹊、鸡、鸭、鹅。……（河阳县）羽毛：水獭、灵歌。（新兴州）羽毛：鹿、獐、猿、猴、麂、鸠、鹑。（路南州）羽毛：豹、兔、野鸡。（江川县）羽

毛：鹜。（康熙《澄江府志》卷10第8、9页）

禽：鸡、鹅、鸭、莺、黄雀、乌、鹳、鹞、慈鸦、鸠、雉、隼、鸽、鹦鸽、鹦鹉、鹦哥、白鹇、杜鹃、喜鹊、啄木、鹧鸪、紫燕、沙燕、伯劳。（康熙《顺宁府志》卷1第31页）

禽：鸡、鹅、鸭、鸽、鹧鸪一名布谷、喜鹊、燕、胡燕、雀、乌鸦、莺、鹳、隼、鹞、慈鸦、鸜鹆俗名八哥、鸠、铁翎哥即伯劳、鹡鸰、鹌鹑、翡翠、黑头公、杜鹃子规也、啄木、雉、鹦哥、鹦鹉、拖白练、白鹇、泥滑滑、凫、锦鸡。（康熙《蒙化府志》卷1第41页）

羽属：鸡有四种：曰糠鸡；曰斗鸡，足高而善斗；曰百彝鸡，足矮而善鸣；曰乌骨鸡、鸭、鹅、鹁鸽、鹰、鹳、鹊、雀、燕、鸩、鸠、鹏、鸦、鹭鸶、鸳鸯、鹧鸪、鹌鹑、子规、山呼、黄鹂、白鹇、拖白练、白头、鱼翠、伯鸽、布谷、啄木、鹡鸰、画眉、鹦鹉、孔雀、山和尚、锦鸡、秧鸡、黄鸭、野鸭、鸜鹆。（康熙《永昌府志》卷10第4页）

羽毛：鹊、布谷、鸠、雉、鸽、鹧鸪、豹、猿、獐、兔。（雍正《富民县志》卷上第30页）

禽：鸡、鹅、鸭、鸽、鸠、鹳、鹧鸪、画眉、布谷、燕、莺、鹊、鹭、雉、白鹇、鹌鹑、鸦、鸥、孔雀、百舌、子规、黄雀、啄木冠、黄鸭、黄鹂、竹鸡、练雀、白头翁、青鸬、鸬鹚、鹦鹉、瓦雀、箐鸡、锦鸡、鸲鹆、鸰、凫。（雍正《建水州志》卷2第9页）

羽之属：鸡、鹅、鸭、鸽、鹰、鸦、鸠、燕、布谷、鹭、鹡鸰、杜鹃、鹧鸪、鹦鹉、鹌鹑、雁、画眉、青鸬、竹鸡、啄木、百舌、白头翁、蜡嘴、秧鸡、雀、鹊、黑头公、拖白翎。（乾隆《弥勒州志》卷23第117页）

禽：鸡、鹅、鸭、鸽、鸠、鹳、鹰、雉、莺、鹊、鸦、鸥、鹭、凫、燕、鹦鹉、布谷、鹧鸪、鹭鹚、鹌鹑、白鹇、百舌、鹡鸰、练雀、子规、黄雀、竹鸡、啄木冠、白头翁。（乾隆《陆凉州志》卷2第29页）

羽属：鸡、鹅、鸭、孔雀、白鹇、山呼、鸦、鹊、布谷、鹧鸪、燕、鹡鸰、雉鸡、鹭鸶、仓庚、子规、鹌鹑、隼、画眉、鹞、黄鹂、啄木、黑头公、青鸬、鸿雁、百舌、翡翠、秧鸡、八歌、暘鸟、水胡盧、鸽子、腊嘴、金翅、枭鸟、拖白练、红斑鸠、绿斑鸠、玀夷鸡、麻雀、竹鸡、鹳、

鸬鹚。(乾隆《开化府志》卷4第33页)

羽属：鸡、鹅、鸭、凫、雉、青鸬、鹭、燕、莺、鹰、鹊、雀、鸠、鸽、鸦、鹗、布谷俗名傩工、画眉、鹌鹑、鸲鹆八哥、拖白练、鹧鸪、鸱鸮、啄木冠、翠、鹡鸰、鸺鹠、鹜、杜鹃。(乾隆《赵州志》卷3第58页)

其羽属则鸡、鸭、鹅、鸽、鹰、雀、燕、鸠、鹊、鸦、鹭、鹧鸪、子规、山呼大名鹦鹉，小谓山呼、黄鹂、白头鸟、翠鸟有大如鹰者，取其皮可以点翠、布谷、鹡鸰、画眉、山和尚、锦鸡、野鸡、黄鸭、鸜鹆、鸿、鸥、凫、鸡鶒、鸬鹚、啄木冠、隼、鹞、巧妇。(乾隆《腾越州志》卷3第28页)

羽部：鹰、燕、白鹇、画眉、鸡、鸭、鹅、鸽、鹞、鸠、鹳、鹊、鹘、鹧鸪、野鸡、黄鹂、布谷、雉、雁、拖白练、啄木、鸲鹆、鹌鹑、白头公、子规、青鸬、鸦、鹡鸰、水鸷、秧鸡、山呼、竹鸡、松雀、傩工、花花雀、鸽、汙沤、鹭丝、箐鸡、麻雀。(乾隆《石屏州志》卷3第36页)

禽属：燕、莺、鸢、鸽、鸠、鹧鸪、拖白练、雉、黄鹤、鹎鸡。(乾隆《河西县志》卷1第129页)

禽之属：有鸡、鸭、鹅、鸽、燕、雀、乌慈、白颈、大嘴三种、鹊、鹰、鹞、锦、野、鸱鸮一名鸺鹠，俗名根鹘、雉、鸠有草、珍珠二种、春庚鸟俗名春喜喜、冬鸟、鹧鸪、鹌鹑、鸜鹆、画眉、白头翁、黑头翁、长尾郎、拖白练、杜鹃、鹡鸰、布谷一名鳲鸠，一名戴胜、鸺鹠一名巧妇、鴷即啄木官、火雀、凫一名水鸭，俗名野鸭、鸥、翡翠、鹭、鹳一名青翐、水鳦、鶅鶅、信天翁。(乾隆《黎县旧志》第13页)

禽类：鹤、锦鸡、山鸡、雉、鹭、鹦鹉、鸳鸯、鹊、鹰、鹞、鸠、鸲鹆、鹧鸪、鸦、鹳、布谷、鸡、鹅、凫、野鸭、秧鸡、子规、鷓鴣、瓦鹊。(乾隆《东川府志》卷18第4页)

羽属：鹰、野鹤、野鸡、白鹭、鹦鹉、凫鸭、家鸡、鹅、鸭、鸠、鸽、燕、画眉、乌鸦、喜鹊、鹌鹑、麻鹊、啄木冠、鸲鹆、鹧鸪、水老鸦、鹗子、白鹇。(乾隆《丽江府志略》卷下第40页)

山鸟，仙鹤、锦鸡，翠羽之属，皆为所产，其余山鸟难名，不胜悉数。每当山行，钩辀格磔之声，未尝绝于耳也。(《滇南闻见录》卷下第45页)

《范志》谓:“南方多珍禽,非君子所问。”仅志十三禽,而滇禽不能以十三限也,故比范为加详。……《范志》谓:“南方多禽,非君子所问。”然则所问者,终以闾阎所畜,民生利赖者宜先。鸡、鸭、鹅、鹜,生民之常产,番、汉胥同。虽大小肥瘦,各处不同,而亦颇为丰裕。往者,所值甚贱,鸡蛋至八文可十枚,滇、黔一也。自缅甸军兴,凿破浑沌,无复淳古之风,民畜渐衰,物值大长,一蛋至四五文。军营,一枚且至银三四分,由凋耗之太甚也。民俗利在鸡鸭,入街子则鸡满笼,鸭满围,以易米、盐、布匹。故《志禽》自孔翠之属外,终归于家畜。《职方》纪十二州,必辨畜所宜。滇南多水似江、湖,故所畜鸡及鹅、鸭之利,是在司牧所以教之者。山居之民,又畜鸬鹚捕鱼,以为生理。人家又多养鸽。天日晴朗,滇人多放鸽,散于满城,铃叫盘空,笙箫响逸,此皆生理所资者。其他娇民笼袖,髀袋鹌鹑,浪子提笼,面矜黄豆,虽亦俗之所尚,吾无取焉耳。(《滇海虞衡志》第124页、142页)

羽毛之属六十七:鹤、孔雀、鹦鹉、白鹇、雉、鹧鸪、鸬鹚、鹰、鸷、雕、鹗(即鱼鹰)、燕、雁、雀、鹊、鹌鹑、鹧鸪、仓庚、乌、雅、鹭、鸥、凫、鸳鸯、鸡鶒、脊令、鸜鹆(俗曰八哥)、鸠、鸽、鹳、子规、鸡、鹅、鸭、锦鸡、画眉、秧鸡、啄木、巧妇、拖白练、黑头公、十様锦、天白了。(以上羽四十三)(道光《昆明县志》卷2第6页)

《论羽毛之属》:滇南初未有雁也,自杨慎有《泛舟见新雁诗》,为雁入滇之始。今则结阵联行,排空而至,岂古与今之地气有不同耶。滇俗,旧重牲畜马牛羊,皆以群计,凡牧马春夏于悬崖绝谷,秋冬则于水田有草处放之,其牧牛羊与豕亦然,皆饲诸野,故其生弥蕃。肆中市豬肉斤钱六十,大尾羊则倍之,其常羊亦与豬肉值等耳。鸡鹜值亦皆贱,故贫儿小有赢余,无不举肉食者。檀萃《滇海虞衡志》:孔雀出滇,雀尾一屏值不高,人家多列之几,今以翎为冠饰,比古貂蝉,而以三眼为尊,故孔雀贵为南方诸禽首,然闻其血能杀人,故梁王使阿禚杀其夫,以孔雀胆一具。《范志》乃谓民人或以鹦鹉为鲊,以孔雀为腊,以其易得,岂腊孔雀不遇毒,而鲊鹦鹉陋体腥臊,亦劳鼎俎耶。鸬鹚,一名水老雅，能合众以擒大鱼，或啄其眼，或啄其翅，或啄其尾与鬐，鱼为所困，而并舁以出水，主人取之，可谓智矣。滇人多畜膺，臂之者盈市。鹫，大鹰也，西方谓之鹫，滇山逴逴见之，李时珍谓鹫即雕也，居大泽，飞则盘空如大车，盖滇人取其瓴以饰箭。牛，分两种，水牛、黄牛，黄牛特多，高大几比水牛，以耕田，以服车，而天方教食必以牛，其宰割供膳者数十，皆肥牛之腱也，故皮角以外，乳扇乳饼、醍醐酪酥之具，虽僧道亦资养于牛。羊，于滇中为盛，俗以养羊为耕作，其羊脂满腹，肥者不能行。牧者破其皮，卷脂而出之成筒，以货于人，羊利行如故，会城日必刲数百。亦有大尾羊，皆来自迤西者。羊四季之皮，俱可以为裘，裘之值且倍于肉也。其长养之羊，岁薙其毛以为毡罽毯毲。羝之深须者，割而染以充帽缨。兔之穴竹林者为竹鼺，肉肥美，皮亦可为袖以御冬。今之天马、干箭、麻叶豹，一切皆出于滇，由滇匠缀缉狐皮而并成之，一领之价，辄数十金，且百金。余尝游滇郊，见狐皮百千张，略无可盼，而缉成之，即为席珍矣。昆明人有赴禄劝鼠街者，见猓猡囊一物，就眎乃元狐，亟以千钱市之，归裁为帽边，价百倍，滇南何所不有哉？桂馥《札樸》：雉，白质五采者，滇人谓之箐鸡；青质五采，谓之翟鸡。馥案：白质即翚也，袆衣画之；青质即摇也，揄狄画之。驯者畜于庭，喜食花。（道光《昆明县志》卷2第17页）

羽类：鸡、鸭、鸽、凫、鹞、鹊、燕、鹭、布谷、雉、子规、鸦、黄鸭、秧鸡、野鸡、鱼鹰、鸠、莺。（道光《昆阳州志》卷5第13页）

禽属：鹌鹑、鸲鹆、鸳鸯、画眉、竹鸡、子规、燕鹰、鹊、鹞、布谷、鹭鸶、秧鸡、翡翠、练雀、野鸭、鸽、鸡、鸿、鸭、鹧鸪、云雁、白鹇、山鹏、大雀、野雉、莺、鹅、鸦、雀。（道光《广南府志》卷3第3页）

羽之属：绿鸠、箐鸡、鹦鹉、秦吉了。（道光《新平县志》卷6第23页）

羽之属：鸡、鸭、鹅、雉、鸽、鸠、鹰、燕、莺、箐鸡、鹧鸪、画眉、布谷、乌鸦、白颈鸦、喜鹊、子规、鹦鹉、八哥、啄木、鹌鹑、脊令、白鹇、黄雀、麻雀、野凫、翠雀、鹭鸶、老鹳、撮头公、拖白练、花冠索。

旧县志（道光《续修易门县志》卷7第169页）

禽之属：鹳、鹰、雉、鹭、燕、雀、鸠、鸽、凫、杜鹃、鹧鸪、竹鸡、黄鸭、野鸭、布谷、画眉、黄鹂、鹡鸰、春雀、瓦雀、阳雀、叫天、青丝、鸲鹆、翡翠、啄木、百舌、蜡嘴、拖白练、黑头公、鹊、鸡、鸭、鹅。（道光《澄江府志》卷10第8页）

羽之属①：鹦鹉、孔雀、白鹇、鹁鸠、雉、白雉、鸬鹚、鹰、鹫、鹏、鱼鹰、山喜鹊、雁谨案：旧《志》尚有鸡、鹅、鸭、鸽、雀、鹰、鸠、乌鸦、燕、鹊、鹌鹑、鹧鸪、鹭、仓庚、鸜鹆、画眉、灰鹤、锦鸡、鹳、鸥、凫、拖白练、黑头公、秧鸡、啄木冠、鸳鸯、鸡鹔、子规、隼鹞、鹡鸰、十样锦、巧妇、天白了、哈喇鸡，并滇产。（道光《云南通志稿》卷68《通省》第21页）

羽属：莺、鸦、鸠、鸽、鹊、雀、燕、鹅、鸭、鸡、画眉、鹭鸶、鹌鹑、野鸭、鹧鸪、绿翠、黑头翁、十样锦。（道光《晋宁州志》卷3第26页）

羽属：鸡、鹅、鸭、鸽、雀、鹰、鸠、乌、雅、燕、鹊、鹌鹑、鹭、仓庚一名黄鹂、雉、鸜鹆俗名八哥、画眉、白鹇、锦鸡、鹳、鸬鹚俗名水老鸦、凫俗名野鸭、拖白练、黑头公、秧鸡、啄木冠、鹞、布谷、青鸬。（咸丰《南宁县志》卷4第13页）

羽属：鸡、鸭、鹅、鸽、鹰、鹳、鹊、雀、燕、鴩、鸠、鹏、鸦、鹭鹚、鸳鸯、鹧鸪、鹌鹑、拖白练、子规、山呼、白鹇、白头翁、鱼翠、山和尚、布谷、啄木、鹡鸰、画眉、鹦鹉、锦鸡、快鸡、野鸭、黄鸭。（光绪《永昌府志》卷22第5页）

鸟之属：孔雀、摆夷鸡、长鸣鸡、绿鸠、狠虎、鹦鹉、白鹇、雉、山喜鹊、雁谨案：顺宁尚有鸡、鹅、鸭、鸽、雀、鹰、鸠、乌鸦、水老鸦、燕、鹧鸪、白鹭、画眉、拖白练、黑头公、秧鸡、麻鸡、啄木、子规、布谷、白头翁、点小雀、鹁鸪、鸜鹆、鱼翠、黄鹂、伏翼、夜鵖、鹡鸰、鹌鹑、箐鸡。（光绪《续修顺宁府志》卷13第21页）

羽属：鸡、鹅、鸭、雉桂馥《札樸》：雉，白质五彩者，滇人谓之箐鸡，青质五彩者谓之翟鸡。馥案：白质即翚也，袆衣画之；青质即摇也，揄狄画之。驯者畜于庭，喜食花。檀萃《滇海虞衡志》：箐鸡生长于箐，滇南多箐，故箐鸡为多，即白雉、白鹇之类也、锦鸡形类鸡而小，足短，尾长二三尺，遍身五色斑斓，极可观玩、布谷、乌鸦、鹧鸪、鹌鹑、画眉、鸠、鹁鸠李时珍《本草纲目》：鹁鸠，一名鹎鶋，讹作批鶋鸟，江东曰乌臼，又曰鹎臼，三

---

① 属下各禽，原本皆有注释，详见各禽名下。

月即鸣，俗呼驾犁，农人以为候，五更辄鸣，曰"架二格格"，至曙乃止。滇人呼榨油郎，呼铁鹦䳇，能啄鹰鹘、绿斑鸠状亦如鸠，遍身羽毛皆碧色，鸣声如吹唢呐之叶律，竹山一带有之、老鹳、金翅、燕、鹦䳇、鸜鸲俗名八哥、瓦雀、天白了、蜡嘴、火雀、仓庚一名黄鹂、黑头公、巧妇、鸽、秧鸡、映山红状类燕，头黑，遍身羽毛如朱尾，形如扇，音最清烈、拖白练状如喜鹊，头黑嘴朱，遍身羽毛，黑白相间，尾有长毛约尺余，整齐拖曳，平铺如练、啄木冠、白鹇状类家鸡，尾秃首小而锐，毛色微黄如乳鹅，饮水啄粒，无异寻常畜，及长，长颈修翎，乌喙丹趾，首翘朱冠，目荧金弹，遍身白质，鲜洁而黑章，作水縐纹蹴踏然，尾长数尺，若曳匹练，墨纹层叠，宛若微波，因风而濴洄，鸣则㶉㶉如索斗状，时飞鸣于巨树，暮则栖树杪不去、灰鹤、鸬鹚檀萃《滇海虞衡志》：滇南多山河，人畜鸬鹚以捕鱼，一名水老鸦，能合众以擒大鱼，或啄其眼，或啄其翅，或啄其尾与鬐，鱼为所困，而并舁以出水，主人取之，可谓智矣、鹭鸶、鸥、凫俗名野鸭、鸳鸯、䴔䴖、子规一名杜鹃、鹰檀萃《滇海虞衡志》：滇人喜赶山，多畜鹰臂之者盈市、隼、鹫檀萃《滇海虞衡志》：鹫，大鹰也，西方谓之鹫，滇人往往见之、鹞、鵰檀萃《滇海虞衡志》：鵰居大泽，飞则盘空如大车盖，滇取其翎以饰箭。李时珍谓鵰即鹫也。羌鵰，出西南夷，黄头赤目，五色皆备、十様锦、鹡鸰、鹗檀萃《滇海虞衡志》：鱼鹰，鹗也，雎鸠也，"五鸠鸠民"，此其一也。鸷鸟累百不如一鹗，而被以鱼鹰之名，失其义矣、信天翁即鸷泽虞也，俗名护山鸟，形如雁而足高，嘴长而圆，食鱼而不能捕，常守水圳，俟鱼过啄食，或俟鱼鹰所得偶坠者拾食之、铁连甲鸟名，黑色长尾，大如啄木，喜栖柳树，侵夜先众鸟鸣，既栖犹鸣，鸣声云"加格加格"，见鸟必逐而击之，鸟哀遁去，土人呼为铁连甲、鸱鸮、鸿雁清顺治庚子冬，鸿雁来滇、山喜鹊桂馥《札樸》：小鸟，大于鹊，形似鹊，滇人谓之山喜鹊。案即韓鷽也。《尔雅》：鷽，小鹊。《说文》：鷽，韓鷽，山鹊，知来事鸟也。俗言乾鹊噪，行人至。乾、韓声近而讹。（民国《宜良县志》卷4第31页）

禽类：雉、锦鸡、鹧鸪、鹌鹑、画眉、班鸠、家鸡、鸥、鹭、鸦、翡翠、鵁鶄、枭鸟、燕、子规、鸿雁、莺、喜鹊、瓦鹊、鹅、鸭、八哥、双喜鹊、仓庚、布谷、秧鸡、黑头公、天白了、啄木、鹳、鸽。（民国《路南县志》卷1第48页）

羽属四十二类：鸡、鹅、鸭、孔雀、白鹇、山呼、鸦、鹊、布穀、鹧鸪、燕、鹡鸰、鸩鸡、鹭鸶、仓庚、子规、鹌鹑、隼、画眉、鹞、黄鹂、啄木、黑头公、青鸠、鸿雁、百舌、翡翠、秧鸡、八哥、旸鸟、水葫芦、鸽子、腊嘴、金翅、枭鸟、拖白练、红斑鸠、绿斑鸠、擺夷鸡、麻雀、竹鸡、鹳、鸬鹚。（民国《马关县志》卷10第9页）

禽：黄莺、喜鹊、燕子、瓦雀、金丝鸟、鹭鸶、□□、水鸭、啄木鸟、鸠、鸡、鸭、鹰、雉、画眉、鹧鸪、八歌、雁、□翠、山鸡。（民国《富州县志》第十四第85页）

鸟之属三十：燕、鹦䳇、画眉、班鸠、黄鹂、鹧鸪、竹鸡、鹭鸶、瓦雀、黑头公、喜鹊、百夷鸡、八哥、野鸡、臙脂红、鹅、鸭、鸳鸯、翡翠、鸿雁、啄木冠、慈乌、拖白练、布谷、飞虎、秧鸡、杜鹃、雉、鹳、

鹌鹑。(民国《邱北县志》册3第16页)

羽属:乌、鹊、鸠、啄木、春雀、揹背笼俗名黑头公、鹭、莺、鷂、青庄、画眉、稀煮粥、雁、雀、翡翠、鹡鸰、秧鸡、吹箫鸟、鸿、鸽、黄鸭、竹鸡、王短嘴、白颈老鸦、鹅、燕、野鸭、瓦雀、白头翁、有嘴姑爹俗呼斑鸠、鸭、雕、布谷、雉鸡、拖白连、鸡、鹰、子规、八哥、水喜鹊、枭俗呼冬五、鹌鹑、放羊雀。(民国《嵩明县志》卷16第241页)

禽兽:邑旧无雁与鸠也,亦如会垣未有雁,自杨升庵有《泛舟新雁》诗,为雁入滇之始也。今则结队连行,声鸣天际,乏古今之地气有不同耶,亦边陲日渐进化耶。孔雀产浪沧江外,康普土司喃良弼家前畜一只,因血能杀人,特放之。鹦鹉产数颇多,常千百,挑以售外地。土人重牲畜,马牛羊皆以群计,虎豹熊鹿,每年猎人所得者则寥寥无几也。(民国《维西县志》卷2第39页)

动物类:(家禽)鸡、鸭、鹅、鸽。(野禽)麻雀、燕、喜鹊、鸠、乌鸦、白颈鸟、布谷、百灵鸟、雁、鹤、鸳鸯、鹰、报春鸟、啄木鸟、绶带鸟、白鹇、八哥、金八两、鹌鹑、雉、长尾雉、鹡鸰、黄豆雀、猫头鹰、水葫芦、鸬鹚、鸂鶒、黑雕、白头翁、菜子雀。(《宁蒗见闻录》第2篇第66页)

禽之品:雉、鹊、莺、鹳、鹰、燕、鸥、鸠、竹鸡、鹭鸶、画眉、鹧鸪、布谷、鹁鸽、白鹇、□鸕、杜鹃、百舌、啄木、水鸭、鹌鹑、翡翠、水鹅、铁翅、鹡鸰、孔雀为巢深草中,或依木,羽毛其文彩。天气晴暖,舒翼向阳,崖谷生辉,宛然一堆锦绣。但性最毒,常与恶蛇交。夷人取其卵于鸡窝中伏之,可家畜,食谷,但不甚文。(楚雄旧志全书"楚雄卷上"隆庆《楚雄府志》卷2第36页)

禽类:雉、鹊、燕、鸥、鸠、竹鸡、鹭鸶、画眉、鹧鸪、鹁鸽、白鹇、鸂鷘、杜鹃、百舌、啄木、水鸭、鹌鹑、铁翅、鹡鸰。(楚雄旧志全书"楚雄卷上"康熙《楚雄府志》卷1第194页)

羽类:鸡、鹅、鸭有三种、雉有三种、鸠有三种、鹑、燕有二种、莺有二种、鸥、乌鸦、鹭鹚、喜鹊、瓦鹊有二种、鸲鹆俗呼八哥、沙和尚、鹦鹉、画眉、鸳鸯、鹧鸪、雁、鹰、鹯、鸑、鹳、枭、子规、白舌即雇工、偷鸙、蝙蝠、白鹇、白头

鸟、啄木鸟、点水雀、绿豆雀。（楚雄旧志全书“楚雄卷下”宣统《楚雄县志述辑》卷4第1051页）

禽类：雉、鹊、燕、鸥、鸠、竹鸡、鹭鸶、画眉、鹧鸪、白鹇、子规、水鸭、铁翅、啄木。（楚雄旧志全书“南华卷”康熙《镇南州志》卷1第15页）

禽之属：雉、鹊、燕、鸠、鸥、鹤、鹰、竹鸡、鹭鸶、画眉、鸲鹆、鹧鸪、白鹇、子规、水鸭、铁翅、啄木、乌鸦、绿翠、鸿雁、山呼、喜鹊。（楚雄旧志全书“南华卷”咸丰《镇南州志》第131页）

羽属：鸡、鹅、鸭、雉、乾鹊、雀、燕、鸠、鹰、鸥、鹦鹉出鹦鹉山及州南乡、鹭、画眉、鸳鸯、鹧鸪州人呼为豆枯鸟，谓此鸟鸣时蚕豆将枯也。又名雇工鸟，谓此鸟鸣时，农工将兴也、白鹇、子规、鸲鹆、铁连甲即乌鹂，俗呼铁甲连、啄木、鸦、翠、雁、山呼、白头鸟、青鶬。（楚雄旧志全书“南华卷”光绪《镇南州志略》卷4第358页）

羽属：鸡、鹅、鸭、雉、干雀、雀燕、莺、鸠、鹰、鹭、鸦、鹦鹉、鹧鸪、鸳鸯、画眉、鸥、白鹇、子规、鸲鹆、钱连甲即乌鸠，俗呼为钱甲连、啄木、翠雁、山呼、青鶬、白头鸟。（楚雄旧志全书“南华卷”民国《镇南县志》卷7第636页）

羽之属：燕、鹊、鸦、鸽、鸠、鹗、鹳、鹰、雉、箐鸡、鸲鹆、黄鸭、白鹭、白鹇、画眉、翡翠、子规、鹧鸪、麻雀、拖白练、黑头公、蜡嘴。（楚雄旧志全书“姚安卷上”康熙《姚州志》卷2第37页）

禽之属：燕、雀、鸦、鸽、鸠、鹗、鹳、鹰、雉、箐鸡、鸲鹆、黄鸭、白鹭、白鹇、画眉、翡翠、子规、鹧鸪、麻雀、拖白练、黑头公、蜡嘴、鸜鹆、锦鸡、仓庚、戴胜。（楚雄旧志全书“姚安卷上”道光《姚州志》卷1第242页）

羽之属：故实二种：锦鸡、白鹇，《一统志》：俱姚安府出。旧《志》二十一种：燕、鹊、鸦、鸽、鸠、鹗、鹳、雁、青鸡、鸲鹆、黄鸭、白鹭、画眉、翡翠、子规、鹧鸪、麻雀、拖白练、黑头公、蜡嘴。增补九种：秃尾鸡，俗呼鷜鸡，雌雄俱无尾。青鶬，按《正字通》：鶬大如鹤，青苍色，亦有灰色者，长颈高脚无丹。土人所呼为老青椿者，其青鶬之讹乎？鶡鴠，今人呼为点水鹊。李时珍云：即百舌鸟也。状如鸜鹆而小，身略长，行则头俯。鹋，土人呼为发水鹊。

陈藏器云:鹬如鹑,色苍喙长,在泥涂。《说文》云:鹬,知天将雨鸟也。鴷,俗呼斫木官,山中最多,好斫木食虫,静夜闻之,其声阁阁橐橐。鸲鹆,俗呼八哥,城乡俱有,人多畜之。《幽明录》云:五月五日翦其舌端使圆,教令学语。今州人亦然。鸺鹠,俗呼狠虎。桂馥《札樸》云:有鸟夜鸣,其声骨鹿是也。乌鸱,善逐乌,即《尔雅》所谓鵧鷑者,俗呼为铁连甲,又曰铁甲连。(楚雄旧志全书"姚安卷上"光绪《姚州志》卷3第565页)

羽属:山中产一种鹦鹉子,似鹦鹉而小,好啄梨果。四五月间,千百成群,一集梨树,则果皆破烂,不复成熟。种梨者必日为殴逐之。又产一种彩雀,俗呼戏子雀,成群而异色,有红羽者,有绿羽者,黄羽、黑羽、白羽者,鸣声互异,亦异种也。(楚雄旧志全书"姚安卷上"民国《姚安县地志》第904页)

禽属,故实二:锦鸡按即箐鸡、白鹇,《一统志》:俱姚安府出。《李通志》二十七:燕、莺、鹊、鸦、鸽、鸠、鹗、鹳、鹰、雉、鹤、鹡、鹑、锦鸡、黄鸭、白鹭、白鹇、画眉、翡翠、子规、鹧鸪、黄鹂按即莺、鹦鹉、麻雀、拖白练、黑头翁、蜡嘴。《管志》同上。《王志》增二:鸜(同鸲)鹆、戴胜。注:锦鸡,即箐鸡,《滇云历年传》:滇云山谷中有雉,白毛,羽元纤文,刻画如绘,土人名之曰箐鸡。《滇海虞衡志》:白雉,产滇南,故《左赋》以配孔翠。今滇多箐鸡,尾长二三尺,白毛而尾间杂细黑点,或以为白雉。白鹇,《秋坪新语》:白鹇,状类家鸡,尾秃,首小而锐,毛色微黄如乳鹅,饮水啄粒,无异长畜,及长,长颈修翎,乌喙丹趾,首翘朱冠,目荧金弹,遍身白质,鲜洁如雪而黑章,作水绉纹蹴缩然。尾长数尺,若曳匹练,黑纹层叠,宛若微波,因风而潆洄,鸣则翙翙。如索斗时,飞鸣于巨树,暮则栖树稍不去。王渔洋《香祖笔记》:蜀人射锦鸡、白鹇以食,尝有诗纪其事,是白鹇、锦鸡皆食用中佳品也,土人常扑入市售之。燕,候鸟,亦为食虫益鸟。莺,又名黄鹂,全身黧黄,腹下灰白,鸣声最优,故有饲养之者。鹊,又名喜鹊,鸣声俨若呼茶。鸦,又名慈乌。鸽,有家鸽、野鸽二种,野鸽,体青灰色而带绿光,栖水边。鸠,有憨鸠、青鶺、鵻鸠三种。憨鸠,形稍大;青鶺,俗呼绿斑鸠，尾较鸠长；鴶鸠，《本草纲目》：鴶鸠，一曰鸭鸩，讹作批鸹鸟，江东曰乌血，又曰鹈血，三月即鸣，俗呼驾犁，农人以为候，五更辄鸣，曰“架架格格”，至曙乃止。滇人呼榨油郎，呼铁鹦鹉，能啄膺鹘鹗。鹗，《滇海虞衡志》：鱼鹰，鹗也。鹳，似鹤而颈嘴皆长，全身色灰白，翼尾黑色，栖于高树。鹰，《滇海虞衡志》：滇人喜赶山，多畜鹰，臂之者盈市。雉，一名野鸡，栖山箐间，尾羽较家鸡特长。鹤，体小而无丹，光禄山一带产之。鹡，一名鹡鸰，有摇尾之特性，分黑、白、黄三种。鹑，即鹌鹑，头小尾秃，性好搏斗，有驯养之以为游戏者。黄鸭，肉味美。白鹭，顶具冠，羽纷披于后，栖息水边。画眉，小鸟，黄黑色，其眉如画，巧于作声。翡翠，羽可为首饰。子规，即杜鹃，鸣声凄厉。鹧鸪，声称“行不得也哥哥”。鹦鹉，《滇海虞衡志》：鹦鹉，多产于金沙江边，五色俱备。麻雀，亦名谷雀，为农家害鸟。拖白练，较小于白鹇，尾白色而长如拖练。黑头翁，又名黑头公，腊嘴，全体似桑扈，惟嘴淡黄作蜡色。鸲鹆，《甘志》俗呼八哥，城乡俱有，人多畜之。《幽明录》云：五月五日剪其舌端使圆，教令学语。今州人亦然。戴胜，头有冠，羽有文采，嘴长而侧扁，与脚皆赤色，春暮常栖水边。《甘志》七：秃尾鸡，俗呼鹦鸡，雌雄俱无尾。青鸧，按《正字通》，鸧，大如鹤，青苍色，亦有灰色者，长颈，高脚无丹，土人所呼为老青椿者，其青鸧之讹乎？鶺鴒，今人呼为点水鹊。李时珍云：即百舌鸟也，状如鸜鹆而小，身略长，行则头俯。鹬，土人呼为发水鹊。陈藏器云：鹬如鹑，色苍喙长，在泥涂。《说文》云：鹬，知天将雨鸟也。䴕按即啄木鸟，俗呼斲木官，山中最多，好斲木食虫，静夜闻之，其声阁阁橐橐按尚有小啄木鸟一种。鸺鹠，俗呼狠虎。桂馥《札樸》云：有鸟夜鸣，其声“骨鹿”是也。乌鸱，善逐乌，即《尔雅》所谓鵧鷑者，俗呼为铁连甲，又曰铁甲连。增补二十六：鸡，为普通家畜，体肥而头小，翼短而拙于飞古之鸡多能飞，往往升屋升树，如陶渊明诗：“鸡鸣桑树巅”可见。后因养者裁制之，始成今状。足强而善走，雄者首有冠，喉下有肉垂，趾有锐距，尾壮丽，羽毛丰美；雌者则否，此其雌雄淘汰之结果也。变种虽多，大体分产卵、肉用、抱卵数种，饲养得宜，产卵者年可得二百五十枚；肉用种，体肥而多肉;抱卵种,则善孵鸡,皆可随人之目的而发展之。现今省会普基农场,已有改良饲养之品种。此外,又有矮足、长尾等种,皆随其形而名,此即人事淘汰之结果也。邑中四山孵者,种较肥大,人多购畜劁养,以供肉用,普通均为输出大宗。卵价较邻为低,故输出亦夥。鹞,全形似鹰,腹部有黄黑或赤白斑点,雌者能捕鸭、鹭,雄者能扑鹑、雀。鸢,体褐色,惟嗜腐肉,飞翔最力,翼不须动能静悬于空中,进行常成环状攫食,次第降落,稍近则直下攫之而去。枭,羽色黑暗,昼隐夜出,为鸟类中最猛鸷者。郭公,即鳲鸠,俗呼雇工,即布谷也,邑中以郭公鸣即播稻,鸣止即禁栽稻。白颈鸦,体较乌小,头背黑而颈腹灰白,寺宇及人户檐下均有。交喙,两喙互相交叉,栖松林,食松实。天戮,一名云雀,形似雀,能飞至最高处不见其影,鸣声远彻,状若告天,俗呼告天子。白头鸟,身细尾长,羽色灰黑,眼边有白毛,飞翔甚巧,见人影辄远去。山雀、白鵊鸟,形均小,食害虫。绣眼儿,眼缘有白毛环,嗜食红熟果实。鷦鷯,一名巧妇鸟,形极小,色灰褐,以善作巢得名。常捕食害虫及其幼虫与蛹。伯劳,一名鵙,《孟子》作鴃,《豳风·月令》、《尔雅》、《说文》均作鵙,实一字也,郭注《尔雅》似鶷鶡而大,《禽经》云伯劳,似鸲鹆,《尔雅》言"夏扈窃玄",盖浅黑色,与农业令节有关,上嘴钩曲,尾极长,止时必上下动,性勇悍,善食害虫。桑扈,全体灰色,顶深黑,嘴深黄,大而短,食果实谷类。鹦鹉子,上嘴钩曲,羽色深绿,嗜食果实,与桑扈同为害鸟。甘仲贤《乡土科书》:四五月间,千百成群,一集梨树,则果皆破烂,不复成熟,种梨者必日为之驱逐,是为一种害鸟。土八哥,形似八哥,惟无冠羽,栖墙穴中,食昆虫。山和尚,体较八哥稍大,羽色黄褐,中杂黑斑,顶有冠羽,食昆虫,人有饲养之者。彩雀,甘仲贤《乡土科书》:彩雀,俗呼戏子雀,成群而异色,有红、绿、黄、白、黑各种,鸣声亦异,常栖松林间,不相远离。鹰隼,不能攫,亦食虫。凫,俗呼野鸭,并有八鸭一种,于水边丛棘下营巢,肉味颇佳。鹜,即家鸭。雁,《滇海虞衡志》:滇南始未有,黄夫人诗:"雁飞曾不到衡阳,锦字何由寄永昌。"即升庵始于泛舟,见新雁。《滇志》注:嘉靖中,雁始至,犹在昆明。

顺治庚子，雁大至，径往滇西云。鹅，为雁之变种，全体色白，亦有黑灰色者。鸳鸯，雌雄色彩互异，雄者尤美丽，喜并栖，故昔人以称夫妇之谐和者。鸊鷉，似凫而小，善潜水，俗呼水葫芦。秧鸡，又名水鸡，鸣声如击木柝，夏秋时田泽间多有之。（楚雄旧志全书“姚安卷下”民国《姚安县志》卷43第1651页）

羽之属：鸡、鹅、鸭、鸽、雀、鹰、鸠、鹊、燕、鹭、雉、鸦白头鸦、乌鸦、鹳、隼、鹞、春雀、鸥、凫、涛鹅、鸪鹏、乌春、鹧鸪、脊令、仓庚、布谷、子规、锦鸡、巧妇、秧鸡、竹鸡、鹌鹑、鹦鹉、啄木、画眉、鸜鹆、鸬鹚、鸳鸯、鵁鶄、山呼、绿翠、松哥、火鹊、水蛰、四喜、绿斑鸠、拖白练、山和尚、屎姑姑。（楚雄旧志全书“大姚卷上”道光《大姚县志》卷6第175页）

禽类：鹰、燕、鸦、鸽、鸠、雉、鸡、鹅、鸭、白鹭绝少、白鹇绝少、画眉、鹧鸪、鹦鹉、拖白练、绿斑鸠、杜鹃。（楚雄旧志全书“大姚卷上”乾隆《白盐井志》卷3第489页）

羽之属，旧《志》十七种：鹰、燕、鸦、鸽、鸠、雉、鸡、鹅、鸭、白鹭、白鹇、画眉、杜鹃、鹧鸪、鹦鹉、拖白练、绿鸠。新增十七种：鹊、鹌鹑、翡翠、麻雀、鶺鴒俗呼点水鹊、鴷俗呼斲木官、鵂鹠俗呼狠虎、乌鸱俗呼铁连甲、鸜鹆俗呼八哥、秃尾鸡俗呼左票右鸟鸡，雌雄俱无尾、黑头公、鹗、鹳、青鸡、蜡嘴、青鶬、鹬土人呼为发水鹊。（楚雄旧志全书“大姚卷上”光绪《续修白盐井志》卷3第662页）

羽之属：鸡、鹅、鸭、鸽、鸠、莺、鹞、燕、雉鸡、鹧鸪、画眉、黄鹂、布谷、啄木、白鹇、鹦鹉、锦鸡、翠鹊、鸲鹆、子规、鹌鹑、竹鸡、黄鹄、黑头公、拖白莲。（楚雄旧志全书“武定卷”康熙《武定府志》卷2第83页）

鸟类：鹊、雉、燕、鸠、鸽、鹧鸪、小鸟。（楚雄旧志全书“禄丰卷上”康熙《禄丰县志》卷2第25页）

羽之属：鸡、鹅、鸭、鸽、鸠、鹰、鹞、燕、箐鸡、雉鸡、鹧鸪、画眉、黄鹂、布谷、琢（啄）木、白鹇、麻雀、竹鸡、黄鹄、鹦鹉、翠鹊、子规、鹌鹑、黑头公、拖白连。（楚雄旧志全书“元谋卷”康熙《元谋县志》卷2第59页）

羽之属，则鸡、鸭、鸽、鸠、鹰、鹞、燕、雉、箐鸡、鹧鸪、画眉、布谷、啄木、白鹇、麻雀、竹鸡、黄鹄、鹦鹉、翠鹊、子规、鹌鹑、黑头公、拖白连，而畜则惟鹅最肥，居滇三载，不闻黄鹂，今春来元谋，始得闻之。至秋来，西溪有雁渚，惜不及待也。（楚雄旧志全书“元谋卷”乾隆《华竹新编》卷2第229页）

羽之属：鸡、鹅、鸭、鸽、鸠、鹰、鹞、燕、雉、箐鸡、鹧鸪、画眉、啄木、白鹇、麻雀、竹鸡、黄鹄、翠鹊、子规、鹌鹑。（楚雄旧志全书“元谋卷”光绪《元谋县乡土志》初稿本第336页）

禽类：雉、鹊、燕、鸦、鸠、竹鸡、画眉、鹧鸪、白鹇、白舌、啄木、鹌鹑、铁翅。（楚雄旧志全书“双柏卷”康熙《南安州志》卷1第14页）

禽类：瓦雀、喜鹊、乌鸦、画眉、八哥、鹦鹉、鹌鹑、鹧鸪、斑鸠、雉、鹁鸽、竹鸡、孔雀、白鹇、子规、啄木、鹞、鹰、敲帮鸟、麻雀。（楚雄旧志全书“双柏卷”乾隆《碍嘉志书草本》第107页）

羽之属：鸡、鸭、鹅、斑鸠、乌鸦、鹊、燕、雀、凫、鹁鸽、鹌鹑、鹧鸪、仓庚、雉鸡、鹦鹉、八哥、白鹇、鹳、鹰、鹞、隼、鹡鸰、鸬鹚、鹭鸶、鸥、鹙、鸱、蝙蝠、秧鸡、竹鸡、啄木、枭、鸳鸯、鵁鶄、莺斯、子规、鹖、雕、画眉、十样锦、巧妇、黑头公、天白了、拖白练、信天翁。（楚雄旧志全书“双柏卷”乾隆《碍嘉志》第232页）

羽属：鸡、鹅、鸭、雀、燕、乌鸦、喜鹊、戴胜、斑鸠、祝鸠（名反舌鸟）、鹭鹚、鹌鹑、鸽、仓庚（一名黄鹂）、雉、山鸡、鹳、鸲鹆（仍名八哥）、凫（有二种：一名野鸭，一名八鸭）、秧鸡、拖白练、黑头公、啄木冠、鹰、鹞、鹊、绿翠、杜鹃。（楚雄旧志全书“牟定卷”道光《定远县志》第246页）

羽属：鸡、鹅、鸭、鸽、鸠、莺、鹞、燕、雉、鹧鸪、画眉、黄鹂、布谷、啄木、白鹇、鹦鹉、锦鸡、翠鹊、鸲鹆、黑头公、子规、鹌鹑、竹鸡、黄鹄、拖白连、箐鸡（翎毛如绘，尾长三尺，黑质白纹，较雉犹美，相传越裳献者即是物也）。（楚雄旧志全书“武定卷”光绪《武定直隶州志》卷4第377页）

羽属：莺、燕、鸠、鹭、布谷、鹧鸪、雉鸡。（楚雄旧志全书“禄丰卷上”康熙《罗次县志》卷2第147页）

羽属：莺、燕、鸠、鹭、布谷、鹧鸪、雉鸡。（楚雄旧志全书“禄

丰卷上”光绪《罗次县志》卷2第268页）

禽属：为雉，为鹊，为鸦，为燕，为鸥，为鸠，为鸽，为竹鸡，为鹭鸶，为画眉，为杜鹃，为鹧鸪，为百舌、啄木，为鹡鸰，为麻雀，为鹦歌，为白鹇，为箐鸡。（楚雄旧志全书“禄丰卷上”康熙《广通县志》卷1第391页）

禽类：鹤、锦鸡、山鸡、雉、鹭、鹊、鹦武（鹉）、鸲鹆、鹰、鹞、鸠、鹧鸪、布谷、鹳、秧鸡、子规、鵱鹇、画眉、匾侧其粪名夜明沙，可治眼目（疾）。（昭通旧志汇编本乾隆《恩安县志稿》卷3第37页）

禽类：鹊、燕、鸠、鸦、雉、凫、鹰、鹞、鹳、鸡、鸭、画眉、鵕鸏、鹦鹉、鸬鹚俗名水老鸦。（昭通旧志汇编本嘉庆《永善县志略》卷1第752页）

羽属：鸡、鸭、鹅、野鸡、鹧鸪、慈乌、鸜鵒俗名八哥、箐鸡、鸠、画眉、秧鸡、杜鹃、白颈鸦、鸬鹚俗名水老鸦、凫俗名野鸭、鹞、啄木冠、阳鸟、织鸟。（光绪《镇雄州志》卷5第58页）

禽之属：有鸡，俗分公鸡、母鸡、镦鸡，善斗者曰斗鸡，家多畜之。鸭，西南乡多饲之。鹅，畜之者少。鸽，又名鹁鸽。雉，俗呼野鸡，产于高山。黄鸭，色黄味酸，产水泽。对子鸭，俗呼小食鸭，产水泽。箐鸡，产高山，尾长，有文彩，商人收之，销售外洋。乌鸦，色黑，反哺者为乌，颈白；不反哺者为鸦，俗呼老鸹，北城外有老鸹箐。水老娃，鸦之属，形类小乌，泅水敏捷，以其鸣似娃之啼也，故名，产水泽，获之可治气吼病。水葫芦，形如葫芦而小，泅水尤捷，常居水中，获之治气吼病尤效。老鹳，长颈高足，一名青庄，居水泽，食鱼螺。鹰，巢树林，晨鸣可占阴晴，俗有“一叫阴二叫晴”之谚。兔鹰，猎人饲之，用以猎兔。鹞子鹰，又名蚂蚱鹰，少年饲之，以扑谷雀。鸺鹠子，似乌而小，深夜飞鸣，有天阴叫晴之占。喜鹊，羽色黑白相间，传枝受卵，善营巢，将竣必择佳木为樑。雌雄并衔其端上之，灵能报喜，屡试皆验。雀，即瓦雀，褐色，有黑斑，俗呼麻雀，又呼谷雀。鸠，俗称斑鸠，喜食桑葚。燕，有紫燕、麻燕二种，春分来衔泥草作巢屋檐，孵雏后，秋分携去，习以为常。雁，状似鹅，鸣声嘹亮，秋来春去，飞自成行，或如人字、一字，叫可占晴。布谷，一名催耕，当忙（芒）种之际，大呼播谷，越旬余又呼薅苞谷，过时则否。画眉，全身黄黑色，其眉如画，居水泽。雊（通鸜）鹆，即土八哥，能为人言。莺，一名黄鹂，鸣声宛转。杜鹃，一名子规。翡翠，羽毛美丽，可为饰品。伯劳，一名伯赵，春分鸣则群芳发，秋分鸣则群芳歇，能捕燕雀。鹌鹑，形似鸡雏，头小尾秃，性喜跳跃，善斗。鹭鸶，羽纯白，居水泽。啄木官，嘴锐而坚，凿木而居，有好事者以石塞其门，则寻沙画符，石自落下，贼盗窃习其符以开锁钥。鸳鸯，羽毛美丽，雄雌相依。偷鸽，有红头、褐羽二种，菜花黄时最多，饲之善叫，价有值十数元者。黄斗儿，形小色赤，善斗。铮铮雀，其声铮铮，能叫“自西、自东、自南、自北”之类。点水雀，羽白而花，居于水边。蒿丁丁，与黄斗儿相似。鹧鸪，形似鹑稍大，雌雄对啼，其鸣声若曰“行不得也哥哥”。马大头，形微似画眉，声音清脆，爱鹊者多笼饲之。黄腊嘴，形类八哥，色黄黑，人有饲之，以算命者。扬鹊，羽色黑白相间，巢居山林。铁菱角，居山林，一叫辄连呼十数“铁菱角”之声然。鸱鸮，俗名恨虎。喜鸪鸪，形类鸠，首颈皆作黄白红花点，头部有冠，嘴尖利，与啄木（鸟）相等，巢居，其鸣声若天将雨，则雄者呼曰“灰公公”，雌者应曰“杀杀杀”。叫天，形小，黄褐色，有纹，春居麦田，秋居凉山，高飞天空，其音响亮，若像“急急急，放牛娃娃你莫息，急急急”。野鹅，与家鹅相似，脚稍短，油可治毒疮。胭脂鹊，形类喜鹊，通体羽毛皆属胭脂色，故名。以上皆属常见，外有不识名目者，概从略焉。（昭通旧志汇编本民国《昭通志稿》卷9第254页）

禽之属：有鸡，俗分公鸡、母鸡、鐓（骟）鸡，善斗者曰斗鸡，家多畜之。鸭，西南乡多饲之。鹅，畜之者少。鸽，又名鹁鸽。雉，俗呼野鸡，产于高山。黄鸭，色黄味酸，产水泽。对子鸭，俗呼小食鸭，产水泽。箐鸡，产高山，毛长，有文彩，商人收之，销售外洋。乌鸦，色黑，反哺者为乌，颈白；不反哺者为鸦，俗呼老鸹，北城外有老鸹箐。水老娃（鸦），鸦之类，形似小鸟，泅水敏捷，以其鸣似娃之啼也，故名，产水泽，获之可治气吼病。水葫芦，形如葫芦而小，泅水尤捷，常居水中，获之治气吼病尤效。老鹳，长颈高足，一名青庄，居水泽，食鱼螺。鹰，巢树林，晨鸣可占阴晴，俗有“一叫阴，二叫晴”之谚。兔鹰，猎人饲之，用以猎兔。鹞子鹰，又名麻蚱鹰，饲之以扑谷雀。夜鸹子，似鸟而小，深夜飞鸣，有天阴叫晴之占。喜鹊，羽色黑白相间，传枝受卵，善营巢，将竣，必择佳木为梁，雌雄并衔其端，上之，灵能报喜，屡试皆验。雀，即瓦雀，褐色，有黑斑，俗呼麻雀，又呼谷雀。鸠，俗呼斑鸠，喜食桑椹。燕，有紫燕、麻燕二种，春分来，衔泥草作巢屋檐，孵雏后秋分携去，习以为常。雁，状似鹅，鸣声嘹亮，秋来春去，飞自成行，或如人字、一字，叫可占晴。布谷，一名催耕，当芒种之际，大呼播谷，越旬余又呼薅苞谷，过则否，又名戴胜。画眉，全身黄黑色，其眉如画，居水泽。雊鹆，即土八哥，能为人言。莺，一名黄鹂，鸣声宛转。杜鹃，一名子规。翡翠，羽毛美丽，可为饰品。伯劳，一名伯赵，春分鸣则群芳发，秋分鸣则群芳歇，能捕燕雀。鹌鹑，形似鸡雏，豆小尾秃，性喜跳跃，善斗。鹭鸶，羽纯白，居水泽。啄木官，嘴锐而尖，凿木而居，有好事者以石塞其门，则寻沙画符，石自落下，盗贼窃习其符，以开锁钥。鸳鸯，羽毛美丽，雌雄相依。偷鶬，有红头、褐羽二种，菜花开时最多，饲之善叫，价有值十数元者。黄斗儿，形小色赤，善斗。铮铮雀，其声铮铮，能叫“自西、自东、自南、自北”之类。点水雀，羽白而花，居于水边。蒿丁丁，与斗儿相似。鹧鸪，形如鹑稍大，雌雄相对啼，其鸣声若曰“行不得也哥哥”。马大头，形微如画眉，声音清脆，爱鹊者多笼饲之。黄腊嘴，形类八哥，人有饲之，以算命者。扬鹊，羽色黑白相间，巢居山林。铁菱角，居山林，一叫辄连呼十数“铁菱角”之声然。喜鸪鸪，形类鸠，首颈皆作黄白红花点，头部有冠，嘴尖利，与啄木（鸟）相等，巢居，其鸣声若天将雨，则雄者呼曰“灰公公”，雌者应曰“杀杀杀”。鸱鸮，俗名恨虎。叫天，形小，黄褐色，有纹，春在麦田，秋入凉山，高飞天空，其音嘹亮，若像“急急急，放牛娃娃你莫息，急急急”。野鹅，与家鹅相类，脚稍短，油可治毒疮。胭脂鹊，形类喜鹊，通体羽毛皆属胭脂色，故名。以上皆属常见，外有不识名目者，概从略焉。（昭通旧志汇编本民国《昭通县志稿》卷 5 第 384 页）

动物类别,为禽、兽、鳞、介、昆虫。兽之猛猘者多在高山深林中。兹分别列举于后。禽之属:鸡、鸭、鹅、鸽、鹤、鸿、雁、乌鸦、鸥、凫、鹳、雉、鹭、莺、鹊、燕、鹰、鸱鸮、鸱鸺、鸧鸡、鹭鸶、鱼狗、鹧鸪、秧鸡、班鸠、鸣鸠、桑鹰、鹁鸠、伯劳、鸲鹆、翠鹊、鹦鹉、画眉、瓦雀、白头翁、信天翁、啄木翠、点水雀、蝙蝠、黄豆雀。(昭通旧志汇编本民国《巧家县志稿》卷7第695页)

禽类:鸡、鹅、鸭、鸽、画眉有京土两种,京种善鸣好斗,人多捕养之,用作竞赛,胜负百金千金不等,斗时有评彩官,平时有鹊笼。会人数二百余、野鸡、秧鸡、竹鸡、庆鸡一名锦鸡,雄者长尾花毛,色绚五彩,最为美观、谷雀、相思鸟红嘴绿毛,杂以彩色,最美丽、鹌鹑、斑鸠大小四五种、黄豆雀古名鷦鸇、鹦鹉、鹤鸽俗名点水雀、白鹤、鹭鸶、翡翠、燕有家野二种、喜雀、黄莺、乌鸦、瓦雀、鹳、鹞、鹰、鸱、枭、啄木鸟、白头姑俗名孝子雀,头白故也、雁、凫、鸳鸯、子规一名杜鹃、夜食鹰、夜鸣蛙、九头鸟夜出昼伏,每飞鸣经过,人以为不祥,鸣金鼓驱之、打鱼翁。(昭通旧志汇编本民国《绥江县县志》卷2第858页)

盐津动物,家畜之外虽不能常见,然于应节候之虫鸟、畋渔所获之野兽水族,亦可知其类属。唯兽之猛者或由远处山林踵来,非必本县产也。兹分禽类、兽类、水产、昆虫四属,略志于后。禽类:鸡、鸭、鹅、箭鸭、竹鸡、黄连鸡产于铁广沟、雉俗呼野鸡、鸽、燕、莺、凫俗名野鸭、鹇有赤白二种,即寒鸡也、鹌鹑、杜鹃、布谷、鹞、鹰俗呼岩鹰、雁俗呼雁鹅、鹭即鹭鸶、鹄即青庄、翠鸟、画眉、鸲鹆俗呼八哥、喜鹊、鹊雀,俗呼麻雀、红花雀冬时多喜群居、鹡鸰俗呼点水雀、牛屎雀、鷦鷯即黄豆雀、鸬鹚俗名水老鸹、鴷即啄木鸟、鸠俗呼斑鸠、白头翁、乌俗呼老鸦、黄老鸦、枭、猫头鹰类凫,大与母鸡等,近发现、蝙蝠。(昭通旧志汇编本民国《盐津县志》卷4第1697页)

## 八哥

八哥,《广韵》曰:即寒皋也。《周礼》鸜鵒不逾跻地,谓气之使然。今鸡山多寒,无其巢,惟从平原飞栖树颠,似欲避暑热者。

（《鸡足山志》卷9第345页）

## 白鹭

阚应祥《通湖白鹭行》：不见白鹭几经霜，白鹭今积双湖阳。羡尔有群皆自洁，飞上青天只一行。十载烽烟归何地，疏毛濯濯尚生光。波涛不入城不近，新垂岸柳独回翔。太液池头水气春，文鹓彩凤旧接邻。胡为万里老寒滨，呼食日向半开蘋。田间遗穗官租尽，渔人密网无细鳞。我知白鹭心，清如其色纤。尘无染，修羽翼。泛泛沙鸥莫等闲，高云一片聊与息。（康熙《通海县志》卷8第5页）

## 白鹇

韦齐休使至云南，其国馈白鹇，皆生致之。《太平御览》卷九百二十四《羽族》十一引《南云记》。案："南云记"当是"云南记"之讹。（《云南古佚书钞·云南行记》第25页）

白鹇即竹鸡也，尾长，可饰文舞之篱。（景泰《云南图经志书》卷4《景东府》第236页）

白鹇附，《西京杂记》谓之鸐雉，赤足朱喙。其毛白质黑章。《尔雅》：白雉名鶾。张华以其行止闲暇，故谓之曰白鹇。李昉曰：是吾家闲客也。其性耿介，与他禽殊。（《鸡足山志》卷9第342页）

白鹇，《秋坪新语》：先大夫观察滇南，予随侍时方垂髫，有人献孔雀、白鹇雏各一，畜之园中。孔雀雏长后，遍身深碧，映日作金色，而尾尖若剑首，殊无眼，且性犷野，升屋穿树，见人辄匿，或曰此其雌者，无足观。白鹇，状类家鸡，尾秃，首小而锐，毛色微黄如乳鹅，饮水啄粒，无异常畜，及长，长颈修翎，乌喙丹趾，首翘朱冠，目荧金弹，遍身白质，鲜洁如雪，而黑章作水，绉纹蹴缩，然尾长数尺，若曳匹练，墨纹层叠，宛若微波，因风而潆洄，鸣则翙翙如索门状，时飞鸣于巨树，暮则栖树杪不去。予时加饲饮，故辄随予后，或迎于前，盖驯如也。（道光《云南通志稿》卷68《通省》第21页）

白鹇，《一统志》：姚安府出。（道光《云南通志稿》卷69《楚雄府》第26页）

白鹇，旧《云南通志》：元江府出。（道光《云南通志稿》卷70《元江直隶州》第56页）

白鹇，《一统志》：镇沅府出。（道光《云南通志稿》卷70《镇沅直隶州》第56页）

白鹇，《秋坪新语》：先大夫观察滇南，予随侍时方垂髫，有人献孔雀、白鹇雏各一，畜之园中。孔雀雏长，遍身深碧，映日作金色，而尾尖若剑首，殊无眼且性犷野，升屋穿树，见人辄匿，或曰此其雌者，无足观。白鹇，状类家鸡，尾秃，首小而锐，毛色微黄如乳鹅，饮水啄粟，无异常畜，及长，长颈修翎，乌喙丹趾，首翘朱冠，目荧金弹，遍身白质，鲜洁如雪，而黑章作水，绉纹蹴缩，然尾长数尺，若曳匹练，黑纹层叠，宛若微波，因风而潆洄，鸣则翙翙如索门状，时飞鸣于巨树，暮则栖树杪不去。予时加饲饮，故辄随予后，或迎于前，盖驯如也。（光绪《续修顺宁府志》卷13第22页）

白鹇，产妥上九庄，白色尾长，皮可用。（楚雄旧志全书“双柏卷”民国《摩刍县地志》第297页）

## 斑鸠

明李元阳《鸣鸠拂其羽》（七绝）：迟日晴岚万里同，拙鸠曝羽巧梳风。有时飞过垂阳陌，人生东菑烟雨中。（天启《滇志》卷29第970页）

《诗》关关睢鸠，以雌雄和鸣，甚相恬适。鸠性慤孝而拙于为巢,才架数茎,往往堕卵。天将雨即逐其雌,霁则呼返之。汉谚有之曰:雄呼晴,雌呼雨。以雄得意在晴,雌感慨则雨耳。古者仲春罗氏献鸠以养国老,仲秋授老人以鸠杖,祝哽祝噎焉。食之且欲以扶助其气也。鸠虽拙,其有益于人如此。宁若鷦巧而危,自丧其躯,良不若鸠拙而安矣。斑鸠,有珍珠斑,微小,稍省巧捷。有憨斑,肥拙而不解鸣。鹁鸠,类鸽而非家畜,其色灰带紫。绿鸠,毛竟似鹦哥绿矣,身尾呼鸣,则均是鸠,可以入樊笼畜之,听其声,悠悠咽咽。(《鸡足山志》卷9第342页)

绿鸠,赵州人家养一绿鸠,似斑鸠而无绣顶,色近鹦鹉,不鲜明。戴祚《西征记》云:祚至雍丘,始见鸽,大小如鸠,色似鹦鹉。馥案:鸽无绿色,戴所见即绿鸠与?(《滇游续笔》第470页)

绿鸠,《一统志》:顺宁府出。《顺宁府志》:斑鸠,旧有绿色者,今少。(道光《云南通志稿》卷69《顺宁府》第35页)

绿鸠,《一统志》:出顺宁府。旧《志》:斑鸠,旧有绿色者,今少。(光绪《续修顺宁府志》卷13第21页)

## 背明鸟

背明鸟,黄龙元年,吴都武昌时,越巂之南献背明鸟,形如鹤,止不向南,巢常对北,多肉少毛,声音百变,闻钟磬笙竽之声,则奋翅摇头,时人以为吉祥。是岁迁都建业,殊方多贡珍奇。吴人语讹呼"背明"为"背亡",国中以为大妖,不及百年,当有丧乱、背叛、灭亡之事,散逸奔逃,墟无烟火,果如斯言,后此鸟不知所在。(天启《滇志》卷32第1087页)

背明鸟 黄龙元年,越巂之南献背明鸟于吴。形如鹤,止不向南,巢常对北,多肉少毛,声音百变,闻钟磬笙竽之声,则奋翅摇头,时以为祥。吴人讹呼为"背亡",人以为不及百年,当有丧乱之事,后此鸟不知所在。(康熙《云南通志》卷30第860页)

背明鸟,王嘉《拾遗记》:黄龙元年,始都武昌,时越巂之南献背明鸟,形如鹤,止不向明,巢常对北,多肉少毛,声音百变,闻钟磬笙竽之声,则奋翅摇头。(道光《云南通志稿》卷70《武定直

隶州》第 52 页)

## 蝙蝠

禄劝悬岩,大蝙蝠极多,皆倒挂,疑千余年物,厂民每捕而烹食之,卒亦无他。乃知成仙泄死之说,均不足信。(《滇海虞衡志》第 198 页)

蝙蝠,檀萃《滇海虞衡志》:禄劝悬岩,大蝙蝠极多,皆倒挂,疑千余年物,厂民每捕而烹食之,亦无他。(道光《云南通志稿》卷 70《武定直隶州》第 53 页)

## 雕

雕居大泽,飞则盘空如大车盖,滇人取其翎以饰箭。李时珍谓:雕即鹫也,羌雕出西南夷,黄头赤目,五色皆备。雕类能博鸿、鹄、獐、鹿、犬、豕,又有虎鹰,翼广丈,能博虎。鹰、雕虽鸷而畏燕,盖禽之制以气,物无大小也。院丁山荣,得其爪,挂于前楼,盖新见获者也,为予述滇雕之状,殆即羌雕也。(《滇海虞衡志》第 138 页)

雕,檀萃《滇海虞衡志》:雕居大泽,飞则盘空如大车盖,滇人取其翎以饰箭。李时珍谓:雕即鹫也,羌雕出西南夷,黄头赤目,五色皆备。(道光《云南通志稿》卷 68《通省》第 23 页)

## 鸐鸡

鸐鸡附,今人即谓之雉鸡矣,乃又讹雉为竹鸡者,非也。盖竹鸡即蜀中所谓泥滑滑者。乃江东人称为山菌子,即东坡所谓鸡头鹘,别为一种。今雉则尾长,白质黑章,其身多白质,上有光绿,带黑纹,膺间并头之光彩愈艳。善走,善鸣,斯所谓鷸鸐也。以勇健,自爱其尾。如雨雪则不入丛林,伏崖木栖,不敢下食,遂多饿死。师旷云雪封枯原,文禽多死者是也。吁!文禽之惜尾,尚不惜其死,而人子人臣之大节,宁仅惜一尾之重哉!乃干禄忍耻而惜死,真为禽兽所愧矣!尚武者取尾以志其冠,其名曰健翟,即取鷸鸐尚勇之义。段文昌《食经》:四足美于麃,两足美于鷸。沙弥持五戒,以杀为首,斯语勿事向鸡山僧颂之。(《鸡足山志》卷9第342页)

## 杜鹃

杜鹃,蜀人见鹃而思杜宇,盖杜宇蜀天子之所化。故诗望帝春心托杜鹃。《蜀王本纪》谓望帝淫其臣鳖灵妻,乃禅位亡去。其时子规鸟鸣,故蜀人闻之则思帝,而悲伤其弃国如屣。(《鸡足山志》卷9第344页)

## 鹅

《云南记》曰:韦齐休使云南,屯城驿西,墙外有大池,斗门垂柳夹阴,池中鹅鸭甚盛。(《太平御览》卷919)

鹅,味甘,〖性〗微寒。〖无毒〗。治五脏热,〖清六腑〗,而润皮肤,可〖和面〗脂。血,解毒,白鹅〖熬〗膏,治耳聋。胆,搽〖疥癞〗痔疮。蛋,补中益气。毛,烧灰治噎食〖反胃〗。小儿惊风,水酒下。〖取掌调羹,大补气血〗。掌上黄皮,烧灰调油。搽黄水疮、冻疮神效。(《滇南本草》第877页务本)

# 飞鼠

飞鼠，即鼺鼠。《尔雅》谓之鼯鼠。郭璞注云：鼯状如小狐，似蝙蝠，毛紫赤色是也。康普、叶枝、浪沧江山谷之中产之，穴空木，食槎蘖，飞远不及寻，高不及仞，以弩取之，绀毛白颖，如膏如濡，为裘有耀。《唐书》云吐蕃有天鼠，大如猫，皮可为裘，正即此种。特天鼠者，蝙蝠之名，考未之详，误以鼯鼠为天鼠耳。（《维西见闻纪》第14页）

飞鼠，出丽江、大理诸府，大者长三尺许，尾如狐尾。《唐书·南蛮传》：朴子蛮善用竹弓，射飞鼠无不中，或曰天鼠，《吐蕃传》天鼠之皮可为裘是也。本名鼺，《说文》：鼺，鼠形飞走且乳之鸟也。今人取其皮，已妇人难产。（《滇游续笔》第471页）

飞鼠，产于金沙江边，丽江、云龙皆有之。其形宛似蝙蝠，大如面盆，毛身而翼飞，其毛红色，脊上皆白铊，皮可为衣。土人取之，食其肉，货其皮，然皮毛皆脆，不经久，近来价最昂，不足取也。其性好烟火，取之者于山林之间，薄暮积薪举火，遂成群而来，以弩箭射之，堕于地，箭只中其喉下，盖摩莎、古宗之弩箭颇为神技。（《滇南闻见录》卷下第42页）

飞鼠，吴任臣《山海经广注》：按杨慎补注云，飞鼠即《文选》所谓飞鸓。云南、姚安、蒙化有之，其肉可食，其皮治难产。桂馥《札樸》：飞鼠，出丽江、大理诸府，长三尺许，尾如狐尾。《唐书·南蛮传》朴子蛮善用竹弓，射飞鼠无不中，或曰天鼠，《吐蕃传》天鼠之皮可为裘是也。本名鼺，《说文》：鼺，鼠形飞走且乳之鸟也。今人取其皮，治妇人难产谨案：此即浙之飞生鸟。（道光《云南通志稿》卷68《通省》第30页）

飞鼠，《古今图书集成》：即鼯鼠也，腹堂有皮，宽垂如人披袈裟然，树枝相离数丈，即飞而过，但不能远，猛缅交界处有之。（道光《云南通志稿》卷69《顺宁府》第35页）

飞鼠，余庆远《维西闻见录》：即鼺鼠。《尔雅》谓之鼯鼠。

郭璞注：鼯鼠，状如小狐，似蝙蝠，毛紫赤色是也。康普、叶枝、澜沧江山谷之中产之，穴空木，食槎蘖，飞远不及寻，高不及仞，以弩取之，绀毛白颖，如膏如濡，为裘有曜。《唐书》云吐蕃有天鼠，大如貂，皮可为裘，正即此种。特天鼠者，蝙蝠之名，考未之详，误以鼯鼠为天鼠耳。（道光《云南通志稿》卷69《丽江府》第47页）

飞鼠，《古今图书集成》：即鼯鼠也，腹堂有皮，宽垂如人披袈裟然，树枝相离数丈，即飞而过，但不能远，猛缅交界处有之。（光绪《续修顺宁府志》卷13第23页）

## 翡翠

（交州）翠，大如燕，腹背纯赤。民捕食之，不知贵其毛羽也。《太平御览》卷九百二十四《羽族部》十一引。（《云南古佚书钞·南中八郡志》第12页）

翡翠府境出。（正德《云南志》卷5《楚雄府》第245页）

翡翠，刘逵《蜀都赋注》：翡翠，常以二月、九月群翔兴古，千余。《南宁县志》、《马龙州志》：俱出绿翠。（道光《云南通志稿》卷69《曲靖府》第40页）

翡翠，常璩《华阳国志》：永昌郡出。（又）南里县有翡翠。（道光《云南通志稿》卷70《永昌府》第28页）

《蜀都赋》刘渊林注：翡翠，常以二月、九月群翔兴古，十余。（《滇绎》卷1第670页）

## 凤

楪榆有吊鸟山，县西北八十里，在阜山，众鸟千百群共会，鸣呼啁哳，每岁七月、八月晦望至，集六日则止，岁凡六至。雉雀来吊，特悲。其方人夜然火伺取，无嗉不食者以为义鸟，则不取也。

俗言凤皇死于此山，故众鸟来吊。（《后汉书·郡国志》注引《广志》第3514页）

叶榆县县西北八十里案近刻脱八字有吊鸟山，众鸟千百为群其会案其近刻作共，鸣呼啁哳。每岁七八月至，十六七日则止，一岁六至。雉雀来吊，夜燃火伺取之案伺近刻讹作而。其无嗉不食似特悲者，以为义，则不取也。俗言凤凰死于此山，故众鸟来吊，因名吊鸟。县之东有叶榆泽，叶榆水所钟而为此川薮也。（《水经注·淹水》卷37）

愚谓：格物论曰凤为灵瑞，太平之世则见。非梧桐不栖，非竹实不止，非醴泉不饮。故黄帝候其鸣以调律吕，少昊时以鸟纪官，尧时止于庭，舜时来仪，文王时鸣于岐，吾夫子以天纵生知之圣，其生之始，二龙绕室，五老降庭，犹不能无凤鸟不至之叹。建武十七年，凤集颍川，高七八尺，群鸟并随，十七日乃飞去。未闻凤之后群鸟尚朝其地者。奇王即位，而凤至其境，及其去也，犹留一羽，至千百余载，群鸟仍旧来朝，其鸣也哀，如往吊焉。呜呼！奇王之德，不侔于舜、文，曷以致凤凰之瑞。予于《宁川八景》内咏《凤山吊鸟》诗曰："南诏为邦天下奇，罗坪山上凤来仪。当时百鸟皆朝聚，每数三秋不失期。一自梧桐灵鸟去，几经国废霸图隳。群禽也识君臣礼，千载犹来此处悲。"（《僰古通纪浅述·蒙氏世家谱》第27页）

邓川，……启始复西有鸟吊山，《水经》曰：叶榆水西北有鸟吊山，世传凤凰死于此，每岁秋冬，百鸟群聚，鸣呼啁哲，土人夜然火，张罗得之，鸟投火罹罗，多有异羽，匪真滇产也。内无嗉者，以为特哀不食，称为义鸟，放之。今九月至十一月，万鸟夜集，土人然火张罗，与《水经》所载无异。一夜所获以万计，官司恶其伤生物，频禁而卒莫之止也。山下聚落曰凤羽乡，汉置凤羽县，即此地也。（嘉靖《大理府志》卷2第64页）

修撰杨慎《诗》（七绝）：鸟吊山头百鸟伤，刺桐茅竹隐斜阳。九苞文采不复见，千古令人空断肠。（万历《云南通志》卷2《大理府》第27页）

乌铺山在州治西南十里，林木葱蒨，每秋则乌鸟栖其上。（万历《云南通志》卷3《鹤庆军民

府》第 33 页）

《九州要记》云：吊鸟山在叶榆，则云南郡废邑也。山上有鸟千百群飞，鸣呼啁啾，岁凡六大集，俗云凤凰死于此地，故众鸟来吊。（《太平寰宇记》卷 79）

《鸟吊山在浪穹县凤集之所》（七绝）：鸟吊山头鸟道微，梧叶陨黄青篌稀。九苞文彩谁得见？千古画图知是非。（《升庵集》卷 36）

《水经》曰：叶榆水西北有鸟吊山，世传凤凰死于此。每岁秋冬，百鸟群聚，鸣呼啁晰，土人夜然火张罗待之，鸟投火罹罗，多有异材，匪直滇产也。内无嗉者，以为特哀不食，称为义鸟，放之。今邓川、浪穹之间有凤羽乡，山曰鸟吊。每九月至十一月，夜中万鸟群聚，居民烛而罗之，所获万计，与《水经》所载无异。杨慎《诗》："鸟吊山头百鸟伤，刺桐茅竹隐斜阳。九苞文采不复见，千古令人空断肠。"按：蒙化亦有凤凰山，其说与此同按：鸟以赴义至，而小民无知，网而取之，不仁甚矣。万历己未，余至，始行邑禁绝之。（《滇略》卷 2 第 221 页）

杨慎《凤羽山》（七绝）：鸟吊山头鸟道微，梧叶陨黄青复稀。九苞文彩谁能见？千古画图知是非。（天启《滇志》卷 29 第 965 页）

己卯三月初二日……从土主庙更西上十五里，即关坪，为凤羽绝顶。其南白王庙后，其山更高，望之雪光皑皑而不及登凤羽，一名鸟吊山，每岁九月，鸟千万为群，来集坪间，皆此地所无者。土人举火，鸟辄投之。（《徐霞客游记·滇游日记八》第 996 页）

凤羽山，在浪穹县西南三十里，旧名浮罗山。相传蒙氏细奴逻时，有凤翔于此，故名凤羽。后凤死，每岁冬，众鸟哀吊其上，故又名凤吊。至今土人于鸟来时举火取之，鸟见火则赴火自死。（《明一统志》卷 86）

凤亭花雨汉武帝时，有朱凤翔于秀山之半，花开微雨，百鸟俱集，遂建亭焉。（康熙《通海县志》卷 3 第 13 页）

凤、鸾，为古滇时所自有。迤西接连氐羌，凤卵是食，以为俗。迄陈《王会》，西申以凤，氐羌以鸾，方扬以皇，随巴之比翼，方之孔雀而并进，则亦以家畜视之耳。迨其后揽辉而去，千仞高翔，而遗迹犹存者。故永昌有吊鸟山，浪穹有凤羽山，黑井有凤凰台，台者，凤卵所遗也，井民往往掘得之。乾隆间，有得以献张提举，张君记云："大如僧钵，正圆，色深碧，外肤如凤尾芭蕉叶交护，剥尽，中空，缀黄十余枚，如枇杷，壳如栗，肉白，味如生银杏，微涩，食之固精气。"据此，则知凤亦曾集于其地焉。世俗莫不以凤之见为瑞，然瑞一而妖四，瑞之少不敌妖之多：一曰鹔鹴，其身义，戴信、婴礼、膺仁、负智，俨然凤也，至则疫；二曰发明，其身仁，戴信、婴义、膺智、负礼，犹之凤也，至则丧；三曰焦明，身义、戴信、婴仁、膺智、负礼，犹之凤也，至则水；四曰幽昌，身智，戴信、负礼、膺仁，犹之凤也，至则旱。此四凤者，皆托于仁、义、礼、智、信，以诱于人而济其私者也。一真挠于四伪，凤其如之何？故记之，以为他日求凤者知所辩也。(《滇海虞衡志》第 128 页)

乌凤、山凤皇、绿毛么凤等，滇南尽有之。虽托凤名而无所假，亦不愧为南方珍禽矣。(《滇海虞衡志》第 131 页)

朱凤，如指头大，能作声。生于深林，儿童折树枝，以饧水引之，得五六枚，绕树枝上不去，犹蜜之引散蜂也。插华堂上，飞鸣上下，不过七八尺，极可玩，尝于刘开化邸见之。(《滇海虞衡志》第 145 页)

罗平山，浪穹县有罗平山，余自邓川往云龙，越山而过，自麓至颠，屈曲回转二十五里。案：即《水经注》所称吊鸟山也，李彤《四部》云："吊鸟山，俗传凤死于上。每岁七月至九月，群鸟常来集其处"是也。今山下有村，名凤羽，俗传凤堕羽于此。(《滇游续笔》第 464 页)

浪穹县凤羽山，俗传凤凰死，每岁八月间，必有异鸟百千为群，啁啾翔鸣，七昼夜方散，亦一奇也俗又名鸟吊山。(《云南风土记》第 50 页)

邑人陈肇基《百鸟朝王志》：富州城南五十里，有一山势雄壮，蜿蜒奔腾而下，名曰古王山。山中有泉，每年夏历九月霜降后，有白鸟朝其山。未朝之先，鸟沐浴于泉，然后飞集于此山之上，山半有寨曰木社，寨中人各按地段，夜晚烧火塘，鸟见火焰冲天，翱翔于火光之上，愈飞愈下，乡人以柴击之，鸟落于地，观其形样，周身五彩翡翠之色，从所未见，亦奇事也。携鸟入室，剖其腹，无秽物。入山之时，不能谈官话，偶有误言官话者，虎豹即出现，但惊人而不害人，可见此山之灵，真是绝无而仅有矣。（民国《富州县志》第二十三第131页）

## 伽陵鸟

迦陵鸟，绛云露山有之，人但闻其鸣，不能见也。交响彻于瑶空，所以谓迦陵之音。盖乌蒙气与天通，此鸟居之。予长农部，曾宿山下，得闻之也。（《滇海虞衡志》第133页）

伽陵鸟，檀萃《滇海虞衡志》：绛云露山有之，人但闻其鸣，不能见也。交响彻遥空，所以谓伽陵之音，盖乌蒙气与天通，此鸟居之。予长农部，曾宿山下，得闻之也。（道光《云南通志稿》卷70《武定直隶州》第53页）

## 鸽

戊寅十一月初八日……洞中野鸽甚多，俱巢于洞顶，见人飞扰不定，而土人设机关以取之。（《徐霞客游记·滇游日记四》第871页）

## 鹤

仙鹤寺在州治北十里，峰峦巉巃，林木畅茂，常有鹤栖止其间，因以名寺，亦元时所建也。（景泰《云南图经志书》卷1《昆阳州》第59页）

澧峰山在州治北一里，与公山并峙，又名母山，常有鹤集其上。（万历《云南通志》卷3《鹤庆府》第34页）

灰鹤，《范志》云大如鹤，灰惨色，能鸣舞。予居农部，署有二灰鹤，月夜交舞，小子惊之，以为见鬼。而凌霄之恣，乃为近玩，且蒙见鬼之巫，命长其翎而纵之。（《滇海虞衡志》第133页）

鹄，即为鹤，仙禽也。白者谓鹤，黄者谓鹄。二者皆不见，惟灰鹤多。仆居滇十余年，早见诸鹤飞出，晚则归来，分栖于寺院及文庙之大林，嘲哳之声彻晓夜。《本草》列鹄于鹤外，谓之天鹅。夫天鹅下湖渚以啄鱼，列阵而前。捕之者先插留于前，而从后徐驱之。距留尚数丈，急惊群起，肥重不能遽翔，拍水而飞，已陷于留不能去，故曰留天鹅。若黄鹄则弋而下之，故曰下高鹄。彼其一举千里，能留之哉？天鹅即鶬鹅鹅，郭注谓之野鹅是也。（《滇海虞衡志》第133页）

## 狠虎

顺宁有鸟夜鸣，其声骨鹿，苍黑色，大如拳，貍首有角，俗呼很虎，即兔鸱也。《释鸟》："萑，老鵵。"郭注："木兔也，似鸱鸺而小，兔头，有角，毛脚，夜飞，好食鸡。"（《滇游续笔》第470页）

狠虎，桂馥《札樸》：顺宁有鸟夜鸣，其声骨鹿，苍黑色，大如拳，貍首有角，俗呼狠虎，即兔鸱也。《释鸟》："萑，老鵵。"郭注："木兔也，似鸱鸺而小，兔头，有角，毛脚，夜飞，好食鸡。"（道光《云南通志稿》卷69《顺宁府》35页）

## 红嘴鸦

红嘴鸦，形如鸡，嘴较长，鸣如鸟，毛如鬃，人取而饲之，依人不去，饲之人行，则翘翥而随之，人止则下。（《维西见闻纪》第

14 页）

红嘴鸦，余庆远《维西闻见录》：形如鸡，嘴较长，鸣如乌，毛如鬃，人取而饲之，依人不去，人行，则翅翥而随之，人止则下。（道光《云南通志稿》卷 69《丽江府》第 47 页）

红嘴鸦，嘴圆而红，脚细而黄，体态较乌鸦略小，毛色如黛，鸣声如雀，惟寻常绝不喜鸣噪，胆怯性驯，喜结巢于寺庙厅廨之厦角墙头，亦有取而饲之，以为玩弄品者。相传昔有此鸟，自缅甸国沦于英后，始鼓翼飞入中国，直至中甸，因其在祖国时，恒受缅寺僧侣之饲养，故常依人而不畏惧，岂见中甸之宗教色彩浓厚，易觅食欤！亦无巢可归之亡国鸟也。（民国《中甸县志稿》卷上第 12 页）

## 画眉

养画眉者甚众，亦极认真，喂以牛肉丝、蛋清拌黍米，朝晚提携，或适野，或入市以调习之。将以为如吾乡之养之者，取其善鸣而已。讵又取其善斗，竟以之分胜负。他若鹌鹑、蟋蟀之属，则无养之使斗者，此亦乡俗之不同也。（《滇南闻见录》卷下第 45 页）

## 鸡

大鸡，永昌、云南出，重十余斤。觜距劲利，能取鹯、鹗、鹊、凫、鸽、鸲鸽之类。（《云南志补注》卷 7 第 110 页）

雄鸡，〖红者〗味甘，〖无毒。白者气味酸，寒。红者〗治妇人〖诸虚损〗、血崩漏下，温中。白者疗〖风、治狂〗，下气消渴。乌骨者，补中止渴。（《滇南本草》第 881 页务本）

鸡肫皮，味甘，性平。宽中健脾，消食磨胃。治小儿乳食结滞，肚大筋青，痞积、〖疳〗积、疳痰。〖并皆治之〗。（《滇南本

草》第 881 页丛本）

鹎鸡黑色，似家鸡而尾短。（景泰《云南图经志书》卷 3《临安府·宁州》第 171 页）

所产有叫鸡，昼夜依时而鸣。（景泰《云南图经志书》卷 6《南甸宣抚司》第 347 页）

葬殉以鸡：病死，亦挖坑用板而葬，上盖草蓬，以生时所用之物纳于左右，复以雌雄二鸡置其侧，其鸡入山箐，经历霜露，哺雏能飞，脚矮，啼无时，俗云伯夷鸡是也。（正德《云南志》卷 5《楚雄府》第 251 页）

鸡形矮小，鸣无昼夜，与中国鸡声异。（正德《云南志》卷 8《镇沅府》第 352 页）

金鸡山在州东五里，高出群峰，每日将升，山巅如火轮，昔有金鸡现其上。（万历《云南通志》卷 3《楚雄府》第 5 页）

僰夷风俗：……戛里境矮脚鸡，鸣无时，自更深鸣至彻晓，牝鸡亦然。（万历《云南通志》卷 16 第 6 页）

明担当《鸡》（七古）：夷种生来矮脚鸡，报晓声涩啼了啼。人家养之如鹦鹉，置诸高架不肯低。我有丛桂更可栖，嗟乎此物何尊贵，俯视地下皆臭蛆。（《担当诗文全集·脩园集》卷 3 第 56 页）

鹎鸡，水鸟也，出通海，然非土产。每岁以上巳前来，重阳前去。来时以夜，群飞声如雷。其形金顶红嘴，色类鸦，身似鹭。烹之，香脆柔美，甲于水陆之鸟。宦澄江者谣云："濂賨不入湖，大头不入海。十年万里滇云梦，惟有鹎鸡没处买。"百夷鸡，产永昌诸蛮地，视家鸡足短而善鸣，昼夜无时，音稚若鹧鸪，然雌者亦鸣。又夏秋之交，生秧田中者曰秧鸡，小而黠，不可捕。其五色俱备，日中吐绶者曰锦鸡。（《滇略》卷 3 第 231 页、233 页）

滇人多用鸡卜，其法缚雄鸡于神前，焚香默祝所占，毕，扑杀鸡，取两股骨洗净，以线束之，竹筳插其中，再祝，左骨为侬，侬，我也；右骨为人，人，即所占事也。两骨上有细窍，尽以细竹签之，斜直多少，任其自然。直而正者多吉，反是者皆凶。其法有十八变，然不可得而详矣，大抵与五岭相类。按汉武帝令越巫祠

百鬼，用鸡卜，乃知此法自粤始而滇用之，皆夷俗也。（《滇略》卷3第243页）

长鸣鸡，声小而形昂，鸣声与凡鸡异，自更深至晓，鸣无时。（天启《滇志》卷3《顺宁府》第120页）

长鸣鸡，汉成帝时，越巂、交趾献长鸣鸡，一食顷不绝。伺鸡晨，即下漏验之，晷刻无差。长距善斗。（天启《滇志》卷32第1047页）

己卯二月初六日，余留解脱林校书。木公虽去，犹时遣人馈酒果。有生鸡大如鹅，通体皆油，色黄而体圆，盖肥之极也。余爱之，命顾仆腌为腊鸡。（《徐霞客游记·滇游日记七》第958页）

金鸡，《述异记》：雩都县江边有石室，尝有神鸡，色如金。出穴，奋翼长鸣。见人辄飞入穴，夫见人入穴，何神之有？今鸡山金鸡，饮则双下，数至四十，静深妙好，见人不惊。饮不二泉，栖不他枝，真神矣。箐鸡，其身色似麻似粟，类鹧鸪状。松鸡，专喙松粒，巢于松树。大逾麻雀，声唧唧，群飞。毛上先铺水波纹，次缀珍珠点。山鸡附，有采文，红多者为雄，灰黑栗黄多者为雌。不善鸣，尾短，《汉书遗事》曰：吕后名雉，故讳之曰野鸡。然山鸡自周有来矣。（《鸡足山志》卷9第341页）

鸡、鸭价甚贵而平常，虽小者肥者，皮肉俱老。鸡只可作羹，鸭更无味，惟永昌之鸭可食。威远公鸡，尾长而足甚短，其鸣悠扬宛转，绝不类他处鸡鸣。土人云是“好一个威远州”数字，谛听之颇似，亦一奇也。威远先时为州，属镇沅府，今改属普洱，为同知分驻之所，专管抱母井盐务。（《滇南闻见录》卷下第33页）

箐鸡，生于荒山丛薄内，其身仅如鸽大，而尾毛长四五尺，五色璀璨，极可玩。夷人获而献之，养于署中，野性不肯近人，每寻穴隙躲避，且不肯食，几日即毙。（《滇南闻见录》卷下第44页）

鸡，顺宁准提寺僧养一摆夷鸡，鸣应更鼓，五更无差，盖童鸡也，与牝交过，鸣即不准。中甸人家牝鸡孚十二子，皆雄，鸣应十二时，后杀其一，余不复鸣摆夷地方有野鸡，小于家鸡，能飞，声短。捕其雄与家鸡交，抱出雏，体大而声清，呼为摆夷鸡，其距长寸许。

(《滇游续笔》第470页)

陇川鸡鸣无时,牝鸡亦能鸣。(《云南蛮司志》第77页)

箐鸡,生长于箐,滇南多箐,故箐鸡为多,即白雉、白鹇之类也。《尔雅》五雉,岂独江、淮而南,伊、洛之间哉?滇亦备有之矣。摆夷鸡,鸡身而凫脚,鸣声无昼夜,寺庙多畜之。镇沅谓之小鸡,南甸谓之叫鸡。然鸡非小也,以为叫鸡,又不应司晨之节,且好逐小儿而啄其眼,故人家不敢畜,多送之寺院。(《滇海虞衡志》第131页、132页)

檀萃《滇海虞衡志》:箐鸡生长于箐,滇南多箐,故箐鸡为多,即白雉、白鹇之类也。(道光《云南通志稿》卷68《通省》第22页)

秧鸡,《云南府志》:出昆阳州。(道光《云南通志稿》卷69《云南府》第6页)

大鸡,樊绰《蛮书》:大鸡,永昌、云南出,重十余觔,嘴距劲利,能取鹯、鹗、鸢、鹊、凫、鸽、鸲鸽之类。(道光《云南通志稿》卷69《大理府》第16页)

鷛鸡,《山海经·西山经》:松果之山有鸟焉,其名曰螐渠,其状如山鸡,黑身赤足。吴任臣《广注》:按杨慎补注,螐音同庸,螐渠即鷛渠,南中通海县有之,名曰鷛鸡。旧《云南通志》:鷛鸡,出通海杞麓湖,鸡身鸭掌,上巳前来,重阳前去。《临安府志》:渔人网取之,肉肥美,味极佳。杨慎《赋》所谓搴鷛鸡兮为脯也。《通海县续志》:羽产数十种,惟湖中鷛鸡最美。相传出于元江,鸡身鸭掌,春来秋去,千百为群,浮于湖面。澄江、江川湖内,俱无之。(道光《云南通志稿》卷69《临安府》第21页)

长鸣鸡,《一统志》:身小形昂,其鸣无时,声异常鸡。《顺宁府志》:有矮脚者,长鸣不时葛洪《西京杂记》:成帝时,交趾、越巂献长鸣鸡,伺晨鸡即下漏验之,晷刻无差,长鸣鸡则一食顷不绝,长距善斗。谨案:此疑即《札樸》之野鸡也。(道光《云南通志稿》卷69《顺宁府》第34页)

摆夷鸡,桂馥《札樸》:摆夷地方有野鸡,小于家鸡,能飞,声短,捕其雄与家鸡交抱出雏,体大而声清,呼为摆夷鸡,其距长寸许。顺宁准提寺僧养一摆夷鸡,鸣应更鼓,五更无差,盖童鸡也,

与牝交过即不准。(道光《云南通志稿》卷69《顺宁府》第34页)

叫鸡,《思茅厅采访》:矮脚善斗,应更而鸣。(道光《云南通志稿》卷70《普洱府》第7页)

叫鸡,《一统志》:南甸出谨案:摆夷鸡,见顺宁。(道光《云南通志稿》卷70《永昌府》第28页)

矮鸡,旧《云南通志》:俗名摆夷鸡,足短而鸣长。(道光《云南通志稿》卷70《元江直隶州》第56页)

小鸡,《一统志》:形矮小,鸣无昼夜,与中国鸡声异。(道光《云南通志稿》卷70《镇沅直隶州》第56页)

摆夷鸡,桂馥《札樸》:摆夷地方有野鸡,小于家鸡,能飞,声短,捕其雄与家鸡交,抱出雏,体大而声清,呼为摆夷鸡,其距长寸许。顺宁準提寺僧养一摆夷鸡,鸣应更鼓,五更无差,盖童鸡也,与牝交过即不準。长鸣鸡,《一统志》:身小形昂,其鸣无时,声异常鸡。旧《志》:有矮脚者,长鸣不食谨案:葛洪《西京杂记》:成帝时,交趾、越巂献长鸣鸡,伺晨鸡即下漏验之,晷刻无差,长鸣鸡则一食顷不绝,长距善斗,疑此即《札樸》之野鸡也。(光绪《续修顺宁府志》卷13第21页)

《武定之骟母鸡》:云南省治,北近川南,西下郡县,大都以金沙江为界。云南之元谋县、禄劝县、武定州、寻甸州俱在金沙江边。此四处之农产物却不多,惟鸡壮大,滇人俱名此四处之鸡为大种鸡,亦果然大倍于他处也。有一只骟鸡能重至十四五斤者,其肥大可知矣。武定骟鸡在滇中尤为驰名,又不特公鸡可骟,而母鸡亦可骟,且能使雌鸡化雄,顶冠而鸣,曰骟母鸡者,亦惟武定能有之也。究其所以然,此实关于地土之所出也。在武定境内有斑鸠河一条,由城西而过城东,曲折而入禄劝县治,又曲折而流入金沙江。河流虽不甚长,然亦回旋至八九十里,河之两岸多居民,村寨自稠密。村人则善于养鸡,而又长于骟鸡。在此一河两岸之鸡极易肥大,凡鸡子出窠后,只须四阅月,即能重至一斤,六个月后,即至二斤以上,此则取其什之七八而骟之。骟公鸡只取出腰子两枚,三日内绝其水饮,头上冠子自缩,尾上毛便渐次抽长。此则易肥易壮，三年后无不重至七八斤乃至十斤上下。骟母鸡，是将母鸡肋胁划开，将公鸡之腰子纳入母鸡腹内，母鸡有此一对腰子后，头上冠子便能渐次长大，能作长声而鸣，是为骟母鸡，换言之，是使雌鸡化雄也。骟母鸡，要就斑鸠河一带取此河旁之鸡，而用此种手续骟之，鸡乃不死；若不在斑鸠河一带而作此播弄，鸡又无不死也。故骟母鸡一物，惟武定之斑鸠河一带始有此出产，若元谋、禄劝、寻甸等处，虽有十斤以上之大骟鸡，究无一骟母鸡产于其间也，顾此实属水土之关系。（《云南掌故》卷11第335页）

《思普方面之茶花鸡》：茶花鸡为云南思茅、普洱方面边地上之一特种生物，他处则无。茶花鸡又只生于思茅、普洱一带边地上之山林中，而尤以六大茶山中为最多。此一种鸡实不是一种家禽，而是一种山禽，以此种鸡，无论雌雄，无论大小，都是栖息于树上。即抱卵育雏，亦是不离开树，其在山间，多是搜寻土中活物而食，或啄山中木实草子而求果腹。若罗致到吾人家中畜养，饲以粮食，亦乐入口，此不过稍变易其习惯，稍变更其口头食也。产生于山林中之茶花鸡，身体不大，体积甚轻，从无一个能重至二斤者，看去时，是身圆而背扁，足短而尾长。以其足短也，行于地面上遂愈矮小，以其尾长也，又不啻一只小劁（骟）鸡。顶上红冠却不甚大，但是无一鸡冠莫不分成五岔，土人则谓为五岳朝天。两眼较家鸡为大，眼珠分三层，外轮红，内轮黑，瞳子则泛金光，土人称之为火眼金睛。嘴壳作黑色，双脚绿而黑，两距指则色白，土人又名之为铁嘴玉钩。要如此者，方得认为是山中产出之茶花鸡。可是产于易武一带之茶山中者，体格尤较他处产出者为小，而长鸣一声则较一切之声音宏亮，因而易武之茶花鸡尤为珍贵。茶花鸡之雄者，颈上背上之毛色实较家鸡为红。雌者，概是黄色，无一白毛黑毛者，亦无一毛色花麻者。雄鸡尤是一色红，从不见此一带山中有一白茶花鸡或一黑茶花鸡出现。茶花鸡产出之卵甚小，只较一鸽蛋大三之一。凡是山中之真正茶花鸡，无论公母，双翅俱健，展翅飞远可能达到十数丈，上腾亦能及二丈，所以在山中欲罗取其一，无论为雌为雄，都是大不易易之事。有人在山间取得其窝内之卵，归而使家畜之鸡母孵之，亦能抱成，孵出窝后不失山中茶花鸡之形色，其身体则壮大，其强健处则逊矣。雄者鸣时，声音亦不若山中鸡之清越，字韵上亦不如山中鸡之明晰，有些尚变成五个字音，人则配之为“撮箕装银子”，实则是声调变动也。由山中致来之雄者，多不喜与家畜之雌者接尾，凡家畜鸡母抱出之雄者，则喜与一般雌者合。此而下出之蛋，再使家畜鸡母抱出，其形色则不似一茶花鸡矣，雄之鸣声，亦只依稀仿佛有着茶花鸡之一唱，雌者则不多下蛋。由山间得来之雌者，不惟不多下蛋，而且极易死去，此当是气候水土关系。山中之茶花鸡，在长鸣时，听去的是“茶花两朵”四字，入于任何人耳中，都无异议。其在山间时，每日必鸣三次：一在东方明时，一在正午时，一在正酉时。每次必接连长鸣十数声，此则较家鸡报时认真。在山中鸣时，声音可达于三里以外，此不是声音宏亮，实是音韵清越，所以此种鸡十分可贵。鸡之制服蜈蚣，是鸡特有之威力，茶花鸡之能制服蜈蚣，原是鸡之性能，自不足怪。惟是遇一尺许长之蜈蚣，都能啄其腰而断其躯，且长鸣一声，即能使居于百数丈外之一切大小蜈蚣，莫不发生动荡。又任何长大之蜈蚣，一误触其所遗之粪，便立即僵死，是真强于家鸡多矣。有宁洱夷族人某与某，曾挟一特别雄健之茶花鸡入宁洱地面之蜈蚣山探险，居然得到胜利而回。余曾撰有两夷人入蜈蚣山探险记，载于他一卷中，是记茶花鸡之雄也。又属于元江州之勐烈（今江城县）山间，亦有茶花鸡产生，但形体较大，毛羽不及思普茶山上所产者之光彩，飞腾亦较为迟钝，人则易于捕罗。所啼之声为五个字音，彼财利迷心者，谓其啼声为“撮箕装银子”五字，听去亦颇相似，有由迤南携茶鸡来省畜养者，多是此类，云是茶山上之真正茶花鸡则少矣。又茶花鸡极不合以熟饭饲之，常以此饲，啼声即改变，所唱之“茶花两朵”、所唱之“撮箕装银子”便不大似矣。余于此曾试验无讹，足见野生之物，大不宜吃经过烟火之食品也。（《云南掌故》卷14第468页）

金鸡山州治东五里，昔有金鸡见其上，故名。（楚雄旧志全书“南华卷”康熙《镇南州志》卷1第10页）

第三十二课《鸡》:雄鸡头上喉下有红色肉,谓之冠。嘴尖壳,翼毛锦尾,毛长,足四趾,一趾向后,前有距爪搔土,报晓鸣午。牝形反是,体小,翼尾短,产卵孵雏。(楚雄旧志全书"楚雄卷下"民国《楚雄县乡土志》卷下第1360页)

第七课《鸡》:鸡,与雉与箐鸡,同属脊椎动物之鸟部,翼短飞拙,头部上下有肉突起,名鸡冠,脚强走速,前具三趾,后一趾,爪精而巧于掘地。第八课《续上》:身大尾长,毛色美,喈喈报喜者为雄鸡。身小尾短,毛不甚美,能产卵抱子者为雌鸡。肉味均美,其卵富于滋养分。(楚雄旧志全书"元谋卷"光绪《元谋县乡土志》修订本卷下第396页)

第十课《箐鸡》:箐鸡似雉,毛备五彩,美丽实过之。其尾甚长,畜马者取以为饰。眼眶红色,雄者头有凤冠,雌者多黄麻色。(楚雄旧志全书"元谋卷"光绪《元谋县乡土志》修订本卷下第397页)

## 集殿鸟

集殿鸟(图残),释曰:山巅有鸟,如鸲鹆,如海边沙鸟,不鸣而饮啄不惊,常集金殿。自如,不畏寒气,不困饥渴,老于禅栖者不闻其声,亦不飞之他处。游者无杀心,必飞集其肩,用示感化。(《鸡足山志》卷4第181页)

## 伽陵鸟

迦陵鸟,绛云露山有之,人但闻其鸣,不能见也。交响彻于瑶空,所以谓迦陵之音。盖乌蒙气与天通,此鸟居之。予长农部,曾宿山下,得闻之也。(《滇海虞衡志》第133页)

伽陵鸟,檀萃《滇海虞衡志》:绛云露山有之,人但闻其鸣,不能见也。交响彻遥空,所以谓伽陵之音。盖乌蒙气与天通,此

鸟居之。予长农部，曾宿山下，得闻之也。（道光《云南通志稿》卷70《武定直隶州》第53页）

## 鵧鸠

鵧鸠 时珍曰：鵧鸠，《尔雅》名鴩鵧，音批及。又曰鵖鵊，音匹汲，戴胜也。一曰鵯鶋，讹作批鶋鸟。罗愿曰：即祝鸠也。江东谓之乌臼，音匊，又曰鸦鸱，小于乌，能逐乌，三月即鸣，今俗谓之驾犁，农人以为候。五更辄鸣，曰架架格格，至曙乃止，故滇人呼为榨油郎，亦曰铁鹦鹉。能啄鹰鹘。（《本草纲目》卷49）

鵧鸠 时珍曰：鵧鸠，《尔雅》名鴩鵧，音批及。又曰鵖鵊，音匹汲，戴胜也。一曰鵯鶋，讹作批鶋鸟。罗愿曰：即祝鸠也。江东谓之乌臼，音匊，又曰鸦鴟，小于乌，能逐乌，三月即鸣，今俗谓之驾犁，农人以为候。五更辄鸣，曰架架格格，至曙乃止，故滇人呼为榨油郎，亦曰铁鹦鹉。能啄鹰鹘。（《本草纲目》卷49）

铁鹦哥，鵙也，一曰鸦舅。蜀地名驾鹏，滇中名铁鹦哥，又名榨油郎。五更辄鸣不止，至曙乃息。《丹铅录》曰："月令鵙始鸣。"鵙，即伯劳也。《左传》曰伯赵，《乐府》曰伯劳。今不知为何鸟。《禽经》注云："伯劳，飞不能翱翔，直刺而已。形似鸜鹆，但鸜鹆喙黄，伯劳喙黑，以此别之。"《易林》曰："鵙必单栖，鸄必匹飞。"此鸟好只飞，未尝双性，亦能击搏鹰集于林。则盘旋鸣聒，俟鹰飞辄击之。（天启《滇志》卷32第1047页）

铁连甲，永平有鸟，黑色长尾，大如啄木，喜栖柳树。侵晨，先众鸟鸣，既栖犹鸣，极可听。见鸟必逐而击之，鸟哀号遁去，土人呼为铁连甲，亦曰铁连枷，又曰铁翅膀。案《尔雅翼》云：许解《淮南子》乌力胜日，而服于雕礼，引《尔雅》谓之鴩鵧，秦人谓之祀祝，间蚕时晨鸣人舍者，鸿乌皆畏之当作乌鸿。据许说，则是今雅鴟。《尔雅》郭氏解鴩鵧亦云：小黑鸟，鸣自呼，江东名为乌鴟。今乌鴟小于乌，而能逐乌，俗言乌之舅也。馥案：此即俗呼批夹是也。高诱《淮南注》引《尔雅》作裨笠。《荆楚岁时记》言：四月有鸟如乌鸿，先鸡而鸣，声云加各加各，民候此鸟鸣则入田，以为催人犁格也。《玉篇》：乌鴟似鸠，有冠。今铁连甲无冠，其绕喙长毛似鸲鹆。郑氏《通志》：有鸟似鸜鹆，无冠而长尾，多在山寺厨槛间，今谓之乌鴟。（《滇游续笔》第470页）

鵧鸠，李时珍《本草纲目》：鵧鸠，一曰鵯鵊，讹作批鵊鸟。江东曰乌臼，又曰鹎臼。三月即鸣，俗呼驾犁，农人以为候。五更辄鸣，曰架架格格，至曙乃止。滇人呼榨油郎，呼铁鹦鹉，能啄鹰鹘。（道光《云南通志稿》卷68《通省》第22页）

铁连甲，桂馥《札樸》：永平有鸟，黑色长尾，大如啄木，喜栖柳树，侵晨，先众鸟鸣，既栖犹鸣，极可听，见乌必逐而击之，乌哀号遁去，土人呼为铁连甲，亦曰铁连枷，又曰铁翅膀。案《尔雅翼》云：许解《淮南子》乌力胜日，而服于鵻礼，引《尔雅》谓之鵖鴔，秦人谓之祀祝，蚕时晨鸣人舍者，鸿乌皆畏之。据许说，则是今雅鴟。《尔雅》郭氏解鵖鴔亦云：小黑鸟，鸣自呼，江东名为乌鴟。今乌鴟小于乌，而能逐乌，俗言乌之舅也。馥案：此即俗呼批夹是也。高诱《淮南注》引《尔雅》作裨笠，《荆楚岁时记》言：四月有鸟如乌鸿，先鸡而鸣，声云加格加格，民候此鸟鸣则入田，以为催人犁格也。《玉篇》：乌鴟似鸠，有冠。今铁连甲无冠，其绕喙长毛似鸲鹆。邓氏《通志》：有鸟似鸲鹆，无冠而长尾，多在山寺厨楹间，今谓之乌鴟谨案：铁连甲，《本草纲目》谓之鵖鸠，详通省统产。（道光《云南通志稿》卷70《永昌府》第28页）

铁连甲，黑色长尾，大如啄木，嘴质甚坚，飞甚灵捷，见乌必逐而击之，乌哀号遁去，因此俗有“老鸦管鹰，铁连甲管老鸦”之说。（民国《嵩明县志》卷16第244页）

## 金缕鸟

金缕鸟哀牢人细奴逻耕于巍山，数有祥异，社会之日，白国主张乐进求率部众祭孔明铁柱，柱顶故有金缕鸟，忽飞下集细奴逻左肩，相戒勿动，八日乃去，众骇异，以为天意所属，进求乃以女妻之，因让国焉，自称奇王，是为南诏。（康熙《云南通志》卷30第860页）

## 锦鸡

永昌诸蛮地，……其五色俱备，日中吐绶者曰锦鸡。（《滇

略》卷3第233页）

鷩雉附，即锦鸡也，滇腾越以南颇有之，鸡山则今无有矣。（《鸡足山志》卷9第342页）

锦鸡，《一统志》：姚安府出。（道光《云南通志稿》卷69《楚雄府》第26页）

锦鸡，《一统志》：蒙化出。（道光《云南通志稿》卷70《蒙化直隶厅》第42页）

锦鸡，全县俱有，似雉鸡，肉可食，皮作饰。（楚雄旧志全书“双柏卷”民国《摩刍县地志》第297页）

## 鹫

灵鹫，《佛国记》：波丽国两峰双立，相去二三里。中道鹫鸟恒居其岭焉，故谓之鹫岭。崛为耆阇。竺法维云梵语耆阇即鹫也，崛谓青石头，似鹫鸟形。其王增之翼以肖之，则鹫形，为青色，与今朝门之鸟羽近似。（《鸡足山志》卷9第340页）

鹫，梵语又呼灵鹫之大者为姞栗陀，小者为揭罗阇鸟，非。此方生长，惟每岁春夏一来朝门即飞旋矣。非大树不栖，非高崖不止。不见其食，不见其饮，斯为灵矣。（《鸡足山志》卷9第340页）

秃鹫，剑地东北被震低陷，村民方困于水，有鸟来立水中，高约九尺，州民诧异，往观者日以千计。章参将带鸟枪手十名往击之，而鸟之貌甚闲暇，虽铅弹及身，前行数步而已。继施子母炮，始振翮去，止海东村秧田内。适村童数辈薙草塍间，鸟逐而啄之，童辈惊呼，其中稍长者，奋镰断鸟胫，村人闻声，群往捶毙。负呈州衙，厥形似鹳，作灰褐色，喙黑如锄，长颈赤目，头秃而肉紫红，叠起可憎，翅如轮。余曰：“此秃鹫也，见之大水。”是秋果然。（《滇南新语》第24页）

鹫，大鹰也。西方人谓之鹫，滇山往往见之。（《滇海虞衡志》第137页）

鹫，檀萃《滇海虞衡志》：鹫，大鹰也，西方谓之鹫，滇山往往见之。（道光《云南通志稿》卷68《通省》第23页）

## 孔雀

（晋宁郡）有原田，多长松，皋有鹦鹉、孔雀，盐池田渔之饶，金银畜产之富。（《华阳国志》卷4第394页）

云南郡，……孔雀常以二月来翔，月余而去。土地有稻田畜牧，但不蚕桑。（《华阳国志》卷4第442页）

孔雀，有雌雄，其雄者文采尤佳，本甸山中多产之。（景泰《云南图经志书》卷3《马龙他郎甸长官司》第203页）

白鹇、孔雀。（正德《云南志》卷7《景东府》第314页）

孔雀。（正德《云南志》卷8《镇沅府》第352页）

孔雀有雌雄，其雄者文彩尤佳。（正德《云南志》卷12《新化州》第511页）

孔雀，自惜其毛，常巢深草中，或依灌木，时于杲日舒翼崖阳，文采照耀山谷，尾色最丽，展之如屏，故称孔雀屏也。惟啖蛇虺，或云亦与恶蛇交，其胆毒人立死。夷人取其卵，使家鸡伏之，可畜，但不甚文耳。《华阳国志》云：云南郡“孔雀常以二月来翔，月余而去。”今殊不然。（《滇略》卷3第232页）

孔雀，《华阳国志》：云南郡出孔雀，常以二月来翔，月余而去。今澜沧江浔多孔雀，其食金刚纂，故羽有毒。常浴于江，误食水，亦杀人。好事者捕之，畜于家，饲以稻粱，年余乃无毒矣。（天启《滇志》卷32第1047页）

孔雀《华阳国志》：云南郡出孔雀，常以二月来翔，月余而去。今澜沧江浔多孔雀，其食金刚纂，故羽有毒，常浴于江，误食水，亦杀人。好事者捕之，畜于家，饲以稻粱，年余乃无毒矣。（康熙《云南通志》卷30第874页）

《华阳国志》：云南郡出孔雀，常以二月来翔，月余而去。今制例贡有孔雀膀，镇中于秋后饬各关抚夷购之，皆于关外猎取。孔雀所食金刚纂，故有毒。好事捕而蓄之，亦能驯。野人间有得其卵者，令鸡翼之，亦能菢出，但羽毛不鲜耳。（乾隆《腾越州

志》卷 11 第 19 页)

顺宁深山中颇产孔雀,城宁都司每年供上宪之用,取两翼下一层黄翎,至千余把、数百把,盖进以为御用箭翎者。营中鸟枪卒猎于虎、豹穴而得之,当其群聚饮啄时,以鸟枪击毙其雄者一二只,则雄、雌皆环绕扶救,可连击之,所获甚多。若一击不中,或中其雌者,则众鸟高飞尽矣。有金孔雀一种,光彩明艳,羽毛、皮肉毒甚,只取其翎。别种皆可食,肉细而香,宜煎炒,然亦不可多食。其有眼之翎,集数十枝为一把,以铜、锡制为座,长短不齐者,尤秀丽可爱。取其蛋,以鸡抱之,即生。生岁余,始长翎尾,平日,其尾束而不伸,与寻常长尾之禽无异,偶一展放,从后竖立而上,名曰放屏,真灿烂可观也。(《顺宁杂著》第 56 页)

孔雀,产于迤南瘴地,遗矢最毒。雌者灰色,尾短,不足取;雄者五彩斑斓,尾长,翠色。不特人爱之,彼亦自爱其羽。每当天气晴和,喜而自舞,尾毛直立,如树画屏,两翼开张,盘旋扬抑,极为美观。闻在山间,常赴溪畔自照其影。觉山鸡舞镜之说,古人不余欺也。今土贡内有孔雀尾毛,其数不知若干。(《滇南闻见录》卷下第 44 页)

孔雀出滇,雀尾一屏,值不高,人家多列之几。今以翎为冠饰,比于古之貂蝉,而以三眼为尊,故孔雀贵为南方诸禽首。然闻其血能杀人,故梁王使阿禚杀其夫以孔雀胆一具。《范志》谓民人或以鹦鹉为鲊,以孔雀为腊,以其易得。岂腊孔雀不遇毒,而鲊鹦鹉陋体腥臊,亦劳鼎俎耶?苏恭谓孔雀广有,剑南、楚无,今云南孔雀颇多,则苏言不足信。(《滇海虞衡志》第 123 页)

明唐尧官《孔雀赋》:惟炎峤之逖远,伟异禽之挺生,禀山川之秀气,含离晖之淑灵。因雷声而啓孕,巢云海以栖身,故其翔翳茂树,飞跄山椒,珠冠绣颈,翠尾锦毛,饮啄嶰涧,游戏兰苕,地必选胜,林不妄跳。或翘首仙峙,或舒翼翾翾,或蹀足踟躇,或歗侣咿号,与众禽兮联啄而接羽,实娇娇兮殊形而诡质。彼陇西之翠衿,与山梁之锦臆;若吐绶之影水,与瓦化之比翼。虽等艳而齐辉焉,采绣之足匹。尔乃。嵯峨□殿,峰崒巍台,缭以芳园,匯以华池。东吴檄至,西昌献来。岂其闲关于郊南之域,抑分轂于滇海之陲。于是飞觞设几，宾客萃止，情盘景剧，眄睐徙倚。新声被之管弦，杂戏兼之角觚，展祕玩于芳时，羡兹禽之独美，婷姿芙蓉之沼，拖尾红药之阶。戴金花以表弁，垂绿葹之森纚，绕珠栊与画栋，相掩映而毰毸，听紫箫翩翩而献舞，傍芳丛宁，计同其盛衰，恣嘉宾之燕赏，欢既醉而忘归。溯蛾眉于汉廷，宠独专于飞燕，女入宫而见嫉，悲秋风于纨扇。胡娈童妓女，美服之争著；而欲黼黻文章，一身之独擅。岂妬忌之性成，即灵与蠢而均之，为可鉴世，希有知为贵，越遐裔而旁求，或采其羽以为纛，或织其羽以为裘，或饰之扇而掌握生色，或绘之屏而丹青寡俦，掩不见而尾聚，故潜立于丛篁之陬，乃羽毛之自累于夫人兮焉，尤緊大鹏之南徙，搏九万之修程，更鸿鹄之举千里，岂矰缴之所能侵，嗟尔生之不偶，寄瘴域而藏身，笼恍榔之晓雾，逗蕉叶之新霖，惜娉婷以自卫，孰文采之见珍，忸门户之是珥，浪图牒之虚名，亡劲翮以翀霄，徒怅望于青冥。（道光《晋宁州志》卷12第44页）

孔雀，《后汉书·西南夷传》：滇多出鹦鹉、孔雀。司马彪《续汉书》：西南夷曰滇池出孔雀。常璩《华阳国志》：汉益州郡有鹦鹉、孔雀。檀萃《滇海虞衡志》：雀出滇，雀尾一屏，值不高，人家多列之几。今以翎为冠饰，比于古之貂蝉，而以三眼为尊，故孔雀贵为南方诸禽首。然闻其血能杀人，故梁王使阿礚杀其夫以孔雀胆一具。《范志》谓民人或以鹦鹉为鲊，以孔雀为腊，以其易得。岂腊孔雀不遇毒，而鲊鹦鹉陋体腥臊，亦劳鼎俎耶。苏恭谓孔雀广有，剑南、楚无，今云南孔雀颇多，则苏言不足信。（道光《云南通志稿》卷68《通省》第21页）

孔雀，常璩《华阳国志》：云南郡出，常以二月来翔，月余而去。（道光《云南通志稿》卷69《大理府》第16页）

孔雀，《顺宁府志》：产深山中，当群聚饮啄时，击毙其雄者，众皆环绕扶救，可连击之，若先中其雌，则尽飞去。有金孔雀一种，光彩明艳，其毒更甚。（道光《云南通志稿》卷69《顺宁府》第35页）

孔雀，常璩《华阳国志》：永昌郡出。南里县有翡翠、孔雀。刘逵《蜀都赋》注：孔雀出永昌南涪县。《腾越州志》：孔雀食金刚纂，故有毒，好事捕而畜之，亦能驯。野人间有得其卵者，令鸡翼之，亦能抱出，但羽毛不鲜耳。（道光《云南通志稿》卷70《永昌府》第28页）

孔雀，旧《云南通志》：景东出。（道光《云南通志稿》卷70《景东直隶厅》第40页）

孔雀，章潢《图书编》：马龙他郎甸长官司出。（道光《云南通志稿》卷70《元江直隶州》第56页）

孔雀，《一统志》：镇沅府出。（道光《云南通志稿》卷70《镇沅直隶州》第56页）

孔雀，旧《志》：产深山中，当群聚饮啄时，繄毙其雄者，众皆环绕扶救，可连繄之，若先中其雌则尽飞去。有金孔雀一种，光彩明艳，其毒更甚。（光绪《续修顺宁府志》卷13第21页）

《蜀都赋》刘渊林注：孔雀，特出永昌南涪县。（《滇绎》卷1第670页）

《普洱之孔雀坪》：孔雀为飞禽中最美丽者，在云南边场上多有之，而尤以普洱一带为最盛。其次，如永昌、顺宁两郡之边鄙上，亦有所产生。孔雀不择林树而栖，但就高大乔木及密茂树林中而结巢栖宿。孔雀之大者，昂其头可高至五尺，尾翎可长及三尺。孔雀固属谷食禽鸟，然极嗜蛇，无论大蛇小蛇与何种毒蛇，一遇孔雀即不能逃其喙下，蛇纵粗若人臂，亦无不被其啄食。孔雀亦不时时藏身于林树间，多成群结队，在岭上草间搜寻活物食，遇二三尺长之蛇，只用嘴十数啄即食尽。有至戚李某，由永昌赴顺宁，经过古湾甸州，在一大岭下，见一长至丈五六之大蛇，昂其首由远处窜来，李某惧受其害，拟择地躲避。不意林树间突然飞下五只孔雀来，大蛇即慑伏而莫不敢动，一若虎豹之遇驳马者然，雀则先啄蛇头，次啄蛇颈，顺次而下。少顷，又飞来二三只，更飞来四五只，俱大小相杂，于是与前者共啄此蛇而食。仅及一小时，便将此大蛇食尽，始群飞而去。时李某持望远镜在距半里路处瞭望，入目极其清晰，群雀飞去后，地面上即片鳞无存。又有至戚陈某，是供职于邮政局者，在前清末季，曾任普洱分局长数年，以踏勘线路而到过距普洱府城两日半路之孔雀坪。孔雀坪系三五小村寨攒拢之一地处,村各烟户数十家,俱是夷族人也。比户俱养有一二只或四五只孔雀,饲以杂粮,若畜养鸡、鸭、鹅、鸽,而雀亦不飞逸,时依人左右。有孔雀者,则常剔剪雀尾上完好无疵之翎毛,货卖与一班收买山货之客,盖此种翎毛,在前清时,以做花翎之销路为最大,而外国妇人亦喜购用,故有人收买,有人肯畜养此禽也。去孔雀坪十里外,尽丰草长林,且群山起伏,荒野已极。此一带之山林中,即孳生孔雀,在树林间结巢栖宿者,不知凡几,群去群来,都以数十计,对于农田,亦颇有伤害,但不似野猪等之残毒暴戾也。孔雀蛋大倍于鹅蛋,有类于绿鸭蛋色,且密排着不少的黑点,土人得到亦不敢食,云有毒也,得则毁之,免其孳生蕃息焉。(《云南掌故》卷 14 第 467 页)

## 芦燕

芦燕,栖滇池芦荻中,池人捕之以贸于市,炙而荐酒,味甚美。夫其畏人也,不袭诸人间而避诸海上,以为远于人患矣,卒相与俱糜,非失其托也哉?故书之以为戒。(《滇海虞衡志》第 146 页)

芦燕,檀萃《滇海虞衡志》:芦燕,栖滇池芦荻中,池人捕之以贸于市,炙而荐酒,味甚美。(道光《云南通志稿》卷 69《云南府》第 6 页)

## 鸬鹚

滇南多山河,人畜鸬鹚以捕之,虽不致"家家养乌鬼",亦到处有之。养鹰以捕雉、兔,养鸬鹚以捕鱼,此禽之所命于人而效所用者也。一名水老鸦,能合众以擒大鱼,或啄眼,或啄其翅,或啄其尾与鬐。鱼为所困,而并舁以出水,主人取之,可谓智矣。(《滇海虞衡志》第 136 页)

鸬鹚，檀萃《滇海虞衡志》：滇南多山河，人畜鸬鹚以捕鱼。一名水老鸦，能合众以擒大鱼，或啄其眼，或啄其翅，或啄其尾与鬐。鱼为所困，而并舁以出水，主人取之，可谓智矣。（道光《云南通志稿》卷68《通省》第23页）

## 念佛鸟

念佛鸟附，非八哥，非鹦哥，大若百舌鸟。短尾，黑喙，不待人教，自会念佛。作三种声，一曰弥陀佛，如此数声则曰南无阿弥陀佛，悠悠扬扬，缓缓款款，念至数声而后曰陀佛陀佛，则急呼之矣。（《鸡足山志》卷9第345页）

## 鸟

朱秉器《楮谈》云：缅甸有鸟，四足而肉翅，其大如鹅，其鸣似鹤，能飞而不能远。其雏胎生，飞行则负雏于背，不践稼穑，不食生虫，杀之者不祥。（滇略》卷3第232页）

大鸟崇正间，有大鸟降漾田，头似鸱鸪，足高四尺，翼长倍之。万氏子普福远捕养，日饲肉数斤，后莫知所适，人以为万氏沙普乱征。（雍正《阿迷州志》卷23第269页）

## 鸥

明郡人杨忠亮同知《狎鸥亭歌》：入林林更密，入山山更深。鹿麋雀子作俦侣，此意自恐尘嚣侵。昔人买山随买斧，采尽山顶了无取。而今山头交青葱，况复明湖焰幽坞。凿磴通幽薄，结庐临水溃。横披鹿皮褥，侧挂鹿胎巾。牧羊与抱犊，灌园且躬耕。无虑无管葛天叟，不知不识帝尧人。尧时巢许不可面，朝朝暮暮何所见。深山故典武夷峰,沧波映山广寒殿。且歌且饮乐何如,一游一咏从吾便。风惹松篁弄至笙,水浸荷芰戏鸡鶒。数声铁笛惊长梦,一贴南华堕短檠。夜识金银如蜃气,早收税稻有蓴羹。海鸥较似蒲鸥乐,野老不与海鸥争。君不见汉时禽庆躭衡霍,白恰芒鞋背城郭。烟霞泉石在膏肓,冥鸿肯效藩篱雀。君不见晋朝酒德推刘伶,镇日籍槽复捧罂。幕天席地酣衾枕,醉后安知身后名。登高泰山小,饮河江海窄。洗心洗不净,洗耳洗不洁。芳菊漫开彭泽径,好花偏放铜驼陌。深深酌,洗洁歌,绿树青山长不改,年年江山惯渔蓑。(康熙《石屏州志》卷8第140页)

## 鸜鸽

至于鸜鸽,赵州凤山以千计,能言,又易于鹦鹉也。(《滇略》卷3第232页)

鸜鸽,《周礼》为唰唰鸟,即万毕术之寒皋。端午剪其舌,能学人语,但食虫好杀,不宜于僧畜,未若鹦哥斋戒精严耳。(《鸡足山志》卷9第344页)

## 雀

麻雀,一名瓦雀。味甘,性温。脑可入肾,兴阳泄精。白丁香即公瓦雀屎。〖要〗直立于地上〖者〗,白色更好。磨翳退雾,遮睛不〖明〗,入〖眼〗药用之。(《滇南本草》第883页丛本)

驯饭雀(图残),释曰:如唐,关中人也。始开西来寺,迨后结茅罗汉壁,礼《华严经》,泉自崖根涌出。修铜瓦殿大路三十余里,常入定于道上。以其机忘,雀为之化,群集于其顶颠、肩臂间,雀集几满。饭之,雀遂与之相驯。今居崖下者,少有行力,雀仍骈至,遂以为常。(《鸡足山志》卷4第183页)

宾雀,时珍以为尾短小鸟,巢于瓦隙中。盖指灰紫有斑之麻雀。谓雀家家有之，则犹人之佳宝也。江南以老而斑者为麻雀，小而口黄者为黄雀。建文帝避迹合州，史仲杉来，帝一见骤呼曰：携黄雀鲊来未？彬曰：有。君臣志合之感，虽一微物而同德若此。余昔读年谱，为之数行泣下。今书于此，令人知至性之所合，虽微物，足深有感于人者。（《鸡足山志》卷 9 第 345 页）

松雀屏南箐邱多松，有鸟名松雀，喜食松子，随风飞坠，即生松树，不假人力。（乾隆《石屏州志》卷 8 第 15 页）

松雀，《临安府志》：石屏南箐多松，有鸟名松雀，喜食松子，随风飞坠，即生松树，不假人力。（道光《云南通志稿》卷 69《临安府》第 22 页）

## 鹊

辘轳鹊，色黑，啄爪如鹰而无颈，昼伏夜飞，鸣如击柝，盖鸮属也。土人云：此鸟多鸣，每主谷涌。（楚雄旧志全书“禄丰卷下”康熙《琅盐井志》卷 1 第 1047 页）

练鹊，大逾喜鹊，有长尾，蓝质，白其尾稍，红嘴，赤足，金目，鸡距。《禽经》曰：冠鸟性勇，缨鸟性乐，带鸟性仁。（《鸡足山志》卷 9 第 342 页）

小鸟，大于鹊，形似鹊，滇人谓之山喜鹊。案：即鵯鷽也。《尔雅》：鷽，山鹊。《说文》：鷽、鵯鷽，山鹊，知来事鸟也。俗言：乾鹊噪，行人至。乾、鵯声近而讹。（《滇游续笔》第 470 页）

山喜鹊，桂馥《札樸》：小鸟，大于鹊，形似鹊，滇人谓之山喜鹊。案：即鵯鷽也。《尔雅》：鷽，小鹊。《说文》：鷽，鵯鷽、山鹊，知来事鸟也。俗言：乾鹊噪，行人至。乾、鵯声近而讹。（道光《云南通志稿》卷 68《通省》第 24 页）

辘轳鹊，《琅盐井志》：色黑，喙爪如鹰而无头，昼伏夜飞，鸣如击柝，盖鸮属也。（道光《云南通志稿》卷 69《楚雄府》第 26 页）

## 桑鳸

桑鳸,《尔雅》所谓窃脂也。少皞官九鳸,为农正,止民无淫也。夫窃脂不犹陆机所谓盗脂,以善啖,乌何以止民淫哉!则陆机泥窃脂之所啖,不足信矣!盖桑鳸有绸缪之意,思未雨而防焉,是以止淫耳。(《鸡足山志》卷9第343页)

蜡嘴鹊,郭璞所谓青雀,即桑鳸也。滇省人效江南畜之,以飞拔妇人簪珥花朵为戏。鸡山自驯之于林表,将以扈其淫心焉。此或释迦如来意也。故山僧持戒精严,一无敢犯,其桑鳸之力欤!(《鸡足山志》卷9第343页)

## 山呼

苏轼《得南中山呼鸟诗》:终日锁�笼,回头惜翠茸。谁知声嚯嚯,亦是意重重。夜宿烟生浦,朝鸣日上峰。故巢何处是,鹰隼岂能容?(万历《云南通志》卷14第11页)

山呼,似鸜鹆而差小,樊之易驯。宋苏轼《咏笼中山呼》诗:“终日锁筠笼,回头惜翠茸。谁知声嚯嚯,亦是意重重。夜宿烟生浦,朝鸣日上峰。故巢何处是,鹰隼岂能容?”(《滇略》卷3第233页)

石屏旧《志》羽部载:山呼,今土人云,此鸟久不见。宋苏轼《得南中山呼鸟》诗云:“终日锁筠笼,回头惜翠茸。谁知声叽叽,亦是意重重。夜宿烟生浦,朝鸣日上峰。故巢何处是,鹰隼岂能容?”(康熙《石屏州志》卷13第265页)

《山呼诗》东坡云:“终日锁筠笼,回头借(惜)翠茸。谁知声嚯嚯,亦是意重重。夜宿烟生浦,朝鸣日上峰。故巢何处是,鹰隼岂能容?”屏中亦产此鸟。(乾隆《石屏州志》卷8第11页)

## 石燕子

石燕子产于州北二十五里响水铺石崖内，其形类燕，周身有文，大者曰雄，小者曰雌，能愈眼疾，人多采之，以备药料。（景泰《云南图经志书》卷3《曲靖府·马龙州》第132页）

石燕出马龙州，状类燕，有文，大曰雄，小曰雌，能愈眼疾。（正德《云南志》卷9《曲靖府》第383页）

石燕出响水，类燕，有文，雄大雌小，遇风雨则飞，能疗目疾。（康熙《云南通志》卷12《曲靖府》第226页）

石燕，旧《云南通志》：出响水，类燕，有文，雄大雌小，遇风雨则飞，能疗目疾。檀萃《滇海虞衡志》：马龙州出石燕。（道光《云南通志稿》卷69《曲靖府》第40页）

## 嗽金鸟

魏明帝时，昆明国贡嗽金鸟，常吐金屑如粟。此鸟畏寒，乃处以辟寒台，宫人争以鸟吐之金用饰钗佩，谓之辟寒金。故宫人相嘲曰：不服辟寒金，那得圣人心。（《滇略》卷10第330页）

嗽金鸟，王子年《拾遗记》："魏明帝即位二年，起灵禽之园，昆明国贡嗽金鸟。人云其地去燃洲九千里，出此鸟，形如雀而色黄，羽毛柔密，常翱翔海上。罗者得之，以为至祥，闻大魏之德被于遐远，故越山航海来献大国。帝得此鸟，饴以珍珠，饮以龟脑，鸟吐金屑如粟，铸之可以为器。昔汉武时有人献神雀，盖此类也。"（天启《滇志》卷33第1086页）

嗽金鸟魏明帝时，昆明国贡嗽金鸟。鸟出燃洲，形如雀而色黄，羽毛柔密，常吐金屑如粟。此鸟畏寒，乃处以辟寒台，宫中争以鸟吐之金饰钗佩，故宫人相嘲曰：不服辟寒金，那得圣人心。（康熙《云南通志》卷30第860页）

吐金鸟，古出昆明。《丹铅录》引《酉阳杂俎》为魏明帝时，昆明国贡辟寒鸟，常吐金如粟。昆明今无此鸟，以为段成式虚言。然此出王子年《拾遗记》,成式引之耳。其时所谓昆明夷者,在宁远、丽江之西,非今昆明县也。盖其地接西藏,已成佛国,佛地何所不有?鸭食沙而粪金,鸟食沙独不可以嗽金乎?今无,仍不妨于古有,并存之可也。(《滇海虞衡志》第135页)

嗽金鸟,王嘉《拾遗记》:魏明帝即位二年,昆明国贡嗽金鸟,人云其地去燃洲九千里,出此鸟,形如雀而色黄,羽毛柔密,常翱翔海上,罗者得之,以为至祥。帝得此鸟,畜于灵禽之园,饴以真珠,饮以龟脑,鸟常吐金屑如粟,铸之可以为器。昔汉武帝时,有人献神雀,盖此类也。此鸟畏霜雪,乃起小屋处之,名曰辟寒台,皆用水晶为户牖,使内外通光,宫人争以鸟吐之金用饰钗珮,谓之辟寒金。故宫人相嘲曰:不服辟寒金,那得帝王心。于是媚惑者乱争此宝金为身饰及行卧,皆怀挟以要宠幸也。魏氏丧灭,池台鞠为煨烬,嗽金之鸟亦自翱翔。(道光《云南通志稿》卷70《永北直隶厅》第44页)

## 水扎鸟

水扎鸟,樊绰《蛮书》:西洱河及昆池之南接滇池,冬月,鱼、雁、鸭、蚌、雉、水扎鸟遍于野中水际。李昉等《太平御览》:《南夷志》水扎鸟出昆明池,冬月遍于水际谨案:宋以前,昆明池即洱海,非今滇池。(道光《云南通志稿》卷69《大理府》第16页)

## 拖白练

拖白练,即带鸟之属。窥其性,而仁露其形。张华云:带鸟即练鹊,以尾拖长,故俗谓之拖白练。(《鸡足山志》卷9第342页)

## 乌鸦

黑老鸦血，味辛，性微温。血味咸。治一切年深日久吼喘，喉中如〚扯〛锯声，每遇伤风或北风即发。（《滇南本草》第 879 页务本）

第三十三课《鸦、燕、雀》：鸦黑色名乌鸦，嘴健爪强，捕小鸟为食，性知反哺又名孝鸟。（楚雄旧志全书“楚雄卷下”民国《楚雄县乡土志》卷下第 1360 页）

## 信天翁

信天翁，杨林蓝（兰）廷瑞《信天翁》诗云：“荷钱荇带绿江空，唼鲤含鲨浅水中。波上鱼鹰贪未饱，何曾饿死信天翁？”诗中有讽。其《夏日》诗：“终日凭阑对水鸥，园林长夏似深秋。槐龙细洒鹅黄雪，凉意萧萧风满楼。”《冬夜》云：“枕上诗成喜不胜，起寻笔砚旋呼灯。银瓶取尽梅花水，已被霜风冻作冰。”《题嫦娥奔月图》曰：“窃药私奔计已穷，藁砧应恨洞房空。当时射日弓犹在，何事无能近月中？”三诗皆可喜。信天翁，水鸟也，食鱼而不能捕，俟鱼鹰所得偶坠者，拾而食之。（天启《滇志》卷 33 第 1073 页）

信天翁杨林蓝（兰）廷瑞《信天翁》诗云：“荷钱荇带绿江空，唼鲤含鲨浅水中。波上鱼鹰贪未饱，何曾饿死信天翁。”诗中有讽。其《夏日》诗：“终日凭栏对水鸥，园林长夏似深秋。槐龙细洒鹅黄雪，凉意萧萧风满楼。”《冬夜》云：“枕上诗成喜不胜，起寻笔砚旋呼灯。银瓶取尽梅花水，已被霜风冻作冰。”《题嫦娥奔月图》曰：“窃药私奔计已穷，藁砧应恨洞房空。当时射日弓犹在，何事无能近月中。”三诗皆可喜。信天翁，水鸟也，食鱼而不能捕，俟鱼鹰所得偶坠者，拾而食之。按滇补云：兰茂，号止庵，杨林人，兵燹之后，著述散失，其七世孙世蕃所遗断简残编内，有止庵《元日家庆 · 沁园春》一调、《甲辰元夕怀亡弟 · 一剪梅》一调、《四月二十一日寿弟廷俊 · 西江月》一调，又古碑镌景泰年缑山兰秀等字，合参之，则止庵兄弟三人皆能诗。廷秀，茂字也。廷俊，秀字也。廷瑞，或止庵之又一弟也，年远遗名，无可考矣。又升庵诗云：“兰叟和光卧白云，贾生东晦挹清芬。何人为续稽康传，题作杨林两隐君。”和光，止庵别号，东晦诗，不存。（康熙《云南通志》卷 30 第 883 页）

信天翁,鸟名,食鱼而不能捕,俟鱼鹰所得偶坠者拾食之。杨林兰廷瑞有诗云:“波上鱼鹰贪未饱,何曾饿死信天翁。”顾名思义,可以安命矣。按《晁景迂集》,黄河有信天缘,常开口待鱼。(《滇南闻见录》卷下第45页)

信天翁,《丹铅录》云:“鸟名,滇中有之。其鸟食鱼而不能捕,候鱼鹰所得偶坠者拾食之。”兰廷瑞诗云:“荷钱荇带绿江空,唼鲤含沙浅草中。波上鱼鹰贪未饱,何曾饿死信天翁?”亦可以为讽矣。廷瑞,滇之杨林人。信天翁,即鸳泽虞也,俗名护田鸟。守水圳,俟鱼过,啄食之。此语早传于天下,不知发自兰止庵也。盖鸟之安命而知所止也,品高亦亚于鹤矣。(《滇海虞衡志》第134页)

清赵蘧郡人《信天翁》(五律):大水涉无地,有翁能信天。木鸡终逊德,渔父亦生怜。风格凝千古,江干饿偶然。鸬鹚贪未饱,双足不曾拳。(道光《晋宁州志》卷12第31页)

信天翁,杨慎《丹铅总录》:信天翁,鸟名,滇中有之。其鸟食鱼而不能捕,候鱼鹰所得偶坠者拾食之。《云南府志》:信天翁,水鸟,出嵩明。檀萃《滇海虞衡志》:信天翁,即鸳泽虞也,俗名护田鸟,守水圳,俟鱼过,啄食之明嵩明兰廷瑞诗:荷钱荇带绿江空,唼鲤含沙浅草中。波上鱼鹰贪未饱,何曾饿死信天翁。(道光《云南通志稿》卷69《云南府》第6页)

## 鸭

鸭,味甘,〖性〗大寒,〖无毒〗,治风寒、水肿、〖气肿,解〗丹毒,止热痢。头〖能消顶上秃疮。脑能敷一切〗疮毒。同猪肉煮食,补气。同羊肉煮食,主〖散气,而〗发疮。老鸭同猪蹄煮食,补气而肥体,〖健中〗。忌同牛肉煮食,〖若食者〗,冷骨而散血。同鸡煮食,治血晕头痛。(《滇南本草》第875页务本)

戊寅九月二十七日……是日买得一野凫,烹以为供。(《徐霞客游记·滇游日记三》第813页)

光绪二年二月初四日，丙寅，狂风终日。晚，邀陆刺史来食滇鸭。喂滇鸭法，将食之前二十一日，白米作饭，以盐花和之成团，作枣核状强喂之，每日减去一团，至期宰食，其味肥嫩无比。(《滇游日记》第 259 页)

第三十二课《鹜(即凫鸭)》：鹜喜泳水，体如舟，嘴扁，毛厚，二足向后，有蹼膜相连，游水时其作用如桡。雄头毛青，雌产卵借鸡孵之。(楚雄旧志全书"楚雄卷下"民国《楚雄县乡土志》卷下第 1360 页)

# 雁

杨慎《滇池泛舟见新雁》(五律)：忽见行行雁，来应自故乡。天涯多少路，云际几番霜。滇水饶葭菼，禺山足稻粱。金河尔休恋，无限塞弦张。(康熙《云南通志》卷 29 第 814 页)

用修妇。用修久戍滇中，妇黄寄一律，云："雁飞曾不到衡阳，锦字何由寄永昌？三春花柳妾薄命，六诏风烟君断肠。曰归曰归愁岁暮，其雨其雨怨朝阳。相闻空有刀环约，何日金鸡下夜郎？"(康熙《云南通志》卷 30 第 881 页)

雁，滇南始未有。黄夫人诗："雁飞曾不到衡阳，锦字何由寄永昌？"即升庵始于《滇池泛舟见新雁》诗云："忽见行行雁，来应自故乡。天涯多少路，云际几番霜。滇水饶葭菼，禺山足稻粱。金河尔休恋，无限塞弦张。"则为雁初入滇也。今则结阵联行，排空而至，不知纪极矣，然犹有去来也。客某言于滇之西境，见雁抱子将雏，人过，则负四雏于背而飞，几以滇为所家矣。古今地气之异，不能以常情论也。鲥鱼竟过小孤，且至于常德；雁竟过衡阳，且至于滇海矣；谁能格之哉？又《滇志》云："顺治庚子冬，鸿雁来。"分注谓"云南旧无鸿雁，至是百十为群，日数过，皆西去。自后年年皆有，不见回。"据此，则嘉靖中雁始至，犹在昆池。顺治庚子，雁大至，径往滇西而不复回，则客言为不爽矣。既以西溢为金河，将雏养子，则从升庵之祝矣。不知羽翼既成，更随阳向别方否？予在滇久，但见雁秋来，而不闻春归，心窃讶之，征于此益信，雁且安于滇不复回，农部五六月间，山箐溪河，往往见雁，土人呼为雁鹅，以为另有一种。今合诸志参考，乃知本鸿雁也。藏诸深箐，人不能见，夏暑仍在，亦不他翔，各处如农部者谅更多，皆来而不回者也。升庵谓由蜀至，或然。盖自开辟而后，南北往来，徒充雁户，燕弦楚缴，常涉艰难。江湖之居已多，稻粱之求未足。滇地广莫，相率而来，更不念归，以为世守。此又翻开辟未有之局，故为发明之。（《滇海虞衡志》第139页）

雁，檀萃《滇海虞衡志》：雁，滇南始未有，黄夫人诗："雁飞曾不到衡阳，锦字何由寄永昌？"即升庵始于《泛舟见新雁》诗云："忽见行行雁，来应自故乡。天涯多少路，云际几番霜。滇水饶葭菼，禺山足稻粱。金河尔休恋，无限塞弦张。"则雁初入滇也。今结阵联行，排空而至，不知纪极矣，然犹有去来也。客某言于滇之西境，见雁抱子将雏，人过，则负四雏于背而飞，几以滇为家。古今地气之异，不能以常情论也。又《滇志》云："顺治庚子冬，鸿雁来。"分注谓"云南旧无鸿雁，至是百十为群，日数过，皆西去，自后皆有，不见回。"据此，则嘉靖中雁始至，犹在昆池。顺治庚子，雁大至，径往滇西而不复回，则客言为不爽矣。不知羽翼既成，更随阳向别方否？予在滇久，但见雁秋来，而不闻春归，心窃讶之，征于此益信，雁且安于滇不复回。农部五六月间，山箐溪河，往往见雁，土人呼为雁鹅，以为另有一种。今合诸家参考，乃知本鸿雁也。藏诸深箐，人不能见，夏暑仍在，亦不他翔，各处如农部者谅更多，皆来而不回者也。升庵谓由蜀至，或然。（道光《云南通志稿》卷68《通省》第24页）

雁，《滇志》："顺治庚子冬，鸿雁来。"分注谓"云南旧无鸿雁，至是百十为群，日数过皆西去，自后皆有，不见回。"据此，则嘉靖中，雁始至，犹在昆池。顺治庚子，雁大至，径往滇西而不复回。（光绪《续修顺宁府志》卷13第23页）

# 燕

清傅为詝《燕子洞》(歌行):神禹不到处,谁凿此灵洞?鬼神灭尽斧斤迹,造物好奇为巧弄。燕子何年来?点缀玲珑竞喧閧。胡不去王谢堂中巢画栋,而乃深藏远引学丹凤。似得静者意,不与陇西慧鸟争人贡。下有一条云浪吼门入,怒走雷霆地轴动。虎蛟水咒纷潜逃,潭底老龙蟠石瓮。古树云根相逗生,普陀一岩巧补空。满壁恶诗憎山灵,谁为削除□沈宋。昨者招邀茂先来月槎太史,上下相羊惟我共,兴酣落笔燕惊回,句句飞鸣带云纵。搜奇抉怪山精泣,虎啸泉立风雨从,樵奴提壶斟复斟,醉中酒覆红蠡重,名人古洞两相值,词赋一时遍传诵。从此游人如鸟多,岩云山月厌迎送。借问藏书禹穴仇池洞天,灵异与之谁伯仲。(雍正《建水州志》卷14第5页)

清傅为詝《邀月槎张太史游燕子洞》(七律):奇哉造物弄琼瑶,幻出玲珑半月桥。百万燕呼肥水战,一条浪吼浙江潮。洞房汤酒邀灵运,石壁题诗待孝标。飞鸟惊蛇明落日,松风隔水奏云韶。(雍正《建水州志》卷14第10页)

清学正包晋邑人《燕子洞》(七律):胜传名不是天工,混沌乾坤一窍通。石幔横遮星宿海,银河直贯斗牛宫。窝云深处堪巢燕,滚浪平时如走虹。起上庐山寻古道,亲人花鸟带春风。(雍正《建水州志》卷14第12页)

清何其侠《白燕》二首(七律):飘零故国已全非,一曲曾弹素女帏。早起三春梨苑发,惊飘六出雪花肥。掌中未许抛寒黛,簾外真堪舞碧衣。最是玉骨深隐处,好乘月色傍云飞。(又)天女分明体不缁,玉楼巢下雪衣鹂。啄残细雨梨花静,点破清风月色迟。芳草故飞惊乍见,碧桃閒宿未曾知。欄干画阁无人倚,好向昭阳殿里悲。(乾隆《石屏州志》卷7第62页)

清张莲茹邑人《白燕》(七律)寸村偶产白燕,士人多有吟咏:传来白燕有新诗,沐浴西宗分外奇。幻化琼姿开景运，特生玉态应昌期。祥殊白鹤昔曾见，瑞映明珠今不移。只待秋高君翰宠，一声天下尽皆知。（乾隆《河西县志》卷4第478页）

面甸距临百里，有燕子洞，自外观之，山皆浑朴，迤逦回环，复沓平铺，全无起伏，及抵洞口，始见前洞上有覆顶，高约二三丈，横约十数丈，宛若厅堂，洞门左右，石俨如柱，四面如壁，皆有天然纹理，极为精细，非人世刻镂所有。其后，漏见天空，亦如人家天井，转进后层，仍有顶壁，较前低小，均塑神像，天井四壁，均有石乳下垂，长短不一。燕子傍壁巢居，作燕窝，有土人能取之，须缘壁攀石乳，取得一窝，又由此石乳攀彼石乳，中间距离或五六尺、七八尺不等，少一失足，即坠落陨命，然必随有一人以继之，其能事非可学也。然不过久，暂之别，同归一跌而已。每岁所得燕窝，多或三四十斤，少或十数斤，每斤价值五六元之谱，称为土燕窝，毛多不胜捡，须烘燥碾粉，吹去其毛，始可调服。燕皆肥硕如鹳鸽，他处无之，与寻常所见不相似，惟鸣声无异。有泉流，由天井前壁下入洞，过天井后壁，伏流二十余里始出，过洞所见，不过数丈，水声澎湃，有波涛汹涌之状。余初游，有五古诗，已佚，游刊一木联云："遂客重寻源，桃花依旧随流水。空堂余自在，燕子凭谁作主人。"（《幻影谈》卷下第140页）

燕，有紫黑红颔之分，而翅尾俱长，认巢旧主，春来秋去，食螟虫，有益苗稼。雀巢屋角名瓦雀，黑眉。又有白眉居山者名山麻雀，亦食螟虫，有益，然秋熟食实，又为害。（楚雄旧志全书"楚雄卷下"民国《楚雄县乡土志》卷下第1360页）

《临安（建水）燕子洞》：开化（文山）三元洞、临安燕子洞，俱为迤南方面擅有胜名之岩洞。惟是，岩洞总以有天窗能透光亮于下者，得称为妙境，若敞洞则居于次焉也。盖敞洞多属前半光亮，深入则黑暗，如三元洞是，而三元能以远景争胜，故三元在迤南方面亦得称为明洞，虽然，究不及燕子（洞）之清奇也，所以燕子洞得名为名洞耳。以是，谈迤南方面岩洞者，莫不首屈一指曰：燕子！燕子！论建水境内，岩洞颇多，如城东南营哨前之三大岩洞：一曰南明，二曰万象，三曰水云。三洞鼎立，互相隔距仅为五六里，洞中复灵秘相通，一则以幽奇胜，一则以窅窱胜，一则以宏敞胜，而南明亦是明洞，胡不能与燕子齐名耶？殆有故也。燕子居于山麓，接于平地，入游者不劳拾级攀磴，此为第一好处；燕子系明洞，光亮充足，入游者毋须乎燃炬烧烛，此为第二好处；岩洞在山间当无水泉，燕子则有巨流经洞后，有山而又有水，此为第三好处。洞中之奇妙处，实为任何一个岩洞所无，故燕子洞之声誉能高于一切也。洞距建水城四十里，在阿迷（开远）、建水两交界处。近洞有村，路约半里许，村曰双镜，居民亦繁多，似在二百户上下。岩洞则深藏于大壑中，且当群流汇聚处。在数百年前，不甚著名，至近二三百年来，其名始见重于世，盖往昔之高人韵士，多不识有此佳境也。读《建水县志》，仅见有修燕子洞引一篇及邑人廖敦行题燕子洞诗一首，此足征洞在二三百年前，而来游者少也。洞门是深藏于岩底，故廖诗开首二句云："到山不知洞何在，敞口白云常吞吐。"此足见其隐秘也。洞分二格，一大一小，一明一暗，明者宽敞宏大，暗者幽深坳曲，引他事以相喻，明者若厅堂，暗者若密室，暗洞寓于明洞内，亦非另有一洞也。明洞门户开展，车马亦足以容，洞内空阔无似，宽处可及十数丈，洞顶有天窗，形不甚圆而带多角形，天光即由此透下，故在此深洞中，不须引藉他种光亮，即可以鉴视一切微物。论全洞之宽深，实数倍于昆明之西华洞，上面天窗自下瞻视，径约数尺，实则甚巨也。若陟彼高冈，俯漏口而下视，在下游人，雅似瓮中之鳖，趣极趣极。漏口上有冬青树一株，高数丈，粗逾合抱，婆娑下罩，不啻一伞高张，此尤为洞内妙景。洞之四壁，石笋森然，悬桃累累，石人石马分明，石椅石凳俱备，然此亦为石洞中常有之表现，不足以道。惟此洞内则有一极大之石坪，广袤几近十丈，列筵席可陈二几十台，每年二月十九办会，来客至一二百桌，俱就此陆续支席。洞中题咏甚多，名作不少，然都为百年内外作品，而新修县志，亦未能尽量采辑之也。小洞则幽深黑暗，窅窱曲折，欲步入其中，非燃火引照不足以行，而洞身又忽宽忽窄，岩棚又忽高忽低，或直下，或逆转，岔路又多，地面是下下高高，直无一步坦途，以崎岖言，即引韩昌黎"山石荦确行径微"之句，亦不足以尽其致。然此则为真正之燕子洞。洞为燕子所居,在内筑巢结窝者,不知有若干千若干万。在秋冬两季,燕子多半在内安居,一至春日,即群出群入,由暗洞而达明洞,翩跹回斜于空阔之处,右舞左旋,纷乱如麻,总之,无一时之间断,无一时之停影息声也。燕就岩缝内营巢,巢中俱有燕窝,肯冒险者,常引火入洞,而探取岩间燕窝。在低处者得以手攫,在悬岩上者则用铁钩取之,携出而售于人,名曰土燕窝。但肉薄片小,色不白而质亦不洁,大逊于外来之缅燕,虽然,亦足供人口腹也。明洞深处即见水流,四、五、六、七月间,水势极大,稍近,即声响震耳,有时能等于万马奔腾,冬季水落,声响则不甚大。盖此河流,是由远来之四五条细流,至近洞处而合成巨流,始注于河,故在夏季水势十分大也。洞前有客房一院,上三下三,复配以四耳,结构虽不精美,然亦爽适,而一般游客多藉此憩息。洞侧有观音阁,奉大士像,阁固不大,却规模整齐。二月十九日办会,阁上拥挤不堪,来悬匾挂联者,多在是时,香火之盛不可言喻。近洞处多花木,中以桃杏为多,当春时,群芳吐艳,使此一岩洞增加不少的彩色。洞之奇绝处,又奇在洞里的四时气候,夫山洞幽深,石窟生寒,是定而不移之理也,即引远方近处之一切岩洞来言,亦绝不外是。夏季入此洞而清凉爽适,原是岩洞中应有之情事,此洞之奇处,是当隆冬之际入此,外则寒风栗(凛)冽,内则暖气充溢,坐久尤温和通体,殆黍谷回春之说欤!缘此,燕子洞之所以称奇者异也。夫天下事,多优于此而绌于彼,而燕子洞亦有不满于人意处也。洞中虽足以赏心,洞外却无以娱目,一排峭壁悬岩,障断人之远目。有游开化三元洞而来者,恒以是薄之曰:“无一远景也,不如三元之甚。”及步入洞内,见到一切清奇,而更有若干飞飞燕子点缀,乃慷慨而言曰:“燕子实佳,燕子实佳!”(《云南掌故》卷14第431页)

## 鹰

己卯四月二十一日……其山乃中起之泡也，其后复下，大山自后回环之，上起两峰而中坳，遥望之状如马鞍，故又名马鞍山。据土人言，其上多鹰，旧志名为集鹰山，而土音又讹为打鹰云。（《徐霞客游记·滇游日记九》第1069页）

滇人喜赶山，多畜鹰，臂之者盈市。此皆效用于人之良禽也。故连类而记之。（《滇海虞衡志》第137页）

鹰，檀萃《滇海虞衡志》：滇人喜赶山，多畜鹰，臂之者盈市。（道光《云南通志稿》卷68《通省》第23页）

第二十四课《鹰》：鹰，猛禽也。两翼长大，其飞迅速，上嘴为钩曲于下方，其形似肉食兽之犬齿。视力甚强，虽高飞能视地上小动物。脚趾具利爪，故攫铒毫无有误，人一见而即知为猛禽类。（楚雄旧志全书“元谋卷”光绪《元谋县乡土志》修订本卷下第400页）

## 鹦鹉

新安城路多漫山，尽是松林，其上多鹦鹉飞鸣。《太平御览》卷九百二十四《羽族》十一引。（《云南古佚书钞·云南行记》第24页）

瞿竿馆，磴道崎危。又过两重高山，上下各四五十里。山顶平，四望无人烟，多鹦鹉。《太平御览》卷九百二十四《羽族》十一引。案：瞿竿馆，未详。今以事涉鹦鹉，条次于此。（《云南古佚书钞·云南行记》第24页）

晋宁郡，……皋有鹦鹉、孔雀。（《华阳国志》卷4第394页）

（滇池）河土平敞，多出鹦鹉、孔雀。（《后汉书》卷86第

2846 页)

鹦鹉山,山多鹦鹉得名。(《太平寰宇记》卷80)

孔雀、鹦鹉。(正德《云南志》卷11《元江府》第488页)

鹦鹉、珊瑚鸟各甸山中多产之。(正德《云南志》卷12《新化州》第511页)

鹦鹉山在州西北,平地突然而起,上有鹦鹉栖焉。(万历《云南通志》卷3《楚雄府》第5页)

鹦哥水在鹦哥水铺东,水自岩注下,常有鹦哥悬岩仰饮,故名,又因以名铺。(万历《云南通志》卷3《鹤庆府》第35页)

鹦鹉,滇山中甚众,仅值数十钱耳。驯于陇产者,教之,甚易言语。亦有黄者,产百夷中,永乐中尝贡此。金幼孜有《黄鹦鹉赋》。(《滇略》卷3第232页)

太和段锦文、金齿汤琮、曲靖项瑄、柴宗儒、鹤庆奚谦、姚安李黼,先后隐居不仕,咸有时称。琮题《鹦鹉》诗云:"翠阁香闺带绿荫,忽闻灵舌啭娇音。总将怀袖温存意,不称云林自在心。笼络反因毛羽误,矜夸休羡赋辞深。陇山烟雨春雏小,莫遣虞罗著意寻。"当时目为汤鹦鹉。(《滇略》卷6第265页)

退鹦鹉,刘斐《汉帝传》:兴平元年,益州蛮夷献鹦鹉三,诏曰:"往者益州献鹦鹉三枚,夜食三升麻子。今谷价腾贵,此鸟无益有损,可付安西将军杨定国,令归本土。"(天启《滇志》卷32第1038页)

戊寅八月十二日……广西府鹦鹉最多,皆三乡县所出,然止翠毛丹喙,无五色之异。(《徐霞客游记·滇游日记二》第749页)

平彝县,……又多鹦鹉诸禽,鸣声上下,颇倾客耳。(《滇游记》第7页)

清晋江丁炜《游鹦鹉山谒太和宫》(七律):迤逦天门石径危,清都灵景到来移。玉阶春静繁瑶草,金殿风微闪桂旗。仙磬响调鹦鹉语,古松阴带薜萝垂。逍遥忽动凭虚想,借拟高真只鹤骑。(康熙《云南通志》卷29第838页)

丁焯《游鹦鹉山谒太和宫》(七律):寥岳分形气象尊,千峰如尽拥天门。玉虚金殿香风满。仙葆神旗彩雾屯。带雨松杉凌汉碧,呼晴鹦鹉向人喧。到来欲问丹丘诀,羽客寘心未肯言。(康熙《云南通志》卷29第840页)

却鹦鹉 兴平元年,益州蛮彝献鹦鹉三。诏曰:往者益州献鹦鹉三枚,夜食三升麻子。今谷价腾贵,此鸟无益有损,可付安西将军杨定国,令归本土。(康熙《云南通志》卷30第874页)

鹦鹉山 州治西一里,相传鹦鹉为巢,故名。(楚雄旧志全书"南华卷"康熙《镇南州志》卷1第10页)

楚雄府镇南州,……石吠山,州东南二十里,产煤炭。……《一统志》:"州治西北有鹦鹉山,平地突出,甚高耸,鹦鹉产焉。"(《读史方舆纪要》卷116第5136页)

鹦鹖,儿能学母语,缘是得名。即师旷所谓乾皋也。白者为鹦鹉,绿色即鹦鹖矣,梵音呼为臊陀。(《鸡足山志》卷9第344页)

鹦哥,子能效母语,故艳其子而爱之,遂以哥名。绿毛,长尾,始则黄淡红喙,渐大则黑喙,久之则硃砂红喙。前后四距,圆舌,如人眼之两睑齐动,故慧鸟也。能效人语。鸡山多松子,而鹦哥喜食,故数千为群,栖松颠,啄食自如。岂非僧慈,遂令鸟之驯至若此耶!诗"开笼若放雪衣女,长念观音般若经",盖谓明皇播蜀时之白鹦鹉耳。倘僧当悠暇之际,每一庵寺畜一二鹦哥,教以念佛,期三年娴熟焉,合之则可盈数百,然后纵之,使其归群,互相学习,仍按时施松粒饲之,令其相习于人。又三年,则群飞均能念佛,使游人听之,置身佛国中,胜烟火僧口中劝人念佛者万万。此种功德,冀鸡山合发慈心,斯亦鸡足山第一妙事。(《鸡足山志》卷9第344页)

鹦鹉鸟,三月探雏可驯养,然畏寒。(雍正《师宗州志》卷上第39页)

黄白鹦鹉 定远王沐晟《素轩集》载:永乐庆(庚)子春,丽江土知府木初获黄色鹦鹉一,遣其子上来送。余见此鸟翼中央之色,得山川之秀,性情驯良,辩慧能言,善解人意,粗趾丹嘴,柘衣素衿,虽无文彩,而妙质可爱,诚南中异禽也。余不敢私,贡于朝,因绘斯图以记之。又土知府土增,尝得白鹦鹉养之甚驯,题有"性钟灵巧人为语,体厌铅华雪作裳"之句,见《云篕集》中。(乾隆《丽江府志略》卷下《艺文·杂异》第122页)

鹦鹉，滇南山中甚多，红嘴绿羽，颈毛色灰红相接，饲以松仁，则香芬袭人。先引其舌数捻之，与之言，或教以诗歌，能念诵。姚旅《露书》云：滇中多红色者，余未之见也。(《滇南闻见录》卷下第 44 页)

鹦鹉，多于金沙江边，五色俱备。亦有白鹦鹉，如画大士相随者。养之，饲以番稻及松子，其与孔雀皆文禽也。一被怀毒之疑，一婴见鲊之难，则所置有幸不幸也。夫以鹦鹉早著于《礼经》，历代之传其聪慧轶事，足以感人者又至多，谅无有出其上者。《范志》谓秦吉了比鹦鹉尤慧，鹦鹉声似儿女，秦吉了声似丈夫。按秦吉了形状，殆即鸜鹆之产外番者。惟黄嘴黄距，异于中土耳。乌凤亦然，皆头有肉冠，谓非鸜鹆类哉？二禽固聪慧能言，比于鹦鹉，以言语而兼文章，则不及远甚。任情轩轾，未为得其平也。(《滇海虞衡志》第 124 页)

鹦鹉，李时珍《本草纲目》：鹦鹉出陇蜀，而滇南、交广近海诸地尤多。檀萃《滇海虞衡志》：鹦鹉，多于金沙江边，五色俱备，亦有白鹦鹉，如画大士相随者，养之，饲以番稻及松子，其与孔雀皆文禽也。(道光《云南通志稿》卷 68《通省》第 21 页)

鹦鹉，《古今图书集成》：云州无此，至冬月，漫乃江一带往往数百为群飞来，彝民用胶黏取，以供匕箸，非冬月则无有来者。(道光《云南通志稿》卷 69《顺宁府》第 35 页)

鹦鹉，《徐霞客游记》：广西府鹦鹉最多，皆三乡县所出，然止翠毛丹喙，无五色之异。《师宗州志》：三月探雏可驯养，然畏寒。(道光《云南通志稿》卷 70《广西直隶州》第 46 页)

鹦鹉，檀萃《农部琐录》：鹦鹉，出普渡河金沙江边茂树深林，巢于穿穴，每抱三四鷇，土人缘木探得而养之。佟世祐《咏绿鹦鹉》：误从吉了入番方，语骂身遭死异乡。安问上皇怀主切，赋呈黄祖助才长。红开两瓣珊瑚口，绿著千层翡翠裳。曾感贵妃珍重尔，琵琶每调忆昭阳。(道光《云南通志稿》卷 70《武定直隶州》第 52 页)

鹦鹉，《古今图书集成》：云州无此，至冬月，漫乃江一带往往数百为群飞来，彝民用胶黏取，以供匕箸，非冬月则无有来者。(光绪《续修顺宁府志》卷 13 第 22 页)

《蜀都赋》刘渊林注六条：貙氓，谓貙人也。言鸟，鹦鹉之属，皆出南中。（《滇绎》卷 1 第 670 页）

《班洪风土记·鹦鹉》：境内多鹦鹉，千百成群。余自班洪寨行七八里山谷中，见数百鹦鹉，啁啁飞过，绿羽蔽空，亦大观也。山中包谷田，四围杂树，枝头牵绳交错，系以笋叶，闻土人曰：地多鹦鹉，秋熟群栖于田间，包谷尽啄，故悬物以惊之。（《滇西边区考察记》第 1 篇第 41 页）

## 鱼鹰

《周南·关雎》："关关雎鸠，在河之洲。"传兴也，关关和声也。雎鸠，王雎也，鸟挚而有别。……雎鸠，王雎也。《释鸟》文。璞曰：雕类也，今江东呼之为鹗，好在江边沚中，亦食鱼。陆玑疏云：雎鸠，大小如鸱，深目，目上骨露，幽州人谓之鹫，而杨雄、许慎皆曰白鷢，似鹰，尾上白。（《毛诗注疏》卷 1）

鹗《纲目》。《释名》鱼鹰《禽经》、雕鸡《诗疏》、雎雄《周诗》、王雎音疽。《集解》时珍曰：鹗，雕类也。似鹰而土黄色，深目好峙，雄雌相得，鸷而有别，交则双翔，别则异处，翱翔水上，捕鱼食，江表人呼为食鱼鹰，亦啖蛇。《诗》云："关关雎鸠，在河之洲。"即此。其肉腥恶，不可食。陆机以为鹫，杨雄以为白鷢，黄氏以为杜鹃，皆误矣。《禽经》云：鸠生三子，一为鹗鸠，尸鸠也。杜预以王雎為尸鸠，或以此也。（《本草纲目》卷 49）

鱼膺（鹰），鹗也，雎鸠也。五鸠鸠民，此其一也。鸷鸟累百，不如一鹗，而被以鱼膺（鹰）之名，失其义矣。（《滇海虞衡志》第 139 页）

鱼鹰，檀萃《滇海虞衡志》：鱼鹰，鹗也，鵙鸠也。五鸠鸠民，此其一也。鸷鸟累百，不如一鹗，而被以鱼鹰之名，失其义矣。（道光《云南通志稿》卷 68《通省》第 24 页）

## 鹧鸪

鹧鸪，即越雉，随阳感气而鸣，飞必南翥。（《鸡足山志》卷 9 第 342 页）

鹧鸪鸟，声称行不得也哥哥，南飞之鸟也。（雍正《师宗州

志》卷上第 38 页）

管棆《尝鹧鸪羹》：冬瓜聊可作南烹，老圃全无菜甲生。自笑平生忙为口，山厨又熟鹧鸪羹。（雍正《师宗州志》卷上第 41 页）

鹧鸪，亦鸡类，农部至以名其河，则以出之多也。（《滇海虞衡志》第 132 页）

鹧鸪，《师宗州志》：声称行不得也哥哥，南飞之鸟也。（道光《云南通志稿》卷 70《广西直隶州》第 47 页）

# 雉

平帝元始元年，益州塞外蛮夷献白雉。《列传》、《通鉴》。（《云南古佚书钞·郡大记》第 118 页）

雉附，《易》离为雉，象文明也。《礼》曰：疏趾，可以祀宗庙矣。《服饰》曰：华虫，被五彩也。《左传》：五雉为工，正分方也。《夏小正》有玄雉，《禽经》有朱黄，谓之鷩雉、白翰雉、玄海雉。首采山鸡，颈采有囊曰避株，背采曰翡翠，腹采曰锦鸡，均备焉则鷮鸐矣。故鵗鸃春翚夏翟，介鸟原禽，皆雉也。（《鸡足山志》卷 9 第 341 页）

白雉，产于滇南，故《左赋》以配孔翠，异乎“绝景”、“曜仪”之光，亦太平献瑞之祥禽也。故越裳氏贡之，以表中国之有圣人。则志滇禽而配乎孔雀、鹦鹉者，舍白雉而谁属？今滇多箐鸡，尾长二三尺，毛白而尾间杂细黑点，或以为白雉，然白雉必全身俱白，无微玷，方得称之。越裳之贡白雉，犹《王会篇》蜀人之贡文翰，远人来宾，不以其物而取其诚，故礼受之而不辞。且越裳远隔重洋，所产白雉，羽毛鲜洁，必有异于中土，未可执内地所有而议其贡之轻。《蜀都》既郑重而言白雉，《吴都》至以白雉与黑鸩同，供獠者零落之资，何其亵用耶？赋家之论，未可执一概以相量也。夫时之献白雉、连理木者，以为祥瑞耳。高欢薪连理木以烹白雉而食之，何卤莽乃尔耶？此与烧琴煮鹤，同一可笑者

也。(《滇海虞衡志》第 126 页)

武定之民善射雉,以媒诱野雉而射之,如《潘赋》所云也,谓之游子。当雉少时,大厨索之急,不得已以媒进。嗟良游之呃喔,供汤片于暖锅,岂不可惜?(《滇海虞衡志》第 144 页)

雉,白质五采者,滇人谓之箐鸡;青质五采者,谓之翟鸡。馥案:白质,即翚也,袆衣画之。青质,即摇也,揄狄画之。驯者畜于庭,喜食花。(《滇游续笔》第 470 页)

雉,桂馥《札樸》:雉,白质五采者,滇人谓之箐鸡;青质五采者,谓之翟鸡。馥案:白质,即翚也,袆衣画之。青质,即摇也,揄狄画之。驯者畜于庭,喜食花。(道光《云南通志稿》卷 68《通省》第 22 页)

白雉,檀萃《滇海虞衡志》:白雉产滇南,故《左赋》以配孔翠,越裳氏贡之,以表中国之有圣人。则志滇禽而配乎孔雀、鹦鹉者,舍白雉而谁属?今滇多箐鸡,尾长二三尺,毛白而尾间杂细黑点,或以为白雉,然白雉必全身俱白,无微玷,方得称之。越裳氏之贡白雉,犹《王会篇》蜀人之贡文翰,必有异于中土,未可执内地所有而议其贡之轻。(道光《云南通志稿》卷 68《通省》第 23 页)

白雉、黑雉,《韩诗外传》:成王之时,越裳氏重九译而至,献白雉。崔豹《古今注》:越裳氏重译来贡,白雉一、黑雉二。(道光《云南通志稿》卷 70《普洱府》第 7 页)

白雉,刘逵《蜀都赋注》:白雉出永昌。(道光《云南通志稿》卷 70《永昌府》第 28 页)

雉,桂馥《札樸》:雉,白质五采者,滇人谓之箐鸡,青质五采者谓之翟鸡。馥案:白质即翚也,袆衣画之。青质即摇也,揄狄画之。驯者畜于庭,喜食花。檀萃《滇海虞衡志》:箐鸡生长于箐,云南多箐,故箐鸡为多,即白雉、白鹇之类也。(光绪《续修顺宁府志》卷 13 第 22 页)

《蜀都赋》刘渊林注:白雉,出永昌。(《滇绎》卷 1 第 670 页)

第九课《雉》:雉类鸡无冠,腮后有毛若两耳者为雄雉,雌则

无之。栖息山野,故又名曰野鸡。(楚雄旧志全书"元谋卷"光绪《元谋县乡土志》修订本卷下第397页)

第三十四课《雉、水鸡》:雄雉一名野鸡生山箐,翼毛花锦,尾长,嘴、脚同家鸡,飞鸣高枝。雌则反是,毛杂尾短,产卵,肉味香嫩。水鸡蛙类生水石中,似蟆蛙,身腿长形,去皮,肉味鲜甜。(楚雄旧志全书"楚雄卷下"民国《楚雄县乡土志》卷下第1360页)

箐鸡,采访:县之深谷幽箐,常有箐鸡一种。其羽毛五色绚烂,赤冠长尾,美丽可爱,俗呼为箐鸡。土人不时网捕,取其革入市售之,颇得善价。商贾收买输送省会,以转售于西商。其产额则不多云。(楚雄旧志全书"大姚卷下"民国《盐丰县志》卷4第1148页)

## 竹鸡

泥滑滑,旧《云南通志》:即竹鸡,能辟壁蝨。(道光《云南通志稿》卷70《元江直隶州》第56页)

## 啄木鸟

鴷,《禽经》鴷志在木,鹈志在水。《异物志》云:雷公采药吏所化也。(《鸡足山志》卷9第343页)

啄木官,《尔雅》曰:啄木鸟,即鴷也。有大有小,有褐有斑。褐者为雌,斑者为雄。眼能隔木见蠹,喙长亦仅寸,以能步罡,遂令啄入尺木中啄蠹,惟数啄而蠹即出矣。然闽、广、蜀之毛色,与滇大不相似。滇之鴷有凤头,两头尖,距与嘴俱长,其长色类蓽麻子之纹,尾短,其飞矫劲。《淮南子》啄木愈龋是也。其肉追劳治痫如神。僧得正定慧矣,其宁有劳与痫哉?曰:慎戒杀。(《鸡足山志》卷9第343页)

第二十五课《啄木鸟》：啄木鸟足具四趾，二趾前，二趾后，善攀树木寻昆虫而食之，属攀禽类。其啄劲利如锥，啄孔惊虫，候虫由孔出，以舌钩而食之，为有益于林业之鸟。（楚雄旧志全书“元谋卷”光绪《元谋县乡土志》修订本卷下第400页）

## 子规

《子规》（七绝）：垅首黄茅剪复齐，子规唤子日初低。天津桥上收声后，不到江南莫乱啼。（《担当诗文全集·橛庵草》卷7第321页）

子规，始于秋则谓之杜宇，冬则为鶗鴂，应春候而鸣为子规，昼夜啼至口血出乃止。至春耕则化为布谷，将夏则为催归。《说文》以为均之怨鸟，周燕之所化。时珍统谓之阳雀。《汉书》服虔注为伯劳，则讹矣。（《鸡足山志》卷9第344页）

己卯四月十二日……两岸高木蟠空，根纠垂崖外，其上竹树茸密，覆阴排幕，从其上行，不复知在万山之顶，但如唐人所咏：“两边山木合，终日子规啼”，情与境合也。（《徐霞客游记·滇游日记九》第1055页）

郡人袁楷《闻子规》（七绝）：归去田园世外心，空山也竟少知音。声声独有子规鸟，不住丁宁意自深。（乾隆《续修蒙化直隶厅志》卷6第21页）

# 二十、兽之属

## 综述

司马相如《上林赋》:……其南则隆冬生长,踊水躍波;兽则㺎旄貘犛,沈牛麈麋,赤首圜题,穷奇象犀……。(《史记》卷117第3024页)

猪、羊、猫、犬、骡、驴、豹、兔、鹅、鸭,诸山及人家悉有之,但食之与中土稍异。蛮不待烹熟,皆半生而吃之。(《云南志补注》卷7第111页)

兽属:豹、虎、兔、麈、獐、猴、熊、狼、狐狸、野豕俱野、牛二种、马、驴、豕、羊二种、猫、犬家畜。(嘉靖《寻甸府志》卷上第32页)

兽之属二十一:马《玉海》言:宋建炎买马,以绵綵博于大理。绍兴四年,李域遣人入大理国买马。乃今不如昔之蕃,其故不可知已、鹿、兔、獐、麂、麋、猿、穿山甲、香猫、竹鼬、松鼠、獭、豪猪、熊、豹、羚羊、山驴、山羊、野猪、飞鼠、青猿。(嘉靖《大理府志》卷2第75页)

兽之属十二:马、猫、獐、麂、鹿、兔、松鼠、猴、水獭、香狸、野猫、短狗。(万历《云南通志》卷2《云南府》第14页)

兽之属十七:马、兔、獐、麂、猿、熊、豹、竹鼺、松鼠、獭、豪猪、羚羊、山驴、山羊、野猪、飞鼠、穿山甲。(万历《云南通志》卷2《大理府》第33页)

兽之属二十一:牛、羊、马、驴、骡、犬、豕、猫、虎、猿、猴、豺、

鹿、獐、麂、狐、兔、獭、豪猪、熊、羚羊。(万历《云南通志》卷2《临安府》第54页)

兽之属一十六:鹿、麂、獐、兔、虎、豹、狐、猿、熊、獭、山驴、野猪、竹鼺、羚羊、香猫、山羊。(万历《云南通志》卷2《永昌府》第68页)

兽之属十二:虎、豹、鹿、熊、獭、獐、麂、狐、兔、竹鼠、野猪、穿山甲。(万历《云南通志》卷3《楚雄府》第8页)

兽之属十二:虎、豹、鹿、麂、獐、熊、猴、兔、狐狸、獭、猫、豪猪、山驴。(万历《云南通志》卷3《曲靖府》第15页)

兽之属十:虎、豹、鹿、獐、麂、熊、猿、狐、兔、山驴。(万历《云南通志》卷3《澄江府》第23页)

兽之属二十六:马、骡、驴、牛、羊、犬、豖、貍奴、熊、豹、虎、马鹿、麂、獐、野猪、豪猪、野羊、山驴、狐狸、香猫、竹鼠、竹鼺、山鼠、猴、兔、狼。(万历《云南通志》卷3《蒙化府》第28页)

兽之属二十一:虎、豹、豺、狼、獐、麂、狐、兔、獭、猴、野猪、豪猪、山鼠、竹鼠、山鴅(驴)、香猫、野猫、野羊、飞鼠、穿山甲、熊。(万历《云南通志》卷3《鹤庆府》第37页)

兽之属十一:獐、麂、鹿、兔、猿、熊、豹、豺狼、竹鼠、狐狸、獭。(万历《云南通志》卷3《姚安府》第46页)

兽之属二:白面猿、熊。(万历《云南通志》卷3《广西府》第52页)

兽之属十:獐、麂、虎、豹、猴、兔、熊、狼、狐狸、野豖。(万历《云南通志》卷4《寻甸府》第4页)

兽之属十二:獐、麂、鹿、熊、猿、狼、兔、獭、虎、豹、狐狸、野猪。(万历《云南通志》卷4《武定府》第9页)

兽之属十一:熊、豹、麞、麂、鹿、兔、猿猴、貂鼠、猎犬、野猪、狐狸。(万历《云南通志》卷4《景东府》第12页)

兽之属十三[①]:虎、豹、豺、狼、熊、麞、麂、兔、猿猴、狐狸、牦牛、毫猪、竹鼠、山驴。(万历《云南通志》卷4《丽江府》第19

① 十三　　按文意为十四。

页）

兽之属二：白面猿、熊鼠。（万历《云南通志》卷4《广南府》第21页）

兽之属十八：鹿、虎、豹、麂、猿、熊、豺、狼、竹鼬、松鼠、棕鼠、豪猪、野猪、山驴、山羊、玉面狸、穿山甲、矮脚狗。（万历《云南通志》卷4《顺宁州》第24页）

兽之属七：獐、麂、野牛、豹、马、黄牛、牦牛。（万历《云南通志》卷4《永宁府》第28页）

兽之属十三：虎、豹、熊、麞、麂、鹿、兔、猿、毛牛、石羊、羚羊、山驴、豪猪。（万历《云南通志》卷4《北胜州》第33页）

兽之属七：熊、豹、獐、麂、兔、猿、鹿。（万历《云南通志》卷4《新化州》第35页）

兽之属二：熊、豹。（万历《云南通志》卷4《者乐甸长官司》第37页）

腾冲有地名缅箐，常有二兽出见。大如橐驼，毛色碧绿，狮首、象蹄、牛尾，有齿无牙，顶戴肉角，见人则伏地而鸣。土人误杀其一，暴露数日，都不臭腐。父老云，此兽见则有兵。（《滇略》卷3第233页）

兽有马、牛、羊、豕、驴、骡、豹、獐、鹿、麂、麋、猫、獭、豺、狗、猿、兔、松鼠、田鼠、香狸、狐狸、细犬。（天启《滇志》卷3《云南府》第113页）

兽曰豪猪、羚羊、两头鹿、熊、獭、山羊、野猪。（天启《滇志》卷3《大理府》第114页）

兽有豪猪、熊、羚羊。（天启《滇志》卷3《临安府》第115页）

兽之属，如野猪。（天启《滇志》卷3《楚雄府》第116页）

兕、飞虎、羚羊、猬、野猪、野牛，兽也。兽中，丘雄、部封之马，巨者状拟稚象，野处千群，有司取以贡上方，必以长绳绊其足，徐加挚维，年余乃可驯，剔去马尾骨二节，名为雕尾，以此为最贵也。（天启《滇志》卷3《曲靖府》第116页）

兽之狸奴、竹鼬。（天启《滇志》卷3《蒙化府》第117页）

兽曰獭，曰豪猪，曰山鼠，曰山驴，曰野羊，曰飞鼠。（天启《滇志》卷3《鹤庆府》第117页）

走兽二。（天启《滇志》卷3《广西府》第118页）

兽有岩羊。（天启《滇志》卷3《武定府》第118页）

兽内之貂鼠。（天启《滇志》卷3《景东府》第119页）

至于象，可以贡，可以战。青猿，可当品藻。（天启《滇志》卷3《元江府》第119页）

兽有猎犬，即旅獒之贡。（天启《滇志》卷3《丽江府》第119页）

毛部：马、牛、羊、犬、豕、驴、骡、猫、熊、虎、豹、鹿、獐、野猪、兔、猴、松鼠。（康熙《石屏州志》卷4第80页）

毛属：马、牛、羊、驴、骡、犬、豕、猫、鹿、獐、麂、猿、猴、麂、兔、狐狸、豹、豺。（康熙《云南通志》卷12《通省》第226页）

兽之属：豹、兔、鹿、麞、狐、牛、骡、羊、猪、马。（康熙《晋宁州志》卷1第14页）

毛之属：马、牛、羊、豕、犬、驴、猫、豹、兔、猴、松鼠、竹鼠、狐、岩羊、獐、麂、鹿、熊、猿、豪猪、野猪。（康熙《嵋峨县志》卷2）

兽：马、羸、驴、牛、羊、熊、豹、马鹿、鹿、獐、野猪、豪猪蝟也、野牛、香猫、竹鼬、狐狸、猴、兔。（康熙《蒙化府志》卷1第42页）

毛部：马、牛、羊、犬、豕、驴、骡、猫、豹、兔。（康熙《通海县志》卷4第19页）

毛之属：马、牛、羊、豕、犬、驴、骡、虎、豹、豺、狼、獐、麂、兔、鹿、猴、猫、猿、狐、野猪、熊、豪猪、羚羊、山驴、松鼠、飞鼠、竹鼠。（康熙《新平县志》卷2第321页）

毛之属：马、牛、羊、驴、羸、犬、豕、猫、鹿、獐、麂、猿、猴、兔、狐狸、豹、豺、麂。（康熙《新兴州志》卷5第35页）

毛部：牛、羊、驴、虎、豹、獐、麂、兔、毫猪、猴然。（康熙《罗平州志》卷2第8页）

毛属：马、牛、羊、驴、犬、豕、猫、鹿、獐、麂、猿、猴、兔、虎、豹、麂。（康熙《元江府志》卷1第665页）

畜之属：马、牛、羊、驴、豕、犬、猫、豹、獐、豺、兔、狐狸。（康

熙《澄江府志》卷10第7页）

毛之属十一种。（康熙《平彝县志》卷3第96页）

兽：猪、羊、牛、马、驴、骡、虎、豹、獐、麂、兔、鹿、豺、狼、猿、猴、熊、豪猪、野猪、香猫、水牛。（康熙《顺宁府志》卷1第31页）

毛属：牛、犬、猪、猫、马、羊、驴、骡、鹿、麂、麋、獐、兔、山骡、野猪、虎、豹、豺、狼、狐狸、熊、竹鼲出腾越，杜诗所谓笋根稚子也。（康熙《永昌府志》卷10第4页）

兽：牛、羊、马、驴、骡、犬、猪、鼠、狐、猿、猴、豺、麂、猫、獐、兔、獭、豹、鹿、熊、豪猪。（雍正《建水州志》卷2第9页）

毛之属：马、牛、驴、羊、犬、豕、豹、獐、麂、兔、熊、猴、猫。（乾隆《弥勒州志》卷23第118页）

兽：牛、马、驴、骡、豕、羊、犬、豹、虎、鹿、狼、麂、兔、狐、猴、獭、猫、鼠、香猫、松鼠。（乾隆《陆凉州志》卷2第29页）

毛属：马、牛、羊、驴、羸、犬、豕、猫、旱犀即野牛、獐出麝、鹿、兔、麋、猿、猴、虎、彪、豹、麂、豺、毫猪、苦猪、阿泥花猪、熊有马、狗、猪三种、狐狸、飞虎、竹鼠、岩羊、獭水旱二种、野象似牛，角直生，只蹄，指三岔，其大如象、松鼠。（乾隆《开化府志》卷4第34页）

毛属：马、牛、羊、驴、骡、豹、鹿、獐、兔、狐、猿、竹鼲、香猫、松鼠、獭。（乾隆《赵州志》卷3第59页）

其毛属：则马、牛、羊、猪、犬、驴、骡、鹿、麂、獐、猫、野猪、虎、豹、豺、狼、猴、熊、狐狸、飞鼠、松鼠、野猫、水獭。（乾隆《腾越州志》卷3第28页）

毛部：马、牛、羊、驴、骡、鹿、兔、熊、豹、獐、麂、猴、野猪、狐狸、松鼠、豕。（乾隆《石屏州志》卷3第36页）

兽类：马、牛、羊、豕、骡、驴、鹿、熊、羆、猿、猴、虎、豹、野马、野牛、獐、山驴、麂、麝、岩羊、豪猪、兔、狐、飞鼪、竹鼠、田鼠、狼、豺。（乾隆《东川府志》卷18第4页）

兽之属：有马、驴、骡、牛水、黄二种，附乳饼、酥油、羊有家、山二种、豹、熊、岩羊、毫猪、狐狸、麂、麞、兔、松鼠、猴。（乾隆《黎县旧志》第13页）

毛属：马、牛、羊、驴、骡、鹿、兔、狐狸、獐、飞鼠、麂、岩羊、虎、豹、熊、野猪。（乾隆《丽江府志略》卷下第41页）

兽类：马、牛、羊、犬、豕、獐、麂、兔、鹿、麋、猿、猴、虎、豹、熊、豺、獭、竹虎、竹鼠、田鼠、豪猪、岩羊、驴、骡、山驢、狐狸、野（猪）。（昭通旧志汇编本乾隆《恩安县志稿》卷3第37页）

滇为《禹贡》梁州，梁州之贡，熊、罴、狐、狸、织皮。此亦任土作贡之宜志者。（《滇海虞衡志》第169页）

马、牛、羊、犬、豕、羸、驴、麞、麂、鹿、麋、猿、猴、兔、猫、虎、豹、熊、獭、狐、狸、鼠、蝟、竹鼲。以上毛二十四（道光《昆明县志》卷2第7页）

毛类：牛、羊、豕、豹、麂、獐、兔、猴、松鼠。（道光《昆阳州志》卷5第14页）

兽属：马、牛、羊、驴、豕、犬、猫、熊、獐、鹿、兔、野猪、狐、豹、猴、狼、骡。（道光《广南府志》卷3第4页）

毛之属：鹿出江外、麂出江外、狐出江外、野猪、竹鼠彝人捕之为食。（道光《新平县志》卷6第23页）

毛之类：马、牛、羊、犬、豕、驴、骡、猪、兔、豹、熊、猴、狐、獐、麂、岩羊、野猪、豺狗、松鼠、竹鼠、黄鼠狼旧县志、异马出黎岩山。章潢《图书编》。（道光《续修易门县志》卷7第169页）

畜之属：马、牛、驴、羊、豕、犬、猫、豹、獐、豺、狐狸、兔。（道光《澄江府志》卷10第7页）

毛之属[①]：马、牛、牛黄、麝、虎、飞虎、果下马、驴、羊、岩羊、麢羊、蛮犬、拳尾犬、猎犬、獟狮犬、野猪、山猪、兔、竹鼲、猿、猴、狨、貘、熊、猫、狸、风狸、狐、獭、象、犀、飞鼠、鼠谨案：旧《志》尚有犬、豕、獐、麋、麂、豺、狼、蝟，并为滇产。（道光《云南通志稿》卷68《通省》第30页）

的的肉、岩羊、银鼠、有尾蟹、十花鱼，《宁洱县采访》：并宁洱县出。（道光《云南通志稿》卷70《普洱府》第7页）

毛属：马、牛、羊、驴、骡、兔、豹、狐、猫、猪、犬。（道光《晋宁

① 属下各兽，原本皆有注释，详见各毛属名下。

州志》卷3第26页）

毛属：马、牛、羊、犬、猫、鼠、驴、豹、麞、鹿、麂、兔、猨、猴、豺、狐、狸、獾、鼠。（咸丰《南宁县志》卷4第13页）

毛属：虎、豹、狼、鹿、麂、獐、兔、狐、熊、猿、野猪、獭、竹鼺出腾越。畜属：牛、马、骡、驴、猪、羊、犬、猫。（光绪《永昌府志》卷22第5页）

兽之属[①]：矮犬、豪猪、马、牛、虎、驴、羊、岩羊、野猪、兔、竹鼺、猿猴、熊、猫、狸、獭、鼠谨案：顺宁尚有犬、豕、骡、野牛、狐、狸、獐、麂、麋、鹿、豺、狼、豹。（光绪《续修顺宁府志》卷13第23页）

毛属：牛有水牛、黄牛二种、羊有山羊、绵羊二种、马有青马、紫马、白马、花马数种、狗有黄狗、黑狗、白狗、花狗数种、豕、山猪檀萃《滇海虞衡志》：豪猪也，其豪如箭，能振拔以射人。谨按：豪猪形略似猪，嘴尖脚似犬，遍身皆生硬豪如犬，尖锥约七八百茎，每茎黑白相间各数段，豪最坚，可解结剔发，背豪及鼻中豪最长约八九寸，遇人能发豪射人，或取其豪代箸，遇毒则作声，滇俗惯下毒，惟此物能距之、野猪檀萃《滇海虞衡志》：田豕也，一名嬾妇猪，如山猪而小，喜食禾田，夫以机轴织紝之器挂则不近，蜡祭迎虎，为其食田豕也、猫檀萃《滇海虞衡志》：狸之畜于家者名猫，善捕鼠且依人、鹿、麋、麂狗足似鹿，首有二角，两边有长牙，喜斗，目若聩，人至前乃惊奔。肉可作脯，皮可为服垫之用、獐、豺、狼、豹山中常有之，状似虎而小，圜文白质黑章，爪最坚利，尾长有力，竖其尾可登岩屋，吼声震山，如过处及皮肉皆有臭味、狐檀萃《滇海虞衡志》：今之天马、干箭、麻叶豹，一切奇样怪石，皆出于滇，由滇匠缀缉狐皮而并成之，一领之料，辄数十金且百金，常游滇郊，见狐皮一日千张，略可盼而缉成之即为席珍，滇产固多，亦由人工之至也、狸檀萃《滇海虞衡志》：猫生于野为野猫，盗窃人家，鸡鹜鸭鹅，多被吞食，以肥其身，比猫为大，而眼甚恶。《范志》有火狸，即红色野猫也。有豹色狸，即花色野猫也，缉其皮为裘，名九节狸，价亦重、骡、驴、獭檀萃《滇海虞衡志》：山獭、水獭俱可裘。《范志》谓山獭抱树枯，解药剑一枚一金。至于水獭，善捕鱼，畜之者且费百金，其有皮者，由生獭未驯习，故杀而取皮，鬻以为利耳、鼠有飞鼠、黄鼠、竹鼠、松鼠、银鼠、鼫鼠、鼷鼠数种、兔、竹鼺檀萃《滇海虞衡志》：穴竹林者为竹鼺，亦兔类也，肉肥美，亦可为袖以御冬也、貂、蝟。（民国《宜良县志》卷4第31页）

《畜牧》：境内牧业多为农家之副业，无大规模之专业。其饲养法：有共雇一工人，日则放诸山林，晚则归于栅内，无科学常识之兽医，其发生病症，多投以草药或针灸法疗治之，牧草为山草、谷草两种，故牧业不发达，而人民并无专门牲畜者，不过农家畜之以供耕作、运载、作粪之用。其买卖场所则杨林、狗街、杨家桥、龙潭街等处，然由本境出售者鲜，多系过境牲畜，遇街期入市

---

① 属下各兽，原本皆有注释，详见各毛属名下。

售卖。皮革仅牛羊两种，除本境匠人制造靴鞋之外，多为商人收卖运外销售。（民国《嵩明县志》卷 13 第 222 页）

毛属三十一类：马、牛、羊、驴、骡、犬、豕、猫、旱犀即野牛、獐出麝、鹿、麂、兔、麋、猿、猴、虎、彪、豹、豺、毫猪即刺猪、苦猪、阿泥花猪、熊有马、狗、猪此三种、狐狸、飞、竹鼠、岩羊、獭水旱二种、松鼠、野象似牛角直，生隻蹄，指三岔，其大如象。（民国《马关县志》卷 10 第 10 页）

畜牧：家畜一项，如马牛羊豚等类，均系自由放牧。其牛之一种，虽有结群而牧者，然不过百数十头，且只择其丰草之处，并无固定及大规模之牧场。（民国《富州县志》第十二第 80 页）

兽：豹、□、鹿、猿、豺、狼、麂、獭、竹鼠、牛、马、骡、猪、羊、犬、猫、兔、狐、狸、豪猪、松鼠。（民国《富州县志》第十四第 86 页）

兽之属二十五：虎、豹、猿、獐、麂、兔、鹿、狼、羚、岩羊、香猫、飞鼠、牛、马、羊、驴、骡、穿山甲、豪猪、猢狸、黄鼠狼、獭、狗、猪、猫。（民国《邱北县志》册 3 第 16 页）

兽类：牛、马、驴、犬、羊、豕、猫、虎间或有之、豹多产于竹山一带、野豕产于大兑冲一带、豺、狼、狐每岁猎获百余头、兔、麞、麂、小黄狼、岩羊、竹鼺、獭、刺蝟、松鼠、黄鼠狼、鼠、飞鼠身体酷类鼠，因生双翅，可任意飞翔，故俗谓飞鼠。（民国《路南县志》卷 1 第 48 页）

毛之属：牛、骡、豹、鼠、野猫、野猪、马、犬、豺、松鼠、蝙蝠、猪、猫、麞、竹鼠、豪猪、羊、狼、獭、栗鼠、黄鼠狼、驴、麂、兔、飞骡、狐。（民国《嵩明县志》卷 16 第 241 页）

《畜牧》：中甸为一大牧场，是以内四区藏人专以畜牧为主，而以农业为副，惟江边区地面狭窄，故又以农为主，而以牧为副，全县牲畜数量最多者为犛牛、偏牛、黄牛，次为山羊、绵羊、猪、马、骡，再次为水牛，惟驴最少。犛牛、偏牛、黄牛最宜内四区高寒地带，为藏人衣食命根，大别之虽仅三种，然因其互相交配，即成五类：盖以黄牛牯子配犛母牛，生子曰[西/伯]（译音），即偏犛牛，齿大体高，牡者供耕犁驼运，牝者乳汁最多；以犛牛牯子配黄母牛，生子曰亚（译音），亦为偏犛牛，惟较前者齿小身矮，牡者仍供耕犁，牝者多乳；以犛牛配犛牛，仍生犛牛，惟牡者曰哑（译音），专供屠宰及传种，牝者曰皆（译音），因其乳少，专令产子繁殖；又以黄牛牯子配，皆即生真正偏牛，牡者曰竹（译音），雄壮力大，专供耕犁，牝者曰竹茂（译音），身躯硕大，乳多质美。羊、猪、马、骡，各区皆宜，繁殖亦盛。惟水牛独宜江边，专供耕犁，若牵至内四区高寒之地，则肤裂气促，不能生活。至于骡马虽遍地皆是，然其佳者多自建昌、西宁、永宁、丽江各处贩来，本县所产之马，多系款段驽骀，复因素无驴种，是以绝不产骡。兹将全县牲畜数量及产物，分别估计列表如下：犛牛 5000 头、偏牛 4000 头、黄牛 1000 头、山羊 10000 只、绵羊 10000 只、猪 20000 只、马 8000 匹、骡 1000 匹、水牛 600 头、毛驴 100 匹、酥油 100000 斤、乳饼 30000 斤、牛肉 100000 斤、琵琶肉 100000 斤、羊皮 5000 张、羊毛 8000 斤、羊蛋 500 对、牛皮 200 张、腌猪肉 50000 斤、猪鬃 1000 斤。按：酥油即乳酥，亦即黄油，全县每年约产十万斤，除每年销出境外约一万斤，又各喇嘛寺及民间点灯消耗五千斤外，平均每一藏人每年可得酥油八斤、乳饼三斤、牛肉十斤、琵琶肉八斤、羊肉四斤，每一汉人或回回、摩些、力些、猓玀、苗子各族任何一人，平均每年可得酥油八斤、牛肉二斤、醃肉二斤、羊肉一斤、猪肉五斤。其每年销出境外之酥油、羊皮、羊毛、羊蛋、牛皮、猪鬃，各项所得利益，平均全县各族民众，每人可得一元。（民国《中甸县志稿》卷下《职业》第 54 页）

《猎业》：县民善狩猎者，仅有藏、力、猓、苗四族，而力些、猓猡、苗子三族尤以猎为专业。其猎具：藏人多用快枪、网罟；力些用地弩、陷阱、发桿、弩弓、火枪，而尤以鹰犬为无价之宝；猓猡专用火枪；苗族用地弩、摸弓、网罟、火枪、快枪，火枪、地弩、陷阱、弩弓、发桿、摸弓，能猎取熊、豹、野猪、麂、鹿、豺、狼、山驴、岩羊、獐、狐，网罟能猎豺、狼、獐、狐、麂、兔。地弩有两种，有线者专猎水獭，无线者专猎豺狼熊豹。约计每年可得鹿茸二架、麝香一百圆、熊胆十个、豹皮二张、麂皮一百张、狐皮六十张、山驴皮十张、岩羊皮二十张，狼皮十五张、獭皮五张。所得变价，平均全县男女，每人可得四角。（民国《中甸县志稿》卷下《职业》第 57 页）

（家畜）麓牛、犏牛、黄牛、水牛、马、驴、骡、山羊、绵羊、大尾巴羊、狗、猪、猫。（野兽）虎、豹、鹿、熊、豺、狼、麞、麂、刺蝟、狐狸、野猪、野猫、山骡、岩羊、飞鼠、鼠、田鼠、水鼠、狩狸、蝙蝠、青猿、黄猴、水獭、乾獭、狗獾、猪獾、松鼠、黄鼠狼、兔、拜銮驾、野牛、羚羊、吞风猴、九节狸、人熊。（《宁蒗见闻录》第 2 篇第 63 页）

畜之品：牛、马、驴、骡、羊、犬、鹅、鸭、猪、猫、鸡。兽之品：虎、豹、鹿、熊、獭、獐、麂、兔、竹鼠、野猪、穿山甲。（楚雄旧志全书“楚雄卷上”隆庆《楚雄府志》卷 2 第 36 页）

畜类：牛、驴、羊、犬、猪、鸡、鹅、鸭、猫。兽类：豹、熊、獭、獐、兔、野猪、竹鼠。（楚雄旧志全书“楚雄卷上”康熙《楚雄府志》卷 1 第 194、195 页）

禽兽，六畜皆有。兔鹿之属，足供祭品；珍禽奇兽，固未有之。若猛鸷之物，又不愿其或有之。（楚雄旧志全书“楚雄卷上”嘉庆《楚雄县志》卷 1 第 640 页）

毛类：牛有二种、马、羊有二种、驴、骡、犬、豕、猫、鼠有田鼠、兔、白脸、鹿、麞、野猫、獭、猴、竹鼠、松鼠、野猪、毫猪、狐狸、黄鼠狼、灰鼠、豺、狼、虎、豹。（楚雄旧志全书“楚雄卷下”宣统《楚雄县志述辑》卷 4 第 1051 页）

畜类：牛、骡、羊、犬、猪、猫、鸡、鹅、鸭。兽类：豹、熊、獐、鹿、兔、野猪、竹鼠。（楚雄旧志全书“双柏卷”康熙《南安州志》卷 1 第 14 页）

畜类：牛、骡、羊、犬、猪、猫、鸡、鹅、鸭。兽类：虎、豹、熊、鹿、獐、麂、兔、狐狸、山羊、竹鼠、飞虎、猴。（楚雄旧志全书“双柏卷”乾隆《碍嘉志书草本》第 107 页）

毛之属：牛、马、驴、骡、羊、豕、犬、猫、虎少、豹、鹿、麂、獐、兔、獭、狐狸、貉、猴、猿、鼠、飞鼠、獾。（楚雄旧志全书“双柏卷”乾隆《碍嘉志》第 232 页）

毛属：马、牛、羊、犬、豕、猫、驴、骡、兔、獐、野猪、豪猪、狐狸、獭、猴、熊、豹、鹿、鼠、松鼠。（楚雄旧志全书“牟定卷”道光《定

远县志》第247页)

畜类:牛、马、驴、骡、猪、羊、犬、鸡、鹅、鸭、猫。兽类:虎、豹、熊、麞、麂、兔、竹鼠、野猪、毫猪、豺狗、香猫、鹿、穿山甲。(楚雄旧志全书"南华卷"康熙《镇南州志》卷1第15页)

畜之属:牛、马、驴、骡、猪、羊、犬、鸡、鹅、猫、鸭。兽之属:虎、豹、熊、麞、麂、兔、鹿、野猪、竹鼠、毫猪、香猫、猿猴。(楚雄旧志全书"南华卷"咸丰《镇南州志》第131页)

毛属:牛、马、骡、驴、豕、羊、犬、猫、虎州南永宁乡深山中间有之、豹、熊、麞、麂、兔、野猪、毫猪、香猫、猿。(楚雄旧志全书"南华卷"光绪《镇南州志略》卷4第358页)

毛属:牛、马、驴、骡、羊、豕、野猪、豪猪、猫、香猫、虎一宁乡深山中间有之、豹、熊、鹿、麂、兔、猿、狐、果子狸俗呼破脸,食金樱子,味最佳,且为补品。(楚雄旧志全书"南华卷"民国《镇南县志》卷7第636页)

毛之属:麞、麂、鹿、兔、猿、熊、豹、豺、狼、竹鼠、狐狸、麝。(楚雄旧志全书"姚安卷上"康熙《姚州志》卷2第37页)

兽之属:獐、麂、鹿、兔、猿、熊、豹、野猪、豺、狼、竹鼠、狐狸、麝、獾。(楚雄旧志全书"姚安卷上"道光《姚州志》卷1第243页)

毛之属,旧《志》十一种:麞、麂、鹿雨按:鹿不产、兔、猿、熊、豹、豺狼、竹鼠、狐狸、麝。增补六种:野彘,出深山中,形似家豕而大,喙较长,牙出吻外。数十为群,哄然一至,禾黍为墟,土人苦之,侦其出入之径,置大罘罗之,有重至五六百斤者。豪猪,出深山中,能发豪射人。土人每抟泥块及萝卜掷之,中即附身不脱,迨其狼狈,取之较易。桂馥《札樸》云:人或取其毫代箸,遇毒即作声。滇俗惯下毒,惟此物能拒之。香猫,善捕鸡,山中甚多。杨慎《丹铅总录》云:予见香猫如貍,其文如金钱豹。此即《楚辞》所谓"乘赤豹兮载文貍。"王逸注为神貍者也。《南山经》所谓"亶爰之山有兽,状如貍而有髦,其名曰类,白为牝牡,食者不妒。"《列子》亦云:亶爰之兽,自孕而生,曰类。疑即此也。按《正字通》谓:文如豹而作麝香气者为香貍,即灵猫也。与升庵所引诸说亦略同。九节貍，白质黑章，尾有黑文九道。鼬鼠，赤黄色，大尾，喜啖蜂蜜。蜂窝在高墙之上，亦能取之，盖以肩为梯，大小相续。在上者闭目而取，取则递下。在下者接之即食。取尽食亦尽，而在上者犹然枵腹也。按《本草》云：一名黄鼠狼。今州人所呼亦同。破脸，形似狗，面半白半黑，肉肥多脂，烹食甚佳。好穴居。土人以牛粪然火薰之，闻有嚏声，掘之即获。按《正字通》云：南方有白面尾，似狐者为牛尾貍。疑即此物也。（楚雄旧志全书“姚安卷上”光绪《姚州志》卷3第566页）

毛属：往音山中产野猪、破脸，数十为群，山田禾麦。常被蹂躏，土人以矛剑刺击或伏弩掩取，今稀少矣。州西土人，恒以猎麝为业。近来麝价腾贵，本境獐麝绝迹，有裹粮至临安、广南及普洱各处猎取者。（楚雄旧志全书“姚安卷上”民国《姚安县地志》第904页）

动物：世界动物，现经学人所研悉者，将达四十万种，此合水陆而言之也。姚邑昔隶益州，又属山国。史称：王平南击，获畜产五万余头；而樊绰亦谓：猪、羊、犬、猫、骡、驴、豹、兔、鹅、鸭，诸山及人家悉有。兹分类纪之，或亦研讨博物者所宜究心云。兽属：《李通志》十三：獐按即麞、麅、鹿《甘志》注：鹿不产、兔、猿、熊、豹、豺、狼、竹鼠、狐狸、獭。《管志》，同上。《王志》，同上。注：麞，一名麝香鹿。《唐书·地理志》：姚州土贡麝香，牡者脐下有香腺，猎人获而生取之，即麝香，若死，香即消散。《甘志》：麞毛，人多用以实鞍鞯，取其轻松。甘仲贤《乡土科书》：州西土人恒以猎麝为业，近来麝价腾贵，麞麝绝迹，反舍而远求于临安、广南、普洱各属矣。麅，大如小犊，毛色黄，性怯懦，急则匿首洞穴草丛间，身首外露不顾也。土人猎取，腌为脯，味甚美。革，土人制裤袛之服，并可制军人外衣。鹿，《华阳国志》：云南郡即弄栋改设有熊苍山，上有神鹿，一身两头，食毒草。兔，《滇海虞衡志》：滇南兔亦多。白兔且为人家所养，但穿房地为厌耳。猿猴之大者，产一泡江沿岸。熊，后肢能暂立步行，猎者乘冬眠杀之，胆可治胃炎。豹，性凶猛，四山均产，每为人畜害。豺俗呼野狗，各志与狼误为一，实则豺较狼稍小,性贪残,居山中,饥则群出袭人。狼,尾下垂,口大喙长,脚有蹼,能涉水,性凶残,捕食牲畜,往往害及幼童,近年夜间群集叫嗥,入城伤人,尤以民国三十年为甚。竹鼠,《滇海虞衡志》:穴竹林者为竹鼠,亦兔类也,肉味美,皮可为袖,以御冬也。桂馥《说文》鼦,即竹鼠也。狐,各志与狸误为一,实则狐头尾皆长,以蹠行。《滇海虞衡志》:滇匠缀缉狐皮而成之,一领之料,辄数十金且百金。狸,口突出,尾粗长,四肢短。《滇海虞衡志》:猫,生于野为野猫,盗人家鸡鹜吞食以肥,身比猫为大,眼甚恶。獭,毛柔而黑,食鱼但吸其血,皮值甚昂。《甘志》六:野彘,出深山中,形似家豕而大,喙较长,牙出吻外,数十为群,哄然一至,禾黍为墟。土人苦之,侦其出入之径,罘大罦罗之,有重至五六百斤者。豪猪,出深山中,能发豪射人,土人每搏泥块及萝卜措之,中即附身不脱,迨其狼狈,取之较易。桂馥《札樸》云:人或取其豪代箸,遇毒即作声,滇俗惯下毒,惟此物能拒之。香猫,善捕鸡,山中甚多。杨慎《丹铅总录》云:予见香猫如狸,其文如金钱豹,此即《楚辞》所谓"乘赤豹兮载文狸"。王逸注为神狸者也。《南山经》所谓"亶爰之山有兽,状如狸而有毛,其名曰类,自为牝、牡",食者不妒。《列子》亦云"亶爰之兽,自孕而生曰类",疑即此也。按《正字通》谓:文如豹,而作麝香气者为香狸,即灵猫也,与升庵所引诸说亦略同。九节狸,白质黑章,尾有黑文九道。鼬鼠,赤黄色,大尾,喜啖蜂蜜,蜂窝在高墙之上亦能取之,盖以肩为梯,大小相续,在上者闭目而取,取即递下,在下者接之即食,取尽食亦尽,而在上者犹然枵腹也。按《本草》云:一名黄鼠狼,今州人所呼亦同。破脸,形似狗,面半白半黑,肉肥多脂,烹食甚佳。好穴居,土人以牛粪然(燃)火熏之,闻有嚏声,掘之即获。按《正字通》云:南方有白面尾似狐者,为牛尾狸,疑即此物也。谨按:鼬鼠,俗呼地鼠,又名秏彪,形较黄鼠狼微小,善捕鼠,但多袭杀家禽,毛可制笔,谓之狼豪。黄鼠狼则名黄鼬,应分别之。增补十九:马、骡、驴、牛、羊、豕均为家畜,于人生日用,关系甚大。邑中良骥较少,但牝马产骡,大于马,健于驴,适于运输,现值数十百万,畜者多因之致富。驴,近因骡马价昂,驮运入市,驴居十之六七,故畜养者较多。牛,分两种,有水牛、黄牛。水牛体大力强，价昂，畜者较少；黄牛高大，几比水牛，以耕田，以服车，教门素食其肉，乳汁富于滋养，近来挤售者多，而食者亦众，惟兽医缺乏，每岁疾疫死者一二千头，输出亦千数百头，故值亦渐昂，然乳牛品种极须改良，现省城经济农场及长坡改进所，所畜乳牛有荷兰种、美国种、本省邓川种，出乳量以荷兰种最多，日约四五十磅，力胜本国种四倍，肉亦然，其效力殊可惊人，且以荷兰牛为种牛，配以本国产，不过三世四世，可完全与荷兰种同；美国种次之，约十余磅；邓川种又次之，约四五磅。邑中乳牛约与邓川种相同，此吾人所当知取择者也。羊，有山羊、绵羊二种，饲养之家多至百头。山羊衣其皮而食其肉，绵羊岁薙其毛以制毡，乳尚不知所用，但毛不细腻，制品粗糙，欲事改良，则经济农场蓄有意大利美利奴羊种，毛极细软，可购一、二头以资杂配而改进之。豕，尤家畜中之最要，仓颉制字，必畜豕而成家，故人家无不饲养，岁供食用，昔日仅输出油、肉，近来肥猪并大量输出。惟时发疾疫，农民损失不赀，此固防疫、治疫之法未加研究，而种畜亦未始无关。现经济农场所畜有英国约克、盘克二种及四川荣昌一种。约克种毛纯白，易生长，可豢至七八百斤，抵抗病菌力亦强；盘克种则身黑而脑、鼻、四足均白，喙上翘；荣昌种毛亦纯白，略同约克，亦佳种也。邑中近年矿业银行曾畜约克种，重三百斤，肉极细腻，此极可资改良者也。总之，家畜改良品种固为第一要事，而食物选择，圈栅清洁、透气皆宜注意。猫、犬，亦家畜至要。猫，《滇海虞衡志》：狸之畜于家者，善捕鼠，且依人，近值亦昂，食鼠亦多患病，捕鼠时即须制止少食。犬，各色均有，近复有矮犬，即《逸周书》中所载短狗。《滇海虞衡志》：海叭狗，长毛、庳脚是也。鼠，为人家最害之物，啮物窃食，且为传染黑死症媒介，亟宜特别注意设法扑灭，以免传染疾病。此外，野兽如猩猩，性凶恶袭人，多自远方窜入，十数年方一见。猕猴，产一泡江沿岸。斑驴，俗呼山驴，性凶悍，体毛色纹与虎相类，皮较麂皮尤良，锁北、怀远、蛉源三乡均产。鲮鲤，俗名穿山甲，专食蚁类，其甲可供药用，各乡皆产。较小者如蝙蝠，捕食蚊蚋，于人有益。又有山蝙蝠，体稍大，产山洞中。松鼠，嗜果实，为果树之害。鼯鼠，一名飞鼠,《山海经》广注按杨慎《补注》云:飞鼠即《文选》所谓飞鼺,云南姚安、蒙化有之,其肉可食,其皮治难产。鼹鼠,喜食田间小虫。水鼠,捕食鱼虾、昆虫。猬,则夜出食虫,均于农家有益。(楚雄旧志全书"姚安卷下"民国《姚安县志》卷43第1650页)

毛之属:马、牛(水牛、黄牛)、羊(山羊、眠羊)、驴、羸、犬、豕、猫、鹿、獐、麋、猿、猴、麂、兔、熊、豹、香猫、野猪、狐狸、豪猪、鼠(松鼠、白鼠)、豺、狼(黄鼠狼)、竹鼺、獾、土狗、獭、九节狸。(楚雄旧志全书“大姚卷上”道光《大姚县志》卷6第175页)

兽类:牛、马、驴、骡、猪、羊、犬、猫。以下井外有之:豹、熊、獐、鹿、兔、猿、豺、狼、麂、獭、竹鼠。(楚雄旧志全书“大姚卷上”乾隆《白盐井志》卷3第489页)

毛之属,旧《志》十九种:豹、熊、麞、鹿、猿、豺、狼(间或有之)、麂、獭、竹鼠、牛、马、驴、骡、猪、羊、犬、猫、兔。新增十二种:狐、狸、麝、野彘、豪猪、香猫、九节狸、破脸、鼬鼠(本草一名黄鼠狼),今井人所呼亦同、松鼠、银鼠、田鼠。(楚雄旧志全书“大姚卷上”光绪《续修白盐井志》卷3第662页)

毛之属:马、牛、羊、豕、犬、驴、骡、猫、豹、兔、猴、松鼠、竹鼠、野猪、狐、岩羊。(楚雄旧志全书“元谋卷”康熙《元谋县志》卷2第59页)

毛之属:则羊、豕、犬、驴、骡、猫、兔、虎、豹、狐、猴、岩羊、飞虎、松鼠、竹鼠,而惟马、牛街市为盛。独怪元谋以元马得名,不闻产骏驹如汉时。又《汉志》哉:“河中见子,土地特产好群牛。”今牛,常牛,无异出者,岂古亦有不足尽信欤?(楚雄旧志全书“元谋卷”乾隆《华竹新编》卷2第229页)

毛之属,家畜:牛、马、骡、驴、猪、羊、犬。野兽:豹、兔、狐、岩羊、猴、飞虎、松鼠、竹鼠皆有焉。(楚雄旧志全书“元谋卷”光绪《元谋县乡土志》初稿本第336页)

山驴,产妥甸、雨龙,似羊取皮。(楚雄旧志全书“双柏卷”民国《摩刍县地志》第297页)

毛之属：马、牛、羊、犬、豕、驴、骡、猫、虎、豹、熊、獐、麂、兔、鹿、猴、松鼠、野猪、豪猪、狐。（楚雄旧志全书“武定卷”康熙《武定府志》卷2第83页）

毛属：马、牛、羊、犬、豕、驴、骡、猫、虎、豹、熊、獐、麂、兔、鹿、猴、松鼠、野猪、豪猪、狐。（楚雄旧志全书“武定卷”光绪《武定直隶州志》卷4第377页）

兽类：牛、马、骡、驴、猪、羊、鹅、鸡、鸭、犬、猫。（楚雄旧志全书“禄丰卷上”康熙《禄丰县志》卷2第25页）

毛属：獐、麂、猴、兔。（楚雄旧志全书“禄丰卷上”康熙《罗次县志》卷2第147页）

毛属：獐、麂、猴、兔。（楚雄旧志全书“禄丰卷上”光绪《罗次县志》卷2第268页）

畜属：为牛，为羊，为驴、犬，为豕，为猫，为鸡，为鹅、鸭。兽属：为虎，为豹，为熊，为獐，为麂，为兔，为野猪。其间有也为鹿。（楚雄旧志全书“禄丰卷上”康熙《广通县志》卷1第391页）

禽兽：牛、马、骡、驴、猪、鸡、鹅、鸭（以上都系别州县货卖）、猫、犬、雉、鹊、燕、鸠、鹧鸪、杜鹃。（楚雄旧志全书“禄丰卷上”康熙《黑盐井志》卷1第600页）

禽兽：家畜者兽，以牛、羊、犬、豕、驴、骡、马、猫等为多，禽以鸡、鸭、鹅、鸽等为多，内除牛供耕田，马、骡、驴供运负，猫供捕鼠外，余皆畜作食品。野生者兽，以獐、麂、兔、狐、白脸、野猪、豪猪、穿山甲为多。东区一带，特产竹鼠，其肉皆可食。此外如豹、狼、野狗、黄鼠狼、野猫、水獭、旱獭等。亦皆有之。惟俱系害物，肉亦不可食。内獐有麝香，狐獭之皮可制裘，人皆珍之。禽以雀、鸦、鹰、雉、燕、锦鸡、鹭鸶、喜鹊、画眉为多；鹌鹑、野鸭、杜鹃、布谷、鱼狗、凫鹳、禽吉了、啄木鸟、白头翁，沉香鸟亦有之。内有鸠、雉、锦鸡、画眉、鹌鹑、鸿雁、野鸭等，人多喜捕作食品。（楚雄旧志全书“禄丰卷下”民国《广通县地志》第1421页）

动物：以猪为大宗，居民皆兴饲养，牛羊次之。多养自农家。（楚雄旧志全书“禄丰卷下”民国《盐兴县地志》十二第1446页）

兽类：牛、马、羊、豕、猫、獐、兔、猿、虎、豹、熊、羆、犬、鹿、麂、

猴、獭、野猪、山驴、崖(岩)羊、飞鼪、田鼠。(昭通旧志汇编本嘉庆《永善县志略》卷1第752页)

毛属:马、牛、羊、犬、豕、猫、獐、麂、鹿、麋、猿、猴、虎、豹、豺、狐、獭、野猪、岩羊、狗獾。(光绪《镇雄州志》卷5第59页)

兽之属[①]:有马,刍食畜兽,能任重致远,名目甚多,昭通古称产良马,故农家恒畜骡马育驹,上者善走,远近争购之,下者供驼(驮)运。骡,有嘶骡、叫骡,皆属驴马交合而生者,嘶骡性尤驯。驴,俗称猫驴子,耳颊皆发,可以供驼(驮)运。牛,有黄牛、水牛二种,用以拉车、犁地,皮、脂、骨、角皆属工业上之原料品。羊,种有山羊、毛羊,色有黑白二种。毛羊每年三、六、九月剪毛作毡,皮可制裘,山羊皮制革,频年销出外洋,颇为大宗。狗,有花、黄、黑、白等色,城乡均畜之以守门户,嗅觉极灵,有盗则鸣,其皮用以制褥、制鞋最良。豕,一名猪,昭之居家者恒喂之,俟其肥胖,年终杀供常食,猪鬃毛销出外洋,亦为大宗。又有母猪,农家喂之,生殖甚繁,获利颇厚,故昭通有“富人读书,穷人喂猪”之谚。猫,居家畜以捕鼠。银鼠,色白若兔,间有畜者。虎,为镇山之王,北乡老林、王家山间有之。豹,似虎而小,毛有黑圆点,俗称金钱豹,行最速,捕食牛羊等。狼,状类犬,俗呼野狗,性凶残,四山有之。豺,与狼同类异种,状如犬,黄褐色,性尤残,四山皆有,荒年尤多。獐子,似鹿而小,脐有麝,皮细软可用。麂,有青黄二种,皮可制为袋及衣裤,高山产之。兔,灰色,善走,毫可制笔,产山中。碁猪,三四月间好碁掘地中苞谷籽种,农家患之。野猪,较大而性残烈。豪猪,一名刺猪,产大山,全身刺毛如锥,色黑白。竹鼬,灰色,三足,产北乡高山竹林中,肉脂极丰满。鼠,常为物害,有色白而小者,饲之以为鼠戏。松鼠,毛黄、黑色,生高山松树上,寻食松子。黄鼠狼,掘穴窃粮,人咸恶之。岩羊,野山羊也,产高山,皮可制为靴鞋兜肚之用。野牛,产高山,与水牛相类,毛灰白色。猴,能避马瘟,故赶马者多畜之,产峻岭岩穴

① 兽之属　以下内容,昭通旧志汇编本民国《昭通县志稿》卷五第385页同,不再辑录。

中。狗熊，形类狗而烈，四山皆有之。狗獾，形状类犬，产深山大箐。狐狸，穴居山野，性最狡猾，皮为裘最暖。獭猫，有水旱二种，水产者夜出食鱼虾，获之可治气吼症。麇鹿，高山大箐间亦有之。此外，昔有而今无者，故不具之。（昭通旧志汇编本民国《昭通志稿》卷9第255页）

《畜牧》：巧家区域辽阔，形成一农业社会，一般农民必藉牲畜以供驱使，并取其粪以为肥料，故畜牧事业已为大多数农民之副业。惟因地势之高下不一，畜牧之方法亦有不同，大都各因其农事之便利而因势为之。初，无有大规模之牧场也。兹志其概要于次。牲畜种类：黄牛，各区均产。水牛，以沿江一带为多。马，各区均产，以四、五、六、八区较多。骡，分二种：一曰大骡子，一曰铁骡子，牝马与牡驴交合而产者谓之大骡子，高者有四、五尺；牡马与牝驴交合而产者曰铁骡子，高者不过三尺余寸，灵巧有力，便于行山坳石夹中。山羊，各区皆产，以四、五、六、七、八区为多。绵羊，性畏热，沿江一带均无畜者，高山则较山羊为多，以每年可取其毛以获利也，亦以四、五、六、七、八区为多。猪，为最普遍之家畜，无论大家小户，皆多畜饲。鸡，各区皆产，输出境外者甚多。鸭，近水处产之，为数不多。鹅，近水处产之，为数不多。畜牧方法：牧场宽广之地带则多饲绵羊、山羊及牛、马等畜物，早出晚归，逐水草而牧焉，终年如此。在牧场窄狭，田亩最多之地则少畜羊，多畜牛及马，饲养以在家时间为多，牧养野外时间较少。猪之牧养则分两种：曰瘦猪，又名架子猪，则多随牛羊牧于野外；曰肥猪，又名胖猪，则多饲于家中。其豢养之地又分为二，一为猪圈、一为板厩。猪圈与普通之牛羊厩相同，板厩设于厕坑上面，以板搭坑，围以柱栏，猪则食于斯，排泄废物亦于斯，其粪尿坠入厕中与人粪混合，用作肥料。盖因各处气候之不同而采取方法亦各异，如高山气候寒冷，则多用猪圈；沿江一带气候炎热，则多用板厩。又以高山多畜牛羊，肥料较易，多用猪圈；至沿江牧场窄狭，多不畜羊类，肥料较感困难，故用板厩，使其排泄物无遗弃也。家禽如鸡、鹅、鸭等多饲于村中，为自用食品，无专营其业者。获利时期：牛马等大动物，必须二三岁方可出售，山羊亦必须一、二年方可卖出。绵羊则分剪毛与卖本身两种。剪毛时期在每年旧历三、六、九等三月，一年剪三次，以六月毛最好，大半每次可剪毛一斤左右。卖本身时期则与山羊同。猪则分双月猪、架子猪、肥猪三种。双月猪，只要出母体两个月就可卖出；架子猪则不定，或三月五月、一年半载卖出俱可；肥猪则以肥壮为准，大约用双月猪喂至一年以后、用架子猪喂至四五月以后即可出槽矣。牲畜及附产品出口数量：牛、羊、猪、马每年出口者约计万余头。牛羊皮每年出口者约万余斤。猪油每年出口者约计三千担以上，每担平均八十斤计，共三万余斤。羊毛、猪毛每年出口者约万余斤。鸡与鸡蛋每年运销出境者，数量亦巨。农产概要：巧家尚在农业社会状态中，故农产物之产量甚丰，自给自足之外，其销售于境外者为数亦夥。惟因制造尚在手工业时代，只能输出原料而未能制造原料，所获利润不能增益其劳动代价，然直接间接仍大有关于地方经济力之活动也。兹据二十六年建设局之调查统计表列于后，以见全县之富力及各区之产销概况云《巧家县各区农产物统计表》（略）。（昭通旧志汇编本民国《巧家县志稿》卷6第676页）

兽之属：狗、猪、猫、羊、牛、马、驴、骡、虎、豹、犳鹿、獐、麝、麂、豺、狼、狐、貉、狏、猿、猴、玃、野狗、山羊、野猪、豪猪、獭、兔、鼠、竹鼺、貂鼠、鼬。（昭通旧志汇编本民国《巧家县志稿》卷7第695页）

兽类：马、牛水牛、黄牛两种、羊山羊、绵羊两种、豕、为子味极芳香、猫、犬、虎、豹、山羊、狍子、獐、鹿、熊有人熊、马熊、狗熊三种、狼、豺、兔、狐、野猪、九节狸、獭、鱼鳅狗、鼠、飞鼠一名貂鼠、鼬鼠一名黄鼠郎、鼯鼠、竹鼠生竹山内，专食竹根、笋芽，味极佳美。（昭通旧志汇编本民国《绥江县县志》卷2第858页）

兽类：水牛、黄牛、马、骡、驴、犬即狗、豕即猪，以色别，有黑白棕黄杂花等、羊、岩羊即山羊，血可入药，皮亦可揉，盐津各岩上俱产、猫、野猫、田豕即野猪，一名懒妇，猪如山猪，而小喜食禾、兔、野兔、松鼠、竹鼺、鼬俗名黄鼠狼、鼠、猬即刺猬、豪猪、獭、獾、猿、猴产河滨悬岩上、獐、麂牡者肉味滋嫩可口，皮时新作衣、狐、九节狸、鲮鲤俗名穿山甲、熊、狼、豺、豹、虎。（昭通旧志汇编本民

国《盐津县志》卷 4 第 1698 页）

## 白脸

白脸，全县俱有，似犬，取肉作食。（楚雄旧志全书“双柏卷”民国《摩刍县地志》第 297 页）

第三十七课《白脸》，形似小犬，毛灰黄色，面顶至鼻，有白毛一条，故名曰白脸。足健尾长，居土洞，食精英子，肉滋阴分。（楚雄旧志全书“楚雄卷下”民国《楚雄县乡土志》卷下第 1362 页）

破脸，产地为崇山峻岭，状态似犬形，产量为四十余头，用途为药品。（楚雄旧志全书“楚雄卷下”民国《楚雄县地志》第 1374 页）

## 豹

豹，小於虎，有金钱、艾叶二种。《列子》青宁生程，程生马。沈氏《笔谈》谓秦人称豹为程，至今延州称之。（《鸡足山志》卷 9 第 346 页）

松根豹，大如豹，穴地而食松根，毛深细过于豹，而颖更灿，文如环，黑质而白文，善走而啮人。（《维西见闻纪》第 14 页）

中甸偶有元豹，皮日光映照则成赤色，金钱历历，光彩夺目，价无算，亦难得。（《滇南闻见录》卷下第 43 页）

猎户得虎、豹，必献皮以取赏，故署中虎、豹皮为多。祠祀演剧，以包柱满台，视之不重。迄离农部，觅炳蔚之文，欲窥一斑，亦不可得矣。（《滇海虞衡志》第 171 页）

松根豹，余庆远《维西闻见录》：大如豹，穴地而食松根，毛深细过于豹，而颖更灿，文如环，黑质而白文，善走而啮人。（道光《云南通志稿》卷 69《丽江府》第 48 页）

## 飞虎

飞虎,《群玉》:滇中宁山有虎能飞,状如蝙蝠,左右皆有肉翼,翼上有毛,如紫貂色。陈继儒《眉山笔记》:甲午十月,王太原公出一兽皮,大不能二尺,如紫貂色,左右皆有肉翼,翼上有毛,疑即飞虎耳。(道光《云南通志稿》卷68《通省》第26页)

## 风兽

临安有风兽似胡狲,色黄,肉翅,伏树上,不饮不食,但向风吸气耳。(《滇游续笔》第471页)

风兽,桂馥《札樸》:临安有风兽似猢狲,色黄,肉翅,伏树上,不饮不食,但向风吸气耳。(道光《云南通志稿》卷69《临安府》第22页)

## 狗

狗肉,味酸、咸,〖性〗温。〖无毒。微臊〗。安五脏,补纯阳,轻身益气,补益肾胃,壮阳道,补腰膝,益气力,治五〖劳〗七伤,补血脉而厚肠胃,补下焦而填精髓。和五味煮,空心食之。蹄,气味酸,〖性〗平。治癫狂病。血,气味咸,补五脏。心,治忧恚气,除邪。肾,气味平。治妇人产后痃疾。〖性〗反商陆、大蒜、杏仁,用者记之。(《滇南本草》第897页务本)

得犬方祭州之夷民有曰土僚者,以犬为珍味,不得犬,则不敢以祭。(景泰《云南图经志书》卷3《师宗州》第183页)

驯犬,岁庚子,余在五华书院,忽有一犬自外人,伏于檐下竟日。饲以饭,观望久之而后敢食,自是不复去,且不出中门。每日哺时，伺候于槛外，绝不闯入座间，亦不作摇尾乞怜之状，猫食其食亦不与争。外人至，起立伺之，不作声。余父子自外回，必趋至门，若迎接状。门口有人站立，不遽出入，俟人退乃走，或别趋旁门。余甚爱其驯，及离滇，惜不能携之以归。（《滇南闻见录》卷下第 43 页）

狗、彘与鸡、豚并畜，为养老食肉计，则食犬在所先，而守犬、猎犬在所后。顾今周行天下，未见有卖狗肉之市，公然自命为屠狗之人。即有屠者，皆攫人家之守犬而屠之、鬻之。良以民间不复养食狗，则生资又阙其一端矣。曾见粤市肩狗肉而卖之，讳其名曰地羊。黔省狗场有卖狗肉者，但数家耳。滇俗多回教，以犬、豕肉为忌，而道家说又重戒犬、牛，故食犬由是遂废。然犬、豕所字，多争畜之，必犬蕃如豕，所谓三猣、二狮、一玂，举其少者言之，而每字不止此数也。蛮犬，《范志》云：如猎犬，警而猘。拳尾犬，极高大，垂耳拳尾，《范志》以为郁林犬，滇中多有之。长喙猃，短喙猲獢，猎犬也，滇猎户畜之。獟狮狗，出迤西，高四尺，甚猛猘，即西域旅底贡之獒也，滇人多畜之，锁于柱。海叭狗，长毛庳脚，出顺宁，滇人亦多畜之，即《王会》短狗也。（《滇海虞衡志》第 162 页）

蛮犬，檀萃《滇海虞衡志》：《范志》云如猎犬，警而猘。拳尾犬，檀萃《滇海虞衡志》：极高大，垂耳拳尾，《范志》以为郁林犬，滇中多有之。猎犬，檀萃《滇海虞衡志》：长喙猃，短喙猲獢，猎犬也，滇猎户畜之。獟狮犬，檀萃《滇海虞衡志》：出迤西，高四尺，甚猛猘，即西旅底贡之獒也，滇人多畜之，锁于柱。（道光《云南通志稿》卷 68《通省》第 27 页）

矮犬，旧《云南通志》：毛深足短，即《竹书》所载短狗。檀萃《滇海虞衡志》：海叭狗，长毛庳脚，出顺宁，滇人亦多畜之，即《王会》短狗也。（道光《云南通志稿》卷 69《顺宁府》第 35 页）

大犬，《古今图书集成》：出丽江，即獒也。谨案：一名獟狮犬。（道光《云南通志稿》卷 69《丽江府》第 48 页）

短狗，《逸周书·王会解》：正南、产里、百濮请以象齿、短狗为献。孔晁注：短狗，狗之善者也。（道光《云南通志稿》卷 70

《普洱府》第 7 页）

矮犬，旧《云南通志》：毛深足短，即《竹书》所载短狗。檀萃《滇海虞衡志》：海叭狗，长毛庳脚，出顺宁，滇人亦多畜之，即《王会》短狗也。（光绪《续修顺宁府志》卷 13 第 23 页）

苗人嗜狗肉，款宾以狗肉为上品，若杀狗款远宾，必留一腿，不尽食，迨宾归去，用作赠馈，以示为宾杀狗之意。（民国《马关县志》卷 2 第 27 页）

《养狗》：昆明人最喜养狗，狗是家家俱有，且有蓄养至二三头者。此何以故？缘在承平时代，一班好吃懒做之人，便喜出而作小偷，偷得人家户的一套布衣裤，或一把铜、锡茶壶，都可以卖得六八钱银，便能混十日半月的生活。因此，是时的小偷，异常充斥，一般人家户防范盗贼，亦惟有豢养条狗当斥堠之一法。故尔，居家户无不养狗。此则城里如是，乡间亦未尝不如是。在光绪二十年(1894 年)前后，昆明境内，城乡合计，实有烟户五六万家，养狗当不下五万条。兼之，城里的大小衙门，都是各养着很多的狗。如昆明县衙门内，直有狗五六十条，这许多的狗，有似前任移交后任者，且有狗饭田若干亩在归化寺处，归县署收租以饲狗，亦一趣事也。此即以城厢内外及一切乡间所有之狗，而以五万条计，每狗月耗米八合，年则为九升六合。五万条狗，须耗四千八百个市石，真是一笔巨数也。而往昔之人，亦不是省口挪食来喂狗，似各家之于狗饭，亦若毫不在意。此当是米粮之出产数量太多，人吃不完，故惠及于狗。（《云南掌故》卷 16 第 522 页）

三猛边地产金狗毛，其茸甚丰，土人用为枕褥。（《幻影谈》卷下第 136 页）

第三十课《犬》：犬性灵，不变，恋食主恩，体尾长，足前五趾，后四趾。看家守夜，见异人即狂吠。鼻善闻，识熟人旧路，田猎不可少。（楚雄旧志全书“楚雄卷下”民国《楚雄县乡土志》卷下第 1359 页）

## 果然

交趾有果然，白面黑身，毛采斑斓。《太平御览》卷九百十《兽部》十二引。(《云南古佚书钞·南中八郡志》第12页)

## 狐

乾尖子，各郡山中俱产狐，狐之后足胫背有黑毛一处，长不及二寸，宽不及寸，集之可以成裘，名乾尖子。毛甚短薄，不足御寒，饰观而已。此为滇中独步，西、北方之狐无有也。余于乾隆三十七年到滇，闻袍褂一副须四五百金，今直千余金矣！数年之间几两倍之。(《滇南闻见录》卷下第42页)

狸、狐、貒、貈丑，其足蹯，其迹内，皆为一类，宜其为用相似。今之天马、干箭、麻叶豹，一切奇样怪名，皆出于滇，由滇匠缀缉狐皮而并成之者也。一领之料，辄数十金，且有百金，故狐之为用至大且至贵。尝闲游滇郊，见晒狐皮于地者，动百千张，略无可盼，而缉成之，即为席珍。滇产固多，亦由人工之至也。昆明人有赶禄劝鼠街，见猡猡囊一物，就视乃玄狐也，以千钱购得，而裁为帽边，价百倍。此见滇南何所不有哉？(《滇海虞衡志》第171页)

狐，檀萃《滇海虞衡志》：今之天马、干箭、麻叶豹，一切奇样怪名，皆出于滇，由滇匠缀缉狐皮而并成之，一领之料，辄数十金，且百金。尝游滇郊，见狐皮百千张，略无可盼，而缉成之，即为席珍。滇产固多，亦由人工之至也。昆明人有赶禄劝鼠街，见猡猡囊一物，就视乃元狐也，以千钱购得，裁为帽边，价百倍，滇南何所不有哉！(道光《云南通志稿》卷68《通省》第29页)

狐，全县俱有，似狼，取皮作衣。(楚雄旧志全书“双柏卷”民国《摩刍县地志》第297页)

# 虎

大虫，南诏所披皮，赤黑文深，炳然可爱。云大虫在高山穷谷者则佳，如在平川，文浅不任用。（《云南志补注》卷 7 第 108 页）

纳罗山在禄谷寨西二百里，山多虎豹，土人呼藏为纳，虎为罗。（万历《云南通志》卷 4《镇沅府》第 29 页）

己卯四月十八日，录记于虚亭。先夜有虎从山下啮参戎马，参戎命军士搜山觅虎。四峰瞭视者，呐声相应，两箐搜觅者，上下不一，竟不得虎。（《徐霞客游记·滇游日记九》第 1066 页）

澄江府罗藏山，昔有虎为民害，造栅取之，蛮语虎栅为罗藏，故名。……旧为梁王寨，亦名梁王山。（《肇域志》册 4 第 2353 页）

镇沅府禄谷寨长官司纳罗山，在司西二百里，多虎豹，土人呼藏为纳，虎为罗。（《肇域志》册 4 第 2363 页）

澄江府，……罗藏山，……又蛮语虎栅为罗藏，昔有虎自碧鸡渡滇池为民害，土人造栅取之，因名也。（《读史方舆纪要》卷 115 第 5111 页）

镇沅府禄谷寨长官司，……纳罗山，司西百里，山深险，中多虎豹。土人呼藏为纳，虎为罗。（《读史方舆纪要》卷 116 第 5151 页）

虎，山兽之君也。楚呼为於菟，陈魏之间谓之李父，关东西谓之伯晰，北人讳而呼之，谓之狸儿，即犹南人呼虎为猫及大虫也，虎因其声以得名，其字则象其蹲踞之形以会义。南郡李公化虎，故称虎为李，而虎食物则弃耳，故又以李耳称之。即郭璞所谓虎食至耳即止也。山君，状如猫，大若牛，黄质黑章，巨牙钩爪，须健如锥，舌倒生刺，项短鼻齆，夜视一目腾光，一目瞩物，迎光射之，光即堕地，入土尺许，化为白石，得之可以止小儿夜啼。导虎食人名伥，盖食人多，则人魂结聚于虎脑者也，虎遂能卜观奇偶，而知得食之方。作势必吼如雷，风从而生，百兽震恐。立秋虎始啸，仲春虎始交，孕七月则子生。凡搏物必三扑，不得则弃之。不食不惧己者，故小儿、癡儿不知惧虎，则虎不敢食。见醉人，必守之以待其醒，盖欲伺其惧而后乃食耳。食男则先势，食女则先乳。惟畏阴户，不欲食，故食女则弃其半而去之。噫！虎之畏而弃者，胡人伤其生伐其性于其中，而谓之为快哉！夫苛政猛于虎，今而知牝之为户也，岂不虐于虎之噬啮为尤甚耶！（《鸡足山志》卷9第345页）

虎，樊绰《蛮书》：大虫，南诏所披皮，赤黑文深，炳然可爱，云大虫在高山穷谷者则佳，如在平川文浅不任用。（道光《云南通志稿》卷68《通省》第26页）

张含《永昌城中有猛虎行》（七古）：山中猛虎食不饱，群积欲餐狐兔少。号风吼日无奈何，不避人烟来渡河。万家城郭河边起，一虎横行入城里。夜餐犬豕书齧人，只图饱腹不顾身。不知城市不可住，忘却山中在何处？顿令城郭生野烟，伤心日夕呼苍天。一人被齧万人畏，数月城中无稳睡。繁华市井转凄凉，阴云惨淡空肠断。一薪一米贵如玉，忍见儿啼并女哭。壮夫群走空怒号，时时弓箭各在腰。昔年二虎人辟易，未若此虎生双翮。层垣固牖惊且防，败壁颓簷那可当。人心益忧虎益恶，策杖寒江倚高阁。一声长啸惊白龙，我欲从之诉天公。东海黄公耳目蔽，无怪横行恣吞噬。虎兮虎兮肉已肥，山中饥虎望尔归。（光绪《永昌府志》卷66第3页）

## 鹿

鹿附，其声几几，肉味甚旨，故亦名麔，其大者名麖，好食蛇，与麞同。（《鸡足山志》卷9第348页）

第三十八课《鹿》：鹿形似獐，体肥泽，尾小，毛暗黄色，有二短角，牝则无之。肉瘦无肥，味香。（楚雄旧志全书“楚雄卷下”民国《楚雄县乡土志》卷下第1362页）

鹿，全具俱有，似羊，肉作食，皮作器用。（楚雄旧志全书“双柏卷”民国《摩刍县地志》第297页）

## 角端

角端 宋宁宗嘉定十七年，元太祖帖木真征东印度，至铁桥石门关，前军报有兽一角，形如鹿而马尾，色绿，作人言曰：汝主宜早还。左右皆摄，独耶律楚材曰：此名角端，盖旄星之精，能四方言语，好生恶杀，圣人在位，则斯兽奉书而至，且能日驰万八千里，灵异如鬼神，不可犯也。帝即回驭。石门关在丽江府，东印度盖指南诏也。（康熙《云南通志》卷30第862页）

## 狼

戊寅九月初二日……是日当午，雨稍止。忽闻西岭喊声，寨中长幼俱遥应而驰。询之，则豺狼来负羊也，幸救者，伤而未死。夫日中而凶兽当道，余夜行丛薄中，而侥幸无恐，能忘高天厚地之灵祐哉！（《徐霞客游记·滇游日记三》第777页）

狼，《尔雅》曰：牡为獾，牝则狼，其子獥也。《禽书》：逐食倒立，所向良吉。豹尚义，故赍虔以祭兽；狼悖义，故贪残而戾籍。《易》：狼跋其胡。盖狼老，其项下如黄牛之有胡，垂之如袋。筮占跋胡疐尾，进退两患。狼短其后足，多负之而行，故谓之狼狈。喜秽，故谓之狼籍。其肠直，故一鸣则诸孔皆沸。（《鸡足山志》卷9第347页）

第三十八课狼附：狼比犬大，嘴岔深，齿利，善走，性险毒，常咬小娃与鸡、猪、羊等。（楚雄旧志全书“楚雄卷下”民国《楚雄县乡土志》卷下第1362页）

## 狸

狸，能食鼠，即野猫也。（《鸡足山志》卷9第346页）

《范志》有火狸，即红色野猫也。有豹色狸，即花色野猫也。缉其皮为裘，名九节狸，价亦重。乡间人得黄鼠狼，恨其食鸡，剥其皮而干之，以为领，人必笑。武昌客染薰以为帽边，曰海龙，人争购，价大赢，至今人曰武昌海龙皮，又且缉兔皮以充狐裘。獾皮至粗，乡人服之，今且美之曰南狐。是知物在所有，贵贱亦无常也。蛮俗以射猎为生，自獐、麂、兔、鹿外，所得野兽，种类必多，亦统付之禹不能名，契不能记而已矣。(《滇海虞衡志》第173页)

狸，檀萃《滇海虞衡志》：猫生于野为野猫，盗窃人家，鸡鹜鸭鹅，多被吞食，以肥其身，比猫为大，而眼甚恶。《范志》有火狸，即红色野猫也。有豹色狸，即花色野猫也。缉其皮为裘，名九节狸，价亦重。风狸，段成式《酉阳杂俎》：风狸，生南中，眉长好羞，见人则低头，溺可治风。(道光《云南通志稿》卷68《通省》第29页)

狸，檀萃《滇海虞衡志》：猫生于野为野猫，盗窃人家，鸡鹜鸭鹅，多被吞食，以肥其身，比猫为大，而眼甚恶。《范志》有火狸，即红色野猫也。有豹色狸，即花色野猫也。缉其皮为裘，名九节狸，价亦重。(光绪《续修顺宁府志》卷13第25页)

## 鹿

云南县有神鹿，两头，能食毒草。(《后汉书》卷86第2849页)

云南郡有熊仓山，上有神鹿，一身两头，食毒草。(《华阳国志》卷4第442页)

云南郡有神鹿，两头，主食毒草，名之食毒鹿，出云南郡。《文选·蜀都赋》刘逵注引。(《云南古佚书钞·南中八郡志》第10页)

鹿，傍西洱河诸山皆有鹿。龙尾城东北息龙山，南诏养鹿处，要则取之。览赕有织和川及鹿川，龙足鹿白昼三十五十，群

行啮草。(《云南志补注》卷 7 第 110 页)

《博物志》曰:云南郡出茶首。茶首,其音为蔡茂,是两头鹿名也。兽似鹿,两头,其肠中胎常以四月中取,可以治毒。永昌亦有之。(《太平御览》卷 906)

神鹿《汉书·西南夷传》:云南县有神鹿两头,能食毒草,今无。(正德《云南志》卷 3《大理府》第 169 页)

神鹿,大理府点苍山中常有之,一身两头,其形如飞,喜食百草,虽草性毒者,能解之无害。(《增订南诏野史》卷下第 52 页)

习仪僧纲司指林寺,在府治西。元勋卫郭登《重修记①》略:指林禅寺者,其肇创之始无考。地多林木,居人常见一鹿止于中,因率众捕之,无踪迹,少顷,一异人出,指其林曰:"鹿处此非一朝夕,汝辈欲何如耶?"言既亦复不见。众皆惊走,以为神,相与立祠祀,甚著灵应。元真间,郡人何明始建一殿二塔,绘塑菩萨大士之像,以为休息之所,取前异事,书"指林"二字扁其楣。(万历《云南通志》卷 13《临安府》第 22 页)

《博物志》云:云南郡出茶首,其音蔡茂,是两头鹿也。其腹中胎可治蛇虺毒,土人尝(常)以四月中取之。按《后汉书》"两头鹿见云南",其即是耶?然亦不恒有矣。(《滇略》卷 3 第 232 页)

章帝建初二年……有神鹿两头,见于点苍山西,能食毒草。(《滇略》卷 7 第 271 页)

两头鹿,《博物志》云:"云南郡出茶首,其音为蔡茂,是两头鹿名也。兽是鹿两头,其腹中胎常以四月中取,可以治虺蛇毒,永昌亦有之。"魏宏《南中志》曰:"云南郡有点苍山,有神鹿,一身两头,主食毒草,名之食毒鹿。"(天启《滇志》卷 32 第 1047 页)

己卯四月十二日……至竹笆铺始晴。数家夹路成衢,有卖鹿肉者,余买而炙脯。(《徐霞客游记·滇游日记九》第 1055

---

① 此记,天启《滇志》卷二十一《艺文志四》题作"重修指林寺记",互有详略,可参。

页）

《鹿》（五律）：此是兽中客，元非价可酬。人皆怜濯濯，我亦喜呦呦。台古后麋上，山深先豕游。为无千里志，得免驾车愁。（《担当诗文全集·橛庵草》卷4第198页）

鹿，《瑞应图》以鹿为纯善之兽。梵书谓鹿为密利迦罗。《稗雅》云：鹿乃仙兽，自能乐性。时珍曰：性喜食龟，能别良草。食则相呼，行则同旅，居则环角外向以防害，卧则口衔尾闾通督脉。鹿至六十年必怀璚于角，故《笔谈》曰：鹿戴玉而角斑，鱼怀珠而鳞紫。千岁则毛苍，又五百岁则化白。昔鸡山曾见白鹿，其千五百岁之瑞物耶！《后汉书》：云南雄仓山有神鹿。即今苍山之谓耶？《博物记》：云南郡出荼首，音蔡茂，盖两头鹿也。人见之得富饶，手抡其毛，聚财不散，谓永昌有之。宗语曰：去年贫，尚有立锥之地，今年贫，连锥也无。所贵乎一无所有，是以贫为足贵者矣。故称之曰贫僧。倘双头之蔡茂见之于鸡足山，转为不祥。独结璘山范铜为蔡茂者，何也？谓欲富耶？而富非所用。吾尝诵杜诗"安得广夏千万间，大被天下寒士皆欢颜。"岁不免于相干，而日益无以应，则人不欢颜矣！人不欢颜，余何欢哉？故思蔡茂以济交游者之乏，务人人而得济，吾愿足矣。铸蔡茂十年，转诵僧家之去年贫尚有立锥之地，何耶？为之而无功，自感妄人之叹。牝，母鹿也。牡，雄鹿也。麋，小鹿也，与龙戏必生异角，故谓之斑龙。曾见蜀中之鹿，百十为群，夜则递班巡更，昼行能以角负草，以不时其需。今鸡山甚少，偶见一二，仅客来者。（《鸡足山志》卷9第347页）

两头鹿《博物志》云：云南郡出荼首，其音为蔡茂，两头鹿也，以四月中取其胎，可治蛇毒，永昌间有之。魏宏《南中志》曰：云南郡有点苍山，上有神鹿，一身两头，专食毒草，名食毒鹿。（康熙《云南通志》卷30第861页）

山中产鹿颇不少，一种马鹿，视马更大，肉质粗劣，土人猎之以供食。按《居易录》云：遵义府有大鹿名水鹿，能入水，状如水牛。想与马鹿之大相似。（《滇南闻见录》卷下第33页）

麋、麝，总统于鹿。滇南神鹿，能噬毒草。而鹿茸、鹿筋，尽出于大理迤西，为贵货上品。鹿皮之用尤多，古者俪皮为礼，即

鹿皮也。(《滇海虞衡志》第166页)

神鹿,《后汉书·西南夷传》:云南雄仓山有神鹿,一身两头,而角众列,能食毒草,名食毒鹿。张华《博物志》:云南郡出荼(茶的古体字)首,其音蔡茂,两头鹿也,以四月中取其胎,可治蛇毒,永昌间有之。常璩《华阳国志》:云南郡有熊苍山,上有神鹿,一身两头,食毒草。魏宏《南中志》:有神鹿,两头,主食毒草,名之食毒鹿,出云南郡。(道光《云南通志稿》卷69《大理府》第16页)

鹿,樊绰《蛮书》:傍西洱河诸山皆有鹿,龙尾城东北息龙山南诏养鹿处,要则取之。(道光《云南通志稿》卷69《大理府》第16页)

龙足鹿,樊绰《蛮书》:览睒有织和川及鹿川,龙足鹿白昼三十五十,群行啮草。(道光《云南通志稿》卷69《楚雄府》第26页)

白鹿、白马,《逸周书·王会解》:黑齿白鹿、白马。孔晁注:黑齿,西远之夷也,贡白鹿、白马。王应麟补注:《南夷志》黑齿蛮在永昌关南,以漆漆其齿,见人以此为饰,寝食则去之。(道光《云南通志稿》卷70《永昌府》第30页)

仙鹿,檀萃《农部琐录》:在雪山,人不能见。(道光《云南通志稿》卷70《武定直隶州》第53页)

《班洪风土记·打猎》:行猎,卜而后往,不吉则不出。猎取之法不一。余在南板寨附近,见道旁掘土为窝,询土人,此何用?曰:撒盐水其中,诱鹿麂来舐,猎户埋伏林中,待箭而发,山多鹿族,每岁获数十头。虎豹亦时过山,设绊索引弩机而射之。……(《滇西边区考察记》第1篇第40页)

鹿,产碍嘉,似鹿,肉可食,皮茸作药。(楚雄旧志全书"双柏卷"民国《摩刍县地志》第297页)

# 驴、骡

白骡 唐明皇将封泰山，南诏进白骡，甚伟洁。上亲乘之，柔习安便，不知登降之倦，礼毕，复乘而下，至山坳休息，未久，有司言白骡无疾而殪。上叹异之，号曰白骡将军，有司具椟累石，为墓在封禅坛。（康熙《云南通志》卷30第861页）

黔无驴而滇独多，驮运入市，驴居十之七八。骡马供长运而已耳，每家必畜数驴。亦有高大者，不解骑乘，但驾驮鞍以驮运。盖乘骑怕人笑，犹京师以乘驴车为耻。常欲买驴骑之，效孟襄阳寻梅，为此方开一风气，而病废不能，缺此一快事。滇虽南土，马之所生。《尔雅·释马》所谓騊駼、野马、駮马、騉蹄、騉駼、小领，谅多有之。其善升甗者，即騉蹄、騉駼之类，但蹄不岐耳。他如宜乘、减阳、茀光、阕广，夫岂少乎？惟垂耳伏车没齿耳。滇骡健于马，耐驮运，故骡亦贵于滇。（《滇海虞衡志》第152页）

驴，檀萃《滇海虞衡志》：黔无驴，而滇独多，驼运入市，驴居十之七八，骡马供长运而已。（道光《云南通志稿》卷68《通省》第26页）

山驴，《古今图书集成》：出剑川。（道光《云南通志稿》卷69《丽江府》第48页）

驴，檀萃《滇海虞衡志》：黔无驴，而滇独多，驼运入市，驴居十之七八，骡马供长运而已。（光绪《续修顺宁府志》卷13第24页）

第十五课《驴骡》：脊柱动物哺乳类中，有名奇蹄兽者，驴骡也。驴形似马，其身小于马，耳大尾长，耐劳少病，若与马配则产骡。骡形似驴，其身大于驴，力强耐劳，能负重致远，然性烈，可用以运货驾车，不可用以代步。（楚雄旧志全书“元谋卷”光绪《元谋县乡土志》修订本卷下第398页）

# 马

金马山，在柘东城螺山南二十余里，高百余丈，与碧鸡山东南西北相对。土俗传云，昔有金马，往往出见。山上亦有神祠。从汉界入蛮路出此山之下。螺山遍地悉是螺蛤，故以名焉。（《云南志补注》卷2第19页）

马出越赕川东面一带，岗西向，地势渐下，乍起伏如畦畛者，有泉地美草，宜马。初生如羊羔，一年后，纽莎为拢头縻系之。三年内饲以米清粥汁。四五年稍大，六七年方成就。尾高，尤善驰骤，日行数百里。本种多骢，故代称越赕骢。近年以白为良。藤充及申赕亦出马，次赕、滇池尤佳。东爨乌蛮中亦有马，比于越赕皆少。一切野放，不置槽枥。唯阳苴咩及大釐蹬川各有槽枥，喂马数百匹。（《云南志补注》卷7第107页）

滇池县，郡治。……长老传言，池中有神马，或交焉，即生骏驹，俗称之曰“滇池驹”，日行五百里。（《华阳国志》卷4第396页）

越睒之西，多荐草，产善马，世称越睒骏，始生若羔，岁中纽莎縻之，饮以米瀋，七年可御，日驰数百里。（《新唐书》卷222第6269页）

两爨蛮，自曲州、靖州西南昆川、曲轭、晋宁、喻献、安宁距龙和城，通谓之西爨白蛮；自弥鹿、升麻二川，南至步头，谓之东爨乌蛮。西爨自云本安邑人，七世祖晋南宁太守，中国乱，遂王蛮中。梁元帝时，南宁州刺史徐文盛召诣荆州，有爨瓒者，据其地，延袤二千余里，土多骏马、犀、象、明珠。（《新唐书》卷222第6315页）

蛮马出西南诸蕃，多自毗那、自杞等国来，自杞取马于大理，古南诏也。地连西戎，马生犹蕃。大理马为西南蕃之最。（《桂海虞衡志·兽》）

《云南买马记》：嘉州峨眉县西十里有铜山寨，与西南生蕃相接界，户不满千，俗呼为小道虚恨姓。县尉例以十月一日上寨守护，谓之防秋，至四月一日罢归。意者以水潦方溢，而蓦尔虚恨无能为也。虚恨固无能为，仅六七百里有束密；束密之西百五十里至苴咩城，乃八诏王之巢穴也。其地东南距交趾，西北连吐蕃，而旁靠蜀，蜀自唐时常遭南诏难。惟太平兴国初，首领有白万者，款塞乞内附，我太宗册为云南八国都王。然不与朝贡，故久不谙蜀之蹊队焉。熙宁六年，陕西诸蕃作梗，互相誓约，不欲与中国贸易，自是蕃马绝迹而不来。明年，朝旨委成都路相度，募诸色人入诏，招诱西南夷和买。峨眉有进士杨佐应募，自倾其家赀，呼群不逞佃民之强有力者，凡数十人，货蜀之缯锦，将假道于虚恨，以使南诏。乃裹十日粮，贮醯醢盐茗姜桂，以为数月之计。诸从行有蓑笠、铁甑、铜锣、弓箭、长枪、短刀、坐牌、网罟、佃渔之具。人斩轻桐以槖橐重，有余材，则束而赍之，大抵皆先窍凿聚勘，如屋之间架然，将以为寝处之备也。每望日之景，穿林箐而西，遇挚兽，先击锣以警之，或操弓箭、执刀枪以俟。会平林浅草长溪大涧，即施网罟，以从事于佃渔，其徒常鲜食以饱。日行才四五十里，未暮即相地架起桐材，上下周匝徽索而缠之，然后蔽以坐牌，副以网罟；将凑于其中，必积薪于其侧，钻燧火以待夜事。然其地多暑，或蒸而为瘴，值山深木茂，烟霾郁兴欲雨，而莫辨日之东西。间或迷路，竟日而不能逾一谷也。初，铜山为蕃汉贸易之场，蕃人从汉境负大布囊盛麻荏以归，囊罅遗麻或荏，既久而蘖生。佐之徒蹑麻荏生踪，前寻去路，自达虚恨界分；十有八日而抵束密之墟。前此三四十里渐见土田，生苗稼，其山川风物略如东蜀之资、荣。又前此五七里，遥见数蛮锄高山。俄望及华人，遑遽叫号，招群蛮蚍聚。佐乃具巾纻，磬折而立，命其徒皆俯伏，毋辄动。须臾，有老髽自山而下，问佐何来。佐长揖不拜，俾其徒素谙夷语者，具以本路奉旨招诱买马事对。徐以二端茜罗啖之，老髽涕泣而徐言："我乃汉嘉之耕民也。皇祐中，以岁饥来活于兹。今发白齿落垂死矣！不图复见乡人也。"乃为佐更好于束密王。久之，有马十数匹来邀迎，悉俾华人乘而入。束密王悦蜀之缯锦，且知市马之来其国也，待佐等甚厚，不惜椎羊刺豕,夜饮藤蒻酒。蛮女、嫠妇与人乱,不禁;惟已嫁者,抵死。故饮散辄择其女、妇偏匹华人,抑所以重汉之贵也。凡如此未旬浃,会八国王廉得其状,遣使诘问,何故与华人杂处。束密惧,因悉以佐等所赍物偕行,三驿趣苴咩城,而献诸都王。王馆佐于大云南驿。驿前有里堠,题:"东至戎州,西至身毒国,东南至交趾,东北至成都,北至大雪山,南至海上。"悉著其道里之详。审询其里堠,多有完葺者。俄遣头囊儿来馆伴。所谓头囊者,乃唐士大夫不幸为蛮贼驱过大渡河而南,至今有子孙在都王世禄,多聪悟挺秀,往往能通汉语。佐抵大云南之翌日,都王令诸酋长各引兵,雄张旗队,拥佐等前通国信,即谕市马之实。而都王喜形于色,问劳赠送佐等各有差。寻以陕西诸蕃就汉境贸易如初,而西南市马之议罢。明年,铜山寨申峨眉县,县申嘉州,州申本路钤辖司,以某日有云南蕃人贡马若干到寨,乃杨佐者奉帅府命通国信,招诱出来。钤辖司即下委嘉州通判郭九龄前视犒劳,且设辞以绐之,谓本路未尝有杨佐也。马竟不留。初,佐受云南八国都王回牒,归投帅庭。后缘颁示九龄,遂掌在嘉州军资库。蕃人知设辞相拒,其去也颇出怨语。元丰三年春三月生明日宋如愚东轩录。《续资治通鉴长编》卷二百六十七《熙宁八年八月庚寅》条《注》引。该《注》云:"(熙宁)九年四月二十三日,罢买马司。宋如愚《剑南须知》有《云南买马记》,可证此事。今附注此。"按:《云南买马记》一卷,诸家书目未著录,宋如愚录入其所著《剑南须知》中。《剑南须知》十卷,《宋史》卷二百三《艺文志·史类·传记类》著录,今亦不传。独赖宋代史学家李焘将《云南买马记》采入《续资治通鉴长编》注中,得以流传至今,亦云幸矣。原文录自《续资治通鉴长编》卷二百六十七《熙宁八年八月庚寅》条注引《剑南须知》。原书作者未详。细玩书中语意,往往视当事人杨佐为客体,因疑此书当非杨佐所自撰,缺疑可也。此文记事翔实,深刻反映出宋代大理国与内地的密切关系,是一份不可多得的大理国史料。(《云南古佚书钞》"附录一"第110页)

这个省区的马,体材高大,当它们还是马驹时,就被运往印度出售。通常的做法是,将它们的尾巴砍掉一节,使它能向下垂直，免得左右甩摆，因为他们认为骑马行走时，马尾巴摇来摆去是一种坏习惯。(《马可波罗游记》卷2第49章《哈刺章省的边远地区》第146页)

高宗绍兴三年，广西奏大理国欲进奉及卖马事，上曰："令卖马，进奉可勿许。"(《文献通考》卷329第2586页)

至元三十年六月，丙戌，以云南岁贡马二千五百匹给梁王，数太多，命量减之。(《元史·成宗本纪》卷18第384页)

大德四年十二月，癸巳，遣刘深、合剌带、郑祐将兵二万人征八百媳妇，仍敕云南省每军十人给马五匹，不足则补之以牛。(《元史·成宗本纪》卷20第432页)

马肉，味辛、苦、冷，有毒。治伤中，除湿热，下气，长筋骨，强腰脊，壮健，强智，轻身，耐饥，治寒热痿痹。鬃，烧灰敷疮毒痈疽疔疮，神效。蹄，烧灰为末，调油搽秃头疮、癣疥。皮，烧灰调油搽铜钱牛皮癣，立效。(《滇南本草》第895页务本)

永乐元年春正月，丙申，云南广西府等处土官知府阿觉等七十八人来朝贡马，赐钞及绮帛，仍给钞，偿其马直。(《明实录·太宗实录》卷16第3页)

马各州县俱出，世称西马，陆凉州产者尤奇。又易门县蒙低梨岩山，常产异马。(正德《云南志》卷2《云南府》第122页)

马矮小者如骡。(正德《云南志》卷14《孟养军民宣慰使司》第577页)

越赕之西，多荐草，产善马，世称越赕骏，始生若羔，岁中纽莎縻，饮之以米潘，七年可御，日驰数百里。(正德《云南志》卷37第638页)

滇池神马，晋宁州东，晋孝武帝己丑太元十四年，宁州守费统奏滇民董聪见池中有黑、白二马出入，故老言神马也，出与马交生驹池中，日行千里。(《增订南诏野史》卷下第48页)

越赕之西，产善马，世称越赕骏。始生若羔，岁中以纽莎縻，饮之以米渖，七年可御，日驰数百里。至宋建炎、绍兴，尝以锦彩买马于大理。范成大《桂海虞衡志》云："大理马为西南蕃之最。"今滇绝无马，惟缅产者稍为雄骏，次则昆明、宜良、陆凉，世称西马。黔国有牧场焉。其马自生自育，一牡九牝，随向饮龁，他牡至，辄蹄之，非牧人不敢近也。(《滇略》卷3第232页)

元和间，神马出昆明池，甘露降，白乌见。(《滇略》卷7第271页)

越赕马，越赕之西多荐草，产善马，世称越赕骏。始生若羔，岁中纽莎縻之，饮以米潘，七年可御，日驰数百里。中卢县城南有石穴出马，谓之马穴。汉时有数百匹马出其中，马形小，似马、滇马。三国时，陆逊攻襄阳，于此穴又得马数十匹，送建业。蜀使至，有家在滇池者识其马毛色，云其父所乘马，对之而流涕。(天启《滇志》卷32第1047页)

己卯三月十六日……其北为马场，千骑交集，数人骑而驰于中，更队以觇高下焉。(《徐霞客游记·滇游日记八》第1019页)

昆阳州易门县，……又南有黎崖山，产异马，一名马头山。(《明史·地理志》卷46第1173页)

马，滇中之马，质小而蹄健，上高山，履危径，虽数十里不知喘汗，以生长山谷也。上山则乘之，下山则步而牵之，防颠踣也。土酋良马，上下山谷，皆任骑坐，则百不得一也。而其中又有高大神骏，远过西马者，则千不得一也。此种异物，甚为土司所珍，亦甚为土司之累。若地方将吏求善马而不惜善价，则地方之福矣。(《南中杂说》第24页)

越赕马越赕之西多荐草，产善马，世称越赕骏，如羔，岁中纽莎縻之，饮以米潘，七年可御，日驰数百里。中卢县城南有石穴出马，谓之马穴，汉时有数百匹马出其中，马形小。三国时陆逊攻襄阳，得马数十匹送建业，蜀使至，有家在滇池者，识其马毛色，云其父所乘马，对之流涕。(康熙《云南通志》卷30第875页)

督宪蒋陈锡《严禁滥索夫马碑》：为再行申明滥索夫马之禁，以肃邮政，以安民生事。照得骚扰驿递，功令最严，除勘合火牌、督抚遵奉定例刊刷用印，达部传牌用印，会咨会稿差牌应付外，其余过往官吏，一概不许滥索滥应，久经严禁在案。今本部院奉命总制滇黔，自入境以来，目击地方穷苦，民生劳瘁，务期彻底澄清，与民休息，俾得尽力于南亩。所以本部院到任，自黔入滇，所用夫马，俱系给发现银，长傕并不用乡夫一名，所过之地，即出示通知外，诚恐两省官吏，尚未周知，仍前滥给牌票，滥取乡夫，家人衙役，折银上腰，或称上省公幹，或送亲朋往来，或发私书，代倩傕备，在邻省邻近之官，不过借此做情，本处地方官与民痛痒，膜不相关，见票滥应，殊不思高山峻岭，移步艰难，马匹奔驰，倒毙赔累，戕民害物，罪孽已深，除已往不究外，理合再行出示，严禁为此示，仰督属官吏军民人等，嗣后遇有取用夫马者，除勘合火牌、督抚用印、达部传牌用印，会咨会稿差牌，照例支应外，其余指名公幹者，概不应付，许据实详报，索夫若干名，马若干匹以凭。题参本部院，言出必信，为两省驿递地方官民除害。尔等切勿畏缩，如或循情滥应，访实一并参究，决不姑贷，仍于大路官驿前，勒石永禁，毋违特示。知州黄德巽勒石州署头门。（康熙《罗平州志》卷3第17页）

清定远知县田元恺（陕西）《骢马叹》（黑井）：卧山子于役，遭盐牛百十头于老黄坡下，中有骢马，亦负盐包肃队而行，昂首云霄，长嘶不已，若问天状。卧山子下车，拂拭引辔而视其齿，犹壮。不禁喟然曰："此青骢耶？久脱鲍氏之骖，误充贾人之役，遇之穷也，物亦有然。"石越父有言，士君子屈于不知己，而信于知己者，余既悼兹骢之失所顾，不能赎之而归，休以上厩。儒生博怜才之虚名，辄口惠而实不至，类如此，有愧吾家子方也多矣。聊赋《骢马叹》之篇，以谢之云尔。骢马驮盐上太行，谁怜骏骨减飞扬。霜蹄蹩躠因拘束，玉腕蹒跚怯损伤。拂鬣长嘶知有恨，低头短气怛中肠。我为太息问驼夫，千队黄牛何所无。驼盐亦是寻常事，焉用腾骧汗血驹。驼夫笑我书生气，缓急权衡时势异。只今财赋视鹾储，慎勿迟延豪贾詈。漫嗟吁！功成许尔步天衢。（楚雄旧志全书"楚雄卷上"康熙《楚雄府志》卷10第358页）

第二十八课《马（驴、骡附）》：马性有德为贵，多驯少劣，面长，颈多鬣，四足，各一蹄。力能致远，尾能白驱蝇虻，皮可制器，尾毛长可制蚊刷。驴性傲，劣多驯少，形似马而耳长，眼大蹄小，畜牡交牝。马能生骡（与马、驴），均能驮乘。（楚雄旧志全书"楚雄卷下"民国《楚雄县乡土志》卷下第1359页）

越赕马，越赕之西多荐草，善产马，世称越赕骏。如羔，岁中纽莎縻之，饮以米潘，七年可御，日驰数百里。今不闻有是马也。

（乾隆《腾越州志》卷 11 第 10 页）

滇中之马，善走山路，其力最健。乌蒙产者尤佳，体质高大，精神力量分外出色，列于凡马内，不啻鹤立鸡群。价甚昂，非数百金不能购得，未审伯乐顾之何如也。（《滇南闻见录》卷下第 43 页）

南中民俗，以牲畜为富，故马独多。春夏则牧之于悬岩绝谷，秋冬则放之于水田有草处，故水田多废不耕，为秋冬养牲畜之地。重牧而不重耕，以牧之利息大也。马、牛、羊不计其数，以群为名，或百为群，或数百及千为群。论所有，辄曰某有马几何群，牛与羊与何群。其巨室几于以谷量马牛，凡夷俗无处不然。马产几遍滇，而志载某郡与某某郡出马，何其褊也？夷多牲畜，而用之亦甚费。疾病不用医药，辄祷神，贵者敲牛至于数十百，贱者敲羊至于数十百，究无救于疾，而牛羊之用已不可纪极。巨室丧事来吊，但驱牛马羊成群，设帐幕于各山，牵牛诣灵位三匝，而敲之以成礼，仍归所敲于各帐，计费牛羊亦不可胜计。故禄劝州虽僻处，而鼠街所出之皮草几半滇，由用之多也。《范志》："蛮马出西南诸番，多自毗那、自杞等国来。自杞取马于大理，古南诏也，地连西戎，马生尤蕃，大理马为西南蕃之最。"彼时所谓大理国者，盖统全滇而言之，非大理一郡也。桂林，故静江也。宋时于静江府设马政，以茶易西蕃之马，故《范志》自谓"余治马政"。今滇马虽多，未有鞭缰，佑客驱而成群，贩之以出滇境者，但供脚人驮运，驿号收买而已。至缅甸军兴，反驱天下之马牛以入滇，死者不可胜计，道路臭秽，几不可行。无济于军兴，徒为靡费，岂非不考之过哉？《传》云："古者大事，必乘其产，安其水土，而知其人心，随年向无不如志。"夫以郑驷尚败晋戎，况驱天下之马，万里入滇，道死已过其半。迨抵军前，马已尽矣，不得已潜买滇马以充之，滇马值遂高。夫内地之马，撒蹄而驰，于平原广地便。滇马敛蹄，于历险登危便。古称"越赕之西多荐草，产善马，世谓越赕骏。始生若羔，岁中纽莎縻之，饮以米沈，七年可御，日驰数百里。"又夷人攻驹，縻驹崖下，置母崖颠，久之，驹恋其母，纵驹冲崖，奔上就母，其教之下崖亦然。胆力既坚，则涉峻奔泉，如履平地。此滇马之可用于滇，而入内地，技亦穷矣。南渡偏安，于静江易马，终不闻赖西蕃之马以济军政，想亦徒为烦费矣。（《滇海虞衡志》第 149 页）

果下马，滇亦有，然不多，但供小儿骑戏，故不畜之也。果下马，即古褭骖也。夫马高八尺，绝有力曰駥，俗取驼运，岂弃駥而畜褭骖哉？（《滇海虞衡志》第 152 页）

马，《唐书·南蛮传》：两爨蛮，土多骏马。范成大《桂海虞衡志》：蛮马，出西南诸番，多自毗那、自杞等国来。自杞取马于大理，古南诏也，地连西戎，马生尤番。（又）大理马为西南番之最。《宋史·外国·大理传》：政和七年，大理贡马三百八十匹。檀萃《滇海虞衡志》：南中马独多，春夏则牧之于悬崖，秋冬则放之于水田有草处，故水田多废不耕，为秋冬养牲畜之地，重牧而不重耕。（道光《云南通志稿》卷 68《通省》第 25 页）

果下马，檀萃《滇海虞衡志》：果下马，即古褭骖也，滇亦有，但不多，止供小儿骑戏，故不畜之也。（道光《云南通志稿》卷 68《通省》第 26 页）

马，常璩《华阳国志》：滇池县有泽水，周回二百里，深广，长老传言池中有神马，与家马交，则生骏驹，世称滇池驹，日行五百里。章潢《图书编》：西马，昆明、富民、宜良出。异马，易门黎岩山出。（道光《云南通志稿》卷 69《云南府》第 7 页）

马，《唐书·南蛮传》：越赕产善马，世称越赕骏。始生若羔，岁中，纽莎縻之，饮以米潘，七年可御，日驰数百里。（又）异牟寻谢天子，越赕统伦马。樊绰《蛮书》：马出越赕川东面一带，冈西向地势渐下，乍起伏如畦畛者，有泉地美草，宜马。初生如羊羔，一年后纽莎为拢头縻系之，三年内饲以米清粥汁，四五年稍大，六七年方成就，尾高，尤善驰骤，日行数百里。本种多騘，故代称越赕騘，近年以白为良，藤充及中赕亦出焉。（道光《云南通志稿》卷 70《永昌府》第 30 页）

清云南按察使李銮宣《金马篇》：金马碧鸡相对愁，昆明池水山前流。去年霪雨六十日，池水泛溢田行舟。禾廛漂没鱼上树，灾更甚者安宁州。宜良晋宁亦被水，茫茫一片江湖秋。今年五月水未涸，宣泄不及禾无收。古人立法本尽善，注兹挹彼开田畴。筑以石堤防以堰，阴阳相度工频修。近人不师古人意，虚縻国帑无良谋。惜哉神禹久不作，民人为鱼将谁尤。卖儿鬻女草间活，乞人稠比稠人稠。监司大吏例得往一勘，县吏匍匐迎前驱，归来开宴屠羊牛，樽前宛转开歌喉，开歌喉，大府笑，明日西台更相召。膏粱醉梦日月昏，不知四野哀鸿叫。（道光《晋宁州志》卷 12 第 21 页）

马，《唐书·南蛮传》：两爨蛮，土多骏马。采访：顺属山寨，间多畜牝马，故马之蕃生日甚。（光绪《续修顺宁府志》卷 13 第 23 页）

滇马，滇产马，最著者，汉章帝元和中，王阜作郡时，《水经注》：长老言滇池中有神马，家马交之则生骏驹，日行五百里。《南中志》：骏马俗称之曰滇池驹。如淳曰："滇音颠，马出其国。"晋太元十四年，宁州刺史费统言晋宁郡滇池县两神马，一白一黑，盘戏河水之上。梁元帝《答齐国双马书》云："滇池水里，远访犹难。"即用此故实也。《隋书·梁睿传》：爨震献数十马。又云：南宁州出名马。《南诏碑》：越睒天马生郊。《云南史记》：马出越睒川，有泉地美草，宜马。藤充亦出马，次睒、滇池尤佳。东爨中亦有马，比于越睒。《开元占经》引《晋中兴征祥说》：太元十四年，贾统上言，晋宁滇池县，此月辛亥，有马二匹，出于河上，一白一乌，盘戏相逐河水上，从卯至巳乃没。《太平寰宇记》：滇池有神马，与今马交，生异驹。《郡国志》云：滇池出骏马 《桂海虞衡志》：大理马为云南马之最。《宋史·大理传》：市云南马。谢肇淛《滇略》：越睒之西，产善马。徐渭《武录序》：以弓则取材西野，以马则收骏越睒。考晋时晋宁属宁州，马即滇马，统为之神马云。（《滇绎》卷 1 第 670 页）

## 猫

《同友人咏猫得全字》（五律）：有兽能司捕，威名响蜀川。

贪饕偏喜活,窃物最宜羶。怕近山僧灶,专同美女眠。咆哮不藉虎,牙爪已生全。(《担当诗文全集·橛庵草》卷4第198页)

猫,《礼》迎猫,谓其食田鼠也。其睛子午卯酉如一线,寅申巳亥如满月,辰戌丑未枣核形。鼻端四时常冷,惟夏至一日则暖,山中无历日,知此可为时漏之助。(《鸡足山志》卷9第346页)

义猫,又尝先后得二猫,一大一小,行走寝食不相离,偶违其伴,必绕室呼而寻之。共牢而食,必大者先,小者蹲于旁,俟大者食竟,然后前而食,不稍紊其序。所食有腥膻之物,大者亦不食尽,必留以待小者。至获一鼠,亦必共啮之。一日为匪人盗小者去,大者哀鸣跳踯者几日,亦远去不复至。余深为惋惜,几至坠泪。噫!此可谓义猫矣。与驯犬并志之不能忘。……猫,鼠多,故猫贵,寻常一猫须大钱千余文,因之难养易失。虽终日拴缚,稍或弛懈,便被窃去。普洱猫极大,状似虎,素有佳名。裴中丞(按:裴宗锡)尝得一普洱猫,甚喜,适获一活鼠,牵示猫,猫注目视之,反却步,以为笑谈。先儒云:盛名之下,其实难副,是可以鉴矣!(《滇南闻见录》卷下第44页)

狐、狸并称,而狸之畜于家者名猫,善捕鼠,且依人,故蛮重猫鬼,杀猫如杀人罪,业报深。而猫生于野为野猫,盗窃人家鸡、鹜、鸭、鹅,多被吞食以肥其身,比猫为大而眼甚恶。《范志》有火狸,即红色野猫也。有豹色狸,即花色野猫也。缉其皮为裘,名九节狸,价亦重。(《滇海虞衡志》第173页)

猫,檀萃《滇海虞衡志》:狸之畜于家者名猫,善捕鼠,且依人,故蛮重猫鬼,杀猫如杀人罪,业报深。(道光《云南通志稿》卷68《通省》第29页)

香猫,杨慎《丹铅总录》:予在大理府见香猫如狸,其文如金钱豹。此即楚词所谓"乘赤豹兮载文狸"。王逸注为神狸者也。《南山经》所谓:亶爰之山,有兽焉,状如狸而有髦,其名曰类,自为牝牡,食者不妬。《列子》亦云:亶爰之兽,自孕而生,曰类。疑即此物也。(道光《云南通志稿》卷69《大理府》第17页)

猫,檀萃《滇海虞衡志》:狸之畜于家者名猫,善捕鼠且依

人,故蛮重猫鬼,杀猫如杀人罪,业报深。(光绪《续修顺宁府志》卷13第25页)

第三十一课《猫》:猫性灵锐而懒,善热怯冷,与犬之畏暑耐寒相反对。四足皆四趾,体尾长,跳无声,眼睛与时变换,善捕雀鼠。(楚雄旧志全书"楚雄卷下"民国《楚雄县乡土志》卷下第1360页)

狮子猫,亦名狮猫,体高一尺有奇,毛长尾大,声宏状,甚雄伟,善捕鼠,性好眠,一、二、四、五区藏人喜饲之,亦异产也。(民国《中甸县志稿》卷上第12页)

## 牦牛

弥诺江已西,出犛牛,开南已(原本作巴,为注者改)南养处,大于水牛。一家数头养之,代牛耕也。(《云南志补注》卷7第109页)

牦牛形如黄牛,其毛或黑或白,土人以之为帽,或以为缨,但粗而短。其野西番所产者,则细而长也。(景泰《云南图经志书》卷4《永宁府》第245页)

牦牛剌次和、香罗、瓦鲁之三长官司出,形如黄牛,其毛或黑或白,可为帽为缨,但粗而短,其野西番所出者则细而长。(正德《云南志》卷8《永宁府》第360页)

牦牛,产剌次(和)、香罗、瓦鲁(之)诸夷地,毛可为帽为缨,《庄子》所谓大若垂天之云,而不能捕鼠,是已。(《滇略》卷3第233页)

《史记》称筰马、僰僮、髦牛。髦即牦也。僰僮信实而忠于其主,至死不变,人得此僮为仆,甚为利益。今之僰夷,狞犷乐战斗,讵堪畜养哉?(《滇略》卷3第233页)

兰州,则有牦牛尾,可结巾帽,人常用之。(天启《滇志》卷3《丽江府》第119页)

己卯二月初十日……因为余言,其地多牦牛,尾大而有力,亦能负重,北地山中人,无田可耕,惟纳牦牛银为税。盖鹤庆以北多牦牛，顺宁以南多象，南北各有一异兽，惟中隔大理一郡，西抵永昌、腾越，其西渐狭，中皆人民，而异兽各不一产。腾越之西，则有红毛野人，是亦人中之牦、象也。（《徐霞客游记·滇游日记七》第966页）

氂牛，《一统志》：尾可作缨，出丽江。《丽江府志》：出中甸。（道光《云南通志稿》卷69《丽江府》第48页）

犛牛，樊绰《蛮书》：弥诺江已西，出犛牛。王圻《三才图会》：西南夷长毛牛也，似牛而四节，腹大及胫，皆有赤毛，长尺余，而尾尤佳，其大如斗，天子之车左纛以此尾为之。（道光《云南通志稿》卷70《永昌府》第31页）

犛牛，樊绰《蛮书》：开南、巴南养处，大于水牛，一家数头养之，代牛耕也。（道光《云南通志稿》卷70《景东直隶厅》第40页）

犛牛，章潢《图书编》：剌次和、香罗、瓦鲁之出，毛可为帽为缨。《一统志》：旧剌次和、香罗、瓦鲁之三长官司出。（道光《云南通志稿》卷70《永北直隶厅》第44页）

《古宗人吸牛血以补身》：迤西之中甸境内多是古宗民族，古宗之风俗习惯多与他种民族不同。古宗专重于畜养毛牛（牦牛），多者畜养至数百条，少者亦不下二三十条，以衣食两字俱靠望于牛也，人有病虚羸者，亦惟取牛血来作补剂，取牛血亦勿须杀牛，只以一形类于针之银管，插入牛之腿部上或近肋胁处，则以口含银管，尽力吸㗂（似当作吮，下同），牛身上血便随管而入于人口，吸血者俟果腹而后止，然隔十日、八日，又可插管于他处，而作第二次之吸㗂。若吸㗂至三次，人之身体则壮健矣，牛则顿形羸弱，是则须将养二三年，始能体力复原。吁！此所谓一针见血，吸尽膏脂也。又古宗人取牛奶时，多是以一竹管插入牛后阴内，以自己口中热气频频吹入，吹约一分钟之久，斯而勒取其奶，奶则暴注而下，时人之云“吹牛”，或亦取义于此也。（《云南掌故》卷13第421页）

## 貊

永昌郡，…… 又有貊兽，食铁。(《华阳国志》卷 4 第 430 页)

貊兽，毛黑白臆，似熊而小。以舌舐铁，须臾便数十斤，出建宁郡也。《文选·蜀都赋》刘逵注引。(《云南古佚书钞·南中八郡志》第 9 页)

永昌郡，貊大如驴，状颇似熊。多力，食铁，所触无不拉。《后汉书·西南夷传》注引。案：此条与“建宁郡”条事同而文有异，以二郡俱产貊兽，故仍录为二。(《云南古佚书钞·南中八郡志》第 11 页)

常璩《南中志》云：永昌有貊兽，能食铁。(《滇略》卷 3 第 232 页)

貘，苏颂《本草图经》:《王会解》云屠州有黑豹，白貘别名。貘，今出建宁郡，毛黑白臆，似熊而小，能食蛇，以舌舐铁，可顿进数十斤，溺能消铁为水。魏宏《南中志》：貊兽，毛黑白臆，似熊而小，以舌舐铁，须臾便数十斤，出建宁郡。(道光《云南通志稿》卷 68《通省》第 28 页)

貊兽，常璩《华阳国志》：永昌郡有貊兽，食铁。《南中八郡志》：貊大如驴，状颇似熊，多力，食铁，所触无不拉。郭义恭《广志》：貊色苍白，其皮温暖。(道光《云南通志稿》卷 70《永昌府》第 31 页)

## 牛

越嶲国有牛，稍割取肉，牛不死，经日肉生如故。(《博物志》卷 3)

(交州)移风故县有摇牛，生壑里。时时共斗，则海沸。或出岸上，家牛见则恐怖。人或遮捕，则霹雳随至。俗号曰“神女牛”。又多潜牛，每登岸斗，角软，还入水，复坚。《太平寰宇记》卷一百七十一《岭南道》十五《摇牛》条引。（《云南古佚书钞·南中八郡志》第14页）

天宝中，东北自曲、靖州，西南至宣城，邑落相望，牛马被野。（《云南志补注》卷4第47页）

沙牛，云南及西爨故地并只生沙牛，俱缘地多瘴，草深肥，牛更蕃生犊子。天宝中一家便有数十头。通海已南多野水牛，或一千二千为群。（《云南志补注》卷7第109页）

昆州，土贡牛黄。（《新唐书》卷43下第1140页》）

三濮者，在云南徼外千五百里。……多白蹄牛、虎魄。龙朔中，遣使与千支弗、磨腊同朝贡。（《新唐书》卷222第6328页）

黄牛肉，味甘，〖性〗温，〖无毒〗。安中益气，养脾胃，补益腰〖肾、筋骨〗，止渴〖生〗津，〖补血〗。乳，〖补虚弱，止渴，养心血，治反胃〗，利大肠尤佳。（《滇南本草》第887页务本）

水牛肉，味甘，〖无毒〗，能安胎补血，强筋骨，〖消〗水肿，〖除〗湿气。（《滇南本草》第889页务本）

戛里境上诸夷，……民勤于务本，牛不穿鼻，故不服耕，惟妇人用钁锄之，故不能尽地利。……牛有水牛头而黄牛身者，又有牛峰如驼者。（万历《云南通志》卷16第6页）

《博物志》云：越嶲国有牛，稍割取肉，经日复生。释法盛《历国传》亦云：天竺有稍割牛，十日一割，不便困病。（《滇略》3第233页）

越嶲国有牛，割取取肉，牛不死，经月肉生如故。（天启《滇志》卷32第1047页）

越嶲牛越嶲国有牛，割取其肉，牛不死，经月如故。（康熙《云南通志》卷30第861页）

牛，农民之家养牛最多，其农功止于耕犁，不比吾乡有盛暑戽水之苦，而一切驼货驾车全用牛只。盖人则农而兼商，物则牛以代马。且牛之生息蕃盛，每过村庄，必有童牛几许寝卧墙下也。（《滇南闻见录》卷下第43页）

《范志》阙牛，然牛亦国计民生大用，不可不载也。自前明开屯设卫以来，江湖之民，云集而耕作于滇，即夷人亦渐习于牛耕，故牛为重。牛分两种，水牛、黄牛。黄牛特多，高大几比水牛，以耕田，以服车。车轮皆轻，即平地任载之车也。其犁田也，驾双牛，前一人引之，后一人驱之。驾车亦然，双牛较少，一人可护数车，故牛之用大。而通省名都大镇多教门，食必以牛。其宰割以膳者，大都日数十，皆肥牛之腱也。故皮角之外，而乳扇、乳饼、鍉餬（亦作醍醐）、酪酥之具，虽僧道亦资养于牛，可以忽乎哉？《尔雅》释牛，分犘、犦、犤、犩、犣、犝、犑，凡七种。郭注举南中牛为证，皆非耕牛。唯曰：“犦牛健行，日三百余里。”则任载之牛也。滇夷有旄牛，夷因以名，则犣牛也。取其长毛，朱湛之以为帽缨，贵者一头须数金，皆滇产之所出。夷人畜牛以为食，市于汉人以耕田，以服车，故牛为汉民一家之命，如吴、楚农。至于觭、犗、犉、牰、犚、牧、犈、犻、欣犌之状，水牛、黄牛皆同，不必厘也。（《滇海虞衡志》第 153 页）

牛，檀萃《滇海虞衡志》：牛分两种，水牛、黄牛。黄牛特多，高大几比水牛，以耕田，以服车。而教门食必以牛，其宰割以膳者，大都日数十，皆肥牛之腱也。故皮角之外，乳扇、乳饼、醍醐、酪酥之具，虽僧道亦资养于牛。（道光《云南通志稿》卷 68《通省》第 25 页）

沙牛，樊绰《蛮书》：沙牛，云南及西爨故地并只生沙牛，俱缘地多瘴，草深肥牛，更蕃生犊子。（道光《云南通志稿》卷 69《大理府》第 16 页）

白蹄牛马，杜预《春秋释例》：黑僰濮在永昌西南，其境出白蹄牛马。（道光《云南通志稿》卷 70《永昌府》第 30 页）

农人耕田，大理耕者以水牛负犁，一人牵牛，一人骑犁辕，一人推犁。案《南诏传》：犁田以一牛三夫，前挽、中压、后驱。然则今之耕者，犹是蛮法也。（《滇游续笔》第 465 页）

地产犏牛，不能耕，惟断其尾，茜染之以饰盔介。（《云南蛮司志》第 76 页）

（陇川）牛有水牛头，黄牛身者。（《云南蛮司志》第 77 页）

清永昌知府陈廷焴《禁宰牛说》：牛之为物，其用最广，所以禁宰者，岂必煦煦然专以爱惜物命是务哉！凡以劝农也，弭盗也，除灾也。永昌路通外域，岁入牛只以千万计，如能遂其蕃滋，不加戕害，则日见其增，或用以耕，或资以载，而物产之利不既均乎？盗牛之案由私宰，盖销变较捷而获利滋多也。果其相戒不食，则窃取之牛骤难转售，失主便于跟寻，有司易为查究，奸宄之风不亦戢乎！灾沴传染为祸甚烈，要由人事失修，乖气致戾，若能一律禁宰，因不忍之念达之于其所忍，则杀机全息，而太和翔洽氛祲之患不已消乎？余历任滇中，若临安，若武定，素为灾甚之区，而禁令甫申，其疾顿止。是既行之有明验矣。至若重农事而止盗风，是又功令所当遵，而守土者所宜究心也。或有谓是不便民且碍于赋税，曷权宜之上亦有利焉，夫耗物之命以专其利，仁者不为，况其所伤实大。今行之二年，而时和年丰，课不稍绌，此余所断之于心且躬自阅历者，又岂因一二奸回之称便，而遂驰其禁乎？虽为政多端，此其末节，然人知牛之为重於以务本业，安良善迓休征而跻仁寿，其所得岂浅鲜哉？后之君子幸勿笑余之迂，继其志而翼其成也可。（光绪《永昌府志》卷65第16页）

牛，檀萃《滇海虞衡志》：牛分两种，水牛、黄牛。黄牛特多，高大几比水牛，以耕田，以服车。而教门食必以牛，其宰割以膳者，大都日数十，皆肥牛之健也。故皮角之外，乳扇、乳饼、醍醐、酪酥之具，虽僧道亦资养于牛。（光绪《续修顺宁府志》卷13第24页）

廪生高乃裕《哀牛行》（七古）：国依于民民依食，田家根本惟种植。任尔泥涂四体勤，耕耘总是牛为力。八口养生在一牛，岁星何独与牛仇。反复迁延岁已久，处处伤残总未休。试看村坊并井邑，望杏瞻蒲农事急。徒手耰锄力不支，妇子辍耕相对泣。论功无物与牛高，享帝因之用太牢。于今死骨相枕藉，寄语贫家莫卖刀。贫家一牛相为命，耨火犁云力是倩。栏中乍见有灾殃，恨不将身代牛病。年年孳息已无多，何事为农独坎坷？田荒饥馑都无恨，逋欠官粮奈若何。（楚雄旧志全书“姚安卷上”光绪《姚州志》卷10第824页）

第十七课《牛》：牛为家畜最有用之物，体大毛粗，性钝力强，额有双角，足具四趾，中趾踏地。齿共二十四枚，随时变换，故观其齿之脱落，即可定其龄。第十八课《续上》：牛羊皆食草兽，胃为特别之器官，自相连之，四囊而成。食草时，先人第一胃，至第二胃反刍于口，次移于第三胃、第四胃，顺次消化，故属反刍偶蹄类。（楚雄旧志全书“元谋卷”光绪《元谋县乡土志》修订本卷下第398页）

第二十九课《牛》：牛性温和，有水、黄二种，顶二角，头部短，胸、腹、腿肥大。水牛毛粗，黄牛毛细，无上齿，四足八蹄，蹄后各有二小指，尾下垂，力能任重代耕，皮角可制器。（楚雄旧志全书“楚雄卷下”民国《楚雄县乡土志》卷下第1359页）

## 狨

宋祁《益部方物记》：狨，威茂等州南诏夷多有之，大小正类猿，惟毛为异。朝制：内外省以上官乘马者得以狨为藉，武官则内客省使、宣徽使乃得用。（道光《云南通志稿》卷68《通省》第28页）

## 猞猁

土猞猁，毛差小，有杂色点子，须摘净，暖不如西猞猁也。（《滇南闻见录》卷下第42页）

## 鼠

有曰沙蛮者，……掘鼠而食之。（景泰《云南图经志书》卷3《广西府》第181页）

松鼠毛长尾大，常依松林，其走如飞。（景泰《云南图经志书》卷4《顺宁府》第241页）

松鼠毛长尾大，常依松林，其走如飞。（正德《云南志》卷6《顺宁府》第367页）

白花鼠，即《史记》所谓家鹿者是也。身皆苍松色，上有白花点，性甚驯，多家松树间。余鼠可憮，不足录矣。（《鸡足山志》卷9第348页）

余官邓川时有疫疾，名曰羊子，传染已二十余年。初起于鹤庆，自北而南，次及浪穹、邓川、宾川、太和、赵州、蒙化，死者数万人矣。凡有鼠出穴死者，室中人皆病，或即时死，或阅日死。延至七日即不死。其疾，皮肤起疱，割之有白浆，或成羊毛。余谓此水沴也，故起于北而渐于南。鼠，穴虫，属子，水位，故先感地气而死。人七日不死者，阳胜，水不能克也。嘉庆元年，抱母地名鼠皆出穴，俗传戒火，或有废炊寒食者。既而大小漂没庐舍，此亦水沴，故有鼠祥也。（《滇游续笔》第471页）

鼠，最多而大，竟不畏人，墙壁间穴地出入，公然行走，不复避人。糊裱室宇，当日穿穴。衣服帐幔等物，无端啮破如剪形。白日内顶篷上成群驰骋，声如擂鼓，势若走阵，此盖无忌惮之小人也欤！（《滇南闻见录》卷下第44页）

鼠，旧《云南通志》：有黄鼠、竹鼠、鼫鼠、鼷鼠诸种。（道光《云南通志稿》卷68《通省》第30页）

鼠，采访：有家鼠、黄鼠、竹鼠、松鼠。（光绪《续修顺宁府志》卷13第25页）

第三十一课《鼠》：鼠性潜伏，体小足短，好斗。前足四趾，后足五趾。齿利如锥，常啮碎器物，人皆厌之。（楚雄旧志全书“楚雄卷下”民国《楚雄县乡土志》卷下第1360页）

飞鼠，全县俱有，似狐取皮作衣。（楚雄旧志全书“双柏卷”民国《摩刍县地志》第297页）

## 獭

迤东一带有水獭，皮颇佳，价亦不贱。（《滇南闻见录》卷下

第 43 页）

山獭、水獭，俱可裘，《范志》谓山獭抱树枯，解药箭，一枚一金。至于水獭，善捕鱼，畜之者且费百金。其有皮者，由生獭未驯习，故杀而取皮，鬻以为利耳。《禹贡》梁州以皮为贡，滇于三代属梁州，其于春秋为楚之南陲，《传》曰："如杞梓、皮革，自楚往。"是知南中之皮革盛于北，北且资用于南。"羽毛齿革，君地生焉。"由来远矣。（《滇海虞衡志》第 175 页）

獭，檀萃《滇海虞衡志》：山獭、水獭，俱可裘。《范志》谓山獭抱树枯，解药箭，一枚一金。至于水獭，善捕鱼，畜之者且费百金。其有皮者，由生獭未驯习，故杀而取皮，鬻以为利耳。（道光《云南通志稿》卷 68《通省》第 29 页）

獭，檀萃《滇海虞衡志》：山獭、水獭，俱可裘。《范志》谓山獭抱树枯，解药箭，一枚一金。至于水獭，善捕鱼，畜之者且费百金。其有皮者，由生獭未驯习，故杀而取皮，鬻以为利耳。（光绪《续修顺宁府志》卷 13 第 25 页）

# 兔

兔附，《释名》曰：明眎也。言目不瞬而瞭然。兔无雄，受东风视月则孕。子生，吐于口中。上唇缺，耳尖锐，无脾土。古乐府"雄兔脚扑速，雌兔眼迷离"，则亦有雄欤？然考之群书，皆谓无雄。（《鸡足山志》卷 9 第 348 页）

滇南兔亦多，白兔且为人家所养，但穿房地为厌耳。（《滇海虞衡志》第 168 页）

兔，檀萃《滇海虞衡志》：滇南兔亦多，白兔且为人家所养，但穿房地为厌耳。（道光《云南通志稿》卷 68《通省》第 28 页）

兔，檀萃《滇海虞衡志》：滇南兔亦多，白兔且为人家所养，但穿房地为厌耳。（光绪《续修顺宁府志》卷 13 第 24 页）

第三十八课《兔》：兔形似小犬，头嘴尖，耳长，尾足短，毛灰色，可制笔。居土洞，视月精而孕五月，子从口吐出。（楚雄旧

志全书“楚雄卷下”民国《楚雄县乡土志》下第1362页)

## 犀牛

犀出越赕、丽水。其人以陷阱取之,每杀之时,天雨震雷暴作。寻传川界、壳弄川界,亦出犀皮。蛮排甲并马统备。马骑甲仗,多用犀革,亦杂用牛皮。负排罗苴已下,未得系金佉苴者,悉用犀革为佉苴,皆朱漆之。(《云南志补注》卷7第108页)

梁祚《魏国统》曰:西夷土有异犀,三角,夜行如大炬火,照数十步,或时解脱,则藏于深密之处,不欲令人见之。王者贵其异,以为簪礼,消除凶逆。(《太平御览》卷791)

越赕犀,《续博物志》曰:犀生越赕,以陷牢取之。每杀,天震雷暴雨。梁祚《魏国统》云:西南夷土有异犀,三角,夜行如大炬火,照数千步。或时脱角,则藏于深密之处,不容令人见之。王者贵其异,以为簪,能消除凶逆。(天启《滇志》卷32第1047页)

越赕犀 犀生越赕,以陷牢取之,每杀,震雷暴雨。梁祚《魏国统》云:西南有异犀,三角,夜行如炬,照数百步,或时脱角,则藏于深密处,不令人见。王者贵其异,以为簪,能消除凶逆。(康熙《云南通志》卷30第861页)

越赕犀,犀生越赕,以陷牢取之,每杀,震雷暴雨作。《魏国统》云:西南有犀,三角,夜行如炬,照数百步,或时脱角,则藏于深密处,不令人见。王者贵其异,以为簪,能消除凶逆。(乾隆《腾越州志》卷11第10页)

野牛、犀牛、兕牛,皆牛也,滇多有之。野牛能斗虎,割其肉,即复生,所谓视肉也。犀牛伏于潭,禄劝镌字崖有犀牛潭,犀夜出有光,见之者不利。兕嗜丛棘,一曰舐铁,然舐铁者貘,非兕。第猎云梦之兕,烨赫千里,射随兕者不利,则与貘皆同类。兕角为觥,祝、射皆用之。犀角骇鸡,夫岂易得?晋制犀比,或骚人寓言,而今药铺动以犀角为矜,恐非真犀也。邹经元言,九江龙江某土司家,有犀角一具,宝之累世,一方无灾眚,此其通天者欤?

李石云："越赕杀犀，震雷暴雨。"真灵物也。（《滇海虞衡志》第156页）

犀，《唐书·南蛮传》：异牟寻献象、犀。（道光《云南通志稿》卷68《通省》第30页）

犀，樊绰《蛮书》：勃弄川界，亦出犀皮。（道光《云南通志稿》卷69《大理府》第16页）

犀，樊绰《蛮书》：寻传川界，亦出犀皮。（道光《云南通志稿》卷69《丽江府》第48页）

犀，《后汉书·和帝本纪》：永元六年，永昌徼外夷遣使译献犀牛。陶宏景《名医别录》：犀出永昌山谷及益州。陶宏景曰：今出武陵、交州、宁州诸远山，犀有二角，以额上者为胜。又有通天犀，角上有一白缕直上至端，夜露不濡，入药至神验。或云此是水犀角出水中，《汉书》所谓"骇鸡犀"也。又有牸犀，角甚长，文理似犀，不堪入药。樊绰《蛮书》：出越睒、高丽共山，人以陷穽取之，每杀之时，天雨震雷暴作。李时珍《本草纲目》：犀出西蕃、南蕃、滇南、交州诸处，有山犀、水犀、兕犀三种，又有毛犀，似之山犀，居山林，人多得之。水犀出入水中，最为难得，并有二角，鼻角长而额角短。水犀皮有珠甲，而山犀无之。兕犀即犀之牸者，亦曰沙犀，止有一角在顶，纹理细腻，斑白分明，不可入药，盖牯角纹大而牸角纹细也。《夷门广牍》：犀角出南蕃、西蕃，云南亦有《魏国统》云：西南有犀，三角，夜行如炬，照数百步，或时脱角，则藏于深密处，不令人见。王者贵其异，以为簪，能消除凶逆。（道光《云南通志稿》卷70《永昌府》第29页）

犀牛，常璩《华阳国志》：元马河中现存土地，时产犀牛。檀萃《农部琐录》：犀在掌鸠河中，人不能见，见辄不利。头戴三角，夜行如炬，照数百步。或时脱角，则藏于密处，不令人见。古传取犀以陷牢，杀之，则有震雷暴雨。（道光《云南通志稿》卷70《武定直隶州》第53页）

（广南）沿边重山叠嶂，多虎、豹诸兽，有独角旱犀，或即兕也，身大而力猛，土人用陷井时殪之。其皮甚厚，曾购数十斤分遗友好，土司亦以此馈送。宴上客始用入席，必先二日火其毛，刮洗净尽，温火煮一夕，去其汤，和鸡豚烂煮，截作长方块，味殊

浓厚。并入西餐,西人尤喜食之。其角在额,大如碗,可制酒杯。余有犀角刀柄,亦龙氏所赠也。(《幻影谈》卷下第 136 页)

## 象

茫蛮部落,并是开南杂种也。……象大如水牛。土俗养象以耕田,仍烧其粪。(《云南志补注》卷 4 第 64 页)

象,开南已南,多有之。或捉得人家多养之,以代耕田也。(《云南志补注》卷 7 第 111 页)

至元三十年六月,乙酉,云南金齿路进驯象三。(《元史·成宗本纪》卷 18 第 384 页)

所产有象,土酋畜之骑坐,凡战斗用为前阵。(景泰《云南图经志书》卷 6《八百大甸军民宣慰使司》第 346 页)

象土酋畜之骑坐,凡战斗用为前阵。(正德《云南志》卷 14《八百大甸军民宣慰使司》第 581 页)

僰夷风俗:……出入所乘,或象或马,从者塞途。俗以坐象为贵,以银镜十数为络,银铃、银钉为缘,象鞍三面以铁为阑,藉以重裀,悬以铜铃,鞍后奴一的,铜帽花裳,执长钩制象,为疾徐之节,招摇于道,自以为贵。(万历《云南通志》卷 16 第 4 页)

僰夷风俗:……妇人制象,则以绳穿其耳,夜则以铁绊其足。(万历《云南通志》卷 16 第 6 页)

象,产缅甸之摆古,距永昌可四千余里,莽酋居焉。得象驯而习之,以供战阵。其枭者值千金,贡象可三百金,景东土官尝畜以备宣索。(《滇略》卷 3 第 232 页)

舞象,刘恂有亲表,曾奉使云南。彼中豪族,各家养象,负重致远,如中土之畜牛马也。蛮王宴汉使于百花楼,楼前入舞象,曲动乐作,优倡引入象,以金羁络首,绵绣垂身,随拍腾蹋,动头摇尾,皆合节奏。(天启《滇志》卷 32 第 1038 页)

象,旧说象久识,见其子皮必泣,一枚重千金。释氏书言:“象七九柱地六牙生,牙理必因雷声。”又言:“龙象六十岁,骨方足。”今荆地象色黑，两牙，江猪也。《异物志》曰：“象之为兽，形体特诡。身倍数牛，目不逾狶。鼻为口役，望头若尾。驯良承教，听言则跪。素牙玉洁，载籍所美。服重致远，行如丘徙。”咸亨二年，周澄国遣使上表言：“诃伽国有白象，首垂四牙，身运五足。象之所在，其土必丰。以水洗牙，饮之愈疾。请发兵迎取。”象胆随四时在四腿，春在前左，夏在前右，如龟无定体也。鼻端有爪，可拾针，肉有十二般，惟鼻是其本肉。陶贞白言：“夏月合药，宜置象牙于药旁。”南人言象妒恶犬声，猎者裹粮登高树，构熊巢伺之，有群象过，则为犬声，悉举鼻吼叫，循守不复去，或经五六日，困倒其下，因潜煞之。耳后有穴，薄如鼓皮，一刺而毙。胸前有小横骨，灰之酒服，令人能浮水出没。食其肉，令人体重。古训言，象孕五岁始生。（天启《滇志》卷32第1047页）

己卯八月初八日……又东南五里，冈头有村，倚西冈东向，是为象庄，此未改流时土酋猛廷瑞畜象之所也。（《徐霞客游记·滇游日记十二》第1178页）

己卯九月十一日，余心忡忡。体极恐余忧悴，命其侄并纯白陪余散行藏经楼诸处。有圆通庵僧妙行者，阅藏楼前，瀹茗设果。纯白以象黄数珠见示象黄者，牛黄、狗宝之类，生象肚上，大如白果，最大者如桃，缀肚四旁，取得之，乘其软以水浸之，制为数珠，色黄白如舍利，坚刚亦如之，举物莫能碎之矣。出自小西天，彼处亦甚重之，惟以制佛珠，不他用也。又云，象之极大而肥者乃有之，百千中不能得一，其象亦象中之王也。（《徐霞客游记·滇游日记十三》第1211页）

《象》（五律）：兽大用亦大，牙多未足奇。森罗莫可极，有万取于斯。只说胆犹活，谁知心更慈。班联仙丈里，敕尔肃朝仪。（《担当诗文全集·橛庵草》卷4第198页）

马隆州有义象冢，明天启间，水西安氏叛，率众犯州，滇省戒严，抚军调陶土司御之，陶有一象，日将暮，伏山涧中，鼻吸泥水数斛，突出咆哮跳跃，鼻喷泥水，直抵贼垒，寇皆惊骇，复捲一贼掷空坠死，陶之牙将乘机逐北，遂获大捷，及晓收师，象中毒弩而毙，土人德之，葬于南山，春秋祭扫，至今不辍。（《滇游记》第1页）

子龙征蛮时，蛮驱象进战，子龙足踢一象死，蛮大惊奔溃。

世传邓将军一脚踢死象，盖知象胆之所在，伤即毙焉。（《滇中琐记》）

象《异物志》曰："象之为兽，形体特诡。身倍数牛，目不逾狶。鼻为口役，望头若尾。驯良承教，听言则跪。素牙玉洁，载籍所美。服重致远，行如丘徙。"咸亨二年，周澄国遣使上表言："诃伽国有白象，首垂四牙，身运五足，象之所在，其土必丰，以水洗牙，饮之愈疾，请发兵迎取。"象胆随四时在四腿，春在前左，夏在前右，如龟无定体也。鼻端有爪可拾针，肉有十二般，惟鼻是本肉。陶贞白言："夏月合药，宜置象牙于药旁。"南人言象妬恶犬声，猎者裹粮登高树，构熊巢伺之，有群象过，则为犬声，悉举鼻吼叫，循守不复去，或经五六日，困倒其下，因捕获之。耳后有穴，薄如鼓皮，一刺而毙，胸下小骨，灰之酒服，令人能浮水出没。食其肉，令人体重。古训言：象孕五岁始生。（康熙《云南通志》卷30第875页）

舞象刘恂有亲表，曾奉使云南，彼中豪族，各家养象，负重致远，如中土之畜牛马也。蛮王宴汉使于百花楼前，人舞象，曲动乐作，优倡引入象，以金羁络首，锦绣随身，随拍腾踼。（康熙《云南通志》卷30第875页）

《异物志》云：象之为兽，形体特诡。身倍数牛，目不踰狶。鼻为口役，望头若尾。驯良承教，听言则跪。素牙玉洁，载籍所美。服重致远，行如邱徙。唐咸亨二年，周澄国上表言：诃伽国有白象，首垂四牙，身运五足，象之所在，其土必丰，以水洗牙，饮之愈疾，请发兵追取。象胆随四时在四腿，春在前左，夏在前右，如龟无定体也。鼻下有爪可拾针，肉有十二般，惟鼻是本肉。耳后有薄穴如鼓皮，一刺即毙。胸下有小骨，灰之酒服，令人浮水出没。多食其肉，令人体重。古训云：象孕五岁始生。相传邓子龙破缅象阵，以象闻酒香则止不行，埋酒于要隘，伏用壮士，持长刀刺其耳后薄穴，象即惊走。（乾隆《腾越州志》卷11第11页）

义象：马龙州有义象冢，明天启中安氏（按：水西安邦彦）叛，犯州城，有陶土司按：景东陶明卿者御之。陶素畜一象，潜伏山洞中，鼻吸泥砂，突出抵贼垒喷之，贼惊骇，随卷一贼掷空中，坠而死。陶乘机击之，遂大捷。象中毒矢而毙，土人德之，葬于南山，春秋致祭按：杜其渐作《义象传》，言其事。象牙：象牙器皿，为滇土产，以近南掌诸夷皆产象故也。而迩来夷方象牙到滇者少，全是粤中贩来，即土贡亦往粤备置，所以象牙所制之物，其价颇不减于他省。（《滇南闻见录》卷下第43页、45页）

按：《范志》谓"兽莫巨于象，莫有用于马，皆南土所宜"也，故《志兽》首之，况出自滇产，因之而不后。象，出云南诸土司。

《明统志》云："缅甸、八百皆有象。"然不独二土司也。夫教象以战为象阵，驱象以耕为象耕，南中用象殆兼牛、马之力。明万历中，邓子龙御缅，靴尖起处，踢死一象，蛮大惊，以为神将军。盖象胆随时运于四支，蹴其胆而杀之，知将略在有学问也。天启间，安效良叛，攻马龙，调景东土兵统象兵逆战，一象奋勇冲阵，土兵乘之，大破蛮兵。象归营，犹气勃勃始毙，箭簇满身。巡抚王佐立碑建坊，葬之马龙北关外，表曰忠勇义象。此事著于《黔书》及《滇志》。予居滇久，屡见缅甸、南掌贡象至，养于城东报国寺后园，无绝殊者，而供亿亦烦费矣。(《滇海虞衡志》第147页)

象牙，《逸周书·王会解》：产里象齿。崔豹《古今注》：越裳氏重译来贡，象牙一。(道光《云南通志稿》卷70《普洱府》第3页)

象，《后汉书·西南夷传》：哀牢出犀、象。杜预《春秋释例》：黑僰濮在永昌西南，其境出犀、象。《唐书·南蛮传》：异牟寻谢天子象、犀。章潢《图书编》：缅甸、八百出，土酋畜之骑坐，凡战斗，用为前阵《腾越州志》：旧传邓子龙破缅象阵，以象闻酒香则止不行，埋酒于要隘，伏用壮士，持长刀刺其耳后薄穴，象即惊走。(道光《云南通志稿》卷70《永昌府》第30页)

象，樊绰《蛮书》：开南、巴南多有之，或捉得人家，多养之以代耕田也。(道光《云南通志稿》卷70《景东直隶厅》第40页)

清中书赵文哲上海《猛拱土司进四象诗》(七古)：王师征缅次猛拱，诞告诸夷尔无恐。诛无赦者纂逆种缅逆懵驳之父瓮藉牙本以纂弑得踞其地，尔克共将受天宠。夷官感泣手双廾，携厥配来锦帕拢。琥珀作瑱贯耳孔，蛮布花裹名曰桶。厥音喽丽性愚侗，苦言邻寇肆牢笼。索米求金日苛冗，大旱望云愁蝶蝀。公今来及秋瓜嗪，无数泣婴饥得湩。氓安田庐魄安冢，欲报之德乏球□。有驯象四放秋垅，两牙弯环形拥肿。愿进阙下诚忭悚，重鍮不系绳五总。以肱麾之行接踵，弓刀如山屹不动。曰跪则跧立则竦，赐以衅沐江涛汹。譬与降臣勉萋菶，伏流不见背峰耸。一跃风雷四蹄涌，步伐俨然承诚詷。非鞭箠之驾无罣，九间僊仗环陛栱。列象巍峨实瓶捧，诸邦任土岁有奉。四象宁增玉阶重,鉴尔效顺志颇勇。封章上闻不汝壅,锡以佩囊刀珌琫。过望之喜逾得陇,圣清醲化极鸿濛。元甲琱戈革包罩,朱波弹丸㻮中蠓。厥考盗兵始作俑,子弗斡虫转詾詾。兽之不如顽且懵,缚以尺组拑以拳。万里头献象肩拥,象也闻之起而踊。(光绪《永昌府志》卷66第13页)

清顺宁知县曲阜桂馥《邓将军烹象处》(五律):徼外蛮夷动,谁能用计擒。荒岩干象骨,孤垒一军心。儒将留诗卷,丛祠接树林。守边常若此,可怕缅人侵。(光绪《续修顺宁府志》卷33第21页)

《象房》:缅甸与安南,在为中华藩属时,每三年,必入贡于中国一次,主要贡品是象,或二只,或三只,则不定其数。大致缅甸贡入之象,在字数(数字)上总超过于安南。此两国贡象来,都是先到云南,再出贵州而北上,然来到云南,在昆明地方,必有若干日之耽搁。在未能前行时,自应有一适当地处以居象。报国寺之大门前,靠近东门城埂脚处,有阔大房屋若干间,名曰象房,象来即居于此,象猡亦同住于此。象去后,此屋固是空着,而官方则派有一姓方之昆明人,常住于其间,专司象房内一切事务,时人则称之为方象猡。象猡亦写作象娜。方象猡之后世子孙,今尚有二三人在新社会上服务者,如现住于桑子巷内之方介福即是。(《云南掌故》卷15第488页)

《象眼街之由来》:象眼街,又名鹦哥花。胡名曰鹦哥花?以街东畔守府衙门内,街西畔藩署围墙内,各有刺桐花数株,昆明人呼此为鹦哥花,时人遂以此而名街。曰象眼街,以街中间之地面上,嵌有石头数块,逗(斗)成个象的头面,有眼、有鼻、有耳,且刻出纹路,是十足的一个象的头面。考求嵌此形象于地面之根由,传云:清初某年,缅贡象莅滇,象行至此街中间,下跪良久,始起而行,故凿象形貌于此,以纪其事。(《云南掌故》卷15第489页)

《班洪风土记·打猎》:……野象亦时有之,闻在三十年前,数最多,且至孟定境内,今则过班洪者已少,而孟定无象踪迹也。(《滇西边区考察记》第1篇第40页)

《班洪风土记·蛮朗象》:班洪寨西南蛮朗山中,有大象七八只，曾过其地者曰：象洞外四五里，有石屹立，象过其旁，长鼻摩擦，石已平如砥。凡象所行经，丛棘开成隧道，或不知而走象路，遇之则无处可避，必遭其为祸也。曾有人骑而过，遇猛象至，下马登树上避之，马无逃跑，为象鼻引而掷之数丈外，亦见其力之大也。在猛董，闻班老土人猎获其一云。（《滇西边区考察记》第1篇第40页）

## 猩猩

哀牢，出猩猩。（《后汉书·西南夷传》卷86第2849页）

猩猩兽，能言，其血可以染朱罽。（《华阳国志》卷4第430页）

（交州）猩猩在山谷中，行无常路，百数为群。土人以酒若糟设于路；又喜屩子，土人织草为屩，数十量相连结。猩猩在山谷见酒及屩，知其设张者，即知张者祖先名字，乃呼其名而骂云："奴欲张我。"舍之而去。去而又还，相呼试共尝酒。初尝少许，又取屩子著之。若进两三升，使大醉。人出收之，屩子相连，不得去。执还，内牢中。人欲取者，到牢语云："猩猩，汝可自相推肥者出之。"既择肥竟，相对而泣，即左思《赋》云"猩猩啼而就擒"者也。昔有人以猩猩饷封溪令，令问饷何物，猩猩自于笼中曰："但有酒及仆耳，无它饮食。"《后汉书·西南夷传》注引。《太平寰宇记》卷一百七十《交州物产》、《明一统一》卷九十《安南土产》引作"猩猩，人面豕身，似猿，常数辈为群。人以酒并糟设路侧，连结草屐。猩猩见之，即知张者祖先姓名，呼曰：'奴欲张我。'亟舍去。复自谓试共尝酒。逮醉，取屐著之，为人所擒。"盖节文。《寰宇记》引此文误作《淮南子》，考《淮南子》无此文，当据《后汉书·注》作《南中志》。案：李贤以此文注于永昌郡物产下，盖永昌亦产猩猩，故援引此文以注之。今以事涉交州，又引《吴都赋》语，据《寰宇记》、《明一统志》所载，以此文人交州。（《云南古佚书钞·南中八郡志》第13页）

猩猩兽，如人能言。（正德《云南志》卷13《金齿军民指挥使司》第

540 页）

常璩《南中志》云：有猩猩，能人言，其血可以染朱罽。（《滇略》卷 3 第 232 页）

猩猩，永昌郡有猩猩，能言，其血可以染朱罽，色鲜不黯。或曰：若刺其血，问之“尔与我几许?”猩猩曰：“二升。”果足其数。若加之鞭箠而问之，则随所加而得，至于一斗。弗如此，未肯顿输。其说出《华阳国志》，今永昌郡绝无此。彼中人言，盖出三宣徼外，古贡自永昌，遂以为永昌产耳。（天启《滇志》卷 32 第 1047 页）

猩猩永昌郡有猩猩，能言，其血可以染朱罽，色鲜不黯。或曰：若刺其血，问之“尔与我几许?”猩猩曰：“二升。”果足其数。若加之鞭捶而问之，则随所加而得，至于一斗。弗如此，未肯顿输。其说出《华阳国志》，今永昌郡绝无此。彼中人言，盖出三宣徼外，古贡自永昌，遂以为永昌产耳。（康熙《云南通志》卷 30 第 874 页）

猩猩，《明志》：出永昌郡。皆野人山境之兽，取其血染朱罽，色鲜不黯。《华阳国志》同。猩猩，欲刺其血，问之：“尔与我几许?”猩猩曰：“二升。”加之鞭箠，则随所加而得，可至一斗。勿如此，未肯顿输。其能言如此。（乾隆《腾越州志》卷 11 第 19 页）

猩猩，古传出永昌，今不闻有此物。（《滇海虞衡志》第 176 页）

猩猩，《后汉书·西南夷传》：哀牢有猩猩。常璩《华阳国志》：永昌郡有猩猩，能言，其血可染朱罽章怀太子《后汉书注》引《南中志》曰：猩猩在山谷中，行无常路，百数为群，土人以酒若糟设于路；又喜屩子，土人织草为屩，数十量相连结，猩猩在山谷见酒及屩，知其设张者，即知张者先祖名字，乃呼其名而骂云：“奴欲张我。”舍之而去。去而又还，相呼试共尝酒。初尝少许，又取屩子著之。若进两三升，便大醉。人出收之，屩子相连，不得去。执还，纳牢中。人欲取者，到牢边语云：“猩猩，汝可自相推肥者出之。”既择肥竟，相对而泣，即左思《赋》云“猩猩啼而就擒”是也。檀萃《滇海虞衡志》：猩猩，古传出永昌，今不闻有此物。《腾越州志》：欲取其血，问之：“尔与我几何?”猩猩曰：“二升。”加之鞭捶，则随所加而得，可至一斗。勿如此，未肯顿输。（道光《云南通志稿》卷 70《永昌府》第 31 页）

《蜀都赋》刘渊林注：猩猩，生交趾。（《滇绎》卷 1 第 670 页）

# 熊

熊或似猪形，则曰猪熊，或如犬状，则曰狗熊，山皆有之。（景泰《云南图经志书》卷3《广西府·弥勒州》第186页）

熊附，《周礼》蛰兽，能攀木以导引，冬蛰于穴，不食，惟自舐其掌。虽远经千里，其跧伏必寻崖穴，故谓之熊馆。尚洁，如秽其身，则爬搔至毙。盖阳之属，其性壮毅。《书》以喻不二心之臣。《诗》为男子之祥。其肖形而称，有人、牛、马、猪、狗五类。（《鸡足山志》卷9第346页）

熊，类至多，有马熊、人熊、猪熊、狗熊，滇南多有之。予常至农部汤郎、马曬厂，其地多熊。仰视大栗树，其大枝坠地盈堆，熊啮而堕之，以食其实者。此四种疑兼罴在内，但人所献熊胎、熊掌，余则无所用，不闻取其皮。（《滇海虞衡志》第170页）

熊，檀萃《滇海虞衡志》：熊，类至多，有马熊、人熊、猪熊、狗熊，滇南多有之。予尝至农部汤郎、马曬厂，其地多熊。仰视大栗树，其大枝坠地盈堆，熊啮而堕之，以食其实。但人所献熊胆、熊掌，余则无所用，不闻取其皮。（道光《云南通志稿》卷68《通省》第28页）

熊，檀萃《滇海虞衡志》：熊，类至多，有马熊、人熊、猪熊、狗熊，滇南多有之。予尝至农部汤郎、马晒厂，其地多熊。仰视大栗树，其大枝坠地盈堆，熊啮而堕之，以食其实。但人所献熊胆、熊掌，余则无所用，不闻取其皮。（光绪《续修顺宁府志》卷13第25页）

熊，产妥表营，状类犬，产额无定，肉供食，胆作药。（楚雄旧志全书“双柏卷”民国《摩刍县地志》第297页）

# 羊

施蛮，……披羊皮。磨蛮，……土多牛羊，一家即有羊群。终身不洗手面，男女皆披羊皮。（《云南志补注》卷4第56页）

大羊，多从西羌、铁桥接吐蕃界三千二千口将来博易。（《云南志补注》卷7第111页）

羊肉，〖气味膻〗、甘、〖微〗苦，〖性〗大热。〖无毒。主治〗补中益气，安神，止惊止痛。产妇食之易生。又治风眩痰症，男子五〖劳〗七伤，小儿惊〖痼〗癫〖搐〗。开胃健脾，食之神效。病人忌服，又能动风。（《滇南本草》第891页务本）

花羊角本州崀峨村出，文如玳瑁，可以为带。（正德《云南志》卷12《北胜州》第499页）

岩羊附，凡有悬崖即产之。以其能陟峻阪，行险若御风。大者若驴，俗谓之山驴，圆蹄节角，即陆氏所谓羱羊也。（《鸡足山志》卷9第347页）

黑铺，元江有之。……畜养山羊，不食羊肉，夷中之最善者也。（雍正《志》卷24《种人》）

黑羊皮，毛甚紧细，如甘肃古宗羊，系藏中来者，甚少而贵。（《滇南闻见录》卷下第43页）

黑羊耳皮，丽江食羊者多，每日市中宰羊数十头，黑白不一。有一武弁收买黑羊耳皮，积日累月，集成马褂，薄如纸，其毛似有若无，光洁如镜面，甚可观。（《滇南闻见录》卷下第43页）

黑山羊皮，曲靖、昭通一带出山羊皮，有黑色而佳者，匀净如镜面，服之颇美观。（《滇南闻见录》卷下第43页）

羊，于滇中为盛，故太和古城曰羊苴咩城。苴者，幼也。咩者，幼羊呼母之声也。俗杂氐、羌，氐者，羊之多须也。羌者，羊之引足也。故滇俗以养羊为耕作。其羊脂满腹，肥者不能行。牧者破其皮，卷脂而出之成筒，以货于人，羊得快利，健行如故。

省城每日必刲数百，四季无间。时亦有大尾羊，皆来自迤西者。古云："使马如羊，不以入厩；使金如粟，不以入怀。"甚言羊之多且贱也。四季之皮，皆可以为表，表之值且倍于肉。其长养之羊，岁剃其毛，以为毡、罽、毯氄。氐之深须者，割而染以充帽缨，故养羊出办多，利息大也。《范志》谓南中无白羊，有花羊，多黄褐白斑如黄牛，又有深褐黑脊白斑似鹿。又乳羊食仙茅，举体化肪无血肉，又诸蛮有绵羊，与胡羊不异。其云蛮国，即指云南。所谓绵羊，即今大尾羊也。范公当南渡偏安后，仅使于金，南来帅广。广、滇同俗，声教不通，划滇南为西蕃，为蛮国，故为言依稀约略而不能详。然马、牛、羊三者，为畜牧之上计，而羊之孳生蕃息倍于马。此地方民俗之赖以生育长养者，不可不筹之备也，故重为志之。岩羊，即山羊也。得之颇难，血可入药，皮亦可揉，然板厚，以作坐褥可也。此虽野羊，而功用与畜羊等，故附著之。至于吴羊之分牡羒、牝牂，夏羊之牡羭、牝羖，今滇羊黑白俱有，种盖兼乎吴、夏，而羪、羺之异角，羳、羜、奋之异名，亦无不同矣。麢羊、羱羊，滇多崖，亦俱有，而非常畜，故略之。（《滇海虞衡志》第 158 页）

羊，檀萃《滇海虞衡志》：羊，于滇中为盛。俗以养羊为耕作。其羊脂满腹，肥者不能行。牧者破其皮，卷脂而出之成筒，以货于人，羊得快利，健行如故。省城每日必刲数百，四季无间。时亦有大尾羊，皆来自迤西者。古云："使马如羊，不以入厩；使金如粟，不以入怀。"甚言羊之多且贱也。四季之皮，皆可以为裘，裘之值且倍于肉。其长养之羊，岁薙其毛，以为毡、罽、毯氄。羝之深须者，割而染以充帽缨。樊绰《蛮书》：猪、羊、猫、犬、骡、驴、豹、兔、鹅、鸭，诸山及人家悉有之，但食之与中土稍异，蛮不待烹熟，皆半生而噢之。岩羊，檀萃《滇海虞衡志》：岩羊，即山羊也，得之颇难，血可入药，皮亦可揉，然板厚，以作坐褥可也。麢羊，檀萃《滇海虞衡志》：麢羊，滇多岩，亦俱有而非常畜。（道光《云南通志稿》卷 68《通省》第 27 页）

大羊，樊绰《蛮书》：大羊，多从西羌、铁桥接吐蕃界三千二千口将来博易。（道光《云南通志稿》卷 69《丽江府》第 48 页）

岩羊,《一统志》:禄劝州出。檀萃《农部琐录》:即山羊也,走悬崖善坠,土人遂之,其血补益。昔某刺史郎君病尪羸,死在旦夕,捕得牵至庭,环走令血行,乃刺血以口承创处吸之,其血腥易呕,以姜纳口吞而饱之,血行周身,病遂起。(道光《云南通志稿》卷70《武定直隶州》第53页)

羊,樊绰《蛮书》:猪、羊、猫、犬、骡、驴、豹、兔、鹅、鸭,诸山及人家悉有之,但食之与中土稍异,蛮不待烹熟,皆半生而噢之。采访:顺属村寨多畜牛、马、猪、羊,牧于山箐,有处放之者成群,似重牧而不重耕。岩羊,檀萃《滇海虞衡志》:岩羊,即山羊也,得之颇难,血可入药,皮亦可作坐褥。(光绪《续修顺宁府志》卷13第24页)

第二十九课《羊》:羊有绵羊、山羊二种,性合群,幼跪乳,顶二角,颔有须,体肥,四足八蹄,蹄后各有二小指。毛弹毡,皮为裘,肉、乳与牛同为滋养料。附:绵羊,有无角须者。(楚雄旧志全书"楚雄卷下"民国《楚雄县乡土志》卷下第1359页)

第十六课《岩羊》:岩羊状类家羊,灰黄色,角尖圆。蹄为偶蹄,善走,往来崖壑如履平地。其心血可治哮喘病。(楚雄旧志全书"元谋卷"光绪《元谋县乡土志》修订本卷下第398页)

岩羊产底土,形似山羊,取肉作食。(楚雄旧志全书"双柏卷"民国《摩刍县地志》第297页)

## 猿猴

朱提郡,……与僰道接,时多猿,群取鸣啸于行人径次,声聒人耳。(《云南古佚书钞·永昌郡传》第17页)

白面猿、熊。(正德《云南志》卷7《广西府》第339页)

物无他奇,货与近地殊绝者,惟白面猿之所走兽,所谓本同如面也耶!(天启《滇志》卷3《广南府》第119页)

《永昌郡传》曰:朱提,在犍南千八百里,治朱提县。……又有龙池,以灌溉种稻。与僰道接,多猿,群聚鸣啸于行人径次,声

聒人耳。(天启《滇志》卷32第1042页)

猴,班固《白虎通》:猴者候也。见人设食伏机,凭高四望,善于候者也。猴好拭面,如沐,故曰沐猴。《庄子》曰:朝三而暮四,众狙怒;朝四而暮三,众狙悦。以其事同而性殊,故喜怒无常。测夫正性真心,是名常住。以只眼恒观,则逐逐营营,均等之朝四暮三之狙矣,其喜怒亦又乌可测哉!(《鸡足山志》卷9第348页)

猢狲,盖大者为猕猴,小者为猢狲。其声有嗛嗛嗝嗝之别。惟猿夜啼当空,山中闻之,生人离别之思。(《鸡足山志》卷9第348页)

昭通有黑猴皮,毛长而稀,颇似猪皮,云是通臂猿也。以之作卧褥,于老人最宜。(《滇南闻见录》卷下第43页)

猿与猴为一类,《范志》言猿不言猴。滇南有玉面猿,出于广西府。《范志》独金丝、玉面难得。猿长臂善啸,而猴不能。各省俱多,不必滇也。至《博物志》称"猿玃每掠人妻以生子,送还其家,故蜀西边多姓杨。"恐谤南人之言也。唐人之谤欧阳询,亦出于此。(《滇海虞衡志》第169页)

猿猴,檀萃《滇海虞衡志》:猿与猴为一类,《范志》言猨不言猴。滇南有玉面猿,出广西府。《范志》独金丝、玉面难得。猿长臂善啸,而猴不能,各省俱多,不必滇也。(道光《云南通志稿》卷68《通省》第28页)

青猿,《临安府志》:石屏柞嘉山有青猿,每出见,州人即登第。(道光《云南通志稿》卷69《临安府》第22页)

白面猿,章潢《图书编》:广西府出。(道光《云南通志稿》卷70《广西直隶州》第47页)

猿猴,檀萃《滇海虞衡志》:猿与猴为一类,《范志》言猨不言猴。滇南有玉面猿,出广西府。《范志》独金丝、玉面难得。猿长臂善啸,而猴不能,各省俱多,不必滇也。(光绪《续修顺宁府志》卷13第25页)

第三十七课《猴》:性灵似人,能坐立,居山洞,遍体毛色青黄,唯脸股四掌无毛,喉右有食囊,手足矫捷,觅食成群。(楚雄

旧志全书“楚雄卷下”民国《楚雄县乡土志》卷下第1362页）

（光绪）二十九年五月，余由蛮耗水路下河口，有大小炮船十数只。初，日开行不过百里，傍晚停泊，坐船上击鼓吹号，遥见对河树上猕猴，从树枝上纷纷下坠，啼声四起，千百成群，互相牵挽，抵江边倾听，大者高三四尺，小者或不满尺，亦奇观也。及闻炮声，始惊窜，土人云：“群猿逐日下饮于江，亦牵挽，次第轮饮，饮毕上山亦然。”明日，余傍岸行数十里，忽见一物浮水上岸，黄秉钧亟上逐之，竟捕获，身长二尺余，腹背有鳞，尾长尺许，嘴如鸭，有四足，高三寸许，广人呼曰“灵虫”，烹而食之，味最鲜美。（《幻影谈》卷下第134页）

## 麞

麞附，麝出于脐，但雄者乃有之。《运斗枢》谓枢星散为麞鹿。《释名》谓麞喜文章。夫麞何以喜文章？殊为不解。段文昌《食经》四足之美有麃，即大麞也。梵书谓麝香为莫诃婆伽。（《鸡足山志》卷9第348页）

麝，章潢《图书编》：武定军民府出。（道光《云南通志稿》卷70《武定直隶州》第52页）

花脸麞，以脸有花纹，故名。有香，较寻常香麞味尤美。（民国《嵩明县志》卷16第244页）

第三十八课《獐》：獐形似犬而略大，毛粗硬，暗白色，牡肾口旁有小囊，即麝香也。牝则无之。毛可作马背褥。（楚雄旧志全书“楚雄卷下”民国《楚雄县乡土志》卷下第1362页）

獐，产妥表营，形如犬，产无定，肉可食，毛作器用，麝香作药。（楚雄旧志全书“双柏卷”民国《摩刍县地志》第297页）

# 猪

豭猪肉，味酸冷。疗狂病，补肾气虚弱，〖久病不愈者，食之可渐愈〗。头，发风散气，同五味煮食补虚。蹄，能下乳通血。脂，味甘。腊月炼净收用，治痈疽，破冷结，散宿血，利肠胃。血，治痘疮〖倒〗靥，〖乌头陷顶，食之能起长升浆。能补血不足〗。心，补〖心〗血不足，治中风不语。肝，治小儿惊风。反乌梅、大黄等。（《滇南本草》第893页务本）

野猪其形类家猪，不畏虎豹，境内山谷间多有之。（景泰《云南图经志书》卷6《腾冲军民指挥使司》第341页）

野猪其形类家猪，不畏虎豹，境内山谷多有之。（正德《云南志》卷13《腾冲军民指挥使司》第561页）

窝泥，善养猪，其猪小耳短身，长不过三十觔，肉肥腯，名窝泥猪。（《增订南诏野史》卷下第28页）

己卯三月初五日……坐庙前观祭扫者纷纷，奢者携一猪，就茔间火炕之而祭；贫者携一鸡，就茔间吊杀之，亦烹以祭。（《徐霞客游记·滇游日记八》第999页）

白猪高娘，大理之沙址人。此地即鸡足之山趾也。以贫，随父母卖浆于白崖。自畜白猪一头，时时牵随之。有樵人以食供山神，甚虔谨。一日神现，问：何所欲？曰：我欲到极乐世界一观。神曰：此非我能。可至白崖，有前担浆桶后引猪女人，虔恳之则可得见。樵人如其言，往恳之。而高娘以袖纳樵人，极乐境界，莫不备见。高娘示异已，白猪化象，即腾空而去。高娘名谷，为高氏女。其少方五六岁，时其兄从军往征东川，谓嫂曰：兄今缺食，我往饷之。嫂戏应诺。谷女遂裹饭至盘陀石下，入水窦中。少顷，归曰：一旅皆饱矣。嗣是，间数日，一往饷兄，兄归，愈谈其异。今于其腾空处建寺，谓之曰谷女寺，相传为普贤菩萨化身云。若果，则鸡足山不仅文殊师利有异迹，而普贤菩萨亦有异

迹矣。但以裹饭饷军等事近异术,即普贤菩萨耶?宁不以小术为累。(《鸡足山志》卷7第289页)

豪猪,《唐新书》(全名《新修本草》)称蒿猪者,谓之貆貐。郭璞谓吴楚呼为鸾猪。其鬐鬣林刺,细大不一。刺首尾白色,中端间黑,其光如漆,用能激射人。陕、洛、江东谓之豪箭。演禽之壁水貐,此类是也。(《鸡足山志》卷9第346页)

野猪,如家猪,其毛色亦类猪。又别有金黄毛色者。能掠松脂曳沙泥涂身以御失,能结槎栉苇膏以象宫室,阴以防雨,景以蔽日。其知识略通于人。大至数百觔,则牙径尺,露于唇外。《易》豮豕之牙象,有然矣。(《鸡足山志》卷9第346页)

琵琶猪,取猪重百余觔者,去足,刳肠胃,剔诸骨,大石压之薄,腻若明珀,形类琵琶,因名琵琶猪。丽江女子挟以贸,远望若浔阳商妇也。(《滇南新语》第6页)

鹤庆腿,猪肉颇不恶,远胜于北方。鹤庆州腌腿佳者,味甜而鲜,与浙中金华腿相似。盐井上有盐腿,浸于卤水中,不甚咸,亦佳。(《滇南闻见录》卷下第33页)

琵琶猪,丽江有琵琶猪,将整猪去其头足大骨,四足折叠于腹内腌之,压令扁,如琵琶,其色甚异,其名甚奇。煮而食之,颇似杭州之加香肉,味淡,盐贵故也。(《滇南闻见录》卷下第33页)

豪猪,永昌、顺宁多豪猪,能发豪射人。或取其豪代箸,遇毒辄作声。滇俗惯下毒,惟此物能岠(通拒)之。(《滇游续笔》第471页)

仓颉制字,必畜豕而成家,周公著经,次豕于麇、鹿、麢、狼、兔之后,不以畜名之者,盖兼野豕而为言也。夫执于牢豢之家矣,而五豵、五豝,私豵献豜,非狩之于野乎?蛮俗养豕至多,未有囚而豢于室者,故其产益蕃。豨、豮、幺幼、奏豱无论矣,巨者乃数百斤,割即腊之为琵琶形,曰琵琶猪。蛮女争负而贸于客,此丽江之俗也。而其他自夷地赶把猪以市于大城及各街子者,尤不可纪极,而皆出自野牧,故知家豢不及野牧之蕃。汉儒传经,多因牧豕以集生徒,此《尔雅》所以列豕于《释兽》之中,公盖有深意矣。野猪，田豕也，一名懒妇猪，如山猪而小，喜食禾，田夫以机轴织絍之器挂田旁，则不近，蜡祭迎虎，为食田豕也。山猪，豪猪也，其豪如箭，能振拨以射人，二三百为群，以害禾稼，山民苦之。（《滇海虞衡志》第 164 页）

野猪，檀萃《滇海虞衡志》：田豕也，一名懒妇猪，如山猪而小，喜食禾，田夫以机轴织絍之器挂田旁，则不近，蜡祭迎虎，为其食田豕也。山猪，檀萃《滇海虞衡志》：豪猪也，其豪如箭，能振拨以射人，二三百为群，以害禾稼，山民苦之。（道光《云南通志稿》卷 68《通省》第 27 页）

西藏积雪之中尚产猪，谓之雪猪，性极热。（道光《云南通志稿》卷 69《大理府》第 18 页）

豪猪，桂馥《札樸》：永昌、顺宁多豪猪，能发豪射人，或取其豪代箸，遇毒辄作声。滇俗惯下毒，惟此物能距（通拒）之。（道光《云南通志稿》卷 69《顺宁府》第 35 页）

琵琶猪，旧《云南通志》：出丽江。（道光《云南通志稿》卷 69《丽江府》第 48 页）

窝泥猪，《他郎厅志》：肉嫩味香。（道光《云南通志稿》卷 70《普洱府》第 7 页）

《宁洱县采访》：白窝泥，土产花猪，家家多畜养之。（道光《云南通志稿》卷 183《种人》第 38 页）

野猪，檀萃《滇海虞衡志》：田豕也，一名懒妇猪，如山猪而小，喜食禾，田夫以机轴织絍之器挂田旁，则不近，蜡祭迎虎，为其食田豕也。采访：顺属山地多种荞与玉麦，成熟之时，人必逻守之，防野猪之伤害也。（光绪《续修顺宁府志》卷 13 第 24 页）

《云南路南县调查输出货物表》猪：输出蒙自县一千六百三十头，临安县八千零二十头，共计二千四百五十头。每头平均九元。（民国《路南县志》卷 1 第 55 页）

第三十课《豕》：豕性蠢，体肥皮厚，毛少，四足八蹄，另有小指二，鼻短能掘地，肉滋嫩，与犬肉皆食料不可少。（楚雄旧志全书“楚雄卷下”民国《楚雄县乡土志》卷下第 1360 页）

# 竹䶉

又有竹䶉，大如兔，至肥可食。（景泰《云南图经志书》卷6《干崖宣抚司》第347页）

竹鼠即竹䶉。（正德《云南志》卷12《北胜州》第499页）

己卯五月初三日，参府来候宴。已又观音寺天衣师令其徒来候，余以参府有前期，辞之。上午赴参府招，所陈多腊味，以断屠故也腊味中始食竹鼯。（《徐霞客游记·滇游日记十》第1096页）

己卯五月初七日……煮竹鼯相待。（《徐霞客游记·滇游日记十》第1105页）

穴竹林者为竹䶉，亦兔类也，肉肥美，皮可为袖，以御冬也。（《滇海虞衡志》第168页）

檀萃《滇海虞衡志》：穴竹林者为竹䶉，亦兔类也，肉肥美，皮亦可为袖，以御冬也。（道光《云南通志稿》卷68《通省》第28页）

竹䶉，《一统志》：大如兔而肥，出腾越州，又出干崖司。杜诗所谓“筍根稚子”也。（道光《云南通志稿》卷70《永昌府》第31页）

竹䶉，旧《云南通志》：景东出。（道光《云南通志稿》卷70《景东直隶厅》第40页）

竹䶉，檀萃《滇海虞衡志》：穴竹林者为竹䶉，亦兔类。（光绪《续修顺宁府志》卷13第25页）

# 二十一、鳞介之属

## 综述

蒙舍川，……又有大池，周回数十里，多鱼及菱芡之属。……然邑落人众蔬果水蓤之味，则蒙舍为尤殷。(《云南志补注》卷5第74页)

越嶲郡邛都县东南数里，有水名邛都河，从广二十里，深百余丈，多大鱼，长一二丈，头特大，遥视如戴铁釜然。《续汉书·郡国志》注、《后汉书·西南夷传》注、《太平御览》卷七百九十一《四夷部》十二引。《御览》引"戴"作"载"。(《云南古佚书钞·南中八郡志》第9页)

雅州丙穴出嘉鱼，所谓"嘉鱼生于丙穴"。大抵雅州诸水多有嘉鱼，似鲤而鳞细。或云："黄河中味鱼亦此类也。"《太平御览》卷九百三十七《鳞介》九、《天中记·鱼类》引。《御览》引末句脱"亦"字，此从《天中记》。(《云南古佚书钞·云南行记》第23页)

临安府异龙湖，在石平州。……产大鱼、莲藕、红菱。(《云南古佚书钞·洪武云南志书》第83页)

山湖，在广西府弥勒州境。湖方五十里，内产大鱼。《永乐大典》卷二千二百六十六引。(《云南古佚书钞·洪武云南志书》第83页)

鱼属：鲤鱼、鲇鱼、鳅鱼、鳝鱼、花鱼、鲫鱼、细鳞鱼、白鲦鱼此种出清水海。(嘉靖《寻甸府志》卷上第32页)

鱼之属十七：鲤、江鱼一名公鱼，俗呼江为公，《一统志》误作弓、鲫出滇池、榆水者佳，《鱼图赞》曰：滇池鲫鱼，冬月可荐，中含腴白，号水母线，北客乍餐，以为舫缆。樊绰《云南志》：蒙舍地有鲫鱼，大者重五斤、玳瑁鱼、金鱼、细鳞鱼即桃花鱼，出龙尾城澳水中，味美、油鱼中秋日始出，至十月而尽，长二寸，味美、竹钉鱼、湖荡鱼鲫饥背黑，和海莼煮，甚美、白鱼、抖叶鱼细小如鲫，积木枝于鱼叶下，因而取之故名，诗云：掺有多鱼、鳊扁头含石、鳝、鳅、石蟹出澳水石穴中者佳、蝦螺产河中，有黄有弹有腐，可食，又有田螺一种，乃田产也。（嘉靖《大理府志》卷2第76页）

鱼介之属十七：鲤、鲫、金线、金鱼、鳅、虾、白鲦、鲇、银鱼、鳝、黑鱼、花鱼、螺、蚬、蟹、龟、鳖。（万历《云南通志》卷2《云南府》第14页）

鱼之属十七：鲤、鲫、鳊、鳅、鳝、金鱼、油、白鱼、江鱼、湖荡鱼、玳瑁鱼、细鳞鱼、竹钉鱼、抖叶鱼、石蝌、虾、螺。（万历《云南通志》卷2《大理府》第33页）

鱼之属十五：鲤、鲫、鲇、鳝、鳅、鳗、龟、鳖、螃蟹、蚌、螺、蛤、蛙、虾蟆、细鳞鱼。（万历《云南通志》卷2《临安府》第55页）

鱼之属十一：鲥、金、银、鲤、鲫、鳝、鳅、鲂、白鲦、玳瑁、比目鱼。（万历《云南通志》卷2《永昌府》第68页）

鱼之属十三：鲫、鲤、鳝、鳍、鲢、鲭、鳜、鳅、鳂、金、黄骨、花班、细鳞。（万历《云南通志》卷3《楚雄府》第8页）

鱼之属七：鲤、鲫、鲭、鳝、鳅、白、蟹。（万历《云南通志》卷3《曲靖府》第15页）

鱼之属十一：鲤、鲫、鲇、金、鳝、鳅、细麟、蜣螂、面条、大头、石鳊。（万历《云南通志》卷3《澄江府》第23页）

鱼之属七[①]：沙沟、鲤、鲫、花鱼、细鳞、石扁头、鳝、鳅。（万历《云南通志》卷3《蒙化府》第28页）

潘浦海在州东二十里，周三十里，中分，西畔属顺州，鱼课入剑川州河泊所，东畔入北胜州。（万历《云南通志》卷3《鹤庆府》）

罗牧社海在观音山西十里，周围约八里。渔课隶剑川州河泊所。剑湖在剑川州南五里，周六十里。湖尾绕流罗鲁城南，经榚备，与洱水合，历车里、八百等处入南海。俗呼为海子，有河泊所岁办鱼课。（万历《云南通志》卷3《鹤庆府》第34页）

---

① 七　按文意为八。

鱼之属十一：鲤、鲫、鲇、鳝、鳅、白鲦鱼、细鳞鱼、蛇鱼、谷花鱼、青铜鱼、陀罗红鱼。（万历《云南通志》卷3《鹤庆府》第37页）

鱼之属五：鲫、鲤、鳝、鳅、白条鱼。介之属五：龟、鳖、螺、蟹、蛤。（万历《云南通志》卷3《姚安府》第46页）

山湖在弥勒州境内，产大鱼。（万历《云南通志》卷3《广西府》第51页）

鱼之属八：鳅、鳝、鲤、鲇、白鲦、细鳞、花鱼、金鱼。（万历《云南通志》卷4《寻甸府》第4页）

鱼之属五：金绵、细鳞、鳅、鳝、鲭鱼。（万历《云南通志》卷4《武定府》第9页）

鱼之属七：鲤、鲫、鳝、鳅、花鱼、石匾头、细鳞鱼。（万历《云南通志》卷4《景东府》第12页）

鳞介之属八：细鳞鱼、流黄鱼、刀鱼、蟮、鳅、石蟹、虾、田螺。（万历《云南通志》卷4《顺宁州》第24页）

鱼之属三：黄皮鱼、鳅、鳝。（万历《云南通志》卷4《永宁府》第28页）

鳞介之属十二①：鲤、鲫、鳅、鳝、金鱼、白鱼、油鱼、花鱼、青鱼、细鳞鱼、玳瑁鱼、螺、蚕。（万历《云南通志》卷4《北胜州》第33页）

明何景明《鱼池》三首②："池边二十五亭台，个个朱窗向水开。亭下扁舟荡双浆，打鱼送酒几回来"。"半竿斜日疏蒲明，两岸人语凫不惊。菱叶拂衣香袖举，秋风吹浪彩舟轻"。"三阵五阵打荷雨，一点两点照水萤。笙歌留客不知夜，灯火回舟直到城。"（万历《云南通志》卷14第14页）

鱼，有鲇鱼头而鲤鱼身者。（万历《云南通志》卷16第6页）

鱼有鲤、鲫、金线、细鳞、金鱼、银鱼、玳瑁、鳅、虾、蟹、白鱼、

---

① 十二　　按文意为十三。

② 鱼池三首　《大复集》（影印四库全书文渊阁本）卷二十八作"游黔国鱼池四首"，此录其二、三、四首。

油鱼、鲇、鳝、乌、花、青鱼、鳃、马鱼食之必去其子。近又有三尾鱼，具五色，亦有至四尾者，与陈眉公继儒谱同。（天启《滇志》卷3《云南府》第113页）

鱼曰鳊、金、料叶、玳瑁、细鳞、石蟹、虾、螺、油鱼膏如其名、竹钉鱼形如其名、江鱼长不盈尺，俗名工鱼，古韵本叶工也。（天启《滇志》卷3《大理府》第114页）

鱼有细鳞、蚌、蛙、虾蟆。（天启《滇志》卷3《临安府》第115页）

鱼中为时鱼即江南之鲭，为金、银、鲤，为鲂，为比目、瓦窑石鸡、石鹅。（天启《滇志》卷3《永昌府》第115页）

鱼之属：如鳜，如鰋，如金，如黄，如斑，略与他处异。（天启《滇志》卷3《楚雄府》第116页）

鱼有蜣螂，夏秋食之，可以御瘴。有巨首，有石鳊。有青鱼，其胆以药目。（天启《滇志》卷3《澄江府》第117页）

鱼之沙沟。（天启《滇志》卷3《蒙化府》第117页）

鱼曰鲦，曰蛇，曰青铜，曰陀罗红。（天启《滇志》卷3《鹤庆府》第117页）

娵隅，《世说》：郝隆为恒公南蛮参军，三月三日会作诗，不能者罚酒三升。隆初以不能受罚，既饮览毕，便作一句云："娵隅跃清池。"恒问娵隅是何物？答曰："蛮者鱼为娵隅。"桓公曰："作诗何以作蛮语？"隆曰："千里投公，始得蛮府参军，那得不作蛮语也？"（天启《滇志》卷32第1038页）

戊寅九月二十九日……余既至甸头村，即随东麓南行。一里，有二潭潴东涯下。……而潭南则祀龙神庙在焉潭中大鱼三四尺，泛泛其中。潭小而鱼大，且不敢捕，以为神物也。（《徐霞客游记·滇游日记三》第819页）

己卯四月二十九日……路转其东北隅，有小水自峡间下注，有卖浆之庐当其下。入而少憩，以所负木胆浸注峡泉间，且问此海子即上干峨澄镜池否。其人漫应之，但谓海子中有鱼，有泛舟而捕者，以时插秧，止以供餐，不遑出卖。然余忆志言，下海子鱼可捕，上海子鱼不可捕，岂其言今不验耶？循海东峻麓行二里，及海子南滨，遇耕者，再问之，始知此乃下海子，上海子所云澄镜池者，尚在村东北重山之上。由此而上五里乃及之。余不能从。(《徐霞客游记·滇游日记九》第 1092 页)

己卯五月二十四日……是为九隆池……有坐堤垂钓者，得细鱼如指。(《徐霞客游记·滇游日记十》第 1113 页)

鳞属：鲤、鲫、鲇、鲦、鳅、鳝。(康熙《云南通志》卷 12《通省》第 226 页)

鱼之属：鲤、鲫、鲭、鲇、鳅、白条、虾、蝌、花鱼、金线。(康熙《晋宁州志》卷 1 第 14 页)

鳞介：鲤、白鯈、鳝、鳅、螽斯、蛇。(康熙《富民县志》第 27 页)

鳞之属：鲤、鲫、鳅、鳝、细鳞。(康熙《新兴州志》卷 5 第 35 页)

鳞之属：鲤、鲫、花鱼、粗鳞鱼、细鳞鱼、白鲦、油鱼、鳅、鳝、黄鱼出丁癸乡，有极大者，不可多得。介之属：蝌、鳖、龟、螺。(康熙《嶍峨县志》卷 2)

鳞属：鲤、鲫、鲦、鳅、鳝、鲼、鲢、大鰕、细鳞。(康熙《元江府志》卷 1 第 665 页)

鱼之属：鲤鱼、鲫鱼、白鱼、青鱼出阳宗明湖，味佳，胆疗眼、细鳞鱼、鳝鱼、鳅鱼、鲦鱼、金鲵鱼、石鳊嘴、鳖、螺、虾、紫蝌出阳宗明湖，形小味佳。……(河阳县)鳞介：康郎鱼一名鲜鱼，出抚仙湖，鳞细味美，相传可以御瘴，明太史杨以濂窳谓其乾而中空也、麦条鱼。(江川县)鳞介：大首鱼。(康熙《澄江府志》卷 10 第 8 页)

明推官张鹄云间《界鱼石》(歌行)：界鱼石，似鸿沟，楚汉划然息戈矛。青鲦白鲤各分投，奇峰插天至今留。我从云间历滇黔，山水奇观半九州。何为有此石，突兀屹中流。海门桥外湮波满，暂憩石前解敝裘。山为樽，沼为酒，蛟龙夜舞海浪翻，鱼虾恬然循故道。碌云循吏天下才，持杯进酒相慰劳。中间一亭属余题，绝似郎官湖脱稿。酣歌执笔思李白，星云抚仙风浩浩。(康熙《澄江府志》卷 15 第 15 页)

鳞部：鲭、鲤、鲦、鲫、鲇、鳅、鳝、鰕、金鱼、花鱼、茄鱼、谷鱼。介部：龟、鳖、螺、蚬。(康熙《石屏州志》卷 4 第 80 页)

明吴江顾庆恩《鱼课议》:鱼粮出于舡,犹赋之出于田也。石屏丁役极重,本州渔民编入里甲,业有身差矣。经制额编鱼粮九十六两,向分为三十六户行之。浸久,户有盛衰,盛者人丁数十,舡数十只,利多而所输止于常额。衰者丁少而舡无,犹必取盈焉,奈之何!民不困且逃也。今视舡之有无而粮因之,则欺隐诡漏之弊,将何从生。总计沿海大小渔舡约共一千二百只,每舡一只派银八分。每舡十只为一甲,十甲为一总甲,总谓之季头,共十二。人人催八□(分),而九十六两已堪足额矣。又海内大网十五总,认银三两六钱;铅脚网四总,认银四钱八分;草扒、鱼竿、鱼蓬三十八户,认银七两六钱;大舡三只,认银二两。共银十三两六钱八分,此出于额之外者。内八两一钱五分。值有闰之年,概免起科,无闰之年,每舡一只减去七厘,止纳七分三厘,其五两五钱三分为解纳添针、请掣通关脚价之费,众轻易举,永为长便。此前署篆周公之良策也,余遵行之,三载如一日,然其中惟草扒等二十八户取利甚少,额银似乎太重,今添针等费本州自为设处减去五两三分,止纳银二两零七分,庶贫户可甦矣。至征收,向专委捕驿一,操其权,遂可行票,生扰每至额外科收以为渔民蠹,本州自行开征,严承行科索之禁,则去其民害者。民已得苏,并去其害,法者而法更无弊。然此中更有应变通拟议者。夫舡废而粮存,其害与人亡而丁存者等。今更有一法将舡聚集一隅,照船印烙,无印烙者,即系逃税私船,使绝无隐漏,更不遗累无船人户。此法甚善,然须司牧者亲往,不致骚扰,则可请有待于后之同志者。(康熙《石屏州志》卷10第234页)

鳞部:鲤、鲫、鲇、鳅、鳝、虾、谷鱼。(康熙《通海县志》卷4第19页)

鳞之属:鲤、鲫、粗鳞、细鳞、马鱼、钩嘴、白鲦、红尾、鳅、鳝、黄鱼。介之属:蟹、螺、龟、鳖。(康熙《新平县志》卷2第322页)

鳞之属五种。(康熙《平彝县志》卷3第96页)

鳞部:鲤、鲫、马鱼、白鲦。(康熙《罗平州志》卷2第8页)

鳞介:细鳞、花鱼、沙沟、鲤鱼、鲫鱼、江鱼、鳅鱼、鳝鱼。(康

熙《顺宁府志》卷1第32页）

鳞介：沙沟（同昆明之金线鱼）、鲤、鲫、花鱼、细鳞、石扁头（出山洞）、鳝、鳅、三尾鱼。（康熙《蒙化府志》卷1第42页）

青铜鱼（出腰江，细鳞，长不盈尺，夏日始出）、石扁头（出锋密河）、岩洞鱼（出龙门舍海。）（康熙《鹤庆府志》卷12第24页）

鱼属：时鱼（出保山兰沧江，即东南之鲭鱼也。仲春月雷动始出，郡人重之）、鲤、鲫、白条、鳝、鳅、虾、蟹、比目（出保山哀牢山麓，池中偶有之，不多。）（康熙《永昌府志》卷10第3页）

澂江府江川县，……澂江二川，其鱼二种，以石为界，不敢越，越则相斗，斗而死，为兵象。（《肇域志》册4第2353页）

寻甸军民府，……勇克山，……中有一海，多鱼利，界连沾益，六寨乾夷居之，曰额吾峰。（《肇域志》册4第2380页）

永昌军民府九隆山，……峡口山在府东南四十里，下有石洞，广二丈……洞多鱼，故又名鱼洞。（《肇域志》册4第2387页）

澄江府阳宗县，……明湖，在县北……产鱼甚佳。（《读史方舆纪要》卷115第5114页）

陇川，鱼有鲇头鲤身者。（《云南蛮司志》第77页）

管棆《蛮人打鱼歌》：蛮溪陟冬水未冰，蛮人捕鱼争先登。家家结网学渔子，笭箵罜罷兼罟罾。溪流潺潺水清绝，蛮奴眼觑如鱼鹰。下视溪底照历历，藤胥树荫寒光凝。裸身灭顶类投獭，意与河伯宫凭陵。须臾忽从溪岸见，跳掷有似猿猱升。巨鱼触网独倔强，狂呼势撼山谷应。得鱼大小不悉计，膝行顶礼恭趋承。彘肩斗酒且慰赐，拔剑割肉牛饮仍。蛮歌呀呀不堪听，聊以拜舞鸣欢腾。嗢咿睢盱未堪悉，顾语妇子厥角崩。岁晏风日竞和畅，人牛对卧同田塍。方今圣明照万里，元相戴翼如股肱。虞阶已书有苗格，殷武挞伐荆舒惩。远吏恭承天语出，惠此荒服曰汝能。宣德布威有余暇，聊以渔猎观徒烝。归鸟既静众山寂，皎皎霜月悬秋灯。蛮官罗拜马足下，鞞刀抹首红罗缯。谁为绘此饗蛮会，直用一幅吴淞绫。（雍正《师宗州志》卷上第25页）

康熙甲午夏四月，清水潭涸。潭在治西，四面峭壁，周里许，

其深莫测，中产鱼如云形甚瘦。相传有异兽潜焉，至是忽涸，岁大饥。（雍正《阿迷州志》卷23第268页）

鳞介：鲤、白鲦、鳝、鳅、螽斯、蛙。（雍正《富民县志》卷上第30页）

鱼：鲤、鲫、鲇鱼、白鱼、细鳞鱼、鳅、鲑、蟹、鳝鱼、虾蟇、鳖。（雍正《建水州志》卷2第9页）

鳞之属：鲤、鲫、鳅、鳝、细鳞、油鱼、白鱼。（乾隆《弥勒州志》卷23第118页）

鱼：鲫、鲤、鳅、鳝、油鱼、金鱼、鲇鱼、白鱼、蝦、蟹、虾蟇。（乾隆《陆凉州志》卷2第29页）

鳞属：鲤、鲫、鳅、鳝、青鱼、细鳞、凤尾鱼、老虎鱼、团鱼、马鱼、黄皮鱼、白条鱼、晴鳇鱼出新现、荷叶鱼出新现、鳞蛇其胆可用，出新现。（乾隆《开化府志》卷4第34页）

鳞属：鲤、鲫、黑鳝、弓鱼、油鱼、青雷、黄鳞、鲠鱼、花鱼、竹丁、鳅、鳝、蝦、蟹、蛤、螺蛳。（乾隆《赵州志》卷3第59页）

其鳞属则鲤、鲫、鳝、鰕、鳅、金鱼、细鳞鱼、白条鱼、青鱼。（乾隆《腾越州志》卷3第28页）

鳞介之属：有金鱼、鲤、鲫、青鱼、花鱼、马鱼、鲇鱼、窠窨鱼、白鱼、雪鱼、细鳞鱼、黑鱼、黄鳝、鳅、虾、螃蟹有海、山二种。（乾隆《黎县旧志》第13页）

鱼属：鲫、鲤、鳝、鳅。（乾隆《河西县志》卷1第129页）

鳞部：鲭、鲤、鲫、鲇、鳅、鳝、赶条、花鱼、谷花鱼、鰕、金鱼、茄鱼。介部：龟、鳖、螺、蚬。（乾隆《石屏州志》卷3第37页）

鳞介类：鲤、细鳞、花鱼、江鱼、蟹、蝦、鲤、鳅、螺、穿山甲、尺蠖、蛇。（乾隆《东川府志》卷18第4页）

鳞属：鲤、鲫、细鳞、面条、黑竹钉、鳅、鳝、蝦、螺蛳。（乾隆《丽江府志略》卷下第41页）

滇南半是水国，产鱼处甚多，亦不过数种，不甚杂，而已足以供食料矣。兹录滇池之所日夕而见，且尝馔而味之者，以著明之，而他郡邑可以类推矣。（《滇海虞衡志》第180页）

鳞介之属十有五：鲤、鲫、鲦、白鱼、黑鱼、金鱼、油鱼、鲇、鳝、鳝、贝、蟹、龟、鳖、鳞鲤即穿山甲。（道光《昆明县志》卷2第7页）

《论鳞介之属》：太华山之西有金线泉，泉透山腹为洞，出注滇池，池中细鱼溯流入，曰金钱鱼，大不踰四寸而中腴者，首尾金一缕如线，滇池佳品也。旧《志》曰：带鱼，亦出太华山下，其肠如带。金鱼五色，皆备有三尾、四尾者。檀萃《滇海虞衡志》：会城之鲤小者，不能盈掌，且满腹鱼子，此江乡所未见。大或重七八斤，至十余斤，味绝佳。鲤之小者与鲫似。鲫，本为鲋，滇池多草产鲫，众皆白鲫，颇肥美，间亦有面肠鲫。师范《滇系》：滇池多巨螺，池人贩之，遗壳，名螺狮湾。尝穿育材书院地，入五六尺许，即为螺壳，他穿亦然。疑此地旧亦螺蛳湾，渐成平陆，移湾于其下也。剔螺搀肉，担而叫卖于市，以薑米、酱油调之，人争食立尽，早晚皆然。又剔其尾之黄，名螺蛳黄，以为羹糁，味尤佳。有曹姓人业此者，居九龙池畔，人谓曹螺蛳云曹家馆开于四月之半，游人来池上赏荷者必留饮焉，其所费亦不多也，以九月中辍业。（道光《昆明县志》卷2第19页）

鳞类：鲤、鲫、鳝、鲇、细鳞鱼、金线鱼、蝦、白鱼、谷花鱼。介类：螺、蛤。（道光《昆阳州志》卷5第14页）

鱼属：鲫鱼、鲢鱼、草鱼、鳅、鳝、七星鱼、螺、□嘴鱼、鳖、蟹、石蚌、鲤、青竹鱼、白跳鱼、小油鱼。（道光《广南府志》卷3第4页）

鳞之属：红尾鱼其味甚甘美。介之属：无他异。（道光《新平县志》卷6第23页）

鱼之属：鲤鱼、鲫鱼、青鱼出阳宗明湖，味佳，胆可疗目、白鱼、细鳞鱼、鳝鱼、鳅鱼、鲸鱼、金鱿鱼、石鳊嘴、鳖、螺、虾、紫蟹出阳宗明湖，形小味佳。（道光《澄江府志》卷10第8页）

鳞属：鲤、鲫、鳝、鳅、鲇、乌鱼、金线、白条、花鱼、螺蛳、蟛蜮。（道光《晋宁州志》卷3第27页）

鳞之属：鲤、鲫、金线鱼大小龙泉有之，不可多得、苦马鱼、白鲦鱼、油鱼上江渠黑龙潭有之，顺水下至江始肥，复逆水而上，人始捕之，味极肥鲜，不可多得、比目鱼云龙寺前龙潭内有之、鳅、鳝。旧县志介之类：

蟹、螺、穿山甲。旧县志(道光《续修易门县志》卷7第169页)

鳞介之属①:螭、龙、鲤、鲫、鳁、鲨、甲香、贝谨案:旧《志》鳞介属,尚有鲦、白鱼、黑鱼、金鱼、油鱼、鲇、鳍、鳝、蟹、鳖、鲮、鲤,皆为滇产。(道光《云南通志稿》卷68《通省》第30页)

滚山珠、豹子鱼、花板鱼、竹丁鱼、汪丝鱼,《威远厅采访》:并威远厅出。(道光《云南通志稿》卷70《普洱府》第7页)

鳞属附介族:鲤、鲫、鲦、白鱼、金鱼、油鱼、鲇、鳝、鳅、蟹、鳖、蚌、蛤、螺。(咸丰《南宁县志》卷4第13页)

鱼之属:鲤鱼、金线鱼、白鱼、鲫鱼、乌鱼、竹叶鱼、红虾、白虾、桃花鱼、草龙鱼。(光绪《呈贡县志》卷5第2页)

鳞属:时鱼出澜沧江中,仲春月雷震始出、鲤、鲫、白条、鳝、鳅、虾、蟹。(光绪《永昌府志》卷22第6页)

鳞之属②:江鱼、甲香谨案:顺宁尚有白鱼、泥鱼、鲚鱼、鲫花鱼、金鱼、谷花鱼、鳝、蟹、鳊、鳕、螺。(光绪《续修顺宁府志》卷13第26页)

《渔业》:渔家所用以捕鱼者为渔船,渔具鱼船一叶扁舟,俗称老鸦船,无蓬无桨,只以竹篙运行。鱼具有罾网网有丝网、麻网、罩笼、花蓝、筒子钩、子虚笼、栏坝、跳坝等。嘉丽泽为产鱼最多之地,故业鱼者集中于嘉丽泽一带,卖鱼无专市,得鱼则运往各街场卖之。凡有鱼之区,概属公产,每年由公家征收鱼租,以作公益之费,约收入租洋二百余元。然自开挖海河以来,春季河水涸尽,鱼类亦较前减少矣。鱼类中以小花鱼为特产,以其味较他处产者为佳也。水沟田间,皆可捞取,无养殖者。(民国《嵩明县志》卷13第221页)

水产之属:鱼、虾、蟹、螺蛳、青鸡、鳝有泥鳝、山乾鳝二种、鳝、蚌、田鸡。谨案:水产以鱼虾为多,鱼有鲤鱼、鲇鱼、油鱼、马鱼、青鱼、麵鱼、鲫鱼、鲢鱼、白鲦鱼、糠皮、粗鳞、细鳞、小花鱼、谷花鱼、蟥鱼、吹铁石、金线鱼、小拐枣、苦马生等。虾则只有细虾一种,以海河中

---

① 属下各鳞介,原本皆有注释,详见各鳞介名下。

② 属下各鳞,原本皆有注释,详见各鳞名下。

为最多,土人以制虾酱,其味甚佳。……盘龙江鱼:邵甸盘龙江有鲤鱼、油鱼、马鱼、金线鱼、小拐枣、青鱼、麵鱼、苦马生等,味清香,较他处产者为美。(民国《嵩明县志》卷 16 第 242 页、243 页)

鳞介类:金鱼、大花鱼、青鱼、鲫鱼、鲤鱼、鳝鱼、金线鱼、鲇鱼、油鱼产黑龙潭河,多脂、鳝、蝦、单眼鱼产于宝乡瞎白龙河、螺、蚌、螃蟹、龟、猪嘴鱼产于禄丰村河、穿山甲。(民国《路南县志》卷 1 第 49 页)

鳞属十六类:鲤、鲫、鳅、鳝、青鱼、细鳞、凤尾鱼、老虎鱼、团鱼、马鱼、黄皮鱼、白条鱼、晴黄鱼、荷叶鱼、鳞蛇、比目鱼出牛羊克广河。(民国《马关县志》卷 10 第 10 页)

水产:团鱼、蚂蝗、鲤鱼、沟鱼、黄鳝鱼、龟、蝦、螺。(民国《富州县志》第十四第 86 页)

鳞之属十五:鲤鱼、鲫鱼、鲦鱼、团鱼、鳅鱼、鳝鱼、蝦、丝线鱼、黑鱼、江鳅、油鱼、螺、蚌、蟹、年鱼。(民国《邱北县志》册 3 第 16 页)

《渔业》:渔具有网罟、竹笼、挂钩、懒钩、钓钩诸种,多系第三区沿金沙江一带,及第四区上桥头汉人为之,然专其业者甚鲜,故所得鱼类,仅足供民间食品,鲜有输运出境者。(民国《中甸县志稿》卷下《职业》第 58 页)

鳞属:金鱼形似鲫,大仅数寸,鳞甲鬐尾皆赤色,游泳水中,极可观玩、鲤鱼、青鱼、鲫鱼、洞鱼、花鱼、鳣鱼、油鱼、鳃鱼、鲢鱼、马鱼、鲇鱼、鳝鱼、黄尾鱼、大头鱼、麪肠鱼一名带鱼,其肠如带、白鲦鱼、金线鱼《一统志》:金色细鳞,长不盈尺,味极鲜美、石鳊鱼、细鳞鱼、猪嘴鱼、縠花鱼、鳝、鳅、石花鳅、阿奈。介属:龟、鼈、螃蟹、蚌、螺、蝦、鳞鲤即穿山甲,各处有之,长一二尺,形绝类鱼,鳞遍身,最坚厚,有四足,爪尤尖利,头如鱼而嘴近,下尾稍尖细,喜食蚁,每穴地数尺,张甲集蚁,出而食之,甲作药品。(民国《宜良县志》卷 4 第 33 页)

水产:水产以鳞介为类繁,鲤也,鲫也,鲦也,白鱼也,黑鱼也,金鱼也,油鱼也,鲇也。其他獭也,而獭又分河獭、红獭二种,附城江河皆有之。(民国《维西县志》卷 2 第 39 页)

鱼类:鰫鱼、鲫鱼、鲤鱼、寸钉鱼、石扁头、尖嘴鱼、沙肚鱼、白

鱼、乌鱼、虎头鱼。(《宁蒗见闻录》第2篇第64页)

鳞介之品:鲫、鲤、鳝、鳍、鲢、鲭、鳜、龟、鳖、虾、蟹、蚌蛤、螺蛳、公鱼、细鳞、鳅、鳗、金鱼、白鲦、黄骨、青鱼、花斑。(楚雄旧志全书"楚雄卷上"隆庆《楚雄府志》卷2第36页)

鳞介类:鲤、鲫、鳝、螺蛳、细鳞、红鱼、白条、黄骨、青鱼、花斑、鳅。(楚雄旧志全书"楚雄卷上"康熙《楚雄府志》卷1第195页)

鳞介,大江龙川江中,各种亦或时有,不可为常有。若塘闸,则有鲤、鲫、鲂、螺。(楚雄旧志全书"楚雄卷上"嘉庆《楚雄县志》卷1第640页)

鳞类:鲤、鲫、鳅、鳝、虾、蛙、水鸡、田鸡、白鱼、汪丝鱼、面肠鱼、蛇。介类:鳞鲤甲(俗呼穿山甲)、龟、鳖、螃蟹、蚌蛤。(楚雄旧志全书"楚雄卷下"宣统《楚雄县志述辑》卷4第1051页)

鳞介类:鲤、鲫、鳝、细鳞、红鱼、白条、青鱼、鳅。(楚雄旧志全书"双柏卷"康熙《南安州志》卷1第14页)

鳞介:细鳞、鲟蝗鱼、木头鱼、鳝。(楚雄旧志全书"双柏卷"乾隆《碍嘉志书草本》第107页)

鳞之属:鲤鱼、鲫鱼、鳝鱼、鲇鱼、鲢子、赤眼、白条鱼、泥鳅、青鱼、火头、豆角鱼、五色盆鱼、蚂虾。介之属:蟹、鳖、龟、蚌、蛤、螺蛳、陵鱼(即穿山甲)。(楚雄旧志全书"双柏卷"乾隆《碍嘉志》第232页)

鳞属:鲤、鲫、细鳞鱼(出紫甸河,邑西七十里)、白条鱼(出猛冈河,邑东百二十里)、灰鱼、石扁鱼(出猛冈河)、虾、鳝。介属:龟、蟹、蚌、螺、鳞鲤(俗名穿山甲)。(楚雄旧志全书"牟定卷"道光《定远县志》第247页)

鳞甲类:鲤、鲫、鳅、虾、蟹、石鳅、白鲦、花班、黄骨、细鳞。(楚雄旧志全书"南华卷"康熙《镇南州志》卷1第15页)

鳞之属:鲤、鲫、鳅、虾、蟹、石鳅、白鲦、鳝、花斑、黄骨、麦肠、细鳞。(楚雄旧志全书"南华卷"咸丰《镇南州志》第131页)

鳞属:鲤鱼、鲫鱼、鳅、鰕、白鲦鱼、鳝、花斑鱼、黄骨鱼、面肠鱼、细鳞鱼、蛇。介属:鳞鲤甲(俗名穿山甲)、蟹。(楚雄旧志全书"南华

卷”光绪《镇南州志略》卷4第358页)

鳞属:鲤鱼、鲫鱼、白条鱼、花斑鱼、黄骨鱼、面肠鱼出蓆草海、细鳞鱼出七河村,味最鲜、鳅、鳝、蛇、鲋、白条鱼。介属:鳞鲤甲俗名穿山甲、蟹。(楚雄旧志全书“南华卷”民国《镇南县志》卷7第636页)

鳞之属:鲫、鲤、鳝、鳅、白条鱼。(楚雄旧志全书“姚安卷上”康熙《姚州志》卷2第37页)

鳞介之属:鲫、鲤、鳝、鳅、蟹、虾、白条鱼、螺。蛤之属:蚌、蛙、蛤蟆。(楚雄旧志全书“姚安卷上”道光《姚州志》卷1第243页)

鳞之属:旧《志》五种:鲫、鲤、鳝、鳅、白条鱼。增补三种:面条鲫,出乌鲁淜及阳派淜。鱼形似鲫,腹中如切面细条,盘之无肠,面条即肠也。治鱼,出其肠,蟠结胶轕,投水中,少顷即蠢蠢自相回解如寄居虫然。烹食,味甘美。惟此鱼腹大肉薄,不中食。细鳞鱼,出连水,鳞细似鲈,味美于鳜,形狭而长似鲦、鲠,少肉,厚似鲫。刺头鱼,出子贝武河中,头有刺如针,出肤寸许,小者亦二三分,土人云此鱼泳游之处,群鱼四散,盖避其触也,人有不知而误捕者,亦往往被伤。(楚雄旧志全书“姚安卷上”光绪《姚州志》卷3第566页)

鳞属:县西子贝武河中,出一种刺头鱼。形似鲫,首有刺,如针出皮,半寸小者、三四分群,鱼为所触则散去。土人见水中有此鱼,即不置网。(楚雄旧志全书“姚安卷上”民国《姚安县地志》第904页)

鳞属:《李通志》五:鲫、鲤、鳝、鳅、白条鱼。《管志》五,同上。《王志》五,同上。注:鲫,所产大仅数寸。鲤,仅盈尺,味均美。鳝、鳅,昔无人食,近来则嗜为美味。白条鱼,亦仅大二三寸。《甘志》三:面条鱼,出乌鲁淜及洋派淜,形似鲫,腹中如切面细条盘之,无肠,面条即肠也。治鱼出其肠,蟠结胶轕,投水中少顷,即蠢蠢自相回解,如寄居虫,然烹食味甘美,惟此鱼腹大肉薄,不中食。细鳞鱼,出连水,鳞细似鲈,味美于鳜,形狭而长似鲦,鲠少肉厚,似鲫。刺头鱼,出子贝武河中,头有刺如针,出肤寸许，小者亦二三分。土人云：此鱼游泳之处，群鱼四散，盖避其触也，人有不知而误捕者，亦往往被伤。谨按：面条鱼，乃条虫寄生于鲫，非即肠也，熟食固佳，否则有害，宜慎之。刺头鱼，即安思鱼。增补二：小鳅鱼，形似鳗而小，长寸许。谷花鱼，亦小，产稻田中，人均喜烹食之。介属：《李通志》五：龟、鳖、螺、蟹、蛤。《王志》五：蟹、螺、蚌、蛙、虾、蟇。注：龟，有水龟一种。昔人于北门内东偏，掘塘深八九尺，见一洞，径二尺余，周围润华（滑），中伏一龟，大尺余，取出尚能爬行，不识密闭洞中究若何以为生存也。鳖，龟属。螺，有田螺，产沟塘中。又陆栖之蜗牛，无介壳之蛞蝓，均为植物害。蟹，有石蟹，亦名山蟹。蛤，有文蛤，产溪中。蚌，所产不盈寸。蛙，夜间鸣声甚大，尚有金线蛙，俗呼青鸡，背有黄色纵线。雨蛙，形小色绿，多栖树间。金襖蛙，形小色黄。山蛙，俗呼石蚌，肉味甚美，人嗜食之。虾蟇，《甘志》：山谷中最多，能嘘气作瘴，其色如虹，中者发疟。南界有夷人一长一少宿羊于山，夜逢大雨，雨止，燃薪燎衣。闻有郭索声，视之见大虾蟇，如五六岁小儿，寻火光而来，长者惊避，少者自负力壮，取木椿击之，良久始去，每一击则痱瘤中浆出如噀，洒溅满身，天晓回家，见浆溅处成绿色，深入骨际，是日即毙，长者三日内亦毙。（楚雄旧志全书“姚安卷下”民国《姚安县志》卷43第1653页）

鳞之属：鲤、鲫、鲇、鲦、鳅、鳝、金鱼、青鱼、细鳞鱼。介之属：龟、蚌、螺蛳、蛤蜊、蟹、穿山甲、螔蝓即山螺师、蜗牛即旱螺蛳。（楚雄旧志全书“大姚卷上”道光《大姚县志》卷6第175页）

鳞介类白井鱼最少，所列数种，间一有之，姑备其名。鲫、鲤、鲂、细鳞、桃花、白鲦、龟、蟹。（楚雄旧志全书“大姚卷上”乾隆《白盐井志》卷3第489页）

鳞之属：旧《志》七种：鲫、鲤、鲂俗呼鲂公鱼、细鳞、白鲦、龟、虾谨案：白井无蟹，所称乃蟛蜞也。新增一种：面条鲫。（楚雄旧志全书“大姚卷上”光绪《续修白盐井志》卷3第663页）

鳞之属：鲭、鲤、花鱼、鳅、鳝。介之属：蟹、鳖、龟。（楚雄旧

志全书“元谋卷”康熙《元谋县志》卷2第59页）

第三十课《鱼》：鱼中之脊椎动物也，种类甚多。通常分头胸尾三部。眼大嘴小，唇有须，以司感觉。体被多类之鳞成覆瓦状以保护身体。胸腹脊尾均生有鳍，专用全身之波动，与鳍之运行以游泳水中。（楚雄旧志全书“元谋卷”光绪《元谋县乡土志》修订本卷下第401页）

鳞之属：鲭、鲤、鲫、花鱼、鳅、鳝。介之属：蟹、鳖、龟。（楚雄旧志全书“武定卷”康熙《武定府志》卷2第83页）

鳞属：鲭、鲤、鲫、花鱼、鳅、鳝。介属：蟹、鳖、龟。（楚雄旧志全书“武定卷”光绪《武定直隶州志》卷4第377页）

水族类：鲤、细鳞、花鱼、鲫鱼。（楚雄旧志全书“禄丰卷上”康熙《禄丰县志》卷2第25页）

鳞属：为鲤，为鲫，为鳝，为白鱼，为鳅，为细鳞。介属：为龟，为螺蛳，为蚌。（楚雄旧志全书“禄丰卷上”康熙《广通县志》卷1第392页）

鳞介：细鳞、石扁长四五寸、石鳅长二三寸、鲤鱼味肥美，春夏水干方能网捕。（楚雄旧志全书“禄丰卷上”康熙《黑盐井志》卷1第600页）

水族中鱼类，以鲫鱼、鲤鱼、青鱼、鲦鱼、细鳞鱼、木头鱼、麻鱼、泥鳅、黄鳝等为多。两栖类，以青鸡、石蚌、螃蟹、螺蛳为多。蚌蚧，则西区大河中产之，其肉皆可食。（楚雄旧志全书“禄丰卷下”民国《广通县地志》第1422页）

鳞介类：鲤、细鳞、面肠鱼（此鱼肠肚中生白带一条，其味甚美）、鲫鱼、蟹、虾、蝉、（泥）鳅、花鱼、穿山甲、尺获蛇、螽斯、蜻蚨、螳螂、蝌蚪、蜗牛、蚯蚓。（昭通旧志汇编本乾隆《恩安县志稿》卷3第37页）

鳞介类：鲤、鲫、鳝、鳅、蟹、螺、龟、蛇、鲢、鳖、鳞鲤俗名穿山甲、清波、细鳞鱼、江团、黄蜡钉。（昭通旧志汇编本嘉庆《永善县志略》卷1第752页）

鳞属：细鳞、花鱼、红尾、白甲、青钵、鲫鱼。介属：穿山甲、山螺、田螺、山蟹。（光绪《镇雄州志》卷5第59页）

鳞之属：有龙，灵物。《说文》：“春分而登天，秋分而潜渊。”其形变化无常。昭俗有挂龙之说，岁中恒见之，其起处风急电迅，雨骤云翻，遥望之有乌、白二种。蛟，《说文》：龙之属也，鱼类三千六百，蛟为之长，能率鱼飞。其状似蛇，四足，细颈。每岁水涨溃堤，相传即为起蛟。魞（鲵）鱼，俗呼娃娃鱼，其声如小儿啼也。眉目口鼻皆具，遍体无鳞，有粘液，恒于石上晒日，液干则粘，即呱呱而啼。鲫鱼，有苦甜二种，苦者形小，取以饲猫。甜者形扁，肉厚，滋嫩而甜，味极鲜美。四乡多产之，南乡大闸尤美。鲤鱼，体扁身长。面肠鱼，形圆腹大，中有面肠一条或二条，色白，软动而生，产南乡。白鲦鱼，细麟长身，产洒渔河、鱼洞，味尤美。扒齿鱼，形如扒齿，色白鳞细，肉多刺少，味颇美好，至杏花开时又谓杏鱼。金鱼，初生色黑，久乃变红或红身黑背，甲皆金色。草鱼，形如鲤而鳞细，味微苦，肉厚，生殖最蕃，产李家鱼塘。米汤鱼，形与鲤同，色灰白如米汤，故名。红虾，产南乡，色红，有壳，肉少而小。青虾，与红虾同，其色青。龙眼鱼，眼珠突出，形如龙眼，或有触须，故名。细花鱼，肉厚无刺，身有黑斑，味亦美。鳅鱼，似鳝而短，无鳞，妇女买以放生。鳝鱼，形似蛇，无斑，腹黄，味美，产秧田中，夏秋时为多。大头鱼，一名蝌蚪，无鳞，头大尾细。大者变蟆，小者变蛙，产污水中，可治天泡病症。穿山甲，产高山，遍体皆甲，虫蚁趋附甲内，抖出舐食之，性怯畏，人敲成一团，取其甲可入药用，甲色赤黑，有铜甲、铁甲之分。介之属：有龟，甲虫之长，性纯阴，肉可煞（熬）胶，龟板亦入药用。清官（亭）塘内产之。鳖，龟属，有壳，成圆形，俗呼团鱼，龙洞及南乡大塘皆产之。田螺，生水田中，取之捣烂，入麝些许，用贴脐间，治噤口痢，又治脱肛、腋气、耳漏等病。蚌蛤，省耕塘及擦拉大河均产之，同类异形，圆者曰蛤，长者曰蚌，年久均能生珠。石蚌，产大河中，肉肥无刺，其形类人而小，手足身首皆相似。螃蟹，四乡俱有，治漆疮甚效。蜗牛，形如小螺，全身宛转有纹，背有壳，首尾皆藏壳中，行则出。以上皆随时有者。（昭通旧志汇编本民国《昭通志稿》卷9第256页）

水产，鳞之属：有蛟，《说文》：龙之属也，鱼类三千六百，蛟为之长，能率鱼飞。其状似蛇，四足，细颈。每岁水涨溃堤，相传即为起蛟。鲫鱼，有苦、甜二种。苦者形小，取以饲猫；甜者形扁，肉厚滋嫩而甜，味极鲜美，四乡多产之，南乡大闸尤美。鲤鱼，体扁身长。面肠，形长腹大，中有面肠一条或二条，(色)白，软动而生，产南乡。白鲦鱼，细鳞长身，产洒渔河、渔洞，味尤美。扒齿鱼，形如扒齿，色白鳞细，肉多刺少，味颇美好，至杏花开时又谓杏鱼。金鱼，初生黑，久乃变红或红身黑背，甲皆金。草鱼，形如鲤而鳞细，味微苦，肉厚，生殖最蕃，产李家鱼塘。米汤鱼，形与鲤同，灰白如米汤，故名。红虾，产南乡，红色，有壳，肉少而小。青虾，与红虾同，其色红(青)。龙眼鱼，眼珠突出，形如龙眼，或有触须，故名。细花鱼，肉厚无刺，身有赤斑，味亦美。鳝鱼(泥鳅)，似鳝而短，无鳞，妇女买以放生。鳝鱼，形似蛇，无斑，腹黄，味美，产秧田中，夏秋时为多。穿山甲，产高山，遍体皆甲，虫蚁趋附甲中，抖出舐食之，性怯畏人，缩成一团，取其甲可入药用，甲色赤黑，有铜甲、铁甲之分。介之属：有龟，甲虫之长，性纯阴，肉可熬胶，龟板入药用，清官塘内产之。鳖，龟属，有壳，圆形，俗呼团鱼，龙洞及南乡大塘皆产之。田螺，生水田中，取之捣烂，入麝些许，用贴脐间，治噤口痢，又治脱肛、腋气、耳漏等病。蚌蛤，省耕塘及擦拉大河皆产之，同类异形，圆者曰蛤，长者曰蚌，年久均能生珠。石蚌，产大河中，肉肥无刺，其形类人而小，手足及首皆相似。螃蟹，四乡俱有，治漆疮甚效。蜗牛，形如小螺，全身宛转有纹，背有壳，首尾皆藏壳中，行则出。以上皆随时有者。（昭通旧志汇编本民国《昭通县志稿》卷5第386页）

畋渔：巧家畋渔事业素无专营者，各农户均以为一种副业，全县约有一百余户。以九、十两区为较多。畋渔所得数量极少，不成为大宗商品。其所用器具皆弩箭、火枪、网罟等物。畋户、渔户仍是农民生活，非专门职业也。（昭通旧志汇编本民国《巧家县志稿》卷6第675页）

鳞之属：鲤、鲫、鲢、鲭、龙眼鱼、细鳞鱼、鳝、虾、筒筒鱼、鳣、江豚。介之属：龟、鳖、蚌、螺蛳、蟹、螃蜞、蜗牛。（昭通旧志汇编本民国《巧家县志稿》卷7第696页）

鳞介类：水鼻子、江团、岩鲤、鲳鱼、龙蒸鱼以上四种为金河鱼中最上品，味极鲜美，年产不多、鲤鱼、鲢鱼、白甲、青波、红鱼、花鱼、乌鱼、金鱼、鲦鱼、黄鳝出田溪中、白鳝出河中，味极美、细鳞、泥鳅、鳖俗名团鱼、龟、鲒壳、螃蟹、象鱼鼻长如象，产金河中，最大者四五百斤，小者百斤、青蛙、黄蛙、干蛙不下水、癞虾（蛤）蟆、田螺。（昭通旧志汇编本民国《绥江县县志》卷2第858页）

水产：青鲢、黄鲢、花灿鱼产于花鱼坪溪洞，身干长圈，色青黄，嘴大能容拳，有须，甲粗厚，每尾重十斤至二十斤不等、江豚俗名水猪、鲤、鲭青波鱼或呼青膊鱼、细鳞鱼花鱼坪溪流出产为多、鳜、白甲鱼、鲫池塘田间出产、鲵俗呼娃娃鱼，为两栖动物，时爬河滨石上，作小儿声、黄鳝、鳅俗呼泥鳅、鳖、龟、蚌、虾、螃蟹、螺蛳、蛙。（昭通旧志汇编本民国《盐津县志》卷4第1698页）

## （一）鳞类

### 鲃鱼

《滇程记》云：云南百夷中有小孟贡江，产鲃鱼，食之，日御百妇，故夷性极淫，无论贵贱，俱有数妻。（《滇略》卷3第231页）

### 白发鱼

发鱼带发，形如妇人，出于滇池，肥白无鳞魏武帝《四时食制》。（《异鱼图赞》卷3）

《异鱼图赞》：滇中尚有二鱼，今未之见，聊志之。一曰发鱼，《赞》云："发鱼带发，形如妇人，出于滇池，肥白无鳞。"（《滇略》卷3第231页）

白发鱼，戴发无鳞，如妇人，白而肥，出滇池。（天启《滇志》卷32第1049页）

白发鱼旧传见滇池中，戴发无鳞，状如妇人，白而肥。（康熙《云南通志》卷30第862页）

白发鱼，段公路《北户录》：白发鱼戴发，形如妇人，白肥无鳞，出滇池中。（道光《云南通志稿》卷69《云南府》第7页）

## 白鲦鱼

魟、黑鰦，即白儵鱼。滇池多白儵，予每以为鲊。（《滇海虞衡志》第185页）

## 白鱼

〖白鱼〗，味辛，〖性〗寒。无毒。治痈疽〖诸〗疮，〖肿毒〗疥〖癞，同大蒜食之，效。（《滇南本草》第859页务本）

白鱼出陈海，似鲤而色白。（景泰《云南图经志书》卷4《北胜州》第252页）

白鱼陈海出，状如鲤鱼而色白。（正德《云南志》卷12《北胜州》第499页）

白鱼，《明一统志》：出云南北胜州陈海，状如鲤而色白崔豹《古今注》：白鱼雄者曰魧鱼子，群浮水上，曰白萍。（道光《云南通志稿》卷70《永北直隶厅》第44页）

## 比目鱼

己卯六月初二日……按玉泉在山下大官庙前，亦两孔，而中出比目鱼。（《徐霞客游记·滇游日记十》第1116页）

比目鱼，《宜良县志》：出宜良。《易门县志》：云龙寺前龙潭

内有之。(道光《云南通志稿》卷69《云南府》第8页)

## 草鱼

滇池附草,多麦鱼,黑、白二种,极明透,滇人谓之草鱼,食之者见笑。予与王若洲调以为羹,甚美,而草鱼从此贵矣。(《滇海虞衡志》第186页)

麦鱼,檀萃《滇海虞衡志》:滇池附草,多麦鱼,黑、白二种,极明透,滇人谓之草鱼。(道光《云南通志稿》卷69《云南府》第8页)

## 大头鱼

大头鱼出星云湖,渔者以午、戊二日编竹为笼,沉水取之,其头味甚美,游泳至海门辄返,不人抚仙湖。(正德《云南志》卷6《澄江府》第277页)

澄江江中产大头鱼,尤佳。(《滇略》卷3第231页)

洱海源出下关……海产大头鱼,食之皮脱,土人不忌。(《滇游记》第7页)

碌鱼出星云湖,形似鲤而首巨,极肥美,俗呼大头鱼。(康熙《云南通志》卷12《澄江府》第227页)

大头鱼,陈鼎《滇黔纪游》:洱海出大头鱼,食之皮脱,土人不忌。(道光《云南通志稿》卷69《大理府》第17页)

碌鱼,旧《云南通志》:出江川星云湖,似鲤而首巨,极肥美,俗呼为大头鱼。(道光《云南通志稿》卷69《澄江府》第28页)

## 带鱼

带鱼勒鲞,吾乡鄙而不食之物,浙人携至滇中,每斤售价五

六钱。此亦惟江浙人喜于得乡味而已，盖即莼鲈之意也。（《滇南闻见录》卷下第34页）

带鱼，《云南府志》：出太华山下，其肠如带。（道光《云南通志稿》卷69《云南府》第7页）

## 丁鱼

赵州产丁鱼，又小，仅如钉耳。（《滇略》卷3第231页）

## 工鱼

公鱼似鲫细鳞，而长不满尺，无间大小皆有子，其味肥甘，产于上下二关之涌泉旁。一云江鱼，土人呼江为公，故名公鱼。（景泰《云南图经志书》卷5《大理府》第262页）

公鱼洱河出，似鲦细鳞而长，无间大小皆有子，味极美，产于上下二关之涌泉傍。一名江鱼，土人呼江为公，故名。（正德《云南志》卷3《大理府》第169页）

工鱼，大理出鱼，细鳞而纤长，长不盈尺，多腹腴而味美，名曰工鱼。《云南志》载之，谓土人不识江字，因误为工，其说非矣。盖古韵江有工音，如陶渊明《停云诗》“时雨濛濛”，“平陆成江”，李翱《别灊山神文》“我亦何功”，“路沿大江”。大理自昔晓文义，故用古韵，岂昧一江字乎？兹非土人不识字，乃修志者不识字耳？当时阁老陈公文为云南布政使，实总裁之，顾亦不察！（《南园漫录》卷2第60页）

弓鱼，西洱弓鱼，三寸其修。谁书以公，音是字谬。又哂多子，亦孔之羞弓鱼见《鱼谱》，今误作公。滇中俗谚，既误作公鱼而怪其有子，遂缀为谑语云：大理公鱼皆有子，云南和尚岂无儿。（《异鱼图赞》卷1）

西洱河产公鱼，一作魟，又作工，作弓。仅如指，长三寸许，而味甚佳。杨慎《图赞》云：“西洱弓鱼，三寸其修。谁书以公，音是字谬。又哂多子，亦孔之羞。”慎尝作戏语云：“大理公鱼皆有子,云南和尚岂无儿?”张志淳曰:“工即江也。古韵江亦音工。陶渊明《停云诗》‘时雨濛濛’,‘平陆成江’,李翱《别灊山神文》‘我亦何功’,‘路沿大江’。”未知是否?(《滇略》卷3第231页)

工鱼,大理出鱼,细鳞而纤长,长不盈尺,多腹腴而味美,名曰工鱼。云南旧志载之,谓土人不识江字,因语为工,不知古韵江有工音。陶渊明《停云诗》“时雨蒙蒙”,“平陆成江。”李翱《别灊山神文》“我亦何功”,“路沿大江”。大理自昔晓文义,故用古韵也。(天启《滇志》卷32第1049页)

工鱼出洱海,如鲦而鳞细,长不盈尺。明杨慎称为鱼魁,工或作公,又作弓。(康熙《云南通志》卷12《大理府》第227页)

工鱼大理出鱼,细鳞而纤长,长不满尺,腴而味美,曰工鱼。云南旧志载之,谓土人不识江字,因呼为工,不知古韵江有工音。陶渊明《停云诗》“时雨濛濛”,“平陆成江。”李翱《别灊山神文》“我亦何功”,“路沿大江”。大理自昔晓文义,故用古韵。(康熙《云南通志》卷30第875页)

乾隆三十四年元月十一日,即龙尾关也,其地大理府太和县属,令屠君可堂,浙江鄞人,赤水先生之裔,以功鱼见饷。功鱼出洱海,为滇省诸鱼之冠,然较丙穴槎头,迥不逮矣。(《滇行日录》第209页)

大理产工鱼,土人颇重之,其形细小而味甚平常,不足取。有一种细鳞鱼颇大,肉质细致,味尚鲜美可食。(《滇南闻见录》卷下第33页)

大理襟山带河,山珍多而水族殊鲜,工鱼产洱河中,最有名,而不甚适口。无螃蟹,夏秋间有蟛蜞,醉以椒酒,差可供咀嚼耳。(《云南风土记》第50页)

工鱼,出大理,长三四寸,满腹子,可充羞,炖肉而陈之。禄劝易龙河亦出此鱼。工或作弓。《南园录》谓:应作工,工为江,江鱼也。此亦牵强。蛮名无正字,工、弓随用耳。(《滇海虞衡志》第197页)

公鱼,吴才老谓滇语呼江为公,故名江鱼为公鱼。案:公当为工,江从工得声也。西洱河所出六七寸之小鱼,今犹呼工鱼。(《滇游续笔》第472页)

工鱼一作公鱼,《事物绀珠》:公鱼,似鲦细鳞,长不满尺,有子美,出大理。《一统志》:出洱海,如鲦而鳞细,长不盈尺,明杨慎称为鱼魁。檀萃《滇海虞衡志》:工鱼出大理,长三四寸,满腹子,可代鲞炖肉而冻之,禄劝易龙河亦出此鱼。工,或作弓。《南园录》谓应作工,工为江,江鱼也。此亦牵强,蛮名无正字,工、弓随用耳杨慎《弓鱼赞》:西洱弓鱼,三寸其修,谁书以公,音是字谬,又哂多子,亦孔之羞。(道光《云南通志稿》卷69《云南府》第17页)

## 谷花鱼

谷花鱼,《云南府志》:出富民。(道光《云南通志稿》卷69《云南府》第8页)

## 海参

滇人言滇池产海参,每年水盛时,渔人于得胜桥柱下,得十数枚,长大白色,味美。亦私市,不令官知,恐诛求如大虾也。(《滇海虞衡志》第189页)

海参,檀萃《滇海虞衡志》:滇人言滇池产海参,每年水盛时,渔人于得胜桥柱下得十数枚,长大白色,味美,亦私市,不令官知,恐诛求如大虾也。(道光《云南通志稿》卷69《云南府》第9页)

《武定之骟母鸡》:……斑鸠河内尚产有一种特殊之生物,是为土海参,土海参之形状,与产于日本海内之小刺参无异,只不过较日本海参为小耳。其大者能长及二寸,粗及吾人手指,取出水后,剖开其腹而视察,腹里肠杂亦与海洋上所产之一切大小刺参同,只身上钉刺稍为短小而且稀少也。生时全体黑色,划开其身体,体内则白而不乌,以刀凌之,有如玉片,以法烹治而食,惟不及海洋上所产者味浓。此物恒游泳于河底,少见于水面。初时土人等不知其为何物,且认为是蚂蝗之属,后经外省人查及,始证明为刺参,但出产不多,寻取殊难也。(《云南掌故》卷11第336页)

## 花鱼

花鱼,味甘,〖性〗平。〖无毒。主治补肾添精、养肺,止咳嗽〗。食之,令人肌肤细腻而解诸疮,最效。烧灰服之,治疟疾冷症。(《滇南本草》第870页务本)

花鱼,长仅寸,面卷而炙之,美而腴,盖亦吹沙之类也。他如小鳑魮、小黄鲴子、牛矢鱼,亦尚有之,然不足数也。(《滇海虞衡志》第190页)

花鱼,旧《云南通志》:出临安。檀萃《滇海虞衡志》:花鱼,长仅寸,面卷而炙之,美而腴,盖亦吹沙之类也。(道光《云南通志稿》卷69《临安府》第22页)

## 黄鱼

江水黄鱼,鱼形头似鳣,骨如葱,可食。《太平御览》卷九百四十《鳞介部》十二引,《御览》同卷引《广志》说:"犍为僰道县出臑骨黄鱼。"今据以此条入僰道县。(《云南古佚书钞·南中八郡志》第9页)

黄鱼,旧《云南通志》:肉金色,味甘肥。(道光《云南通志稿》卷70《元江直隶州》第56页)

## 黄师鱼

黄师鱼,即鲿鱼也。字从尝,取尝祭之义也。江乡名黄颊鱼,为其颊之黄也。《山海经》作师鱼,谓獭祭鱼,捉鳍为巫师,能作声以祭天也。又曰杀人,谓其颊骨鲠人至死也。滇池多黄师鱼,亦鲜美。俗讹师为丝,失其义矣。(《滇海虞衡志》第185页)

黄师鱼,檀萃《滇海虞衡志》:即鳍鱼也,江乡名黄颊鱼,为其颊之黄也。《山海经》作师鱼,谓獭祭鱼,捉鳍为巫师,能作声以祭天也。又曰杀人,谓其颊骨鲠人至死也。滇池多黄师鱼,亦鲜美。俗讹师为丝,失其义矣。(道光《云南通志稿》卷69《云南府》第8页)

## 鲫鱼

鲫鱼,蒙舍池鲫鱼,大者重五斤。(《云南志补注》卷7第110页)

鲫鱼,味甘。和五脏,通血脉。与五味煮食,补虚损,温中下气,痢疾痔漏之症。作羹食,治胃弱而补中;又治妇人阴疳诸疮;又杀虫消积。头,烧灰治癞疮。(《滇南本草》第860页务本)

叶榆水,……渔人谓自崖下分水为两戒,南为河,北为海。咸淡不类,河鱼不入海,海鱼不入河,鱼游至此则返。鱼族颇多,视他水所出较美。冬鲫甲于诸郡。魏武帝《四时食制》曰:“滇池鲫鱼,至冬极美。”盖谓池之在滇者美鲫也。(魏武未尝至滇而云尔者,今之风鲫可以寄远,岂其遗制?)(嘉靖《大理府志》卷2第60页)

鲫鱼,滇池鲫鱼,冬月可荐,中含腴白,号水母线,北客乍餐,以为面缆樊绰《南夷志》蒙舍地有鲫鱼,大者重五觔。西洱河及滇池冬月多鲫鱼。(《异鱼图赞》卷1)

魏武帝《四时食制》曰:“滇池鲫鱼,至冬极美。”今滇河冬月产者最佳,腹中白腴,长六七寸,若切面然,烹之,甘甚。杨慎《图赞》云:“滇池鲫鱼,冬月可荐,中含腴白,号水母线。北客乍餐,以为面缆。”魏武未尝至滇,岂亦得之传闻耶?樊绰《南夷志》:“蒙池鲫鱼,重者五斤。”然未之见也。(《滇略》卷3第231

页）

鲫鱼，魏武帝《四时食制》曰："滇池鲫鱼，至冬极美。"《大理志》言洱河鲫美。魏武帝盖言池之在滇者，非必滇池。其实滇池鲫鱼自美，未逊洱河也。（天启《滇志》卷32第1049页）

鲫鱼 魏武帝《四时食制》曰："滇池鲫鱼，至冬极美。"《大理志》言洱河鲫美。魏武帝盖言池之在滇者，非必滇池。其实滇池鲫鱼自美，未逊洱河也。（康熙《云南通志》卷30第875页）

鱼金带，剑池产鲫鱼带，其鱼与常鲫无异，重亦不过觔许，腹内有带如鳔，宽二三分，长尺余，玉色晶莹，多或八九茎。冬深带满，腹胀裂如被创，带从孔出，买鱼烹食，甚鲜美，取带曝干，应手脆折如粉。（《滇南新语》第6页）

昭通府，鲫鱼甚大而佳，自一二斤至四五斤不等，愈大则愈肥而嫩，其脂厚至半寸许。昭郡并无河渠，产于沮洳之内，诚足异也。（《滇南闻见录》卷下第33页）

鲫本为鲋，滇池多草，产鲫多，皆白鲫，颇肥美，无淮扬之草鲫、乌鲫者。间亦有面肠鲫，味亦颇同。（《滇海虞衡志》第181页）

鲫，檀萃《滇海虞衡志》：鲫本为鲋，滇池多草，产鲫多，皆白鲫，颇肥美，无淮扬之草鲫、乌鲫者，间亦有面肠鲫，味亦颇同。（道光《云南通志稿》卷68《通省》第31页）

鲫鱼，许缵曾《东还纪程》：洱海鱼类颇多，视他水所出更美，冬鲫甲于诸郡。魏武帝《四时食制》曰：滇池鲫鱼，至冬极美 杨慎《鲫鱼赞》：滇池鲫鱼，冬月可荐，中含腴白，号水母线，北客下餐，以为面缆。（道光《云南通志稿》卷69《大理府》第17页）

鲫鱼，樊绰《蛮书》：蒙舍川鲫鱼，大者重五觔。（道光《云南通志稿》卷70《蒙化直隶厅》第42页）

黑龙潭，在越州西十里，为利甚溥，潭内鲫鱼有大至五六斤者，村民相戒不敢食。（咸丰《南宁县志》卷1第14页）

## 甲香

甲香,《唐本草》:甲香,蠡类,生云南者大如掌,青黄色,长四五寸,取厴烧灰用之,南人亦煮其肉啖。今合香多用,谓能发香,须酒蜜煮制,方可用。(道光《云南通志稿》卷68《通省》第31页)

甲香,《唐本草》:甲香,蠡类,生云南者大如掌,青黄色,长四五寸,取厴烧灰用之,南人亦煮其肉啖。今合香多用,谓能发香,须酒蜜煮制,方可用。(光绪《续修顺宁府志》卷13第26页)

## 江鱼

江鱼,《云南府志》:口方而多脂,出罗次。(道光《云南通志稿》卷69《云南府》第8页)

江鱼,《顺宁府志》:细鳞味美,出澜沧江,惟二月中旬,江岸罾舟取之,亦甚少,过此则无。(道光《云南通志稿》卷69《顺宁府》第36页)

江鱼,旧《志》:细鳞味美,出澜沧江,惟二月中旬,江岸罾舟取之,亦甚少,过此则无。(光绪《续修顺宁府志》卷13第26页)

## 金线鱼

金线鱼,滇中有名。〖出昆池中,多生石洞有水处,晋宁多有之〗。〖味甘甜、美〗,〖性平、温。无毒。主治润五脏,养六腑,通津液于上窍。治胃中之冷痰〗。食之,滋阴调元,暖肾添精。

久服轻身延年。(《滇南本草》第864页务本)

有村氓数十家,俱网罟为业。……得金线泉。泉自西山透腹出……海中细鱼溯流入洞,是名金线鱼,鱼大不逾四寸,中腴脂,首尾金一缕如线,为滇池珍味。(《徐霞客游记·游太华山记》第735页)

金线鱼出滇池中金线洞。(康熙《云南通志》卷12《云南府》第226页)

金线鱼,滇之鱼甚少,大者鲤鱼,小者鲦鲫之类而已。近者河内产一种金线鱼,色白而形细长,不过二寸,宛如吴江莺脰河之银鱼,其味鲜美,为滇鱼之最。(《滇南闻见录》卷下第33页)

惟滇池海口之金线鱼名特著,滇人艳称之。(《滇海虞衡志》第185页)

清师范《昆明池金线鱼》(五古):欲泛昆明海,先问金线洞。洞水深且甘,嘉鱼果谁纵。罟师向予言,秋风昨夜动。内腴体外热,衔尾游石空。本畅清凉怀,转作瀺脍用。或应上官需,或诣高门送。我时获一二,不减熊蹯重。那羡瑶池仙,烹麟瀹紫凤。产非太僻远,拟向天厨贡。置之栾鲫前,坐看尹邢閧。(道光《晋宁州志》卷12第7页)

清黄骞《秋晦日泛舟游金线洞》(七律):蒖路晴湖晦节天,行舟还似未秋前。鸬鹚半没汀花静,岩洞多凭石薜偏。水际几家围弱柳,山光一带贴轻烟。为言丙穴由来美,泼泼鲜鳞煮白泉。(道光《晋宁州志》卷12第51页)

清黄申循《游金线洞》(七律):西风轻送草湖烟,红蓼青菱一境天。雅道东西分主客,从看李郭似神仙。嘉鱼好拟松鲈美,峭壁从容石洞偏。十四年来尘土事,不知湖水为谁潺。(道光《晋宁州志》卷12第51页)

金线鱼,《一统志》:出滇池金线洞,金色细鳞,长不盈尺,味极鲜美。《徐霞客游记》:金线泉自太华西山透腹出注海,海中细鱼,溯流入洞,名金线鱼,鱼大不逾四寸,中腴脂,首尾金一缕如线,为滇池珍味。《易门县志》:大小龙泉有之,不可多得。(道光《云南通志稿》卷69《云南府》第7页)

细鱼,《云南府志》:色白而小,出晋宁州。(道光《云南通志

稿》卷69《云南府》第8页）

## 滮浪鱼

蜣螂鱼出玉笋山下抚仙湖中。其鱼形似鳅，有鳞而无胆，骨少而脆，其味颇美。常隐于渊，夏秋则依岸浮于水面，瀚然若云，渔者捕而得之。俗云食此鱼可以御瘴，凡往广西、元江者，备之以行。（景泰《云南图经志书》卷2《澄江府》第107页）

鲌鲜鱼河阳县抚仙湖出，一名鲩鲫鱼，其藏有穴，其出有时，渔人以网待之，其鱼游泳至海门桥辄返，不人星云湖，食之能祛瘴，云南人兢买之。（正德《云南志》卷6《澄江府》第277页）

江川又有滮窅鱼，二水相通，而二鱼不相往来，见则交啮。（《滇略》卷3第231页）

康郎鱼出抚仙湖，鳞细味美，长仅五六寸，相传可以御瘴。明杨慎以为滮窅，谓其干而中空也。（康熙《云南通志》卷12《澄江府》第227页）

李松龄《窴窅鱼赋》："阆范仙班，银河星使。罗翡翠于炎州，网珊瑚于海底。培击水之灵鲲，烧登龙之锦鲤。阳鱎驱尽，风清东海之波。涸鲋携来，雨润西江之水。观夫仙湖灏瀚，绿水涟漪。一轮冰镜，万顷玻璃。吞星云而潋滟，泻夹浦以流澌。浴鹭浮鸥之浒，施罛晒网之涯。鼋鼍蛟龙，就其深矣。鳣鲂鰋鲤，遂然来思。奚有窴窅，泳于水碛，啖（荇）藻之微香，吹浪花之涉百。浮光沉碧玉之峰，叠浪回碌云之泽。明分渭泾，独衔岛影于孤山；义守关津，不渡海门之界石。尔其腻胜脂凝，柔同肪截，骨镂金针，肤匀琼屑。曾依第港，截来数段蓼花；偶过柳堤，拖去万条春雪。佐东坡于斗酒，客赠松江；入杜老之军（郫）筒，人歌丙穴。则有鸣榔舟子，结网渔人，施笭箵以濊之，傍白石之粼之。款乃声中，看兴云兮腾雾；桔槔响处，指贯鱼兮比鳞。于是发笱（笱）游（逝）梁，迴船鼓概（枻），剖以芙蓉之峰，投以芍药之刹。沸金鼎以清波，截银盘而缕细。不烦投箸而起，吏传陶氏之封底事；弹铗而歌，客笑孟尝之第别有。乾腊会滋，脡脯比汇。晶盐煮海，飞六月之霜雪；象箸比鳞，泻满盘之珠玑。允偕夏鳣冬鲤，供祖豆之奇珍；岂必玉脍金齑，羡东南之嘉味。"乃为之歌曰：

"浩浩仙波美中有，美（此字拟衍）洱魟滇鲫同甘髓。从滋丽罶泛桃花，太液池边荐春鲔。"（乾隆《黎县旧志》第43页）

抚仙湖出溓浪鱼，土人盐渍而晒之，贩诸四远。升庵谓其名不称实。宁州李检讨松龄《赋》云："阆苑仙班，银河星使。罗翡翠于炎州，网珊瑚于海底。培击水之灵鲲，烧登龙之锦鲤。阳鱎驱尽，风清东海之波；涸鲋携来，雨润西江之水。观夫仙湖灏瀚，绿水涟漪。一轮冰镜，万顷玻璃。吞星云而潋滟，泻夹浦以流澌。浴鹭浮鸥之浒，施罛晒网之涯。鼋鼍蛟龙，就其深矣。鳣鲂鰋鲤，烝然来思。爰有溓浪，泳于水碛。啖荇藻之微香，吹浪花之浅白。浮光沉碧玉之峰，叠浪回碌云之泽。明分泾渭，独衔岛影于孤山；义守关津，不渡海门之界画。尔其腻胜脂凝，柔同肪截，骨镂金针，肤匀琼屑。曾依苇港，截来数段蓼花；偶过柳堤，拖去万条春雪。佐东坡于斗酒，客赠松江；入杜老之箄筒，人歌丙穴。则有鸣榔舟子，结网渔人，施罟箸以濊濊，傍白石之粼粼。欸乃声中，看兴云兮腾雾；桔槔响处，指贯鱼兮比鳞。于是发笱逝梁，回般（船）鼓枻，剖以芙蓉之锋，投以芍药之剂。沸金鼎以波清，载银盘而缕细。不烦投箸而起，吏传陶氏之封底事；弹铗而歌，客笑孟尝之第别有。乾腊含滋，脡脯比汇。晶盐煮海，飞六月之雪霜；象箸披鳞，泻满盘之珠翠。允偕夏鳣冬鲤，供鼎俎之奇珍，岂必玉脍金齑，羡东南之佳味。"（《滇系·赋产四》第75页）

簾窅鱼，亦出澄江，盐腌之而货于省，如江乡小盐鲞子，不中啖，所见不逮所闻。（《滇海虞衡志》第196页）

簾窅鱼，《事物绀珠》：鲍鲜鱼，一名康郎。云南人以为瘴药。《临安府志》：簾窌鱼，一名鲍鲜，出宁州抚仙湖，凡山麓水涯之石洞，土人挟巨笱承洞口而取之，鳞细味美，长五六寸，腹多腴，干亦不空。《澄江府志》：康郎鱼，出抚仙湖，相传可以御瘴。明杨慎以为溓浪，谓其干而中空也。旧《云南通志》：出河阳抚仙湖。旧《志》讹康郎，杨慎以为溓窅，谓其干而中空，未确。檀萃《滇海虞衡志》：簾窅鱼出澄江，盐腌之货于省，如江乡小盐鲞子，不中啖，所见不逮所闻。（道光《云南通志稿》卷69《澄江府》第

28 页)

## 鲚鱼

鲚鱼,味甘,肉嫩。煮食,令人下元有益,中不脱气,不炎火,添精补髓,能补三焦之火。(《滇南本草》第 858 页务本)

## 鲤鱼

鲤鱼,味甘,〖性〗平。治妇人怀孕身肿,痢疾水泻,冷气存胸;〖又治小儿风痰〗,作羹食。(《滇南本草》第 862 页务本)

阿铎河在府治南一百八十里,其山下水势急迅,土人构藤度之。中有鱼,似鲤,肥美可食。(万历《云南通志》卷 4《顺宁州》第 26 页)

鲤最美,小者不能盈掌,且满腹鱼子,此江乡所不见者。大或重至七八斤,且十余斤,味甚佳。鲤之小者与鲫似,滇人多不能分,又不解糟。鲤正发时,绍兴人糟池鲤以货于官,曰江乡糟鱼上来,价数倍。(《滇海虞衡志》第 181 页)

鲤,檀萃《滇海虞衡志》:最美,小者不能盈掌,且满腹鱼子,此江乡所不见者。大或至重七八斤,且十余斤,味甚佳。鲤之小者与鲫似,滇人多不能分,又不解糟。鲤正发时,绍兴人糟池鲤以货于官,曰江乡糟鱼上来,价数倍。(道光《云南通志稿》卷 68《通省》第 31 页)

## 鲈鱼

鲈鱼,出澄江,方口而仰,头耸起,有四腮,鳞细而薄,长二三尺,重六七斤,肉细如桃花鳜、海黄鱼,无丝刺,与青鱼绝不相类。历来以为青鱼,因其身青而名,实非青鱼也。案:青鱼即青鲤。

鲱有二种，分青鲱、白鲱，江乡呼青鲱为青鱼。口有齿，能啮草，草饲易长。桐城东乡围田多兼养鲱，名鱼围。其人每言："三条鲱子吃草，敌一条牯牛。"盖饲草多而易长。凡三斤重鲱子，饲之一年，即长至数十斤。腊月，江涸湖干，鱼渐稀，围鱼始出。上自九江，下至苏、扬，无不买围鱼，其为钱粮至大。然鱼带膻气，味不佳，由饲草如牛羊故也。湖鲱、池鲱多肥美，往往跃入湖田，食禾一夕尽，齿利如此。重数斤，江鲱大者且数十斤，皆肥美，不同围鱼。故鲱，《尔雅》谓之鲩。郭注："鲩，今鲱鱼。似鳟而大。"又注："鮅鳟似鲱子，赤眼。"《本草》于鲩鱼曰草鱼，分青鲩、白鲩是矣。又于下另出青鱼，谓其似鲩，而不知青鲩统谓之青鱼。江乡治青鲱，必取其胆，谓之青鱼胆，治白鲱则弃胆。亦不闻于青鲱之外，别有青鱼。此则青鱼之考辨，断归青鲱无疑也。家乡无鲈鱼，而鳜为多，以鳜推鲈，与青鱼可立判。王平彝子音以一尾送予，曰："此澄江青鱼。"予见之曰："此非青鱼也。细验四腮与肉味，得非松江之鲈？"然思李氏《纲目》，鲈，白质黑章，四五月出吴中，松江尤盛，长仅数寸，似鳜，色白，有黑点，巨口细鳞，有四腮。因引扬诚斋《诗》："买来玉尺如何短，铸出银梭直是圆。"以实其长仅数寸之言。今按此鱼长且数倍，为不称，然其白质黑章，巨口细鳞，四腮，无不与鲈同，青鱼何能有一似此也？暇日，以语张君补裳："君往来吴淞，亦食鲈鱼乎？"曰："食之多矣。""鲈鱼亦有大者乎？"曰："大且如巨鲱。"予因思鲈、鳜为类，但鲈四腮而鳜二腮。味诚斋诗结句："春风已有真风味，想待秋风更爽然。"言秋深鲈长，味更爽然不同，未尝限定数寸，禁鲈之不长至于一二尺，重六七斤也。且诚斋买鲈正二三月间，此时鲈长数寸，犹桃花鳜，已鲜嫩足佳。夏秋间鳜长盈尺，味正腴，至冬时鳜且重四五斤，老而味减于前，想鲈亦犹是也。故鲈无论大小，总以四腮为据。兹鱼四腮，可不定其为鲈乎？世尝谓鲐、鮆及鲥上时，过全归海，而不然也。鲐即鯸鲐，今名河豚。鮆即薄刀，一名杨花鲚，先鲥鱼而上。鲥上，二鱼皆不见，然皆化子于江湖。五六月间，鮆秧出，绝流渔之，一网堆山，谓之杉木秭。白晒入捆，每捆一二百斤。八九月间，鲐子长且二三寸，其网之亦然，连皮炒食，谓之斑子河豚。皆入捆，贩至四远，史所谓鲐鮆千钧也。腊中江涸，渔人往往得鲥秧卖之，长仅寸余。明春，川江涨下，西风暴起，新鮆以口迎之，一夜长尺余，河鲀与鲥亦然。皆出长江，不尽由于海也。谓鲥不过小孤，非也。甲申夏，于黄州目见网获鲥。庚寅夏，过洞庭，日馔鲥，且至于常德。李时珍言："蜀人见鲥，以为瘟鱼，不敢食。"则鲥之上来，且远至于蜀矣。乃知古人记载之言，多有不足信也。嗟乎！此鱼自吴淞穿洞穴，万里而上滇，犹王鲔自江穿洞穴，千里而至于秦。顾秦人犹识为鲔，滇人不识，直以青鱼目之，使张翰秋风之思，不表现于兹方，亦一缺事也。又滇池海菜，其根即莼，二物皆出于滇，可见天下之大，无所不有，未可专怙此方而轻彼方也。(《滇海虞衡志》第190页)

鲈鱼，檀萃《滇海虞衡志》：出澄江，方口而仰，头耸起，有四腮，鳞细而薄，长二三尺，重六七觔，肉细如桃花鳜、海黄鱼，无丝刺，与青鱼绝不相类。历来以为青鱼，因其身青而名，实非青鱼也。案：青鱼即青鲱。鲱有二种，分青鲱、白鲱，江乡呼青鲱为青鱼。口有齿，能啮草，草饲易长，桐城东乡园田多兼养鲱，名鱼围。其人每言："三条鲱子喫草，敌一条牯牛。"盖饲草多而易长。凡三觔重鲱子，饲之一年，即长至数十觔。腊月，江涸潮干，鱼渐稀，围鱼始出。上自九江，下至苏、扬，无不买围鱼。然鱼带羶气，味不佳，由饲草如牛羊故也。湖鲱、池鲱多肥美，往往跃入湖田，食禾一夕尽，齿利如此。重数觔，江鲱大者且数十觔，皆肥美，不同围鱼。故鲱，《尔雅》谓之鲩。郭注："鲩，今鲱鱼，似鳟而大。"又注："鮅鳟似鲱子，赤眼。"《本草》于鲩鱼曰草鱼，分青鲩、白鲩是矣。又于下另出青鱼，谓其似鲩，不知青鲩统谓之青鱼。江乡治青鲱，必取其胆，曰青鱼胆，治目。白鲱则弃胆，亦不闻于青鲱之外，别有青鱼。此则青鱼之考辨，断归青鲱无疑也。家乡无鲈鱼，而鳜为多，以鳜推鲈，与青鱼可立判。王平彝以一尾送予，曰："此澄江青鱼。"予见之曰："此非青鱼也。细验四腮与肉味，得非松江之鲈？"然思李氏《纲目》，鲈，白质黑章，四五月出吴中，松江尤盛，长仅数寸，似鳜，色白，有黑点，巨口细鳞，有四腮。因引杨诚斋《诗》:“买来玉尺如何短,铸出银梭直是圆。”以实其长仅数寸之言。今按此鱼长且数倍,为不称,然其白质黑章,巨口细鳞,四腮,无不与鲈同,青鱼何能有一似此?暇日,以语张君补裳:“君往来吴淞,亦食鲈鱼乎?”曰:“食之多矣。”“鲈鱼亦有大者乎?”曰:“大且如巨鲫。”予因思鲈、鳜为类,但鲈四腮而鳜二腮。味诚斋诗结句:“春风已有真风味,想待秋风更爽然。”言秋深鲈长,味更爽然不同。未尝限定数寸,禁鲈之不长至于一二尺,重六七觔也。且诚斋买鲈正二三月间,此时鲈长数寸,犹桃花鳜,已鲜嫩足佳。夏秋间鳜长盈尺,味正腴。至冬时鳜且重四五觔,老而味减于前,想鲈亦犹是也。故鲈无论大小,总以四腮为据。兹鱼四腮,可不定其为鲈乎?自吴淞穿洞穴,万里而上滇,犹王鲔自江穿洞穴,千里而至于秦。顾秦人犹识为鲔,滇人不识,直以青鱼目之,使张翰秋风之思,不表见于兹方,亦一缺事也谨案:檀氏谓滇人以鲈鱼为青鱼,然《一统志》及旧志所载青鱼,专取胆,似非鲈鱼,今并存之以俟考。(道光《云南通志稿》卷69《澄江府》第28页)

## 面条鲫

面条鲫,出东川,巨者重一二斤,满腹如切面细条盘之,无肠,面条即肠也。治鱼,出其肠,亦蠢蠢动,如寄居虫。烹之,面条亦可食。此水族从来所未见者,曰面条鲫,一曰面肠鱼。(原注:按剑湖亦出此鱼。)(《滇海虞衡志》第196页)

面条鲫,檀萃《滇海虞衡志》:出东川,巨者重一二觔,满腹如切面细条盘之,无肠,面条即肠也。治鱼,出其肠,亦蠢蠢动,如寄居虫。烹之,面条亦可食。此水族从来所未见者,曰面条鲫,一曰面肠鱼。(道光《云南通志稿》卷70《东川府》第37页)

鱼面肠:产西南区圩田鲫鱼腹中,色白,形长而扁。一鱼所生约十数条,取出后,虽经年累日,遇水即蠕蠕动。盖鱼腹寄生虫也,故名曰鱼面肠。每年谷熟前后,农民采取数十条为一束,曝于日中,待干出售,入席味称鲜美,远近珍之,价若连城焉。

（昭通旧志汇编本民国《昭通县志稿》卷5第388页）

谢文翘《鱼面肠》（七律）：引杯看剑兴淋漓，竟有别肠佐酒卮。鲜洁形疑调玉屑，清腴味胜脍银丝。豹胎熊掌珍都逊，马墨牛黄病亦奇。寸断几回仍蠕动，加餐尺素慰相思。（昭通旧志汇编本民国《昭通县志稿》卷8第453页）

第三十四课《鱼面肠、扁头附》：面肠鱼，扁条形，煎之出油，味比肉美。扁头鱼，扁翅如刀，脊有黑斑，腹黄无鳞，无刺，味胜鲤、鲫等鱼。（楚雄旧志全书"楚雄卷下"民国《楚雄县乡土志》卷下第1360页）

## 鲇、鳠

鲇、鳠相似而异，滇池俱多。鲇背青而肉嫩，鳠则花斑。鳠一名鮠。鮠，大鳠，小者鮡。鲇、鮡大者少，重一斤即为大，余皆小鮡之类耳。（《滇海虞衡志》第183页）

鲇，檀萃《农部琐录》：其口如户，遥见其头，如戴铁釜状。（道光《云南通志稿》卷70《武定直隶州》第53页）

## 青铜鱼

青铜鱼，《一统志》：出漾共江中，细鳞，长不盈尺，夏月始出。（道光《云南通志稿》卷69《丽江府》第48页）

## 青鱼

青鱼，味甘，〖性〗寒。〖无毒〗。治脾、肺、胃三经之气。能和中养肝明目，〖滋阴调元，暖肾填精〗。胆为眼科要药。（《滇南本草》第866页务本）

石洞泉在平定乡石山下，有三洞，广各二尺许，出泉会而为潭。中有青白大鱼，俗呼为随龙鱼，莫之敢捕。（景泰《云南图经志书》卷1《昆阳州》第59页）

青鱼胆明湖出，可疗恶疮去痰。（正德《云南志》卷6《澄江府》第277页）

戊寅十月二十六日……峡中有水一方，独清潴，土人指为青鱼塘，言塘中青鱼大且多。按志，昆阳平定乡小山下有三洞，泉出汇而为潭，中有青鱼、白鱼，俗呼随龙鱼，岂即此耶？北二里，峡稍开，有村在其下，为青鱼塘村。（《徐霞客游记·滇游日记四》第849页）

青鱼出旧阳宗，胆可疗目。（康熙《云南通志》卷12《澄江府》第227页）

青鱼，旧《云南通志》：出黑井，味佳。（道光《云南通志稿》卷69《楚雄府》第26页）

青鱼，旧《云南通志》：出旧阳宗明湖，味极佳，胆可疗目。《一统志》：能化痰，并治恶疮。（道光《云南通志稿》卷69《澄江府》第28页）

澄江抚仙湖，……内产青鱼，一尾数斤，潭水深处，历历可数，清浊异种，亦若各有巢穴，不相越也。（《幻影谈》卷下第141页）

## 沙沟鱼

沙沟鱼，旧《云南通志》：大仅如指，美同滇之金线。（道光《云南通志稿》卷70《蒙化直隶厅》第42页）

## 鲨鮀

鲨鮀，吹沙小鱼。体圆而有点文，即丽留之鲨也。滇多沙河，到处颇有，其名不同，味俱佳。惟滇池海口之金线鱼名特著，滇人艳称之。故是鲨也，多金线纹一痕耳。江乡土名鲨为冷骨，有白冷骨、黑冷骨、花冷骨、船丁、痴胖之名不一。痴胖即虎头鲨,小不过三四寸,能啖鱼。海鲨能变虎,巨细悬殊,其种一也。(《滇海虞衡志》第 184 页)

鲨,檀萃《滇海虞衡志》:鲨鮀,吹鲨小鱼,体圆而有点文,即丽留之鲨也。滇多沙河,到处颇有,其名不同,味俱佳。惟滇池海口之金线鱼名特著,滇人艳称之。故是鲨也,多金线纹一痕耳。(道光《云南通志稿》卷 68《通省》第 31 页)

## 石编鱼

石编鱼,《云南府志》:出禄丰县。(道光《云南通志稿》卷 69《云南府》第 8 页)

## 石扁头

石扁头,《鹤庆府志》:出蜂蜜河。(道光《云南通志稿》卷 69《丽江府》第 48 页)

## 时鱼

己卯三月二十八日……至平坡铺,数十家夹罗岷东麓而居,下临澜沧,其处所上犹平,故以"平坡"名,从此则蹑峻矣。时日色尚可行,而负僧苦于前,遂止按:永昌重时鱼,其鱼似鲭鱼状而甚肥,出此江,亦出此时。谓之时者,惟三月尽四月初一时耳,然是时江涨后已不能得。(《徐霞客游记·滇游日记八》第 1044 页)

鲭鱼,澄江产鲭鱼,为他郡所无。此鱼宜美,然携至省垣食之,便少鲜味。(《滇南闻见录》卷下第 33 页)

时鱼,《一统志》:出保山县澜沧江,即东南之鲭鱼也。味极美,雷鸣始出。《徐霞客游记》:永昌重时鱼,其鱼似鲭鱼状而甚肥,出澜沧江,三月时谓之时者,惟三月尽四月初一时耳,然是时江涨后已不能得。(道光《云南通志稿》卷70《永昌府》第31页)

## 透明鱼

透明鱼,《一统志》:出泸源洞口,其大如指,额有肉,角色白无鳞,蓄水盆中,表里莹然。(道光《云南通志稿》卷70《广西直隶州》第47页)

## 驼背鱼

黑龙潭,在城北三十里,其水深黝,有鱼二种,各不相浸,祷雨辄应。(康熙《云南通志》卷6第107页)

驼背鱼,出黑龙潭,脊起如蛋,眼如朱砂。潭鱼种类多,此鱼亦间出,人不敢犯。(《滇海虞衡志》第189页)

驼背鱼,檀萃《滇海虞衡志》:出黑龙潭,脊起如蛋,眼如硃砂。潭鱼种类多,此鱼亦间出,人不敢犯。(道光《云南通志稿》卷69《云南府》第8页)

## 湾鰤

湾鰤,《本草》一名黄颡、一名黄虬。气味甘、辛,〖性〗平,无毒。主治诸般冷〖积〗痞块,五寒能退,九种气疼能止。温中理气,虚症可疗,亦不可多食。(《滇南本草》第867页范本)

## 乌鱼

乌鱼，味甘，〖性〗平。〖无毒。主治补中调元〗。大补气血。治妇人干血〖劳〗症，煅为末服之。又煮茴香食，治下元虚损。〖七星鱼即黑鱼，按《本草》谓之鳢鱼，又谓之乌啄，然生长滇土，谓之黑鱼。不若即谓之黑鱼，使人闻而即知也，何必易名七星鱼〗。（《滇南本草》第873页务本）

鳢鲖，一名鲣。大者鲖，小者鲵，今乌鱼也。滇池多乌鱼，大鲖绝少。官厨剥其皮以炒鱼片，极白嫩。（《滇海虞衡志》第182页）

鳢鲖，檀萃《滇海虞衡志》：一名鲣，大者鲖，小者鲵，今乌鱼也。滇池多乌鱼，大鲖绝少，官厨剥其皮以炒鱼片，极白嫩。（道光《云南通志稿》卷69《云南府》第7页）

## 细鳞鱼

细鳞鱼出五浪河，头小鳞细，而身肥大者至二三十斤。（正德《云南志》卷12《北胜州》第499页）

细鳞鱼，产金沙江中，大者三尺许，肥甘异常鱼，龙尾关濞水中亦有之，而味不及也。（《滇略》卷3第231页）

细鳞鱼，《云南府志》：出安宁州。（道光《云南通志稿》卷69《云南府》第8页）

细鳞鱼，许缵曾《东还纪程》：西洱河尾产细鳞鱼，皆鱼族之至美。（道光《云南通志稿》卷69《大理府》第18页）

绿荫塘距城三百七十里……又名龙塘，产细鳞鱼，居人数家，日逐网取，终岁不乏。（光绪《镇雄州志》卷1第32页）

细鳞鱼，采访：县之西北有大河曰三岔河，即一泡江，距县治可四十里许。产鱼数种，有一种长身细鳞，肉肥味美，因呼为细鳞鱼。每一尾可重三、四两至七、八两，其最大者恒居深潭。土人用鱼笱置水口下取之，又或用小船载水老鸦没水捕之；小者游于浅水处，徒手可捉。每年约产千数百斤，渔人捕得，辄上市出卖，人争购之。（楚雄旧志全书“大姚卷下”民国《盐丰县志》卷4第1148页）

## 岩洞鱼

岩洞鱼，《鹤庆府志》：出龙门舍海。（道光《云南通志稿》卷69《丽江府》第48页）

## 鰋

鰋，鰋额白鱼，滇亦多鰋，然无江乡重数斤，且数十斤者之肥腴也。此之白鱼，极大不过一斤而止，江乡所谓白雀子，而滇人亦甘之。（《滇海虞衡志》第182页）

鰋，檀萃《滇海虞衡志》：鰋额白鱼，滇亦多，然无江乡重数斤，且数十斤者之肥腴，极大不过一斤而止，江乡所谓白雀子，滇人甘之。（道光《云南通志稿》卷68《通省》第31页）

## 油鱼

叶榆水，……海首有石穴，八九月产油鱼，人谓水咸，故肥。（嘉靖《大理府志》卷2第60页）

邓川，……池（油）鱼洞，在南二十里。中秋则鱼肥，长仅二三寸，十月□[1]则绝。洞东五里渔人每得异鱼，其色黄绿，红白须鬣，或类兽，以为龙化，不敢烹，貌绘之，揭于木，悬之龙王庙而数之，此鱼长三尺。（嘉靖《大理府志》卷2第64页）

又上关石穴中，八九月产油鱼，视魟更小，而肥美过之，炙则腴溢。（《滇略》卷3第231页）

己卯三月初十日……南崖之下，有油鱼洞，西山腋中，有十里香奇树，皆为此中奇胜。……小鱼千万头，杂沓于内。渔人见余至，取饭一掌撒，则群从而嘬之。盖其下亦有细穴潜通洱海，但无大鱼，不过如指者耳。油鱼洞在庙崖曲之间，……每年八月十五，有小鱼出其中，大亦如指，而周身俱油，为此中第一味。过十月，复乌有矣。（《徐霞客游记·滇游日记八》第1005页、1006页）

油鱼，《云南府志》：出呈贡。《易门县志》：上江渠黑龙潭有之，顺水下至江始肥，复逆水而上，人始捕之，味极肥鲜，不可多得。（道光《云南通志稿》卷69《云南府》第8页）

油鱼，许缵曾《东还纪程》：洱海首有石穴，八九月产油鱼，人谓水咸，故肥。《云龙州志》：油鱼穴在州南二十里，中秋则鱼肥，长仅二三寸，十月望则绝。（道光《云南通志稿》卷69《大理府》第17页）

《邓川之油鱼》：油鱼似金线鱼，只一骨而无细刺，脊梁作金色，而鳞细若无，煮之煎之，自有油出，味则鲜美极。以其富有油质也，故曰油鱼，而此为邓川特产耳。问产于邓川何处，曰沙坪镇之丙穴。沙坪镇居洱海之滨，镇去海边只二三百步，镇仅横街一条，街中间有庙，庙为每年办会处也。庙前有戏台，由台后下行百余步，有一池，池非人工凿成，乃自然界中之一点成就也。池深数尺，池面近圆而又类多角形，池底则是一片顽石结成。池之周围，界以嶙峋怪石，石脚下有若干缝隙，下通于海。冬季及春天池水干涸，近海穷黎多结茅于池内，夏秋之间海水涨，乃由缝隙浸入，池中水满，便有油鱼产生。产鱼之期大都在七月以

① 此处原本缺。

后，却年出不多，百数十斤耳。所以然者，缘鱼子函于石缝，得水浸而滋生焉。池以穴名而不以池名者，以池为天然之一石穴也。名以丙穴者，取杜子美诗：“鱼知丙穴犹来美”句义也。按丙穴二字，实为杨升庵所题，今镌于石上。（《云南掌故》卷12第373页）

## 一目鱼

一目鱼阿花寨有潭，古木阴翳，一水泓然，中出鱼，俱一目。（乾隆《石屏州志》卷1第36页）

一目鱼，《石屏州志》：阿花寨有潭，古木阴翳，一水泓然，中出鱼，俱一目。（道光《云南通志稿》卷69《临安府》第23页）

## 䲝

竹头䲝鱼，张揖《广雅》欘竹头䲝鱼，滇池所饶，亦名竹丁，鬺以为鋌，案酒荐馨。（《异鱼图赞》卷3）

《异鱼图赞》：滇中尚有二鱼，今未之见，聊志之。……一曰竹头䲝。《赞》云：“张揖《广雅》，欘竹头䲝，滇池所饶，亦名竹丁。鬺以为鋌，案酒荐馨。”按：此恐即丁鱼。（《滇略》卷3第231页）

竹头䲝鱼，张揖《广雅》欘竹头䲝，滇池所饶，亦名竹丁。烹以为鋌，案酒荐馨。竹头者，䲝之别名，滇池在今云南府城南，一名昆明池。又《桂海虞衡志》竹鱼出桂林湘、漓诸江中，状如青鱼，大而少骨刺，色如竹色，青翠可爱，鳞下间有朱点。（《异鱼图赞笺》卷3）

䲝，《正字通》：䲝，音争。张揖《广雅》竹头䲝也。杨慎《异鱼图赞》：滇池所饶，亦名竹丁。（道光《云南通志稿》卷69《云南府》第7页）

# (二)介类

## 鳖

珠鳖之见于禄劝,戴生言:“尝有罾于河者,得一物,如牛肺,遍体皆眼。罾者不能胜,物缠于罾不得脱,系罾于柳树,呼其人共脱之。”予曰:“此珠鳖也,眼即珠也。”捡《山海经》与眎。后遍觅其处,不复见。(《滇海虞衡志》第197页)

鳖,产妥上、马龙,形圆体黑,药料。(楚雄旧志全书“双柏卷”民国《摩刍县地志》第297页)

## 蚌

黄石蚌,形似田鸡,色黄,产山溪石洞中,可食,味甚美。(民国《嵩明县志》卷16第244页)

## 穿山甲

穿山甲,土炒〖泡〗用。味咸,性寒凉。治疥癞痈毒,破气行血,胸膈膨胀逆气。〖又〗治膀胱疝气疼痛。(《滇南本草》第885页务本)

鳞鲤附,郭璞称龙鲤,即《图经》所谓穿山甲也。而《图经》又名石鲮。《临海记》曰:首尾如三角菱,其甲如石,是以得名。性喜蚁,开其甲作尸状,致蚁入其甲,夹色而后食之。能穿土作穴,一日夜能数丈。取其油调印色,妙甚。(《鸡足山志》卷9第349

页）

穿山甲，嘴尖尾长，满身有鳞甲，惟鼻部软，人触之则卷为一团，以藏其头，盖恐人击其鼻也。穿土甚速，遇其穿洞时，人以锄追踪挖之，而不能及。谨案：穿山甲似应列于兽类，惟因其有甲，故列为鳞介之属。（民国《嵩明县志》卷16第244页）

附：穿山甲，嘴尖爪利，扁体，表面皆鳞甲，唯喉腹里面无毛，力掘山地为窝巢，药中去毒品也。（楚雄旧志全书“楚雄卷下”民国《楚雄县乡土志》卷下第1361页）

## 蛤蚧

蛤蚧生枯树中，有雌雄，能鸣。（正德《云南志》卷11《元江府》第488页）

蛤蚧，沅江山中有之，穴于枯树。其鸣雄曰蛤，雌曰蚧，声相和然后合，捕之相抱，至死不脱，房中药用之。（《滇略》卷3第233页）

蛤蚧，守宫之巨者也，《统志》及《滇志》皆云顺宁亦出之。《统志》云：“生枯树中，有雌雄，能鸣。”《纲目》云：“雄蛤雌蚧，自叫其名，声甚大，多穴石壁、榕木、城楼间。牝牡上下相呼累日，情至乃交，相抱坠地，捕亦不觉。以手分劈，虽死不开。”故以为房中之药，功比缅铃。此皆出于南中异闻。（《滇海虞衡志》第198页）

蛤蚧，《一统志》：云州出。檀萃《滇海虞衡志》：蛤蚧，守宫之巨者也。《统志》及《滇志》皆云顺宁亦出之。《统志》云：生枯树中，有雌雄，能鸣。（道光《云南通志稿》卷69《顺宁府》第36页）

蛤蚧，章潢《图书编》：元江军民府出，生枯树中，有雌雄，能鸣。（道光《云南通志稿》卷70《元江直隶州》第56页）

蛤蚧，《一统志》：云州出。檀萃《滇海虞衡志》：蛤蚧，守宫之巨者也。《统志》及《滇志》皆云顺宁亦出之。《统志》云：生枯树中，有雌雄能鸣。（光绪《续修顺宁府志》卷13第26页）

蛮耗极热，其阴湿处多蛤蚧，尝数十聚成团，形如癞虾蟆，而有尾独坚，雌雄叫呼相应，雄声蛤，雌声蚧，取之甚易，剖而焙干，滋阴极品。余尝以酒浸之，日饮数杯。（《幻影谈》卷下第135页）

## 螺蛳

新安蛮妇人于耳上悬金环子，联贯瑟瑟，帖于鬓侧。又绕腰以螺蛤联串系之，谓之珂珮。《太平御览》卷九百九十二《鳞介》十四、《天中记·蛤类》引。（《云南古佚书钞·云南行记》第24页）

白螺粉（白螺），味咸，性温。消痞积，〖治〗五积六聚，肚腹寒冷〖久痛，噎<膈>〗，饮食不下，烧酒为引，冲服。（《滇南本草》第839页丛本）

田螺（螺蛳），味微咸，性大寒。解酒毒，止呕吐、恶心，反胃。（《滇南本草》第841页务本）

南螺（滇螺、海螺），味甘，滋阴降火，清理肺气。（《滇南本草》第843页务本）

旱螺（汉螺、蜗牛），味咸，性微寒，无毒。治瘰疬痈疽毒疮。生山岩者，壳治反胃病。肉入冰片，治痔疮。昔一人得反胃病，胸膈饱胀，饮食不下，下喉即吐，口涎并出，后得此方，〖服之〗即愈。旱螺壳，新瓦焙干为末，每服一钱，好春茶〖汤〗送下。（《滇南本草》第845页务本）

诸河中蚌蚬充牣，人无捕者。螺大如拳，有黄、有卵、有腐，秋夏之交盈肆，亦奇错也。（《滇略》卷3第231页）

江川县双龙乡其山无石，皆螺壳积成。昔有夷妇浣衣于河，忽螺精出见，妇惊急以浣衣盆覆之，其精遂止。后人因以“覆盆”名山。（《滇略》卷10第330页）

螺珠，洱水盛产螺，土人取大者剔之，截头和蒜生食，群夸珍味。剪其尾，别名螺黄，充宴客上品。更选大螺，破壳尾，用某庙中泉，注釜待沸，滴螺内清水点沸汤中，一煞即漉出，尽成走珠，

莹白可爱，脆美悦口。取他水制之，则散漫不融。官大理者，秘为奇货以赠人，惟嫌干后多菜色耳。（《滇南新语》第 18 页）

螺蛳蛋，邓川州有螺蛳蛋出售，净白而圆细，如小豆大，炒而食之，柔滑之至，亦微有鲜味，最宜于老年无齿者。疑即螺蛳之肠，但断之何以能圆，且色未能净白。又有一种黄者，竟名螺蛳黄。（《滇南闻见录》卷下第 34 页）

用巨针针螺蛳口门，即有白浆流出，沥入沸汤中，匀圆莹洁，大如芡肉，土人以之调入羹汤，鲜美异常，第不堪多煮，恐失其脆嫩耳。（《云南风土记》第 50 页）

滇池多巨螺，池人贩之，遗壳，名螺蛳湾。尝穿成材书院地，入五六尺深许，即为螺壳，出之堆山，水泉迸出，他穿亦然。疑此地旧亦螺蛳湾，渐成平陆，移湾于其下，则滇嗜螺蛳已数百年矣。剔螺掩肉，担而叫卖于市，以姜米、秋油调，争食之立尽，早晚皆然。又剔其尾之黄，名螺蛳黄，滇人尤矜，以为天下所未有。有曹姓业于此者，居菜海边，人谓之曹螺蛳云。（原注：赵州并产螺蛋。）（《滇海虞衡志》第 187 页）

巨螺，檀萃《滇海虞衡志》：滇池多巨螺，池人贩之，遗壳，名螺蛳湾。剔螺揜（通掩）肉，担而叫卖于市，以姜米、秋油调，争食之立尽，早晚皆然。又剔其尾之黄，名螺蛳黄，滇人尤矜，以为天下所未有。有曹姓人业于此，居菜海边，人谓之曹螺蛳云。（道光《云南通志稿》卷 69《云南府》第 9 页）

螺蛋，旧《云南通志》：出赵州。《大理府志》：出下关。（道光《云南通志稿》卷 69《大理府》第 18 页）

《凉拌螺蛳与螺黄》：昆明池中盛产海螺，咸名螺蛳，螺蛳却形体不大，仅及一小儿拳，壳圆而尖长，有旋而癞，干则色白，内含软质，却具有不少的涎汁，人以手法取出其软质，扎草把杵之，去其涎汁，配以芝麻酱、甜酱、芫荽、蒜泥，入口脆而且滑，复饶有滋味，此一种食品，滇人极喜啖之。螺蛳有黄，名为螺黄，入于荤汤内，加韭菜而烩之，可供酒席上用。（《云南掌故》卷 16 第 533 页）

《昆明地下之螺蛳壳层》：前数十年，轿子巷内某姓，掘井而无水出，认为是不及于泉，遂深掘之，约及二丈五六尺，即发现无数的螺蛳壳，似厚处可能有数尺。又稍去其螺蛳壳，便有泉水冒出。又东寺街之西寺巷内，某姓亦以掘井，深及二丈，而亦有螺蛳壳发现。可知此一带地方在若干年前，概属巨浸也。（《云南掌故》卷16第533页）

## 泥鳅

泥鳅，味〖甘、淡，<性>平〗。煮食，〖主治五劳、五热，小儿脾胃虚弱，久服可以健胃补脾，令人白胖〗。治诸疮百癣，通血脉而大补阴分。（《滇南本草》第869页务本）

鳛鰌，今泥鳅。鰌、鳝皆穴于泥。《尔雅》释鰌而遗鳝，统鰌以为言也。滇池多鰌、鳝，然无巨者。滇人四季皆剥鳝，成条盈把而卖于市，不似江乡过六月不食鰌鳝，谓鳝之生毛也。但夏鳝不如春鳝之鲜美，岂生毛哉？宜滇南无月不食之也。（《滇海虞衡志》第185页）

## 鳝

鳝鱼，气味甘，〖性〗热。有小毒。滇有二种：黄者良，赤者有毒。多服令人生火。夏日多食发暑，感温疫之症，故火鳝不多入药作羹。其性大补气血，舒筋壮骨，久服肥胖。（《滇南本草》第871页范本）

## 水蜈蚣

水蜈蚣，旧《云南通志》：冬月出漾江中，味肥美。（道光《云南通志稿》卷70《蒙化直隶厅》第42页）

水蜈蚣，采访：上所列之三岔河河滨多细石，石罅中特产一物，皮黑色，多足形类海参，俗呼为水蜈蚣。以沸水浇之皮即脱，其肉洁白，用油炸干后又以肉汤烹之，味香适口。其性滋阴健胃，亦食物中之佳品也。（楚雄旧志全书“大姚卷下”民国《盐丰县志》卷4第1148页）

## 虾

滇池赤虾，与下江性不同。气味甘，〖性〗温。有小毒。主治小儿风火游肿，敷之可愈。作羹，治鳖症及痘疮不起，乌头，服之最良。下乳汁亦效。男子阳缩可解。（《滇南本草》第847页范本）

白虾，能降气定喘。作羹，止脑痛而去胃中痰涎。（《滇南本草》第849页范本）

蝦螺产河中，有黄有弹有腐，可食，又有田螺一种，乃田产也。（嘉靖《大理府志》卷2第75页）

鱼鰕州之东有中埏泽，富鱼鰕，而其味优于他境所出者。（景泰《云南图经志书》卷3《陆凉州》第129页）

紫虾出河阳、江川。（康熙《云南通志》卷12《澄江府》第227页）

虾，元江州产虾，为各郡所无，鲜者不能致远，或腌之而携至省中，虽不及鲜者之佳，然已颇觉其美。盖易食易饮之意也。省中有小虾而无大虾，皮硬，不如吾乡之绵虾。（《滇南闻见录》卷下第34页）

鰝虾，海虾也。江乡且无，何况于滇？滇池多藻，出细虾，渔人干之鬻于市，百钱一筐，由滇人不知重也。土人言亦有大虾，长数寸，渔人匿之而私市，恐官之诛求也。（《滇海虞衡志》第183页）

鰝虾，檀萃《滇海虞衡志》：鰝虾，海虾也，江乡且无，何况于滇？滇池多藻，出细虾，渔人干之鬻于市，百钱一筐。土人言亦有大虾，长数寸，渔人匿之而私市，恐官之诛求也。（道光《云南

通志稿》卷69《云南府》第8页)

油虾,旧《云南通志》:出陆凉。(道光《云南通志稿》卷69《曲靖府》第40页)

虾米,旧《云南通志》:出剑川,较他产者尤细腻。(道光《云南通志稿》卷69《丽江府》第48页)

虾,有细虾一种,以海河为最多,土人以制虾酱,味甚佳。(民国《嵩明县志》卷16第244页)

## 蚬

蚬,出滇池最多,土人谓之歪歪。江、浙人取而瀹之,始知食。有卖于市者。(《滇海虞衡志》第187页)

蚬,檀萃《滇海虞衡志》:蚬出滇池最多,土人谓之歪歪。江、浙人取而瀹之,始知食。有卖于市者。(道光《云南通志稿》卷69《云南府》第9页)

## 蟹

山螃蟹,味咸,性寒。强壮筋骨,走经络,横行络分。〖爪〗甲破血,〖催〗生,〖治难产〗,治症瘕瘀血,块积疼痛,腹中有子,名纵横子,壮药中用之。(《滇南本草》第850页丛本)

蟹,气味咸,〖性〗寒,有小毒。主治胸中邪气热结痛,㖞僻面肿。解结散血,疗漆疮,养精益气,散诸热,治胃气,理经脉,消食。以醋食之,利去五脏中烦闷气,益人。产后肚疼,瘀血不下者,以酒食之。筋骨折伤者,生捣炒窨之。可解鳝鱼毒,治疟疾及黄胆,涂疥疮。滴耳内可医聋。生不可同柿及荆芥食之,发霍乱,动风,惟木香汁可解。(《滇南本草》第852页范本)

螃蟹,惟通海县有之,所产甚少,贩于省中出售,其形小,仅如蛤蜊大,壳硬,只堪取肉作羹,持螯胜事无有也。省中仅一家

世其业，所居巷曰螃蟹巷。（《滇南闻见录》卷下第 33 页）

蟹，亦出滇池。熟卖于市，一枚一文，贱甚。厨丁细剔以作蟹羹，陈于官筵，味亦佳。（《滇海虞衡志》第 188 页）

通海蟹，螯大似江蟹，而篷脐亦如滇池蟹。酒醉之，装罐以馈送，曰糟蟹。（《滇海虞衡志》第 189 页）

迤南有巨蟹，大盈数亩，其土沮洳，四时不干，流出细蟹无数。每起瘴，谓之螃蟹瘴。土人聚火器攻之，蟹死而地干，瘴不起，可居可种，成乐土也。蚂蝗瘴亦然，出于大树之叶。树成大林，而蚂蝗满之，入林辄中人，未有能为之攻者也。（《滇海虞衡志》第 206 页）

彭蜎，通海有蟹大如杏，右螯特强。案即彭蜎也。《古今注》：彭蜎：其有"一螯偏大者名拥剑"，《集韵》：彭蚏"似蟹而小，或作蜎蜮。"（《滇游续笔》第 471 页）

蟹，檀萃《滇海虞衡志》：蟹亦出滇池，熟卖于市，一枚一文，贱甚。厨丁细剔以作蟹羹，陈于官筵，味亦佳。（道光《云南通志稿》卷 69《云南府》第 9 页）

彭蜎，桂馥《札樸》：通海有蟹大如杏，右螯特强。案即彭蜎也。崔豹《古今注》：彭蜎，其右螯偏大者名拥剑。《集韵》：彭蜮，似蟹而小，或作蜎（蜮）。檀萃《滇海虞衡志》：通海蟹，螯大似江蟹，而篷脐亦如滇池蟹，酒醉之，装罐以馈送，曰糟蟹。（道光《云南通志稿》卷 69《临安府》第 23 页）

紫蟹，旧《云南通志》：出旧阳宗。《古今图书集成》：出河阳、江川。《澄江府志》：出明湖，形小味佳。（道光《云南通志稿》卷 69《澄江府》第 30 页）

## 盐龙

《纲目》又于蛤蚧之后，附载盐龙，言宋时萧注破南蛮，得其盐龙，以海盐饲之，鳞中出盐，取服能兴阳。为蔡京所得，龙即死。按萧注随狄青征农智高，入广南特摩道，获其母及弟与子，

则盐龙殆得自广南，固亦滇产也。（《滇海虞衡志》第198页）

盐龙，檀萃《滇海虞衡志》：《纲目》于蛤蚧后，附载盐龙，言宋时萧注破南蛮，得其盐龙，以海盐饲之，鳞中出盐，取服能兴阳。为蔡京所得，龙即死。案萧注随狄青征侬智高，入广南特磨道，获其母及弟与子，则盐龙殆得自广南，固亦滇产也。（道光《云南通志稿》卷69《广南府》第31页）